丛书主编　丁见民
丛书副主编　付成双　赵学功

美 洲 史 丛 书

美国历史中的法与经济

韩铁　著

南開大學出版社

天　津

图书在版编目(CIP)数据

美国历史中的法与经济 / 韩铁著. 一天津:南开
大学出版社,2022.4
(美洲史丛书 / 丁见民主编)
ISBN 978-7-310-06258-4

Ⅰ.①美… Ⅱ.①韩… Ⅲ.①法制史－美国②经济史
－美国 Ⅳ.①D971.29②F171.29

中国版本图书馆 CIP 数据核字(2021)第 272452 号

美国历史中的法与经济
MEIGUO LISHI ZHONG DE FA YU JINGJI

南开大学出版社出版发行
出版人:陈　敬
地址:天津市南开区卫津路 94 号　　邮政编码:300071
营销部电话:(022)23508339　营销部传真:(022)23508542
https://nkup.nankai.edu.cn

雅迪云印(天津)科技有限公司印刷　全国各地新华书店经销
2022 年 4 月第 1 版　　2022 年 4 月第 1 次印刷
238×170 毫米　16 开本　29.25 印张　4 插页　490 千字
定价:235.00 元

如遇图书印装质量问题,请与本社营销部联系调换,电话:(022)23508339

南开大学中外文明交叉科学中心
资助出版

编者的话

　　自从 1492 年哥伦布发现"新大陆"，美洲开始进入全世界的视野之内。不过，哥伦布认为他所到达的是东方的印度，故误将所到之地称为印度群岛，将当地原住民称为"印地人"。意大利航海家阿美利哥在随葡萄牙船队到南美洲探险后，于 1507 年出版的《阿美利哥·维斯普西四次航行记》中宣布哥伦布所发现的土地并非东方印度，而是一个新大陆。稍后学者为了纪念新大陆的发现，将这一大陆命名为"亚美利加"，即美洲。此后很长时期内，欧洲人，无论是西班牙、葡萄牙还是英国、法国的探险家，都将这一大陆称为美洲。葡萄牙航海家费迪南德·麦哲伦，西班牙探险家赫尔南·科尔特斯、弗朗西斯科·皮萨罗，英国探险家弗朗西斯·德雷克、沃尔特·雷利无论在发给欧洲的报告、书信还是出版的行记中，都将新大陆称为美洲。甚至到 18 世纪后期，克雷夫科尔撰写的《一位美国农夫的来信》使用的依然是"America"，而法国人托克维尔在 19 世纪 30 年代出版的名著《论美国的民主》也是如此。可以说，在"新大陆"被发现后的数百年中，美洲在欧洲人的观念中都是一个整体。

　　1776 年，随着英属北美 13 个殖民地的独立，美洲各区域开始走上不同的发展道路。首先独立的美国逐渐发展壮大，西进运动势如破竹，领土扩张狂飙猛进，到 19 世纪中期已经俨然成为美洲大国。接着，原在西班牙、葡萄牙殖民统治之下的广大拉丁美洲地区，也在 19 世纪 20 年代纷纷独立，建立了众多国家。不过，新独立的拉美各国在资源禀赋极为有利的情况下，却未能实现经济快速发展，社会问题丛生，现代化之路崎岖缓慢。现代学者在谈及拉美问题时，屡屡提及"现代化的陷阱"。最后，加拿大在 19 世纪中期经过与英国谈判才获得半独立地位，但此后其"国家政策"不断推进，经济发展和国家建设稳步提升，于 20 世纪初跻身经济发达国家之列。

　　表面上看，似乎美洲各国因为国情不同、发展道路各异而无法被等同视之，但当历史进入 19 世纪末期以后，美洲一体化的趋势却日渐明显，似乎应了"分久必合"的老话。1890 年 4 月，美国同拉美 17 个国家在华盛顿举行第一次美洲会议，决定建立美洲共和国国际联盟及其常设机构——美洲共和国商务局。1948 年在波哥大举行的第九次美洲会议通过了《美洲国家组织宪章》，联盟遂改称为"美洲国家组织"。这一国际组织包括美国、加拿大与拉丁美洲大部分国家。

除了国际政治联合外，美洲经济一体化也在第二次世界大战后迅速发展。美洲区域经济一体化首先在拉丁美洲开启。拉美一体化协会（Latin American Integration Association）是最大的经济合作组织，其前身是拉丁美洲自由贸易协会，主要成员国包括阿根廷、玻利维亚、巴西、智利、哥伦比亚、厄瓜多尔、墨西哥、巴拉圭、秘鲁、乌拉圭和委内瑞拉。此外，1969 年成立的安第斯条约组织（又称安第斯集团），由玻利维亚、智利、哥伦比亚、厄瓜多尔和秘鲁组成。1994 年，安第斯条约组织正式组建自由贸易区。1997 年，安第斯条约组织更名为安第斯共同体，开始正式运作。与此同时，加勒比共同体、中美洲共同市场、南方共同市场等区域经济一体化组织纷纷出现。其中，1995 年建立的南方共同市场是拉美地区发展最快、成效最显著的经济一体化组织。北美自由贸易区的建立，则是美洲一体化的里程碑。1992 年，美国、加拿大和墨西哥三国正式签署《北美自由贸易协定》。1994 年 1 月 1 日，协定正式生效，北美自由贸易区宣布成立。

时至今日，美洲各国在经济和政治上的联系日益紧密，美洲在政治、经济和文化等诸多方面依然是和欧洲、亚洲、非洲迥然不同的一个区域。无论是被视为一个整体的美洲，还是走上不同发展道路的美洲各国，抑或走向一体化的美洲，都值得学界从历史、文化、外交、经济等多维度、多视角进行深入研究。

南开大学美洲史研究有着悠久的历史和深厚的学术传统。20 世纪二三十年代，曾有世界史先贤从美国学成归来，在南开大学执教美国史，为后来美国史的发展开启先河。不过，南开美国史研究作为一个具有影响的学科则可以追溯到杨生茂先生。先生 1941 年远赴海外求学，师从美国著名外交史学家托马斯·贝利，1947 年回国开始执教南开大学，他培养的许多硕士生和博士生成为国内高校美国史教学和科研的骨干。1964 年，根据周恩来总理的指示，国家高教委在南开大学设立美国史研究室，杨生茂先生任主任。这是中国高校中最早的外国史专门研究机构。此后，历经杨生茂先生、张友伦先生和李剑鸣、赵学功教授三代学人的努力，南开大学美国史学科成为中国美国史研究一个颇具影响的学术点。2000年，美国历史与文化研究中心成立，成为南开大学历史学院下属的三系三所三中心的机构之一。2017年，以美国历史与文化研究中心为基础组建的南开大学美国研究中心，有幸入选教育部国别与区域研究（备案）基地，迎来新的发展机遇。不过，南开大学美国研究中心并非仅仅局限于历史学科。南开美国研究在薪火相传中一直都具有跨学科的多维视角特色，这可以追溯到冯承柏先生。冯先生出身于书香世家，数代都是南开学人。他一生博学多才，在美国研究、博物馆学与图书情报等数个领域都建树颇丰，在学界具有重要的影响，他为美国研究进一步开辟了交叉学科的宽广视野。在冯先生之后，南开美国研究的多学科合作传统也一直在延续，其中的领军者周恩来政府管理学院的韩召颖教授、美国研究中心的罗宣老师都是冯先生的杰出弟子。

南开大学拉丁美洲史是国家重点学科"世界史"主要分支学科之一，也是历史学院的特色学科之一。南开大学历史系拉丁美洲史研究室建立于1964年，梁卓生先生被任命为研究室主任。1966年，研究室一度停办。1991年，独立建制的拉丁美洲研究中心成立，洪国起教授为第一任主任，王晓德教授为第二任主任，董国辉教授为现任主任。2002年南开大学实行学院制后，拉美研究中心并入历史学院。1999年，中心成为中国拉丁美洲史研究会秘书处所在地。洪国起教授在1991—1999年任该研究会副理事长，1999—2007年任理事长。2007—2014年，王晓德教授担任研究会理事长，韩琦教授担任常务副理事长；2014年后，韩琦教授担任理事长，王萍教授、董国辉教授担任副理事长。

此外，加拿大史研究也一直是南开大学世界史学科的重要组成部分。20世纪90年代，张友伦先生带队编著并出版《加拿大通史简编》，开启研究先河。杨令侠、付成双教授分别担任中国加拿大研究会会长、副会长，先后担任南开大学加拿大研究中心主任。南开大学加拿大研究中心是中国加拿大研究的重镇之一，出版了众多加拿大研究成果，召开过数次大型学术研讨会。

深厚的学术传统结出丰硕的学术成果，而"美洲史丛书"就是前述研究成果的一个集中展现。这套丛书计划出版（或再版）18部学术著作，包括杨生茂著《美国史学史论译》、张友伦主编《加拿大通史简编》、冯承柏著《美国社会文化与中美交流史》、洪国起著《拉丁美洲若干问题研究》、陆镜生著《美国社会主义运动史》、韩铁著《美国历史中的法与经济》、王晓德著

《拉丁美洲对外关系史论》、李剑鸣著《文化的边疆：美国印第安人与白人文化关系史论》、韩琦著《拉丁美洲的经济发展：理论与历史》、赵学功著《战后美国外交政策探微》、付成双著《多重视野下的北美西部开发研究》、董国辉著《拉美结构主义发展理论研究》、王萍著《智利农业与农村社会的变迁》、丁见民著《外来传染病与美国早期印第安人社会的变迁》、张聚国著《上下求索：美国黑人领袖杜波依斯的思想历程》、罗宣著《美国新闻媒体影响外交决策的机制研究》、王翠文著《体系变革与中拉发展合作：跨区域主义的新转向》与董瑜著《美国早期政治文化史散论》。

　　与其他高校和科研机构的相关成果相比，这套丛书呈现如下特点：第一，丛书作者囊括南开大学老中青三代学者，既包括德高望重的前辈大家如杨生茂、张友伦、冯承柏、洪国起，又包括年富力强的学术中坚如王晓德、李剑鸣、赵学功、韩琦等，还包括新生代后起之秀如付成双、董国辉和董瑜等；第二，丛书研究的地理区域涵盖范围宽广，涉及从最北端的加拿大到美国，再到拉丁美洲最南端的阿根廷；第三，涉猎主题丰富广泛，涉及政治、经济、文化、外交、社会和法律等众多方面。可以说，这套丛书从整体上展现了南开大学美洲史研究的学术传统特色和专业治学水平。

　　为保证丛书的编写质量，南开大学历史学院与南开大学出版社密切合作，联手打造学术精品。南开大学中外文明交叉科学中心负责人江沛教授在担任历史学院院长时启动了"美洲史丛书"的出版工作，并利用中外文明交叉科学中心这个学术平台，提供学术出版资助。余新忠教授继任历史学院院长后，十分关心丛书的后续进展，就丛书的编辑、出版提出了不少建设性意见。南开大学世界近现代史研究中心主任杨栋梁教授对丛书的出版出谋划策，鼎力支持。此外，美国研究中心、拉丁美洲研究中心的博士及硕士研究生出力尤多，在旧版书稿与扫描文稿间校对文字，核查注释，以免出现篇牍讹误。

　　南开大学出版社的陈敬书记、王康社长极为重视"美洲史丛书"的编辑出版工作，为此召开了专门的工作会议。项目组的编辑对丛书的审校加工倾情投入，付出了艰巨的劳动。在此向南开大学出版社表示衷心的感谢！

丁见民

2022 年 4 月

目　录

导　言　篇

一　美国的司法与资本主义经济的发展 ·············· 3

鸟　瞰　篇

二　走出黑盒子：美国法律史研究领域的"赫斯特革命" ·············· 15
　　（一）赫斯特之前的美国法律史：盒子内的乾坤 ·············· 16
　　（二）赫斯特革命：从释放能量说到历史社会学 ·············· 20
　　（三）赫斯特的学术影响和启示 ·············· 26

三　市场经济的发展与英属北美殖民地法律的早期现代化 ·············· 31
　　（一）对殖民地经济资本主义性质的质疑 ·············· 34
　　（二）殖民地市场经济的扩展 ·············· 36
　　（三）殖民地法律的早期现代化与市场经济的发展 ·············· 44
　　（四）殖民地法律早期现代化的四大趋势 ·············· 51
　　（五）结论 ·············· 68

四　法律在 19 世纪美国经济发展中所起的作用 ·············· 71
　　（一）19 世纪美国法律体制的主要特点 ·············· 73
　　（二）19 世纪美国法律在经济发展中的作用之一：释放能量 ·············· 88
　　（三）19 世纪美国法律在经济发展中的作用之二：控制环境 ·············· 103
　　（四）美国学者对 19 世纪美国法律的新思考 ·············· 114
　　（五）几点启示 ·············· 128

五　20 世纪美国经济的司法裁决治理 ·············· 131
　　（一）司法裁决治理原则：从"公共目的"走向"优先类权利" ····· 132
　　（二）司法裁决治理领域：从宪法领域进入行政法范围 ·············· 162

（三）司法裁决治理的形式：对抗制诉讼的加强及其后果⋯⋯⋯⋯　187

探　索　篇

六　美国资本主义经济发展中的契约自由与合同法⋯⋯⋯⋯⋯⋯⋯　217
　　（一）现代合同法的缘起⋯⋯⋯⋯⋯⋯⋯⋯⋯⋯⋯⋯⋯⋯⋯⋯　218
　　（二）美国法律"合同年代"的契约自由⋯⋯⋯⋯⋯⋯⋯⋯⋯⋯　222
　　（三）"洛克纳时代"的合同法理论及其影响⋯⋯⋯⋯⋯⋯⋯　226
　　（四）20世纪美国合同法的重大调整⋯⋯⋯⋯⋯⋯⋯⋯⋯⋯　229

七　美国法律史研究中有关私人产权的几个问题⋯⋯⋯⋯⋯⋯⋯⋯　235
　　（一）美国法律对私人产权的保护⋯⋯⋯⋯⋯⋯⋯⋯⋯⋯⋯⋯　236
　　（二）动态产权观与法律工具主义⋯⋯⋯⋯⋯⋯⋯⋯⋯⋯⋯⋯　239
　　（三）公共权利与私人产权的关系⋯⋯⋯⋯⋯⋯⋯⋯⋯⋯⋯⋯　243
　　（四）福利国家与"新产权"问题⋯⋯⋯⋯⋯⋯⋯⋯⋯⋯⋯⋯　249

八　美国侵权法从过失侵权责任向严格侵权责任的转变⋯⋯⋯⋯⋯　252
　　（一）过失侵权责任统治地位的确立⋯⋯⋯⋯⋯⋯⋯⋯⋯⋯⋯　253
　　（二）侵权法重心开始向严格责任转变⋯⋯⋯⋯⋯⋯⋯⋯⋯⋯　256
　　（三）法学思想从严格责任论到企业责任论的演化⋯⋯⋯⋯⋯　260
　　（四）美国法院从严格侵权责任迅速转向与"法律革命"⋯⋯　263
　　（五）侵权法重大转变得以成功的原因及引发的反弹⋯⋯⋯⋯　266

九　美国历史上法律对劳工自由流动的限制⋯⋯⋯⋯⋯⋯⋯⋯⋯⋯　269
　　（一）美国限制劳工流动的法律渊源⋯⋯⋯⋯⋯⋯⋯⋯⋯⋯⋯　270
　　（二）美国法律对劳工自由流动的限制⋯⋯⋯⋯⋯⋯⋯⋯⋯⋯　273
　　（三）美国劳工自由流动法律保障碍的逐步建立⋯⋯⋯⋯⋯⋯　278

十　美国公司法向民主化和自由化方向的历史性演变⋯⋯⋯⋯⋯⋯　288
　　（一）美国公司法的起源和立足于州的特点⋯⋯⋯⋯⋯⋯⋯⋯　289
　　（二）美国公司法的民主化：从特许公司制到一般公司法⋯⋯　293
　　（三）美国公司法的自由化：从人造之物到具有法律人格的
　　　　　自然实体⋯⋯⋯⋯⋯⋯⋯⋯⋯⋯⋯⋯⋯⋯⋯⋯⋯⋯⋯　298
　　（四）各州公司法"竞相而下"的自由化和联邦政府在公司法问题上
　　　　　做出的反应⋯⋯⋯⋯⋯⋯⋯⋯⋯⋯⋯⋯⋯⋯⋯⋯⋯⋯　306
　　（五）结论：美国公司法的演变与公司的历史作用⋯⋯⋯⋯⋯　314

十一 美国反托拉斯法目标多重性的历史缘由 ················ 316

（一）反托拉斯法是不同利益集团相互较量和妥协的产物 ········· 318

（二）反托拉斯法是不同政治思想和经济学理念影响的结果 ········· 323

（三）反托拉斯法是因时而异的不同监管体制的组成部分 ········· 328

十二 从美国独立到 1929 年股市大崩溃以前的华尔街风云与证券监管 ·· 339

（一）美国证券市场的起源和早期监管 ················ 340

（二）华尔街的兴起和内战前的证券监管 ·············· 344

（三）从内战到 20 世纪初美国证券市场的扩张、监管

以及“蓝天法”的问世 ·················· 351

（四）1929 年的股市大崩溃 ···················· 356

十三 富兰克林·罗斯福时代的新政“宪法革命” ··········· 361

（一）1937 年最高法院三大条款“宪法革命”说质疑 ········· 362

（二）1937 年之前既已发生的正当程序条款宪法革命 ········· 365

（三）1937 年之后才发生的商务权条款宪法革命 ··········· 370

（四）1937 年并未发生的公共福利条款宪法革命及问题的复杂性 ··· 374

十四 环境保护在美国法院所遭遇的挑战 ·············· 379

（一）起诉资格之争 ····················· 382

（二）产权之争 ······················ 386

（三）司法审查之争 ····················· 392

（四）环境保护法在美国法院遭到挑战的深层次原因 ········· 395

回 眸 篇

十五 走出历史认识的误区

——关于美国资本主义经济发展阶段性的新思考 ·········· 401

参考文献 ·························· 411

一、案例 ························· 411

二、英文著述 ······················ 419

三、英文论文 ······················ 438

导　言　篇

一　美国的司法与资本主义经济的发展

　　亚历山大·汉密尔顿在美国建国之初曾断言，三权分立下的司法部门就其职能的本质而言是三大政府部门中"危险性最小的"，因为它既控制不了剑柄，又掌管不了钱袋。[①] 诚然，美国的法院并没有像当时和后来有些人担心的那样对这个国家民主制度的运作构成威胁，但是法院在美国的政治、经济和社会发展中所起的重要作用，却不能因为其没有兵权和财权而被轻易低估。众所周知，在 2000 年的美国总统大选中，处事素有牛仔作风的得克萨斯州州长乔治·W. 布什就是被最高法院的判决推上了总统宝座。将来人们回顾布什总统的 8 年任期时，首先要想到的就是纽约世界贸易中心大楼在"9·11"恐怖主义袭击中的轰然坍塌、美国为发起伊拉克战争所付出的惨重代价、卡特里拉飓风后的一片混乱和自 1929 年以来最为严重的金融海啸。当然，布什总统不能为他执政时期美国所有的厄运负责，但是如果当年他的民主党竞选对手阿尔·戈尔入主白宫，那么美国政府应对厄运的方式和结果至少会有所不同，或许不至于像 2008 年诺贝尔经济学奖得主保罗·克鲁格曼所说的"迷失在新世纪"。[②] 从美国法院决定了 2000 年总统选举的结果来看，它的影响不可谓不大。不过，比起过去数百年来法院在美国社会各方面的发展中所起的作用来说，2000 年布什诉戈尔案判决只不过是这个国家的法律史长卷中的一幅画面而已。

　　对于法院或者说司法部门在美国社会的历史发展中所起的重要作用，中国的法律学界和历史学界并不陌生。不过，法学界研究的重点往往是当今美国的法律，很少注意其历史渊源；史学界则往往专注于美国宪法史的探讨，

---

① Jacob E. Cooke. ed. *The Federalist 78*. Middletown, Connecticut: Wesleyan University Press, 1961: 522.

② Paul R. Krugman. *The Great Unraveling: Losing Our Way in the New Century*. New York: W.W. Norton & Company, 2003.

而忽略了对包括财产法、合同法、侵权法、公司法、环境法、行政法等在内的各个不同法律门类的历史研究。更为重要的是，一般人在谈到美国法律时马上想到的大概就是 O. J. 辛普森的世纪谋杀案审判，稍有美国历史常识的则会提及废除南部学校种族隔离制度的布朗案判决，他们总是把法律和维持社会秩序紧密地联系在一起，却忘了经济秩序是最基本的社会秩序之一。因此，对于法律在美国资本主义经济发展中所起的不可忽略的历史作用，不仅我国的社会大众缺乏了解，学术界也很少有人做过全面和系统的研究。本书就是为了填补这一空白而进行的初次尝试，尽管离全面和系统的标准还相去甚远，但是希望能小有贡献。

对美国法律史的研究表明，美国的司法在推动和监管美国资本主义经济的发展上所起的作用是不可小觑的。可以说，美国法院所执掌的法律天平在一定程度上决定了这个国家经济发展的方向和财富分配的模式，而且关系到美国资本主义经济发展的成败。早在英属北美殖民地时代，当时的法律就在处理经济纠纷时逐渐不再以个别社区内人与人的具体关系（血缘、感情、信任）为转移，开始着眼于超出这些社区范围的更具一般性的市场关系，诉讼争端的重心则从土地所有权转向了债务和商业交易，而且大部分涉案债务的性质从账面债务转向了票证债务。殖民地法律出现的这种早期现代化的趋势在一定程度上为经济活动的确定性和可测性提供了法律保证，从而为殖民地市场经济的发展奠定了基础。美国建国以后，资本主义市场经济基本形成，但它未来的成功并不是自由放任的结果。如果说联邦政府当时对经济还少有干预的话，那么州和地方政府则在美国资本主义经济起飞的过程中扮演了不可缺少的角色。更为重要的是，美国的法律不仅为私人经济活动，也为政府干预设定了规范，既提供了渠道，也施加了限制。总的说来，19 世纪的美国法律和司法实践的发展为释放个人的创造性能量做出了不可磨灭的贡献。这是美国在 19 世纪末和 20 世纪初能一跃而成为世界头号经济强国的重要原因之一。进入 20 世纪以后，美国资本主义市场经济的充分发展、现代大企业的崛起和工业化、城市化带来的一系列社会问题，使得政府权力的集中化成为对此做出回应的一种选择，于是我们看到了国家干预经济的权力中心开始从州和地方政府向联邦政府转移，并导致了行政管理国家的出现。最高法院虽然在 20 世纪初和 30 年代新政改革期间一度反对州和联邦政府的监管立法，但是从长远和总体上来看，它还是顺应了美国社会经济发展的历史潮流，尤其是在新政后期和第二次世界大战之后更是对政府的经济立法一路护航，使丰裕社会在美国蔚然成形。当然，对于美国资本主义经济发展中存在的种种不公正，从南部的奴隶制、工人阶级的弱势地位和妇女所受到的歧视，直到丰裕社会中的贫困等问题，美国的司法制度也要负上责任。不过，就资本主义经济的发展而言，尽管美国至今仍然面临着巨大的挑战，但它自殖民地时代和建国以来所走过的路基本上是成功的，美国的法律和司法实践对此所做出的贡献也应得到充分的肯定。

美国的法律和司法实践之所以在美国资本主义经济的发展中可以起如此重大的作用，主要是因为美国的宪政民主制度在很长的一个历史时期内具有不同于欧洲民主制度的三大特点。首先，美国宪政民主下法院的独立性和司法权力远远超过了崇尚立法至上的欧洲国家。这种差别直到第二次世界大战之后由于欧洲开始仿效美国的司法审查制度才有所缩小。早在 19 世纪上半叶，亚历克西斯·托克维尔就曾敏锐地注意到，理解美国民主的关键不在于对其立法部门的认识，而在于对其司法部门的了解。作为一个法国人，他一下子就捕捉到了美国和欧洲大陆在民主制度的发展上所存在的重大区别。事实上，直到第二次世界大战结束，欧洲人对民主的理解基本上都是共和主义的，而不是自由主义的。他们强调大众意志和公共利益甚于少数人的权利和利益，赞成的是多数民主制。因此，由选举中以多数票取胜的民选代表组成的立法部门便成了公众利益的最佳代表和保护者，也是民主制度的根基所在。非经民主选举产生的司法部门的功能只是严格执行由民选代表制定的成文法——人民意志的法律表达形式。换言之，法官只是立法机构的代理人或者如孟德斯鸠所说的"法律喉舌"（the mouthpiece of law）。① 他们在应用法律时不允许有任何自己的主见或创造性，否则便是对民主的冒犯。在这种多数民主制和成文法司法模式之下，法律（司法功能）和政治（立法功能）便成了两个性质截然不同的领域，也就是说欧洲的司法部门不但不被允许介入立法部门的功能范围，而且要臣服于后者。

与欧洲大陆强调共和主义和一致性的民主传统相比，美国的民主传统更注重自由主义和个人主义，个人的基本权利在美国所享有的地位比在欧洲要高得多。因此，美国宪法和《权利法案》不仅要保护个人权利，而且要建立权力受到限制的政府。开国之父们对权力集中的担心甚至包括集中在大众多

---

① Lisa Hilbrink. "Law and Politics in a Madisonian Republic: Opportunities and Challenges for Judges and Citizens in the New Europe." Lars Tragardh. ed. *After National Democracy: Rights, Law and Power in America and the New Europe*. Portland, Oregon: Hart Publishing, 2004: 123.

数手中的权力，因为这种权力对少数派或个人权利的侵犯同样也是对民主的亵渎。他们引入了孟德斯鸠的分权理念，但不是完全分权，而是要行政、立法和司法三部门在分权的同时部分参与其他部门的活动，形成了彼此之间的制衡。这样，美国的司法部门便在民主制度的发展过程中承担了欧洲大陆国家的司法部门在第二次世界大战前几乎从未承担的责任。以汉密尔顿和麦迪逊为代表的制宪会议的参加者们认为，法院有责任确保立法机构"在对它们权力所设的界限内"行使职权，而作为"人民和立法机构之间的调解者"，法院不仅要防止违宪，而且要限制那些不公正和偏袒性的法律的运作，以免它们侵害公民的私人权利。① 这样，美国司法制度下的法官从一开始就不必完全听命于立法机构，而是要在审查立法时睁大批评者的眼睛，不放过对宪法保护的个人基本权利的侵犯。其权力之大自不待言。

美国宪政民主不同于欧洲民主制度的第二个特点是它承袭了英国的普通法传统，使美国法官不仅成了司法者，而且成了造法者。这就是说法院的权力实际上超出了司法范围，进入了立法领域，结果自然使法院在美国资本主义经济发展中的作用不可小视。当英属北美殖民地于 18 世纪中叶逐渐成熟之时，其法律便出现了愈来愈强的英国化倾向，诉讼日增，普通法律师的地位显著提高。这些律师在抵制宗主国的帝国政策的斗争中曾试图利用他们所熟知的普通法作为武器，并在缺乏英国案例法的支持时竭力创造自己的普通法先例。当这种使反英斗争合法化的努力失败后，他们走向了革命。美国革命胜利后，有人主张与源于英国的普通法一刀两断，但也有人视其为自由人民与生俱来的权利和自然法的基本形式。因此，第一届大陆会议在 1776 年通过的《权利宣言》中宣称殖民地"有权享有英国的普通法"。② 事实上，美国宪法的合同条款就是源于 13 世纪英国法官布拉克顿时代建立的普通法传统。1791 年通过生效的美国宪法前十条修正案，即著名的《权利法案》，也大量吸收了英国普通法的内容。例如，关于人民有权持有枪械的宪法第二条修正案就是来自 1689 年的英国《权利法案》；而禁止随意搜查和逮捕的第四条修正案则是本于 1765 年英国大法官卡姆顿爵士的判决。在当时就已存在的各州也先后通过立法宣布接受英国普通法，而《西北条例》（*Northwest*

---

① Lisa Hilbrink. "Law and Politics in a Madisonian Republic: Opportunities and Challenges for Judges and Citizens in the New Europe." Lars Tragardh. ed. *After National Democracy: Rights, Law and Power in America and the New Europe*. Portland, Oregon: Hart Publishing, 2004: 125-126.

② Lawrence M. Friedman. *A History of American Law*. New York: Simon & Schuster, 1985: 109.

Ordinance）则规定普通法可实施于尚未建州的边疆地区。更为重要的是，当普通法在英国的地位由于 1832 年改革法案而一落千丈之后，美国人则依然故我，继续倚重普通法，可以说，青出于蓝而胜于蓝。

这种源于英国的普通法不像以法国和德国为代表的欧洲大陆国家的法律是成文法（又称制定法），而是如同 18 世纪英国著名法官威廉·布莱克斯通所言的"非成文法"（又称案例法）。不过，正如美国法律史学家劳伦斯·M.弗里德曼所解释的一样，布莱克斯通的"非成文"并不是说未见诸文字，而是说法律的最高来源不是立法，而是反映在普通法法官判决中的"一般习惯"。由于普通法是来自法官判决的案例法，它自然在判决中会被法官加以检查、修正和改动，所以又被称为法官造的法。弗里德曼认为，从理论上讲，这些法官是根据已有的法律原则做出他们的判决，而这些原则反映了人民的价值观、态度和伦理理念，但事实上法官是根据他们过去的行动做出判决，并在时代变迁和诉讼模式易动的压力下会对他们过去的行动做出修改。普通法法官遵循先例的原则从未束缚住他们的手脚，当他们认为过去的案例有错误时，总是能推翻它。① 19 世纪初的美国法官就推翻了很多有碍经济发展的普通法先例，为这个国家早期工业的兴起铺平了道路。所以托克维尔发现，在英国人于 1832 年改革方案后依靠立法而不是诉讼和司法审查来实行走向现代世界的变革时，美国人则不仅依靠立法，而且继续依靠法官及司法审查来进行必要的变革，他们在这两方面的努力至少是齐头并进。②

美国宪政民主不同于欧洲民主制度的第三个特点，就是美国的政府机制的发展在一个很长的历史时期内落后于欧洲国家。③ 此种差距在一定程度上是由于不同的历史经历造成的。塞缪尔·亨廷顿认为，欧洲大陆国家之所以建立了比较强大的中央政府，不仅是因为统一的需要，也是因为进步的需要。当面对维护传统的宗教、贵族、地区和地方利益集团对现代化的抵制和反对时，欧洲国家需要强大的中央政府的力量来粉碎旧秩序，突破封建主义的特权和限制，为新的社会阶层和新的经济秩序的兴起铺平道路。相比之

---

① Lawrence M. Friedman. *A History of American Law*. New York: Simon & Schuster, 1985: 21.

② Norman F. Cantor. *Imagine the Law: Common Law and the Foundations of the American Legal System*. New York: Harper Collins, 1997: 356.

③ 本段有关美国政府机制的发展落后于欧洲国家的三点原因的观点，源于美国政治学家马克·艾斯纳，参见 Marc Eisner. *From Warfare State to Welfare State: World War I, Compensatory State-Building, and the Limits of the Modern Order*. University Park, Pennsylvania: The Pennsylvania State University Press, 2000: 24-27.

下，在今日美国这片北美大地上"封建主义社会机制的缺位使得权力集中没有必要"。① 另外，美国的开国之父们在制定宪法时为分权和制衡而做的制度设计本身，就使政府权力的集中受到了许多限制。当然，所有这一切的发展都和美国的政治文化有关，即洛克自由主义在美国的巨大和深远的影响。受此影响，美国社会大众中存在着颇为强烈的反对国家权力扩张和集中的倾向。于是，在 19 世纪的大部分时间里，美国的政府官僚机构没有多少专业性可言，行政部门缺乏进行有效管理的行政手段和这方面明确的宪法授权，国会则只是作为立法者的普通公民的集合体，而不是什么高度专业化的复杂的政府组织。不仅如此，政府权力的重心长期都在州和地方政府，托克维尔从他的观察中就发现，当时美国的"中央政府只管一点点事情"。② 到 1901年，联邦政府雇员一共只有 239476 人，而其中 136192 人，即 58.12 %，都是邮政工作人员；为立法部门工作的只有 5690 人，占 2.78 %，为行政部门工作的只有 50340 人，占 21 %。③ 正是因为立法、行政和联邦政府机制在发展上的这种严重滞后状态，使得美国的法院在这个国家经济发展的重要时期不得不承担起本来应由立法和行政部门承担的许多责任，所以美国政治学家斯蒂芬·斯考罗内克从其研究中得出的著名结论是："法院和政党一起形成了早期美国国家机器的中流砥柱。"④

那么，权力远远超过欧洲国家法院的美国法院是如何对包括经济发展在内的国家事务施加重大影响的呢？根据美国法律史学界的一代宗师詹姆斯·威拉德·赫斯特的研究，美国法院在施加政策影响上主要采取了三种方式：第一，沿袭普通法的法官造法的传统创造实质性政策；第二，对立法和司法部门（后来还包括行政管理机构）的行动是否符合宪法进行司法审查；第三，对立法部门通过的制定法和根据立法授权制定的行政法规进行司法解释。这三种方式为法院所应用的程度则随着时代的变化而变化，呈现出彼此

---

① Samuel P. Huntington. *Political Order in Changing Societies*. New Have, Connecticut: Yale University Press, 1968: 126.

② Alexis de Tocqueville. *Democracy in America*. trans. George Lawrence. ed. J. P. Mayer. New York: Harper and Row, 1969: 262.

③ Marc Eisner. *From Warfare State to Welfare State: World War I, Compensatory State-Building, and the Limits of the Modern Order*. University Park, Pennsylvania: The Pennsylvania State University Press, 2000: 22-23.

④ Stephen Skowronek. *Building a New American State: The Expansion of the National Administrative Capacities, 1870-1920*. Cambridge: Cambridge University Press, 1982: 29.

不同的发展曲线。在美国建国后一个相当长的历史时期内，各级立法机构的成员没有经验，缺乏先例可循，而且议政的会期较短。所以当时通过的立法很难适应19世纪20年代以后美国经济快速发展的需要，也就是说在人口增加、贸易扩大、工业和金融业兴起、工伤事故增多和土地权频繁转手的情况下，无法满足人们用法律来调整彼此关系和解决争端的需求。由于这些争端大多是发生在个人与个人或者小团体与个人之间，它们比较适合于由冲突双方通过诉讼的方式来解决。结果在19世纪10年代到80年代之间，美国各级上诉法院受理的案件猛增。这一时期也因此而成为涉及合同、财产、侵权、家庭关系、抵押、担保、商业票据、刑事罪行的普通法在美国迅速膨胀的时代。随着立法机构在19世纪末的日渐成熟，特别是常设委员会的出现和立法的专业化，普通法在美国的发展从19世纪90年代起开始走下坡路，到20世纪中期，新的普通法已不再是美国法律中的重要组成部分。相比之下，制定法的地位变得愈来愈高。当然，普通法不会在美国消失，它在制定法没有顾及的众多领域里还要继续发挥其功能。[①]

　　美国法院进行司法审查的权力虽然早在1803年最高法院就马伯里诉麦迪逊案做出的著名判决中就得到了正式确认，但法院通过司法审查宣布某项立法违宪最初并不多见。最高法院在马伯里案判决后到1895年以前，基本上尊重民主选举出的立法机构的决定，唯一引人注目的例外就是1857年维护奴隶制的臭名昭著的德雷德·斯科特案判决，它宣布国会行动违宪。[②]就美国所有的法院而言，赫斯特的研究发现，司法审查案件的数量和重要性在19世纪中期才开始增加，到世纪末则陡然上升，并在20世纪20年代和30年代达到一个高峰。法官们在这个时期加强司法审查的主要原因是监管市场行为的立法在法院遭到了一系列挑战，涉及酒业控管、工作时间和条件、消费者利益、卫生和安全等问题。30年代新政宪法革命之后，法院宣布经济立法违宪的情况愈来愈少，经济监管立法基本上都为法院所认可。尽管如此，司法审查的重要性在第二次世界大战后并没有削弱。这在很大程度上是因为法院将司法审查的重点转向了对个人基本权利的保护，包括言论自由、

---

① J. Willard Hurst. *Law and Social Order in the United States*. Ithaca: Cornell University Press, 1977: 37-38.

② Cass R. Sunstein. "Judges and Democracy: The Changing Role of the United States Supreme Court." Kermit L. Hall & Kevin T. McGuire. eds. *The Judicial Branch*. New York: Oxford University Press, 2005: 38-46.

集会自由、选举权、被控刑事犯罪者的权利、在立法机构的公平代表权，以及不受种族、性别、宗教和族裔影响的平等法律保护等。从这个角度来看，司法审查比过去更加重要了。[①]

至于司法解释作用的加强，赫斯特认为，这是 1900 年以后制定法和实质性行政法规急剧增加的结果。由于这些法律和法规在制定时不可能预测到由于美国社会多样性所可能带来的在法律适用上存在的种种问题，法官便在解释这些法律和法规上承担了愈来愈多的责任。当然，从法官有权宣布何为法的英美法系历史传统来看，司法解释早已有之，但它是在 20 世纪才成为法官造法的一种重要形式。不过，和 19 世纪普通法的迅速发展相比，20 世纪的司法解释在法官造法上没有那样明目张胆。法官们更像是其他法律制定者的代理人而已，他们往往是在立法者和行政管理者确定的政策范围内进行司法解释。尽管如此，法院在以司法解释影响公共政策上还是产生了巨大的影响。《谢尔曼反托拉斯法》的实施最终要依靠法院的司法解释就是一个明显的例证。更重要的是，和普通法的法官造法逐渐式微相比，司法解释反而随着现代行政管理国家兴起后立法和行政活动的日益频繁而变得愈来愈重要了。[②]

基于对美国宪政民主下法院或者司法部门的地位和作用的上述认识，本书从历史的角度探讨了法院及其司法实践对美国资本主义经济发展所产生的巨大影响。其中的"鸟瞰篇"在回顾美国法律史学界对法律与美国经济的关系所做研究的基础上，对法律在美国资本主义经济发展中所起的历史作用进行了较为全面的综述，包括：1. 法律在英属殖民地时代开始的早期现代化进程对市场经济扩张的影响；2. 法律在 19 世纪美国资本主义发展中所起的释放创造性能量和控制经济活动环境的重要作用；3. 20 世纪美国经济发展中的司法裁决治理及其重点从宪法领域向行政法领域的转移。"探索篇"则从合同法、财产法、侵权法、公司法、反托拉斯法、证券法、环境法和"新政宪法革命"等专门法领域及重大历史事件的角度，对美国法律与经济的关系做了进一步的具体分析和探索，力图多方位和深层次地展现出其丰富多彩的历史画面。最后的"回眸篇"从本书对美国法律与经济的关系所做的综合研究和具体探讨提供的启迪出发，将视野扩大到对研究美国历史容易陷入的

---

① Hurst. *Law and Social Order in the United States*: 38-39.

② Ibid. 40.

几个误区的思考，呼吁史学界同仁对美国资本主义经济发展的阶段性这个重大历史问题进行新的探讨。

由于时间和水平有限，本书对美国法律与资本主义经济关系的研究还仅仅是开始，难免会有一些失之偏颇之处，希望学术界的朋友们不吝赐教。考虑到美国法律史研究在中国基本上还是一片未开垦的处女地，我热切地期盼着有愈来愈多的青年学子能成为这片土地上的拓荒者，为我国迫切需要的法治建设吸取外来的经验和教训。相信，中国的美国法律史研究一定能迎来锲而不舍的后继者，做出自己独到的贡献！

鸟瞰篇

二 走出黑盒子:
美国法律史研究领域的"赫斯特革命"

1997 年 6 月 18 日，美国威斯康星大学法学院 86 岁高龄的詹姆斯·威拉德·赫斯特教授溘然长逝。《纽约时报》在慨叹巨星陨落时称其为"美国法律史学家中的泰斗"。《法律和历史评论》在 2000 年出专辑纪念这位 20 世纪美国法律史学界的一代宗师。有学者甚至把他和孟德斯鸠、托克维尔、马克思、韦伯相提并论，而他对美国法律史研究的不朽贡献更是被誉为"赫斯特革命"。[1]

赫斯特出生于中西部伊利诺伊州的洛克福德，早年就读于威廉学院，1935 年毕业于哈佛大学法学院，后担任菲利克斯·法兰克福特教授的研究助理，次年成为最高法院大法官路易斯·布兰代斯的实习秘书。1937 年，赫斯特在布兰代斯的建议下前往威斯康星大学法学院任教，在那里一待就是六十年，只有在第二次世界大战期间曾离开麦迪逊到华盛顿和海军任职。哈佛和耶鲁等常春藤大学的法学院曾多次以两倍于威斯康星的薪金和院长职位来吸引他去东部，可是赫斯特不为所动。他的学术生涯和社会理念跟威斯康星这个进步主义改革大州结下了不解之缘。[2]

人们之所以对赫斯特如此推崇，是因为他的研究自 20 世纪中期以来改变了美国法律史的发展方向，使这个原本囿于传统而死气沉沉的学科出现了令人叹为观止的学术复兴，像美国的经济史和社会史一样迎来了它前所未有

① Christopher Tomlins. "Engaging Willard Hurst: A Symposium". William J. Novak. "Law, Capitalism, and the Liberal State: The Historical Sociology of James Willard Hurst". *Law and History Review* 18 (2000). Ron Harris. "The Encounters of Economic History and Legal History". *Law and History Review* 21 (2002).

② Aviam Soifer. "Willard Hurst, Consensus History, and *THE GROWTH OF AMERICAN LAW*". *Reviews in American History* 20 (1992): 126-134.

的繁荣时期。用美国法律史学家的术语来说，"赫斯特革命"使这个学科领域走出了就法律论法律的"法律盒子"，把"内史"转变为"外史"，[1] 从而使法律"黑盒子"变成了奥利弗·霍姆斯大法官所说的法律"魔镜"，让我们从中看到的"不仅是我们自己的生活，而且是过去所有人的生活"。[2] 换言之，美国法律史不再仅仅是研究法律自身的演变，而且要探讨这种演变和社会、经济、意识形态、政治等外在因素之间的关系，并对法律的功能和社会作用做出解释。对于赫斯特本人来说，这场革命使他的学术视野超出了美国法律史的学科领域，扩展到了历史社会学的范畴。当然，赫斯特关注的中心和他对美国法律史最突出的贡献，是他对 19 世纪美国法律和经济的关系所做的研究，是他的法律工具论和能量释放说。

（一）赫斯特之前的美国法律史：盒子内的乾坤

美国著名法律史学家罗伯特·W. 戈登在他 1975 年发表的颇有影响的史学史文章中打了一个"法律盒子"的比方，来形容美国法律史研究的传统。后来一些学者又把这个盒子称为"黑盒子"。从戈登画的这张草图（见图 1）中可以看出，盒内是"法律"，盒外是"社会"，即非法律的政治、经济、宗教和其他社会领域。"输入"是指导致盒内法律发生变化的社会影响，"输出"是指法律对盒外社会产生的作用。显然，美国法律史学家面临两种选择：一是把自己的研究对象限制在盒内，写出来的就是"法律内史"；二是研究盒内法律和盒外社会之间的相互作用和影响，那写出来的就是"法律外史"。长期以来，美国法律史领域的主流是内史而不是外史，直到 1970年前后，赫斯特自 20 世纪 40 年代以来所作的不懈努力才突破了这一传统，开始了美国法律史研究的"第二次复兴"。[3]

---

[1] Robert W. Gordon. "Introduction: J. Willard Hurst and the Common Law Tradition in American Legal Historiography." *Law and Society* 10 (1975): 9-55.

[2] Kermit Hall. *The Magic Mirror: Law in American History.* New York: Oxford University Press, 1989: 3.

[3] Gordon. "Introduction: J. Willard Hurst and the Common Law Tradition in American Legal Historiography." 9-12. 关于"黑盒子"的称谓见：Hall. *The Magic Mirror: The Law in American History.* 4; Novak. "Law, Capitalism, and the Liberal State: The Historical Sociology of James Willard Hurst." 107.

图 1　戈登所画"法律盒子"示意图

在此之前，戈登认为，美国法律史学科自 19 世纪 80 年代形成以来，经历了三个发展时期：1880—1900 年的古典时期、1900—1930 年的衰落时期、20 世纪 30 年代至 60 年代初的"第一次复兴"时期。照此分期，亨利·亚当斯和他的学生们在 1876 年发表《盎格鲁—撒克逊法律文集》可以看作是美国法律史作为一个专业学科的开端。当时美国学者深受德国历史学派的影响，他们不仅把所有的历史都看作是法律史和宪法史，而且专注于探讨政治和法律制度的起源，认为所有的社会都经历了类似的从简单到复杂、从原始到文明的进化过程。这种在法律史研究中强调制度起源和进化的史学观，在 19 世纪 80 年代和 90 年代美国法律史古典时期的学术繁荣中居于统治地位。受其影响，奥利弗·霍姆斯、梅尔维尔·比奇洛、詹姆斯·塞耶和詹姆斯·埃姆斯等人在这段时期的著作都曾十分注重早期英国法。法学院欢迎这种制度进化法律史，因为它为"今天的律师和古老的传统之间未曾中断的连锁关系"做出了考证。[①]

第一代制度进化史学者在探讨法律起源时还比较注意法律和社会之间的关系，可是当他们转向较为近代的法律包括北美英属殖民地的法律时，这种社会关系便从他们的论著中消失了，他们开始就法律论法律，因为在制度进化史学者看来，左右法律发展的原则就和决定生物进化的规律一样是共同的，无论是在什么时代和地点都具有普遍适用性。20 世纪初，以查尔斯·M. 安德鲁斯和赫伯特·L. 奥斯古德为代表的第二代美国制度史学者（又称"新制度史学家"或"帝国史学家"）摒弃了这种简单的单线进化论，

① Grdon. "Introduction: J. Willard Hurst and the Common Law Tradition in American Legal Historiography." 12-17. Oliver W. Holmes, Jr.. *The Common Law*. Boston: Little, Brown and Company, 1881. Melville M. Bigelow. *History of Procedure in England from the Norman Conquest*. Boston: Little, Brown and Company, 1880. James Bradley Thayer. *A Preliminary Treatise on Evidence at the Common Law*. Boston: Little, Brown and Company, 1898. James Barr Ames. *Lectures on Legal History and Miscellaneous Legal Essays*. Cambridge: Harvard University Press, 1913.

尤其是它的普遍适用性原则，强调法律是会随着社会环境的变化而变化的。① 与此同时，以弗雷德里克·特纳和查尔斯·比尔德为代表的进步主义史学家对于以政治制度为主要研究对象的传统史学提出了挑战，认为法律和宪法制度要受制于经济和社会力量。这两种史学流派在美国法学院都不受欢迎。制度史学在原始资料的收集整理上要求很严，不利于法律论文和案例汇要的快速编写，进步主义史学否认任何法律独立自主性的立场则难以得到法学界的认同。更重要的是，这两大流派在 1900—1930 年对美国法律史研究鲜有贡献。结果，美国法律史便脱离了当时美国专业史学研究的主流，成为法学院里服务于法律专业且由并非专业史学家的法学家耕耘的一个范围狭隘的领域，即法律内史。这种非专业的美国法律内史的发展被戈登视为法律史的衰落。

法律内史是从法律盒子内部来写历史。学者们不仅是以盒内的法律作为唯一的研究对象，而且在解释法律时用的仍然是法律，把法律史研究几乎变成了纯法律专业的活动。之所以如此，主要原因之一就是普通法传统在美国法律中占有标准权威的地位，今日的判例法原则是要靠过去的判例法原则来加以解释的。从美国法学院联合会 1907 年出版的《盎格鲁-美利坚法律史论文选集》可以清楚地看出，美国法律史在 20 世纪初不仅是以殖民地时期的法律史为中心，而且主要是探讨殖民地法律是如何为英国法律模式所影响和决定的。可以说，美国法律史的基本内容在还没有得到充分研究的情况下就已被确定为普通法向美洲的移植和它随后面临的挑战。戈登认为，这种法律史拜倒在普通法传统之下的趋势在 1900—1930 年的美国法律史衰落时期长期存在，甚至连 1930 年开始的美国法律史的"第一次复兴"都未能从实质上重新定义这一学术领域。②

1930 年至 20 世纪 60 年代初的"第一次复兴"一方面是指专业史学家重回这一领域，另一方面是指美国法律史走出法律盒子的尝试。前者是不争的事实，后者则成了失败的事业。试图挑战法律内史普通法传统的首先是一

---

① Gordon, "Introduction: J. Willard Hurst and the Common Law Tradition in American Legal Historiography." 17-18; John Higham. *History: Professional Scholarship in America*. Englewood Cliffs, N. J.: Prentice-Hall, 1965: 162-166.

② Gordon. "Introduction: J. Willard Hurst and the Common Law Tradition in American Legal Historiography." 20-25; The Association of American Law Schools. *Selected Essays in Anglo-American Legal History*. New York: AALS, 1907.

批研究殖民地时期法律的富有才华的历史学家，包括朱利叶斯·戈贝尔、乔治·哈斯金斯、马克·德沃尔夫·豪、理查德·莫里斯。他们不赞成法律的发展只是遵循其内在逻辑而与政治、社会、经济条件无关的观点，批评非专业法律史的一大失败就是把早期北美殖民地接受英国法的过程和其后的发展描写为一个模式和一种速度。因此，他们非常强调对各个殖民地的原始文献资料的研究。这种研究方法的出发点是对社会环境影响重要性的认识，可是其结果却未能走出法律内史的手掌心。这些专业历史学家研究的内容仍然是英国普通法如何在北美被接受以及它在 19 世纪如何遭遇法典化运动的挑战。他们依据的材料仍然是法律盒子内的材料。当然，这里也有一些例外，诸如丹尼尔·布尔斯廷、马克·德沃尔夫·蒙、乔治·哈斯金斯等人在当时所做的一些研究。不过，在大多数专业历史学家的著述中，我们还看不到法律外史的踪影。①

　　另外一批试图对法律内史提出挑战的学者是实用主义法学家。以奥利弗·霍姆斯和罗斯科·庞德为代表的这些实用主义法学家希望把法律史和社会史结合起来，以促进法律科学的发展。他们认为只有这样做才可以把今天的法律从产生于完全不同的社会条件和思维模式的老法律中解放出来，后者已不能适应现代需要。这种实用主义法学理念在法学院外的历史学家尤其是宪法史学家中产生了很大的影响，但在法学院内却没有几个支持者，因为它是对根深蒂固的普通法传统的激进批判和挑战。真正按照实用主义思路对法律进行社会研究的人发现这条路并不好走。丹尼尔·布尔斯廷和戴维·赖斯曼为了对法律有更广阔的视野离开这个领域走向新的研究空间，可是一去就再也没有回到法学界来，一个成了历史学家，一个成了社会学家。哥伦比亚大学法学院的昂德希尔·穆尔和他的同事们后来成了法律现实主义运动的中坚，但他们最初在法学院对社会中的法律进行功能研究的尝试却失败了。这些改革者发现，在法学院的专业环境里几乎无法进行法律的社会研究。于是，他们退却了。法律史研究的目的仍然只是帮助法官发展健全的判例法，

① Gordon. "Introduction: J. Willard Hurst and the Common Law Tradition in American Legal Historiography." 25-27. Julius Goebel, Jr.. *Cases and Materials on the Development of Legal Institutions*. Brattleboro, Vt.: The Vermont Printing Company, 1946; Daniel Boorstin. *The Mysterious Science of the Law*. Cambridge: Harvard University Press, 1941; Mark De Wolfe Howe. *Readings in American Legal History*. Cambridge: Harvard University Press, 1949; Richard Brandon Morris. *Studies in the History of American Law*. Philadelphia: J. M. Mitchell Co., 1958; George L. Haskins. *Law and Authority in Early Massachusetts*. New York: Macmillan, 1960.

研究的范围也只限于和司法判决有关的社会事实。1937 年，最高法院改变了对新政立法的态度。行政部门权力的扩大使一些法律界人士感觉是一种威胁，需要有法院加以制衡。希特勒德国的法院蜕变为纳粹党工具的事实，更使他们感到有必要重申法院的独立性和自主性。这样，普通法传统的理念再次得到了加强。1940 年代末，社会法理学的先驱人物庞德甚至停止读任何社会科学著作，把全部时间都用来研究盎格鲁-美利坚案例报告。显然，实用主义法学家虽然为法律史的"第一次复兴"指出了方向，但他们并没有能使美国法律史走出那个黑盒子内的乾坤。①

　　综上所述，从 19 世纪 80 年代到 20 世纪 60 年代初的近百年时间里，美国法律史的主流基本上都是法律内史。这种盒内乾坤和普通法传统在美国法律史学界长期占据的统治地位，使赫斯特革命前的美国法律史研究具有四方面的局限性。1. 空间上的局限性：大部分研究集中在大西洋沿岸地区的法律活动，未能扩及整个大陆，对联邦主义的研究也大都限于宪法和有关的政治内容。2. 时间上的局限性：大部分研究集中在殖民地时期、建州初期和立宪时期，19 世纪及以后的年代的法律活动直到 20 世纪 40 年代都未引起学术界的多少注意。3. 社会关系上的局限性：大部分研究把法律视为独立自主的体系，因此把注意力集中在它的内部结构和程序上，很少理会周围社会与它的关系。4. 机制上的局限性：大部分研究集中在法院和司法程序上，尤其是上诉法院，但是却忽略了立法、行政、律师业等其他法律机制的作用。② 赫斯特革命就是针对美国法律史的这些百年局限而来，结果使这个学术领域焕发了勃勃生机。

（二）赫斯特革命：从释放能量说到历史社会学

　　赫斯特革命从发动到使美国法律史在 20 世纪 70 年代出现"第二次复兴"，历时 30 多年。1942 年，赫斯特在《威斯康星法律评论》上发表题为

---

　　① Gordon. "Introduction: J. Willard Hurst and the Common Law Tradition in American Legal Historiography." 29-44. Roscoe Pound. *Interpretation of Legal History*. Cambridge: The University Press, 1923. Oliver W. Holmes. *Collected Legal Papers*. New York: Harcourt, Brace and Howe, 1920. David Wigdor. *Roscoe Pound, Philosopher of Law*. Westport, Conn.: Greenwood Press, 1974: 207-281.

　　② James Willard Hurst. "The State of Legal History." *Reviews in American History* 10 (1982): 292-297.

"法律史：一个研究大纲"的文章，向美国法律史的主流史学传统正式提出挑战。1950 年，他的《美国法律的成长：造法者》一书出版，为美国法律外史和他的威斯康星学派未来的学术研究奠定了基石。1956 年，赫斯特的名著《法律和 19 世纪美国自由的条件》问世，成为美国法律史学界公认的经典之作。他在书中对法律和 19 世纪美国资本主义经济成长的关系做了精辟的论述，提出了著名的法律工具论和能量释放说，使之成为美国法律史研究迅速发展的新起点。赫斯特关于美国法律史的宏观见解和挑战传统的法律史学观，在后来发表的《美国历史中的法律和社会程序》（1960 年）、《霍姆斯大法官论法律史》（1964 年）、《法律和美国的社会秩序》（1977 年）等书中得到了进一步的阐发。另外，赫斯特还就 19 世纪威斯康星州木材工业的法律史、美国公司法的发展和货币法的演变等专门课题做了研究，并出版了专著。其深度和广度至今仍为人们叹服。更为重要的是，赫斯特不仅是一个学者，而且是一个具有企业家创新精神的学科带头人。他不仅在自己的周围形成了所谓美国法律史的"威斯康星学派"，而且把这场"赫斯特革命"扩大到了整个美国法律史学界。无论是他的赞成者还是反对者，无不受其影响。用劳伦斯·弗里德曼的话来说，1950 年以后在美国做一个法律史学家就意味着"你或者是一个赫斯特派，或者是赫斯特的修正派"。①

---

① James Willard Hurst. "Legal History: A Research Program." *Wisconsin Law Review* (1942): 319. *The Growth of American Law: The Law Makers*. Boston: Little, Brown and Company, 1950. *Law and the Conditions of Freedom in the Nineteenth-Century United States*. Madison: University of Wsiconsin Press, 1956. *Law and Social Process in United States History*. Ann Arbor: University of Michigan Law School, 1960. *Justice Holmes on Legal History*. New York: Macmillan, 1964. *Law and Social Order in the United States*. Ithaca: Cornell University Press, 1977. *Law and Economic Growth: The Legal History of the Lumber Industry in Wisconsin, 1836-1915*. Cambridge: Belknap Press of the Harvard University Press, 1964. *The Legitimacy of the Business Corporation in the Law of the United States, 1780-1970*. Charlottsville: University Press of Virginia, 1970. *A Legal History of Money in the United States, 1774-1970*. Lincoln: University of Nebraska Press, 1970. 被称为"威斯康星学派"的学者和著作如下：Lawrence M. Friedman. *Contract Law in America*. Madison: University of Wsiconsin Press, 1965. Robert S. Hunt. *Law and Locomotives*. Madison: State Historical Society of Wisconsin, 1958. Spencer Kimball. *Insurance and Public Policy*. Madison: University of Wisconsin Press, 1960. George J. Kuehnl. *The Wisconsin Business Corporation*. Madison: University of Wisconsin Press, 1959. James A. Lake. *Law and Mineral Wealth: The Legal Profile of the Wisconsin Mining Industry*. Madison: University of Wisconsin Press, 1962. Francis W. Laurent. *The Business of a Trial Court, 100 Years of Cases*. Madison: University of Wisconsin Press, 1959. Samuel Mermin. *Jurisprudence and Statecraft: The Wisconsin Development Authority and its Implications*. Madison: University of Wisconsin Press, 1963. Earl F. Murphy. *Water Purity*. Madison: University of Wisconsin Press, 1961. 弗里德曼的引语见：David Margolic. "At the Bar." *New York Times*, March 23, 1990, at B5, col. 1.

　　赫斯特走出黑盒子向美国法律史学传统展开进攻的突破点，是在 19 世纪法律和经济的关系上。在他看来，19 世纪对于美国来说是"一个把所有的能量和注意力都尽可能放到经济利益上来的世纪"，所以"法律程序被紧密地编织到经济的一般成长里去了"。①赫斯特在《法律和 19 世纪美国自由的条件》中指出，当时美国法律的一大工作原则就是"保护和促进个人创造性能量的释放"（the release of energy）。1800—1875 年被赫斯特称作是"我们法律上的合同时代"，因为在法院支持下大量合同的出现，使愈来愈多的人可以进入市场经营他们的资源。合同法甚至把公司逐渐变为私人谋利的工具。法院本来有权拒绝强制执行有违公共政策的合同，但它们此时很少行使这一职权。这一切显然都是为了释放个人和私人团体的能量。甚至在刑法和侵权法诉讼中，法院都不轻易诉诸法律，例如侵害财产的刑事犯罪一定要证明犯罪动机，过失罪被告如采取了一般防范即便造成伤害也无须负责。所有这些法律都强调对责任要"客观衡量"。不仅如此，美国法律为了释放能量甚至在"既得权利"问题上都不严格遵守私人财产神圣不可侵犯的金科玉律，因为美国法律当时倾向于保护有利于经济进一步发展的"动态财产"，而不是维持现状的"静态财产"。为了新兴工业的发展，筑水坝淹没别人的农田得到了法律的保护；为了使债务人在市场活动中能有东山再起的机会，破产法不惜使债权人的权利受到限制；为了波士顿地区的交通改良和经济发展，最高法院在著名的查尔斯河桥一案中否决公司特许状在修桥收费上含有不言而喻的独家垄断权。赫斯特认为，除了奴隶制问题以外，美国法律在1800—1875 年几乎从未以维持现状为目的，它赞成的是"创造性变化的自由"，也就是熊彼得所说的资本主义的精髓——"创造性毁灭"。②

　　19 世纪的美国法律不仅要释放个人和私人团体的创造性能量，而且要动员社会资源来形成和控制一种给人以更多选择自由和更少限制的环境（the control of environment）。这就是赫斯特所说的美国法律的第二大工作原则。如果说释放能量主要是靠法院在财产法、合同法、侵权法和刑法上做出工具主义的普通法解释，那么美国法律在形成和控制环境上的努力则不仅是通过法院，而且是要靠包括立法和行政部门在内的其他法律机构来完成。从

① James Willard Hurst. "Law in United States History." *Proceedings of the American Philosophical Society* 104 (1960): 520; *Law and the Conditions of Freedom*, 29.

② Hurst. *Law and the Conditions of Freedom*, 6-29. Stanley I. Kutler. *Privilege and Creative Destruction: The Charles River Bridge Case*. Philadelphia: Lippincott, 1971.

马歇尔时代起，最高法院就在一系列判决中援引商业条款，开始为商品在州际的自由流通扫除障碍，试图促成全国市场的形成，为个人和私人团体的经济活动提供更为广阔的空间。各州法院在州内市场上也起了克服地方保护主义的类似作用。另外，美国经济当时面临的最大的环境挑战不仅是北美大陆的辽阔无垠，而且是资本的短缺。因此，法律在资源配置和动员资本上发挥了重要作用。赫斯特认为，各州和联邦政府在内部改进、公共土地、银行和关税等方面的立法为美国资源的配置确定了一个先后顺序，在19世纪上半叶大体排列如下：交通、农业、信贷、工业。为了动员资本，美国的州和联邦政府鼓励外来移民和外资进入美国，利用公共土地赠与、征税权和开支权来吸引投资，甚至还将一些公共职能授予私人组织来达到这一目的，诸如征用权、铁路公司在线路上的谈判权、银行券的发行权等。[①]

　　这样，无论是从释放能量还是从控制环境的角度来看，赫斯特都不赞成将19世纪直到重建时期的美国法律和政策说成是自由放任。在他看来，法律在这段时期的美国资本主义经济发展中是起了积极作用的。它为市场经济活动的逐步扩展提供了一定的保证，认可了公司作为私人企业的组织形式和经营机制，并以土地赠与和信贷提供公共补贴等。当镀金时代来临时，政府机构倒是有点袖手旁观。在此后一段时间里，除了州际商务委员会以外，几乎没有其他的联邦政府机构对市场活动和金融标准进行管理，而且各州政府也放松了过去主要是由它承担的对经济的监管。或许是因为这段时期的政府监管有所放松，或许是因为长期以来释放能量和控制环境的努力使市场经济在此时得到了比较充分的发展，美国社会到世纪之交时必须面对一些令人意想不到的结果：市场进入权在市场扩大的同时却受到了限制，合同在释放能量的同时对社会也造成了某些伤害，经济活动的增加带来的不是英国国会革命以来人们在财产观上视为理想的权力的分散，而是财富的集中。显然，美国人面前的环境挑战不再是辽阔无垠的美洲大陆，而是充满利益冲突的美国社会。美国法律和政策的重点也因此不再是经济发展，而是回到了立宪时期的政治权力的重组。不同的是立宪时期要防范政府权力对个人自由的侵犯，现在要防范的则是私人权力对个人和社会的威胁。美国法律的注意力乃从释放能量和控制环境转向了保持均势（balance of power）。由州际商务委员会开始到《谢尔曼反托拉斯法》的一系列法律活动都是企图在财富集中和个人

[①] Hurst. *Law and the Conditions of Freedom*. 33-70.

及私人团体的自由之间形成一个平衡。私人利益和社会利益之间的平衡引起了愈来愈多的重视。19 世纪和 20 世纪之交的很多立法考虑的不只是释放能量，而且是人力资源和自然资源方面的社会成本问题。公共卫生、童工、女工、工伤、工时、食物、药品、资源保护等方面的立法就反映了这种在美国法律中重视社会成本的新趋势。当然，这种趋势在 20 世纪才得到了充分发展，成为美国法律体系中的一个重要因素。①

赫斯特在形成他的美国法律史学观的过程中，也建立了自己的历史社会学体系。按照芝加哥大学威廉·诺瓦克教授对这个体系所做的分析，其核心是对美国法律和文明的具体研究，是有关 19 世纪到 20 世纪市场和国家作用变化的探讨，也可以说是关于法律、资本主义和自由主义国家的历史观。在赫斯特的历史社会学体系里，法律作为一种历史机制首先是工具而不是规则，是手段而不是目的。它固然有自身的利益和惰性，但它不仅要和其他的社会机制互动，而且受到三种外部压力的影响：1. 建立在不同意愿基础上并有明确目标的彼此竞争的利益的压力；2. 关系到某些社会机制和程序的完善及效率的功能性压力；3. 下意识地放任自流、冷漠、习惯、风俗和无知形成的惰性压力。赫斯特认为后两种压力对法律的影响比第一种大得多。另外，法律机制在结构上十分复杂，有正式与非正式、地方与中央、公与私，以及司法、立法和行政之分。它在功能上也不单一，具有暴力强制、自由宪政、理性程序和资源配置多种功能。从法律工具主义的角度来看，法律没有创造市场，也不是市场的组成部分，但它作为帮助释放能量和控制环境的工具，在 19 世纪促进了美国资本主义市场经济的发展。这就是它在当时的主要社会功能。②

赫斯特把法律不仅看作是具有社会功能的工具，而且视之为社会价值观的体现。他认为，19 世纪的美国人"全都深深地相信生产率的急剧增加带来的社会效益，全都急不可耐地采用包括法律在内的任何似乎在功能上合适的方式为此努力"。③美国当时的法律就是建立在大部分美国人共同持有的这种被称为"自由主义"的中产阶级价值观之上的。个人主义、行动主义和实用主义则是这种价值观的核心。个人主义强调的是个人的创造潜能和尊严。它在法律中的体现就是尊重个人的市场决定，支持契约自由和公共土地的私

---

① Hurst. *Law and the Conditions of Freedom*. 71-108.

② Novak. "Law, Capitalism, and the Liberal State." 100-126.

③ Hurst. *Law and the Conditions of Freedom*. 7.

有化等，其目的就是释放个人能量。这是当时美国法律中居于统治地位的价值观。不过，个人主义不等于静止、消极和负面的个人自由，而要诉诸行动主义，让释放出来的个人能量有所行动，有所创造，有时甚至是进行创造性的毁灭。所以我们看到美国法律鼓励的是变化，而不是维持现状和止步不前。正像个人主义要诉诸行动主义一样，行动主义则要受到实用主义的规范。在赫斯特看来，实用主义是自制和约束的价值观，从法律上来讲，就是要让行动和判断受到理智考虑的约束，表现为一种"怀疑的节制"。不过，实用主义也很容易只注意眼前的实际利益，忘掉了更大的事业和未来的结果，成为赫斯特所说的"杂牌实用主义"（bastard pragmatism）①。显然，19世纪的美国自由主义价值观既是美国历史中一种正面的力量，也是造成浪费和错误的一个原因。

事实上，赫斯特向来认为人类社会存在着可能性和局限性、增长和短缺、无限和有限等基本矛盾，因此19世纪美国人的价值观也不是单向的，既要有自由，也要有秩序。这就形成了法律目标的双重性，一方面要释放个人能量，另一方面又要加以社会控制。于是，在赫斯特的体系里，法律不仅是具有社会功能的工具和自由主义价值观的体现，而且是宪政体制下的国家权力。这种宪政国家意味着，"所有凌驾于人们意志之上的组织起来的权力，都应该以某种方式被赋予责任以服务于比掌权者目的更广的目标"。②尽管19世纪的美国人为了社会经济的发展而倾向于把权力放到个人手中，宪政国家还是对这种权力形成了一种外部制约，因为它承认团体和公共利益的重要。所以赫斯特认为，19世纪的美国虽然因为市场和个人能量几乎被融汇到"旋风般的私人计划和交易"中去了，但"我们从未把自由放任抬高到占统治地位的教义"。③1900年以后，利益冲突的加剧和相互依赖的加深使人们对公共利益更加关注，美国国家权力的发展也随之进入了"现代行政管理国家"的阶段：独立行政管理机构在扩大，法律和行政职能转而制约市场，以社区、宪法和共同利益为基础的理想在价值观中占有愈来愈重要的地位。诚然，赫斯特并没有能就20世纪的美国法律史做大量研究，但他为我们勾画了一个轮廓。

在赫斯特这些著述和学术活动的影响下，美国法律史研究出现了群星灿

---

① Hurst. *Law and Social Process.* 15.

② 转引自 Novak. "Law, Capitalism, and the Liberal State." 132.

③ 转引自 Novak. "Law, Capitalism, and the Liberal State." 134.

烂的第二次学术复兴。作为这次学术复兴的过来人戈登教授在回忆赫斯特时写道:"我们欠他太多了,不仅仅是从那个著名的古老打字机里连续不断、快速地打出来的评论、批判、建议和鼓励的火花,而且是他的学问和道德典范。他为自己设定了长期的项目,并且完成了;他探讨大课题,进行了彻底的研究。他用他的权威要我们读得更广和更细。我们响应是因为我们被打动了:他认为我们的工作可能重要,而且他毫不吝惜自己的力量。甚至在起而反对他的权威时(我是常常这样做的一个人),我们也想得到他的注意和裁判,虽然我们不能指望得到他的赞同,然而他慷慨地给予了一切。"[1]

(三) 赫斯特的学术影响和启示

一个伟大学者的学术成就向来都是既有继承者,也有批判者。这就是他们的影响所在。赫斯特也不例外。可以说,美国法律史研究的第二次复兴就是在赫斯特影响下他的追随者和批评者学术能量的一次火山爆发。这次爆发的范围是在赫斯特自 20 世纪 40 年代以来倾全力探索的领域之内,即法律和经济的关系上。例如,劳伦斯·弗里德曼对 19 世纪合同法的发展做了富有新意的研究,莫顿·霍维茨提出了美国革命后普通法转向工具主义的发人深省的见解,哈里·沙伊伯对征用权和治安权(eminent domain and the police power)进行了深入的探讨,斯坦利·柯特勒就查尔斯河桥案中的"创造性毁灭"做了精辟分析,查尔斯·麦克迪完成了对"自由放任主义宪政"的出色研究,托尼·弗里尔在商法领域里别具匠心地勾画了州法、联邦普通法和宪法的关系。[2] 这些美国法律史第二次复兴中的风云人物不会否认

---

① Robert W. Gordon. "Hurst Recaptured." *Law and History Review* 18 (2000): 167.

② Lawrence M. Friedman. *Contract Law in America*. Madison: University of Wisconsin Press, 1965. Morton Horwitz. *The Transformation of American Law, 1780-1860*. Cambridge: Harvard University Press, 1977. Harry N. Scheiber. "The Road to Munn: Eminent Domain and the Concept of Public Purpose in the State Courts." *Perspectives in American History* 5 (1971): 329; "Property Rights and Public Purpose in American Law." *Proceedings of the International Economic History Association, 7th Congress* 1 (1978): 233-240. Stanley I. Kutler. *Privilege and Creative Destruction: The Charles River Bridge Case*. Philadelphia: Lippincott, 1971. Charles McCurdy. "Justice Field and the Jurisprudence of Government-Business Relations: Some Parameters of Laissez Faire Constitutionalism, 1863-1897." *Journal of American History* 61 (1975): 970-1005. Tony Freyer. *Forums on Order: The Federal Courts and Business in American History*. Greenwich, Connecticut: JAI Press, 1979.

赫斯特在他们学术生涯中无可替代的重要地位。弗里德曼甚至说，读者在他1973 年出版的《美国法律史》的"每一页"都可以发现赫斯特的影响。[①] 沙伊伯认为，赫斯特的学术观为他的研究提供了框架体系。[②] 柯特勒则尊赫斯特为"恩师"，虽然他并未直接受教于门下。[③] 即便是被学术界视为对赫斯特的法律史学观提出挑战的霍维茨，其实在很多问题上也没有真正超越赫斯特的体系。

1977 年，霍维茨的《1780—1860 年美国法律的变化》荣获美国史学最高奖——班克罗夫特奖，成为美国法律史第二次复兴辉煌时刻的重要标志。他在这本书中提出，美国法官的法律观在 1780—1820 年发生了重大变化，他们不再把法律看作是产生于习俗和自然法的永恒不变的原则，而是他们手中可以变化的政策工具，以便促成有利于商业和工业资本主义发展的社会变化，不过，在这一变化基本完成后的 19 世纪 40 年代和 50 年代，美国法律又开始从工具主义回到形式主义，即固定不变的法律原则上来，因为工商资本利益希望保持对它们有利的现状。由于霍维茨在书中强调利益之间的冲突，强调法律在维护某种利益时会损害其他利益，从而进行利益再分配，他的观点一度被很多学者视为对包括赫斯特在内的"一致论"史学的挑战。其实，赫斯特并不是一个真正的一致论者。他虽然认为 19 世纪美国法律背后的价值观具有一致性，但他强调的是主流，而且从来就没有否认矛盾。更重要的是，他自 20 世纪 40 年代以来对法律内史展开的挑战，就是要否认美国法律不会因社会影响而改变的一致论观点，所以有学者认为是赫斯特首先"把美国法律史带到外边来，脱离了保守的一致论驱动的模式"。[④]

事实上，霍维茨和赫斯特有许多类似之处。例如，他们都认为 19 世纪美国法律的最大成就应该是帮助形成了市场资本主义体系。霍维茨的普通法工具主义与赫斯特的能量释放说几乎没有什么区别。如果说霍维茨对市场资本主义的后果持批评态度，那赫斯特对"惰性""杂牌实用主义"和威斯康星森林资源的破坏早就深恶痛绝。赫斯特肯定社会成本方面的考虑对立法产

① Lawrence M. Friedman. *A History of American Law*. New York: Simon and Schuster, 1985: 11.

② Harry N. Scheiber. "Public Economic Policy and the American Legal System: Historical Perspectives." *Wisconsin Law Review* (1980): 1164.

③ 笔者在威斯康星大学时常听柯特勒称赫斯特为"my mentor"。

④ Aviam Soifer. "In Retrospect: Willard Hurst. *Consensus History*, and *The Growth of American Law*." *Reviews in American History* 20 (1992): 125.

生了正面影响，霍维茨也不否认造法者以公共利益为标准时的真诚。赫斯特
阐述了美国法律在 19 世纪和 20 世纪之交转而维持均势，霍维茨则论证了
形式主义在 19 世纪下半叶的崛起，他们都意识到法律在这一时期发生了重
大变化。当然，霍维茨在有关利益冲突和再分配等问题上的观点比赫斯特要
尖锐，但赫斯特体系的涵盖面则比霍维茨的要广得多。赫斯特的分析包括立
法、行政和司法三个部门，并在考察成文法体系的同时检查私法原则，可是
霍维茨对成文法很少注意。赫斯特在联邦主义的框架内研究州法和联邦法律
之间的相互影响，可是霍维茨几乎不谈"联邦作用"。赫斯特在讨论重大政
策形成中的分裂和冲突时可以从他专门研究过的立法机构的记录中旁征博
引，可是霍维茨在谈及法理辩论中的开发派和反开发派时却很少能使双方营
垒具体化。①

　　应该说，霍维茨个人在建立美国法律史学术体系上的贡献还远远不能和
赫斯特相提并论。他那部 1977 年的大作真正的独到之处是他对法义的精辟
详尽的分析。正如沙伊伯在给该书写的书评中所说的一样，当赫斯特和他的
追随者们把注意力从法院的文献扩大到立法程序、利益集团、企业和经济部
门的材料上去的时候，霍维茨反其道而行之，以思想史的传统方法来研究
"法律思维"。② 这是和当时正在兴起中的左翼法学家派别"批判法学派"
（Critical Legal Studies）在研究方法上的发展趋势相一致的。霍维茨本人就
是属于这个派别在哈佛法学院获终身教职的三个左翼法学家之一。另外两位
是罗伯托·恩格尔和邓肯·肯尼迪。肯尼迪后来成为这个派别的主要代表人
物。批判法学派固然有其新左派的政治思想根源，但他们当中相当一部分人
主张从思想史的角度来研究美国法律和法律史，则是和深受赫斯特影响的
"法律和社会运动"有密切的关系。批判法学派认为"法律和社会运动"的
学者在强调法律和经济、政治、社会的关系时走得太远，结果忽略了"法律
程序独立自主的内在动力"，忘掉了"法律的意识形态功能"。③ 邓肯·肯尼
迪等批判法学派学者后来进一步提出了所谓"非决定论"（indeterminan
cy），即法律和社会生活的关系不是两者之间可以互相决定的关系，同样的

　　① Stephen Diamond. "Legal Realism and Historical Method: J. Willard Hurst and American Legal History." *Michigan Law Review* 77 (1979): 793. Harry N. Scheiber. "Back to 'the Legal Mind'? Doctrinal Analysis and the History of Law." *Reviews in American History* 5 (1977): 462-464.

　　② Scheiber. "Back to 'the Legal Mind'? Doctrinal Analysis and the History of Law." 465.

　　③ Neil Duxbury. *Patterns of American Jurisprudence*. New York: Oxford University Press, 1995: 444.

法律在同样的情况下可以产生相反的结果，因为法律规则是很多头脑集体创造的思想结构，它本身具有根本的矛盾性：既要保持个人自由，又要和他人来往。于是，批判法学派的法律史注重研究法律思想结构的形成，还有法义和理论的演化。① 尽管批判法学派本身在 20 世纪 80 年代中期就开始走下坡路，但过去 20 多年里美国法律史学界有愈来愈多的学者受其影响而采用了思想史的研究方法。他们不再把法律看作是工具，而是视为"推论体系"（a discursive system）。② 我们在这些著述中常常可以看到后现代主义的影子。

美国法律史研究自 20 世纪 80 年代以来不仅在方法上离开了赫斯特的结构功能主义，而且在内容上转向了他未曾探讨或注意不够的领域：1. 美国法律体系中被排除在外或处于从属地位的社会阶层如黑人、妇女、劳工、移民、穷人和本土印第安人；2. 与从属关系有关的法律工具如奴隶制、种族隔离制、劳役刑罚、已婚妇女的法律地位、印第安人迁移、庄稼抵押、劳工禁令；3. 为改革或取消这些法律工具展开的民权运动、妇女运动和劳工运动；4. 在刑事犯罪、道德、福利、宗教、战争、国家安全、政治异端或家庭等问题上的法律管制。美国法律史学家现在研究这些问题时不仅更加注意社会冲突，而且更加强调意识形态上的多样性、变化和矛盾。他们不再像赫斯特那样把 19 世纪的美国法律仅仅看作是中产阶级价值观的体现，而是把共和主义、苏格兰启蒙思想、福音派新教主义、古典政治经济学、种族学、欧洲法律思想、实用主义等都纳入考察美国法律思想渊源的范围，并且对 19 世纪末古典法律思想的兴衰和 20 世纪法律自由主义的发展进行研究。这些法律史学家还认为赫斯特对"杂牌实用主义"的批评没有能把美国法律的其他不合理性都揭示出来。可以说，赫斯特在法律史研究上的这些局限性在美国法律史研究的最新进展面前变得愈来愈引人注目了。③

不过，赫斯特革命和它形成的学术体系并没有因此而失去其重要性。首先，最新的学术进展在很大程度上是对赫斯特法律史学观的修正和补充，而不是取代。其次，赫斯特虽然专注于美国法律和经济关系的研究，甚至被有些学者批评为经济决定论，但是正如罗伯特·W.戈登所言："赫斯特也许看轻了其他的行为动机和领域。可是毫无疑问，美国在造法方面居于压倒之势

---

① Robert W. Gordon. "Critical Legal Histories." *Stanford Law Review* 36 (1984): 114.

② William W. Fisher Ⅲ. "Texts and Contexts: The Application to American Legal History of the Methodologies of Intellectual History." *Stanford Law Review* 49 (1997): 1072-1073.

③ Gordon. "Hurst Recaptured.": 167-170.

的努力（成文法、行政、司法和律师事务所工作）都是跟经济交易和经济关系有关的。"① 最后，就是在赫斯特重点研究的领域，即法律和经济的关系上，历史学家要走的路仍然还很长，在当今社会史、文化史、思想史等学术热点和后现代主义思潮的兴起使法律—经济史受到冷落的时代就更是如此。所以，特拉维夫大学朗·哈里斯在《法律和历史评论》上撰长文呼吁法律史学家和经济史学家以及新制度经济学家展开积极的学术互动，为这个学术领域打开新的空间。② 对于至今尚未从历史角度对美国法律和资本主义经济发展的关系做过什么系统研究的中国史学界和法学界来说，我想赫斯特革命应该是我们研究的起点。

---

① Gordon. "Hurst Recaptured.": 172-173.

② Ron Harris. "The Encounters of Economic History and Legal History." *Law and History Review* 21 (2003): 297-345.

三　市场经济的发展与
英属北美殖民地法律的早期现代化

英属北美殖民地时代的法律在美国法律史上应处于什么样的地位，是美国学术界颇有争议的问题。1984 年，美国著名法律史学家斯坦利·卡茨曾经指出，殖民地法律史研究之所以长期以来没有取得令人满意的进展，其主要原因之一就是因为从罗斯科·庞德到詹姆斯·威拉德·赫斯特这样一些学界泰斗关于美国法律史分期的观点产生了太大的影响。[①] 庞德在 1936 年把"美国法律形成的时代"划定为"从独立到内战时期"。[②] 赫斯特在 20 世纪 50 年代阐述他有关法律释放了个人创造性能量的著名观点时，谈的是 19 世纪的美国法律。他认为个人主义是美国文化中含义最深刻的价值观，可是殖民地法律要扩大的却是"社区作为一个社会实体的选择范围"。当时人觉得个人力量太小不足以面对其所处境遇的挑战，因此大家"要紧紧地抱成团，节省而不浪费，防止因嫉妒和不适当的争斗而产生的内部分裂"。[③] 在赫斯特看来，殖民地法律是"重社区、保守和强调道德的，而真正的美国法律（19 世纪的法律）是创造性的、扩张性的和重实效的"。所以他认为"殖民地时代的经历没有多少可以用来解释一个国家的法律的产生"。[④] 庞德和赫斯特的观点在 20 世纪 70 年代由于威廉·E. 纳尔逊和莫顿·霍维茨的两本名著而进一步加强。前者通过对马萨诸塞的研究而断言是美国革命的一代人才使该

---

① Stanley N. Katz. "The Problem of a Colonial Legal History." Jack Greene & J. R. Pole. eds. *Colonial British America: Essays in the New History of the Early Modern Era.* Baltimore, 1984: 457-489.

② Roscoe Pound. *The Formative Era of American Law.* Boston: Little, Brown and Company, 1938: 3.

③ J. Willard Hurst. *Law and the Conditions of Freedom in the Nineteenth-Century United States.* The University of Wisconsin Press, original 1956, reprint, 1986: 37-38.

④ Katz. "The Problem of a Colonial Legal History." 471.

州的社会和法律结构最终发生了变化，后者则将美国法律发生重大转变的时期定为 1780—1860 年。[①] 这样一来，殖民地时期法律的发展变化就不仅在这些学者的观点中，而且在美国法律史的学术研究中都被边缘化了。

就在卡茨于 1984 年批评这种边缘化并大声疾呼加强对殖民地法律史研究的前后，美国学术界以戴维·科尼格、布鲁斯·H.曼和约翰·M.默林为代表的学者开始对过去这种贬抑殖民地时代法律发展的倾向提出了挑战，他们认为美国法律现代化的号角不是在美国革命以后，而是在殖民地时代就已经吹响了，1680—1720 年则是这种大转变的一个关键时期。[②] 琳达·布里格斯·比默、德博拉·罗森、威廉·M.奥法特等人的研究都支持这种观点。[③] 到 2001 年，克里斯托弗·L.汤姆林斯在为有关殖民地法律史的最新论文集《早期美洲的多种法制》所写的导言中甚至指出，就赫斯特所说的 19 世纪的法律是通过选择的自由来实现人的创造性而言，法律在当时所做的一切和"它在过去两百年里做的"并无什么很大的不同。[④] 显然，现在有愈来愈多的学者都在试图论证，美国现代法律的形成在殖民地时代就已经迈出了重要的一步。

然而，纵观这些学者已有的研究，无论是它们所涉及的地域还是它们所探讨的法律内容，都尚不足以使我们对整个英属北美殖民地法律制度的发展有比较全面、系统和准确的把握。各个殖民地在法制发展上所存在的差异性

① William E. Nelson. *Americanization of the Common Law, 1760-1830*. Cambridge, Massachusetts: Harvard University Press, 1975. Morton J. Horwitz. *The Transformation of American Law, 1780-1860*. Cambridge, Massachusetts: Harvard University Press, 1977.

② David T. Konig. *Law and Society in Puritan Massachusetts: Essex County, 1629-1692*. Chapel Hill, North Carolina: University of North Carolina Press, 1979; Bruce H. Mann. *Neighbors and Strangers: Law and Community in Early Connecticut*. Chapel Hill, North Carolina: University of North Carolina Press, 1987; John M. Murrin. "The Legal Transformation: The Bench and Bar of Eighteenth-Century Massachusetts." Stanley N. Katz & John M. Murrin. eds. *Colonial America: Essays in Politics and Social Development*, 3rd ed. New York, 1983: 540-572.

③ Linda Briggs Biemer. *Women and Property in Colonial New York: The Transition from Dutch to English Law, 1643-1727*. Ann Arbor, Michigan: UMI Research Press, 1983; Deborah Rosen. "Courts and Commerce in Colonial New York." *American Journal of Legal History* 36 (1992): 139-163; Linda Briggs Biemer. *Courts and Commerce: Gender, Law and the Market Economy in Colonial New York*. Columbus, Ohio: Ohio State University Press, 1997. William M. Offutt, Jr.. of *"Good Laws" and "Good Men": Law and Society in the Delaware Valley, 1680-1710*. Urbana, Illinois: University of Illinois Press, 1995.

④ Christopher L. Tomlins & Bruce H. Mann. eds. *The Many Legalities of Early America*. Chapel Hill, North Carolina: University of North Carolina Press, 2001: 15-16.

或者说多样性更增加了这方面的困难。美国学者玛丽琳·萨蒙曾感慨说："我在研究早期美洲妇女财产权时碰到的最无所不在的问题跟妇女或财产法都没有关系。它是如何解释殖民地法律异乎寻常的多样性的问题。没有两个殖民地（后来是州）在如何依法处理财产上会有完全相同的结论。"① 另外还有一个难点就是：要对英属北美殖民地的法律制度是否已具有某些现代法律的特点做出综合性判断，就必须对当时社会经济的发展所达到的程度有基本的认识。正如科妮利亚·休斯·戴登所言："新近的学术研究所挑战的不仅仅是大部分法学家所认同的美国法律史最重要的转折点在 19 世纪初期的设想，它还是针对就殖民地时期进行任何综合叙事的核心问题而来的，即经济和社会变化的时间问题。"② 所谓经济和社会变化的时间问题，就是指殖民地时代是否与何时发生了经济和社会的重大变化。如果英属北美殖民地直至美国革命之前都是停滞不前或者发展缓慢的传统社会，那人们就很难想象当时的法律会有多少重大改变，更不要说出现了什么美国现代法律的曙光了。然而，正是在英属北美殖民地社会经济的发展达到了什么程度或者说属于什么性质的问题上，美国学术界至今仍存在很大的争议，而且在不久的将来恐怕也难以形成共识。

因此，笔者不准备全方位地探讨英属北美殖民地社会经济的性质，也不想对殖民地法律制度的发展做系统的综合概括。本研究的目标相当明确，那就是在美国学者已有研究的基础上，对涉及英属北美殖民地社会经济性质的一个关键问题，即市场经济在当时的发展，做一些初步的分析，并进而阐述与市场经济发展密切相关的法律制度方面所出现的早期现代化的一些趋势或者特点。也许这些趋势或特点的代表性与典型性在当时还相当有限，而且与 19 世纪的美国法律相比，英属北美殖民地的法律还只是一个初生的婴儿，但是从美国现代法律形成的历史过程来看，殖民地时期绝不是美国法律史上的"黑暗时代"。③

---

① Marylynn Salmon. *Women and the Law of Property in Early America*. Chapel Hill, North Carolina: The University of North Carolina Press, 1986: 3.

② Cornelia Hughes Dayton. "Turning Points and the Relevance of Colonial Legal History." *The William and Mary Quarterly*, 3rd ser., 50 (1993): 7.

③ Lawrence M. Friedman. *A History of American Law*. New York: Simon and Schuster, 1973: 29.

（一）对殖民地经济资本主义性质的质疑

马克思主义史学家和美国主流史学，尤其是"一致论"学派，都认为美国没有封建主义的过去。[①] 路易斯·哈茨在他的名著《美国自由主义的传统》中明确指出，美国"跳过了封建的历史阶段"。[②] 卡尔·德格勒甚至说，资本主义是随着第一批航船来到了今天美国的这片土地上。[③] 如果我们毫无保留地接受这些观点，那么对于英属北美殖民地的法律已经开了美国现代法律之先河也就不需要有多少怀疑了。可惜历史并非如此简单。早在 1925 年，珀西·比德韦尔就在其有关北部农业的经典之作中指出，自给自足的农业生产在殖民地时代居于统治地位。[④] 不过，这种把 18 世纪的农场主描写为鲁宾逊的自给自足论在第二次世界大战后的学术界遭到了猛烈的批评。真正对"英属北美殖民地从一开始就是资本主义"这一观点构成强有力挑战的，是 20 世纪 70 年代以来不少美国社会史学家所做的大量研究。他们认为，殖民地社会处于前资本主义时期，美国向资本主义的过渡发生在美国革命之后，尤其是在 19 世纪才取得了重大进展。

1970 年，迈克尔·朱克曼、肯尼思·洛克里奇、菲利普·J. 格雷文和约翰·迪莫斯出版了他们各自有关殖民地时代新英格兰的社区研究专著。从此，社区研究成为殖民地社会史研究的一个热门领域。在这些社会史学家的笔下，我们看到的是由很多"基督教的、乌托邦的、封闭的、合作的社区"组成的道德经济占统治地位的前商业社会，用朱克曼的话来说就是"和平的王国"。在这些社区里生活的人们要有共同的文化价值观和信仰，遵守宗教、休闲、农作和公平价格等方面的准则。社区组织如教会、乡镇会议、县级法院为了维护这些价值观和准则，或者要持异议者服从，或者要他们离开。可以说，这些社区的特点是稳定、有纪律、宗教意识强、家长制、同

[①] Robert E. Mutch. "The Cutting Edge: Colonial America and the Debate About Transition to Capitalism." *Theory and Society* 9 (1980): 847.

[②] Louis Hartz. *The Liberal Tradition in America*. New York: Harcourt, Brace & World, Inc., 1955: 3.

[③] Carl Degler. *Out of Our Past: The Forces That Shaped Modern America*. New York: Harper Collins, 1959: 2.

[④] Percy Wells Bidwell & John I. Falconer. *History of Agriculture in the Northern United States, 1620-1860*. Washington: Carnegie Institution of Washington, 1925.

一、自给自足和安于现状。它们和市场竞争、利润、商业化、个人主义、资本主义似乎没有什么共同之处，甚至可以说是南辕北辙。[1] 尽管格雷文和洛克里奇等人也察觉出一些殖民地后来的社会变化，并把它们与美国革命相联系，但正如罗兰·伯索夫和约翰·M.默林所言，这类看法在当时由于证据有限，反而会使人得出相反的结论，那就是即便殖民地社会内部存在紧张局势和分裂，也是比较微不足道和无伤大雅的。[2]

社会史学家不仅在殖民地时代的社区里找到了很多非资本主义或者说反资本主义的因素，而且在家庭生产方式（household mode of production）的长期存在中看到了它对资本主义的顽强抵抗。以迈克尔·梅里尔为代表的一些学者认为，来到英属北美殖民地的第一批欧洲移民建立了独立的农户，在一定程度上就是为了避免其母国资本主义的发展所带来的卑下的工资劳动制度，他们的家庭生产方式作为商业或者资本主义社会的对立面直到19世纪40年代在农业社区都占统治地位。在这种生产方式下，农户之间劳动力和物品的交换是"受制于需要而不是价格"。他们眼中看到的是使用价值而不是交换价值，他们所交换的一切也只是"礼品"而不是"商品"，甚至于他们在交换中使用的"现金"都不是交换媒介，而是与玉米、牛奶一样"适合吃的"又一种物品。[3] 著名农业史学家阿伦·库利科夫断言："直到20世纪中叶，资本主义市场经济使一切东西商品化的过程，虽然减少了但却未能消

① Michael Zuckerman. *Peaceable Kingdoms: New England Towns in the Eighteenth Century*. New York: Knopf, 1970; Kenneth Lockridge. *A New England Town: The First Hundred Years: Dedham. Massachusetts, 1636-1736*. New York: W. W. Norton & Company, 1970: 18; Philip Greven. *Four Generations: Population, Land, and Family in Colonial Andover, Massachusetts*. Ithaca, New York: Cornell University Press, 1970; John Demos. *A Little Commonwealth: Family Life in Plymouth Colony*. New York: Oxford University Press, 1970; Allan Kulikoff. "Households and Markets: Toward a New Synthesis of American Agrarian History." *The William and Mary Quarterly*, 3rd Ser., 50 (1993): 345; Winifred Barr Rothenberg. *From Market-Places to a Market Economy: The Transformation of Rural Massachusetts, 1750-1850*. Chicago: The University of Chicago Press, 1992: 27-28.

② Rowland Berthoff & John M. Murrin. "Feudalism, Communalism, and Yeoman Freeholder: The American Revolution Considered as a Social Accident." Stephen G. Kurtz & James S. Huston. eds. *Essays on the American Revolution*. Chapel Hill, North Carolina: The University of North Carolina Press, 1973: 257-259.

③ Michael Merill. "Cash Is Good to Eat: Self-Sufficiency and Exchange in the Rural Economy of the United States." *Radical History Review* 4 (1977): 42-71. "So What's Wrong with the 'Household Mode of Production'?" *Radical History Review* 22 (1979-80): 141-146. Allan Kulikoff. "Households and Markets", 346. *The Agrarian Origins of American Capitalism*. Charlottesville, Virginia: University Virginia Press, 1992: 17, 26-27.

灭农户家庭供给自己生活所需品的活动。"①总之，家庭生产方式是美国资本
主义商业化的强大而且有韧性的阻力。

除了早期的社区和家庭生产方式外，社会史学家还认为 1750 年以前在
英属北美殖民地居民思想意识中居于中心地位的价值观，也不是资本主义
的。在 20 世纪 70 年代以来有关殖民地社会经济性质的论战中堪称社会史
学家之旗手的詹姆斯·亨里塔就明确指出："经济上获利对于这些男女来说
是重要的，但它不是他们君临一切的价值观。它要服从于（或者被包含于）
两个其他的目标：家庭单位每年的生活所需和长远的财务保障。"这就是英
属北美殖民地农户家庭的"心态"。亨里塔认为，农户家庭立身于三个不同
层次的经济世界里。第一是维持自身的生活所需，为家庭提供保障。第二是
和相邻的农户及工匠交换物品及劳动力，加强地方社区的凝聚力。第三才是
在市场经济中出售剩余产品，以获得现金或是商店的信贷。所以，"他们的
社会既不是'自给自足'的，也不是深陷于资本主义世界经济之中。它既有
某些前资本主义的特点，又有某些市场体系的特性……"不过，"市场不是
前工业时代美国农业社会的主宰"，殖民地居民的经济行为还要取决于他们
家庭的考虑、他们在社区里的地位和他们在宗教上传统的（常常是反资本主
义的）道德规范。于是，在亨里塔看来，"直系相传的家庭——不是婚姻组
成的单位，更不是无所依附的个人——便这样立足于前工业时代美利坚北方
农业社会的经济与社会存在的中心地位"。这种以确保农户家庭为目标的心
态被他称为"前工业时代美利坚的心态"。②

（二）殖民地市场经济的扩展

当这些社会史学家和农业史学家论证英属北美殖民地社会具有前资本主
义的特点时，他们的观点显然支持了庞德、赫斯特、纳尔逊、霍维茨等人的
美国法律史分期说，即美国现代法律的形成是在美国革命之后。这就使汤姆
林斯等法律史学家近年来否认殖民地法律与 19 世纪的美国法律存在区别的
看法，被蒙上了一层疑云。笔者认为，这些社会史学家和农业史学家有关美

---

① Kulikoff. "Household and Markets." 347-348.

② James A. Henretta. *The Origins of American Capitalism*. Boston: Northeastern University Press, 1991: xxii-xxv, 71, 97, 119.

国并非天生资本主义而是经历了一个向资本主义过渡的漫长过程的观点，确实颇有见地，而且可以帮助我们将殖民地法律和后来的美国法律有所区别。不过，这并不等于说殖民地时代的法律和 19 世纪相比差别会如此之大，以至于前者就像是死水一潭。事实上，当这些社会史学家和农业史学家批评具有一致论倾向的传统观点，强调殖民地时代存在非资本主义和反资本主义的力量的同时，他们往往有矫枉过正的倾向，即低估了有利于向资本主义过渡的因素的存在，特别是市场经济在当时的发展。因此，我们需要了解其他一些社会史学家，尤其是经济史学家，在这些问题上所做的研究和他们所持有的不同观点，才能对那些有利于向资本主义过渡的因素及其对英属北美殖民地法律的发展趋势所产生的影响，做出比较恰如其分的估计。

我们首先来看一下殖民地社区。社区研究的一个最大问题就是它的代表性或者说典型性。朱克曼、洛克里奇、格雷文和迪莫斯有关新英格兰某些小镇传统性的个案研究是否能代表整个新英格兰地区甚至整个英属北美殖民地呢？答案显然是否定的。1983 年，斯蒂芬·英尼斯在他有关 17 世纪斯普林菲尔德的研究专著中指出，当时大部分新英格兰人或者住在沿海码头，或者住在河港小镇，可是洛克里奇研究的戴德姆和格雷文研究的安多弗则是"被隔绝的、落后的农作社区"，这种社区的集体性、平等、和谐，根本不能代表波士顿和塞勒姆这样的沿海港口的特点。[①] 后者的商业精神、派别林立、社会分层和相互竞争已在一些史学著作中得到了反映。[②] 即便是农业小镇，也不是尽如戴德姆和安多弗一样。英尼斯所研究的斯普林菲尔德就是一个高度商业化的农业小镇。"是物质机会而不是有机的统一左右了居民的行为。人们作为皮毛商、工匠、车夫、帮工或者农场主来到该镇是为了寻求他们的财富，而不是为了建立一个敬畏上帝的社区"。[③]

约翰·弗雷德里克·马丁在对包括戴德姆在内的 63 个新英格兰小镇进行研究后，于 1991 年出版了《荒野里的利润》一书。他发现很多 17 世纪的殖民地小镇在创建之初就为牟利的创业精神所驱动，而这种精神是"在社

---

① Stephen Innes. *Labor in a New Land: Economy and Society in Seventeenth-Century Springfield*. Princeton, New Jersey: Princeton University Press, 1983: xvi-xvii.

② Darrett B. Rutman. *Winthrop's Boston: Portrait of a Puritan Town, 1630-1649*. Chapel Hill, North Carolina: University of North Carolina Press, 1965; Paul Boyer & Stephen Nissenbaum. *Salem Possessed: The Social Origins of Witchcraft*. Cambridge, Massachusetts: Harvard University Press, 1974.

③ Innes. *Labor in a New Land*. xvii.

会和文化上都能被接受的一种实际需要"。不仅如此，很少有地方是所有的居民都是未划分土地的所有者，也很少有地方是所有的成年男性都有选举权的。这种在经济和政治权利分配上存在的不平等使这些镇的居民彼此离异，成为众多冲突的原因。马丁还发现，大多数镇都是由土地公司提供定居资金，握有镇的土地所有权，控制着镇民大会。因此他得出结论说："当史学家认为新英格兰乡镇的土地制度具有社区性时，他们是将股东之间的友情关系错误地看作是乡镇居民之间的友情关系。当他们认为镇民大会具有平等性时，他们是把很多事实上的股东民主制称为'乡镇民主'。"如果说戴德姆在新英格兰乡镇中具有代表性的话，那么马丁的研究证明，它是一个既有社区心态又有商业心态，既有宗教心态又有生意心态的地方。新英格兰乡镇所呈现的并非只是社区至上的单一面孔。[1]

至于新英格兰正统清教殖民地模式在所有英属北美殖民地中的代表性，则在美国著名殖民地史专家杰克·P. 格林 1988 年出版的专著中遭到了挑战。诚然，当格林对过去二十年的殖民地社会史研究进行综合时，他并不否认新英格兰的农业乡镇具有家长制、社会平等、排他性宗教、社区统一和鄙薄商业谋利的传统社会的特点，也不否认这种正统清教社区后来由于商业化的冲击而走下坡路的所谓"沉沦"模式，在解释新英格兰殖民地社会的某些发展上仍然有效。但是，他认为能代表其他英属北美殖民地的并不是新英格兰的"沉沦"模式，而是切萨皮克地区的"发展"模式。在格林看来，切萨皮克地区从一开始就是一个充满活力、松散、开放、个人主义、彼此竞争、等级分层和以市场为基础的社会，后来由于人口与经济的增长、奴隶制的建立和本地出生的社会上层的形成，它才逐渐有了社区感、凝聚力和稳定性。因此，切萨皮克地区走的不是新英格兰从 "gemeinschaft"（社区）到 "gesellschaft"（社会），从邻里精神到个人主义，从传统到现代的"沉沦"之路，而是从简单到复杂，从混乱到有序，从初始到成熟的"发展"之道。以"沉沦"模式为一极，以"发展"模式为另一极，新英格兰和以切萨皮克为代表的其他英属北美殖民地在 17 世纪后期开始出现向中间靠拢的趋同倾向，变得愈来愈像在资本主义的发展上走在前面的母国英格兰。这就是一些

---

[1] John Frederick Martin. *Profits in the Wildness: Entrepreneurship and the Founding of New England Towns in the Seventeenth Century*. Chapel Hill, North Carolina: University of North Carolina Press, 1991: 3-4, 294-304.

殖民地史学家所说的"英国化"过程。[1]

　　仅仅从以上三位学者的研究中就可以看出，如果说有利于资本主义发展的因素在新英格兰和其他英属北美殖民地的社区尚不是无所不在的话，那么它们的存在和对社区的影响至少是没法否认的。至于殖民地时代市场经济和商业化的发展，则更是给当时的人和后来的历史学家留下了深刻的印象，远非强调家庭生产模式的社会学家所描述的那样步履维艰。亚当·斯密在美国独立的前夕就曾经指出："一个文明国家的殖民地……在走向财富和强大方面比其他任何人类社会都快得多。"[2] 英属北美殖民地便是如此。由于缺乏当时的统计数据，经济史学家们用以估算殖民地经济增长的最好指数就是人口。这样推算下来，后来成为美国的英属北美殖民地在 1650—1770 年的生产总值年增长率为 3.5%，7 倍于英国在同一时期不到 0.5% 的生产总值年增长率。[3] 更重要的是，商业和贸易在殖民地经济生活中占有举足轻重的地位。据詹姆斯·F. 小谢泼德和加里·M. 沃尔顿估算，1768—1772 年英属北美十三个殖民地平均每年人均出口值占人均总收入的 11%—13%；如果加上船舶出口值和与出口有关的隐形收入（保险、信贷等商业服务等），则占人均总收入的 14%—16%；如果沿海贸易的出口值也加上，那人均出口总值要占人均总收入的 17%—19%。这个比例在殖民地早期可能会更高。[4] 由此可见，当时人受市场经济和商业化影响的程度还是相当大的。

　　就是在新英格兰的农业地区，即社会史学家认为道德经济占统治地位的地方，威尼弗雷德·B. 罗滕伯格的研究也证明：原始市场在 1750 年以前就有了，而到了 1785—1800 年之间，美国革命后出现的劳动力、农产品和资本的地区和跨地区市场，已经使马萨诸塞州的农业和农场家庭居于其统治之下。不过，由于缺乏 1750 年以前的价格数据，罗滕伯格承认不能排除当时存在道德经济的可能，但她断言道德经济模式不适用于 1750 年以后的马

---

① Jack P. Greene. *Pursuits of Happiness: The Social Development of Early Modern British Colonies and the Formation of American Culture*. Chapel Hill, North Carolina: The University of North Carolina Press, 1988.

② John J. McCusker & Russell R. Menard. *The Economy of British America, 1607-1789*. Chapel Hill, North Carolina: The University of North Carolina Press, 1985: 5.

③ Ibid., 57.

④ Ibid., 85-86.

萨诸塞农村乡镇。[1]

另外，格洛丽亚·L. 梅因和杰克逊·T. 梅因在他们 1999 年发表的论文中，利用殖民地时代马萨诸塞、康涅狄格、新罕布什尔的样本地区和样本县的遗产检验记录及账本上的数据资料进行计算，证明新英格兰并不像很多学者所说的是一个因冬天长和土地贫瘠而使农户只能勉强维持其生计的地方。据他们统计，在 1661—1674 年之后的一百年里，新英格兰活着的遗产检验类财产持有人的人均财产总值翻了一倍，年增长率（以年复合率计算，下同）为 0.84%，人均净产值的年增长率则为 0.8%。这两个增长率对于前工业社会的经济增长来说都是很好的表现。他们还发现，25—44 岁和 45—64 岁这两个年龄群体所拥有的总产值翻了一倍多，前者的年增长率是 0.9%，后者是 0.75%。至于账本上记载的农场日工资在 1715—1764 年的年增长率甚至高达 1.25%。因此，这两位学者得出结论：所有这些估算都表明新英格兰的农业经济在 18 世纪是充满活力的。[2]

那么究竟是什么因素使新英格兰农业经济能长期保持增长呢？首先，格洛丽亚·L. 梅因和杰克逊·T. 梅因发现，农场主已开发土地的增加速度超过了农户人口增加所产生的维持生活与提供就业的需要，前述活着的遗嘱检验类财产持有人的人均财产总值增长中有三分之一就是因此而来。此外，劳动专业化、人口密集化和运输成本减少使效率的提高成为可能。更重要的是，农产品市场的发展超过了史学家过去的估计。1675—1748 年渔业的发展和随之而来的沿海居民点的城市化使得愈来愈多的城镇人口成了农产品的消费者。塞勒姆、纽伯里波特、马布尔黑德、格洛斯特的居民在 1765 年占埃塞克斯县总人口的 37%；波士顿和查尔斯顿的居民占萨福克和米德尔塞克斯两县人口的 25%；达特茅斯/新贝德福德和里霍博斯的居民占布里斯托尔县人口的 46%。到 1770 年，罗得岛的人口有 23% 居住在普罗维登斯和纽波特。康涅狄格的哈特福德等六个城镇的居民在 1774 年占殖民地人口的 20%。除了消费者人口的增加扩大了市场以外，1691 年开始的纸币的发行也提高了市场交易的效率。由此引起的通货膨胀曾受到史学家们的批评，但梅因夫妇认为 1725—1745 年新英格兰的平均年通货膨胀率只有 3.5%，并

---

[1] Winifred Barr Rothenberg. *From Market-Places to a Market Economy: The Transformation of Rural Massachusetts, 1750-1850.* Chicago: The University of Chicago Press, 1992: 54, 243.

[2] Gloria L. Main & Jackson T. Main. "The Red Queen in New England?" *William and Mary Quarterly* 3rd Ser., 56 (1999): 121-147.

不算高。1750 年以后纸币虽被迫停止使用，不过并未造成货币紧缺，因为英国对殖民地过去战争开支的支付和修路、驻军的开销，为殖民地提供了大量硬币。不仅如此，殖民地信贷包括票据、债券，抵押契据等在 18 世纪稳步增加，同样也使市场活动有了更大的灵活性。[①]

殖民地时代市场经济与商业化获得迅速发展最直接的证据，就是最近 20 多年来学者们关注的所谓 18 世纪的"前工业时代的消费者"和"商品帝国"。卡罗尔·沙玛斯对 1660 年到美国革命前殖民地的遗产清单的研究表明，殖民地家庭并没有如人们想象的那样由于人口多、富有和大都在农业地区而比英国家庭更多地从事自给自足的生产。他们实际上比英国人更符合"前工业时代消费者"的称谓。南部种植园主很少种谷物，多倾全力生产烟草。到 18 世纪后期，不少殖民地进口的谷物比出口的多。由于南部男多女少，加之黑人妇女要参加大田劳动，原本可由妇女家庭劳动提供的奶制品、饮酒、烤面包、家禽和纺织品等也得从市场购买。尽管南部和北部的农户都能自己提供牛肉、猪肉和牛奶，但直到美国革命前十三个殖民地都是奶酪和黄油的纯进口者。有研究表明，17 世纪 50 年代和 60 年代的切萨皮克地区居民开支的三分之一是用于进口布匹和服装，此后殖民地人拥有的纺纱和织布的工具虽然增多了，但无论是就一个家庭还是就一个地方而言，他们从未能在布匹生产上接近自给自足。据沙玛斯估计，美国革命前夕一个殖民地的人均收入也许有 30 % 要用来从这个殖民地以外进口商品，其中 75 % 都是消费商品。这个进口比例之高超过了 19 世纪的大部分时期。[②]

正是由于每年进口商品的增加，尤其是 18 世纪 40 年代开始英国商品潮水般地涌入北美殖民地，T. H. 布林认为：几乎所有的殖民地人到 1750 年都被纳入了这个"商品帝国"。他研究了当时旅行者和政府官员记述的殖民地人市场行为的变化、博物馆里的收藏、考古学家的发掘、殖民地时代的遗产清单、殖民地报纸上的广告和英国海关的分类账后发现，这六方面的证据都说明英属北美殖民地人在 18 世纪中叶在物质文化上进入了一个新时代。它区别于过去的地方不仅仅是消费的增加，而且是市场提供了多种多样的选择和普通男女现在都有能力进入消费者市场。可以说，"几乎每个人都有机

---

① Gloria L. Main & Jackson T. Main. "The Red Queen in New England?" *William and Mary Quarterly* 3rd Ser., 56 (1999): 121-147.

② Carole Shammas. *The Pre-industrial Consumer in England and America*. Oxford: Clarendon Press, 1990: 59-64, 292.

会成为消费者"。他们无论居住在何处，都同样要面对愈来愈多的英国出口商品，同样要在价格愈来愈便宜的商品面前做出自己的选择。这个庞大的英美市场使得殖民地人的日常生活经历变得愈来愈标准化了。在布林看来，正是殖民地人在 18 世纪中叶积极参与市场消费的这种共同经历提高了他们对英国的认同感，觉得自己应该享有大英帝国为所有臣民提供的商业繁荣、军事保障和个人自由。然而，也正是殖民地人这种日益增加的消费使得当时的英国人认为他们奢华和富足，从而在七年战争后要对他们征税，促发了最终导致美国革命的反抗。如果说殖民地人在意识形态、经济地位、社会身份和地区利益上难以求同的话，那么他们作为"商品帝国"的消费者倒是使他们比较容易地站到了同一条战线上，抵制英货也就成了他们建立信任的基础。这样，布林在 2004 年出版的新著《革命的市场》中就不仅为我们勾画出了18 世纪中叶英属北美殖民地市场经济在"商品帝国"中的迅速发展，而且从消费者政治的角度为美国革命的起源做出了新的解释。[①]

最后还要说明的是，亨里塔的"前工业美利坚的心态"也遭到了著名殖民地经济史学家埃德温·J. 珀金斯的驳斥。后者认为殖民地社会所反映的是"一种渗透了市场价值观和资本主义原则的文化"。珀金斯是以亨里塔在1978 年提出上述观点后许多学者发表的研究成果为基础，对殖民地时期的各个社会阶层是否具有"创业精神"进行了综合分析。他所谓的"创业精神"指的是个人愿意冒风险将资本和劳动力用于长远收入水平的增加和更多财富的积聚。据其分析，尽管商人中有少数人不想冒险而意在维持现有资本，但是这个社会群体中的大部分人都是 19 世纪美国企业家的前驱。工匠虽然被一部分史学家列入劳工阶层，但也有学者视他们介于企业主和劳工之间，因为作为师傅的工匠常常是小企业的所有者和管理者。除了费城这样的城市地区以外，大部分工匠到 30 岁时都已结婚并自雇。珀金斯承认，重社区和重家庭的价值观在新英格兰人口众多的老社区的农户中可能长期存在，但是把十三个殖民地作为一个整体来考虑，中部和南部殖民地的大多数农户和新英格兰相当数量的农户都不是只满足于维持现状的人，他们要谋求的是积聚更多的财产，诸如土地、牲畜、契约奴、黑奴、围栏、谷仓以及其他生产资料。因此，相当大一部分农户也是属于具有"创业精神"的群体。珀金

---

① T. H. Breen. *The Marketplace of Revolution: How Consumer Politics Shaped American Independence.* Oxford: Oxford University Press, 2004.

斯还把南部种植园奴隶主和拥有契约奴或奴隶的其他农场主也归于这类群体，因为他们使用奴隶和契约奴的目的是生产可以在市场上出售的剩余产品。其中很多人都和海外市场相联系。他们所雇用的没有所有权的全职监工，使人们看到了 19 世纪制造业和铁路公司中管理阶层的雏形。1980 年代以来很多学者发表的论著还证明，契约奴也是具有"创业精神"的群体。除了少数从人满为患的英国监狱里送到北美的犯人以外，大多数契约奴都是自愿签约为自己未来的福利投资，想用一定时间的劳动服务换取未来在新世界的自由和在旧世界所不可能有的机会，例如拥有自己的农场和工匠铺等。为此，殖民地时期有 25 万欧洲人以这种方式来到了北美大陆。后来甚至于本地出生的贫困青年也发现，这是一个对他们来说可以通过强制储蓄获得少量资本在未来投资于生产资料的好办法，于是自动签约当契约奴的不乏其人。此外，殖民地社会还存在一个占人口总数约三分之一的劳工阶层，其"创业精神"也不可低估。这些人大都是 15—30 岁的未婚青少年，他们的父母在经济上是独立的，甚至很富有。这些青少年在生命周期中收入少的阶段外出打工，积累资本和经验，只是为他们婚后成功发展做准备的第一步。他们绝不是安于现状的人，而是创业者。经珀金斯这么一分析，殖民地社会被排除在有"创业精神"的群体之外的只有黑奴（不包括在城市地区将劳动力外租经营店铺的黑奴工匠等）、水手、30 岁以上通常终生未婚的劳工和作为个人的大部分妇女（不包括她们作为家庭成员协助配偶经营的情况，也不包括少数掌握了财产权的寡妇和未婚女儿）。他因此得出结论："在欧洲人移居的头两百年时间里，创业的心态和经济上向上发展的策略在英属北美殖民地的自由人口中随处可见。"[1]

综上所述，如果说我们对于英属北美殖民地是否已经成为资本主义社会应该有所保留，而且对于社区传统、家庭生产方式、"前工业时代美利坚的心态"所具有的抵制资本主义发展的强大而持久的力量也应该予以承认的话，那我们同时也要看到在殖民地社会存在着有利于资本主义发展的生机勃勃的相反倾向，尤其是市场经济的扩展和商业化的加速。可以说，它们直接影响到了英属北美殖民地社会经济制度的形成与发展。这一点在殖民地法律

---

[1] Edwin J. Perkins. "The Entrepreneurial Spirit in Colonial America: The Foundations of Modern American Business History." *Business History Review* 63 (1989): 160-186.

这面"魔镜"中得到了相当充分的反映。[①] 我们从这面"魔镜"中不仅可以看到市场经济的发展,而且可以看到它对法律制度早期现代化所产生的巨大影响。

(三)殖民地法律的早期现代化与市场经济的发展

社会史学家、农业史学家、经济史学家和其他殖民地史学家使用的殖民地时代的账本和遗产清单,固然是判断当时人卷入市场经济的程度的重要史料,但一方面这些史料有限,另一方面这些史料中所反映出的殖民地人在经济上的往来,有些可能确实是梅里尔所列举的非商品交换,即与市场无关的个人之间的交换,它体现的是一个社区内邻里、亲戚、朋友彼此之间的依赖和相互之间的帮助。因此,美国法律史学家德博拉·罗森认为,法院的记录才是有关殖民地人卷入市场经济的更为准确的史料。[②] 当人们为了债务而诉诸公堂时,他们之间的经济往来便在很大程度上失去了社区内个人之间感情和信任的色彩,不再具有"礼品"的含义,而变成了只讲经济得失的市场经济中的商品交换。所以,债务诉讼的增加往往比其他数据更为准确地反映了市场经济的扩大。不仅如此,布鲁斯·H. 曼对殖民地时代康涅狄格的研究还表明,债务诉讼本身经历了一个从以账面债务为主到以票证债务为主的发展过程。[③] 这种变化同样也反映了市场经济的扩大。其结果就是出现了美国著名社会学家塔尔科特·帕森斯所说的早期现代化的一个重要发展趋势,即社区和经济的分离。这就是说,人们在市场经济中的往来不再和社区内个人之间的血缘、亲近、感情、信任等有密切的关系,也不再限于社区内部。[④] 与此相关联,法律在处理人们之间的诉讼纠纷时也不能仅仅着眼于个别社区

---

① 美国最高法院大法官奥利弗·温德尔·霍姆斯曾经称法律为能反映我们自己和其他所有人生活的"魔镜",参见 Kermit Hall. *The Magic Mirror: Law in American History*. New York: Oxford University Press, 1989: 3.

② Rosen. *Courts and Commerce*. 79-80.

③ Mann. *Neighbors and Strangers*.

④ Talcott Parsons. *The System of Modern Societies*. Englewood Cliffs, New Jersey: Prentice Hall, 1971: 50. Johannes Berger. "modernization Theory and Economic Growth." Waltraud Schelkle, Wolf-Hagen Krauth, Martin Kohli, & Georg Elwert. eds *Paradigms of Social Change: Modernization, Development, Transformation, Evolution*. New York: St. Martin's Press, 2000: 34.

内人与人的具体关系，而必须具有超出社区的更为广泛的适用性或者说一般性。于是，"法律和社区分道扬镳了，因为法律变得更具一般性，而社区变得更具个别性"。① 这就是殖民地法律的早期现代化，具体表现为陪审团作用的弱化、事实性答辩向法律性答辩的转变、普通法令状制度的逐步健全、专业律师队伍的出现和扩大，以及仲裁这种在社区内解决争端的非正式形式的正规化或边缘化。

英属北美殖民地债务案件的增加始于 18 世纪上半叶，即彼得·查尔斯·霍弗所说的"第一次诉讼爆发"。当时法院案件数量上升之快甚至超过了人口的增长速度。② 据彼得·E.拉塞尔统计，马萨诸塞高等法院做出判决的案件从 1700 年的 108 件猛增到了 1750 年的 1069 件，后者几乎是前者的十倍，而同一时期，殖民地人口仅增加了两倍多。③ 这些案件绝大多数都是民事案件，刑事案件仅占几个百分点。戴维·格雷森·艾伦的研究也发现，马萨诸塞的米德尔塞克斯县 18 世纪 40 年代的民事案件是 18 世纪头十年的十倍。④ 更为重要的是，拉塞尔对 18 世纪上半叶马萨诸塞主要涉及商业纠纷的"间接侵害之诉"（trespass on the case）和主要涉及土地所有权的"侵害之诉""收回土地之诉"（trespass/ejectment）的案件数量之比也做了统计。他发现诉讼争端的重心正在逐渐从土地所有权转向债务和商业交易。根据拉塞尔的统计，"间接侵害之诉"的案件数量在 1720 年以前是土地所有权案件的 2 倍，到 18 世纪 20 年代二者数量大体相等，此后"间接侵害之诉"案件则在数量上大幅度领先。"间接侵害之诉"包括的范围相当广，商业性案件在其中占的比例有多大呢？拉塞尔对马萨诸塞五个县所做的统计分析表明，商业性案件在其中所占的比例平均为 68.9%，在布里斯托尔则高达 88.9%。商业案件之所以在萨福克、埃塞克斯和布里斯托尔这几个县比较多，是因为它们有波士顿、塞勒姆等港口或者靠近普罗维登斯与纽波特这些商贸集中的地方。值得注意的是米德塞克斯和普利茅斯县，它们是商业和农

① Mann. *Neighbors and Strangers*, 167-168.

② Peter Charles Hoffer. *Law and People in Colonial America*. Baltimore: The Johns Hopkins University Press, 1992: 50.

③ Peter E. Russell. *His Majesty's Judges: Provincial Society and the Superior Court in Massachusetts, 1692-1774*. New York: Garland Publishing, Inc., 1990: 21-24.

④ David Grayson Allen. *In English Ways: The Movements of Societies and the Transfer of English Local Law and Custom to Massachusetts Bay in the Seventeenth Century*. Chapel Hill, North Carolina: University of North Carolina Press, 1981: 237.

业并重的地区。尽管担保债券、期票、汇票、盖章合同在那里的使用不如在波士顿或塞勒姆那样习以为常，但马萨诸塞中部和南部的农场主和村夫们也有不少人知道如何正确使用这些商业票证，甚至包括处于社会下层的劳工。例如，1750 年普利茅斯巡回法庭受理的特恩弗诉林赛案涉及的就是一个劳工与他人之间用期票作担保的贷款纠纷。因此，拉塞尔得出结论：马萨诸塞的"经济包含农业和商业部门。这就其本身而言当然没有什么令人奇怪的。值得注意的是农作地区商业活动的数量和世纪中期埃塞克斯及布里斯托尔居民愈来愈注重通过贸易和信贷机制来安排他们的经济生活的趋势"。[①]

　　罗森对中部殖民地纽约的研究也得出了类似的结论：民事案件在 18 世纪上半叶剧增，而且主要是债务案件。纽约市市长法庭的民事诉讼率在 1698 年为每百人 0.97 个讼案，到 1749 年上升到每百人 1.88 个讼案，增加了 107%。在 1676—1700 年间，每年平均只有 45 件民事讼案，到 1756 年时每年平均民事讼案高达 207 件。与此同时，农村地区的诉讼率也在剧增，而且增加得更快。达奇斯县民事法庭的讼案自 1730 年后逐渐增加，到 1753 年达到一个高峰。诉讼率从 1731 年的每百人 0.35 个讼案上升到 1756 年的每百人 1.23 个讼案，增加 250%。就当时这个殖民地最高法院受理的案件来看，整个纽约地区的诉讼率从 17 世纪 90 年代的每百人 0.19 个讼案增加到了 18 世纪 50 年代的每百人 0.35 个讼案，增长 84%。实际案件数从 1694—1696 年的平均每年 28 起增加到了 1754—1756 年的平均每年 342 起。由于当时纽约法院的审判记录一般没有系统地标明诉讼形式，因此难以对整个殖民地讼案类型进行准确的统计分类。不过，里士满县民事法院的审判记录比较独特，它标明了诉讼形式，从而使我们可以根据这个县的统计数字对整个殖民地法院的诉讼类别比例有个大致的了解。罗森的计算表明，里士满县的讼案中有 86% 与债务有关。考虑到纽约市的这个比例会更高，她估计在 1747 年到美国革命之间应该达到了 90% 左右。因此，罗森认为："诉讼率的增加主要反映了与债务有关的讼案的增加。"[②]

　　至于南部殖民地是否也可以从债务讼案的增加看出市场经济的扩张，目前尚无学者可以提供如拉塞尔和罗森所整理出的较为系统的统计数据。不过，弗吉尼亚殖民地议会在 1732 年通过了一项新的立法，目的就是要解决

---

① Russell. *His Majesty's Judges*. 29-36.

② Rosen. *Courts and Commerce*. 83-84.

债务关系引起的一系列问题。该法指出了债务讼案增加的事实和种植园主-商人普遍依靠信贷将货物交付代销商出售的现象。由于这类交易除了买卖双方外无人知情，致使债务纠纷常常在有无立约和如何证明上争执不下。为此，新法律规定种植园主-商人和店主可以向法院提供自己的账本作为合法证据，被告亦可对原告提供的证据表示异议。[①] 显然，债务讼案由于市场经济的扩张而增加不是一个孤立的现象，它不仅出现在新英格兰和中部殖民地，而且在南部也一样不乏其例。

在债务诉讼增加的同时，这类讼案的性质也在发生意义重大的变化，即从主要涉及账面债务转变为主要涉及票证债务。布鲁斯·H. 曼对 17 世纪末到 18 世纪中叶康涅狄格几个县的法院记录所做的出色研究表明，这种变化不仅反映了债务关系从社区内的个人关系转变为超越社区的市场经济中的非个人关系，而且使我们清楚地看到法律是如何从传统的社区关系中走出来，变得愈来愈具有适用于整个社会的一般性特点。根据布鲁斯·H. 曼的统计，哈特福德县法院受理的涉及账面债务的讼案在 1700 年占所有债务案件的 82.9 %，到 1750 年下降到 17 %；而涉及债券和票据等票证的讼案在所有债务案件中所占的比例则从 1700 年的 17.2 % 上升到 82.9 %。[②] 罗森对纽约地区的研究虽然没有像布鲁斯·H. 曼一样对票证债务的增加做出统计，但她列举了从 18 世纪 30 年代到 18 世纪 60 年代的报纸广告、讼案、书信备查簿中找到的有关书面票证可以转让和进入流通以支付债务的种种证据。[③] 可以说，殖民地债务在 18 世纪上半叶从以账面债务为主向以票证债务为主的转变，同样不是某个殖民地才有的孤立的现象。

所谓账面债务就是债权人在自己的账本上记下的债务人欠下的债务，除此以外并无任何书面证据。账面债务一般来说没有数量和时间上的限制，除非双方另有约定，而且也没有利息可言。由于账面债务是在债务人没有明确承担偿还义务的情况下债权人自愿贷出的款项，这种债务关系显然是建立在信任之上。有关双方彼此熟悉，或者是生活在同一个社区里的邻居或朋友，或者同为一个地理上彼此分开但生意上休戚相关的商人社区的成员。总之，账面债务大都是社区内的往来。1700 年在哈特福德县法院为账面债务进行

---

① A. G. Roeber. *Faithful Magistrates and Republican Lawyers: Creators of Virginia Legal Culture, 1680-1810*. Chapel Hill, North Carolina: University of North Carolina Press, 1981: 40-41.

② Mann. *Neighbors and Strangers*. 171, Table I.

③ Rosen. *Courts and Commerce*. 38-40.

的起诉有 90 % 是发生在这个县的居民之间，有 60 % 是发生在同一个镇的居民之间。① 当社区成员之间发生债务纠纷时，他们之间的纠纷不会仅仅限于他们作为债权人和债务人之间的关系，而且涉及他们之间的多重社会关系，例如是邻居、亲戚、教会会友、当地民兵中的战友、追求同一个寡妇的对手或者子女斗殴的家长等。人类学家的研究发现，法院处理这种社区成员间影响他们多重社会关系的讼案所采取的方式，与处理除了债务关系以外其他方面行同路人的单一性纠纷时是不一样的。一般来说，法院在取证时比较注意涉及诉讼双方多重关系的范围广泛的证据，而不强调证据和诉讼纠纷本身的直接相关性。另外，由于诉讼双方还要在社区里继续相处下去，而不会如陌生人那样在讼案结束后老死不相往来，法院还比较倾向于和解或者让法律行动成为给社区减压的手段。②

在 1713 年纽黑文县法院受理的盖伊诉柯克姆案中，商人约翰·盖伊指控前仆人玛丽·柯卡姆账面负债 5 英镑 11 先令 4 便士。法院要盖伊出示其账本作为证据，并传召三个证人宣誓作证。然而，盖伊的账本作为与债务直接有关的主要证物并未起决定性作用，它只是在法庭上讨论债权人和债务人多种往来的一个起点。陪审团在第一轮审判中裁定柯克姆胜诉，确认她已付给盖伊 5 英镑，并无未付债务可言。诉讼双方、法官和陪审团在判定柯克姆是否负债时考虑的证据，大都与债务没有直接的关联，例如柯克姆何时与盖伊签约为仆，工资协定如何，她是否恪尽职守等。③ 正是由于法院不把账面债务纠纷看成是一个只涉及债务的单纯的法律问题，而是视其为有关双方多重交往关系的反映，所以它把每一个债务纠纷都当作是个别性的独特案例处理，需要有关双方把他们认为有关的事实证据全部呈报后才能做出裁决，而不倾向于凭借一般性的法律原则对债务纠纷本身就事论事地进行审理。这就是说，债务纠纷的法律问题要放到更大的社会关系的框架结构中去处理。事实上，法院让债务双方利用诉讼把所有的积怨都和盘托出，是在发挥一种重要的社会功能，即为社区冲突减压。像 1714 年托马斯·希契科克和汉纳·希契科克对他们的姻亲雅各布·鲁宾逊提出的债务控告就是如此，法院的判决并没有解决他们之间长期累积的种种矛盾，但是却使他们有了个一吐

---

① Mann. *Neighbors and Strangers*. 17.

② Ibid. 20-21, 25-26. Max Gluckman. *The Judicial Process Among the Barotse of Northern Rhodesia*. Manchester, England: Manchester University Press, 1967.

③ *Guy v. Kirkham*, 3 NHCCR 9, 17-18, NHCCF I (1713).

为快的机会。① 显然，17 世纪初的法院在大量账面债务诉讼中关注的主要还是社区的利益和邻里亲戚之间的关系。这种情况在票证债务占据上风后终于发生了深刻的变化。

书面票证债务——条件债券、义务票据、期票——是和账面债务不同的债务。这些票证是由债务人自己签字的正式票据，明确承诺一经要求或在一定的日期向债权人支付一定数目的欠款。这些票证在英国早已有之。殖民地时代的康涅狄格人在 18 世纪之前也不是对这些票证一无所知，然而他们直到 18 世纪初都很少使用书面票证，而是依靠账本和口头承诺作为相互之间金融往来的基础。直至 18 世纪 10 年代和 20 年代，书面票证的使用才愈来愈多，致使债务性质发生了根本的变化。上述三种票证中又以期票从 18 世纪 30 年代开始几乎独领风骚。这些变化是世纪之交康涅狄格人口压力下的耕作专门化推动了农业向商业化方向发展的结果，同时也和 1709 年以后纸币的发行以及商业经济的增长有着密切的关系。现金使用的增加并未能使农场主摆脱债务，据理查德·布什曼统计，康涅狄格法院受理的债务案件在 18 世纪头三十年增加了十九倍，九倍于人口的增长率。② 人们还发现，就在愈来愈多的纸币取代商品货币的同时，愈来愈多的票证债务也使账面债务的地位一落千丈。

票证债务受人欢迎的一大特点就是它的确定性。只要票证本身在形式上符合法律要求，债务人届时付款的法律责任就不需要账面债务诉讼所需要的其他种种证据就能得到保证。债务人可以用来答辩的理由只有很少几个：票证并非他开出的契据或者被改动了，签名是假的，他已经履行了条件规定的义务或者已经付款。不仅如此，这些理由都是技术性的，不涉及社区里的多重人际关系。所以，书面票证使得债务人除了履行自己签署的承诺以外，没有多少其他的选择，从而具有比账面债务大得多的确定性。这种确定性也就是诉讼结果的可预测性。由于法律诉讼程序将有关证据的范围限制在票证本身，债务人签署的一纸票证几乎就可以决定诉讼的结果。1711 年，恩菲尔德的纳撒尼尔·柯林斯在控告他的债务人时便对他的律师写道："无须坚持要任何更多的东西，因为票据就是转折点。"③ 到 1725 年，康涅狄格殖民地

---

① Mann. *Neighbors and Strangers*. 24-25.

② Richard L. Bushman. *From Puritan to Yankee: Character and the Social Order in Connecticut, 1690-1765*. Cambridge, Massachusetts: Harvard University Press, 1967: 136.

③ *Nathaniel Collins v. George Denison*, 23 May 1711, in *Collins v. Fearman*, NLCCF 178.

议会禁止就县法院仅仅因涉及债券、票据、期票的支付进行的初审展开复审或提起上诉。它认为对凭其形式上的特性就可以做出裁决的票证没有进行实质性复审的必要。相比之下，账面债务则可以被诉诸一系列复审和上诉，不管什么证据都被视为与案件有关，没有一个普遍适用的准则。因此，书面票证债务诉讼在程序上吸引人的地方就是把诉讼锁定在票证本身，而且对上诉也加以限制，结果使这类诉讼走向了同一化，赋予了它们统一的、可以预测的法律特点。这正是当时日益扩大的商业活动所迫切需要的理性的法律程序。①

票证债务还有不同于账面债务的一个重要特点，就是它具有可转让性。这就是说，债权人可以在票证上签名（背书）将它转让给第三者，使第三者有权向债务人收取票证上载明的应付债款。票证转让的结果常常使得债务人要面对一个他完全不认识的新的债权人，即接受票证转让的第三者，从而使债务关系非个人化了，也就是说不再像账面债务那样涉及邻居、朋友、亲戚等社区成员之间的个人关系，而成了纯粹的金钱关系或者说市场经济中的商业关系。当书面票证在 18 世纪 10 年代第一次大量出现时，大约三分之二的债权人和债务人都是来自不同的乡镇。这种地理上的距离使得他们之间的关系也发生了改变。用美国学者曼的话来说就是："书面信贷义务是愈来愈商业化的经济的工具。它们帮助市场关系侵入了以前由惯例、社区标准和传统权威所左右的社会生活。书面票证和作为私人信贷票证的公共变种的纸币一起，迫使人们不仅像他们一贯以来用金钱进行计算，而且要用金钱来打交道。"② 这就是从账面债务走向票证债务所反映出的社会和经济关系的深刻变化。正是这种社会经济关系的深刻变化，在一定程度上促使殖民地法律出现了早期现代化的趋势，以适应这种市场关系进入社会生活所引起的变化。当然，法律的早期现代化反过来又为资本主义市场经济的发展提供了一定的保证。

---

① Mann. *Neighbors and Strangers*. 35-36.

② Ibid. 37-39, 41.

（四）殖民地法律早期现代化的四大趋势

1. 陪审团作用的弱化

殖民地法律出现的早期现代化趋势之一，就是陪审团作用的弱化。尽管英属北美各殖民地在初创之时对陪审团态度不一，但到 17 世纪结束时，它们基本上都采用了陪审制，尤其是在民事诉讼中。对于新英格兰地区的殖民地居民为什么热衷于接受民事陪审而对刑事陪审有保留和反感，约翰·M. 默林认为他所能提供的最好的、只能给予间接证明的假说性解释是：民事诉讼中陪审团的主要功能是表达社区对于争执双方究竟谁欠谁多少所持有的一致看法，其结果是使败诉者重回社区大家庭，恢复与另一方的和谐关系；刑事诉讼则不然，要求陪审本身在新教社区成员看来就是缺乏悔意的兆头，一旦被陪审团认定有罪就更是不可宽恕，他们还担心陪审团对社区和谐的关注会产生误导而致使罪行得不到惩办，那就违背了与上帝的立约，将遭到可怕的天谴。[1] 显然，新英格兰人对陪审团利弊的理解牵涉到他们对陪审团作用的看法：陪审团应该是社区利益的代表和社区行为的规范者。威廉·M. 奥法特和另外一些学者的研究发现，其他英属北美各殖民地陪审团所起的作用也大体如此。陪审员们来自社区，代表社区，他们在地方当局和社区之间进行调解，标出可以接受的社区成员行为的限度，使社区四周形成一道大家都清楚的不可逾越的疆界。[2]

根据曼对康涅狄格的研究，17 世纪的陪审团本来在法律上受到了一定的限制，如法官可以否定陪审团的裁决，可是法官在司法实践中很少行使这一权力，他们除了偶尔对陪审团的裁定做一点修改外，基本上采取了听之任之的态度。于是，陪审团在做出裁决时无需陈述理由，在回答问题时可以有他们希望有的任何标准，甚至没有标准。不过，陪审团这种看似非理性的裁决并不是毫无依据的，它的依据就是社区的共同信念和期待。作为邻居或者是来自附近乡镇的人，陪审员们与诉诸公堂的人在背景、经历和看法上有很

---

① John M. Murrin. "Magistrates, Sinners, and a Precarious Liberty: Trial by Jury in Seventeenth-Century New England." David D. Hall, John M. Murrin, & Thad W. Tate. eds. *Saints and Revolutionaries: Essays on Early American History*. New York: W. W. Norton & Company, 1984: 188-189.

② Offutt. of *"Good Laws" and "Good Men"*. 52-53.

多共同之处。他们在审理案件时使用的标准是诉讼当事人自己成为陪审员时同样也会使用的标准。无怪乎诉讼当事人大都倾向于由这些被称为"邻里之人"的陪审员而不是法官对他们的案件做出裁决。结果，自县法院于 1665 年在康涅狄格问世直到 17 世纪结束，几乎所有的民事案件都是由陪审团而不是由法官裁定的。陪审团不受法官控制的这种权力由于 1694 年殖民地议会的一项立法而进一步加强。该法取消了法官更换与他们意见不一的陪审团的权力。不仅如此，陪审团还很少像人们所想象的那样将它们的裁决仅仅限制在案件的事实问题上。1680 年，著名律师约翰·霍尔斯爵士在一本对话性的小册子里承认，"陪审员是有关事实的法官，这是他们适当的管辖范围，他们主要的任务"，但他同时声明陪审员不能不"考虑法律问题，因为它源于事实，或者因为事实而变得复杂化，并且影响到事实"。因此，他认为陪审员一定要"事实与法律并用"。在事实问题上，由于当时的诉讼当事人往往是就一般问题起诉，被告在对一般问题答辩时要涉及所有事实的准确性、真实性和法律后果，甚至于原告未提及的事实也会被牵扯进来。这样，在面对与社区有千丝万缕联系的种种事实时，陪审员在裁决时所要考虑的当然不仅仅是案件本身，而且是他作为一个社区成员所要采取的立场，根据社区准则在法律和社会之间发挥调解功能。在法律问题上，陪审员一般是按照他们自己对法律的理解做出判断。尽管到 17 世纪结束时，法官会为陪审团列举将要考虑的问题，但是没有证据显示法官曾就陪审员如何运用法律做过指示。[1] 不过，陪审团在遇到困难时会要求法院进一步提供有关信息。当案件事实认定后仍无法做出何方胜诉的判断时，陪审团才会要求法官以适用的法律做出裁决，即所谓"特别裁断"（special verdict）。这种特别裁断在 17 世纪非常少见。

综上所述，17 世纪康涅狄格的陪审团在民事诉讼上几乎是大权独揽，它在审议中很少受到任何控制，并且能够运用与涉案人员同一社区背景下所共同认可的标准来办案。可是，所有这一切在进入 18 世纪后开始发生变化，陪审团在民事诉讼中的强势地位逐渐弱化了。根据曼对康涅狄格几个县的数据进行的统计，当 17 世纪接近尾声时，大部分民事案件都是由陪审团做出裁决，但是到了 1710—1715 年，所有有争议的民事案件中有一半是由法官裁决的。10 年后，法官裁定的有争议民事案件的比例升高到 70%。到

---

[1] Mann. *Neighbors and Strangers*, 70-75.

1745 年，哈特福德县法院法官裁定的有争议的民事案件占 80%，在新伦敦县这一比例竟然达到 95%。所以曼认为，"陪审团的式微令人吃惊。在半代人的时间里，民事审判的天平就从一个以单个社区的代表做出的裁定为基础的体制倾斜到一个建立在法官所做裁决之上的体制"。[1] 事实上，18 世纪上半叶的这种变化主要发生在债务案件上。从哈特福德县的统计数据可以看出，非债务的有争议民事案件中由陪审团做出裁决的比例虽有所下降，但到 18 世纪 50 年代又重新恢复到和法官裁定几乎旗鼓相当的比例，1760 年时前者为 40.8%，后者为 59.2%。然而，债务案件中陪审团做出裁决的比例在同一时期则是直线下降，到 1760 年仅占 7.9%。法官裁决的比例则飙升到 92.1%。[2] 考虑到债务案件在 17 世纪占所有民事案件的 90%，[3] 陪审团在整个民事审判中地位的下降也就是不争的事实。其所以会如此，是因为债务案件当时正从以账面债务为主转向以票证债务为主，而票证债务如前所述在诉讼中涉及的主要是有关票证本身的技术性问题，不需要陪审团从社区利益的角度做多方面的审议。即便是向来倚重陪审团的账面债务法律纠纷，由陪审团裁定的比例也在逐渐下降，就哈特福德县法院来说到 1750 年仅为 11.8%。[4] 这在很大程度上是因为在债务诉讼从以账面债务为主向以票证债务为主转变的过程中，民事诉讼程序也随之发生了一大变化，即从涉及所有事实的一般答辩向只涉及与讼案内容本身有关的技术性问题的特别答辩的转变。由于后一种答辩涉及的技术性问题或者说法律性问题超出了陪审团能做出判断的能力，陪审团不得不诉诸前面已经提到的"特别裁断"，即要求法官做出判决。于是，特别裁断的日渐增多自然也就成了陪审团作用趋于弱化的一个重要原因。

　　除了曼对康涅狄格的研究以外，罗森对殖民地时代纽约的研究也证明了陪审团在民事诉讼中的作用在 18 世纪上半叶出现了走下坡路的势头。[5] 她的统计表明，1690—1760 年期间纽约市市长法院陪审团裁决的案件在所有民事案件中的比率在 17 世纪 90 年代呈上升之势，在 18 世纪头十年下跌后回

[1] Mann. *Neighbors and Strangers*, 75-76, 183, Table 13.
[2] Ibid. 183, Table 13.
[3] Ibid. 12.
[4] Ibid. 184, Table 14.
[5] 威廉·纳尔逊和莫顿·霍尔也论述了陪审团作用的弱化，但他们认为是发生在美国革命之后。见：Nelson. *Americanization of the Common Law*. chaps. 1, 2, 9; Horwitz. *Transformation of American Law*. chaps. 1, 3, 5.

升至 1712 年的最高峰，到 18 世纪 10 年代后期回落，在 1721－1724 年短暂上升后开始长期大幅度下滑。到 1750 年，这个比率只有 1700 年时的六分之一，1712 年最高峰时的七分之一。达奇斯县民事法院在 1716 年才建立，慢慢地发展为一个正式法院，直至 1734 年都没有陪审团裁决，但它后来的陪审团裁决在所有民事案件中所占比率的发展模式与纽约市市长法院的大体平行。在 1737 年前后平均每年审理 21 起民事案件，其中 2.5 起为陪审团裁决；到 1752 年前后平均每年审理 214 起民事案件，陪审团裁决的仍然只有 2.5 起，其比率只有 1737 年前后的十分之一都不到。另外，纽约殖民地最高法院 18 世纪 50 年代陪审裁决在所有民事案件中所占比率大约是 17 世纪 90 年代的五分之一。这就是说，三级不同法院的统计数据反映出来的是同一个发展趋势：陪审团在民事审判中的作用逐渐削弱了。[①]

罗森的研究还发现，由于书面票证提供了负债的证明并规定了追偿的数额，无需陪审团就能让人们做出正确判断，结果此类债务案件中的被告自知理亏，往往不出庭而由法官做出缺席判决，从而避免了陪审团审理，使得总体发展趋势是从陪审团审理走向缺席判决或庭外解决。纽约最高法院的缺席判决在记录在案的案件中所占的比例从 17 世纪 90 年代的 13％ 上升到了 18 世纪 50 年代的 67％，同一时期由陪审团裁决的案件所占比例则由 52％ 下降到 9％。纽约市市长法院缺席判决所占比例在同一时期由此 44％ 上升到 69％，而陪审团裁决比例则由 25％ 下降至 12％。不仅如此，到 18 世纪 50 年代，最高法院 51％ 的案件和市长法院 69％ 的案件都是在庭外解决的。缺席判决和庭外解决案件的增加，并不意味着法律作用的削弱和法院影响的减少。恰恰相反，罗森认为，人们之所以不诉诸法院而寻求庭外解决，是因为他们知道“法院为解释合同提供了清楚的标准，并以可以断定的方式执行这些标准。这就是说，法律在 18 世纪变得更加重要，而不是更不重要”。[②]变得不大重要的只是陪审团而已。

2. 答辩实质的转变和普通法令状制度的逐步健全

殖民地法律出现的早期现代化趋势之二，就是在诉讼程序上从事实性答辩向法律性答辩的转变和普通法令状制度的逐步健全。一般来说，民事诉讼中的被告在法庭上面对指控时有五种选择：1. 承认指控和接受判决而结束

---

① Rosen. *Courts and Commerce*. 62-65.

② Ibid. 65-66.

诉讼；2. 进行一般问题答辩，即断然否认原告的所有指控，而不是将争议集中到某个问题从而缩小有关证据的范围，结果给陪审团留下了相当大的审理空间；3. 做终止诉讼答辩，即不直接回答原告的陈述，而是提出相反的事实，如所述相反事实属实并在法律上是充分的，则可使被告完全或部分免于承担责任，如原告否认被告提出的事实，则双方把争议集中到这个问题之上，与该问题无关的证据都不再起作用；4. 做令状起诉不当答辩，即完全回避原告指控的实质性问题，而是就原告起诉时所用令状在技术上的不充分性要求取消令状，同时也取消诉讼，所谓技术上的不充分性包括令状原本与提供给被告的副本有所不同、陈述模糊不清、对当事人的认定出错、缺少关键材料、选择了不当的诉讼形式等，如果法院认同被告的答辩，原告可以对令状存在的问题进行修正并在对被告因回应错误令状所受损失做出赔偿后始能继续诉讼，此外还可向高等法院提出上诉或者放弃诉讼；5. 做一般抗辩或特别抗辩，所谓一般抗辩就是承认原告在陈述中提出的事实，但并不认为这些事实可以使原告有权获得法律救济，因为它们未能讲出诉讼理由，特别抗辩则是具体指出原告指控的不充分性，抗辩若为法院认可，则被告胜诉，否则就是败诉。除了第一种选择实际上并未进行答辩外，其他四种选择都是英属北美殖民地民事诉讼的答辩方式。①

在这四种答辩方式中做出何种选择，对殖民地法律的发展趋势都会产生重大影响，因为这种选择实际上是对以下两大问题做出了回答：1. 究竟是进行事实性答辩还是进行法律性答辩；2. 究竟是由陪审团裁定还是由法官做出判决。在上述四种方式中，抗辩考虑的根本不是所指控的事实的准确性问题，而是指控在法律上是否理由充分，因此它完全排除了陪审团裁决。令状起诉不当答辩提出的问题也不涉及应由陪审团裁定的事实，而是需要由法官回答的有关令状的技术性问题或者说法律性问题。如果被告答辩成功，就无需陪审团裁决，如果被告答辩失败，才有陪审团就事实问题进行审议并做出裁决的可能。终止诉讼答辩可以由陪审团裁决，但并非一定如此。如果原告否认被告答辩提出的相反事实，案件自然可由陪审团审理，但当原告对被告的答辩提出抗辩时，问题便集中到法律理由的充分性上去了，则要由法官做出判决。至于一般问题答辩，涉及的是所有的事实，只要涉案金额达到陪

---

① Peter Charles Hoffer. *Law and People in Colonial America*. Baltimore: The Johns Hopkins University Press, 1992: 68; Offutt. *Of "Good Laws" and "Good Men"*. 88; Mann. *Neighbors and Strangers*. 81-82.

审团审理的要求，并有其中一方愿意支付相应的费用，那当然是由陪审团审理裁决。[1]

　　曼对康涅狄格一些县法院的研究发现，1710 年以前几乎所有有争议的民事诉讼都是进行一般问题答辩，也就是说关注的是事实，做出裁决的是陪审团。到 1710 年时这种事实性答辩虽然仍占统治地位，但出现了完全不同的一种苗头，即第一次有大量被告采取延诉答辩，具体来说就是有 40 % 的被告进行了起诉不当答辩。这些技术性答辩或曰法律性答辩当时虽然大部分都败诉了，但它们反映了人们对诉讼的态度发生了根本性的变化。据曼的统计，事实性答辩或者说实质性答辩在民事诉讼首论答辩中占的比例到 1720 年下降到了 15 %，而起诉不当答辩的比例猛升到 75 %，剩下的是同样关注法律而非事实的抗辩。这种发展趋势在五年后出现了一次较大的倒退，但此后情况就相当稳定和明朗了。被告在 20 %—30 % 的情况下做实质性答辩，其他情况下，也就是大部分时间，被告都是以法律问题作为答辩，事实并不重要或者已被认定。于是，曼得出结论说："从一个允许诉讼当事人就实质问题使他们的争执得到判决的程序模式，转变为一个把争执归纳为抽象的法律原则的模式，反映了在对经济和社会关系进行裁决时法律的作用发生了根本性的变化。"[2]

　　在事实性答辩向法律性答辩转变的同时，殖民地的普通法令状制度也出现了逐步健全的发展趋势。正如美国著名的法律史学家劳伦斯·M. 弗里德曼所言，殖民地普通法程序的发展从未达到英国普通法所达到的高度或深度，而且各个殖民地之间还存在很大差异，"但是总的长期趋势到处都是一样的：从简单和创新到愈来愈复杂，还有愈来愈多照搬过来的英国形式"。[3]众所周知，普通法的令状制度在英国有很严格的要求，也相当复杂。清教徒在到新大陆之前就对英国普通法有种种不满，因为它在技术上的难度大，而且在诉讼中所花的时间和费用又多。为此，新英格兰早期的移民最初在法律诉讼上并未完全照英国普通法的令状制度办事，而是将它简化了，以便社区

---

① Mann. *Neighbors and Strangers*. 82-83.

② Ibid. 83-84.

③ Friedman. *A History of American Law*. 49.

成员都有机会和能力诉诸公堂。^①这样一来，普通法令状制度在早期殖民地的运用便不同于英国而具有很不正规或者说很不健全的特点。因此，原告即便使用了不恰当的令状名称提出起诉也不会被追究。不仅如此，像康涅狄格所有的民事诉讼，直到17世纪结束时，均是在"追偿债务之诉""侵害之诉""类案侵权之诉"这三种令状或者它们的变种令状的名称下提出起诉的，远不像英国不同的案件要用不同的令状提出起诉，而且不同的令状有不同的程序和补救办法。因此，殖民地的令状基本上是陈述性的，即仅仅作为所陈述事实的一个名称而已，英国的令状则是规范性的，它规范了所述案件的法律性质、诉讼程序和补救办法。前者是重事实或实质，所以令状作为一种形式并不重要；后者是重法律或形式，所以令状在诉讼过程中举足轻重。^②正因为早期殖民地民事诉讼在普通法的运用上重的是事实，而不是令状这种法律形式，它们倾向于事实性答辩和陪审团判决也可以说是顺理成章。这个理就是当时的殖民地人认为讼案涉及的是与社区利益密切相关的具体的社会和经济关系，它们不可能依靠超越社区的、抽象的或者说具有一般性的法律形式与原则来加以解决。

不过，这种非正规的普通法令状制度从17世纪末开始发生变化，出现了愈来愈英国化的倾向。所谓英国化，实际上就是在市场经济的扩大使得经济和社会关系上的争执愈来愈具有一般性时，殖民地普通法实践的正规化。美国法律史学家威廉·纳尔逊对马萨诸塞的研究发现，到美国革命时除了土地所有权的诉讼以外，"所有在英国习惯上使用的诉讼如侵害之诉、动产侵占之诉、类案侵权之诉、追偿债务之诉、违反盖印合同之诉、简约之诉和动产占有回复之诉，在马萨诸塞也用上了……"原告在起诉时其讼案不仅不能没有令状名称，也不能想给什么名称就给什么名称，甚至不能允许诉诸事由与令状名称不相符合，否则就会因令状起诉不当而被停止诉讼。被告在一般答辩进行全盘否认时，其全盘否认在形式上也要符合各个令状的要求，例如侵害之诉和类案侵权之诉的全盘否定应为"无罪"，追偿债务之诉的全盘否认应为"不欠"，简约之诉的全盘否认应为"从未承诺"，等等。至于特别答

---

① George Lee Haskins. *Law and Authority in Early Massachusetts: A Study in Tradition and Design*. New York: The Macmillan Company, 1960: 186-187; Haskin. "The First American Reform of Civil Procedure." Roscoe Pound. ed. *Perspectives of Law: Essays for Austin Wakeman Scott*. Boston: Little, Brown and Company, 1964: 173, 178.

② Mann. *Neighbors and Strangers*. 86-87.

辩在普通法上的技术性要求就更多了。例如，答辩只能有一个事实性指控；除非法院只允许有一次答辩，答辩要能回答对方在所有实质性指控上的问题；答辩要直接、正面、非论证性，在时间、地点、人员上要准确，而且要有可审性和适当的形式；答辩不能只是否认全部或部分指控，而且要提出原告陈述中没有谈到的新事实。在诉讼过程中，原告不仅要选择和运用正确的令状，而且要以适当的方式呈送被告，还要确保应共同起诉的人已加入起诉，不该共同起诉的人已被排除在外。诉讼当事人的名字、身份和居住地在起诉和答辩中均要明确无误，甚至不允许拼写上出现错误。最后还有一系列问题使令状有可能被取消：被告或其律师未能担保在败诉时支付费用，令状结尾处没有适当的法院官员作证，有同类诉讼事由的案件在审未决，指控有前后不一的地方等。尽管纳尔逊在他的著作中对殖民地时代普通法诉讼程序的正规化持批评态度，并将其视为美国革命后开始的法制改革的目标之一，但他承认这些普通法的技术性程序要求"也许在一个时期曾经有过理性的功能"。[①]笔者以为，正是这种理性的功能使得殖民地时代的普通法诉讼从任何居民仅仅依靠事实便可诉诸公堂的社区模式，转变成了在技术性法律规则控制下缩小有关事实的范围或者回避事实而专注于法理的现代模式。这种从案件事实走向法律形式，从个别社区走向整个社会的新模式当然也产生了相应的问题，但它毕竟是殖民地法律早期现代化的重要一步。

3. 专业律师队伍的出现及其影响的扩大

殖民地法律出现的早期现代化趋势之三就是专业律师人员的出现及其影响的扩大。由于愈来愈多的民事诉讼是由注重法律的法官做出判决，而且诉讼当事人的答辩也从事实性答辩向法律性答辩转变，加之普通法令状制度的健全化，对专业律师的需求在法律程序日渐复杂化的过程中自然也就不断增加。到18世纪中叶，英属北美殖民地的律师中有一部分已经成为当地"有自我意识的新的上层精英"。[②]从长远来看，这是法律摆脱狭隘社区意识控制的重要一步，但它不是在一夜之间就完成的。早期的殖民地对律师没有好感。马萨诸塞海湾殖民地由纳撒尼尔·沃德起草的1641年《自由权利汇

① Nelson. *Americanization of the Common Law*. 72-77.

② Stephen Botein. "The Legal Profession in Colonial North America." Wilfrid Prest. ed. *Lawyers in Early Modern Europe and America*. New York: Holmes & Meier Publishers, Inc., 1981: 129.

编》就禁止受雇为人答辩，后来虽放松规定，[1] 但该殖民地直到 1673 年才正式允许律师开业，并对收费有严格的管制。[2] 当时最著名的律师托马斯·莱奇福特在英国时就研习法律并当过律师，可他于 1638—1641 在马萨诸塞执业时却备受法官和陪审团的漠视和谴责，后来不得不离开殖民地返回英国。[3] 康涅狄格和弗吉尼亚早期都曾禁止律师进入法庭。1669 年卡罗来纳州基本法的起草者认为，"为钱或报酬出庭辩护是低级和卑鄙的事情"。中部殖民地的情况也大同小异。[4] 因此，丹尼尔·布尔斯廷在他的畅销书《美国人：殖民经历》中曾经指出，英属北美殖民地人"对律师的不信任变成了一种习俗"。[5]

造成这种不信任的原因固然很多，有些还因地而异，但是其中有一点却在很多殖民地具有共同性，那就是早期的殖民地居民认为律师的所作所为常常和一个地方社区的信仰及利益不相吻合。在新英格兰，清教神职人员认为律师助长了好讼之风，使得人们在土地愈来愈少而贸易愈来愈频繁的情况下，为了物质财富而互相争斗，以致清教社区建立在共同宗教信仰之上的和谐一致遭到了破坏。1710 年，科顿·马瑟牧师就抱怨说，律师不仅要"有技巧"，而且要"有智慧做好事"，也就是要有"对上帝的神圣、公正和良好之法的不可亵渎的尊重"。[6] 特拉华河流域的贵格会教徒比新英格兰人更清楚法治对于维持社区秩序的重要性，因为他们治下的殖民地在宗教和文化上具有多元性的特点，不可能靠一种宗教观作为社区认同的基础。他们不仅需要容忍的精神，而且需要社区成员自愿参与的法律制度，只有后者才能使当地的政府具有合法性，使社区具有凝聚力。不过这种法律不是英国的法律，而是威廉·佩恩所说的"良好之法"。所以贵格会教徒在创建他们的殖民地之初就是法律改革者。他们要让法律为普通人所能理解和运用，因此发誓把英国法在形式上迹近荒唐的复杂性一扫而空。律师在他们看来自然是罪魁祸

---

① Richard B. Morris. *Studies in the History of American Law with special reference to the seventeenth and eighteenth centuries*. Philadelphia: Joseph M. Mitchell Co., 1959: 42.

② Botein. "The Legal Profession in Colonial North America." 131.

③ Thomas G. Barnes. "Thomas Lechford and the Earliest Lawyering in Massachusetts, 1638-1641." Daniel R. Coquillette. ed. *Law in Colonial Massachusetts, 1630-1800*. Boston: Colonial Society of Massachusetts, 1984: 3-38.

④ Friedman. *A History of American Law*. 81.

⑤ Daniel J. Boorstin. *The Americans: The Colonial Experience*. New York: Random House, 1958: 197.

⑥ Bostein. "The Legal Profession in Colonial North America." 132.

首，必须嗤之以鼻。结果，特拉华河流域的诉讼当事人可以自行答辩，也可以请朋友、亲戚和生意上的伙伴帮忙。如果找律师，他们则无须向律师付费。事实上，这一地区在 1680—1710 年发生的讼案中有 89% 是诉讼双方均未请律师的。[①] 在南部的弗吉尼亚，代表地方社区利益的种植园绅士阶层和代表英国王室利益的总督之间形成了长期的所谓"乡村党"和"宫廷党"之争，并把律师问题卷入了这场斗争的漩涡。由于 1656 年立法规定总督和总督委员会可以任命律师，而且有关律师执照的立法使执照费成为总督掌握的岁入，弗吉尼亚的地方乡绅们担心，律师们会轻而易举地成为总督的"宫廷党"的组成部分。此后，他们便在涉及律师开业执照的立法上想方设法要对律师加以限制，使其在弗吉尼亚的公共生活中难以发挥重要作用。[②]

然而，正如美国学者劳伦斯·弗里德曼所言："如果律师是一种邪恶，他们也是一种必要的邪恶。"[③] 由于殖民地在土地和商业上的扩张，愈来愈多的商人被卷入法律诉讼，土地证书也常常引起争议，种种民事纠纷层出不穷。所有这一切对法律的准确性都提出了更高的要求。一般人发现，如果没有法律方面的专业训练，他们自己已难以对付愈来愈复杂的普通法诉讼程序。这种对专业律师的市场需求自然有助于改善律师在殖民地社会的地位。例如，1730 年康涅狄格议会曾通过法令，将整个殖民地持照执业律师人数限制在 11 人，哈特福德县 3 人，其他四县每县 2 人，可是只过了一年，议会就不得不取消对持照执业律师人数的限制。究其原因，很可能是因为一个县仅有的两个律师在不少大案中被诉讼一方雇走，另一方没有律师可雇，从而引起了强烈不满，结果给议会造成了很大的压力。[④]

律师地位改善的另一个重要原因则是进入 18 世纪以后殖民地社会的英国化。当时"所有的殖民地，特别是在新兴的上层精英之中，都存在一种使殖民地生活英国化的自觉的努力，刻意地在模仿大城市的制度、价值观和文化"。[⑤] 律师地位的提高在一定程度上就是这种英国化的结果。[⑥] 事实上，大

---

① Offutt. *Of "Good Laws" and "Good Men"*. 7-19, 62.

② Roeber. *Faithful Magistrates and Republican Lawyers*. 48-49.

③ Friedman. *A History of American Law*. 83.

④ Mann. *Neighbors and Strangers*. 99.

⑤ Greene. *Pursuits of Happiness*. 175.

⑥ John M. Murrin. "The Legal Transformation: The Bench and Bar of the Eighteenth-Century Massachusetts." Stanley N. Katz. ed. *Colonial America: Essays in Politics and Social Development*. Boston: Little, Brown and Company, 1971: 415-449.

英帝国在"光荣革命"前后加强对英属北美殖民地控制的努力虽然不大成功，但它在改组殖民地法院结构上推动的英国化进程还是颇有建树，即巩固了集威斯敏斯特皇家法院功能于一身的地方最高法院监督下的县级法院体制。当时的白厅鼓励殖民地皇家总督在法院改组上行使权力，如任命法官，组建衡平法院，任命海事法院人员等。由于帝国官员比较注意司法的专业性，他们这种使殖民地法院英国化的努力为有经验的律师提供了机会，先是使那些来自英国的律师得益，后来则惠及本土出生的律师。

以马萨诸塞为例，三个来自英国的律师在 18 世纪 30 年代几乎包揽了该殖民地高等法院的所有讼案。其中的罗伯特·奥奇马蒂在 1733 年被任命为海事法院法官，威廉·雪莉则在 1741 年被任命为总督。尽管直到 18 世纪中期，要在牧师和律师这两种职业中做出选择仍然是件令人伤脑筋的事情，但是愈来愈多的年轻人选择了法律而不是教会，他们是本土出生的，而且大多来自平民家庭。其中最出色的包括杰里迈亚·格里德利、埃德蒙·特罗布里奇、本杰明·肯特和本杰明·普拉特。特罗布里奇后来成了高等法院法官，身有残疾的普拉特是第一个在马萨诸塞下议院任职一届以上的律师，后来到纽约担任首席大法官，格里特利在 1755 年被选进下议院，做了四届议员后辞世，只有肯特未离开律师业，直到美国革命后才短期担任过检察长。可以说，这四位律师的专业生涯标志着马萨诸塞律师行业的地位已变得永远不可动摇。到美国革命前的 1774 年，在马萨诸塞执业的律师已达 80—90 人，相当于当时所有神职人员人数的五分之一。① 律师业不仅人数变多了，而且在社会上颇受尊重，吸引了不少优秀的年轻人，包括后来当选为美国第二届总统的约翰·亚当斯。

司法体制的英国化和殖民地律师地位的改善不仅发生在马萨诸塞，也发生在其他殖民地。除了殖民地当局的努力以外，这些地区的律师以其执业和训练上的专业化对这种英国化也做出了反应，从而推动了英国化的进程。从执业上来看，律师们援引的英国判例愈来愈多，对普通法的技术性把握也愈来愈娴熟，所以才出现了前述普通法令状制度逐渐健全的发展趋势。1711年，康涅狄格甚至通过法律，对违反答辩规则者处以罚款。南部殖民地在模仿英国皇家法院的诉讼形式上则做得更为突出。到 1762 年，马萨诸塞首席

---

① John M. Murrin. "The Legal Transformation: The Bench and Bar of the Eighteenth-Century Massachusetts." Stanley N. Katz. ed. *Colonial America: Essays in Politics and Social Development.* Boston: Little, Brown and Company, 1971: 430-431.

大法官托马斯·哈钦森下令，所有法官和律师出庭时都要穿上英国式的法衣长袍。两年后，纽约最高法院也做出了同样的规定。从训练上来看，各个殖民地的发展不大一样，对律师资格的要求也不尽相同。新英格兰的律师往往在哈佛或者耶鲁受过教育，南部的则有些人到过英国伦敦的律师学院求学。除了正规的教育以外，新律师一般都要跟老律师做学徒。格里特利和特罗布里奇就在他们的律师事务所里培养了不少出色的年轻律师，包括后来在反英斗争中提出无代表就不纳税的詹姆斯·奥蒂斯和出任美国最高法院首届大法官的威廉·库欣。纽约的威廉·利文斯顿在训练其学徒时模仿英国的格雷法学院，在北美首创了模拟审判讨论班的教学方式。托马斯·杰斐逊在弗吉尼亚也曾师从乔治·威思律师学习法律，而帕特里克·亨利据说在成为合格律师之前只花了六个星期读《科克之利特尔顿土地保有权释评》和法律汇编。不过，到 18 世纪 40 年代，大学教育和跟随一个律师做过几年学徒的经历如果不是成为律师不可或缺的条件，也是做律师的人通常要走的道路。为了保证律师的素质，除了各殖民地议会通过法令对发放执照加以规范以外，律师们也组织起了自己的协会进行自我监管。纽约早在 18 世纪 20 年代末就有了律师协会监督法律教育，管制执业和控制新律师入行。到 18 世纪 60 年代，马萨诸塞各个县都组织了正式的律师协会，按照英国的律师等级制对大律师和律师规定了最低资格要求，而且要求协会成员抵制由非会员代理的讼案。尽管这些律师协会的记录保留下来的并不完整，但是美国学者约翰·默林认为对在这些县执业律师的分析表明，在美国革命前的 15 年里没有哪个地方没有执行这些有关律师的规定。[①] 如果说殖民地律师的专业化还有很多不尽人意之处，但是正如彼得·查尔斯·霍弗教授所言，"法律行业的正规化似乎已是不可中止的运动……这种法律的'英国化'使得法律执业受人尊重——它本已有利可图——至少对这个行业的上层来说是如此"。[②]

4. 仲裁的正规化、法律化或者边缘化

殖民地法律出现的早期现代化趋势之四，就是仲裁这种解决争执的非正式方式的正规化、法律化或者边缘化。仲裁本是地方社区解决其成员之间冲突而免于诉诸法庭的一种不太正式的方式。它在 17 世纪的英国已经得到比

---

①　John M. Murrin. "The Legal Transformation: The Bench and Bar of the Eighteenth-Century Massachusetts." Stanley N. Katz. ed. *Colonial America: Essays in Politics and Social Development*. Boston: Little, Brown and Company, 1971: 439-440.

②　Hoffer. *Law and People in Colonial America*. 66.

较充分的发展。英属北美殖民地居民在引入仲裁时根据新大陆的需要做了取舍。应该说，殖民地最初的仲裁与英国相比更具有社区性的特点。1700 年以前呈送给康涅狄格议会的请愿书中提及的仲裁案虽然数量有限，但全都是发生在同一个镇的居民之间，甚至是同一个家庭的成员之间。^①当时的仲裁是彼此熟悉和信任的双方一致同意后才会采取的解决争端的方式，没有一方能强迫另一方这样做。事实上，仲裁人的权力也是来自提交仲裁的双方，后者在他们同意诉诸仲裁的仲裁协议中界定了可由仲裁人做出裁决的争执内容。仲裁结果是否有效同样要取决于双方能否接受，因为它在法律上不可强制履行。法院所能复审的只是仲裁裁决是否符合仲裁协议的要求，而不是裁决的实质性内容。因此，当诉诸仲裁的双方一起来到仲裁人面前时，他们不大像法院里的原告和被告那样是要一争输赢的对手，而是更像要寻求双方都能接受的妥协的邻里。这就是仲裁所具有的为当时的殖民地人所欢迎的社区性。它以妥协与和解的精神模糊了胜败的界线，以自愿而非强制的方式淡化了对手之间的敌对情绪，从而使被仲裁的双方在裁决之后能重归于好，继续他们正常的邻里关系，维护社区的和平与安宁。

与这种社区性密切相关联的是仲裁与法院审理相比所具有的非正式性。具体来说就是，仲裁不受普通法有关答辩、证据和共同诉讼权的程序规定的限制。例如，仲裁人可就提交仲裁双方在仲裁协议书中提出的所有问题和证据进行审理和做出裁决。普通法诉讼则不然，法院在一定的令状之下只能就一定的问题和证据进行审理，如要合并则必须符合共同诉讼权的要求。这样，仲裁人比起法官和陪审团来说，就能更为全面地解决争执双方所存在的问题。当社区里的争端往往反映出超出争端本身而且影响到社区秩序的十分复杂的多重社会关系时，仲裁裁决显然更符合社区利益的需要。反过来，仲裁这种非正式的甚至在法律上不可强制履行的解决争端的方式在当时之所以能行之有效，则是得力于社区的影响力。当争执双方自愿选择了这种有利于维护社区秩序的仲裁方式，一旦公开违背承诺而不接受裁决的话，势必在社区内造成很坏的印象，不利于他们在这个社区内继续与邻里相处。因此，1680 年以前康涅狄格法院记录中提到的仲裁很少，布鲁斯·曼认为其所以少的原因可以解释为仲裁裁决大都成功了，没有人不服从裁决当然也就无须

---

① Mann. *Neighbors and Strangers*, 104.

再诉诸法院。①

　　不过，曼发现这种非正式的仲裁方式在进入 18 世纪后出现了正规化的倾向，因为康涅狄格的社区在世纪之交发生了很大的变化。1686 年以前建立的 25 个镇全是由集体移民的居民组成的，而 1686—1734 年建立的 29 个镇中只有 6 个是由这样的移民组成的，其他的则是由土地投机买卖过程中零零散散到来的移民建立起来的。后一类移民不是因宗教歧见而被迫迁徙的同一个教会的会友，也不是原本属于同一个村落的村民。他们是为自己和家人的生计而来，而且在一开始并不是一个已经存在的社区的共同成员，所以他们也就不具备集体移民所具有的社区意识或者说集体观念。不仅如此，世纪之交人口的增加和对外迁移使得老社区的凝聚力也一天天削弱。康涅狄格殖民地的人口在 1670—1700 年间翻了一倍，人口密度增加了 50 %。从父辈手中得不到足够土地的后代不得不外迁或者弃农经商，他们对于自己出生的社区当然也不会有父辈一样的认同感。这样一来，原本是建立在社区成员彼此之间的信任和对社区秩序的共同关注之上的仲裁，也不得不发生变化，即走向正规化和法律化，舍此则难以继续发挥解决争端的作用。②

　　对于有强烈社区意识的居民来说，仲裁裁决在法律上的不可强制履行本不是个问题，他们相互之间的信任和对社区秩序的顾忌使他们在履行裁决上一言九鼎。然而，这种社区成员之间的信任和顾忌现在都削弱了。同样值得注意的是，市场经济的扩张使很多争端超出了社区的范围。据曼的统计，在 1700 年后半个世纪的时间里，康涅狄格仲裁案中双方来自同一个镇或同一个家庭在所有仲裁案中所占的比例，由 17 世纪的几乎 100 % 下降到了 57 %。这样，要保证仲裁裁决得以履行就不能只靠双方的自觉，而要有某种行之有效的正规手段。康涅狄格人在仲裁正规化上走出的第一步是在仲裁协议上从口头承诺走向书面文约。当他们发现书面文约还不能保证裁决的履行时，又要求在提交仲裁时以条件债券作保。书面文约和条件债券作保早在一个世纪以前就已在英国的仲裁中被采用，但在康涅狄格直到 17 世纪末才见之于仲裁程序中。到 1730 年，在仲裁中用于作保的条件债券又为期票所取代。这倒是殖民地的一大发明。比起条件债券来说，期票作保的最大好处在于给了仲裁人保证裁决得以履行的手段。以条件债券作保的争执双方在提

<hr />

① Mann. *Neighbors and Strangers*, 105.
② Ibid., 110-111.

交仲裁时是由他们彼此直接交换条件债券，仲裁人并不握有这些债券，所以也缺乏使争执双方服从裁决的杠杆。期票作保则不然，争执双方在提交仲裁时须将各自的期票交给仲裁人，后者在裁决得到履行时可将期票还给争执双方，否则则可将期票全部交给在裁决中获胜的一方。这就使仲裁人掌握了对是否履行裁决可以产生直接影响的手段。不仅如此，期票是支付其票面值的绝对承诺，条件债券则是有条件的，特别是在康涅狄格法院于 18 世纪开始接受以衡平法处理债券问题的请求后，条件债券按票面值支付的可能性就更小了。衡平法要求条件债券规定的在不履行裁决的条件下必须支付的惩罚性金额不得超过实际损害的赔偿金额，后者只不过是几乎可以略去不计的因仲裁失败而要诉诸公堂的费用。不难看出，期票作保改变了仲裁：原本只能靠自己在社区里的社会威望对争执双方加以规劝的仲裁人，现在手头有了凭期票支持的权力；原本从头到尾都是自觉自愿的仲裁程序，现在只是在一开始提交仲裁时是自愿的，到结尾时已变成强制性的了。显然，仲裁正在走向正规化。[1]

　　需要指出的是，在康涅狄格的仲裁走向正规化的过程中，商人起了相当重要的作用。他们虽然在地理上往往相距遥远，但在传统上则由于共同的利益和目标而形成了他们自己的社区，而且有他们自己处理相互关系的快捷方式。在英国，商人习惯法就是与普通法相脱离而适应商人特殊需要的一套法律，它把商业问题交给商人自己来裁决。英属北美殖民地不存在支持商人习惯法的机制，于是殖民地商人选择了仲裁来快速解决他们彼此之间的纠纷，使商业往来不至于被延误。他们之所以做此选择是因为他们在提交仲裁时可以由自己决定仲裁的问题，而且商人社区直到 18 世纪中叶都有足够的社区利害关系使他们相信裁决在没有强制履行机制的情况下也会被照办不误。习惯于在遥远的市场上和过去有过往来的人做生意的商人们知道，长期建立起来的信任和生意关系比一次交易中的争执要重要得多，而仲裁正是可以使这种关系在争执解决之后继续维持下去的适当手段。然而，1740 年以后粮食价格的上涨使得康涅狄格市场经济的发展大大加速，结果使当地的商人社区发生了很大的变化。随着出口猛增，商人人数愈来愈多，其中有许多新面孔。这些新的商人和老商人之间并不存在过去那种建立在长期生意往来之上的社区感或者说共同利益观。结果，一向行之有效的商业仲裁碰到了麻烦。

---

① Mann. *Neighbors and Strangers*, 111-117.

1700—1753 年因仲裁失败而见之于请愿书上的商业仲裁案只有两起，到 1754—1774 年增加到了 25 起。正是在这种传统的仲裁方式不能适应市场经济扩展带来的变化的情况下，商人竭力推动康涅狄格议会于 1753 年通过了英属北美殖民地第一部有关仲裁的立法，使仲裁走上了法律化的道路。这项立法规定，争执双方可以要求在法院命令的名义下提交仲裁，也就是说提交仲裁和遵从裁决都是以法院命令为根据。这样一来，不服从裁决就会以藐视法庭论处。更重要的是，仲裁人须将他们的裁决报县法院，后者则可授予判决执行令状，以备任何一方不服从时用于强制执行仲裁裁决。除了这种以法院命令提交仲裁的方法和它后来的变种以外，质押执行令状也成为使仲裁进一步法律化的重要方式。所谓质押执行令状就是在提交仲裁时由争执双方在本地治安法官面前表态承认裁决，并从治安法官手中获得执行令状，然后交给仲裁人作为质押。1753 年以后，提交仲裁的双方常常要求治安法官作为仲裁人，请律师提供咨询和在仲裁中代为陈词，而且在仲裁听证会上要宣誓后才能作证。如此种种的做法使得仲裁愈来愈像司法程序，采用法律手段来保证仲裁的顺利进行也就习以为常了。另外，仲裁在程序上的正规化，是和它在裁决的实质内容上的正规化相辅相成的。这就是说，1753 年以后仲裁裁决的内容变得和法院判决一样以金钱赔偿为主，不再像过去那样还包括对合约的履行甚至衡平法意义上的救济等。其所以如此，主要是因为执行令状作为使仲裁裁决在法律上可以强制执行的手段，是以收取货币为主要目的的。由此可见，康涅狄格的仲裁裁决不仅在程序上而且在实质内容上都走向了正规化和法律化。[①]

戴维·科尼格对 1629—1692 年马萨诸塞殖民地埃塞克斯县的研究同样发现，地方仲裁作为这个县的乡镇"解决冲突最重要和经常使用的方法之一"，在 17 世纪后期遭遇困难。不过，后来仲裁在埃塞克斯县的发展和在康涅狄格有所不同，它被边缘化了。1649 年以前，埃塞克斯县没有一起仲裁案因失败而要到县法院来寻求法律上的解决办法，但此后因仲裁失败而诉诸公堂的则愈来愈多。到 1672—1692 年，县法院要审理 45 起因仲裁失败而引起的讼案。正如科尼格所言，"仲裁的失败是地方社区的失败"。人口的增加和市场经济的扩大使得埃塞克斯县第二代的居民不再像上一代那样关注社区和谐。他们当中有愈来愈多的人意识到仲裁已不再能适应其需要，因为

---

① Mann. *Neighbors and Strangers*, 123-132.

它既不确定又不准确。仲裁只要有一个仲裁当事人不接受多数人的决定就无法进行，而且社区通过仲裁维持和谐的努力也只要有一方拒绝提交仲裁或者不肯服从裁决，就会前功尽弃。相比之下，法院传票所产生的作用要确定得多，没有人能不理会，无故不到庭就等于败诉。在准确性上，仲裁也没法和法律诉讼相比。1679 年商人马修·法林顿在仲裁中获胜，砖匠亨利·斯泰西依照裁决应向法林顿交付砖和 5 英镑现金。可是裁决既没有说给多少砖，也没有说给什么样的砖，而只是说法林顿可得到九拱砖窑中斯泰西已取出后剩下的砖。剩下的是多少，是可出售的好砖还是废砖，裁决根本没有明言。5 英镑现金是以新英格兰的货币支付还是以英国货币支付，裁决也未做规定。当法林顿因为这些问题拒绝接受裁决时，他反而被斯泰西告上了法庭。尽管马萨诸塞当时的普通法诉讼程序中使用的令状制度远不如英国的正规，但是比起仲裁来说在审理和判决上要准确得多。结果，马萨诸塞人以法律诉讼取代了仲裁，他们宁可依赖"县级司法体系作为马萨诸塞统一和单一的权力之源的重要社会功能"。[①]

威廉·奥法特对特拉化河流域贵格会殖民地的研究也发现，仲裁处于边缘地位。不过，仲裁在这一带不是从最初的成功走向了衰落，而是从一开始就不适合特拉华河流域的社区。其实，当地法院为了防止仲裁裁决在法律上无法强制履行可能带来的问题，曾试图由法官委托仲裁，并承诺此后在法院上确认裁决。不仅如此，宾夕法尼亚还在每个县法院设立三个"治安官"作为官方仲裁人，他们做出的仲裁裁决在法律上具有约束力。尽管殖民地司法当局在鼓励仲裁上做了如此之多的努力，但是 1680—1710 年只有 35 起案件，即所有结案案件的 2 %，被提交仲裁。奥法特认为，这样低的仲裁比例也许不能完全代表仲裁的实际发生频率，不过它确实说明官方仲裁是"特拉华河流域解决法律争端的一个无足轻重的特点"。除了这种低利用率以外，当地的仲裁还存在高失败率，也就是说仲裁案中有 41 % 需要进一步要求法院强制执行。奥法特对此做出的解释是："低利用率和高失败率的原因在于特拉华河流域的多元性。"这个地区虽然在贵格会教友治下，但贵格会教友并不占居民的多数。理查德·范曾经估计，贵格会教友在 1700 年以前来到宾夕法尼亚的所有移民中只占 10 %。代表过去大部分史学家观点的 J. 威廉·弗罗斯特虽然认为贵格会教友占当地居民的压倒多数，可是这种看法缺

---

① Konig. *Law and Society in Puritan Massachusetts*. 108-116.

乏统计数据的支持。观点居中的戴维·哈克特·费西尔则认为，贵格会教友和贵格会的同情者加在一起才能在 17 世纪末特拉华河流域说英语的居民中形成多数。如果说前两种估计过于走极端而费西尔的观点比较可取的话，那么根据奥法特的分析贵格会教友在特拉华河流域的居民中就很难说是占多数，因为在居民总人数中还要加上不是讲英语的德国人、荷兰人和斯堪的纳维亚半岛人，而贵格会的同情者能否算贵格会教友则要打上一个问号。事实上，贵格会在宗教上的包容性使得特拉华河流域在宗教多样性上成了其他英属北美殖民地望尘莫及的一个地区。这样，在特拉华河流域从来就没有形成过如新英格兰清教社区或者商业社区那样具有统一性的社区。依靠强大社区凝聚力来履行自愿协定的仲裁在这里自然也就难以发挥作用。①

（五）结论

综上所述，由于市场经济的初步发展而在殖民地法律中出现的上述早期现代化趋势，使法律与地方社区的关系发生了深刻的变化。法律不再像以前那样受到各个地方社区彼此不同的集体利益和个人关系的个别性的过多左右，因此也不再像过去那样常常因时因地而发生变化乃至没有多少准则可言，现在它要处理的是在日益扩展的市场经济下各个社区都要面对的超越个别社区的愈来愈具有一般性的问题，因此需要有普遍适用的法律程序和标准。可以说，以适应市场经济的初步发展为前提的殖民地法律的早期现代化，其实就是要摆脱过去的随意性，去寻求法律的确定性。只有这样，英属北美殖民地初生的市场经济才能一步步走上正轨，建立起能维持其运作的制度化的秩序。显然，陪审团在民事诉讼中所起作用的弱化、法庭答辩从以事实为主向以法律为主的转变、普通法令状制度的逐步健全、专业律师人员的出现和增加、仲裁制度的正规化或边缘化，无一不是意味着法律与地方社区的个别性渐行渐远，也无一不是反映了法律确定性的加强。尽管殖民地法律早期现代化的这些趋势并不是在所有的英属北美殖民地都发生了，也不是在它们发生的地方都达到了同样的程度，而且总的来说所达到的程度还比较有限，但是这些早期现代化趋势确实为殖民地市场经济的稳定发展提供了一定

---

① Offutt. *Of "Good Laws" and "Good Men"*. 7-8, 46, 112-114.

的法律保证。从长远来看，寻求和增强法律的确定性是美国资本主义市场经济的制度建设在其整个历史发展过程中不可缺少的一步。因此，英属北美殖民地法律所发生的变化应该是美国法律史上内容相当丰富而且需要深入探讨的一章。

不过，殖民地法律在美国资本主义经济发展史上占有重要的地位，并不等于我们可以将它和19世纪美国法律的发展等而视之，殖民地法律的早期现代化和赫斯特等人所说的美国现代法律也不可同日而语。这不仅仅是因为它们发生在美国历史上两个不同的时代，而且是因为这种时代差异使得殖民地法律的早期现代化和19世纪美国现代法律的发展所要解决的中心问题存在很大的差别，我们绝不能像汤姆林斯那样因为强调其间的历史连续性而将它们混为一谈。简言之，如果说殖民地法律的早期现代化所要解决的中心问题是前面所说的法律的确定性，即建立相对稳定的程序、规范和秩序，使人们在市场活动中有法可依，对市场经济树立信心，那么19世纪的美国现代法律所要解决的中心问题则不是法律的确定性而是法律的创造性，也就是说要从既定法律在稳定市场经济的同时对它的进一步发展所形成的束缚中解放出来，使美国经济增长不只是稳定、有序、守成式的静态发展，而且是生机勃勃、有所突破、不断创新的动态发展。早在1956年，赫斯特在其经典之作《19世纪美国的法律和自由的条件》中就提出了他有关19世纪法律的著名论点："释放个人的创造性能量才是占统治地位的价值观。在法律管制或强制可以促使释放更多个人或团体能量的地方，我们毫不迟疑地赞成使用法律。"[1]霍维茨在他获班克罗夫特奖的大作《1780—1860年美国法律的变化》中指出，美国的法官们在19世纪对普通法采取了工具主义的态度，即不再像过去那样仅仅去发现被视为固定不变的法律原则，而是会根据自己对社会经济发展需要的理解在判决中去创造新的法律原则，从而在保证经济发展上扮演了创造新法的立法者的角色。在他看来，"19世纪的法律与18世纪的相比最引人注目的区别就是普通法法官在引导社会变革所起中心作用上所达到的程度"。[2]美国政治学家斯蒂芬·斯考罗内克在他的名著《建设新的美国国家》中甚至称19世纪美国的国家为"法院和政党的国家"，因为在立法和行政部门由于分权和制衡无法协调整个国家机器的运作时，"司法部

---

[1] James Willard Hurst. *Law and the Conditions of Freedom in the Nineteenth-Century United States*. Madison: The University of Wisconsin Press, 1956: 7.

[2] Horwitz. *The Transformation of American Law*. 1.

门不仅帮助规定了政府内部活动的关系，它还帮助确定了国家和社会的关系。……这方面最引人注目的，就是以行政手段促进经济发展流产后，所留下的政府（权力）真空为 19 世纪的法院所填补的方式"。[①]诚然，过去半个多世纪以来美国学术界这些名家经典是有忽略殖民地法律的不当之处，但是它们对 19 世纪美国法律主要作用的洞察至今仍是入木三分，使我们在充分肯定英属北美殖民地法律出现的早期现代化趋势及其与此后美国法律发展的连续性的同时，不能不注意到历史发展的阶段性。因此，我们既不应该像庞德和赫斯特那样将殖民地时代排除在美国法律发展史之外，也不应该不承认它毕竟是和 19 世纪有很大区别的一个初期阶段。

---

① Stephen Skowronek. *Building a New American State: The Expansion of National Administrative Capacities, 1877-1920.* New York: Cambridge University Press, 1982: 27.

四 法律在 19 世纪美国经济发展中
所起的作用

托马斯·潘恩在美国革命时期被广为阅读的《常识》里曾经写道："在美利坚，法律是王。"[1] 19 世纪上半叶，亚列克西斯·德·托克维尔在他的名著《美国的民主》里也曾指出，法律的语言在美国成了"乡音"，"法律的精神"渗入了美国"社会的心胸"，结果最终使"全体人民都染上了法官的习惯和品味"。[2] 即便在被传统看法认定是充满暴力和目无法纪的 19 世纪西部边疆，纽约大学法学院教授约翰·菲力普·里德的开拓性研究也表明，这种看法和真实的历史相去甚远，大多数移民不仅有法律头脑，而且照法律行事，他们把法律看作是西进成功所需要的社会和谐与凝聚力的重要保障。[3] 显然，在一个如此崇尚法治的国度里，法律在其 19 世纪的经济发展中究竟起了什么样的作用，是一个值得深入探讨的历史课题。事实上，自美国法律史的一代宗师詹姆斯·威拉德·赫斯特在 20 世纪 50 年代提出"释放能量"说的宏论以来，[4] 美国几代法律史学家在这个课题上已做了相当广泛和深入

---

[1] Thomas Paine. *Common Sense* (1776). Philip S. Foner. ed. *The Complete Writings of Thomas Paine*, 2 vols. New York: The Citadel Press, 1945, I: 29.

[2] Alexis de Tocqueville. *Democracy in America,* 2 vols. New York: Vintage Books, 1945: 1: 290.

[3] R. B. Bernstein. "Legal History's Pathfinder: The Quest of John Phillip Reid" Hendrik Hartog & William E. Nelson. eds. *Law as Culture and Culture as Law: Essays in Honor of John Phillip Reid*. Madison, Wisconsin: Madison House Publishers, 2000: 30-32. John Phillip Reid. *Law for the Elephant: Property and Social Behavior on the Overland Trail*. San Marino, California: The Huntington Library, 1980.

[4] James Willard Hurst. *The Growth of American Law: The Law Makers*. Boston: Little, Brown and Company, 1950. *Law and the Conditions of Freedom in the Nineteenth-Century United States*. Madison, Wisconsin: The University of Wisconsin Press, 1956. *Law and Economic Growth: The Legal History of the Lumber Industry in Wisconsin*. Cambridge, Massachusetts: The Belknap Press of Harvard University Press, 1964. *Law and Social Order in the United States*. Ithaca, New York: Cornell University Press, 1977.

的探讨，他们对赫斯特就 19 世纪美国法律工具主义功能所做的论述和他的整个法律史学观既有继承和发展，也有批评、补充和修正。在此，笔者谨对赫斯特及其修正者过去半个多世纪来就法律在 19 世纪美国经济发展中所起作用进行的研究做一个简要的梳理，最后提出一点自己的看法，以期引起国内史学界对这个重大历史课题应有的注意，更希望专攻美国史的青年学子能从中意识到，在美国法律史的研究领域里还有很多新大陆正等待着它们各自的哥伦布。

　　19 世纪是美国在经济上发生根本性变化的历史时期。这个昔日大英帝国重商主义的边远前哨，从一个农商经济和"岛式社区"占统治地位的社会变成了一个工业化和城市化的世界强国。它的实际国民生产总值在 1774 — 1909 年间增加了约 175 倍，平均年增长率为 3.9 %。后来固然有些国家的国民生产总值年增长率超过了这一数字，但美国经济能以如此速度增长达 135 年之久则世所罕见。到第一次世界大战时，美国的国民生产总值超过了英、法、德三国的总和，其工业生产总值更是早已跃居世界第一，人均收入水平如果不是世界之最，也是当时世界上最高的国家之一。[①] 美国经济如此引人注目的变化固然要归因于这个国家得天独厚的自然资源、人口的迅速增长、科学技术的应用、组织管理方面的改良以及人们的创业精神等多种因素，但国家所起的作用也是不能忽略的。许多历史研究已经表明，所谓 19 世纪自由资本主义的美国是个自由放任的国度的说法只不过是神话，国家在当时并不仅仅是个消极的守夜人，而且是个积极的参与者。法律在经济发展中之所以举足轻重，就是因为它不仅为私人经济活动，也为国家对经济的干预设定了规范，即什么能做，什么不能做，可以说既提供了渠道，也施加了限制。具体到 19 世纪美国法律在推动经济发展上所起的作用，赫斯特认为它主要体现在当时美国人运用法律的两大准则上：1. 保护和促进个人创造性能量的释放；2. 动员社区资源以互助形式给人以更多自由的环境。[②] 前者对私人经济活动直接产生了影响，后者则是通过代表联邦、州和地方等不同层次社区的政府机制创造和控制有利于私人经济活动的环境。赫斯特承认，这种以释放私人经济能量为宗旨的法律实践固然为促进美国市场经济的发展做出了

　　① Robert E. Gallman. "Economic Growth and Structural Change in the Long Nineteenth Century." Stanley L. Engerman & Robert E. Gallman. eds. *The Cambridge Economic History of the United States*, 3 vols. Cambridge, United Kingdom: Cambridge University Press, 1996-2000: 2: 2, 55.

　　② Hurst. *Law and the Conditions of Freedom in the Nineteenth-Century United States*. 6.

重要贡献，但它同时也对市场平衡造成了破坏性的影响，而且对公共利益和社会成本关注不够。直到 19 世纪末和 20 世纪初，美国法律才在这方面做了重大调整，不仅谋求市场权力的平衡，而且瞩目于社区的一体性。应该说，赫斯特有关 19 世纪美国法律经济功能的基本观点至今仍然能给人以极其丰富的启迪，使我们有登高望远的感觉。当然，长江后浪推前浪，赫斯特之后的美国法律史学家们在他注意不够的领域里也有不少独到的建树。例如，莫顿·霍维茨提出了 19 世纪美国法律在经济利益分配上的阶级倾向性问题，哈里·沙伊伯强调了美国法律不仅关心私人既定权利，而且注重对公共权利的保护，卡洛尔·罗斯和格雷戈里·亚历山大探讨了有关财产的双重法律观在美国的历史发展，威廉·诺瓦克指出了从人民福利出发的政府监管在内战前的美国几乎无所不在，并就 19 世纪美国法律发展的总体趋势及其在世纪之交发生的重大变化提出了新的看法。只有站在赫斯特这位美国法律史学界巨人的肩膀上，并吸取随后几代美国法律史学家的研究成果，我们才有可能对 19 世纪美国法律与经济的关系形成一个比较完整的看法，并对它的历史性演变做一个初步鸟瞰。不过我们同时也会发现，这些学者的研究还远远未能画上一个句号，也许历史学领域里根本就没有句号。

（一）19 世纪美国法律体制的主要特点

我们首先来看一下 19 世纪美国法律运作的总体框架体系。从美国宪法生效到 19 世纪结束，这个北美共和国的法律体制基本上是以联邦主义体制下的地方自治、法院权力的日渐扩大和普通法在解决经济争端上的举足轻重为其主要特点。正是这些特点在很大程度上决定了 19 世纪的美国法律在释放能量和控制环境方面发挥作用时所采取的形式和产生的结果。众所周知，制定美国宪法的直接原因是为了解决"邦联的软弱"所造成的共和国的危机，因此宪法明显加强了中央政府的权力，甚至使反联邦党人一度担心会出现"乔治三世的暴政"。[①] 然而历史已经证明，反联邦党人多虑了。在 19 世纪的大部分时间里，作为法律的制定者和执行者的联邦和州政府的权力与活

---

① Gordon S. Wood. *The Creation of the American Republic, 1776-1787*. New York: W. W. Norton & Company, 1972: 471, 521.

动受到了联邦主义宪政框架的制约，实际上具有很强的地方自治和权力分散化的色彩。这样，联邦政府在推动经济增长方面所起的作用有限，主角则是州和地方政府。不仅如此，由于行政部门相对弱小和立法部门在共和国初年建立的权力优势未能长久维持，司法部门权力的稳步壮大变成了"19世纪美国法律文化的一个最重要的特点"，[①] 有的政治学家甚至称1877年以前的美国国家机器为"法院和政党的国家"。[②] 与此同时，作为"法官制定之法"的普通法实现了美国化，并在法院权力日益壮大的过程中对美国经济发展产生了重大影响。与实行纠问制的民法法系国家不一样，作为实行对抗制的普通法法系国家，美国用以规范企业与个人彼此责任的很多规则往往植根于普通法之中，并由法官加以发展、解释和运用。哪怕是立法部门建立的新规则通常也要由有关的当事人诉诸法院才能得以执行。[③]

1. 联邦主义体制下的地方自治和权力分散

美国宪法建立的联邦主义政府体制被詹姆斯·麦迪逊称为"复合体"。[④] 联邦政府和各州政府作为这个复合体的组成部分分别在宪法规定的各自的权力范围内运作，而且在行使其权力时彼此之间不得随意越界。这种复合体政府体制对中央和地方政府的权力所进行的划分，在加强联邦政府的同时却给了州政府以相当大的地方自治权。众所周知，宪法列举了联邦政府的权力，并规定了对联邦和州政府的权力限制，而宪法第十条修正案则将宪法未列举也未禁止的权力全部留给了州。从经济事务上来看，宪法列举的联邦国会的权力包括：监管与他国的贸易和州际贸易、征税和开支、铸币和借贷、管理版权与专利、制定破产法、出售公共土地等。此外，宪法还授予联邦国会为"公共福利"采取行动的权力，并允许它为行使被授予的权力而通过"必要和适当的"法律。正是这些看上去好像将联邦政府权力扩大到几乎不受限制的程度的规定，使反联邦党人忧心忡忡。然而恰如麦迪逊所言，联邦政府的"管辖范围所及只是某些已列举的目标，它给几个州留下的是涉及所有其他

① Kermit Hall. "History of American Law: Antebellum through Reconstruction, 1801-1877." Kermit Hall. ed. *Oxford Companion to American Law*. New York: Oxford University Press, 2002: 381.

② Stephen Skowronek. *Building a New American State: The Expansion of National Administrative Capacities, 1877-1920*. New York: Cambridge University Press, 1982: 24-31.

③ Michael Les Benedict. "Law and Regulation in the Gilded Age and Progressive Era." Hartog & Nelson. eds. *Law as Culture and Culture as Law*, 228.

④ "Madison to N. P. Trist, December 1831". Max Farrand. ed. *Records of the Federal Convention of 1787*, 4 vols. New Haven: Yale University Press, reprinted 1966, 3: 517.

目标的剩余和不可侵犯的主权"。① 更重要的是，宪法在有关权力的授予和权力的限制上措词比较模糊，尤其是"公共福利""必要和适当的"法律等用语更是缺乏准确的定义，结果给相互冲突的解释留下了很大的空间。这样一来，由谁作为最后的仲裁者就成为美国联邦主义体制下权力划分的关键所在。制宪会议的代表最初似乎同意由国会承担这一重任，但后来予以否决，在草案中加入了有关"最高法"的条款，并以模棱两可的词语给联邦最高法院对是否违宪进行司法审查留下了余地。到约翰·马歇尔出任最高法院首席大法官并确认了法院的司法审查权之后，法院乃成为对包括宪法在内的美国所有法律的最后解释者。其后马歇尔法院所做的解释虽然如不少宪法史学家所言有国家主义倾向，但就 19 世纪的大部分时间来看，法院判决中使州得以保持其地方自治大权的权力分散化的趋势却历久不衰。

无可否认，马歇尔法院和其后的托尼法院在扩大中央政府的权力方面都做出了历史性的贡献。1819 年，马歇尔代表最高法院在麦卡洛克诉马里兰州案中一致认可联邦国会授权建立第二美国银行的行动。尽管在美国宪法列举的联邦国会权力中并没有这方面的授权，马歇尔法院还是以有关"必要和适当的"法律的宪法条款为依据判定国会在这方面享有默示的权力。② 同年，最高法院在扩大联邦政府权力的同时，对州政府的权力则做了限制。在著名的达特茅斯学院案的判决中，最高法院将宪法中的合同条款用来限制州议会的权力，宣布州议会不得事后改变其授权建立公司的特许状中的条件，因为特许状是合同，受到宪法的保护。③ 1824 年，马歇尔法院在吉本斯诉奥格登案中对宪法中有关国会权力的商务权条款做了广义的解释，否定了纽约州授予汽船航行垄断权的立法，使州际的商务往来不至于受到这种垄断的阻挠。④ 不仅如此，最高法院还加强了联邦司法系统的权力。除了承袭传统在 1803 年的马伯里诉麦迪逊案中确认司法审查权以外，最高法院还在一系列判决中驳回了对 1789 年司法法的挑战，重新肯定了自己对涉及不同州（国）籍当事人之间诉讼的管辖权握有解释权，并竭力缩小宪法第十一条修

① No. 39, Jacob E. Cooke ed. *The Federalist*: 256.

② *McCulloch v. Maryland*, 4 Wheaton 316 (1819).

③ *Dartmouth College v. Woodward*, 4 Wheaton 518 (1819).

④ *Gibbons v. Ogden*, 9 Wheaton 1 (1824).

正案在私人公民控告州这一类案件中对联邦法院管辖权所加的限制。[1] 后来以罗杰·托尼为首的最高法院虽然通常被视为"二元联邦主义"的倡导者故而有相当强的分权倾向，但它在把司法权力集中到自己手上时向来不遗余力。托尼法院将联邦法院对不同州籍公民之间诉讼的管辖权扩大到被它定义为公民的公司，从而使那些在外州做生意的公司有机会回避抱有敌意的外州法院，在发生诉讼时求助于联邦法院。[2] 当然，它还扩大了中央政府的权力，如海事管辖权和联邦执法权。[3] 在1842年著名的斯威夫特诉泰森案判决中，托尼法院更是明确地指出，当商务案件以不同州籍公民诉讼之管辖权原则为依据而在联邦法院审理时，"商法"的一般原则要高于州的法规。[4]

尽管马歇尔法院和托尼法院对联邦政府和州政府的权力划分曾做出过上述加强中央集权的所谓"国家主义"解释，但是正如美国学者哈里·沙伊伯在他有关联邦主义和美国经济秩序的著名论文里所指出的一样，"正规权力的分散化所达到的程度仍然令人印象深刻"。[5] 最高法院在这方面同样起了重要作用。马歇尔法院对权力集中化倾向有所制约的判决并不为少。例如，它在柯亨们诉弗吉尼亚州案的判决中宣称："这些州……是一个伟大帝国的成员——就有些目的而言是主权者，就有些目的而言是臣服者。"此种宣言几乎可以成为后来杰克逊时代二元联邦主义的脚注。[6] 在吉本斯诉奥格登案的判决中，马歇尔法院虽然肯定了联邦政府的商务权，但同时承认州政府有权通过可能影响商务的检查、检疫及其他方面的立法。在威尔逊诉黑鸟溪湿地公司案的判决中，马歇尔法院则正式提出了"休眠商务权"的概念，即允许各州在国会未采取行动（休眠）的情况下通过影响州际商务的立法。[7] 不仅如此，马歇尔法院甚至没有能像后来的托尼法院一样承认联邦普通法，而是认可各州已有的有关遗产、不动产、时效和欺诈等方面的法规。更为重要的是，马歇尔法院在1833年就巴伦诉巴尔的摩市案做出了大力加强州权的判

---

① *Marbury v. Madison*, 1 Cranch 137 (1803); *U.S. v. Peters*, 5 Cranch 115 (1809); *Martin v. Hunter's Lessee*, 1 Wheaton 304 (1816). *Cohens v. Virginia*, 6 Wheaton 264 (1821).

② *Louisville, et. R.R. v. Letson*, 2 How 497 (1844).

③ *Propeller Genesee Chief v. Fitzhugh*, 12 Howard 443 (1851). *Ableman v. Booth*, 21 Howard 506 (1859)

④ *Swift v. Tyson*, 16 Peters 1 (1842).

⑤ Harry N. Scheiber. "Federalism and the American Economic Order, 1789-1910." *Law and Society Review* 10 (1975): 78.

⑥ *Cohens v. Virginia*, 6 Wheat 264 (1821).

⑦ *Wilson v. Black Bird Creek Marsh Company*, 2 Peters 245 (1829).

决，宣布宪法前八条修正案限制的只是联邦政府，而不是州。① 当然，托尼法院在加强州权方面比起马歇尔法院更是有过之而无不及。在 1837 年著名的查尔斯河桥案中，托尼法院判定对特许状授予的特权和特免应做狭义的解释，从而扫除了达特茅斯案判决就特许状和宪法合同条款所做解释对州议会权力的限制，使州有权为促进技术创新和加强经济竞争而对政策做出必要的修改。② 1848 年，最高法院在西河桥案中认可佛蒙特州以征用权获取依特许状建立的桥公司的全部财产，使该公司的桥成为州属公共道路的一个组成部分。③ 托尼法院在纽约州诉米尔恩案判决中还肯定了州的治安权即便在涉及商务的案件中都具有"完整、不受限制和专有"的特点。④ 美国宪法史专家斯坦利·I.柯特勒教授在研究中发现，托尼法院的米尔恩案判决不仅肯定了在缺乏国会行动的情况下影响商务的州法有效，而且似乎又向前迈了一步，把州的治安权看得比联邦商务权还高。⑤

联邦主义体制下的权力分散化并不仅仅得力于最高法院的判决，而且源于各级政府所拥有的人力和财力资源，以及它们行使权力的政治意愿。美国历史学家唐纳德·J.皮萨尼曾经指出："在 19 世纪，国会的不行动和最高法院的行动一样定义了宪法。"众所周知，宪法早就授权国会发行货币，但它直到内战期间才开始这样做。马歇尔法院虽然在 1819 年就肯定了国会有授权建立公司的默示权力，但国会仅仅使用这一权力建立了国许银行和几家铁路公司。国会本可将它管理州际贸易的权力合理延伸到批准建立桥梁和道路上去，可是它却把这些有关交通的决定权几乎完全留给了州和私人企业。制定统一的破产法原本是宪法列举的国会的权力，然而国会当时很少而且很不情愿使用这一权力，结果让各州就债务人问题通过了广泛的立法。⑥ 相比之下，各州政府的态度则正好相反。它们受州一级重商主义的影响，惟恐在竞争中落后于其他的州，争相进入运河、银行等经济活动领域。有些州还公然抵制联邦政府权力的扩大。例如，俄亥俄州在马歇尔法院就麦卡洛克诉马里

---

① *Barron v. Baltimore*, 7 Peters 243 (1833).

② *Charles River Bridge v. Warren Bridge*, 11 Peters 420 (1837).

③ *West River Bridge v. Dix*, 6 Howard 507 (1848).

④ *New York v. Miln*, 11 Peters 102 (1837).

⑤ Stanley I. Kutler. *Privilege and Creative Deconstruction: The Charles River Bridge Case*. Philadelphia: Lippincott, 1971: 124.

⑥ Donald J. Pisani. "Promotion and Regulation: Constitutionalism and the American Economy." David Thelen. ed. *The Constitution and American Life*. Ithaca: Cornell University Press, 1988: 85-86.

兰州案做出禁止州对合众国银行征税的判决后，还坚持征税数年。尤其是当托尼法院在斯威夫特诉泰森案判决中宣布在商务交易问题上存在联邦普通法之后，许多州法院在判决中继续坚持州在决定商法原则上的自主权。因此，无论是从最高法院的判决，还是从国会与各州政府的态度来看，沙伊伯都发现，内战前美国的"正规权力结构是一种成员州的政府在十分广泛的范围内有着相当大潜在权力的结构"。[1]

内战以后，美国联邦主义体制下的权力划分出现了权力集中化的趋势。其中一个重要原因就是宪法第十四条修正案在 1868 年通过生效了，它使原来不大受《权利法案》限制的州政府在公民基本权利上也要受到是否符合正当程序的制约，结果为联邦司法部门扩大对州政府事务的干预奠定了基础。1873 年，最高法院在松林镇诉塔尔科特案中重申了 1842 年斯威夫特诉泰森案中确立的有关联邦普通法的原则，推翻了密执安州最高法院有关铁路援助债券的判决。最高法院明确表示，当涉及在广大市场上出售的商业证券和经济上令人高度关注的问题时，联邦法院不能受个别州法院判决的约束。[2] 1877 年，最高法院在彭索科拉电报公司诉西部联邦公司案的判决中否决了试图在自己疆界内建立电报垄断的州的立法，肯定了国会的有关立法。法院认为，联邦商务权足以对"改变了营业习惯并成为商务所需要"的创新进行全国性监管。[3] 在 1886 年著名的沃巴什、圣路易斯和太平洋铁路公司诉伊利诺伊州案的判决中，最高法院裁定只有国会才能对直接影响到州际经营活动的铁路的运费和营运加以监管，从而否定了伊利诺伊州的有关立法。[4] 这一判决成为 1887 年授权联邦政府建立美国历史上第一个联邦级独立委员会对铁路营运进行监管的《州际商务法》通过的直接原因。

不过，内战后联邦政府权力集中的趋势并不等于州政府治安权的没落。相反，州的治安权在这一时期还有强化的趋势，并得到了最高法院的支持。其中最著名的案例就是 1873 年的屠宰场案和 1877 年的芒恩诉伊利诺伊州案，即格兰奇铁路案。法院在芒恩案判决中支持有关各州对铁路进行监管的立法，甚至包括对并非公司的私人仓储企业收费加以监管，其理由是只要它

---

① Scheiber. "Federalism and the American Economic Order." 84-86.

② *Pine Grove Township v. Talcott*, 19 Wallace 666 (1873).

③ *Pensacola Telegraph Co. v. Western Union*, 96 U. S. 1 (1877).

④ *Wabash, St. Louis & Pacific Railway Co. v. Illinois*, 118 U. S. 557 (1886).

们"影响到公共利益"就在监管范围之内。① 尽管这一判决在九年后为著名的沃巴什、圣路易斯和太平洋铁路公司诉伊利诺伊州案的判决所推翻，但它和屠宰场案判决一样都是州治安权继续强化的证明。此外，最高法院在这个时期做出的一系列判决中还允许各州将外州公司拒之门外或者对其在自己州经营所享有的权利进行限制。② 这类判决虽然受到一些具体约束，但真正失去效力则要等到 1906 年以后。按照沙伊伯的观点，美国最高法院在内战以后走向政府权力集中的道路上需要的不是逻辑上的飞跃，而是司法人员的变化。到 19 世纪 90 年代和 20 世纪初，最高法院终于完成了这一变化，从而在以宪法第十四条修正案为武器否定各州的监管立法上展开了凌厉的攻势，"在联邦制政府体系内使自己发挥了'权力集中化'的司法作用"。③ 由于这种权力集中限制了州政府长期以来对个人和私人公司经济活动的监管，使包括契约自由在内的公民个人权利在宪法第十四条修正案下得到了更多的保护，所以后来被有些学者称为"自由放任主义宪政"。需要指出的是，这一时期联邦政府权力的扩大和州政府权力的缩小只是相对而言，美国仍然是一个联邦制的国家，而且当时联邦政府权力的集中化是和私人权利的个人化相辅相成的。因此，就 19 世纪的大部分时间而言，美国联邦主义体制下政府介入经济活动的权力中心是在州一级，而不是在联邦一级。

2. 法院权力的不断扩张

19 世纪美国法律体制的另一个主要特点是法院权力的稳步壮大。不过，正如赫斯特所言："法院并不是一开始就在宣告和执行法律上有优先权。"④ 从 17 世纪到 19 世纪初，立法机构才是这块北美土地上法律发展的主要动力。殖民地的法院隶属于立法机构，上议院通常和殖民地总督一起组成一个殖民地的最高上诉法院。到殖民地时代后期，法院和殖民地行政当局一样被视为是由英国王室建立和支持的机构，在殖民地人民中得不到信任。直到美国革命以后，独立的法院系统才在美国建立。各州首次制定的州宪法承认了法院的重要性，并把它摆在和州长、州议会平等的地位上。然而，这种

① *Munn v. Illinois*, 94 U. S. 113 (1877); *Chicago, etc. R. R. v. Iowa*, 94 U. S. 155 (1877); *Peik v. Chicago, etc. R. R.*, 94 U. S. 164 (1877); *Chicago, etc. R. R. v. Ackley*, 94 U. S. 179 (1877); *Winnona & St. P. R. R. v. Blake*, 94 U. S. 180 (1877); *Stone v. Wisconsin*, 94 U. S. 181 (1877).

② *Doyie v. Continental Insurance Co.*, 94 U. S. 535 (1877); *Philadelphia Fire Association v. New York*, 119 U. S. 110 (1886); *Hooper v. California*, 155 U. S. 648 (1894).

③ Scheiber. "Federalism and the American Economic Order." 104.

④ Hurst. *The Growth of American Law*. 85.

法律上的平等要变成事实上的平等还要有一个过程。战后经济上出现的困难使得很多负债累累的农民视法院为仇敌，因为债权人通过法院对他们施加压力。1786 年的谢斯起义就是从强行关闭法院开始的。不仅如此，联邦司法系统在 19 世纪初还成了杰斐逊派长期怀疑和攻击的主要对象。他们成功废除了联邦党人占优势的国会在 1800 年通过的司法法。到 19 世纪 30 年代和 40 年代，许多州都通过了由民选而不是经任命决定法官人选的立法。[①] 然而，正如赫斯特所指出的一样，"我们法律成长中的矛盾现象之一就是：这种由人民控制法院的最基本诉求到来之时，也是我们历史上司法权力最伟大的时代开始之日"。[②] 法院在 19 世纪中叶之所以能确立它决定法律问题的无可争议的权力，并且愈来愈深地介入公共政策的决策，不是没有原因的。

第一，美国法院权力的扩大是开国之父民主宪政理念的产物。他们中的大多数人，尤其是在制宪会议上占据优势的联邦党人，在建立以多数原则为基础的代议制政府时，从未视多数原则具有绝对性。他们倒是从一开始就警惕在一个有着不同教派、派别和利益的国家里建立代议制政府会形成多数人的暴政。麦迪逊在制宪会议上就曾指出："在多数人因共同的利益或感情而团结起来的任何情况下，少数人的权利都会处于危险之中。"[③] 为了防止多数人对少数人权利的侵犯，制宪会议设计了三权分立的政府体制，使得行政、立法和司法三个部门彼此制衡，从而让多数人意志的实现要受到多个互相牵制的权力中心的制约。不仅如此，后来司法审查权的确立更是让并非由选举产生的法院掌握了对选举产生的立法议会通过的立法做最后解释的生杀大权。这种对多数人暴政的担忧及随之而来的制度设计和发展，不仅使联邦党人区别于反联邦党人，也使美国的民主与司法制度区别于欧洲很多国家的民主与司法制度。联邦党人和美国民主制度的推行者们认为，多数原则适用于解决某些有冲突的问题，它是建立政治程序的一种选择，而反联邦党人和欧洲民主制度的实践者们则认为，多数原则适用于解决所有有冲突的问题，它

---

① Kermit Hall. ed. *The Courts in American Life*. New York: Garland Publishing, Inc., 1987: ix-x; Hurst. *The Growth of American Law*. 86-87.

② Hurst. *The Growth of American Law*. 87.

③ Farrand. *Records of the Federal Convention of 1787*, 1: 135-136.

是符合共和主义标准的合法政治程序的唯一选择。① 这样，大多数欧洲国家直到第二次世界大战结束前基本上是以立法议会和它制定的成文法——多数原则的产物——为至尊，法院只是立法机构的"法律喉舌"；而美国则在三权分立的基础上建立了对立法机构具有很强独立性的法院系统和普通法法系。② 可以说，法院权力壮大的根源从意识形态上来讲应该追溯到美国开国之父有关防止多数人暴政和保护少数人权利的民主政治理念。这一理念在当初虽有保护少数上层有产阶级之嫌而与民主似乎有距离，但就今日愈来愈受人关注的保护少数族裔尤其是弱势团体权利的问题而言，其民主含义从长远来看已不难理解。司法审查权的确立成了实现这一理念的制度化手段之一，同时也奠定了美国法院权力在 19 世纪稳步扩大的基础。

　　第二，美国法院权力的扩大不仅表现为它对立法部门独立性的加强，而且反映在法官决定法律的权力所受到的陪审团的制约愈来愈少，如果说前者是开国之父民主宪政理念的产物，那么后者则是美国社会逐渐走向现代化的结果。受陪审团审判从殖民地时代起就被美国人的先辈视为他们不可侵犯的权利。这固然是受英国法律传统影响的结果，但更重要的是因为当时的殖民地人对英国王室任命的法官缺乏信任，他们认为由与他们身份地位相同的邻居组成的同阶陪审团才能代表建立在共同价值标准基础上的"社区良心"，为他们做出公正的审判。不仅如此，当时的法官大多是非专业人士，他们对法律的了解和陪审团相比并没有什么过人之处。这样，殖民地时代早期的陪审团在审理案件时往往大权独揽，他们不仅有决定事实的权力，而且有决定法律的权力。然而，随着市场经济的扩展和殖民地社会移民来源的多元化，人们对陪审团审判带来的不确定性对经济发展产生的不利影响感到担忧，而且愈来愈多元化的社区所产生的陪审团是否能像过去一样反映整个社区比较一致的价值观也令人怀疑。与此同时，法官所受的专业化教育和训练正在逐渐改善。于是，到殖民地时代后期，法官在审判中的作用愈来愈重要，尤其

---

① Harry N. Scheiber. "Federalism and the Constitution: The Original Understanding." Lawrence M. Friedman & Harry N. Scheiber. eds. *The American Law and the Constitutional Order: Historical Perspectives*. Cambridge, Massachusetts: Harvard University Press, 1988: 94. 夏伊伯认为这是联邦党人和反联邦党人在多数原则上的基本分歧所在，笔者以为它也反映了美国宪政民主和欧洲议会民主之间在理念上的重要差别。

② Las Tragardh. ed. *After National Democracy: Rights, Law and Power in America and the New Europe*. Portland: Hart Publishing, 2004.

是在民事审判中，法官几乎取代了陪审团过去的地位。[①]正是由于从殖民地时代就已开始的这些社会经济变化和随之而来的陪审团地位的相对下降，美国宪法虽然规定了除弹劾以外的刑事诉讼由陪审团审判，但却只字未提民事陪审团的问题，直到后来《权利法案》制定生效才在宪法第七条修正案中规定公民在 20 美元以上的普通法讼案中也有受陪审团审判的权利。尽管最高法院首席大法官约翰·杰伊在 1794 年佐治亚州诉布雷斯福德案中肯定了民事陪审团既有决定事实也有决定法律的权利，[②]但这一传统已难以长久维持，因为商业利益在进入 19 世纪后要求司法有更大的可预测性。此种要求在 19 世纪中期由于工业革命和铁路的扩展而大大加强。因此，民事陪审团从 19 世纪初开始就一步一步地失去了就法律问题做出决定的权利。刑事陪审团在 19 世纪上半叶虽然还基本上保持了这一权利，但此后便在这个问题上遭到了法官愈来愈多的挑战，到 1895 年斯帕夫与汉森诉合众国案判决，最高法院终于从法律上正式否定了刑事陪审团有决定法律的权利。[③]诚然，刑事陪审团仍然可以在事实上不理会法官有关法律的指示而做出无罪判决，但此后美国法院一般都认为陪审团在道义上和法律上没有权利这样做。它们坚持陪审团只能就事实做出决定，法律问题则要由法官解决。

　　第三，美国法院权力的扩大不仅有政治理念和社会经济方面的原因，也有制度方面的需要。根据美国政治学家斯蒂芬·斯考罗内克的研究，美国革命的原因之一就是反对在英国出现的愈来愈集权化、专业化和将干预深入到社会经济活动中去的国家机制，因此美国的开国之父们为这个国家设计了最为复杂的三权分立、相互制衡的联邦主义政府机制：中央与州分权，立法、行政和司法部门之间分权。这种范围广泛的分权化政府机制彼此之间如何进行协调，才能使整个国家机器的运作具有一致性和有效性，乃成为美国建国后在制度上存在的一个严重问题。联邦党人的政府曾试图通过行政部门解决这一问题，后来的杰斐逊政府则寄希望于在行政部门和国会之间展开协调，然而这些自上而下的方式都未获得成功。当 1812 年美英战争终于使人们觉得政府几乎是一盘散沙而失去了方向时，政党开始发挥作用，其在州和地方的组织自下而上建立起不可抗拒的纪律，通过赢得选举和政治分肥来获取与操纵政府权力。到 1830 年，这种政党纪律控制了全国政治，也为原本四分

---

① 参见本书"三　市场经济的发展和英属北美殖民地法律的早期现代化"。

② *Georgia v. Brailsford*, 3 U. S. (3 Dallas) 1 (1794).

③ *Sparf and Hansen v. United States*, 156 U. S. 51 (1895).

五裂的政府机构的活动带来了一定程度的凝聚力。不过，一个政党为赢得选举而建立的松散的联盟必须包括很多不同的甚至是敌对的利益团体，所以它的政治纲领往往只涉及最一般的政策倾向，而很少谈及具体的政策举措。因此，政党为美国政府机制提供的凝聚力主要是在组织程序上，而不是在实质性政策方向上，所以研究 19 世纪上半叶美国政治史的学者才会发现，那时人们在选举中关注的主要是族裔、文化和宗教问题，而不是经济政策问题。能在这方面补政党之不足而在实质性政策方向上提供某种一致性的则是法院。因为当政党出于选举政治的考虑希望广泛分配好处而尽可能回避宣布这方面的输赢时，法院则必须在经济利益和权力的分配上做出有明确倾向性的实质性判决。作为法律的最后解释者，法院不仅要确定联邦政府与州政府、州政府与州政府之间的关系，而且要确定政府各部门之间的关系；它还要规定政府与社会之间的关系以及社会成员彼此之间的关系。不仅如此，在这个属于普通法法系的国家里，法院不只是宪法和立法部门制定的法律的解释者和执行者，而且是法律的制定者，法院判决作为必须遵循的先例成了"法官制定之法"，即普通法。这样，法院就和政党一起成为 1870 年以前美国的政府机制具有某种整体性和内在秩序的制度上的原因或者说保障。正因为如此，斯考罗内克才称这个时期美国的国家机器为"法院和政党国家"。①

3. 普通法在美国的重要地位

除了联邦主义政府结构下的地方自治和法院权力的扩大以外，19 世纪美国法律体制的第三个主要特点就是普通法在这一体制中占有举足轻重的地位。早在殖民地时代，英国普通法就在北美被部分沿用，并由于新大陆社会经济条件的影响而出现一些不同于英国的地方，但在 18 世纪随着殖民地社会的成熟而日渐英国化。于是，美国革命胜利后，被视为英国王室法律的普通法是否要像英国王室对殖民地的统治一样被推翻，便成了一个引起争议的问题。当时似乎有可能的一种选择就是以法国民法来取代普通法。然而，由于语言障碍和有关书籍稀少，美国律师中熟悉法国法律的为数甚少，他们最了解的还是英国法律。所以，尽管共和国初年的美国人中有不少敌视英国，而且讨厌普通法的繁文缛节，但从长远来看，普通法在美国法律中的地位就像英国语言在北美的地位一样不可动摇。结果，过去一个多世纪形成的历史

---

① Stephen Skowronek. *Building a New American State: The Expansion of National Administrative Capacities, 1877-1920*. New York: Cambridge University Press, 1982: 19-35.

传统并没有被随便丢弃。第一届大陆会议通过的《权利宣言》就宣称英国普通法，特别是受陪审团审判，是殖民地人与生俱来的权利。美国革命中的很多风云人物如约翰·亚当斯和托马斯·杰斐逊等都是普通法律师，其中有些人还是联邦和各州宪法的起草者。于是，我们在这些法律文本中看到了不少普通法的原则和用语。1787 年的《西北条例》也明文规定，普通法适用于美国的边疆地区。美国各州的宪法和法律在决定哪些英国法律可以继续沿用时，一般都承认普通法和美国立国前的英国法律的有效性。甚至于美国革命后的英国法律在有些州也照样被引用。可以说，在美国革命后一代人的时间里，英国法仍然是美国法律的主要来源之一。由于此时的美国尚无公布判决的习惯，结果诉讼中引用的英国案例比美国案例还要多。① 这种情况到 1820年终于结束了。美国人出版了州和联邦法院的判例，一些有关美国法律的书籍也开始问世。它们构成了美国法律的本土基础。正如美国学者格兰特·吉尔摩所言："18 世纪 80 年代时可以想象得出的唯一专业化的解决办法就是全面借用英国法律，然后使之一点一滴地适应美国生活的条件。这种全面借用在 19 世纪 20 年代不再需要了。我们有了我们自己的案例。"②

　　普通法在这个时期实现了美国化，但它的复杂性也成了美国人必须面对的问题。众所周知，普通法的法律是由法院建立的先例组成的，法官在审案时要从先例中寻找适用的法律原则。由于先例众多而且它们又不是按照法理逻辑顺序出现的，所以就连当时最权威的普通法著作，即 18 世纪英国著名的法学家威廉·布莱克斯通的四卷本巨著《英国法释义》，在对普通法进行阐释时都很难给人以一种一目了然的逻辑上的一致性。当普通法的美国化使美国法院的案例汇编愈积愈多时，要从先例中寻找法律，自然也就变得愈来愈复杂。不仅如此，联邦主义体制下的地方自治更使这一问题进一步严重化。1834 年，美国最高法院在一项判决中否认联邦普通法的存在，只承认州法院的判决先例才是普通法。这样一来，美国的普通法或者说实体法便失去了全国的统一性，从而出现了因州而异的碎化现象。在这种情况之下，美国的法律改革者们很早就开始尝试通过法典化来解决普通法先例数量庞大且无所定型造成的问题，后来甚至形成了法典化运动。然而，法典化运动在19 世纪的美国所取得的进展相当有限。早期在刑法方面所做的法典化的尝

---

① Lawrence M. Friedman. *A History of American Law*. New York: Simon & Schuster, 1985: 109-112.
② Grant Gilmore. *The Ages of American Law*. New Haven: Yale University Press, 1977: 23.

试仅仅限于不允许法官通过判决设定新的刑事罪，即只有立法机关以法典或者说制定法形式才能定义一种新的刑事罪行。可是老的刑事罪则仍然是按照普通法的定义和程序进行审理。至于民法方面的法典化，在 1848 年的纽约州倒是小有建树。当时纽约州议会通过了民事程序法典，又称菲尔德法典，因为它是法典化运动的核心人物戴维·D. 菲尔德不懈努力的结果。不过，菲尔德法典后来被纽约州议会几次修改，愈改愈复杂，到 1880 年时有 3356 款，违背了法典化运动简化普通法的初衷，致使该州在 19 世纪 90 年代要求进一步改革民事程序的呼声再起。至于菲尔德于 1865 年公布的由他起草的民法典，则直到他离世也未能在纽约州成为法律。该州议会在 1881 年通过了刑法典，但却一次又一次地拒不通过民法典。一般来说，法典化运动在东部的影响不及在西部，因为西部州急于建立自己的法律体系，不能坐等判决先例的积累。然而，这些西部州在通过法典之后，发现它们的法院和法官还是按照普通法的习惯和偏见来对待法典化的法律，与没有法典化的州并无二致。可以说，到 19 世纪结束时，几乎所有的州都在法律程序上做了某些改革，但没有一个州达到了致力于法典化运动的菲尔德等人所希望的程度，结果美国各州和联邦的大部分法律仍是不成文的，普通法在美国法律中所占有的重要地位依然如故。①

普通法在美国稳如泰山和法院权力的扩大是相辅相成的，结果导致这个国家的立法机构难以像在欧洲大陆民法法系国家一样保持其立法至上的地位，并使美国行政机构向官僚化方向的发展受到了比欧洲国家更多的制约。首先，普通法法系和民法法系相比在法律来源上的不同使得美国的法院对立法机构具有了较大的独立性。查斯丁尼在其《法律大全》中曾经指出："判决应基于法律，而不是先例。"②此话在民法法系国家被奉为公理，即司法先例不是法律。因此，法院要遵循的不是先例，而是立法机构通过的法律文本。只有制定法（即成文法），而不是司法先例，才是法律的来源，也只有制定法才能为一个社会提供连续性和稳定性。在民法法系国家里，法官的任务不过是从制定法中寻找适当的条款而已，其职责就像是一个公务员一样。有的学者甚至把民法法系体制下的法官比作议员们设计和制造的机器的操作

---

① Friedman. *A History of American Law*: 391-411.

② *Code of Justinian*. Book 7, title 45, chapter 13, quoted as in Michael Les Benedict's "Law and Regulation in the Gilded Age and Progressive Era." Hartog & Nelson. eds. *Law as Culture and Culture as Law*: 231.

员。① 显然，议会作为法律的制定者比起只能照它制定的法律执法而不能越雷池一步的法院来说，其地位要高得多，立法至上在很多欧洲国家被奉为圭臬。可是在美国这样的普通法法系国家里，情况就大不相同了。普通法的主要法律来源是法院建立的先例，如果不存在一清二楚的先例，那么法官将通过类推和应用有关的公理宣布什么是法。法典化运动的反对者詹姆斯·C.卡特曾经说："我们真正有关法律的……所有知识都是来自法官。"② 法官不仅通过建立先例而握有造法权，从而可以在独立于立法机构的情况下制定法律，而且对于立法机构通过的贬抑普通法的制定法还可以做严格解释，尽可能地减少立法机构在改变普通法上的伸缩空间。正如著名法学家罗斯科·庞德所言："敌视立法创新是普通法的基本原则。"③ 事实上，以卡特为代表的反对法典化的人士担心的就是法典化会把美国法律来源的重心从法院转移到立法机构，而立法机构在他们看来过于关注短期目标，不能信任。他们觉得只有法官才有资格主导美国法律的发展与改良。连主张法典化的菲尔德对立法机构也缺乏信心，他认为法律应由法律专家来制定，立法机构只是在形式上予以批准而已。④ 总之，法律来源的不同使美国的法官有了造法权和解释权，从而使美国的法院有了民法法系国家所不敢企望的独立性。美国法院和立法机构在 19 世纪的相对地位也因此而逐渐发生了变化。用庞德的话来说，"从内战到世纪末，司法系统在我们政治体制中的主导地位就像早期立法部门的主导地位一样引人注目"。⑤ 欧洲大陆国家的立法至上在这里自然变得难以实现。

　　另外，两大法系在对待公、私法关系上的差异不仅使美国的法院对立法机构具有较强的独立性，而且使它对行政机构的公共政策行为可以进行司法干预，从而限制了美国行政机构的官僚化。在民法法系的国家里，私法和公法之间有很严格的区别，分别由两个不同的部门来执行。在私人争端中保护个人权利的私法是由法院来执行，而维护公共利益的公法则由行政部门的官

　　① Benedict. "Law and Regulation in the Gilded Age and Progressive Era." Hartog & Nelson. eds. *Law as Culture and Culture as Law*: 231-232.

　　② James C. Carter. "The Ideal and the Actual in the Law." *Reports of the American Bar Association* 18 (1890): 223.

　　③ Roscoe Pound. "Common Law and Legislation." *Harvard Law Review* 21 (1908): 403.

　　④ Friedman. *A History of American Law*. 403-405.

　　⑤ Roscoe Pound. *The Formative Era of American Law*. Gloucester, Massachusetts: Peter Smith. 1938: 49.

僚来执行。① 二者各司其职，互不干扰。这样，民法法系国家的政府官僚在19 世纪的大部分时间里便享有很大的自主性，因为他们的行动不会受到法院的制约。行政机构的官僚化成了欧洲大陆民族国家构建的一个重要特点。直到 19 世纪末，这些国家才建立了行政法庭来审查行政管理机构的决定和行为是否符合法律规定，但一般法院仍然无权对行政部门加以限制。事实上，行政法庭也只是代表立法部门行事，而不是行使司法权。于是，一般法院无权保护私人权利不受政府官僚的侵犯，而有此权力的行政法庭所遵循的原则又是私人权利要让位于公共利益。这样一来，在整个 19 世纪和 20 世纪初的民法法系国家里我们基本上看不到有对公共政策立法和官僚化的司法抵制。② 美国则不然，公法和私法之间不像民法法系国家那样井水不犯河水，法院既能审理公法案件，也能审理私法案件。更重要的是，法院不仅能对立法机构通过的公共政策立法进行司法审查，而且成了这类立法的实际执行者。原因很简单，因为当时州议会通过这类立法后通常交给地方政府官员执行，而没有建立自己的官僚机构来保证他们依法办事，结果一旦这些地方官员失职，受害者必然诉诸公堂，最后由法院判决来保证有关立法得以执行。无怪乎政治学家斯考罗内克就此得出结论说："法院成了较为充分发展的行政机构的美国式替代。"③ 正是由于美国的法院不仅有权对官僚机构的渎职和违法行为进行审理，而且还因此成为公共政策立法的实际执行者，所以美国原本就欠发达的行政官僚机制在 19 世纪的大部分时间里更因此而远远落后于欧洲国家官僚机制的发展。

美国不仅因普通法而有别于欧洲大陆民法法系国家，而且以其在普通法上的创新精神而有别于普通法的发源地——英格兰。就在工业革命使英国法律在 18 世纪下半叶发生巨大变化之时，当时英国的权威法学家布莱克斯通做出了保守主义的反应。他竭力颂扬普通法昔日的辉煌，认为英国人在这方面已趋于理智上的完美，主张回避立法和司法上的改革，担心变革对这个本已完美的普通法体系所带来的损害会超过最具善意和最有远见的创新者所能想象的程度。与布莱克斯通形成对照的是 1756 年开始出任王座法庭首席大

---

① 此处"公法"的含义比较狭窄，主要是指涉及公共利益而非私人权利的具体法律，因而并不包括宪法、刑法等在内。

② Benedict. "Law and Regulation in the Gilded Age and Progressive Era." Hartog and Nelson. eds. *Law as Culture and Culture as Law*: 232-234.

③ Skowronek. *Building the American State*: 28.

法官的威廉·M.曼斯费尔德爵士。前者强调先例，后者则肯定法官造法。特别是在有关贸易和商业的法律问题上，曼斯费尔德是个顺应工业革命潮流的大胆的改革派，他所做出的最有名的判决之一就是在合同法上取消了传统的对价原则，使合同代表的只是签约双方在意愿上的一致，而不是市场关系以外的其他关系。正因为如此，曼斯费尔德曾被视为当时英国最伟大的法官。可是，在他于1793年去世后约一代人的时间里，曼斯费尔德所带来的变革或者说他所做出的贡献却逐渐被否定了，甚至被遗忘了。于是，布莱克斯通的观点与主张在19世纪的英国法律中占了上风。不过，当曼斯费尔德在他的祖国失势之时，他在北美大陆的影响却愈来愈大。这不仅表现在他的判例经常被引用，更重要的是，他对先例的不太在意和对法官造法的认可成了早期美国法律体系的重要特点。[①] 有学者认为，美国革命以后，普通法的火炬从英国传到了北美大陆。特别是1832年改革法案以后，英国人在推动变革使国家现代化的过程中依靠的主要是立法，而不再是诉讼和司法审查了。[②] 美国则不然。托克维尔曾经指出："任何在美国未解决的政治问题，或迟或早，很少不上升为司法问题。"[③] 可以说，在19世纪的大部分时间里，普通法在美国法律中仍然占有在它的发源地英国都无法企及的重要地位。因此，美国的普通法和制定法一样，在推动19世纪美国经济的增长上起了不可或缺的作用。其结果不仅改变了北美大陆，也塑造了美国的资本主义经济和文明。

（二）19世纪美国法律在经济发展中的作用之一：释放能量

赫斯特认为，19世纪的美国法律在推动美国经济增长上所起的主要作用之一就是保护和促进个人创造性能量的释放。这是当时美国法律运作的一大准则。[④] 在资本主义市场经济的历史条件下，个人创造性能量能否释放出

[①] Gilmore. *The Ages of American Law*: 5-8, 24.

[②] Norman Cantor. *Imagining the Law: Common Law and the Foundation of the American Legal System*. New York: Harper Collins Publishers, 1997: 353, 356.

[③] Tocqueville. *Democracy in America*, 1: 290.

[④] Hurst. *Law and the Conditions of Freedom in the Nineteenth-Century United States*: 6.

来，一要看个人有无做出经济选择的自由，二要看这种选择达到合理期望的
可能性是否有保证。如果连个人选择的自由都没有，或者做出选择后连达到
合理期望的可能性都无法保证，即风险太大，那么任何人都不敢轻易投入市
场经济的活动，其创造性能量的释放也只会是天方夜谭。历史事实证明，19
世纪美国法律的许多基本原则和具体实践在保护个人选择的自由和保证合理
期望的可能性上为创造性能量的释放提供了法律上的支持。其中的"既定权
利"原则早就为学者们所关注，"正当程序""平等法律保护""客观衡量"
和"严格解释"等原则也为人们所熟悉。赫斯特的贡献是对既定权利原则做
出了动态的解释，从而抓住了 19 世纪美国法律以释放经济能量为宗旨的核
心所在。他的这一观点在财产法、合同法以及其他相关法律门类的司法实践
中得到了证实。

　　自 1911 年开始，美国著名宪法史学家爱德华·科文在他的一系列文章
中就提出和阐述了既定权利论，把既定权利视为美国宪法的基本原则。他认
为在美国革命和美国宪法的制定过程中，自然权利观产生了很大的影响。以
这种理念为基础的既定权利原则把个人的某些基本权利视为超出了政府控制
的范围，其中最重要的一种就是私人产权，故法院有责任宣告立法机构侵犯
私人产权的法令无效，其根据就是这类法令有悖立宪政府的本质。[①] 显然，
既定权利原则对私人产权提供的法律保护成了让个人自由地做出私人经济决
定和对这种决定抱有合理期望的基本前提。美国最高法院在 1810 年著名的
弗莱彻诉佩克案判决中肯定了这一原则。该案中的佐治亚州议会在其成员受
贿的情况下将亚祖河沿岸的土地授予了某些土地公司，可是当其中部分土地
已被出售给无辜的第三者后，又取消了上述土地授予，从而引发了涉及土地
所有权的诉讼官司。首席大法官约翰·马歇尔代表法院裁定，尽管土地授予
过程有腐败行为发生，但最初的土地授予仍然有效。其理由之一就是科文后
来所说的既定权利法则：如果取消土地授予，将是对购地者私人产权的严重
干预，超出了任何立法机构的宪法权力范围；其理由之二则是美国宪法的合
同条款，因为法院视土地授予和买卖为合同关系，而美国宪法的合同条款明
文禁止州议会损害合同义务。[②] 自此判决以后，法院经常利用合同条款和商

---

① Alpheus T. Mason and Gerald Garvey. eds. *American Constitutional History: Essays by Edward S. Corwin*, 1964; Edward S. Corwin. "The Basic Doctrine of American Constitutional Law." *Michigan Law Review* 12, 1914: 247.

② *Fletcher v. Peck*, 6 Cranch 87 (1810).

务权条款支持既定权利原则，保护私人产权免受立法机构的不当侵犯。

除了既定权利原则外，19 世纪美国法律用于保护个人选择自由的还有正当程序原则和平等法律保护原则，而用于保证合理期望的还有客观衡量原则和严格解释原则。美国宪法第五条和第十四条修正案明确规定，政府未经正当法律程序不得剥夺任何人的生命、自由和财产，也不得拒绝任何人获得平等的法律保护。根据这些宪法修正案的规定和后来法院的判决，对于在经济活动中做出自由选择至关重要的私人产权和合同自由均成为联邦和州政府未经正当法律程序不得随意剥夺的"既定权利"，即源于自然权利的不受政府控制的个人基本权利，而且法律提供的这种保护对所有的人都一视同仁，也就是说在法律面前人人平等。当然，正当程序和平等法律保护原则在美国司法实践中的运用是经历了一个发展过程的。正当程序在宪法第五条修正案生效时只适用于联邦政府，直到宪法第十四条修正案通过才被扩大到可以用于限制州政府对这些既定权利的干预。众所周知，黑人在美国最初并不能得到平等的法律保护，这个问题直到 19 世纪下半叶才有所改变，而它的真正解决则要等到 20 世纪。不过，就整个 19 世纪而言，美国法律以正当程序和平等保护为原则保护个人在经济活动中做出选择的自由应该说还是屡见不鲜。

客观衡量原则和严格解释原则并不是宪法做出的规定，而是在美国的司法实践中形成的。它们使法律规范下对经济活动的合理期望有了比较大的确定性和可预测性，从而减少了人们对风险的担忧。客观衡量原则是指对法律责任的衡量要客观。第一，对当事人"意图"和行为的判断要以一般来说公正、理智和谨慎的人在相同情况下的意图和行为作为标准，而不是以当事人事后所说的意图或者就具体当事人而定的行为标准来衡量。① 第二，当事人意图的证明要依靠其言行和后果，涉案行为则要有外在的可见证据。至于严格解释原则，它被 19 世纪威斯康星州法院判决定义为："每一项限制产权或征用公民财产的法令都应严格解释。它永远不应被衡平法的解释加以扩大。"② 这就是说在涉及政府干预私人产权的法令时，法院必须严格把关，不得以宽泛的解释扩大对私人产权的干预。显然，无论是奉行客观衡量原则还是遵守严格解释原则，其结果都会降低经济活动的不确定性和不可预测性，

---

① Hurst. *Law and the conditions of Freedom in the Nineteenth-Century United States*: 21-22.
② *Oshkosh City Ry. Co. v. Winnebago County*, 89 Wis. 435, 437, 61 N.W. 1107 (1895).

从而使经济行为人能更有把握地积极投入有关的经济活动。

由于以保护既定权利为中心的这些法律原则强调确定性和可预测性，它们很容易被人视为仅仅以守陈不变为宗旨。然而，这只是事物的表面而已。赫斯特正是在这个问题上独具慧眼，抓住了自科文以来的美国学者都未予以重视的 19 世纪美国法律的一个重要特点。他认为 19 世纪美国法律最重要的发展之一确实是对既定权利的保护，但他明确指出 19 世纪的美国其实是重视变革甚于稳定，即便在重视稳定时也往往是因为这种稳定有助于形成可以进行变革的社会秩序。因此，在赫斯特看来，所谓"既定权利"要保护的并不仅仅是已经拥有的权利而已，更重要的是要保护人们靠已经拥有的权利去兴办新的事业，去争取进一步的发展。这才是 19 世纪美国法律释放经济能量的核心所在。因此，仅仅坐收其利不求进取的食利者并不能在"既定权利"名义之下得到多少保护。当美国建国后废除长子继承权和限定继承权，并给予已婚妇女控制自己财产的权利时，既定权利就根本不足以成为变革的障碍。《西北条例》和国会在宪法授权下采取的有关政策更是以平等的地位接纳西部新州加入联邦，东部老州的既得利益只好让路。事实上，19 世纪大部分有关既定权利的案件涉及的都是商业行为和投资问题。当时的美国是一个资本短缺而又面临着开发新大陆的重大挑战的国家，它几乎不能容忍仅仅抱住既定权利吃老本的现象发生。当然，法院判决中并不是没有保护既得利益和维持现状的例子，但就其主流而言，"既定权利"所要保护的实际上是敢于冒风险的资本和企业。释放个人和私人团体的能量才是 19 世纪美国法律在经济方面的宗旨所在。①

那么，19 世纪的美国法律究竟是如何为了推动经济发展而释放个人和私人团体的创造性能量的呢？这就要来看一看美国的司法实践了。

1. 财产法

对于释放能量具有举足轻重意义的首先是财产法的司法实践，因为私人产权在资本主义经济制度中占有核心地位，是做出私人经济决定的基础。众所周知，如果私人产权得不到保障，市场经济也就无从谈起。然而根据赫斯特的研究，19 世纪的美国法律对私人产权的保护有一个重要特点，那就是它保护的主要"是动态产权，而不是静态产权，是有所行动或正在冒风险的

---

① Hurst. *Law and the Conditions of Freedom in the Nineteenth-Century United States*: 23-25.

产权，而不是已有所靠和止步不前的产权"。[1] 这种明显与释放创造性能量的宗旨一脉相承的财产法特点，在有关老采光权、侧面土地支撑权、土地损害和用水权等产权争端的司法判决和有关立法中得到了清楚的反映。

所谓老采光权是 16 世纪和 17 世纪英国普通法的一项原则。它是指土地所有者房屋的窗户享有来自邻居土地上方的光线达 40 年之久后，便获得了对此采光权的时效权利，即老采光权，于是邻居不得在其土地上修建任何侵害这一老采光权的建筑物。1761 年，老采光权要求成为时效权利的时间从 40 年减少到 20 年。这一普通法原则限制了邻居开发利用自己土地的权利，显然是不利于经济发展的。因此，随着人口的增加、城市的扩展和经济的开发，普通法的老采光权原则在英、美两国的司法实践中都先后被放弃了，成为法律释放能量的最好例证。美国的不少法院是从 1838 年开始对这一原则展开了抵制。到 1880 年，有十三个州或者以法院判决或者以立法方式否定了老采光权原则，只有五个州的法院仍然采用这一原则。其中的纽约州法院在否定了老采光权原则后于 1882 年因为高架铁路和摩天大楼的出现又重新肯定了该原则。[2] 到 19 世纪末，美国除三个州以外都否定了老采光权这一类基于时效的地役权，即为实现自己土地利益而使用他人土地的权利。[3] 因此，美国法律史学家莫顿·霍维茨认为："从深层次来说，对时效权利的攻击意味着把美国法律从普通法封建产权观所形成的对经济发展的束缚中解放出来的努力。"[4] 有趣的是，当基于时效的地役权被否定时，基于时效的占有权在美国却得到了肯定。所谓时效占有权是指一个人如果公开占有和使用他人土地达一定年限后就成为土地的所有者，原土地所有者则失去了所

① Hurst. *Law and the conditions of Freedom in the Nineteenth-Century United States*: 24.

② Peter Karsten. *Heart versus Head: Judge-Made Law in Nineteenth-Century America*. Chapel Hill: The University of North Carolina Press, 1997: 149-150.卡斯滕教授承认老采光权在美国被否定了，但他认为由老采光权这类地役权延伸出的"默示授权"在 19 世纪的美国却未被否定，言下之意是美国法律并不考虑经济发展的需要。笔者则以为这两种权利应区别。前者涉及的是对他人土地的地役权，后者则是原本属于一个所有者的几块土地之间光或空气等的地役权，在分开出售或出租时它们也应为买地者或租地者照旧享有，因为出售或出租合同本身就包含这种授权，即"默示授权"。显然，没有这种"默示授权"，土地则难以分开出售或出租，不利于经济的发展。因此，坚持"默示授权"和抛弃老采光权所起的作用不同，但结果都是对经济发展有好处，而不是相反。这就是说，美国法院在 19 世纪坚持"默示授权"并不能成为卡斯滕教授反对 19 世纪美国法律具有促进经济发展功能的论据。关于卡斯滕教授对赫斯特学派的攻击，劳伦斯·弗里曼教授已经做了回应。笔者将另文对双方的分歧加以分析和评述。

③ Friedman. *A History of American Law*: 413.

④ Morton J. Horwitz. *The Transformation of American Law, 1780-1860*. Cambridge, Massachusetts: Harvard University Press, 1977: 47.

有权。西部很多州都通过了立法鼓励以时效占有的方式来获得土地所有权。如内华达领地在 1861 年通过的法令就将时效占有所需年限从 20 年降低到 5 年。当然，占有者要能证明他在这段时间内确实使用了土地，如建造了房屋，围起了篱笆，进行了放牧等。① 显然，无论是否定时效地役权还是肯定时效占有权，都是为了鼓励对土地的开发和利用，推动经济的发展，而阻碍他人进行开发，或者自己不去开发，则会在法律面前处于不利地位。

对于侧面支撑权，美国学者有不同的看法。霍维茨认为，英国法院在进入 19 世纪后做出的判决承认侧面支撑权，即土地所有者在自己的土地上修建建筑物或从事其他活动时不得对邻居的土地和建筑物造成损害，也就是说要提供侧面支撑权。美国法院则做出了完全不同的判决，它们认为土地所有者有权在自己的土地上从事其想从事的经济活动，没有责任为相邻土地上他人的建筑提供侧面支撑。② 此类判决中的典型案例就是 1815 年的瑟斯顿诉汉考克案。马萨诸塞州首席法官艾萨克·帕克在判决中裁定，被告无须因自己的建筑对邻居的建筑造成了损害而承担法律责任。③ 对此，美国学者彼得·卡斯滕另有说法。他认为美国法院从 1815 年到 1877 年都是依照英国法院判决的先例行事，即承认侧面支撑权。帕克法官之所以做出前述判决，并不是不承认侧面支撑权，而是因为原告自己的房屋盖得离地界太近，没有理由不让邻居也在离地界比较近的地方盖房。因此，美国法院的判决在卡斯滕看来并无鼓励经济开发之意，而是为了维持邻里之间彼此平等的关系而已。④ 不过，笔者以为，即便是按照卡斯滕教授的解释，要求邻里之间提供平等的侧面支撑对于促进经济发展也是有百利而无一害，因为它意味着必须允许邻居从事类似的经济活动，不得以侧面支撑权为由随意阻挠。所以，尽管霍维茨和卡斯滕之间的学术是非还有待进一步研究才能有定论，但有一点似乎不难做出判断：美国法院在 19 世纪涉及侧面支撑权的判决结果基本上是有利于推动经济发展的。

关于土地损害问题，英国法律曾将佃户对土地条件所做的根本改变视为损害，而且佃户必须对这种损害负法律责任。此种不利于经济开发的法律在美国基本上难以适用，因为新大陆不断扩展的边疆需要的就是从根本上改变

① Friedman. *A History of American Law*: 413-414.

② Horwitz. *The Transformation of American Law*: 102-103.

③ Ibid., 103-104. *Thurston v. Hancock*, 12 Mass. 220 (1815).

④ Karsten. *Heart versus Head*: 38-40.

土地条件的开垦。霍维茨的研究发现，从美国独立之日起，美国的法律界人士就致力于修改或推翻有关土地损害的普通法原则。尽管各州法院对于佃户在多大程度上可以为改良土地而改变土地条件意见不一，但没有哪个法院严格执行过英国普通法有关土地损害的原则。[①] 按照这一原则，佃户在租赁期满时无权将所建建筑物从土地上移走，除非是用于贸易的固定装置。1829年，最高法院大法官约瑟夫·斯托里在审理范内斯诉帕卡德案时指出，普通法的这条原则在美国从未被接受。他说道："这个国家是荒野，而总的政策就是要进行耕作和改良。土地所有者和公众都理应鼓励佃户致力于农业，并赞成任何有利于这一结果的建设；但是，在一个相对贫困的国家里，有哪一个佃户承担得起修建耗资或价值颇高的建筑物，如果他将要失去因建设行动而来的所有利益？"[②] 尽管该项判决涉及的仅仅是用于贸易的固定装置，但纽约州衡平法院大法官詹姆斯·肯特认为，此判决是"发展到……使固定建筑移动权成为通例而非例外"的"法官立法体系"的组成部分。[③] 换言之，美国法律在这个问题上的总体倾向就是要让土地开发者获得改良的好处或者说增值。这一点在土地买卖的索赔问题上看得也很清楚。当时常常发生的情况是：土地购买者将所购土地加以改良后却因在土地交易中受骗而被追回土地所有权，因为当初的售地者在土地交易时并不握有所有权或文件不齐备，土地所有者另有其人。那么，当购地者向当初的售地者索赔时，他能获得赔偿的仅仅是土地售价，还是要加上土地改良后的增值？按照英国普通法，他只能获得相当于土地售价的赔偿。然而，大部分美国法院却不作如是观。康涅狄格最高法院对于它们和英国法院的分野做了如下解释："英国与我们的实践之间的……差别毫无疑问是基于他们作为一个老国家其土地价值固定不变，而我们作为一个新国家土地价值却在增加之中。"[④] 尽管各州法院在这个问题上的态度曾出现过反复，但很多州在19世纪上半叶最终以所谓"诚实占有"立法保护了土地改良者的利益。这类立法规定，购地者改良土地造成的增值应从后来获得土地所有权的人处获得赔偿。这就迫使最后的土地占有者要承认土地改良的事实，并把土地增值给他带来的"不当之财"吐出来，

① Horwitz. *The Transformation of American Law*, 54-55.

② *Van Ness v. Pacard*, 27 U. S. (2 Pet.) 137, 145 (1829).

③ James Kent. *Commentaries on American Law*. New York: E. B. Clayton, James Van Norden, 1836: 343.

④ *Horsford v. Wright*, 1 Kirby 3 (Conn. 1786).

做一个诚实的土地占有者。①

用水权是 19 世纪上半叶美国财产法的一个重要问题，因为水力是早期工业化的主要动力之源。按照普通法的传统，河水的使用不能破坏水的自然流动，即不能将其改道或断流。另外，河水的使用还不得与沿岸其他土地所有者的利益相冲突。这些和经济开发背道而驰的普通法原则在进入 19 世纪后逐渐被放弃，而优先使用原则和合理使用原则在解决用水权争端上起的作用则愈来愈大。前者鼓励风险投资，后者有利于竞争。所谓优先使用原则是指第一个用水者有用水的优先权，后来者在用水时不得损害第一个用水者的权益。美国学者威廉·纳尔逊对马萨诸塞的研究发现，这一原则在 18 世纪下半叶就已运用于解决因筑坝建立水力作坊淹没沿岸土地引起的诉讼争端。到 19 世纪初水力工厂在新英格兰出现后，原有堤坝与新建堤坝之间的诉讼就更多了。马萨诸塞州法院在判决中一般都遵循优先使用原则，即新建堤坝不得妨害原有堤坝所有者的用水权益。② 卡斯滕教授从他的研究中得出结论：这一普通法原则在 19 世纪上半叶的运用不是只限于马萨诸塞州，还包括新泽西州、康涅狄格州、俄亥俄州、西弗吉尼亚州、艾奥瓦州、宾夕法尼亚州、密歇根州和路易斯安那州。他还认为，此种普通法原则旨在维持水资源使用的现状，并不具有鼓励人们进行经济开发的目的。③ 不过，在这个问题上，霍维茨教授的以下论断更入木三分：“在一个资本短缺的经济中……第一个进入者冒的风险最大；如果不承认第一个开发者的产权——和随之而来的排除后进入者的权利——那就不可能有诱导投资者投入高风险事业所必需的法律和经济上的确定性。”当然，优先使用原则排除了后来者的使用权确实有可能成为进一步开发和竞争的障碍，此时合理使用原则便成为解套的办法。④ 在 1805 年帕尔默诉马利根一案判决中，纽约最高法院法官布罗克霍斯特·利文斯顿指出，法院一定要准备不理会筑坝截流对其他享有河岸权的业主所造成的“小小的不方便”，把普通法原则的运用限制在“合理的范围内”，否则就会使第一个在河上建坝的人拥有了排他性的权利，使第二个坝的建立变得非常困难。这样一来就会使“其利益永远要得到尊重的公众被剥

① Horwitz. *The Transformation of American Law*: 58-62.

② William E. Nelson. *Americanization of the Common Law: The Impact of Legal Change on Massachusetts Society, 1760-1830*. Cambridge, Massachusetts: Harvard University Press, 1975: 49-50, 122.

③ Karsten. *Heart versus Head*: 44-45.

④ Horwitz. *The Transformation of American Law*: 33.

夺了和竞争及对立永相伴随的好处"。① 在这一判决之后，合理原则在美国法院得到了愈来愈多的运用，到 19 世纪中叶终于成为用水权问题上的主导原则之一。

1844 年，马萨诸塞州首席大法官莱缪尔·肖在卡里诉丹尼尔斯案的判决中对用水的原则和宗旨做了相当全面的说明。他明确指出："每个业主有权如此使用河流，只要这种使用是合理的，是和社区的习俗及需要相协调的，是注重水力工程改良方面的进展的，而且是和……上游与下游的……其他业主同样合理的使用彼此协调的。"不仅如此，肖还明言："水流的有益使用方式之一，在这个国家也是最重要的方式之一，就是将它用于工厂和机器的运转；有利于业主，有益于公众。"② 法院在用水权问题上所秉持的促进经济发展的宗旨跃然纸上。各州议会在这方面也不落后。早在殖民地时代后期，马萨诸塞议会就曾通过有关水力作坊的法案，对水力作坊筑堤淹没沿岸土地的赔偿程序做出了规定，但由于法院不想因此而使以普通法的侵害和妨害之诉寻求法律补救的途径受到影响，这项立法当时很少被用于解决有关争端。美国建国后很多州和领地都通过了这类水力作坊法，其中以马萨诸塞州修改后的水力作坊法最为典型。1795 年的马萨诸塞水力作坊法规定，位于任何非航运河流上的作坊的业主只要按照此法的规定做出赔偿，就可以加高堤坝淹没邻居的土地。受害方获得的赔偿应按年度支付，哪怕是造成了永久性的损害也无须一次付清。法律甚至还授权作坊业主无须事先获得法院许可即可淹没邻居土地。采用水力作坊法补救程序的一个重要后果，是使受害者失去了普通法补救方式提供的保护，如非法入侵他人土地的原告无须证明实际损害，侵害和妨害之诉可以让被告支付惩罚性赔偿，普通法允许受害的土地所有者自行降低妨害等。由此可见，水力作坊法在许多州的通过不利于土地所有者，但是对于美国早期工业的发展却起了促进作用。当然，这类立法也遭到了土地所有者甚为强大的反对，使法院在对法律加以解释时有所顾虑，有些州对法律本身也做了修改。不过，水力作坊法的实施就像普通法优先原则和合理原则的运用一样，其推动经济发展的宗旨是无可置疑的。③

2. 合同法

除了以上的财产法问题以外，19 世纪美国合同法的司法实践同样也表

---

① *Palmer v. Mulligan*, 3 Cai. R. 307, 313-314 (N. Y. Sup. Ct. 1805).

② *Carey v. Daniels*, 49 Mass. (8 Met.) 466, 476-477 (1844).

③ Horwitz. *The Transformation of American Law*: 47-53.

现出鲜明的释放经济能量的总体倾向。对于美国资本主义市场经济的发展来说，合同法的重要性丝毫也不逊于财产法，因为合同法就是让私人像立法者一样通过谈判达成的协定来规范其未来的行为，为他们之间进行的市场交易设定法律框架。从这个角度来看，美国人在经济上行使直接民主的程度远远超过了他们在代议制政治制度中所能达到的地步。这就是说，合同法赋予私人的是市场经济中可以直接行使的自主权，它对于释放经济能量的重要性自不待言。不过，当市场经济还处在欠发展之时，合同的存在与否及数量多少自然就无关痛痒。所以，在被诺曼人征服几个世纪以后，英国法律对没有或拒不履行承诺者都从不追究法律责任。直到 16 世纪，英国法院才改变了这一做法，但追究法律责任的范围也仅限于从普通法"间接侵害之诉"（trespass on the case）而来的所谓"简约之诉"（assumpsit）。时至 18 世纪下半叶，布莱克斯通在他的巨著《英国法释义》中对合同法也只是以寥寥数页一笔带过。这样一来，深受英国法影响的英属北美殖民地人也就很少论及合同，他们往往把谈判达成的协定视为财产法的内容，其目的主要是为了转移财物的所有权，而不是为了保证履行承诺。因此，具有现代意义的合同在殖民地时代虽已出现，但它的急剧增加则是在美国建国以后，尤其是在 19 世纪。当市场经济迅速发展之时，合同的大量增加便成一发而不可收之势。无怪乎赫斯特把 19 世纪的前 75 年称为"我们法律的合同年代"。众所周知，美国宪法的合同条款禁止州议会通过法令妨害合同义务的履行，为合同的履行和签约方的权益提供了保护。最高法院后来的判决又对合同做了广义的解释，把州议会的土地授予状和公司特许状以及立法机构授予的免税权等都包括在合同的范围之内。不仅如此，由于封建土地保有形式日落西山和西部土地的不断扩展，合同在土地买卖中的增加也迅猛异常。更为重要的是，商业的繁荣，尤其是远距离交易和信贷交易的增加，使得合同法在流通票据、代销、附条件买卖、保险、银行等方面的应用愈来愈频繁。另外，法院还在雇佣、代理和租赁上也愈来愈强调其合同关系。这样，合同法在 19 世纪所涉及的范围便迅速扩大了，其结果就是赋予私人的经济权力的扩大，或者说个人资源管理范围的扩大。于是，个人创造性经济能量自然也就得到了进一步的释放。①

---

① Hurst. *Law and the Conditions of Freedom in the Nineteenth-Century United States*: 12-15, 18; Gilmore. *The Ages of American Law*, 44-45; Kermit Hall. *The Magic Mirror: Law in American History*. New York: Oxford University Press, 1989: 119-120.

　　当然，合同法之所以能在释放经济能量上发挥重大作用，不仅在于它所涉及的范围迅速扩大，关键还在于它给人们的经济活动提供了一定的合理期望的保证。为了做到这一点，19 世纪美国《合同法》的一大原则就是要保证合同会产生立约双方想要合同产生的结果。因此，法院在执法时一般都认为，立约双方所同意的内容的证据不是当事人陈述的主观意愿，而是合同本身的客观存在。换言之，《合同法》强调合同文件和合同措词的清楚含义，任何与书面合同上的条件相矛盾的证据都不足为证。① 哈佛大学法学教授西奥菲勒斯·帕森斯在 19 世纪上半叶出版的著作《合同法》中明确指出，立约双方是在准备好了的情况下签约的，其目的就是要把他们最终同意的所有内容都包括进来，而把其他内容都排除在外。因此，如果要把以前的意愿或者最初的交谈也作为证据的话，那就没有必要签什么书面合同，也不必尝试让合同具有确定性了。② 就是基于这种原则，法院在芒福德诉麦弗森案的判决中拒绝了买船者的赔偿要求。该案原告指控卖家未履行船是由铜加固的口头承诺。鉴于卖据中并无此项内容，法院判决说：当合同被写成书面形式后，"任何依靠口头证据的东西都因此而失效了"。③ 19 世纪美国《合同法》的另一重要原则就是坚持要签约双方经过真正的讨价还价，一方要提出"要约"，另一方要做出"承诺"，而且彼此之间形成了"对价"。所谓对价，说得通俗一点，就是要有利益的交换。19 世纪的美国法学家西伦·梅特卡夫在《合同法原理》一书中对此解释说："普通法……仅仅执行以人们的相互需要为基础的合同，并不强制履行只不过是无偿的约定。"④ 至于这种对价是否适当或者说公平，则不是由法院裁定的，因为对价被看成是客观的市场价值的反映。没有交换因素的道德义务是不能由法院依合同法强制执行的。所以有学者说："在所有的法律门类当中，合同法是对社会正义和经济平等的要求最无动于衷的。"⑤ 这种无动于衷给予签约者的就是合同结果作为市场关系反映的确定性。当然，法院不是完全不考虑对价的适当性或者说公平性，但是正如赫斯特所言："对价原则的限制性特点被总原则抵消了，这个总原

---

① Friedman. *A History of American Law*: 276.

② Theophilus Parsons. *The Law of Contracts*. Boston: Little, Brown and Company, 1857, 2: 57.

③ *Mumford v. M'Pherson*, 1 Johns. R.414 (N.Y. 1806).

④ Theron Metcalf. *Principles of the Law of Contracts*, Philadelphia: Key and Brother. 1872: 161.

⑤ George Dargo. *Law in the New Republic: Private Law and the Public Estate*. New York: Alfred A. Knopf, 1983: 41.

则就是：除了有证据显示欺诈、差错、胁迫这类严重的对价不当以外，法院不会让合同的存在取决于法官对交换价值的评估。"①这就是说合同的存在取决于签约双方经谈判后一致同意的形成对价的意愿，合同法保证的是经济活动中这种私人意愿的实现，也就是合理期望的实现。可以说，没有这种基本的保证，也就谈不到个人经济能量的释放。

合同法所注重的确定性和对合理期望的保证，在后来走向形式主义的过程中得到了进一步强化。当现代合同大量出现之初，其种类因签约者不同而不同，可谓种类繁多，如代理商合同、经纪人合同、拍卖人合同、执行人合同、代管人合同、受托人合同、船员合同、公司合同、监护人和受监护人合同、船长合同、保证人合同、地主和佃户合同等。每一类合同都需要有适合其相关行业、业务、职业的具体安排，人们不大谈合同的一般性要求，如对价、合同要件和相互同意等，他们习惯的是就事论事。然而，随着美国法律在 19 世纪下半叶愈来愈形式主义化，即从注重实质性目的转而注重形式和程序，合同法也愈来愈讲究能涵盖所有可能情况的统一的一般性规则。它不再让合同随着签约者的不同和所涉及的行业内容的差异而在形式上有所变化，所有的签约者都变成了千人一面的 A 方和 B 方，所有的合同都要遵循合同法的一般原则。②这样一来，就像霍维茨所说的一样："合同法不再被视为只是在执行当事人的'意愿'，而是将合同的范畴看作是在个别谈判之前就已经存在了。"③正是这种本已存在的一般性合同范畴排除了因个别合同在行业、业务、职业等方面的不同而造成的变化，合同法的形式主义化使合同法所带来的确定性有了更多的保障，从而可以促使人们更加积极地投入经济活动。

3. 其他法律领域

除了财产法和合同法这两大法律门类以外，公司法、商事法和破产法，甚至于刑法和侵权法，在释放经济能量方面所起的作用都不容小视。

公司之所以能在美国成为私人牟利的主要组织形式和法律形式，是和公司法的发展分不开的。英属北美殖民地的公司大多不是私人公司，而是服务于英国重商主义目标和殖民地公共利益的公共公司。这种公共性决定了政府在改变公司特许状和干预公司事务上握有很大的权力，也就是说当时的法律

---

① Hurst. *Law and the conditions of Freedom in the Nineteenth-Century United States*: 12.

② Gilmore. *The Ages of American Law*: 45-46.

③ Horwitz. *The Transformation of American Law*: 263.

使公司受到政府的诸多监管和限制。美国建国后，愈来愈多的公司向私人化方向发展，因为美国公司法的发展使它们受到的政府监管和限制大大地减少了，结果为公司的经济活动留下了相当广阔的空间。1819 年，马歇尔代表最高法院在达特茅斯学院案判决中裁定，新罕布什尔州议会修改过去授予达特茅斯学院的公司特许状，有损该州对学院董事们承担的合同义务，从而违反了美国宪法的合同条款。[①] 这一判决将公司特许状视为合同，使公司的法律地位发生了深刻的变化，因为作为合同一方的政府不再有权对规范公司活动的特许状作任意修改。当然，由于后来州议会在公司特许状中往往加上保留修改权的所谓保留条款，达特茅斯学院案在当时并不能产生多大的实质性影响，但政府逐渐减少对公司限制的发展趋势在 19 世纪初已见端倪。此外，公司法的改变不仅减少了政府对公司的限制，而且还给予了公司积极的支持。公司有限责任制的逐步确立就是一个例子。过去公共公司的股东必须对公司的所有债务负责，现在私人公司的股东作为合同一方只需对他同意承担的债务负责，即仅仅承担以认购股票的方式同意对公司承担的责任。不仅如此，由于私人公司是从公共公司演变而来的，所以在法律上还具有准公共性，因此常常享有个体或合伙制企业无法享有的路权和征用权等。由于公司是由州议会或者通过特许状或者依据一般公司法授权组建的，所以公司的活动必须在特许状或一般公司法的授权范围之内，否则就会因"越权"而被起诉。然而，随着美国私人公司活动范围的逐步扩大，很多州在 19 世纪末修改了它们的一般公司法，对公司采取了愈来愈自由化的态度。例如，新泽西州 1896 年的公司法就规定可以为"任何合法的业务或无论什么目的"组建公司。[②] 有的州公司法规定得比较严，可是美国的联邦主义体制又使得公司可以到公司法比较松的州去注册。与各州公司法自由化相呼应的是 19 世纪后期最高法院对宪法第十四条修正案做出的解释。这些解释使该修正案成了保护私人公司不受州政府不当干预的重要工具。所有这些司法和立法方面的发展变化都为私人公司经济能量的释放创造了条件。

美国的商业贸易在 1815 年前后发生了重大的变化，即专业化经营的中间人取代无所不包的杂货商成为商业贸易中的主导力量，结果导致贸易量和专业化程度大大提高，信贷交易迅速增加。然而，当时美国的商事法还缺乏

---

① *Dartmouth College v. Woodward*, 17 U. S. (4 Wheat.) 518 (1819).

② Laws N. J. 1896, ch. 185, sec. 6, 279.

统一性，从而在解决商贸争端上造成了混乱和不可预测性，对美国经济的发展产生了不利影响。由于原本用以解决这类争端的地方商人仲裁庭等非专业司法组织在 1800 年以后走向了衰落，而州法院所执行的有关商贸的法律又因州而异，联邦法院乃成为可以根据英国法官威廉·曼斯菲尔德建立的统一的商事法原则解决商贸争端的唯一司法机构。可是，美国国会 1789 年通过的《司法法》第三十四款规定，联邦法院在地方法律可以适用的所有案件中必须以地方法律为准。这显然是州权主义者试图通过这项立法防止联邦司法系统建立全国统一的普通法而产生的结果。联邦法官在涉及刑事犯罪、不动产、州立法等问题的案件中一般都服从 1789 年《司法法》第三十四款的规定，即他们的裁决要受制于州法，但在涉及衡平法、程序或商事法的案件中，他们认为自己有权做出独立的裁决。如果说联邦法官在衡平法和程序问题上不受州法限制尚可得到一些措词模糊的联邦立法的支持，那么商事法上的独立裁判权则缺少这类成文法的依据。因此，从 18 世纪 90 年代到 19 世纪 30 年代，联邦法院在商事法上行使独立裁判权时态度比较谨慎。最高法院首席大法官马歇尔虽然一般来说是应用曼斯菲尔德建立的原则解决商贸争端，但他并没有宣布这应该成为商事案件中通行的做法。直到 1842 年，以托尼为首的美国最高法院终于在斯威夫特诉泰森案中做出了历史性判决，将 1789 年《司法法》第三十四款解释为支持联邦法院在商事案件中行使独立裁判权，即可以不理会州法的规定，而根据英国普通法中曼斯菲尔德的原则做出独立的裁决。不过，法院强调，这一独立裁判权限于商事法，不适用于不动产、州立法和长期形成的地方习俗等。① 可以说，最高法院通过这一判决在商事法领域确立了联邦普通法的存在，为解决商贸争端提供了不受各州法律差异影响的统一的法律原则和标准。这样一来，商事法领域里司法实践的确定性和可预测性便大大加强，从而为经济能量的释放提供了比过去更为可靠的法律保证。

　　在破产法方面，美国宪法倒是赋予了国会制定全国统一立法的权力。可是，国会于 1800 年经济低谷时期通过的第一部《破产法》，只允许债权人要求强制债务人进入破产程序，被迫进入破产程序的债务人还必须是商人。尽管有商人根据此法的规定利用与自己关系好的债权人发起破产程序以逃避

---

① *Swift v. Tyson*, 16 Peters 1 (1842). 关于这一案件及商事法领域里联邦普通法的确立及其发展可参看：Tony Allan Freyer. *Forums of Order: The Federal Courts and Business in American History*. Greenwich, Connecticut: JAI Press Inc., 1979.

债务，但这部法律的主旨显然是为了保护债权人的利益。两年半以后，由于代表农业和债务人利益的国会议员的反对，1800 年《破产法》被废除。到19 世纪 30 年代末的金融恐慌到来之后，国会又于 1841 年通过了第二部《破产法》，该法与第一部破产法一样，规定债权人可以迫使商人身份的债务人进入破产程序。不过，1841 年的《破产法》同时也规定，任何人都可以请求自愿破产。这样，第二部《破产法》就不仅是要保护债权人的利益，同时也要帮助债务人摆脱困境，留下一个清白的经商记录。据查尔斯·沃伦的研究，1841 年的《破产法》使 33739 人受益，被取消的债务高达 440934000美元，实际偿还的债务只有 43697357 美元，还不到被取消债务的十分之一。[1] 正是由于这部法律的成功，它很快就被废除了，因为人们的财务困境被缓和，经济复苏，国会觉得没有必要保留一个永恒的破产法。不过，在没有联邦破产法的时期，各州议会通过的破产法的作用不可小视。尽管州一级的破产法存在着混乱和种种弊端，但它们有助于债务人的倾向也是一目了然的。内战以后，国会在经济受到战乱破坏的情况下于 1867 年再次通过了联邦破产法，该法不仅允许自愿和非自愿破产，而且规定任何人都可被强制进入破产程序，不再将此类债务人限于商人的范围。由于 1867 年破产法在执行时出现种种问题，该法虽在 1874 年做了修正，但还是在 1878 年被取消。不过，要求制定联邦破产法的力量很快又东山再起，终于在 1898 年促使国会通过了新的联邦破产法，后虽有修正，但一直实施至今。这样，美国历史上把破产法仅仅当作经济陷入困境时临时抱佛脚的举措的时代便一去不复返了。[2] 纵观破产法在 19 世纪的这一历史发展过程，赫斯特得出结论说："破产法最初主要是保护债权人免受债务人的不诚实所害。但是到了 19 世纪中期，全国性的破产法和州的破产立法的政策倾向都是为了提供一种手段，用来拯救债务人避免无法挽回的损失，使他们作为冒险家能再次为市场做出建设性的贡献。"[3] 这就是破产法释放经济能量的深刻含义所在。

　　至于刑法和侵权法在释放个人创造性能量方面所起的作用，赫斯特认为，它们就像在其他法律领域一样既有限制法律监管的一面，也有加强法律监管的一面。从减少或放松法律监管以便使个人可以有更多的活动自由来

---

① Charles Warren. *Bankruptcy in United States History*. Cambridge, Massachusetts: Harvard University Press, 1935: 81.

② Friedman. *A History of American Law*: 549-551.

③ Hurst. *Law and the Conditions of Freedom in the Nineteenth-Century United States*: 26.

看，19 世纪的美国刑法在涉及财产或商业交易的刑事罪行的判定上，不仅要看是否有犯罪的事实，而且要看是否有犯罪的动机；19 世纪中期的侵权法在判断侵权是否成立时，则不仅要看侵权是否造成损害，而且要看是否为侵权方的过失。这就是说，美国法院在刑法和侵权法的司法过程中都不希望造成会限制私人决策自由的过多的责任风险。不过，当加强法律监管有助于释放个人的创造性能量时，19 世纪的刑法和侵权法实践表明，美国的法院在这方面同样不遗余力。例如，刑法的应用在 18 世纪和 19 世纪增加得最快的领域就是盗窃犯罪。随着市场经济的扩张，涉及挪用、受托人侵吞财产、收取被盗货品的刑事起诉也愈来愈多。物流的增加、远距离交易和对他人的依赖，要求法律为人们行为的可靠性提供起码的保证。这是市场经济得以发展的基本条件之一。在侵权法领域，通过加强法律监管来释放能量的明显例证就是法院愈来愈多地要求本人要为其代理人的侵权行为负责。① 法官们认为，如果一个人的人身或财产因过失而受到损害，而其唯一的法律救济只能指望那个受雇于人的无力进行赔偿的代理人的话，那么任何人的人身或财产都没有安全的保证，"生活的伟大运行就无法继续下去了"。② 因此，侵权法逐渐要求本人承担责任，就是要以强化法律监管的方式使从事经济活动的人们在人身和财产安全上没有后顾之忧，从而能比较放心地在释放能量的道路上走下去。由此可见，从与市场经济密切相关的财产法、合同法、公司法、商法直到与市场经济似乎没有直接关系的刑法和侵权法，19 世纪美国法律最重要的经济功能之一就是释放个人和私人团体的创造性能量。

（三）19 世纪美国法律在经济发展中的作用之二：控制环境

19 世纪的美国法律在推动经济增长上所起的另一个主要作用或者说它的另一个最重要的经济功能，就是动员社区资源帮助形成让人有更多自由的环境，也就是说利用社区力量控制人们从事经济活动的环境，使之能给人以更多的选择和更少的限制。赫斯特认为，这是当时美国法律运作的又一大准

---

① Hurst. *Law and the Conditions of Freedom in the Nineteenth-Century United States*: 18-21.
② *Murray v. South Carolina Railroad Co.*, 1 McM. 385, 399. So. C. 1841).

则。在他看来，个人和私人团体从事经济活动的自由会遭遇各种挑战，需要法律做出回应，才能形成对经济活动有利的环境。赫斯特所说的这种环境控制在不同的历史时期有不同的重点。美国建国之初，法律面临的首先是社会环境的控制问题，即在这个新兴国家里如何对政治权力的组合与运作做出适当的安排。于是宪法的制定和联邦主义政治体制的形成乃成为当时法治的核心所在。尽管制定宪法必然要涉及经济利益的冲突，但当时的焦点不是经济本身，而是有关经济的政治。进入 19 世纪，法律关注的焦点转向了贸易、投机和资本的积累。美国人觉得，在确立了政治权力安排的基本原则之后，他们可以把更多的注意力转向更为急迫的需要，即北美大陆的开发。当这种经济发展的需要成为 19 世纪的当务之急时，美国法律面对的物质环境方面的最大挑战就是一方面有如此辽阔并在继续扩展的国土需要开发，另一方面又存在严重的资本短缺问题；而社会环境方面的最大挑战则是货物与金融流通在联邦主义政治体制下的全国市场或者说多州市场上所遭遇的种种障碍。据赫斯特的研究，19 世纪在控制环境方面起主要作用的法律机制是立法机构，各级议会通过它们对资源配置的影响对物质环境方面的挑战做出了回应，但在应对社会环境的挑战上，法院功不可没，它们通过对政府行为的监管，为克服联邦主义政治体制对市场流通形成的社会障碍做出了贡献。[1]

1. 立法机构对物质环境的控制

在一个资本短缺的国家里要开发如此辽阔的土地，美国法律在控制物质环境方面所要解决的首要问题就是确定资本配置的重点所在。19 世纪的美国各级议会通过了一系列立法，将美国资本的配置引向了四大领域：（1）交通；（2）商业化农业；（3）金融信贷；（4）工业。

从交通改良方面来看，政府所起的作用十分引人注目。内战前，联邦政府和六个州政府曾出资修建国道和收费马路。不过，到 1830 年为止，马路总投资 3000 万美元中只有 500 万美元是来自政府，而且当时的马路建设对于市场经济的发展所起的作用比较有限。[2] 然而，在内战前交通革命的主要领域，即运河建设上，州政府所起的作用可以说举足轻重。自纽约州议会于 1817 年通过立法决定由州政府出资建设伊利运河并在后来取得重大成功以后，其他州的一些州议会争相仿效，纷纷通过立法，或由政府兴办，或由政

---

[1] Hurst. *Law and the Conditions of Freedom in the Nineteenth-Century United States*: 43-44.

[2] Albert Fishlow. "Internal Transportation in the Nineteenth and Early Twentieth Centuries." Engerman and Gallman. eds. *The Cambridge Economic History of the United States*, 2: 550, 604.

府资助私人公司，或由公私合营，掀起了运河建设的高潮。到内战爆发前，美国在运河建设上投入的资金为 1 亿 8820 万美元，其中政府出资高达 1 亿 3650 万美元，占总投资的 72.5 %。[①]铁路建设与运河不同，依靠的主要是私人资本，但在内战前十亿多美元的铁路建设投资中，政府资金所占比例也高达 25 %。[②]内战后，铁路建设和运输进入了高速发展的时代，里程数从 1860 年的 3 万英里（约 4.83 万千米）猛增到 1890 年的 17 万英里（约 27.36 万千米），运量从 1859 年的 26 亿吨/英里（约 41.84 亿吨/千米）上升到 1890 年的 800 亿吨/英里（约 1287.48 亿吨/千米），为全国市场的形成与扩展做出了不可磨灭的贡献。[③]据美国著名经济史学家艾伯特·菲什洛计算，1860—1910 年美国铁路建设总投资在 91 亿美元到 159 亿美元之间，其中包括联邦政府给铁路公司的土地赠与 1 亿 5800 万英亩（约 63.94 万平方千米）、给中央太平洋和联邦太平洋铁路公司承担工程的贷款将近 6500 万美元和各州及地方资助 2 亿 7500 万美元。如果将联邦赠地价值估算为经济史学家们基本上都认同的 4 亿美元，那么政府资助总额远远超过了内战以前的数额，尽管它在这个时期铁路建设所需总投资中所占的比例只有不到十分之一。[④]事实上，政府只是采取了不同的方式将资本导向运河与铁路建设。在运河建设中，州政府主要是利用自己的信用发行债券吸引私人资金，尤其是外国资本，进入运河业，并往往由政府部门自己主持或参与运河建设及管理；在铁路建设上，政府主要是通过赠地、贷款和资助提高铁路公司的信用，使之可以通过正在形成中的现代资本市场筹集大量国内外的私人资金，私人公司不仅要承担铁路的建设工程，而且要负责铁路的运营管理。除了资金方面的支持以外，美国国会和各州的州议会还通过立法以授予特许状的方式为运河与铁路公司提供方便。19 世纪 50 年代出版的一本有关铁路开发商的传记在谈到当时授予铁路公司的特许状时写道："特许状的条款和它的条件将会被仔细权衡。（铁路建设的）试验被看作是如此值得一试，但同时又是如此危险，以至于立法议会准备同意几乎是任何应该要求有的条

---

①　Carter Goodrich. ed. *Canals and American Economic Development*. New York: Columbia University Press, 1961: 215.

②　Albert Fishlow. "Internal Transportation in the Nineteenth and Early Twentieth Centuries." Engerman & Gallman. eds. *The Cambridge Economic History of the United States*, 3 vols. 2: 579.

③　Ibid., 583.

④　Ibid., 590-591.

款。"[1] 就连很少授予特许状的美国国会在 1862 年也通过了《太平洋铁路法》，授予联邦太平洋铁路公司特许状，负责修建第一条横贯大陆的铁路。1864 年，国会又授予北太平洋铁路公司以进行铁路建设的特许状。所有这些立法机构的行动，无论是提供资金支持还是提供优惠条件，都是为了促进交通改良，克服地理条件对全国性市场的形成和发展所造成的自然障碍。

从促进商业化农业的发展来看，美国国会做出的最重要的贡献就是从 1785 年土地条例开始，通过了一系列立法，对公共土地进行快速勘测，并以愈来愈低的价格出售，从而大大加速了国有土地的私有化。1841 年，国会通过立法授予先行占有土地的定居者以优先购买权。1862 年 5 月通过的《宅地法》甚至将土地免费授予定居者。这种日渐宽松的公共土地政策为 19 世纪美国农业的蓬勃发展奠定了基础。各州的有关政策也服务于促进农业发展的这个总体目标。威斯康星州州长在 1852 年对该州议会的讲话中明确指出："农业……是我们的重大和首要利益所在，任何议案或政策如果倾向于妨碍或限制已适合于耕耘的土地的耕作或我们疆界内尚未出售而闲置土地的改良，我将视其为有违我们州的最高利益；反之，任何有助于促进和鼓励这个部门的生产并扩大其范围的都是本州的真正的政策……"[2] 政府不仅关注土地的出售、耕作和改良，而且重视农业知识与技术的传播。早在 1839 年，美国国会就通过立法，拨款由美国专利署负责收集农业统计数据，进行有关农业和农村经济的调查，采购插条和种子在农场主中免费分发。专利署专员的年度报告对这些种子和插条的试用结果进行了报道，还载有有关最新和最好耕作方式的文章。专利署 1845 年的农业报告长达 1376 页，1855 年的报告印发了 25 万份。到 1862 年，美国国会通过立法建立了农业部。同年，国会还通过了莫里尔法案向当时还忠于联邦的州赠与土地，用以资助农业学院。根据此法获得土地赠与而建立的农学院多达 69 个。它们后来培养了一代又一代新的农场主，并建立实验室展开了农业方面的科学研究。1887 年，美国国会通过了哈奇法，授权联邦政府提供资金让每个州按照德国模式建立一个州农业试验站，而州政府则负责提供有关设施和进一步的资助。到 1900 年，农业部的研究局将其研究的范围扩大到了农业科学的大部分领域。1914 年，国会通过了史密斯－利弗法，拨款并授权农业部与各州曾获土

---

[1] Husrt. *Law and the Conditions of Freedom in the Nineteenth-Century United States*: 54.

[2] Ibid., 55.

地赠与的院校合作，建立农业推广服务体系，向农场主宣传并传授有关农业的信息、技术和知识，并在各县设置农业推广服务的代理人。至此，美国国会终于完成了由政府与高等院校合作从事农业研究与开发的机构体系的构建。①

从建立和改良金融信贷体系来看，美国国会和各州议会无疑是主角。尽管对于宪法是否允许国会授权建立银行存在争议，联邦国会还是在 1791 年通过立法，建立了第一美国银行。该银行资本的五分之一，即 200 万美元，是由联邦政府向银行借贷提供。因此，第一美国银行实际上成了半官方的中央银行。1816 年，由国会授权建立的第二美国银行亦复如此，总资本 3500 万美元的五分之一也是由联邦政府提供的。在 1823 年出任该行行长的尼古拉斯·比德尔的领导之下，第二美国银行在稳定美国早期货币金融体系方面做出了比第一美国银行更为重要的贡献。然而，由于安德鲁·杰克逊总统的反对，加上州政府授权建立的州许银行的业务活动、西部和南部地区的资金需求、以及费城以外其他金融中心的争斗所产生的利益冲突，第二美国银行在 1836 年特许状到期后未能展期，结果使美国在 1913 年建立联邦储备银行之前都没有一个中央银行可以对其金融信贷系统进行调控。这固然带来了一系列的问题，尤其是金融货币系统的不够稳定，但它同时也促进了美国商业银行的迅速发展，刺激了它们彼此之间的竞争，使之能提供成本更低和效率更高的金融货币服务，对促进美国经济的发展产生了正面影响。具体说来，在第二美国银行寿终正寝后的所谓"自由银行时代"，美国很多州都通过了自由银行法，允许任何人在筹资达到最低资本要求并能符合其他规定的条件后开办商业银行，议会不再为每个银行逐一通过立法和授予特许状。这样一来，开办银行不再需要在议会中进行活动，也不再需要和议员建立政治上的关系。到内战之前，美国的州许商业银行比比皆是。由于州许银行愈来愈多所造成的混乱，加之内战筹款的需要，美国国会在 1863 年和 1864 年通过了由联邦政府许可建立国许银行的立法。这实际上是联邦一级的自由银行法，即任何人在筹足最低资本和符合其他规定的条件后都可开办国许商业银行。不过，建立国许银行的要求比建立州许银行的高。国会通过上述两项立法的最初目的是以国许银行取代州许银行，但几经周折，到 19 世纪 70

---

① Jeremy Atack, Fred Bateman, and William N. Parker. "The Farm, the Farmer, and the Market." Engerman & Gallman. eds. *The Cambridge Economic History of the United States*, 2: 272-273.

年代，美国终于确立了国许银行和州许银行并存的双轨制银行体系。由于美国的国许银行和州许银行基本上是实行单行制，即不允许开分行，所以美国商业银行体系中无论哪一家银行都难以一家独大，竞争相当激烈。①这显然是一种有利于释放个人经济能量的格局或者环境。

从鼓励工业发展来看，美国国会通过关税立法在这方面施加了影响。内战前，关税立法的重点目标常在保护主义和增加岁入之间徘徊，但到1861—1864年以后，共和党控制的国会在关税立法中考虑得愈来愈多的是保护本国工业的问题。从1861年到第一次世界大战，美国关税税率虽有起伏，但基本上持高不下。1890年通过的麦金莱关税法使美国成为当时世界上关税税率最高的工业化国家。尽管经济史学界长期以来对于保护主义关税在美国工业发展上所起的作用存在很多争议，但现在有愈来愈多的学者的研究都倾向于承认关税鼓励了本国制造商生产受到保护的产品，有利于美国工业的发展。棉纺业是19世纪受到关税保护的重要工业部门。研究19世纪美国关税史的著名学者弗兰克·陶西格在1931年出版的著作中曾经认为，真正刺激了美国棉纺业发展的是托马斯·杰斐逊总统的禁运，而不是关税。道格拉斯·诺斯在20世纪60年代的著述中虽然承认1816年、1824年和1828年的关税法可能有助于遭到战争破坏的部分棉纺业的复苏，但他觉得美国棉纺业到1830年已成为净出口工业，不再需要关税保护。可是，20世纪70年代以来，愈来愈多的学者发现，美国棉纺业在19世纪30年代不再需要关税保护的观点是难以成立的。由于美国棉纺业当时的优势是在粗棉织品，而不是在英国人稳操胜券的精棉织品上，取消关税将会使棉纺业的大部分增加值化为乌有。19世纪美国工业化过程中的另一个重要部门是钢铁工业。由于1879—1899年美国钢铁进口量的减少在钢铁产量的增长中只占很小的一个比例，关税保护很难说是钢铁工业迅速发展的主要原因。不过，低档生铁生产的增加与关税保护的关系相当密切。由于生铁关税是从量税，按重量征收关税，而低档生铁重，征的关税高，所以这种关税迫使美国人减少低档生铁的进口，改由国内生产来替代。就整个美国来说，1869年的进口产品占制造品消费总量的14%，这个比例到1909年下降到6%；在1869年进口量占其产品总量10%左右的所有制造业部门，这个进口份额到1909年都

① Hugh Rockoff. "Banking and Finance, 1789-1914." Engerman & Gallman. eds. *The Cambridge Economic History of the United States*, 2: 643-684.

下降了一半甚至更多。① 在实行高关税的 19 世纪下半叶，进口取代的这种大幅度增加充分说明，关税在引导资本进入制造业领域或者说在鼓励美国工业的发展上确实产生了不容忽略的影响。

2. 法院对社会环境的控制

美国国会和各州议会在以上四个方面采取的立法行动表明，立法机构在应对土地辽阔和资本短缺所造成的物质环境的挑战上颇有建树。它们不仅帮助建立了美国经济发展所不可或缺的交通、通信和金融等基础设施，而且在促进农业和工业两大基本经济部门的发展上发挥了作用。然而，在克服联邦主义政治体制对市场流通形成的社会环境方面的障碍上，立法机构所起的作用比起法院来说则相形见绌。众所周知，美国宪法建立的联邦主义体制着眼于政治力量之间的平衡，在联邦和州之间进行了权力的划分，使州保留了独立于联邦政府控制之外的相当大的权力。这些保留给州的权力的行使如果仅仅以地方利益为转移的话，就会阻碍跨越州界的市场流通，即全国性市场的形成。因此，如何在联邦主义体制下扩大和保护州际商品贸易和金融流通，就成了释放个人和私人团体经济能量的关键之一。法院之所以在解决这个问题上扮演了主角，是因为它和立法机构相比具有以下几方面的优势。首先，法官任职的保障性和专业性使他们和议员相比受到的地方利益和特殊利益集团的压力较小。其次，法律诉讼涉及的是具体问题，因此法官的判断应该比较接近实际。最后，通过法院克服市场障碍，即打官司，是一般人在经济上都能承受得起的，但要游说议会通过法案来消除这种障碍则成本要大得多。②

美国法院保护州际市场流通的法宝就是宪法第一条第八款的所谓商务条款。该条款规定国会有权监管"与外国、数州之间及与印第安部落的商务"。1824 年，以马歇尔为首的美国最高法院在吉本斯诉奥格登案判决中首次援引商务条款，否决了纽约州议会授予在该州水路上从事汽船航运垄断权的立法，扫除了该州立法对州际贸易形成的障碍。马歇尔指出，美国国会拥有监管州际贸易的权力，而纽约州的立法与 1793 年国会通过的沿海航行法相冲突，故不具有法律效力。1827 年，马歇尔又在布朗诉马里兰州案判决中否决了马里兰州要求批发进口商申办特别许可证的立法，指出只要进口商

---

① Robert E. Lipsey. "U. S. Foreign Trade and the Balance of Payments, 1800-1913." Engerman & Gallman. eds. *The Cambridge Economic History of the United States*, 2: 725-727.

② Hurst. *Law and the Conditions of Freedom in the Nineteenth-Century United States*: 50.

品仍是原始包装且仍为进口商所有时，对他们征收任何州税都是违反宪法的商务条款的。最高法院的这一判决不仅适用于对外贸易，而且适用于州际贸易。① 马歇尔法院通过商务条款扩大联邦政府权力的这一系列判决，引起了南部人的担心，他们害怕法院对商务权的宽泛解释有可能使奴隶被视为州际商品而要受到联邦政府监管。因此，当罗杰·托尼接替马歇尔出任最高法院首席大法官而且形成了由五名来自南部的法官组成的多数后，最高法院开始对商务条款作狭义解释，在涉及州际贸易的问题上允许州行使治安权，表现出愈来愈强的所谓二元联邦主义宪法观。这种情况直到内战以后才彻底改观。最高法院在 1873—1890 年的一系列判决中限制了州干预州际贸易的权力，为日益一体化的全国市场提供了保护。它不仅在州的立法和联邦立法发生冲突时否决州法，而且在没有相应的联邦立法时依然认为，宪法赋予国会以商务权本身就足以排除州的监管。②

为了保护全国性市场的运作，最高法院在 1873 年费城和瑞丁铁路公司诉宾夕法尼亚案中裁定，对源于外州的货运商品征收吨位税是对州际贸易进行的违宪监管。法院在判决中明确指出："一个州如果可以对经过该州的人或财产直接征税，或者可以通过对他们收取运输税而对他们间接征税的话，那么彼此距离遥远的州之间的商业往来就会被毁掉。西部州的产品就会被有效地排除在东部市场之外，因为尽管它们可能只是被征收单一税，但它们会被很多单一税的负担压垮。毫无疑问，正是为了防止出现这类商业窘境的可能，监管州际商业往来的权力被赋予了联邦政府……"③ 在 1875 年著名的韦尔顿诉密苏里州案中，最高法院断然否认密苏里州有权对出售外州制造品的销售商征收执照税，而对出售本地制造品的销售商则免征此税。法院裁定此税因限制州际贸易而违宪。斯蒂芬·菲尔德大法官在判决意见中指出："商务权要继续行使下去，直到商品不再因其系外来而成为歧视性立法的对象为止……国会尚未认为对州际贸易做出任何具体规定是恰当的这一事实，对此问题并无影响。如果考虑到它有关对外贸易的立法，它在这个问题上的无所行动等同于宣告州际贸易应该是自由的和不受限制的……"④ 为了保护全国

---

① *Gibbons v. Ogden*, 9 Wheaton 1 (1824); *Brown v. Maryland*, 12 Wheaton 419 (1827).

② Alfred H. Kelly, Winfred A. Harbison, & Herman Belz. *The American Constitution: Its Origins and Development*. New York: W. W. Norton & Company, 1983: 238-242, 402-404.

③ *Philadelphia and Reading Railroad Co. v. Pennsylvania*, 15 Wallace 232, 280 (1872).

④ *Welton v. Missouri*, 91 U. S. 275, 279-280, 282 (1875).

市场不受各州的干扰，最高法院特别关注全国性的交通和通信设施的运营。1877 年，佛罗里达州授予在该州北部经营电报业垄断权的彭萨科拉电报公司与西部联邦电报公司发生诉讼冲突，后者声称是依据 1866 年通过的联邦立法经营业务。根据这项法律，任何公司在国会规定的条件下都有权利在合众国的公共土地上修建和经营电报线路。最高法院在对此案做出判决时裁定西部联邦电报公司胜诉，因为 1866 年的联邦立法在州际商务的这一新领域里禁止任何垄断。① 1886 年，最高法院在沃巴什、圣路易斯和太平铁路公司诉伊利诺伊州案中做出了历史性判决，推翻了伊利诺伊州禁止长短途运费歧视的立法，裁定该法侵犯了联邦商务权。② 正是在这项判决的推动下，美国国会在第二年通过了《州际商务法》，建立了美国历史上第一个联邦独立监管委员会。州政府通过立法介入州际铁路运输业监管的做法从此成为历史。

　　无论是由立法机构对资源配置进行引导，还是通过法院判决对全国市场进行保护，美国法律对环境进行的这些控制其实都是为了给个人和私人团体以更多的释放能量的选择或者说机会。赫斯特认为，这是 19 世纪美国法律运作的两大准则——释放能量和控制环境——相互交汇的地方，也是 19 世纪的美国法律不同于 17 世纪和 18 世纪初的法律的地方。殖民地时代法律的基调是以稳定为主，强调的是社区的安全，而 19 世纪的美国法律关注的是市场经济的发展，旨在给个人和私人团体以更多选择的自由。③ 从释放能量以促进市场经济的发展来说，19 世纪的美国法律确实是成功了。在当时的美国，我们看到的是美国革命的一代人所无法想象的大工业、大金融、大城市和大市场。不过，当人们由于这些变化而对物质生活水平的提高产生了愈来愈高的期望的同时，他们也有了愈来愈强烈的被这些变化所左右的个人无助感。赫斯特承认，释放能量产生了一些意想不到的结果。首先，市场的扩大反而使进出市场的自由受到了一定的妨碍。当愈来愈多的人被卷入市场经济时，他们往往只是在理论上有随时退出市场活动的自由，而实际上却身陷其中不能自拔。与此同时，阻止竞争者进入市场的努力也屡见不鲜。其次，市场价值成为价值判断的主要尺度，公共利益未能得到应有的重视，就连社会达尔文主义的鼻祖赫伯特·斯宾塞也曾对美国人发出警告，要他们考虑市场价值之外更为广泛的社会价值。最后，1870 年以后，经济权力集中

---

① *Pensacola Telegraph Co. v. Western Union Telegraph Co.*, 96 U. S. 1 (1877).

② *Wabash, St. Louis, and Pacific Railway co. v. Illinois*, 118 U. S. 557 (1886).

③ Hurst. *Law and the Conditions of Freedom in the Nineteenth-Century United States*: 39-40.

的现象愈来愈严重，从而使一个日益工业化、城市化、组织化的社会再次面临如何维持权力平衡的问题。众所周知，权力分散被视为是英、美民主制度的基础，而私人产权和市场竞争则是权力分散的保证。长期以来，人们担心的是政府权力的扩大会侵犯私人产权和干预市场竞争，从而破坏民主制度的基础。杰克逊反对第二美国银行的银行之战、绿背纸币运动、自由银币运动固然都担心私人权力集中，但它们害怕的是政府扶植下的私人权力集中。只有到了 19 世纪末，美国社会经济发生的巨大变化才使美国法律界人士意识到，现在对市场作为权力分散机制的主要威胁不是来自政府的公共权力，而是来自私人经济权力的集中。要解决这一问题，就要对美国社会的权力进行新的平衡。这样，美国法律关注的中心乃从经济转向了政治，从物质环境的挑战转向了社会环境的挑战。①

　　不过，赫斯特认为，美国人在 19 世纪末虽然意识到了进行新的权力平衡的需要，但仅仅是个开始。这方面要取得较大的进展则要等到进入 20 世纪之后。因此，他对世纪之交通过法律进行权力平衡的努力只是勾画了一个轮廓，主要包括两方面的内容。首先，法院和立法机构在保护市场活动不受私人权力侵扰上采取了行动。在有关的侵权诉讼中，各级法院做出了一系列判决，反对有碍市场活动的抵制、骚扰性诉讼、置人于死地的杀价竞争等。另外，法院还援引普通法有关限制贸易的原则，企图排除私人经济权力集中对市场活动形成的障碍，并以"越权"为由对有碍市场竞争的大企业展开攻击。其中最著名的例子就是 19 世纪 80 年代在五个州发起的反托拉斯诉讼，结果涉案的托拉斯全部败诉。当然，法院在反托拉斯问题上并没有形成一致意见。1890 年，美国国会在各种压力之下通过了《谢尔曼反托拉斯法》，将普通法反对不合理限制贸易的原则法典化了。不过，最高法院在 19 世纪对谢尔曼法所做的解释前后不大一致，而国会直到 1898 年才建立了一个负责此类问题调查和提供政策建议的工业委员会。20 世纪初，西奥多·罗斯福总统倒是发起了引人注目的反托拉斯诉讼，并使反托拉斯成为他的施政纲领的重要内容，但他未推动国会通过新的反托拉斯立法以便使这方面的政策更为明确化，而只是要求国会在新建的商业和劳工部里设立了公司局。因此，赫斯特评论说："法律已经意识到了它应该确认和保护市场里的社会利益，但是这个世纪最后一代人的想象力和意愿都不足以推动此事的进

---

① Hurst. *Law and the Conditions of Freedom in the Nineteenth-Century United States*: 71-90.

一步发展。"①

　　除了保护市场活动以外，为权力平衡而作的另一方面的努力就是加强对社区利益的关注，从而把私人权力限制在适当的范围。不过，这种对社区利益的关注与殖民地时代有所不同，它不是只关注社区的安全，而是从社会成本的角度关注社区的人力资源和自然资源。这一时期通过的禁酒、公共卫生、劳工保护、消费者立法虽然具体目标互不相同，但它们有利于社区人力资源的健康发展这一点则如出一辙。这些立法无疑对私人经济权力进行了限制。到 19 世纪末，美国人终于意识到连他们得天独厚的自然资源也不是取之不尽用之不竭的，于是开始纠正长期以来私人经济权力的扩张所带来的资源利用上的浪费和低效率。② 威斯康星州木材业的发展对森林资源造成的破坏就是一个典型。该州原有 1294 亿板英尺白松，在 1840—1873 年砍伐了 200 亿板英尺③（约 4720 万立方米），在 1873—1898 年又砍伐了 660 亿板英尺（约 1 亿 5576 万立方米），到 1898 年只剩下 174 亿板英尺（约 4106 万立方米）的白松未被砍伐。这段时间被浪费掉（主要是火烧）的白松估计高达 260 亿板英尺（约 6136 万立方米）。④ 私人经济的发展带来的这类令人触目惊心的资源浪费在美国比比皆是，使人们不得不开始考虑如何更为长久和更为高效率地使用自然资源的问题。功利主义资源保护的理念乃应运而生。受此影响，联邦政府在 19 世纪 80 年代以后终于改变了长期以来过于宽松的国有土地政策。1891 年，美国国会通过森林保留法，将国有土地上的森林保留下来，不再出售，交由联邦政府的森林署管理，其目的就是为了保证美国将来有足够的木材供给。与此同时，自然保护运动推动各州和联邦政府将大片的山野之地辟为州立公园和国家公园。从 1872 年建立黄石国家公园到 1916 年成立国家公园署，美国在这段时期共建立了 13 个国家公园，以便"保存其中的景观、自然和历史实物，以及野生动物，并以这样一种形式和这样一种方法来观赏它们，结果将使它们可以不受损害地留给下一代观赏"。⑤ 显然，美国立法机构在 19 世纪末和 20 世纪初通过的这些法律不仅愈来愈注重社区利益，而且把市场价值之外的社会价值也纳入了它们的

---

① Hurst. *Law and the Conditions of Freedom in the Nineteenth-Century of the United States*: 90-94.

② Ibid., 94-101.

③ 板英尺：北美木材记尺单位。1 板英尺≈0.00236 立方米。

④ Hurst. *Law and Economic Growth*: 2-3.

⑤ *U. S. Statutes at Large*, H. R. 15522, Public Act 235.

视野。

值得我们注意的是，美国法律为了权力平衡不仅在政策内容上有了上面所说的新进展，而且在执行政策的方法上也发生了重要的变化，即从杰克逊银行之战和格兰奇铁路监管的道德偏见和激进态度，转向了国许银行法和州际商务委员会所体现出的务实精神。赫斯特认为，这种变化主要反映在三个方面：1. 愈来愈讲究科学地处理问题；2. 愈来愈注意政策成本；3. 愈来愈依靠政府部门进行事实的调查和分析。农业部和州际商务委员会的建立，被赫斯特看作是走向这种务实态度的决定性的步伐。他还和自己的恩师费利克斯·法兰克福特一样盛赞伊利诺伊州首任工厂督导弗洛伦斯·凯利的工作，因为后者在督导任内充分地意识到了"有效行政管理及其所包含的一切的重要性——警觉的监控体系、终身制的训练有素和非政治化的检查员队伍、可靠的统计资料、作为持续不断的公共教育基础的富有启迪的报告……"① 不难看出，赫斯特在这些态度和方法的变化中察觉出世纪之交行政管理国家的崛起。他认为这些变化将成为"我们 20 世纪法律史的主要特点"。② 然而，这位美国法律史的一代宗师最伟大的学术贡献是对 19 世纪美国法律在经济发展中所起作用的研究，而他对 20 世纪美国法律的发展只是做了一个初步的展望。

（四）美国学者对 19 世纪美国法律的新思考

赫斯特对 19 世纪美国法律在经济发展中所起作用的研究在学术界产生了巨大和深远的影响。美国学者劳伦斯·弗里德曼甚至说，1950 年以后在美国做一个法律史学家就意味着"你或者是一个赫斯特派，或者是赫斯特的修正派"。③ 弗里德曼本人就合同法所做的研究，沙伊伯有关征用权的论著，伦纳德·利维对以莱缪尔·肖为首的马萨诸塞州最高法院所做的考察，斯坦利·I. 柯特勒就查尔斯河桥案进行的经典分析，还有很多法律史学家的著

---

① Hurst. *Law and the Conditions of Freedom in the Nineteenth-Century United States*: 101-107.

② Ibid., 101.

③ 弗里德曼的引语见：David Margolic. "At the Bar." *New York Times*, March 23, 1990, at B5, col. 1.

述，都支持赫斯特有关 19 世纪美国法律的基本观点。① 20 世纪 70 年代末，包括后来荣获诺贝尔奖的道格拉斯·诺思在内的不少计量经济史学家之所以开始承认制度尤其是产权的重要性，在很大程度上也是受到了赫斯特和以他为代表的其他法律史学家的影响。② 对于这些支持赫斯特法律史观的见解，本书不拟评说。笔者关注的是对赫斯特的批评和修正，而且集中在与赫斯特的法律工具主义释放能量说有密切关系的几个方面：非经济因素、利益冲突和公共权利。事实上，赫斯特并没有完全忽略这些问题，继他之后的学者在这些方面提出的见解正确与否也是见仁见智。不过，这些见解无论是从正面、反面还是从前瞻的角度都可以进一步丰富我们对 19 世纪美国法律在经济发展中所起作用的看法，则是毫无疑义的。

　　赫斯特的一大学术贡献就是突破了在他之前美国法律史学界的正统观点，反对就法律论法律。他认为"现实的法律史应当是社会史，对于法律和整个社会过程之间的无论什么关系，都要加以探究"。③ 他之所以格外强调 19 世纪的美国法律与经济的关系，主要是因为他发现这是一个"把它所有的精力和注意力都放到经济利益上去的世纪"。"所有的人都深信，社会受益将来自生产率的迅速增长；大家都迫不及待地要用包括法律在内任何功能似乎适当的手段来干这件事"。④ 因此，赫斯特认为，"生产率"是 19 世纪美国法律的"核心标准与合法准则"，在当时人看来，"用法律来增加经济的生产能力成了常识，也是好事"。⑤ 赫斯特并不否认非经济因素对 19 世纪美国法律的影响，他承认政客们关注地区之间的权力平衡，人道主义者关心奴隶制问题、酗酒和妇女权利，而且他们有时也能在这些问题上引起普遍和热烈的反应，但是在大部分情况下，人们转向这些问题或者是不情愿的，或者是心

　　① Lawrence Friedman. *Contract Law in America*. Madison, Wisconsin: University of Wisconsin Press, 1965. Harry Scheiber. "The Road to *Munn*: Eminent Domain and the Concept of Public Purpose in the State Courts." Donald Fleming and Bernard Bailyn. eds. *Law in American History*. Boston: Little, Brown and Company, 1972: 329-402. Leonard Levey. *The Law of the Commonwealth and Chief Justice Shaw*. Cambridge, Massachusetts: Harvard University Press, 1957. Stanley I. Kutler. *Privilege and Creative Destruction: The Charles River Bridge Case*. Philadelphia: Lippincott, 1971.

　　② Harry N. Scheiber. "Private Rights and Public Power: American Law, Capitalism, and the Republican Polity in Nineteenth-Century America." *The Yale Law Journal* 107 (1997): 835-836.

　　③ Hurst. *Law and Social Order in the United States*. Ithaca, New Jersey: Cornell University Press, 1977: 42.

　　④ Hurst. *Law and the Conditions of Freedom in the Nineteenth-Century United States*: 7, 29.

　　⑤ Hurst. *Law and Economic Growth*: 172; *Law and the Conditions of Freedom in the Nineteenth-Century United States*: 29.

血来潮，或者是因为有愧疚感。他认为美国法律在广泛的范围里触及这些并非直接经济考虑的关注是 19 世纪下半叶才开始的。[①] 正像耶鲁大学法学院教授罗伯特·W. 戈登在 2000 年《法律与历史评论》纪念已故赫斯特的专辑中发表的文章所说的一样，"赫斯特并不认为人类一般来说或者美国人具体来说都只关心生意和赚钱；但他的研究关注的确实主要是经济方面的活动与政策。对于刑事罪行、道德、福利、宗教、战争和国家安全、政治异端或家庭方面的法律监管，它没有表现出什么兴趣"。[②] 这成了当代美国学者对他的主要批评所在，其中固然不无道理，但也造成了近年来法律史学家矫枉过正的现象，经济与法律的关系已不再受到应有的重视，甚至出现了彼兹堡大学教授彼得·卡斯滕试图全盘否定法律与经济关系的论著——《心对头：19 世纪美国法官造的法》。[③]

1. 经济决定论问题

卡斯滕教授在他 1997 年出版的这部大作中对 19 世纪美国法律史研究中"以经济为导向的""主导范式"提出了挑战。他把赫斯特及其追随者如劳伦斯·弗里德曼、批判法律史学的代表人物之一霍维茨、"法律与经济学"学派的著名学者和联邦法官理查德·波斯纳，还有很多其他法律史学家全部纳入了他所攻击的"主导范式"，因为在他看来这些学者都认为：由于发展中的美国经济和它的推动者及意识形态代言人的影响，内战前的法律界人士让体现"早期保护性和家长式原则"的普通法为一整套比较冷酷和不受个人感情影响的规则所取代，这些规则最终服务于"经济增长的主宰者"，牺牲的是在这条道路上被压得粉身碎骨的人们。卡斯滕声称，对 19 世纪美国法律所做的这种经济导向的解释几乎完全是颠倒黑白。他的研究发现，当内战前的法官做出有利于经济发展和公司利益的理性和冰冷的判决时，他们的依据是来自英国法院报告和法学论著中的普通法先例、规则和原则，根本没有对其做什么不得了的修改和变动。他们尊重的是世世代代的圣贤法官的头脑中所形成的法律逻辑、原则和判断。卡斯滕称为"头的法律"。当 19 世纪的法官做出与英国普通法传统不同的判决而真的有所创新时，他发现这些创新所形成的原则大都是不利于公司和企业界利益，而有助于相对贫穷的

---

① Hurst. *Law and the Conditions of Freedom in the Nineteenth-Century United States*: 29.

② Robert W. Gordon. "Hurst Recaptured." *Law and History Review* 18 (2000): 168.

③ Peter Karsten. *Heart versus Head: Judge-Made Law in Nineteenth-Century America*. Chapel Hill: The University of North Carolina, 1997.

讼方。"它们几乎全是'亲原告'和'反公司企业家'的"。法官们此时尊重的是犹太教和基督教的道德观，也就是良心。卡斯滕称为"心的法律"。于是，他把19世纪美国法官造的法——普通法——看作是"心对头"的法律，也就是说非"心"即"头"，或者是受道德观的影响，或者是为普通法先例所左右，与当时经济发展的需要则毫无关系。这样，卡斯滕便认为他成功地以一种新的范式取代了以经济为导向的"主导范式"，以思想史的研究取代了美国法律史研究中的经济决定论。①

　　然而，卡斯滕立论的史料依据几乎完全是上诉法院的案例，他研究的基本上只是法理原则。可以说，他在研究法律思想史的名义下又回到了赫斯特之前的法律内史的学术传统上去了。无可否认，卡斯特研究过的上诉法院案例数量超过了很多学者，对具体判决本身的解读也比很多学者下了更大的功夫，这对于赫斯特学派因强调法律的社会经济根源而对法理原则本身注意不够的倾向也许是一种矫正。但是，正如弗里德曼教授在评论卡斯滕这本大作时所指出的一样，"你不能将上诉庭案例法和它的社会根基分离开来，把它看作是一个只属于它自己的领域。你不能把高等法院的判决当作是独立于行动中的法律的其他方面。如果你把注意力仅仅集中在上诉庭的案例上，而不理会立法机构、行政部门、律师、初审法院和普通公民对法律的反应和反对的话，你也不能理解法律是如何运作的，为什么如此，法律的社会作用是什么"。②不仅如此，卡斯滕教授在分析所谓的"头的法律"时指出，他从上诉法院判例中看不出美国法官们应用的法律规则与英国普通法相比有什么不得了的变化，甚至和中世纪的规则相比也没有什么大的区别。因此，他否认19世纪的美国法官为了适应经济发展的需要而在普通法的应用上有所创新，其结论是"大部分规则实质上没有改变"。③对此，弗里德曼教授很不以为然，他认为"法官从不生硬地宣布老的规则无效；他们总是将他们正在做的伪装成重述和改良。这就是普通法法官的行为方式"。因此，"普通法有时跳跃，但通常是爬行，或上下弹动，或渐进式地滑动；而且（大和小的）跳跃一般都装得像不是跳跃一样——有时装得如此巧妙以至于你完全看不出是

---

① Peter Karsten. *Heart versus Head: Judge-Made Law in Nineteenth-Century America*. Chapel Hill: The University of North Carolina, 1997: 1-22.

② Lawrence M. Friedman. "Losing One's Head: Judges and the Law in the Nineteenth-Century American Legal History." *Law and Society Inquiry* 24 (1999): 256.

③ Karsten. *Heart versus Head*: 26-27.

在跳跃，除非你真正潜心于案例法。"① 这样一来，人们就很难仅仅从法官们在判决中所使用的文字上看出他们想的究竟是什么。所以，真正值得注意的是很多判决形成的模式，而不是个别的判决，是法律原则所产生的影响和发展趋势，而不是孤立的原则本身。最后，卡斯滕教授没有也不可能解释为什么法官们有时要遵循"头的法律"，有时又要诉诸"心的法律"。因为他对法官判决的探讨集中在法律原则之上，脱离了产生和影响这些原则的历史条件或者说语境。这不仅难以对这些法律原则形成正确的理解，更不要说从历史的角度加以解释。赫斯特在研究 19 世纪美国法律史时对经济以外的领域确实注意不够，但就此做出矫正绝不能走向另一个极端，即不仅否认经济对法律的影响，而且重回就法律论法律的老路。

2. 社会矛盾问题

赫斯特对 19 世纪美国法律所做的研究存在的另一个问题是他很少谈到被排除在法律体系之外或者处于屈从地位的社会群体，例如黑人、妇女、劳工、移民、穷人和美洲原住民，他也很少论及和屈从地位有关的法律工具——奴隶制、种族隔离、已婚妇女法律身份、印第安人迁移、庄稼扣押权、劳工禁令等。赫斯特并不是不承认社会冲突，但他在分析 19 世纪美国法律释放个人创造性能量时关注的是在美国社会占统治地位的价值体系，即他所说的"中产阶级的思维方式"②，结果很少触及地位不同的社会群体和他们之间在利益和价值观上的冲突。哈佛大学法学院教授霍维茨在他的名著《1780—1860 年美国法律的改变》中并没有公开点名批评赫斯特，不过他在导言中指出过去一代人的历史著述忽略了政府活动对美国社会财富和权力分配所产生的影响。他认为美国革命后的 80 年里法律制度的变化反映了社会斗争的结果，新兴的企业家和商人群体跟法律界结成了联盟，通过改变法律制度在美国社会赢得了和他们的人数不相称的庞大的财富和强大的权力。③ 然而，正如评论此书的查尔斯·J.麦克莱恩所指出的一样，霍维茨得出这一结论主要是根据大量判决意见和由此进行的推论。尽管霍维茨提供了一些数量有限的法院判决以外的证据，说明普通法法官和最高法院大法官约瑟夫·斯托里知道他们的判决会产生何种经济影响，但就全书而言则缺乏日记、通信和当

---

① Friedman. "Losing One's Head: Judges and the Law in the Nineteenth-Century American Legal History." 260, 255.

② Hurst. *Law and the Conditions of Freedom in the Nineteenth-Century United States.* 7.

③ Horwitz. *The Transformation of American Law.* xi-xvi, 253.

时的文章这一类外来证据和对它们的系统考证。[①] 不过，缺乏证据并不等于可以完全推翻霍维茨的推论。美国经济史学家的研究已经基本上证明，19世纪的美国社会尤其是西部边疆在充满了经济机会的同时，也存在相当严重的经济上的不平等。1870 年，最富的 1 % 的成年男子拥有这个国家 27 % 的财产，基尼系数为 0.83（完全不平等的基尼系数为 1，完全平等的基尼系数为 0）。不仅如此，就整个 19 世纪而言，经济上的不平等还愈来愈严重。经济史学家们分析了这种不平等趋势和城市化、移民、年龄、种族、出生地、性别、家庭背景、职业等因素的关系，他们认为政治斗争肯定影响到经济利益的分配。[②] 赫斯特之后的法律史学家在研究美国法律反映出的种种社会冲突方面也下了一定的功夫，尤其是在种族、性别和劳工问题上，但是真正就19世纪的法律与经济不平等之间的关系进行全面和系统研究的则还不多见。霍维茨曾尖锐地指出的 19 世纪美国法律史研究的这个重大问题——法律与经济不平等之间的关系——依然未能有真正令人满意的答案。

3. 公共利益和公共权利问题

最后还要谈一谈的是，赫斯特对 19 世纪美国法律中的公共利益和公共权利注意不够。他的释放能量说强调的是个人和私人团体的创造性能量，即便是他所说的通过社区力量进行的环境控制，其最终目的仍然是释放私人经济力量。相比之下，公共利益和公共权利在他有关 19 世纪美国法律的探讨中被淡化了。如前所述，他认为这正是 19 世纪的美国法律和殖民地时代法律的区别所在。然而，哈里·沙伊伯、卡洛尔·M. 罗斯，格雷戈里·亚历山大和威廉·诺瓦克的研究证明，公共利益和公共权利是 19 世纪美国法律中不能忽略的重要因素，在形成法律和经济的关系中也有相当大的影响。用沙伊伯教授的话来说，"公共权利原则……有时被用来促进经济进步，有时被用来在资本家利益之上加以负担和限制，不管这些利益是农业利益，商业利益，还是工业利益……尽管公共权利的概念可以被用来推动经济变化沿特定的途径发展，它也可以而且曾经被用来在企业利益漠视社区需要和权利的地方施加政府的权力"。所以在美国这样一个有许多人期待成为资本家的国度里，"有关公共权利的政府行动原则并没有为彼此争斗的私利之间的冲突

---

① Charles J. McClain, Jr.. "Legal change and Class Interests: A Review Essay on Morton Horwitz's *The Transformation of American Law*." *California Law Review* 68 (1980): 392-393.

② Clayne Pope. "Inequality in the Nineteenth Century." *The Cambridge Economic History of the United States*, 3 vols. eds. Engerman & Gallman 2: 109-142.

所湮没或者完全被压倒"。①

根据沙伊伯教授多年的研究，19世纪美国法律中的公共权利并非无本之木，而是有多方面的法理依据，或者说体现在一些重要的法律原则中。其中一个最重要的原则就是自然法的主权概念，即主权政府享有保护公共权利的不可剥夺的权力，包括征用权、征税权和治安权。早在1795年有关私人既定权利不可侵犯的一项联邦法院判决中，法官就明确指出："当国家需要时，每一个政府都有征用私人财产的……专横权力。"② 美国最高法院在1848年西河桥案判决中肯定州政府征用权时也认为，联邦的每一个州都有"权利和责任保卫它自己的存在，保护和促进整个社区的利益和福祉"。③ 体现公共权利的另一个重要法律原则是普通法的"使用自己财产不得危及他人财产"的原则。马萨诸塞最高法院首席法官莱缪尔·肖在1851年著名的马萨诸塞州诉阿尔杰案判决中，将该原则的"他人"扩及"社区"。他宣布，"社区权利"和私人权利一样能决定公共监管的合法性。④ 有关公共权利的法律原则还包括普通法有关财产可私有而公用的观念。17世纪英国王座法庭首席大法官马修·黑尔爵士在水权问题上曾将水分为三种：1. 完全私有；2. 私有而可公用；3. 完全公有。所谓私有而可公用是指水虽为人所私有，但在航行、捕鱼和船只停泊上却要服从公共目的或者公共使用的权利。这一观念在19世纪的美国财产法的司法实践中屡见不鲜。此外，公共权利还涉及公共信托的法律原则，即财产可以由政府在公共信托的名义下握有和经管。在19世纪的前七十年里，加利福尼亚、路易斯安那和得克萨斯三个州便应用公共信托原则保护了公众对普韦布洛印第安人土地、涨滩财产和其他特殊财产的公共权利。1870年以后，州法院和联邦最高法院开始在更广的范围里应用这一原则，以适应城市发展和交通改良的需要。1892年，最高法院就伊利诺伊州的湖滨土地做出了著名的判决。尽管这些土地已被议会授予私人铁路公司，法院还是支持该州收回土地的新决定，因为它认为当初放弃这

---

① Harry N. Scheiber. "Law and the Imperatives of Progress: Private Rights and Public Values in American Legal History." J. Ronald Pennock & John W. Chapman. eds. *NOMOS XXIV: Ethics, Economics, and the Law*. New York: New York University Press, 1982: 307.

② *Vanhorne v. Dorrance*, 28 F. Cas. 1012 (No. 16,857) (D. Pa. 1795).

③ *West River Bridge v. Dix*, 6 Howard 507, 531-532 (U. S. 1848).

④ *Commonwealth v. Alger*, 61 Mass. (7 Cush.) 53, 84-85 (1851)

些土地的做法违背了州有义务掌握和管理这些土地的公共信托。① 显然，所有这些体现公共权利的法律原则都不是纸上谈兵。由于 19 世纪二元联邦主义体制下的州政府对经济发展有相当大的影响力，所以当法院通过这些体现公共权利的法律原则来肯定州的主动干预，或者如同在上述伊利诺伊州湖滨土地案中那样来限制州政府行事的范围时，其所起的作用自然就非同小可。沙伊伯教授故而认为，公共权利原则和私人既定权利原则一样，都是 19 世纪美国法律制度的核心所在。②

罗斯和亚历山大同样也很重视 19 世纪美国法律中的公共利益和公共权利问题，不过他们是从双重财产观的角度阐述了自己的看法。③ 他们认为，当今新保守主义者把财产仅仅看作是个人在市场上谋求私利的商品的单一财产观，只是美国历史上长期存在的双重财产观的一个组成部分。另一个组成部分则是视财产为创造和维持正当社会秩序的物质基础，也就是公共利益的私人基础。当然，不同时期的不同社会群体对公共利益和正当社会秩序有不同的理解。对于美国革命前接受了前现代观念的法律界人士来说，当时的公共利益就是要维持每个人和每个机构均有其正当作用和地位的等级制社会结构。所谓正当社会秩序自然是一个静止不变的社会秩序。财产则是这种社会稳定的关键所在。它赋予了一个人在这个正当社会等级制中应有的地位和权力。作为当时最重要财产的土地很少被视为市场商品，而是像戈登·伍德所说的一样被看作是"使一个人的高贵和独立性不受市场变化影响的工具"。④ 美国革命使这种有别于商品财产观的正当财产观发生了一定的变化，使得它不再有过去那样强的等级性。不过，美国革命的公民共和主义理念并不是不讲等级性。共和主义的财产制度亦复如此。已婚妇女在法律上没有资格成为独立自主的财产所有者，黑人奴隶也不是财产所有者。显然，共和主义的正当财产观是要为处于财产等级制上层的白人男子创造一个正当社会秩序。然而，正当财产观并非唯一的财产观，商品财产观在 18 世纪也有一定的影

① Scheiber. "Law and the Imperatives of Progress: Private Rights and Public Values in American Legal History.": 309-310; *Illinois Central R.R. v. Illinois*, 146 U. S. 387 (1892).

② Harry N. Scheiber. "Public Rights and the Rule of Law in American Legal History." *California Law Review* 72 (1984): 226-227, 311.

③ Carol M. Rose. *Property and Persuasion: Essays on History, Theory, and Rhetoric of Ownership*. Boulder, Colorado: Westview Press, 1994; Gregory S. Alexander. *Commodity and Property: Competing Visions of Property in American Legal Thought, 1776-1970*. Chicago: The University of Chicago Press, 1997.

④ Gordon S. Wood. *The Radicalism of the American Revolution*. New York: Vintage, 1991: 269.

响，到制宪时期在辩论中变得愈加明显。1812 年美英战争后，市场革命使得美国法律界的财产观进一步商品化。公民共和主义也因此而转变为商业共和主义。到 19 世纪末，商品财产观的影响愈来愈大，几乎有垄断美国法律界的势头。不过，亚历山大认为，这种威胁从未成为现实。正当财产观与商品财产观相比虽然明显式微，但仍在与之竞争。很多学者的研究发现，长期以来被视为在 19 世纪末的"自由放任主义宪政"时代为保护私人财产利益而反对政府干预的著名代表人物如斯蒂芬·J.菲尔德、托马斯·M.库利和克里斯托弗·G.蒂德曼等，其实对大公司抱敌视态度。他们并不反对所有的政府监管，只是反对那些有利于某些特殊团体而牺牲其他团体利益的立法。在他们看来，只要经济监管服务于公共利益，就应该被允许。因此，在政府是否要对私人财产利益进行监管上，支配 19 世纪末这些法官思想的不是市场应不受控制的古典经济学理念，而是源于杰克逊时代有关自由和平等的政治观念，即注重公共利益和正当社会秩序的财产观。应该说，正当财产观和商品财产观之间的斗争贯穿于整个 19 世纪美国法律思想和实践的发展过程中，所以正当财产观对公共利益以及由此而衍生的公共权利的关注自然是 19 世纪美国法律的一个不可或缺的组成部分。[①]

　　如果说沙伊伯、罗斯和亚历山大只是将公共权利（正当财产观）与私人权利（商品财产观）相提并论的话，那么芝加哥大学的威廉·诺瓦克教授则认为公共权利原则是 1787—1877 年的美国法律中"无所不在"和"居于统治地位的"原则。他甚至发现对于早期的美国来说，"私人权利是相对的，公共权利是绝对的"。[②] 在 1996 年出版的《人民福利：19 世纪的美国法律和监管》一书中，诺瓦克指出：1877 年以前的美国遵循的是"良好监管之社会"的理念，政府为公共福利进行的监管遍及美国经济和社会生活的各个方面。他对 19 世纪的州和地方政府在公共安全、经济、交通、道德、卫生等方面的监管活动所做的详尽阐述使人们比过去更加清楚地意识到，自由放任在美国只是神话。这种有关社会监管的理念及其实践为什么能在 1877 年以前的美国大行其道呢？诺瓦克对其法律思想方面的主要成因做了令人耳目一新的分析和探讨。[③]

① Alexander. *Commodity and Property*, 1-17: 248-249.

② William J. Novak. *The People's Welfare: Law and Regulation in Nineteenth-Century America*. Chapel Hill: The University of North Carolina Press, 1996: 6, 17, 131.

③ Ibid., 26-50.

首先，内战前美国法律论著的很多深有影响的作者和美国法律界的一些重要代表人物都是从人性的角度来思考法律问题，而他们对人性的看法不同于霍布斯、洛克和卢梭。他们并不把社会和人的自然状态看作是根本对立的，也不认为社会和政府是被强加于人的自然状态之上。在他们看来人本来就是社会的人。人的自然属性不是在社区之外可以找得到的，也不是能与他人相脱离的，它要在社会之中才能被发现。因此，社会、政府、联系和最终说来的法律不仅是必要的，而且是自然的，是适合人性的。这种看法实际上是对霍布斯和洛克过于强调个人的思想理念的一种批判。后来担任纽约州最高法院首席大法官和衡平法院法官的詹姆斯·肯特早在 1794 年就认为，法理学首先要考察"人的本性和道德性"，但不是从空洞的作为个体的人入手，而是要从"他与他的伟大创造者及他的同时代人的关系"中去考察。这样才能弄清"从这些关系中产生的责任、权利和幸福"。法律的道德和强制力量就是建立在这些基础之上的。①

其次，这些法律思想家和法律界人士还认为个人的权利也具有社会性或者说相对性。他们对 18 世纪英国法学权威威廉·布莱克斯通有关"个人的绝对[或者说自然]权利"的理念不以为然。纳撒尼尔·奇普曼毫不客气地指出："严格说来，根本没有什么绝对权利这样的东西。"他认为当布莱克斯通从自然法中排除掉社会性时，其实就是"把人源于自然法的自由和作为非理性生物的所有动物采取的一系列行动混为一谈"。在奇普曼看来，个人自由、个人安全和私人财产这类的个人权利源于"社会关系"，植根于"人的社会性"之中，它们和社会全体成员的权利应该是一致的。② 这就是说，人的自然权利或法定权利是不能用来反对社会的，它们是和人作为社会存在而应有的责任和道德义务密切相关联的。杰西·鲁特在康涅狄格州《最高法院案例汇编》第一卷的导言中写道，政府的目标就是要"引导我们尊重他人的权利、利益和感觉，就像尊重我们自己的一样"。③ 詹姆斯·威尔逊认为大家

---

① James Kent. "An Introductory Lecture to a Course of Law Lectures." Charles S. Hyneman & Donald S Lutz. eds. *American Political Writing during the Founding Era, 1760-1805*, 2 vols. Indianapolis, Indiana: Liberty Press, 1983, 2: 945, 947.

② Nathaniel Chipman. *Principles of Government: A Treatise on Free Institutions*. Burlington, Vermont: E. Smith, 1833: 56-59, 66.

③ Jesse Root. *Reports of Cases Adjudged in the Supreme Court and Supreme Court of Errors, from July A. D. 1789nto June A. D. 1793*. Hartford, Connecticut: Printed by Hudson and Goodwin, 1798, vol. 1: xvi.

是同处一个社会而彼此有义务的"兄弟",权利和责任是相关联的。[1] 这些19世纪的美国法律界人士的看法与布莱克斯通有关个人权利不能为社会和政府所侵犯的理念形成了对照,他们强调的是个人权利或个人自由的相对性和有限性,而不是它的不可侵犯性。

再次,这些法律思想家和法律界人士在对霍布斯、洛克、卢梭、布莱克斯通和亚当·斯密的理念展开攻击的过程中,提出了有关政府和法律的完全不同的观点。他们认为,既然人是社会的人,个人权利和自由又是相对于其他人的权利和共同利益而言,那么政府和法律对于人来说就不是像通常所说的守夜人那样只是处于边缘地位,而是体现了人的社会本质,是所有那些相对权利和责任的不可缺少的监管者。19世纪美国著名的法学家和政治哲学家弗朗西斯·利伯就曾明确指出:"[公民]自由要求法律的至高无上。"[2] 事实上,公民自由就是受法律约束的自由。不过,对于主张建立"良好监管之社会"的美国法律思想家和法律界人士来说,能完成如此复杂的任务的法律是普通法,而不是自然法、制定法和宪法。他们认为自然法的问题是它先于经验并只有通过纯理智才可以理解,而法律应该来自历史和经验,其源泉在人们的生活、社区和历史之内,而不是在它们之外。由于布莱克斯通认为对制定法的服从不是基于下层的批准,而是基于上层的意志,所以19世纪的美国法律思想家和法律界人士如詹姆斯·威尔逊等觉得这种观点不可能来自"共和主义的热情的朋友",其中包含的只是"专制主义的种子"和"神权的胚芽"。[3] 在他们看来,服从人定法的唯一合法的原则就是服从者的批准,特别是在有了"长期的、被认可的、不间断的经验"之后的批准。[4] 至于宪法,他们认为其关注的只是"政治"权利,而不是具有更普遍意义的"公民的民权和义务",不是"人与人之间的关系"。[5] 对于这些法律思想家和法律界人士来说,宪法应该是源于和从属于更古老的一套法律,那就是作为联邦

---

① James Wilson. *The Works of James Wilson*. ed. Robert Green McCloskey, 2.vols. Cambridge, Massachusetts: Belknap Press of Harvard University Press, 1967: 1, 160.

② Francis Lieber. *On Civil Liberty and Self-Government*. 1853, 3rd. ed. Philadelphia: Lippincott, 1891: 273.

③ Wison. *The Works of James Wilson*, 1: 79, 103, 106, 168, 175.

④ Ibid., 1: 180-182; Chipman. *Principles of Government*: 182.

⑤ Francis Hilliard. *The Elements of Law: Being a Comprehensive Summary of American Civil Jurisprudence*. Boston: Hilliard, Gray, and Co., 1835: 5.

与各州的"国民之法"的普通法。① 这样一来，他们便把普通法看成是美国社会所需要的法治的基础，其重要性超过了自然法、制定法和宪法，因为它是人民的长期历史经验所批准了的有关人与人之间关系的法律。不过，这种普通法并不是像 20 世纪的很多法学家所说的具有很强的私人性、静止性和个体性，而是充满活力，着眼社会和富于想象力。它对于一个秩序井然和不断变化的社会里公与私、个人与社区、权利与义务的相互关系的理解，是建立在历史经验和视社会为有机整体的观念之上的。

最后，这些法律思想家和法律界人士认为，法律是监管的工具，而监管则是为了建立社会秩序和寻求人民福利。他们充分地肯定了政府进行监管的责任和义务。利伯就曾指出，没有监管权的政府是"软弱的政府"，最终会成为"对自由的否定"。② 不过，这些人所主张的政府监管和法治必须得到人民的批准，建立在历史经验之上，并且能顺应时势进行调整。查尔斯·古德里奇在 1853 年出版的《政治学》里一再强调，法律和监管必须"与人民的习惯一致，以人民的习惯为转移"。③ 这就是说，"良好监管之社会"中的政府作用是与普通法的传统相一致的。其两大目标——社会秩序与人民福利——遵循的就是普通法的两大准则："使用自己的财产不得损害他人财产"[*sic utere tuo ut alienum non laedas* (use your own property in such manner as not to injure that of another)]和"人民福利是最高法"[*salus populi suprema lex est* (the welfare of the people is the supreme law)]。不得损害他人准则规定了在一个"良好监管之社会"里个人权利、自由和活动的范围，以避免个人之间彼此损害，维持基本的社会秩序。不过，倡导"良好监管之社会"的美国法律思想家和法律界人士认为，不得损害他人原则只是个"克制原则"，社会秩序固然是好政府与好社会的必要条件，但还不是充分条件。④ 詹姆斯·威尔逊曾就此问道："社会应当保持和平。但这就是一切吗？它不是既应该得到保护也应该得到改良吗？"⑤ 在他们看来，不得损害他人准则永远从属于"要求个人的所有行动都要进而促进全体利益的更普遍的规则"。⑥ 在

---

① Peter S. Du Ponceau: *A Dissertation on the Nature and Extent of the Jurisdiction of the Courts of the United States*. Philadelphia: Abraham Small, 1824: ix, xv, 93.

② Lieber. *On Civil Liberty and Self-Government*. 298.

③ Charles Goodrich. *The Science of Government*.

④ Chipman. *Principles of Government*. 164-165.

⑤ Wilson. *The Works of James Wilson*, 1: 84.

⑥ Chipman. *Principles of Government*. 164-165.

一个"良好监管之社会"里，人民福利才是最高法。

诺瓦克在对19世纪的政府监管做了范围广泛的研究后发现：有关"良好监管之社会"的上述理念并不只是悬想，它们不仅是当时美国思想文化的重要组成部分，而且已经深入到了美国的制度发展和社会生活之中，左右着法院、立法机构和地方官员在很多公共政策问题上的行为方式。因此，我们在1877年以前的美国看到的是政府监管的大量存在，而不是什么自由放任。当时最基本的社会和经济关系都是治理和监管的目标。法律和国家并不仅仅是市场或市民社会自然发展的反映者、工具或推动力量，而且是创造者。不过，诺瓦克警告我们切切不可将"良好监管之社会"与我们对法律、国家、监管和私人权利的现代理解混为一谈。19世纪的法律传统是人所共见而且大家都觉得很普通的一种法治。这种为当时人觉得"普通"的地方也是这种法治区别于现代美国法律制度的地方，主要表现在三个方面：1. "普通"意味着地方自治，而不是中央集权的现代官僚体制；2. "普通"意味着权利和责任要接受社区的监管，从属于整体的利益，公和私并没有什么清楚的界限，现代私人民权和公民自由的承认还有待时日；3. "普通"意味着最高法是普通法，而不是宪法，前者是以人民的批准、历史经验和顺应时势为基础，而不是像后者那样以法律实证主义强调的国家制定的规则为法律之来源。19世纪美国法律传统的这三大特点在1877年以后终于发生了重大变化，使美国社会经历了一场其历史上"规模空前的基础性法律革命"。①

这场法律革命使美国的国家和法律从19世纪法律传统的三大特点中走了出来，走向了权力的集中化、权利的个人化和法律的宪法化。首先，内战以后，马克斯·韦伯定义的不仅对作为其成员的公民，而且对其辖区内的所有行动几乎都有约束权力的现代国家开始在美国出现，政府权力愈来愈集中化。当然，亚伯拉罕·林肯总统在战时就已强化了中央政府的权力，他不仅中止了人身保护令，而且第一次在全国征收所得税。重建时期通过的宪法修正案和世纪之交的改革运动则进一步加强了联邦政府权力集中的趋势。在经济领域，州际商务委员会（1887）、联邦储备局（1913）和联邦贸易委员会（1914）等先后建立。在公共道德和卫生领域，国会通过了《纯净食品和药物法》（1906）、《哈里逊麻醉药法》（1914）、禁止"白奴"（妓女）交易的立

① Novak. *The People's Welfare*, 51, 235-239; William J. Novak. "The Legal Origins of the Modern American State." Austin Sarat, Bryant Garth & Robert A. Kagan. eds. *Looking Back at Law's Century*. Ithaca: Cornell University Press, 2002: 264.

法（1910）、禁酒的《沃尔斯特德法》（1919）等。1870 年曾被联邦最高法院否定的联邦治安权到 1877—1937 年已在事实上被行使，成为美国现代国家权力集中的一个重要特点。可以说，现代行政管理国家在世纪之交的出现终于使 19 世纪的地方自治相形见绌，它开始承担范围广泛的新责任，包括监管商业，维护基础设施，提供社会服务，防止风险，规划全国经济和人口的增长等。其次，在政府权力集中化的同时，公民权利出现了个人化的趋势，其重要标志就是第十四条宪法修正案的通过。在此之前，无论是邦联条例还是美国宪法均未对美国公民做严谨的定义，也未罗列其特权和特免，更未对美国公民和州的公民之间的关系做清楚的阐述。宪法有关公民之特权和特免的条款（第四条第二款）只是规定每个州的公民的特权和特免也要为其他州的公民所享有。这就是说美国宪法并未论及现代公民作为个人，每个人都应享有的同样的法律地位，而是将特权与特免跟州的公民身份联系起来。因此，内战前美国的公民身份不是根据宪法自上而下做出的定义和列举的权利及义务来进行认定，而是根据普通法传统自下而上考察一个人作为社会成员的地位才能决定。换言之，其能否享有与当时还比较模糊的公民概念有关的权利和自由，要取决于一个人的种族、性别、年龄、家庭地位、职业、所属社团、住地等。对所谓公民权利的界定不是为了保护个人的自由不受社区的侵犯，而是为了保护自治的社区不受因其地位而被排除在外的非成员的威胁。在内战解放了黑奴，使这个被排除在南部白人社区之外的种族的成员获得了自由之后，宪法第十四条修正案将所有出生在美国或归化于美国并受其管辖的人定义为美国公民和居住州的公民，并规定各州未经正当程序不得剥夺公民的基本权利。尽管第十四条修正案的真正实现还有待时日，但它至少已从法律上正式确认：公民的身份和权利是属于他们个人的，与他们的社会地位毫无关系。换言之，公民权利是个人权利，而不是社会责任。最后，无论是政府权力的集中化，还是公民权利的个人化，都不是以普通法为依据，而是建立在宪法修正案和最高法院对宪法的解释之上。宪法取代普通法成为国家权力和个人权利合法性的最后仲裁者，从而使美国的法律在世纪之交走向了宪法化。美国现代国家或者说自由主义国家就是在这场权力集中化、权利个人化和法律宪法化的法律革命中形成的。[1]

（五）几点启示

　　沙伊伯、罗斯、亚历山大和诺瓦克有关公共权利、产权的双重性和"良好监管之社会"的研究，强调的是以社会整体利益为基础的价值观，而赫斯特的释放能量说注重的似乎是个人和私人团体的创造性能量，反映了中产阶级的个人主义价值观。表面上看，二者好像有点矛盾，但实际上却是相辅相成的。如果将赫斯特的研究和这些修正派的观点结合起来看，至少可以在两个方面给我们以重要的历史启迪。

　　第一，赫斯特及其修正者的研究告诉我们，19 世纪美国资本主义市场经济的成功不仅在于个人创造性能量的释放，而且在于当时人心目中的公共利益得到了基本保障，美国法律正是在这两方面为促进经济增长发挥了重要作用。当今新保守主义者将建立在私人产权基础上的"自由市场"经济吹捧到无以复加的地步，是经不起历史事实考证的。自 20 世纪 70 年代中期以来，尤其是苏联和东欧社会主义国家解体以后，私人产权和自由市场经济不仅在美国新保守主义者眼中，而且在世界上很多地方都被视为济世良方。以芝加哥大学法学院教授理查德·爱泼斯坦为代表的保守主义法学家以既定权利为由，不仅否认新政以来的国家干预的合法性，而且对赫斯特有关政府干预在 19 世纪美国经济发展中所起作用的研究颇有微词。他们不愿意承认政府干预对经济增长会有任何积极的作用，更不要说促进公民福利和有助于个人抱负的实现了。[2] 然而，19 世纪美国的法律和政府不仅在释放个人和私人团体的创造性能量上起了重要作用，而且在维护社会共同体的公共利益和权利上也做出了努力。尽管对公共利益和公共权利的理解不可避免地带有时代的、阶级的、种族的、性别的偏见，但是与经济增长的前提——社会稳定—

---

　　[1] Novak. *The People's Welfare*: 235-248. William J. Novak. "The Legal Transformation of Citizenship in Nineteenth-Century America." Meg Jacobs, William J. Novak, & Julian E. Zelizer. eds. *The Democratic Experiment: New Directions in American Political History*. Princeton: Princeton University Press, 2003: 85-119. Novak. "The Legal Origins of the Modern American State.": 249-283.

　　[2] Richard Epstein. *Takings: Private Property and Eminent Domain*. Cambridge, Massachusetts: Harvard University Press, 1985. Bernard Siegan. Property Rights: From Magna Carta to the Fourteenth Amendment. New Brunswick, New Jersey: Social Philosophy and Policy Foundation: Transaction Publishers, 2001.

一密切相关的公共利益和公共权利还是得到了基本的保障。当南部奴隶主阶级的私利和地区利益威胁到整个联邦的共同利益时，美国政府乃以战争手段解决了危机，解放了四百万黑奴，使奴隶主阶级的大部分私人财产化为乌有。如果说 19 世纪美国的法律和政府在释放个人能量和维护公共利益方面没有能做到两全其美，那它们至少在推动 19 世纪美国市场经济迅速发展的同时，防止了卡尔·博兰尼所说的使社区共同体解体的巨大社会动荡。[1] 如果做不到后者，前者也就断无可能。

　　第二，赫斯特及其修正者的研究还告诉我们，美国现代资本主义市场经济及与之相适应的现代法律制度的形成经历了一个相当长的历史过程。尽管殖民地时代的北美沿海地区早就卷入了大西洋经济的商品市场，而且当时的法律制度也随着市场经济的扩张出现了早期现代化的趋势，[2] 但各个殖民地之间并没有形成一体化的市场经济实体，人们看到的只是与大西洋经济有密切联系的彼此分隔的许多地方市场。美国革命使这些殖民地获得了独立，并建立了一个国家，但政治和经济上的真正统一则要等到内战以后。美国著名历史学家罗伯特·H. 威比就把 19 世纪 70 年代前的美国称为"岛式社区"组成的国家。[3] 市场竞争不仅要受到交通不便的阻隔，而且要为地方社区的种种社会关系所制约。正是在这样的社会经济条件下，诺瓦克所说的"良好监管之社会"的地方自治、权利的社会性和普通法的统治地位才会在 19 世纪的大部分时间里对社会生活产生了巨大影响，赫斯特所说的释放个人和私人团体的创造性能量也才成为美国经济进一步增长的必要前提。笔者以为，这说明当时的美国资本主义市场经济还不成熟，还处于前现代资本主义阶段。直到 19 世纪末和 20 世纪初，资本主义市场经济才终于走向成熟和实现了现代化。内战后大大加速的铁路和电报线路的建设使全国性市场逐渐形成，"岛式社区"被联为一体，市场竞争不再像过去那样常常被彼此分隔的地方市场所限制，也不再像过去那样动不动就要受到地方社区各种社会关系的制约。个人在经济决策上终于获得了不受地方社区限制的愈来愈多的自由。这不仅是交通革命和经济发展的结果，也是美国法律释放个人和私人团体创造性能量的产物。于是，我们看到了和 19 世纪 70 年代以前相比远为

---

[1] Karl Polanyi. *The Great Transformation: The Political and Economic Origins of Our Time.* Boston: Beacon Press, 1957: 76.

[2] 参见本书"三　市场经济的发展与英属北美殖民地法律的早期现代化"。

[3] Robert H. Wiebe. *Search for Order, 1877-1920.* New York: Hill and Wang, 1967.

自由的市场竞争，远为个人化的权利，远为集中的私人经济权力。这一切同时也要求比过去远为集中的政府监管，因为地方社区已不再对市场竞争、个人权利和私人经济权力有过去那样大的约束力，现代行政国家必须在释放个人能量和维护公共利益上承担愈来愈大的责任。美国法律也在这个过程中进入了它的现代阶段。不过，具有前现代特点的地方自治、相对权利和普通法在美国现代法律的形成过程中并没有像诺瓦克所说的被权力的集中化、权利的个人化和法律的宪法化所取代，它们只不过不再具有过去那样大的影响力。也许正是因为这些传统特点的继续存在，美国现代法律和现代国家的发展所走的道路才和其他的发达资本主义国家不大一样。

五　20世纪美国经济的司法裁决治理

众所周知，亨利·卢斯曾将20世纪称为"美国世纪"。1999年，一批美国法学界、政治学界和历史学界的著名学者在回首20世纪时更将它誉为"法律世纪"。在他们看来，当美国作为世界上最"依法办事"的国家成功地扩大其影响时，法治乃是美国国家模式的核心。它在推动社会运动、保护人权和促进经济增长方面所产生的作用和具有的潜力都是不可低估的。[①] 不过，对于20世纪美国经济的司法裁决治理，美国社会和学术界长期以来却多有微词。最高法院在19世纪末和20世纪初推行的"自由放任主义宪政"，被视为是对进步主义社会经济改革的反动。30年代很多新政改革立法被宣布违宪，更使最高法院在阻止现代自由主义经济变革上罪加一等。诚然，法院在新政和第二次世界大战以后对立法机关的经济决策少有介入，但六七十年代以来有关环境保护、消费者权益和产品责任等问题的"诉讼爆炸"，又使法院判决有妨碍美国企业增强竞争力之嫌。不仅如此，随着行政管理国家在20世纪的逐渐发展壮大，法院在美国经济发展中所能起的作用似乎处于弱化之中。因此，如何看待20世纪美国经济的司法裁决治理便成了一个颇为值得探讨的课题。然而，国内外学术界至今尚无专著对此进行全面和系统的阐述。笔者亦不敢奢望填补这一空白，只想根据美国学者多年来的研究成果，对20世纪美国经济司法裁决治理的原则、领域和形式等方面的重大变化做一点初步的梳理和分析。这些变化主要表现为：美国经济的司法裁决治理在原则上从"公共目的"走向了"优先类权利"，在领域上从宪法进入了行政法的范围，在形式上提高了对抗制诉讼的地位。纵观这三方面的变化可以发现，美国的司法制度在对经济进行裁决治理上既促进过社会经

[①] Robert A. Kagan, Bryant Garth, and Austin Sarat. "Facilitating and Domesticating Change: Democracy, Capitalism, and Law's Double role in the Twentieth Century." Austin Sarat, Bryant Garth, & Robert A. Kagan. eds. *Looking Back at Law's Century*. Ithaca: Cornell University Press, 2002: 1.

济的进步，也曾约束其发展；既以民主给人希望，也为此而付出了代价；既有对平等的追求，也有不平等的无奈。总之，就像那些视 20 世纪为"法律世纪"的学者们所说的一样，法律具有双重作用。[①] 美国经济的司法裁决治理亦不例外。

（一）司法裁决治理原则：
从"公共目的"走向"优先类权利"

此处所说的美国经济的司法裁决治理是指司法诉讼的意义超出了对具体案件做出的裁决，进而对社会经济发展产生了广泛和深远的政策影响。[②] 这是美国法律不同于大陆法系国家甚至不同于其他一些普通法系国家法律制度的一个重要特点。它是建立在普通法的遵循先例、法官创制法律和司法审查中法官决定立法合宪性的基础之上的。一般来说，对美国经济产生深远政策影响的判决往往涉及一系列重要的宪法原则的应用，例如宪法第五条和第十四条修正案的正当程序条款和合同自由、宪法及其修正案包含的商务条款、合同条款、征用条款，甚至于言论自由等。如果就重建以后直至整个 20 世纪而言，对美国经济的司法裁决治理产生了最大影响的法律原则，当数宪法修正案中的正当程序条款和它所包含的合同自由。可以说，美国学者在某种程度上就是按照法院在运用正当程序和合同自由上所发生的变化，将这一时期美国宪政秩序的发展大体上分为三个阶段：1. 19 世纪 80 年代至 20 世纪 30 年代中期的自由放任主义宪政阶段——法院主要以正当程序和合同自由为法理依据对社会经济立法加以司法审查，防止立法机构对经济权利随意干预，除非这种干预是服务于"公共目的"的合理干预；2. 20 世纪 30 年代末至 70 年代的新政自由主义宪政阶段——法院将经济权利和其他的个人权利区分开来，不再对涉及经济权利的立法进行严格的司法审查，而是将依正当程序进行的司法审查集中在涉及其他个人权利即所谓"优先类权利"的案件

---

① Robert A. Kagan, Bryant Garth, and Austin Sarat. "Facilitating and Domesticating Change: Democracy, Capitalism, and Law's Double role in the Twentieth Century." Austin Sarat, Bryant Garth, & Robert A. Kagan. eds. *Looking Back at Law's Century*. Ithaca: Cornell University Press, 2002:2.

② 参阅 Norman L. Rosenberg. "Law." Stephen J. Whitfield. ed. *A Companion to 20th Century America*. Malden, Massachusetts: Blackwell Publishing Ltd., 2004: 359.

上，从而为政府扩大经济干预开了绿灯；3. 20 世纪 70 年代至 2000 年的新保守主义宪政阶段——法院又开始注意对经济权利的保护，但在应用正当程序上却有所保留，没有回到 20 世纪初的法理原则上去。[①] 因此，从"公共目的"到"优先类权利"的转变是 20 世纪美国经济司法裁决治理原则演变的一条主线，新保守主义宪政的崛起仅仅是开始，它在经济方面进行司法裁决治理的核心原则还在形成之中。

1. 自由放任主义宪政阶段

从内战和重建到 19 世纪与 20 世纪之交，美国社会经历了从农业资本主义经济向工业资本主义经济转变的重要历史时期。全国市场的形成、工业化的加速、城市化的发展、移民的涌入和劳资冲突的愈演愈烈使美国各级政府面临严峻的挑战。为了缓和社会变化带来的种种问题和适应工业资本主义新秩序的需要，各州议会通过了一系列社会改革立法，涉及工伤赔偿、工时工资、煤矿安全、公共卫生检查、消费者保护、铁路运费和公用事业收费等广泛的领域。很多城市制定了区划法规，举办公共工程，提供新的市政服务。美国国会也制定了 1887 年《州际商务法》和 1890 年《谢尔曼反托拉斯法》，对铁路运输和大企业进行监管。可以说，在美国市场经济得到前所未有的发展、竞争日益激烈和经济权力逐渐集中的同时，美国政府的监管也在不断加强，而且出现了政府权力向中央集中的趋势。然而，由于美国最高法院在世纪之交做出了一些不利于社会经济改革立法的著名判决，尤其是 1905 年的洛克纳诉纽约案判决，限制了州的治安权和联邦国会进行干预的权限，结果不仅使最高法院遭到了包括西奥多·罗斯福在内的进步主义改革者的猛烈抨击，[②] 而且使后来的进步主义史学家和许多学者将 19 世纪 80 年代到 20 世纪 30 年代中期这个历史阶段视为"自由放任主义宪政"的时代

---

① 克米特·霍尔主编的《牛津美国法律指南》（Kermit Hall. ed. *Oxford Companion to American Law.* New York: Oxford University Press, 2002: 381-396.）将 20 世纪美国法律史包括法院判决对经济的影响分为三个时期：（1）1877 — 1929 年；（2）大萧条时期到 1968 年；（3）1968 年至今。本书根据其他有关 20 世纪美国法律和司法治理的论著对具体年代做了些许调整。参阅：William M. Wiecek. *The Lost World of Classical Legal Thought: Law and Ideology in America, 1886-1937.* New York: Oxford University Press, 1998. Rosenberg. "Law". 358-376.

② Stephen Stagner. "The Recall of Judicial Decisions and the Due Process Debate." *American Journal of Legal History* 24 (1980): 257-272.

或"洛克纳时代"。[1]

最高法院在这一时期对政府干预经济加以限制的主要法律依据就是美国宪法第十四条修正案中的正当程序条款和由此而引申出的合同自由。内战以前，宪法第五条修正案虽然包括正当程序条款，但最高法院在 1833 年的巴伦诉巴尔的摩案中曾裁定该修正案仅适用于联邦政府。尽管联邦和地方法院仍然将该条款应用于涉及州和联邦政府的有关判决，而且最高法院还在臭名昭著的 1857 年德雷德·斯科特案判决中以实质性正当程序为由，限制国会对领地上奴隶财产的干预权，但正当程序在内战前并未成为保护经济权益的重要司法裁决治理原则。[2]内战后第十四条宪法修正案的通过生效，才使正当程序成为对联邦和州政府的社会经济立法进行司法审查的主要依据所在。

然而，最高法院并不是从一开始就主张对宪法第十四条修正案做如此宽泛的解释和运用。1873 年，塞缪尔·F. 米勒大法官在代表最高法院多数就著名的屠宰场案做出的裁决中，将第十四条修正案保护的范围限制在新近取得自由的黑人公民以内，他认定白人屠宰场主所要求的不受州法干预的屠宰工作权得不到这项修正案的保护，而且必须受到联邦体制下州的治安权的管辖。所以，最高法院在这项判决中支持路易斯安那州议会为维护公共卫生授权建立垄断性屠宰中心的立法，哪怕这项法律确实使一些屠宰场主失去了过去所享有的工作机会。在对此项判决表示异议时，最高法院少数派大法官斯蒂芬·J. 菲尔德和约瑟夫·布拉德利的意见产生了深远的影响，结果使正当程序和合同自由在 19 世纪 80 年代以后最高法院的重大判决中逐渐变成了限制社会经济改革立法的杀手锏。菲尔德在异议中认为，受宪法第十四条修正案保护的公民的"特权和豁免权"包括"享有生命和自由，有权获取和占有各种财产，有权追求与获得幸福及安全，但要受制于政府为所有人的共同利益而公正规定的限制"。布拉德利则在异议中指出，"只有经法律正当程序

① Charles Beard, Contemporary American History, 1877-1913. New York: Macmillan, 1914. Louis B. Boudin. *Government by Judiciary*. New York: William Godwin, Inc., 1932. Edward Corwin. *Court over Constitution*. New York: P. Smith, 1938. Benjamin Twiss. *Lawyers and the Constitution: How Laissez Faire Came to the Supreme Court*. Princeton: Princeton University Press, 1942. Sidney Fine. *Laissez Faire and the General-Welfare State*. Ann Arbor: University of Michigan Press, 1956. Bruce A. Ackerman. *We the People*, volume 1: Foundations. Cambridge: Harvard University Press, 1991.

② *Barron v. Baltimore*, 32 U. S. 243 (1833). *Dred Scott v. Sanford*, 19 Howard 393 (1857). James W. Ely, Jr.. *The Guardian of Every Other Right: A Constitutional History of Property Rights*. New York: Oxford University Press, 1998: 78.

才能剥夺的基本权利"包括"选择自己职业的权利","禁止公民中一个很大的阶层选择一种合法的职业或者继续过去选择的合法职业的法律,确实是未经法律正当程序便在剥夺他们的自由和财产"。①菲尔德和布拉德利的异议实际上不仅是要将合同自由纳入受宪法第十四条修正案保护的自由之中,而且认为政府通过立法对社会经济活动进行干预而触动这些权利时,哪怕立法符合法律程序,但如果法律的实质性内容不合理,也要被法院依第十四条宪法修正案作为有违实质性正当程序而否决。

19世纪80年代,最高法院在几项判决中开始出现对实质性正当程序做较为宽泛司法解释的苗头。②不过,菲尔德和布拉德利有关宪法第十四条修正案的少数派异议要在最高法院成为多数意见,还需假以时日。相比之下,各州法院在这个问题上则走在前面。这主要是因为镀金时代劳资冲突方面的"大动乱"使各州议会在19世纪80年代到20世纪初这段时间内大大加快了社会改革立法的速度,而州法院为了保护私人产权和个人自由则对改革立法进行了抵制。1885年,纽约州为了解决雪茄制造业工作环境恶劣而制定的禁止在城市贫民区简易公寓中生产雪茄的法律,被该州上诉法院(即纽约州最高法院)在关于雅各布斯案的判决中一致裁定无效。法官们认为,这项法律干预了房主和租客利用不动产牟利的活动,"因此就严格的法律认可的意义上来说,它是在专横地剥夺他的财产和他个人自由的某个部分"。③宾夕法尼亚、伊利诺伊、马萨诸塞和西弗吉尼亚等州的法院也以正当程序为依据做出了类似的判决。④1911年,纽约州上诉法院在艾夫斯诉南布法罗铁路公司案中推翻了该州议会于1910年通过的工人赔偿法,使各州法院应用实质性正当程序和合同自由限制立法机构干预企业活动的努力达到了一个高潮。⑤

到1890年,最高法院终于在芝加哥、密尔沃基和圣保罗铁路公司诉明尼苏达案(又称密尔沃基铁路案或明尼苏达运费案)判决中正式认可以实质

---

① *Slaughterhouse Cases*, 83 U. S. 36 (1873).

② *Stone v. Farmer Loan & Trust Co.*, 116 U.S. 307 (1886). *Mugler v. Kansas*, 123 U.S. 623 (1887).

③ *In re Jacobs*, 98 N. Y. 98, 104-115 (1885).

④ *Godcharles v. Wigeman*, 113 Pa. St. 431, 437 (1886). *Millet v. People*, 117 Ill. 294, 301 (1886). *Frorer v. People*, 141 Ill. 181, 186-187 (1892). *Ritche v. People*, 155 Ill. 98, 104, 108, 112, 114 (1895). *State v. Goodwill*, 33 W. Va. 179, 182-184, 186 (1889). *Commonwealth v. Perry*, 155 Mass. 117, 121, 124 (1891).

⑤ *Ives v. South Buffalo Railway Co.*, 201 N. Y. 271 (1911). Wiecek. The Lost World of Classical Legal Thought: 131.

性正当程序作为司法审查的重要依据。对于明尼苏达州议会在格兰奇组织要求下建立有权设定运费的强势铁路管理委员会的做法，塞缪尔·布拉奇福德大法官在代表法院多数做出的判决中指出，如此设定运费是未经正当程序便剥夺铁路公司的财产，因为它没有允许铁路公司有机会让法院对铁路管理委员会的命令进行审查。判决认为，运费是否合理"显然是由司法调查来解决的问题，要求通过正当法律程序做出决定。如果公司被剥夺了收取合理运费的权力……，那它就不能对其财产进行合法使用，于是从实质和结果来看，就未经正当法律程序而被剥夺了财产本身"。[①] 此后，最高法院又就 1894 年里根诉农场主贷款和信托公司案以及 1897 年伯林顿和昆西铁路公司诉芝加哥案做出了类似判决。1898 年，最高法院就史密斯诉埃姆斯案一致裁定，州法设定的铁路运费低到不合理的程度，就会剥夺铁路公司所受正当程序的保护。判决认为，铁路等公用事业公司应得到"公平回报"。显然，最高法院在 19 世纪 90 年代做出的这一系列判决，使宪法第五条和第十四条修正案的正当程序保护从确保法律在程序上的公正转变为要求法律在实质内容上的"合理"，而且使法院保留了对这种合理性的最终裁决权。

与此同时，最高法院还在 1897 年的奥尔盖耶诉路易斯安那案判决中将合同自由纳入了宪法第十四条修正案所保护的自由的范围。在这项判决中，路易斯安那州禁止个人向无资格在该州经营业务的保险公司购买保险的法律被最高法院推翻。鲁弗斯·佩卡姆大法官在代表法院多数写的判决意见书中指出，宪法第十四条修正案所保护的自由包括为从业或获取财产而订立所有适当合同的权利。[②] 这就是说，合同自由已被提高为受宪法保护的基本权利，州政府愈发不得随意干预。由于此项判决使州政府介入就业关系的权限受到了更大的限制，为 20 世纪初的洛克纳案判决奠定了基础，所以无怪乎有学者认为，奥尔盖耶案是开启洛克纳时代的第一案。[③]

事实上，19 世纪 90 年代有关实质性正当程序和合同自由的上述判决使最高法院在 20 世纪初进入了它历史上一个引人注目的司法能动主义的时

① *Chicago, Milwaukee & St. Paul Ry. Co. v. Minnesota*, 134 U.S. 418, 457 (1890). James W. Ely, Jr.. "The Railroad Question Revisited: Chicago, Milwaukee & St. Paul Railway v. Minnesota and Constitutional Limitation on State Regulations." *Great Plain Quarterly* 12 (1992): 121.

② *Allgeyer v. Louisiana*, 165 U.S. 578 (1897).

③ Michael G. Collins. "October Term, 1896—Embracing Due Process." *American Journal of Legal History* 45 (2001): 71, note 2.

代。据美国学者加里·L. 麦克道尔统计，1898 年以前，最高法院在一百多
年的时间里总共推翻了 12 项联邦立法和 125 项州议会立法，可是在 1898
年以后一代人的时间里，最高法院就推翻了 50 项联邦立法和 400 项州议会
立法，否定立法之多为过去一百多年的四倍左右。[1] 不仅如此，最高法院的
司法能动主义还有愈演愈烈之趋势。后来出任美国最高法院大法官的费里克
斯·法兰克福特在 1930 年做了一个统计分析，他发现最高法院在 1913 年
和 1920 年之间就正当程序做出判决的案件中有四分之一否决了社会经济立
法，而这个比例在 20 世纪 20 年代增加到了三分之一。[2]

　　在 20 世纪初最高法院就实质性正当程序和合同自由做出判决的案件
中，最为著名的要数 1905 年的洛克纳诉纽约州案、1908 年的阿代尔诉合众
国案和 1915 年的科皮奇诉堪萨斯案。最高法院在洛克纳案判决中否决了纽
约州禁止面包房工人每周工作超过 60 小时（每天超过 10 小时）的法令。
佩卡姆大法官在代表多数做出的判决中引用他在奥尔盖耶案中的意见，指出
"订立合同的一般权利"是"第十四条修正案保护的自由的一部分"，它包括
"购买和出售劳动力的权利"。佩卡姆承认，州在涉及"公共安全、卫生、道
德和共同福利"上有治安权，但他认为面包房的工作并未危及工人健康，也
与公共卫生无关，所以纽约州立法的"真正目标和目的就是要在私人工商业
的雇主和雇员之间管理劳动时间"，这其实就是"对个人权利的多管闲事的
干预"。于是，他以宪法第十四条修正案所保护的合同自由为依据推翻了纽
约州《面包房法》有关最高工时的规定。奥利弗·温德尔·霍姆斯大法官对
此判决表示异议。他认为法院对宪法做出了自由放任主义的解释，是以"这
个国家大都不接受的经济理论"为依据。在他看来，"第十四条修正案并未
批准赫伯特·斯宾塞的社会静力学"。[3]

　　在洛克纳案判决限制了州政府在劳资关系上干预最高工时之后，1908
年的阿代尔案判决又推翻了美国国会在铁路部门禁止"黄狗合同"（雇主要
求雇员签订的不组织或参加工会的合同，违反合同的雇员可被解雇。）的厄
尔德曼法。约翰·哈伦大法官做出这一判决的依据有二：1. 他把第十四条
宪法修正案正当程序条款对合同自由的保护归因于第五条修正案的正当程序

① Gary L. McDowell. *Curbing the Courts: The Constitution and the Limits of Judicial Power*. Baton Rouge: Louisiana University Press, 1988: 3.

② Felix Frankfurter. "The Supreme Court and the Public." *The Fortune*. June 1930: 333.

③ *Lochner v. New York*, 198 U.S. 45, 53-63, 69, 75 (1905).

条款，于是使联邦政府也受到合同自由原则的限制；2. 他认为工会会员资格与州际商业缺乏"某种真正的或实质性的关系"，所以联邦政府不可就此行使联邦商务权力。哈伦承认，尽管联邦政府在这个问题上不能行使商务权，但它为了"共同利益或公共福利"可以对合同自由加以合理限制，不过问题是"迫使任何人在其行业违背其意志接受或保留他人的个人服务，或迫使任何人违背其意志为他人提供个人服务"都无助于公共卫生和安全。这样，该法便因与公共目的无关而成了对合同自由的随意干预，从而被推翻。①

到 1915 年，马伦·皮特尼大法官在科皮奇案判决中也是以合同自由为依据宣布堪萨斯州在所有行业禁止黄狗合同的立法违宪。他在判决书中这样写道："这项法律与公共卫生、安全、道德或公共福利……能有什么样的关系呢？什么都想象不出来，我们没有能力想象出任何关系。"于是他得出结论："这项法律……[是]旨在为雇员的相应好处和建立劳工组织而剥夺雇主的部分合同自由。"这样一来，黄狗合同问题便成了联邦政府和州政府均不得介入的无人区。至于雇主和雇员之间因谈判地位和实力的不平等而可能造成"强制"从而有悖合同自由原则的问题，皮特尼大法官坦率地承认，在所有的合同中签约双方一般都不具有平等的谈判实力。按照他的判决意见："除非所有的东西都公有，有些人的财产会多于他人是不言而喻的，因此在坚持合同自由和私人产权的同时就自然不可能不承认那些财富上的不平等是合法的，它们是行使那些权利的必然结果。"②

从以上的历史回顾可以看出来，美国各州法院和美国最高法院在 19 世纪 80 年代到 20 世纪初根据正当程序条款和合同自由所做出的这些判决，显然限制了州政府和联邦政府干预社会经济生活尤其是劳资关系的权限，并有亲企业和反劳工的明显倾向。因此，受到进步主义史学影响的美国法律史学家和法学家们长期以来都认为，19 世纪末和 20 世纪初的法官们为了保护富人和公司的特权把自由放任主义的经济原则嫁接到了美国宪法之上，鼓吹政府对左右经济关系的自然法应持袖手旁观的态度。③ 这就是他们将世纪之交视为"自由放任主义宪政"时期的基本原因。不过，这种在美国学术界一

---

① *Adair v. United States* 208 U.S. 161, 175, 178 (1908).

② *Coppage v. Kansas*, 236 U.S. 1, 14, 16-18 (1915)

③ Michael Les Bendict. "Laissez-Faire and Liberty: A Re-evaluation of the Meaning and Origins of Laissez-Faire Constitutionalism." *Law and History Review* 3 (1985): 293-294, notes 3, 4, 5, 6, 8, 9.

度居于正统地位的观点受到了来自两方面的挑战：1. 对这些著名判决以外的其他判决的分析研究发现，美国各州法院和美国最高法院在这个时期相当大一部分案件的判决中支持了社会经济改革立法；2. 对这些法官的法理思想的研究发现，他们并不是大企业的卫道士，也不是古典经济学的信奉者，而是杰克逊民主和"自由劳工"思想的实践者。

早在1913年，本人也是进步主义者的美国著名法律史学家查尔斯·沃伦就不赞成进步主义改革者有关最高法院篡权推翻"社会正义"立法的指控。他在该年发表的两篇文章中对1887 — 1911年最高法院就州议会监管立法是否合宪做出判决的案件进行了分析考察。① 沃伦将这些案件依其所涉及的宪法问题分为四大类：与第十四条宪法修正案正当程序条款涉及的社会正义有关的案件、与第十四条宪法修正案正当程序条款涉及的私人财产有关的案件、与合同义务有关的案件、与商务条款有关的案件。他发现在涉及第十四条宪法修正案的560个案件中，只有3个案件的判决，其中包括洛克纳案判决，推翻了有关社会正义的州立法，另有34个案件的判决否决了有关私人财产的州立法，而在涉及合同和州际贸易问题的302个案件中，只有36个案件的判决宣布有关的社会经济法规违宪。② 因此，从沃伦的统计分析来看，最高法院在当时绝大多数案件的判决中支持了由州议会通过的监管立法。这项研究还清楚地显示，当时的社会经济监管立法范围相当广泛，包括反彩票法，反托拉斯和公司垄断法，酒法，关于食品、野味、人造黄油和其他方面的检查法，有关银行、电报和保险公司的法规，涉及牛、卫生和检疫的法律，关于水、瓦斯、电照明、铁路（州际线路以外的）和其他公共服务公司的经营和财产的法规，黑人隔离法，劳工法，关于航行、海上扣押权、渡轮、桥梁、引航员、港口和移民的法律等。到20世纪80年代，美国历史学家梅尔文·尤罗夫斯基的研究不仅再次证实了沃伦在20世纪初得出的有关最高法院进步性的结论，③ 而且还发现各州法院在这方面也不逊色。尤罗夫斯基认为："大多数州法院不是反动的堡垒，而是试图适应这个

---

① Charles Warren. "The Progressiveness of the United States Supreme Court." *Columbia Law Review* 13 (1913): 294-313; "A Bulwark to the State Police Power: The United States Supreme Court." *Columbia Law Review* 13 (1913): 667-695.

② Warren. "A Bulwark to the State Police Power.": 669, 695.

③ Melvin I. Urofsky. "Myth and Reality: The Supreme Court and Protective Legislation in the Progressive Era." *1983 Yeabook of the Supreme Court Historical Society*: 51-72.

国家新的社会经济条件的最好的普通法传统的支持者。"① 即便是按照克密特·霍尔在 1985 年援引的数据，最高法院在 1890 — 1937 年所审理案件中有 380 项法律涉及宪法第十四条修正案正当程序条款，其有 232 项法律被推翻，那么法院认可的 148 项州法仍然占总数的近 40 %。② 所以，从这些数据统计和研究来看，我们很难说 19 世纪 80 年代到 20 世纪 30 年代中期可以被定位为美国法院实行自由放任主义宪政的时代。

不仅如此，20 世纪 60 年代末以来修正派史学家的研究对所谓的自由放任主义宪政时代的法理思想是不是意味着为维护资本利益而实行自由放任，也提出了挑战。以艾伦·琼斯、查尔斯·麦柯迪、迈克尔·莱斯·本尼迪克特、霍华德·吉尔曼等学者为代表的修正派史学家发现，在内战前就已形成并在新政前居于统治地位的其实是有关公共目的的法理思想。根据这种因袭杰克逊民主和普通法传统的法理思想，私人的基本权利和自由要受到法律的平等保护，政府通过的立法不得随意干预，除非是为了公共目的而做出合理干预。显然，"公共目的"的要求是对政府干预的一种限制，即如果不是为了公共目的，政府不得进行干预，但这种限制并不意味着要求政府采取自由放任的态度，而是反对政府通过仅仅是为社会某些成员体利益服务结果有违"公共目的"基本准则的"阶级立法"。至于为公共目的通过的对社会所有成员一视同仁的立法，即便有损某些成员的私人权利和自由，也是合理干预。这就是所谓自由放任主义宪政时代的最高法院和各州法院之所以能支持相当多的社会经济改革立法的基本法理依据所在，也是所谓自由放任主义宪政的一些主要代表人物实际上并不完全以大企业的利益为依归的重要原因所在。

托马斯·库利被进步主义史学家视为自由放任主义宪政思想的旗手，他在 1868 年出版的《对美国联邦各州立法权的宪法限制》一书更被称为"几乎是早一年出版的卡尔·马克思的《资本论》的直接对立物"。③ 可是，艾伦·琼斯在 20 世纪 60 年代末的研究却证明，库利这个激进民主党人的核心信念是法律面前的平等。他始终如一地反对给银行、铁路和其他垄断势力以特惠，在反对阶级立法时认为这类立法代表的是"握有特权的强大的资本

---

① Melvin I. Urofsky. "State Courts and Protective Legislation during the Progressive Era: A Reevaluation." *Journal of American History* 72 (1985): 91.

② Kermit Hall. *The Supreme Court and Judicial Review in American History*. Washington, D.C.: American Historical Association, 1985: 27.

③ Twiss. *Lawyers and the Constitution*: 18.

家的利益"。① 当密歇根州议会在 1864 年通过一项特别法案授权塞勒姆镇以信贷方式援助底特律和豪厄尔铁路公司时，作为该州最高法院法官的库利拒绝了铁路公司的申请，不肯签发迫使塞勒姆镇签署和发行铁路公司债券的命令。他在 1870 年做出的判决中写得很清楚："在不同的阶级或职业之间实行歧视以及为一方之利而损害其他人的立法，无论那一方是从事农业、银行业、商业、制造业、印刷业还是铁路业，都不是合法的立法，而且违反了作为州政府行为准则的权利平等……"② 不仅如此，库利还在他影响深远的大作中肯定了州的治安权和公共目的方面的要求。他谈到产权时援引莱缪尔·肖的观点指出："所有的产权"要"受制于那些对于共同利益和公共福利来说是必要的一般法规"。库利还在书中写道："合同自由不是绝对的。它要受制于因公众健康、安全和道德的利益与并非权宜之计的公共福利所实行的合理的立法监管。但是对自由的限制不能是随意的或不合理的。自由是普遍规则，而限制是例外。"③ 显然，库利赞成为公共目的对私人产权和合同自由进行政府监管，哪怕是触及资本的利益。

查尔斯·麦柯迪对费尔德大法官的研究也得出结论说，这位最早主张将宪法第十四条修正案用于保护合同自由的所谓自由放任主义宪政的代表人物，承袭的其实是"杰克逊时代激进反奴隶制的观念"。他不是仅仅想保护个人经营一般行业的自然权利，而且想解决政府在美国经济生活中所起合法作用的"根本性大问题"，最终形成一套能将公共部门与私人部门区别开来的始终如一的规则。因此，菲尔德虽然认为宪法第十四条修正案"毫无疑问是旨在"保护个人财产的所有权、使用权和享受其收入的自由，但他同时也承认州政府握有某些固有的权力使产权必然要受制于公共干预。在他看来，这些权力主要是治安权、征税权和征用权。为了防止这些权力被政府滥用，菲尔德认为它们要受到相应的宪法限制。首先，对征用权的限制是"公用"，即所征用财产必须用于公共目的，这是各州早已形成的准则。其次，对治安权的限制是公共卫生、安全、道德和福利，即治安权的行使必须服务

① Alan Jones. "Thomas M. Cooley and 'Laissez-Faire Constitutionalism': A Reconsideration." *Journal of American History* 53 (1967): 755.

② *People v. Salem*, 20 Mich. 487 (1870). Alan Jones. "Thomas M. Cooley and the Michigan Supreme Court: 1865-1885." *American Journal of Legal History* 10 (1966): 104-105.

③ Thomas M. Cooley. *A Treatise on the Constitutional Limitations Which Rest upon the Legislative Power of the States of the American Union*. 1868, 8th ed. Boston: Little, Brown and Company, 1927: 1224, 1236-1237.

于这些公共目的。在屠宰场案中，菲尔德并不反对路易斯安那州政府为公共卫生而对屠宰业加以监管，他反对的是因此而建立的垄断使一些屠宰业者失去了从事这一行业的自由。最后，对征税权的限制是公共福利，即税收的使用是为了公众，而不是为了私人利益。1840—1880年间，各州为促进交通发展和地方经济繁荣所累积的地方政府债务从两千五百万美元猛增到八亿四千万美元，其中有相当大一部分是用于资助与公用事业无关的私人企业如旅店等。因此，当后来政府税收难以维持收支平衡时，很多州便拒绝清偿为私人公司承担的债务，结果与债券持有人之间发生诉讼纠纷。密歇根和威斯康星等州法院在这个问题上支持政府拒不以税收清偿为铁路公司负下的债务，就是因为它们把铁路看成是"由私人公司为其自己的成员的利益而所拥有、控制和经营的私人财产"。菲尔德在涉及铁路公司的奥尔科特案和松林镇案判决中采取相反态度，则是因为他坚持铁路公司是公用事业，所以加入多数派法官拒不允许地方政府不清偿因资助铁路而欠下的债务。他认为，铁路作为轨道交通曾被赋予征用权的特权，所以不是"一般行业"，而是与公共目的有关的行业。[①]

菲尔德不仅承认州政府握有为公共目的对私人产权进行公共干预的权力，而且认为这些权力是不可让与的，甚至提出了"公共托管"的法理根据。这就是说哪怕这些权力曾被州政府让与出去，也可以因其不可让与性而被合法收回。1869年，伊利诺伊州在给伊利诺伊中央铁路公司的土地赠与中包括了整个芝加哥市滨水地区的水下土地的所有权。当州政府后来决定收回这些土地的所有权时，铁路公司以宪法的合同条款为由拒不遵命，并诉诸公堂。在1892年伊利诺伊铁路公司诉伊利诺伊州一案的判决中，菲尔德代表最高法院多数法官宣布最初赠与土地的合同无法执行，因为州无权将主权者所有的可航行水域下的土地做永久性让与。可航行湖泊与河流是州被托管用于所有托运者和承运者的"公共交通干线"。因此，州对这些地方的让与只能是为了修建码头、船坞和其他商业辅助设施，而且不能有损所剩水域的公共利益。菲尔德指出，这种为公共利益而做的有限赠与不同于对整个港口、海湾、海洋、湖泊的可航行水域的全面控制权的放弃。后者"是与要求

① Charles W. McCurdy. "Justice Field and the Jurisprudence of Government-Business Relations: Some Parameters of Laissez-Faire Constitutionalism, 1863-1897." *Journal of American History* 61 (1975): 970-986. *People ex. Rel. Detroit and Howell R.R. Co. v. Salem*, 20 Mich. 452, 477 (1870); *Olcott v. Supervisors of Fond Du Lac County*, 16 Wall. 678 (1873); *Pine Grove Township v. Talcott*, 19 Wall. 666 (1874).

州政府为公共用途保留这些水域而行使的托管不相一致的"。①

除了"公共托管"以外，菲尔德还在涉及价格监管的1877年芒恩诉伊利诺伊案所表示的异议中对"受公共利益影响"的重要法律概念提出了自己的看法。当时由首席大法官莫里森·韦特做出的判决依据英国法官黑尔的"受公共利益影响"一说，裁定谷仓经营者"站在……事实上的'商业通道'上，向所有经过的人收取路费"，这就等于是和码头管理人、渡轮经营者、出租马车夫、铁路公司一样在"执行一种公务"，理应受到政府监管，所以法院多数支持伊利诺伊州有关谷仓收费标准的立法。菲尔德认为这项判决曲解了黑尔法官的概念。在他看来，黑尔所说的产权之中止其法律上的私人性，是指当产权的使用由政府授权或者与政府授予的特权有关时才会发生。然而，涉案的谷仓是合伙制经营，既无政府授权建立公司的特许状，又无政府授予的特权，所以它从未中止其法律上的私人性，故而政府缺乏对其进行监管的合法理由。在后来的格兰奇铁路案审判中，菲尔德承认铁路是以"公用"为目的，但他依然对认可铁路监管立法的法院多数派判决表示异议，因为他不赞成判决将铁路称为"州的代理人"。显然，菲尔德关心的不是仅仅限制政府的价格监管，而是要在公与私之间划清界限的问题。他认为只有这样才能明确界定州对公司的权限，"从而一方面使股东的产权利益得到保护而不被实际上没收，另一方面又使人民得到保护而不被随意和过分收费"。② 事实上，菲尔德在其漫长的法官生涯中对在政府干预行动中划清公私界线的核心标准——公共目的——做了系统的分类阐述，即征用权要以"公用"为目的，治安权要以"公共卫生、安全、道德、福利"为目的，征税权要以"公共福利"为目的，赠与权要以"公共托管"为界限，价格监管权要以"受公共利益影响"的行业为界限。这些公共目的（界限）成了对经济进行司法治理时判断私人产权和合同自由是否受到宪法第十四条修正案正当程序保护的主要标准。

霍华德·吉尔曼对洛克纳案所做的研究同样发现，最高法院多数派法官在判决中关注的是他们认为与公共卫生、安全、道德和福利等公共目的的无关

① Charles W. McCurdy. "Justice Field and the Jurisprudence of Government-Business Relations: Some Parameters of Laissez-Faire Constitutionalism, 1863-1897." *Journal of American History* 61 (1975): 990-994. *Illinois Central R.R. Co. v. Illinois*, 146 U.S. 387, 451-452 (1892).

② McCurdy, "Justice Field and the Jurisprudence of Government-Business Relations".995-996, 999-1000; *Munn v. Illinois*, 94 U.S. 113, 132, 139 (1877). *Stone v. Wisconsin*, 94 U.S. 181, 181-85 (1877).

的所谓阶级立法，而不是为了古典经济学的自由放任主义去反对所有的政府干预。佩卡姆大法官虽然在判决书一开始判定纽约州的立法干预了面包业雇员和雇主就雇员工作时间签订合同的权利，但他紧接着指出："产权和自由是以州行使[治安]权力的统治权所强加的诸如此类的合理条件为条件的，第十四条修正案不是旨在干预这类条件……因此，州有权力阻止个人签订某些种类的合同，联邦宪法对它们不提供保护。"佩卡姆甚至在判决书中明言最高法院曾经支持过很多对合同权的干预，包括从事地下开采的矿工和熔炼工的工时立法、强制接种牛痘立法以及为保护人民道德风尚、卫生、安全而通过的一般性立法。所以当涉及这类立法的案件送到最高法院时，关键是要弄清楚有关立法究竟是"州治安权的公平、合理及适当的行使"，还是对个人自由的"不合理、不必要和随意性的干预"。就法院审理的纽约州立法而言，佩卡姆认为它与公共安全、道德和福利无关，也就是说"公共利益一点也不会受到这类立法的影响"。至于公共卫生问题，多数派法官根据他们的共识断定，缺乏"合理的基础"将这项法律视为"保护公共卫生和作为面包师傅从事这一行业的个人的健康"的"卫生立法"。[1] 显然，洛克纳案判决的法理基础是治安权的公共目的，而不是霍姆斯大法官在异议中所说的主张自由放任的"经济理论"和斯宾塞的"社会静力学"。

尽管近年来一些美国学者对以上修正派学者的观点进行了再修正，特别是对菲尔德的法律思想起源——"洛科福科"民主党人的理念和反奴隶制的"自由土地""自由劳工"观——提出了质疑，但是他们并未触动修正派学者对洛克纳时代长期居于主流地位的司法裁决治理原则的认定。[2] 如前所述，这一原则就是要运用宪法第十四条修正案的正当程序和合同自由对社会经济立法进行司法审查，将服务于公共目的的合理立法和服务于某些群体而损害另外一些群体的阶级立法区别开来。前一种立法不受宪法第十四条修正案的限制，后一种立法则要受到限制，因为政府在法律面前处于平等地位的不同利益群体之间的竞争中要保持中立，不得随意干预，以免偏袒其中一方，而损害另一方。显然，社会经济立法是否服务于公共目的成了一项立法是否合乎宪法的核心所在或者说它是否要受到宪法第十四条修正案限制的关键所

① *Lochner v. New* York, 198 U.S. 45, 53, 56, 57, 58 (1905).

② Stephen A. Siegel. "The Revision Thickens." *Law and History Review* 20 (2002): 631-637; Manuel Cachan. "Justice Stephen Field and 'Free Soil, Free Labor Constitutionalism': Reconsidering Revisionism." *Law and History Review* 20 (2002): 541-576.

在。事实清楚地表明：一方面，最高法院在洛克纳案、阿德莱案、科皮奇等一系列案件中以有关立法与公共目的无关从而构成对合同自由的随意干预为由挫败了那些社会经济立法；另一方面，最高法院又在马勒诉俄勒冈案、麦克莱恩诉阿肯色案、邦廷诉俄勒冈案等一系列案件中以有关立法服务于公共目的为由支持议会通过的这些社会经济立法。这两类判决在结果上相互矛盾，但在以公共目的为核心这一原则问题上却是始终如一的。20世纪初研究治安权的法学权威厄恩斯特·弗罗因德早在1910年就注意到所有对安全和卫生有直接影响的劳工立法实际上都为法院所认可，他认为"与这种判决所造成的印象相反，这些案件并未导致严重的原则上的冲突"。① 应该说，这类支持保护劳工立法的判决与反对保护劳工立法的洛克纳、阿德莱、科皮奇等案判决的区别，不在于是否以公共目的为核心标准的原则问题，而在于如何对公共目的进行认定的方法问题。

1908年，最高法院在马勒诉俄勒冈案审理中一致认可该州有关妇女最高工时的立法，做出了不同于洛克纳案的著名判决，而在诉讼中为州立法辩护的律师路易斯·布兰代斯向法院呈递的律师辩论意见书，也从此成为以社会法理学手段进行辩护的典范，被誉为"布兰代斯辩护状"。② 这纸辩护状仅以几页状纸简略陈述了法律先例，然后却以一百多页详细论证长时间工作对妇女的身心健康所造成的不良影响，从社会学和经济学角度对来自国内外的种种证据进行了旁征博引。"布兰代斯辩护状"之所以成功并不是因为它在法律原则问题上的突破，而是因为它在法律方法上的创新。它用社会法理学手段列举的大量事实和证据最终使最高法院的所有法官相信，俄勒冈州妇女最高工时法保护的是妇女劳工的健康，是在治安权所要实现的公共目的范围之内。当然，布兰代斯还使最高法院承认妇女在身体结构和功能上不同于男性，因此给予妇女最高工时的保护并不是对法律面前彼此平等的一方予以偏袒的阶级立法。这就使该项立法的公共目的更加无可非议。总之，这项支持保护劳工立法的判决和当时反对保护劳工立法的判决一样，遵循的仍然是这一历史时期以公共目的为核心标准的司法裁决治理的基本原则。③

---

① Ernst Freund. "Constitutional Limitations and Labor Legislations." *Illinois Law Review* 4 (1910): 614, 619-20, 622.

② Melvin L. Urofsky and Paul Finkelman. *A March of Liberty: A Constitutional History of the United States*, Volume Ⅱ. New York: Oxford University Press, 2002: 552-555.

③ *Muller v. Oregon*, 208 U.S. 412 (1908).

  同年，最高法院又在麦克莱恩诉阿肯色州案中再次支持保护劳工的立法。该法要求煤矿主对矿工计量支付工资时要按照未筛选前所开采的煤来计算。威廉·戴大法官在判决书中指出，国会在 1898 年曾命令一个工业委员会对矿业方面的劳资问题做了调查，结果发现筛选常常在矿主和矿工之间引起争议。考虑到这一点，最高法院多数法官认为他们"不能说……这项法律和保护大量劳工得到公平的应付款没有合理的关系。"在他们看来，这项法律类似于那些"防止欺骗和在交易中要求诚实度量衡"的法律，而后者从来就是在治安权保护公共道德的合法权限之内。[①] 和马勒案判决一样，最高法院在做出这一判决时并未在法律原则上有什么不得了的改变，但他们在审理时依靠的是国会指派的委员会所做的调查报告，而不是在洛克纳案判决时依靠的所谓法官们的共识。

  1917 年，最高法院在邦廷诉俄勒冈州案判决中支持该州有关工业部门劳工最高工时的立法。该法为所有工业部门的劳工规定了每天 10 小时的最高工时，但允许雇主让工人每天工作 13 小时，其条件是雇主必须为在最高工时之上增加的 3 小时支付相当于正常工资一倍半的超时工资。上诉方的律师认为此法不是工时法，而是工资法，是迫使雇主向劳工支付超出其实际市场价值的超时工资，与治安权毫无关系。代表俄勒冈州出庭辩护的律师费利克斯·法兰克福特则坚称该法是工时法，而非工资法，规定超时工作获得更多工资不过是为了给面临生产压力的企业提供有限且合理的灵活性。在他看来，更为重要的是在治安权和个人自由之间划清界限，而这种界线的划分不应"诉诸理论和假设，而应根据经验，要授予立法机构以察觉、发现和消除可能成为'更大公共福利'之障碍的弊病的职能"。法兰克福特指出，洛克纳案判决是"基于'为共识'所知的对超出 10 小时以上的面包师雇佣性质的看法"，而"现在清楚的是'共识'是不可靠的标准"，"过去十年的科学已经给了我们以经验做判断的基础，于是以推测做出的判断要让路"。接着，法兰克福特向法院提供了"有关超时对工人身心健康和对国家的活力、效率及繁荣所产生影响的事实和统计数据的全面而系统的回顾"，从而肯定了涉案法律的合理性。最高法院支持俄勒冈州最高工时立法的判决书是由 12 年前在洛克纳案中否决纽约州面包师最高工时法规的多数派大法官之一约瑟夫·麦克纳撰写的。他在代表多数做出的判决中判定俄勒冈州的立法是

---

  ① *McLean v. Arkansas*, 211 U.S. 539, 548-550 (1908).

工时法而非工资法，有关超时工资的规定只是用以执行比较灵活的工时法的手段。在满足于依赖由该州提供的有关工时监管促进了工人健康和安全的证据的同时，麦克纳大法官指出上诉方"没有事实支持论点"。由于这项法律包括所有工业部门的工人而不仅仅是妇女，所以最高法院此次判决实际上等于否定了洛克纳案判决有关最高工时的结论。不仅如此，法兰克福特吁请法官不要以他们的"共识"为准，而要依靠"在像洛克纳案一样的案件中一定程度上未予呈报的论据事实"，从而在方法上也否定了洛克纳案判决。① 不过，值得我们注意的是，对洛克纳案判决的结论和方法的否定，并不等于对其基本原则的否定。以公共目的为核心标准的对经济进行司法裁决治理的原则直至 20 世纪 30 年代新政中期都还是依然故我。

　　这一点在保护劳工立法扩大到最低工资问题上时看得很清楚。尽管法院有的判决支持最低工资立法，有的判决反对这类立法，但其最后的法律依据往往都要归结到公共目的上来。1917 年斯泰特纳诉奥哈拉案中引起争议的是俄勒冈州为在私人企业就业的妇女规定最低工资的法律。该法在 1914 年曾得到俄勒冈州最高法院的支持。当时法院虽承认最低工资是一个新问题，但它在判决中支持最低工资法时应用的仍是有关公共目的的老的原则。法院援引美国最高法院在马勒案判决中有关妇女在身体结构和经济地位上不如男性的观点，论证说她们难以获得足够维持生活的工资，而雇主如果不给她们足以维持生活的工资，其差额最终将部分地由慈善机构和政府支付，成为社区的负担。于是，最低工资法的公共目的便跃然纸上。当然，俄勒冈州最高法院的判决是建立在妇女这个特殊群体由于身体结构的不同而形成的不平等之上的，而非针对工业化带来的普遍存在的社会依附性。美国最高法院在1917 年对斯泰特纳案做出判决时由于布兰代斯大法官的回避而形成了 4 比4 的对峙局面，结果使该法得以继续有效。同一时期诸如明尼苏达、阿肯色等州的法院在最低工资法上也采取了和俄勒冈州最高法院类似的立场。②

　　1923 年，最高法院在阿德金斯诉儿童医院一案中以 5 票的多数击败了国会授权哥伦比亚特区建立最低工资局为妇女和童工制定最低工资的立法。乔治·萨瑟兰大法官在判决中承认没有绝对的合同自由，但他坚信签约各方一般来说都有从私人谈判中获得其所能得到的最佳条件的平等权利，因此不

---

① *Bunting v. Oregon*, 243 U.S. 426, 431-433, 435, 437-438 (1917).

② *Stettler v. O'Hara*, 243 U.S. 629 (1917). Stettler v. O'Hara, 69 Ore.519 (1914); *William v. Evans*, 139 Minn. 32 (1917). *State v. Crowe*, 130 Ark. 272 (1917).

需要州为彼此竞争的任何一方的利益进行干预。萨瑟兰回顾了法院承认州有权为公共目的进行干预的一系列案件，发现涉案法律介入的均是对合同的核心——价格——不产生必然影响的内容，如卫生、安全、道德等。因此，他得出结论说，就像政府可以干预肉类的包装和加工而不得管制其价格一样，政府也可以干预劳工的工作条件，但不可管制其出卖劳动力的价格。萨瑟兰认为邦廷案判决已经把工资法与工时法区别开来了。显然，他是以最低工资法涉及的并非卫生、安全、道德等公共目的为由将它排除在治安权的权限范围以外。至于政府在"受公共利益影响"的行业内可以进行价格监管的问题，萨特兰认为不适用于该案的最低工资立法，因为它涉及的不是公共工程或受公共利益影响的部门。于是，最低工资法在萨瑟兰看来"就是强制榨取雇主以接济对其条件并不负有特别责任的半贫困状态的人，因此事实上就是把如果有所属就应属于整个社会的负担随意移到了他的肩上"。这自然是有可能导致阶级之间战争的阶级立法。[①]

最高法院首席大法官威廉·塔夫脱、霍姆斯、爱德华·桑福德对判决表示异议，布兰代斯则因故再次回避。霍姆斯大法官在异议中主张，立法是否服务于公共目的，不应由法官问自己，而应听从"民意"，即立法机构的多数意见。针对萨瑟兰所谓的市场关系中自由是常规而强制是例外的观点，塔夫脱入木三分地指出，经济强制和社会依附已成为工业化美国司空见惯的现象，雇员根本就不具备像雇主一样的谈判实力，只能接受雇主提供的条件，过去支持约束高利贷立法的理由已不再是例外，而是通则。因此，他认为对于许多为贫穷所困扰的工人而言，最低工资法是保障他们福利和防止他们受雇主残酷剥削的合理之举。塔夫脱看不出最低工资法和最高工时法有多么不得了的区别，因为长工时和低工资对于雇员来说是"同样有害的"。[②]

从以上有关最低工资法的判决的讨论中可以看出，以公共目的为核心的司法裁决治理原则仍然影响着法官的思维和推理，但它所要保护的不受政府侵犯的个人自由的合理前提——个人在经济活动中的独立自主和机会平等——却开始受到来自法院内部的质疑。其所以会如此，主要是因为 19 世纪与 20 世纪之交市场经济的发展、经济权力的集中和阶级矛盾的激化使愈来愈多的人意识到，不受政府干预的合同自由并不是如坚持司法裁决治理基本原则的

---

① *Adkins v. Children's Hospital*, 261 U.S. 525 (1923).

② Ibid.

人们所说的是建立在平等的基础之上，进入市场的各方也不是如抽象的合同自由所说的是能独立自主做出决定的甲方和乙方。人们现在看到的不是个人独立性，而是社会依附性。于是，我们在著名的阿德金斯案判决中就不难发现，反对最低工资法的萨瑟兰大法官坚持说个人在合同谈判中仍然享有平等的权利，其实就是想固守司法裁决治理的传统原则，而支持最低工资法的塔夫脱虽然也不忘公共目的，甚至将最低工资法与最高工时法等而视之，但他对经济强制和社会依附的清醒认识说明，包括这位以保守著称的首席大法官在内的不少法官已经对传统的司法裁决治理原则产生了某些怀疑。他们开始认为，政府对在社会经济生活中处于劣势地位的群体进行适当干预，是具有某种合理性的。当然，这种合理性的最终确立仍然需要有一个发展过程，而20世纪30年代大萧条的磨难所造成的强大社会压力成了助推剂。

2. 新政自由主义宪政阶段

20世纪30年代，史无前例的经济危机不仅使劳工，而且使农场主、小业主和成千上万的中产阶级都陷入困境，他们所处的劣势地位终于使洛克纳时代以公共目的为核心的司法裁决治理原则的根基开始发生动摇。首当其冲的是唯有"受公共利益影响"的行业才能由政府实行价格监管的公私界限标准。1934年，最高法院在内比亚诉纽约州案判决中支持纽约州建立牛奶管制局规定最低和最高价格的立法。该法是在大萧条之下的恶性竞争使价格跌到生产者和销售者均难以支撑的情况下的政府应对之策。牛奶零售商内比亚指控纽约州的牛奶价格控制使他失去了宪法第十四条修正案正当程序的保护。其根据是决定价格的权利应受到正当程序的保护而不为政府所干预，除非这个行业"受到公共利益影响"，而牛奶业不是这样的行业。欧文·罗伯茨大法官在代表多数做出的判决中承认牛奶业并非公用事业，但他否认因此就可以说有"什么宪法原则禁止州通过有关价格的立法来纠正现存的失调现象"。罗伯茨认为："本法院从早年就肯定促进公共福利的权力是政府所固有的。"在他看来，"没有什么私人权利的行使可以不在某些方面影响到公众，哪怕影响轻微；也没有什么监管公民行为的立法特权不会在某种程度上剥夺其自由或影响其财产"。因此，罗伯茨得出结论说："受公共利益影响的行业的种类或范畴显然不是封闭的，法院运用第五条和第十四条修正案的功能就是要在每个案件中做出判断，事实究竟是证明了受挑战的监管是合理行使政府权力，还是随意的或歧视性的。"这样，罗伯茨就在肯定政府为公共福利可以进行价格监管的同时，否定了法院长期以来以"受公共利益影响"为标准划分行业公私界线从而限制价格监管范围的做法，使洛克纳时代司法裁决治理原则的一大支柱为之动摇。[1]

不过，这种动摇并未能形成摧枯拉朽之势，而且很快就出现了反复。从1935 年到 1936 年，最高法院在一系列重大判决中接二连三地推翻、改革立法，包括早期新政的核心内容之一——《全国工业复兴法》。在涉及宪法第十四条修正案的莫尔黑德诉纽约州案判决中，最高法院以五票的多数否决了纽约州的"公平价值"最低工资法。该州议会为了避免这项法案像在阿德金斯案中一样被指责为榨取雇主以接济雇员的阶级立法，在制定该法时就已特别强调法案的目的是让妇女和儿童获得相当于其劳动力公平价值的最低工资。然而，这一方法并不见效。当皮尔斯·巴特勒大法官在判决中将问题集中在阿德金斯案中的国会立法和莫尔黑德案中的纽约州立法有无区别时，他指出："国会立法有一个维持生活工资的标准；这个州的立法增加了一个合理价值的标准……[但是强迫]支付合理价值的工资并没有导致阿德金斯案的原则和判决的不适用。本案和阿德金斯案的区别只是在细节、方法和时间上；行使立法权在任何雇佣中规定工资都是一回事。"首席大法官查尔斯·埃文斯·休斯对判决表示异议，他认为反映服务价值的最低工资是和阿德金斯案涉及的最低工资不一样的。不仅如此，休斯还指出有必要防止合同自由的滥用，"否则它就会被用于压倒所有的公共利益，结果会毁掉它所要保护的机会自由本身"。哈伦·斯通大法官另写的异议得到了布兰代斯和本杰明·卡多佐两位大法官的联署。他们同意休斯的意见，但认为两项最低工资法均未强迫雇主以最低工资雇佣其劳动力价值达不到这个水准的工人，故根本未侵犯合同自由。斯通还在异议中指出："无人怀疑，社区里有大量人迫于经济需要而接受不足以维持生存的工资，是一个公众关注的严重问题……它容易导致健康不良、道德败坏和种族退化。"诚然，莫尔黑德判决又一次维护了洛克纳时代的传统司法裁决治理原则，但这一原则所包含的所谓合同自由和机会平等也又一次遭到了持异议法官的挑战。[2]

1936 年底，富兰克林·罗斯福总统在大选中获得压倒性胜利。翌年 2 月，他拿否决了一系列新政改革立法的最高法院开刀，向国会提出了法院改组法案。这种政治压力和最高法院内部对固守洛克纳时代司法治理原则所产

---

① *Nebbia v. New York*, 291 U.S. 502 (1934).

② *Morehead v. New York ex rel. Tipaldo*, 298 U.S. 587 (1936).

生的日渐增加的质疑，终于使最高法院在此后的一系列判决中转而支持新政改革立法。这一重大转变被很多学者视为"新政宪法革命"。他们还认为"新政宪法革命"是从1937年的西岸旅馆诉帕里什案判决开始的。最高法院在审理该案时一改在莫尔黑德案中对最低工资法的态度，转而支持华盛顿州有关妇女和未成年人的最低工资法。首席大法官休斯在莫尔黑德案中就已反对合同自由的绝对性，现在他在代表多数做出的判决中明确指出："宪法没有谈及合同自由。它说到的是自由，并禁止未经正当程序就剥夺自由……受到保护的自由是在社会组织中的自由，它要求法律保护免遭威胁人民的卫生、安全、道德和福利的弊病的侵害……宪法之下限制合同自由的这种权力有诸多例证。"不仅如此，休斯还认为阿德金斯案判决是"对指导州监管雇主和雇员关系的原则的真正运用的一种背离"。[1] 显然，休斯的判决不仅否定了阿德金斯案有关最低工资法的判决，而且否定了洛克纳时代司法治理原则的一大支柱，即1897年奥尔盖耶案判决所确认的有关合同自由是受宪法第十四条修正案保护的自由的基本共识。这就是很多学者在讨论新政宪法革命时高度评价西岸旅馆案判决的原因。吉尔曼甚至认为在此判决之后洛克纳时代的"老体制终于崩溃了"。[2]

无可否认，最高法院在1934年内比亚案判决中已裁定不再以行业是否"受公共利益影响"来判定政府是否在价格管制上应受宪法第十四条修正案的限制，从而使政府干预的范围扩大到了传统上被视为与公共利益无关的私人部门；如今1937年西岸旅馆案判决又正式否定了合同自由是受宪法保护的自由，自然使政府不受宪法第十四条修正案限制的范围进一步扩大。这些都是洛克纳时代司法裁决治理原则逐渐式微的明证和新政宪法革命的重要组成部分。但是，西岸旅馆案判决和内比亚案判决一样，并未触及洛克纳时代司法裁决治理原则的核心——公共目的。休斯在判决中不仅认为没有什么比保护妇女的健康和使其免收肆无忌惮的雇主的侵害更接近公共利益，而且他还将此理由推广为对其他雇员也照样适用。休斯在判决书中写道："对处于不平等谈判实力地位并因此在被拒付生存工资的情况下相对缺乏保护的一类工人的剥削，不仅有害他们的健康和福利，而且使社区要承受接济他们的直接负担……我们对前所未有的救济需求必须有一种司法认知，这种需求产生

---

[1] *West Coast Hotel v. Parrish*, 300 U.S. 379 (1937).

[2] Gillman. *The Constitution Besieged*: 192.

于最近的萧条时期，而且不管经济复苏达到何种程度还会在令人惊讶的范围内继续存在下去……社区没有义务提供实际上是给没有良知的雇主的补贴。"这就是说，公共利益仍然是政府干预的目的，因此也是对政府干预的限制。换言之，如果不是为了惠及所有公民的公共目的，政府对社会经济活动的干预仍然要受到司法审查的限制。

尽管如此，以公共目的为核心的洛克纳时代的司法裁决治理原则，在最高法院一系列支持新政改革的判决冲击之下还是松动了阵脚，其一溃千里之势已不可阻挡。1938年，斯通大法官代表最高法院多数在合众国诉卡罗琳制品公司案判决中指出："涉及一般商业交易的监管立法不会被宣布违宪，除非它从已知的或通常认定的事实来看具有这样一种特点，以致使人无法设想它是建立在立法者知识和经验范围内的某种合理基础之上。"这等于是说经济立法如果不是荒唐到一望而知就是不合理的话，法院将不会宣布这类立法违宪。在这项判决的第四条注释中，斯通进而提出了著名的双重标准，将涉及经济权利的立法是否符合宪法的问题明确地排除在司法审查的范围之外。他说法院在推定表面上似乎为宪法所禁止的立法是否符合宪法时应有一个"比较狭窄的范围"，即局限于那些涉及前十条修正案的立法。[①] 美国法学界普遍认为，斯通在这个美国宪法史上最著名的注释中将经济权利和《权利法案》所保护的个人权利区别开来了，法院对前者将尊重立法机构的判断，不会进行严格的司法审查，对后者则必须严格地进行司法审查。于是，经济权利以外受《权利法案》保护的个人权利便成了司法审查上的所谓"优先类权利"（也有学者称为"优先类自由"）。[②] 在此后约半个世纪的时间里，政府立法是否要根据实质性正当程序受到司法审查的严格限制，已不再以是否与公共目的有关作为标准，而要按是否属于"优先类权利"范畴内的个人权利进行定夺。在核心标准从"公共目的"转变为"优先类权利"的过程中，洛克纳时代美国经济的司法裁决治理原则终于让位给新政自由主义宪政下美国经济的司法裁决治理原则。由于经济权利不属于"优先类权利"，涉及经济权利的立法便几乎不再会因违宪而受到司法审查的限制，国家干预社会经济活动的权力和洛克纳时代相比自然也就急剧扩大。可以说，新政宪法革命至

---

① *United States v. Carolene Products Co.*, 304 U.S. 144 (1938)

② James W. Ely, Jr.. *The Guardian of Every Other Rights*: 133-134; Edward Keynes. *Liberty, Property, and Privacy: Toward a Jurisprudence of Substantive Due Process*. University Park, Pennsylvania: The Pennsylvania State University Press, 1996: 134-135; Rosenberg. "Law.": 367.

此才真正大功告成。

正是由于双重标准的确立，美国法院在经济方面的司法裁决治理上从洛克纳时代的司法能动主义转向了司法克制主义。准确地说，美国法院并没有放弃司法能动主义，只是将其奉行司法能动主义的目标做了重大转移。这一目标已不再是涉及经济权利的立法，而是有关经济权利以外的个人权利或者说"优先类权利"的政府行动。美国法院在保护优先类权利方面的司法能动主义自第二次世界大战以来尤其是在厄尔·沃伦出任最高法院首席大法官期间获得了迅速发展，其涉及的范围不断扩大，从宪法第一条修正案保护的基本权利扩展到了各种公民权利，包括少数族裔的权利乃至于妇女堕胎的个人权利。这一变化是和战后美国各个社会群体为争取自身权利展开的风起云涌的各种社会运动紧密相关联的。它们一起构成了20世纪下半叶在美国出现的所谓"权利革命"，结果对美国社会各方面的发展产生了深远的影响。不过，与优先类权利相比，包括产权和合同自由在内的经济权利在新政末期和第二次世界大战以来确实已不再是法院以宪法为依据进行司法审查的焦点所在，法院在这方面长期以来所奉行的司法能动主义确实已经让位于司法克制主义。

1941年，斯通接替退休的休斯出任最高法院首席大法官。在他任内和后来接任首席大法官的弗雷德·文森（1946—1953年）和厄尔·沃伦（1953—1969年）任职期间，最高法院受理的依据正当程序向社会经济政策提出挑战的案件为数很少，而且法院在就这少数案件做出判决时只要是符合最起码的合理性要求就会支持州和联邦政府的监管立法和行动。例如，在1942年联邦电力委员会诉天然气管道公司案判决中，斯通裁定联邦电力委员会并未拒不承认涉案公司受宪法第五条修正案程序性和实质性正当程序保护的产权。他在审查委员会定价的合理性时就像服从国会的立法一样认可了联邦电力委员会的决定。1944年，最高法院在卡罗琳制品公司诉合众国案判决中进一步表明了法院在社会经济问题上服从国会决策的意向。斯坦利·里德大法官在判决书中要求原告承担以清楚可信的方式证明"立法无合理基础"的责任。这种将证明责任推给原告的做法，在此后四分之一世纪的时间里成了最高法院审理经济监管案件时的常规。1968年，约翰·马歇尔·哈伦大法官在珀米安盆地电费案中指出，由于国会赋予联邦电力委员会广泛的定价权，"因此委员会专业知识的每一次运用具有有效性推定，那些要推翻委员会判断的人要承担'以可信的方式显示它因结果不公正和不合理而无效的沉重责任'"。美国学者爱德华·凯恩斯认为：这两个时隔24年但内容一致的判决说明，"斯通、文森和沃伦法院放弃了在服务于有效的公共目的的经济监管立法和推进一个特殊团体利益的阶级立法之间做出区分的努力"。[①]

最高法院的司法克制主义同样适用于有关州行使治安权的社会经济立法，实质性正当程序在这里也不再是法院手中限制各州立法的有效武器。在1949年林肯联邦工会诉西北铁与金属制品公司案判决中，雨果·布莱克大法官指出：保证非工会会员的雇员工作权的内布拉斯加州宪法修正案和北卡罗来纳州法令没有侵犯雇主、雇员和工会会员的自由。他说"阿尔盖耶—洛克纳—阿代尔—科皮奇一类的案件"已被摒弃，并坚称内比亚案判决使州不管行业对公共利益有无影响都可以对劳工合同加以监管。威廉·道格拉斯大法官在1952年戴-布赖特照明有限公司诉密苏里州案判决中更是明确宣布："我们最近的判决已清楚表明我们不是作为超级立法机构坐在这里权衡立法的明智与否或者决定它所表达的政策是否有违公共福利。"他说如要否定立法只有回到"洛克纳、科皮奇和阿德金斯案的哲学"上去，而这是法院不会干的事情。与文森法院一样，沃伦法院在这类问题上的态度也非常坚决。道格拉斯大法官在1955年威廉森诉李光学公司判决中否认俄克拉何马州监管配镜师的立法违反了正当程序和平等保护条款。他在判决书中写道："本法院用第十四条修正案的正当程序条款推翻监管工商业和工业条件的州法的日子已经成为过去"，并进而奉劝那些认为自己受到这些法律侵害的人诉诸选票而不是法院来解决他们的问题。8年后，布莱克大法官在弗格森诉斯克鲁帕案中再次明言，在美国宪法体系中"判定立法的明智与功用的是议会，而不是法院"。他说"我们已经回到了最初的宪法主张之上，即法院不能用它们的社会经济信念取代为通过法律而选出来的立法机构的判断"。[②]

3. 新保守主义宪政阶段

新政自由主义宪政的这种司法裁决治理原则在美国法院系统居于统治地

[①] *Federal Power Commission v. Natural Gas Pipeline Co.*, 315 U.S. 575 (1942). *Carolene Products Co. v. United States*, 323 U.S. 18 (1944). *Permian Basin Area Rates Case*, 390 U.S. 747 (1968). Edward Keynes. *Liberty, Property, and Privacy*: 145-147.

[②] *Lincoln Federal Labor Union v. Northwestern Iron & Metal Co.*, 335 U.S. 525 (1949). *Day-Bright Lighting, Inc. v. Missouri*, 342 U.S. 421 (1952). *Williamson v. Lee Optical Co.*, 348 U.S. 483 (1955). *Ferguson v. Skrupa*, 372 U.S. 726 (1963).

位达半个多世纪之久。它虽然在 20 世纪 70 年代新保守主义崛起后遭到了日渐增强的挑战，但到 20 世纪结束时尚未彻底动摇。理查德·尼克松总统在 1969 年任命沃伦·伯格接替退休的沃伦出任最高法院首席大法官，没有也不可能马上改变新政末期以来最高法院的自由主义倾向，尤其是在经济权利问题上为支持国家干预而所采取的司法克制主义。不过，战后国家干预的加强和监管范围的扩大在 20 世纪 70 年代美国经济为滞涨危机所困时终于面临来自企业界和保守主义势力的反弹，要求去监管化的呼声日益增高。在这种山雨欲来风满楼的形势之下，波特·斯图尔德大法官在 1972 年林奇诉家庭财务公司案判决中对双重标准提出了批评："将个人自由和产权分开来是虚假的。财产没有权利，人民才有权利。"[1] 他认为，在对自由的个人权利和对财产的个人权利之间存在着相互依存的关系。然而，最高法院并未因此而重新考虑双重标准问题，它在经济监管上仍然给国会和各州议会留下了很大的活动空间。这种依然受新政自由主义宪政影响的司法裁决治理自然遭到了来自保守主义营垒愈来愈多的指责。他们或者主张回到制宪者的"原始意图"上去，或者从"法律与经济学"及公共选择运动的理论出发，强调自由市场、效率和成本效益分析的重要性，或者把产权鼓吹到如布莱克斯通所说的"唯一和专制的支配权"的地步，或者力陈"在我们的政府体制下对经济立法进行司法监督的伟大需要"。[2] 1980 年，罗纳德·里根当选美国总统，开始了走向保守主义的所谓"里根革命"，试图扭转自罗斯福"新政"以来在美国社会长期居于统治地位的自由主义发展趋势，尤其是"权利革命"中实质性权利范围的不断扩大。他在 1986 年起用威廉·伦奎斯特大法官接替伯格出任最高法院首席大法官，后来又任命了好几位具有保守主义倾向的大法官。到 20 世纪结束时，最高法院除了两位大法官是由民主党人威廉·克林顿总统任命的以外，其他全部是由共和党人总统任命的，其中包括以保守著称的安东宁·斯卡利亚和克拉伦斯·托马斯。联邦下级法院的构成也大体如此。这个自 20 世纪 70 年代以来逐渐形成的保守派占多数的联邦法院系统开始促使新政自由主义宪政向新保守主义宪政转变。哈佛大学法学院著名的宪法学家马克·特西内特认为，后者是不同于新政和伟大社会时代宪政传

---

① *Lynch v. Household Finance Co.*, 405 U.S. 538, 552 (1972).

② Bernard Schwartz. *The New Right and the Constitution: Turning Back the Legal Clock*. Boston: Northeastern University Press, 1990: 7-8, 73, 98-99. Ely. *The Guardian of Every Other Right*: 143.

统的"新宪政秩序"。①

从新政自由主义宪政向新保守主义宪政的转变是无可否认的，但这种转变达到了何种程度，则是在美国学术界存在争议的问题。有的学者认为最高法院在这方面倾向于"宪法最小化"，即一方面限制做出判决的案件数量，另一方面则通过狭义的技术性意见来避免产生广泛影响的判决。因此，最高法院往往不直接否定权利革命时代的判决先例，而是一点一点地限制其适用的范围，如在犯人权利和堕胎权上就是如此。但是也有的学者认为，这个保守派占多数的最高法院对国会看法所采取的态度使人想起了 20 世纪初的情况。他们甚至觉得各级法院都主张司法审查虽然不能像 1900 年那样包罗万象，但仍可以仔细检查民选立法机构的所作所为是否明智。最引人注目的是，2000 年总统大选最后鹿死谁手竟然由最高法院一锤定音，再次表明法院对于政治问题上存在的任何不同看法都有最后的裁决权。② 不过，在美国经济的司法裁决治理上，法院虽然已向新保守主义明显转向，愈来愈注意保护经济权利问题，但其走过的道路是迂回曲折的，所取得的进展也是有限的。例如，在重新援引被长期搁置不用的合同条款来限制州议会立法方面，最高法院在 1977 年美国信托公司诉新泽西州案和 1978 年联合型钢公司诉斯潘瑙斯案判决中分别否决了新泽西州和明尼苏达州对合同的立法干预。然而，从 20 世纪 80 年代开始，最高法院又改变了这一态度，在 1983 年能源储备集团诉堪萨斯电力和照明公司案、1987 年宾州烟煤协会诉德本尼迪克特斯案和 1992 年通用汽车公司诉罗米因案判决中支持有关各州的立法，拒绝了根据宪法合同条款对它们提出的挑战。尽管有些联邦下级法院和州法院在这段时期曾经运用合同条款限制州对私人或公共合同的立法干预，而且最高法院在合众国作为合同一方时（1996 年合众国诉温斯塔案）也曾依据合同条款禁止监管立法的改变造成违约，但合同条款由于法院所做的狭义解释显然已不可能像过去一样成为制约州政府干预行动和保护经济权利的有效宪法武器。③

---

① Mark Tushnet. *The New Constitutional Order*. Princeton: Princeton University Press, 2003.

② Rosenberg. "Law.": 373-374.

③ *Unite States Trust Co. v. New Jersey*, 431 U.S. 1 (1977); *Allied Structural Steel Co. v. Spannaus*, 438 U.S. 234 (1978); *Keystone Bituminous Coal Association v. DeBenedicitis*, 480 U.S. 470 (1987); *General Motors Corporation v. Romein*, 503 U.S. 181 (1992); *United States v. Winstar corporation*, 518 U.S. 839 (1996); Ely. *The Guardian of Every Other Right*: 148.

与合同条款相比，宪法第五条修正案的征用条款在保护经济权利不受政府干预方面倒是扮演了更为重要的角色。由于战后的市郊化和后来环境保护问题的日见突出，土地使用问题变得愈来愈复杂。各级政府为了修建州际高速公路和进行环境保护等公共目的需要征用私人土地，从而限制了私人财产所有者对自己财产的控制权，结果引发了大量诉讼。法院在以征用条款保护这些经济权利方面的作为显然超过了保护经济权利的其他努力，但它所取得的进展依然有一定的限度。1982年，最高法院在洛雷托诉曼哈顿 CATV（有线电视）电子提词机公司案判决中裁定要求在业主财产上安装有线电视设备的立法造成了征用，需要进行赔偿。纽约州上诉法院也在1989年西华尔合伙开发商诉纽约市案判决中推翻了该市要求单间住所业主将房间无限期出租的法令，因为法令剥夺了业主占有和支配其财产的基本权利，造成了事实上的征用。可是，最高法院在1984年夏威夷住房管理局诉米德基夫案判决中支持该州的改革法令，允许长期租住的房客依据征用权获得房主对土地的所有权。里根总统任命的大法官桑德拉·奥康纳代表九名大法官一致裁定，此项法律并非剥夺一个人的财产转移给另外一个人，征用权的使用只要和"可以想象的公共目的有合理关系"就行了。1992年，最高法院又在伊诉埃斯孔迪多市案的判决中支持该市移动房屋租金管制令，否认该法令构成了事实上的征用，因为业主系自愿出租，且保有改变土地使用方式的权利。①

在争议最大的监管性征用上，最高法院直至1987年才改变了对政府有关行动袖手旁观的态度。最高法院在涉及所谓勒索征用的1987年诺兰诉加州海岸委员会判决中，自20世纪20年代以来第一次否决了政府对土地使用采取的监管性行动。该州海岸委员会在授予土地所有者在海滨重新建房许可证时要求业主允许其私人海滩被用作两处公共海滩之间的公共通道。这一要求被法院认定为征用。1994年，最高法院在多兰诉泰格德市案判决中面临类似的问题。该市分区规划机构在批准店主建设方案时要求她将部分土地捐给城市作为公共绿地和自行车道。伦奎斯特首席大法官在判决中指出，政府有责任为监管提供理由，而泰格德市未能做到这一点，所以其要求是在没有公正赔偿的情况下征用私人财产，违反了宪法第五条修正案。然而，州法

---

① *Loretto v. Teleprompter Manhattan CATV Corp.*, 458 U.S. 419 (1982). *Seawall Associates v. city of New York*, 74 N.Y. 2d. 92 (1989). *Hawaii Housing Authority v. Midkiff*, 467 U.S. 229 (1984). *Yee v. City of Escondido*, 503 U.S. 519 (1992).

院对诺兰案和多兰案判决先例并未完全萧规曹随，其中主张这两个先例只适用于行政行动而不适用于立法行动的不乏其例。除了上述涉及所谓勒索的监管性征用以外，还有使财产价值下跌的监管性征用，也在法院主张严加审查的范围之内。1992 年的卢卡斯诉南卡罗来纳海岸委员会案就是一个典型案例。该州为了防止海滩侵蚀和保护公共资源，以法令禁止两个居住区的业主在他们的土地上建立永久性建筑。斯卡利亚大法官代表法院 6 比 3 的多数法官做出判决，裁定这种使业主无法"对土地进行所有经济上可获益或生产性使用"的监管在本质上是征用，哪怕其所推进的公共利益证明了限制的合理性也不例外。尽管最高法院在此案判决中所说的征用是指剥夺了对财产的所有经济使用权，但下级法院则将这一判决先例应用到部分剥夺经济使用权的案件上。1994 年，联邦巡回上诉法院在审理佛罗里达制石工业有限公司诉合众国案时就做出了不利于政府湿地监管政策的判决，宣称虽显著降低但并未完全毁掉湿地价值的政府湿地监管措施同样应视为征用，需要做出赔偿。这显然是对政府环保政策和民间环保运动的限制。[①]

对于征用问题在向新保守主义宪政转变中所起的作用，作为批判法学研究运动代表人物之一的特西内特的评价颇为中肯。他在 2003 年出版的《新宪法秩序》一书中写道："现代最高法院就征用和土地使用监管做出判决的案件多于其他任何经济监管案件。这些案件是复杂的，但结局却很容易描述：法院的判决提高了政府对土地使用加以监管的成本，尤其是那些旨在改善或保持环境质量或者旨在鼓励'聪明增长'的监管，不过法院很少对政府权力加以直接限制。结果是允许政府为了环境和其他原因继续监管土地的使用，同时又阻拦它们在监管上不要有可能像在无阻拦时变得那样张牙舞爪。"[②]

至于作为洛克纳时代美国经济司法裁决治理主要依据的实质性正当程序和合同自由，它们并未因新保守主义宪政时代的到来而在保护经济权利上复活。事实上，最高法院在 20 世纪 90 年代一系列案件的判决中都裁定那些

---

① *Nollan v. California Coastal Commission*, 484 U.S. 825 (1987). *Dolan v. City of Tigard*, 512 U.S. 687 (1994). *Lucas v. South Carolina Coastal Council*, 505 U.S. 1003 (1992). *Florida Rock Industries, Inc. v. United States*, 18 F. 3d 1560, Fed. Cir. (1994).

② Tushnet. *The New Constitutional Order*: 61.

为保护经济权利而诉诸正当程序的当事人败诉。① 例如，在 1991 年太平洋互助人寿保险有限公司诉哈斯利普案和 1993 年 TXO 生产公司诉联合资源公司案判决中，最高法院认定处罚性损害赔偿没有违反宪法第十四条修正案的正当程序条款。在 1994 年合众国诉卡尔顿案判决中，最高法院裁定：国内岁入署根据国会有关遗产税的修改追讨私人税款扣除额的行动，并未违反第五条宪法修正案的正当程序条款。以保守著称的斯卡利亚大法官在这三个案件的审理中都站在多数派一边，并在同意意见中一再强调，他根本就不认为存在"所谓'实质性正当程序'权利"。斯卡利亚说："我愿意接受第十四条修正案正当程序条款尽管从原文来看限于程序但纳入了《权利法案》所说的某些实质性保证的观点，但我不接受它是所有其他未列举的实质性权利的秘密储藏室的主张，无论这一主张（哪怕是有关此处涉及的这类经济权利）在多数派所依赖的洛克纳时代案件所处时期是多么时髦。"显然，作为最高法院新保守主义代表人物的斯卡利亚不仅不赞成"权利革命"中实质性正当权利的扩大，而且不承认洛克纳时代实质性正当权利的概念。当然，他也不认同新政自由主义宪政。因此，他在 1994 年合众国诉卡尔顿案的同意意见中批评双重标准。斯卡利亚这样写道："只要是在被赋予'实质性正当程序'保护的各种权利中挑挑选选就足以引起怀疑；但把所谓'经济权利'无条件地和莫名其妙地排除在外（尽管正当程序条款显然适用于财产）则毫无疑问是在制定政策而非进行中立的法律分析。"② 就像美国著名的宪法史学家詹姆斯·伊利所说的一样，"斯卡利亚以此评论否定了新政宪政的核心信条，该信条在司法审查中将财产所有者的权利放在次要地位"。③

从斯图尔德大法官在 1972 年对双重标准表示怀疑到斯卡利亚在 1994 年猛烈批评双重标准，美国最高法院反对新政自由主义宪政核心信条的态度已愈来愈明显。这说明新保守主义宪政在美国逐渐形成。不过，从上述涉及正当程序的判决和斯卡利亚所写的同意意见中可以看出，最高法院在批评双重标准的过程中，已不会也不可能再回到洛克纳时代的司法裁决治理原则上去了，尤其是在实质性正当程序问题上。法官们或者是承认实质性正当权利

---

① *Pacific Mutual Life Insurance Co. v. Haslip*, 499 U.S. 1 (1991). *TXO Production Corp. v. Alliance Resources Corp.* 509 U.S. 433 (1993). *United States v. Carlton*, 512 U.S. 26 (1994).

② 关于斯卡利亚同意意见书中的观点见 Richard A. Brisbin, Jr.. *Justice Antonin Scalia and the Conservative Revival*. Baltimore: The Johns Hopkins University Press, 1997: 89-90, 271-277, 283.

③ Ely. *The Guardian of Every Other Right*: 157.

但并未以此作为保护经济权利的武器，或者就是和斯卡利亚一样根本就不愿意承认有什么实质性正当程序权利。不过，这里有一个例外。那就是最高法院在日益反对双重标准的同时，却将商业广告权纳入了双重标准中受宪法第一条修正案保护的"优先类权利"，即将商业广告权视为言论自由。众所周知，广告长期以来被法院看作商业而非言论。可是最高法院在 1975 年比奇洛诉弗吉尼亚州案中来了个 180 度大转弯。由尼克松总统任命的哈里·布莱克门大法官在代表多数做出的判决中否定了该州对堕胎服务广告的管制，裁定商业言论应受到某种宪法保护。翌年，最高法院又在弗吉尼亚药管局诉弗吉尼亚消费者委员会案中推翻了对处方药物价格广告的禁令。法院承认虚假和欺骗性广告应受到管制，但同时认为哪怕是仅仅建议商业交易的言论也应受到保护。布莱克门大法官在判决中指出：消费者"对商业信息流通的兴趣……和他对当天最急迫的政治辩论的兴趣相比如果不是更强烈，也会是同样强烈"。1977 年，最高法院推翻了对律师广告的长期禁令，接着又在 1980 年中部赫德逊瓦斯和电力公司诉公共服务委员会案废止了对公用事业广告的禁令。同样是由尼克松任命的刘易斯·鲍威尔大法官在中部赫德逊瓦斯和电力公司案判决中提出了判断商业言论是否享有宪法第一条修正案保护和政府是否能对商业言论进行管制的四条标准。到 1985 年，最高法院甚至在有关证券发行物的洛诉证券交易委员会案中，也以投资顾问法的规定为由对这类发行物网开一面，而包括首席大法官伯格、伦奎斯特和拜伦·怀特在内的三位大法官还在同意意见中强调第一条宪法修正案适用于此案，也就是说涉及言论自由问题。在新世纪开始之后，最高法院在 2001 年洛里拉德烟草公司诉赖利案判决中继续运用鲍威尔设定的标准否定了政府对在学校附近做烟草广告的限制。[①] 这就是说，最高法院在逐渐转向新保守主义反对双重标准下实质性正当程序权利扩大的过程中，却把"优先类权利"的范围扩大到了广告权这类经济权利上。看来，最高法院新保守主义反弹的主要目标是"权利革命"中非经济权利的扩大，而不是经济权利的扩大。正因为如此，新保守主义宪政在经济方面的司法裁决治理上，似乎还没有形成有如"公共目的"和"优先类权利"一样自成一体的法理原则体系。

　　纵观美国经济司法裁决治理原则在 20 世纪的演变，不难看出法律所起

---

① *Bigelow v. Virginia*, 421, U.S. 809 (1975). *Virginia Pharmacy Board v. Virginia Consumer Council*, 425 U.S. 748 (1976). *Central Hudson Gas & Electric Copr. v. PSC*, 447 U.S. 557 (1980). *Lowe v. SEC*, 472 U.S. 181 (1985). *Lorillard Tobacco Co. v. Reilly*, 533 U.S. 525 (2001).

的双重作用。在世纪之初被奉为圭臬的"公共目的"固然曾使美国法院以阶级立法的名义对政府的社会经济改革立法加以限制，并因此对私人领域里的许多经济强制和不平等置若罔闻，但是"公共目的"毕竟要以整个社会的利益为归属，而且它限制政府介入私人领域的前提是竞争者享有自由和平等的机会，因此美国法院在进步主义时代又曾在"公共目的"的指引下支持了政府的大部分社会改革举措。到新政改革时代，法院曾一度反对被它们视为激进和有违宪法的改革措施，但在大萧条的巨大压力之下最终认可了国家对经济活动的大规模介入，甚至在很大程度上放弃了以"公共目的"为基准对政府经济政策的合宪性进行司法审查的传统做法，为第二次世界大战后美国政府加强宏观经济调控和推动福利国家的进一步发展铺垫了道路。与此同时，美国法院的司法审查重点转向了所谓"优先类权利"，结果促进了"权利革命"的风起云涌。可以说，法院把经济权利排除在"优先类权利"之外的双重标准为当时政府的经济干预活动一路护航。然而，当凯恩斯主义宏观经济调控和福利国家在20世纪70年代遭遇严重困难之后，美国社会开始从新政自由主义宪政向新保守主义宪政转变，法院则在继续支持不少政府监管的同时，愈来愈注意对一度被忽略的经济权利的保护，成为去监管化的重要力量。由此可见，法院在美国社会经济发展过程中扮演的角色确实具有两面性，尤其是在国家干预的问题上，它既是一个推动者，又是一个约束者。之所以会如此，主要是因为司法审查涉及公与私的对立统一关系，十分复杂。一方面，美国有自英国大宪章和美国革命以来保护个人权利的自由主义传统；另一方面，美国人民又有重视公共目的的共同经历，如普通法强调"人民福利"（*salus populi*），共和主义以公共利益为重，建国初期很多州视自己为"共荣州"（Commonwealth）等。因此，如何在公共利益和私人权利之间保持适当的平衡便成了各级法院必须经常面对的问题，也是它们在国家对社会经济生活的干预上既是支持者又是约束者的原因所在。至于究竟是支持还是约束，则要因时、因地、因人、因事而异。当然，法院不是没有它的基本原则。在经济方面的司法裁决治理上，20世纪初的基本原则就是以"公共目的"为基准的正当程序和合同自由，新政宪法革命以后则是以"优先类权利"为至上的双重标准，而20世纪结束时我们看到的则是双重标准的式微和对经济权利的重新重视，至于适应21世纪美国经济的司法治理原则则恐怕还在形成之中。

（二）司法裁决治理领域：
从宪法领域进入行政法范围

20 世纪美国经济的司法裁决治理不仅在基本原则上发生了很大变化，而且在所涉及的领域上也发生了重大转移。当美国法院从 20 世纪初以"公共目的"为基准的司法能动主义转向新政和战后对"优先类权利"之外的经济立法实行司法克制主义时，它们对经济进行司法裁决治理的重心也从宪法领域转向了行政法领域，即从对各级立法机构的社会经济立法是否符合宪法进行司法审查，转向对行政管理机构的行动是否符合程序或者是否合理进行司法审查。这一重大转变显然是和 20 世纪初尤其是新政以来行政管理国家的不断强化密切相关联的。作为对这种行政管理国家强化趋势的一种反应，美国国会于 1946 年通过了《行政程序法》。此后，联邦地区法院和上诉法院对行政管理机构行动的司法审查便逐渐加强，它们在这类司法审查中关注的焦点也从旨在保证各个有关利益集团充分参与的程序性问题，一步步转向了要求行政管理机构做出正确决定的实质性问题。结果就像美国著名的法学家马丁·夏皮罗所说的一样，"在政府对工商业进行监管的领域里，过去通常是由最高法院进行实质性经济正当程序的宪法审查，现在则由上诉法院进行实质性经济正当程序的行政法审查"。[①] 事实上，这种由哥伦比亚特区巡回区上诉法院开始的行政法司法审查，不仅扩及很多联邦地区法院和上诉法院，而且很快便也成为美国最高法院行使其职权的一个重要方面。由于战后行政管理机构对经济的干预行动愈来愈多，美国法院对经济进行司法裁决治理的重点领域自然也就从宪法转向了行政法的范围。

1. 行政管理国家的崛起与美国行政法的发展

在新政和第二次世界大战之前，美国这个有着普通法传统的国家几乎不承认行政法的存在。这和那些有罗马法或民法传统的欧洲大陆国家很不相同。法国和其他一些欧洲大陆国家不仅有区别于一般法律而自成体系的行政法，而且有不同于一般法院而专门执行行政法的行政法院。更重要的是，这

---

① Martin Shapiro. "The Supreme Court's 'Return' to Economic Regulation." *Studies in American Political Development* 1 (1986): 117.

些国家的行政法一般都把国家视为公共利益的保卫者，除非国家行动显然违法，个人的纯粹私人利益很难在行政法院挑战国家行动。美国则不然，其法律思想在行政法问题上深受 19 世纪末和 20 世纪初英国著名的自由主义法学家艾伯特·维恩·戴赛的影响。戴赛认为，法治的要旨之一就是：政府与个人之间的争议应作为普通案件交由一般法院根据一般法律进行审理和判决。政府只不过是诉讼当事人中的一方，与另一方相比没有什么特权可言。这就是说，既不需要有什么特设的行政法院，也不需要有什么自成体系的行政法。[①] 除了戴赛思想的影响之外，美国行政法发展缓慢的另一个重要原因当然是和该国行政机制本身的发展密切相关联的。19 世纪的美国被有些学者称为"法院和政党国家"，行政管理部门的发展远远落后于很多欧洲国家。到世纪之交，尤其是在进步主义时代，美国终于开始向行政管理国家的方向迈进，但真正巨大的变化是发生在 20 世纪 30 年代的新政和第二次世界大战期间。美国行政管理国家机制在这个阶段的迅速扩展使得行政部门、立法部门以及法律界都意识到了出台统一的行政法的必要性，不过它们希望这样做的目的并不一致，行政部门是要巩固其日渐扩大的权力，立法部门是想重振国会的影响，法律界则担心司法权力的削弱。1946 年行政程序法就是这些不同要求相互妥协的产物，结果形成了独具美国特点的行政法体系。

据美国学者戴维·罗森布卢姆的研究，新政和第二次世界大战将联邦行政管理部门的规模和权力扩大到了过去无法想象的地步。众所周知，富兰克林·罗斯福总统为应对大萧条而力主由联邦政府通过公共工程创造就业机会，并对生产、价格和工作条件进行监管以促进经济复苏。他在这样做时比较倾向于建立新的行政管理机构而不是依靠老的政府机构来行使职权。罗斯福曾对劳工部长弗朗西丝·珀金斯说："我们有新的和复杂的问题……与其要老的机构不堪重负，为什么不建立新的机构来承担新的责任？"到 1934年底，联邦政府建立了包括商品信贷公司、联邦存款保险公司、联邦通信委员会和证券交易委员会在内的 60 多个新机构。到 1937 年，直接向总统报告的机构和单位多达 100 多个。战争期间行政管理机构的增加更是达到了惊人的速度，尽管其中有不少是临时性的，它们到战后复员时便解散了。随着联邦机构的增加，联邦雇员的人数也急剧上升，1931 年为 61 万人，1939年达到 90 万人。此后由于战争威胁迫在眉睫，联邦雇员在 1940 — 1941 年

[①] Albert V. Dicey. *Introduction to the Study of the Law of the Constitution*. London: Macmillan, 1885.

以平均每月 35000 人的速度增加，到 1941 年 12 月达到 180 万人之多。
1945 年，联邦文职雇员多达 380 万人，此外还有 33 万人不领薪水的雇员和
"一元年薪的雇员"。行政管理国家的这种迅速发展不仅表现为国家机构和雇
员的增加，而且反映在政府开支的扩大上。美国政府收支在 20 世纪 20 年
代是年年盈余，可是在 1931 到 1941 年期间却变成了年年赤字，累计高达
320 亿美元。第二次世界大战爆发后，仅 1943 年一年的赤字就为 540 亿美
元。所有这些行政管理机构、雇员和开支上所发生的巨大变化都充分显示，
政治权力的重心正从议员和法官手中向行政管理机构和行政管理人员方面转
移。① 无怪乎最高法院大法官罗伯特·杰克逊在 1952 年要一针见血地指出，
行政管理机构"已经变成了名副其实的第四个政府部门，它就像第四维的概
念颠覆了我们的三维思想一样，打乱了我们有关三部门的法学理论"。②

　　行政管理机构及其权力的这种迅速增加带来的不仅是思想上的冲击，而
且是组织和管理上的混乱。罗斯福总统最初对此不以为意，但在 1936 年开
始正视这一问题。他任命了一个总统行政管理委员会，希望加强白宫对行政
管理机构的控制。该委员会因其主席为路易斯·布朗洛而通常被称为布朗洛
委员会。1937 年，布朗洛委员会在其报告中指出，行政部门的扩张"就像
一个老农场的谷仓、棚屋、筒仓、工具房和车库一样没有计划或者构思"。
委员会尤其担心"处于群龙无首状态的政府'第四部门'"，怕这些独立的行
政管理机构"不对任何人负责，不可能就人民通过他们正式选举的代表决定
的一般政策和政府工作进行协调"。因此，布朗洛委员会竭力主张由总统加
强对行政管理机构的控制和指导，使这些机构成为"总统的臂膀"。它还建
议限制国会在联邦行政管理中的作用，甚至猛烈地批评国会通过审计总署的
审计总长对拨款的使用、雇佣条件、发包订约、会计程序等进行事先审计和
事后监督。③ 正如以研究行政管理国家而著称的宪法学家约翰·罗尔所言，
布朗洛委员会主张的核心就是"将总统从主要行政长官变成唯一行政长
官"。④ 在布郎洛委员会报告发表后的第二年，曾经担任证券交易委员会主席

　　① David H. Rosenbloom. *Building a Legislative-Centered Public Administration*. Tuscaloosa, Alabama:
The University of Alabama Press, 2000: 5-7.

　　② *Federal Trade Commission v. Ruberoid Co.*, 343 U.S. 470, 487 (1952).

　　③ "Report of President's Committee on Administrative Management." 74th Congress, 2nd Session.
Washington, D.C.: Government Printing Office, 1937: 32, 4, 22.

　　④ John Rohr. *To Run a Constitution: The Legitimacy of the Administrative State*. Lawrence, Kansas:
University Press of Kansas, 1986: 139.

的坚定的新政派詹姆斯·兰迪斯在出任哈佛大学法学院院长后发表了他的名著《行政程序》，为行政管理国家的崛起与扩张做了全面的辩护。他认为行政管理机构的剧增是应对现代化的历史必由之路，而建立在有限政府概念上的传统的分权所适应的则是工业化与民主化都不够发达的社会秩序，行政管理机构在处理工业民主国家的社会问题时比传统机制有更大的优势，即专家治理，这也是它能防止暴政和专断的原因所在。①

面对行政管理国家的迅速发展和新政派所主张的行政至上主义的喧嚣，某些国会议员和法律界人士都感到有加以抑制的必要。1933年，来自肯塔基州的参议员米尔斯·洛根提交了一个建立行政法院的法案，试图由这类法院受理所有有关行政管理机构决定的上诉，可是国会未就此法案采取任何行动。法律界人士在同一年也对行政管理机构的权力扩张做出了回应。1933年5月，美国律师协会专门设立了行政法特别委员会来研究这一问题。该委员会主张，行政管理人员的"审判职能"应该转移到独立的审判庭手中，不然就由司法独立的审判庭对行政官员的裁决进行事实和法律上的全面审查。因为他们认为行政机构在扩张过程中集司法、行政和立法权力于一身的做法是不健康的。②委员会在1934年的报告中进一步表明了对三权分立失去平衡的担心。它明确指出："联邦政府的司法部门正在迅速和严重地遭到损害，如果这些趋势被允许不受阻碍地发展，司法部门就有遭遇梅罗维金王朝君主命运的危险。"③在此后几年发表的报告中，该委员会一直在寻找一种能解决行政机构膨胀所带来的问题的万灵药方。它或者建议成立联邦行政法院，或者主张在各行政部门设立审查局，或者设想由指定的法院掌握对行政机构决定予以否决的权力。

1938年，著名法学家罗斯科·庞德出任美国律师协会行政法委员会主席。他在该委员会当年的报告中批评行政官员中存在的"十种趋势"，例如未经听证会就做出决定等。庞德指出宪法规定的分权和司法部门对其他政府部门的制约是美国政府的特点，而"与此相反的是苏联的法学家近来所坚持

---

① James Landis. *The Administrative Process*. New Haven: Yale University Press, 1938. 兰迪斯在强调专家治理能防止暴政和专断时，隐隐约约地承认还是有出现这些问题的可能，所以仍然需要某种制约。

② *American Bar Association Report* 58 (1933): 197, 203.

③ *American Bar Association Report* 59 (1934): 539, 549.梅罗维金王朝是法国历史上第一个重要的王朝。梅罗维金人是法兰克人的一支，他们在公元448—751年统治的王国包括今天法国的大部分地区和德国的部分地区。这个王朝的国王有不少是被杀手所害致死，故相传他们命定该绝。

的主张，即社会主义国家没有法而只有法规，没有法律而只有行政条例和命令。有关行政极权主义的理念就是在目前完全由行政官员控制下建立的高度集权的行政管理，可以摆脱司法审查，自行做出决定。那些拒绝有法律（就律师所理解的这个词而言）并坚持说这类律师的幻想在未来的社会里将要消失的人在今天鼓吹的就是这种制度"。[1] 显然，法律界人士对行政管理国家扩张的批评已不仅仅是限于对其是否符合宪法传统的质疑，而且还把它与当时世界上的极权主义国家等量齐观。美国律师协会当选主席在 1939 年就明确指出，"极权主义的力量和民主的力量在全世界拼搏"。他呼吁同行们加入到这场"重大斗争"中来，反对那些"不顾宪政民主而想赋予全国政府以极权主义权力的'进步主义者''自由主义者'或者'激进分子'"。[2]

　　美国国会在 1939 年出台的沃尔特—洛根法案受到了美国律师协会行政法委员会很大的影响，试图通过由法院执行的对所有行政管理机构都适用的统一的程序法典来限制这些机构的权限，其中包括建立更为正式的机构内部程序，将某些机构职能分离，并扩大司法审查，等等。不过，正如美国法律史学家 G. 爱德华·怀特所言，沃尔特—洛根法案的出台标志着在那些认为联邦行政管理机构与宪法格格不入的人和那些视其为现代工业民主社会专家治理象征的人之间的长期争议进入了一个新阶段。因为该法案的拟定者承认联邦行政管理机构在宪法上已获得某种合法性，但他们仍然坚持行政官员的专业性难以成为他们有能力负责任的基础。这就是说行政官员的经验、专业知识和科学技术不足以使行政管理机构的决定免除检查。于是，沃尔特—洛根法案的制定者们将他们过去对行政管理机构的反对变成了对其权限的程序性检查。他们认为，这种对行政管理机构的检查而不是行政人员本身的专长才可以使行政管理机构的管理在宪法上合法化。[3] 1940 年 4 月，沃尔特—洛根法案在众议院获得通过，同年 11 月又在参议院得到批准。可是，罗斯福总统在当年 12 月 2 日否决了沃尔特—洛根法案。他抨击该法案是"希望所有的政府程序都受法律诉讼引导的律师们和希望逃避监管的利益联合起来反

---

[1] Cited from Walter Gellhorn. "The Administrative Procedure Act: The Beginnings." *Virginia Law Review* 72 (1986): 223.

[2] Jacob M. Lashly. "Administrative Law and the Bar." *Virginia Law Review* 25 (1939): 641, 658.

[3] G. Edward White. *The constitution and the New Deal*. Cambridge: Harvard University Press, 2000: 117-118.

复努力"的结果。① 总统的否决由于国会缺乏足够的反对票而未能被推翻。

其实，在沃尔特—洛根法案送交国会之前，罗斯福总统在 1939 年已经要求其司法部部长任命了一个行政程序委员会，着手应对因行政管理机构扩张而产生的种种问题和不满，尤其是美国律师协会行政法委员会的攻击。在沃尔特—洛根法案被否决后，司法部部长行政程序委员会很快便在 1941 年 1 月底提出了自己的报告，其中包括两个法律草案。委员会多数派认可的草案对当时就已存在的联邦行政程序几乎未做什么更改，而少数派草案则对行政机构提出了新的程序要求，并且在多数派草案未予理会的司法审查标准上做出规定，允许法院推翻行政管理机构的"专断的和随意的"决定。少数派草案自然得到了法律界人士的支持，并最终获得美国律师协会的认可，因为他们认识到对行政管理机构施加更多限制的法案必将遭到罗斯福政府的反对，恐怕在国会难以有机会通过。1944 年，美国律师协会行政法委员会起草了一个和少数派草案十分接近的法案送交参众两院讨论。这一法案成了此后两年里美国律师协会、行政管理机构的代表、罗斯福行政当局以及杜鲁门行政当局在国会听证会上就行政程序立法展开讨论的基础②，而司法部根据多数派草案起草的新法案则未被理会。不久，新任司法部部长汤姆·克拉克在 1945 年给参众两院司法委员会的信中认可了美国律师协会提出的新法案。与此同时，美国国会意识到行政管理权力的扩大在很大程度上是其授权的结果，可是它在授予行政管理机构立法权上已别无选择。来自田纳西州的众议员埃斯蒂斯·基弗弗一语中的："由于情况复杂，国会不可能制定所有详细的约法和规定。"③ 这样一来，很多国会议员都同意众议员弗朗西斯·沃尔特的预言："行政管理政府……显然会在此留下不走。"④ 然而，他们又不想看到三个部门之间的权力关系失去平衡，于是试图通过行政程序立法建立以立法为中心的公共行政体系，使行政管理机构成为立法程序的延伸。1946 年行政程序法就是在行政国家扩展的过程中，以上各种力量博弈、协商和妥协的产物。该法经参众两院一致通过后，于 1946 年 6 月 11 日由杜鲁门总

---

① Stephen Breyer, Richard Steward, Cass Sunstein, and Matthew Spitzer. *Administrative Law and Regulatory Policy: Problems. Text, and Cases*. New York: Aspen Law and Business Publishers, 1998: 22.

② White. *The Constitution and the New Deal*: 119-120.

③ U.S. Congress. *Congressional Record*, vol. 92, 79th Congress, 2nd Session. Washington, D.C.: Government Printing Office, 1946: 5661.

④ U.S. Congress. *Administrative Procedure Act: Legislative History*, Senate Committee on the Judiciary. Washington, D.C.: Government Printing Office, 1946: 350.

统签署生效，成为美国历史上第一部联邦行政程序法，通常被视为美国行政管理机构的"现代宪章"。①

　　1946 年行政程序法是因妥协达成的一致，所以有关各方对于该法的实质性内容其实存在迥然不同的看法和解释。杜鲁门政府的司法部部长汤姆·克拉克认为，行政程序法只不过"宣布了有关司法审查范围的现行法律"。②时任参议院司法委员会主席帕特·麦卡伦则在他给《美国律师协会杂志》写的文章中针锋相对地指出，任何人都难以"有理由认为（行政程序）法除了在联邦法律涉及的范围内削弱'权力崇拜'以外还做了什么别的事情"。③诸如此类的分歧说明，1946 年行政程序法一方面满足了以司法部部长行政程序委员会为代表的行政部门的需要，承认了现行行政管理机构及其权力的合法存在，另一方面也满足了以美国律师协会为代表的法律界和美国国会的需要，在如何制约这些行政管理机构上留下了相当大的伸缩空间。

　　就前者（即承认现行行政管理机构）而言，司法部长行政程序委员会在其 1941 年的报告中就坚持认为，有关行政管理机构的立法必须源于现有机构的实践，也就是说，新的行政法必须使新政已有机构的运作合法化，而不是使其活动受到阻碍。鉴于行政管理机构的实际活动是如此之多，如此复杂和如此多样化，该委员会不赞成让所有这些活动都受制于一部简单化的统一法典。司法部部长克拉克在 1945 年之所以认可正在讨论的新法案，就是因为他认为"法案看来在为实现行政程序上合理的统一性和公平性提供了希望的同时，没有不适当地干预政府有效和俭省的运作。在可能的情况下，法案通过对单个机构的某些功能的适当豁免承认了它们的需要"。④从这个意义上来讲，1946 年行政程序法实际上并不是通常人们所理解的欧洲式行政法典，因为它没有为所有的行政管理机构的活动提供一套基本的和完全的法规。行政管理机构首先要遵守的是国会为设立这些机构而通过的法律及其修正案，即所谓的建制法。如果建制法未做规定，那么联邦行政程序法则成为依据。据美国学者夏皮罗研究，1946 年行政程序法所具有的就是这种所谓剩余补充的特点，即在已有行政管理机构建制法未能照顾到的剩余领域里加

---

① White. *The Constitution and the New Deal*, 119.

② U.S. Congress. *Administrative Procedure Act: Legislative History*: 230.

③ Pat McCarran. "Improving 'Administrative Justice': Hearings and Evidence; Scope of Judicial Review." 32 *American Bar Association Journal* (1946): 827, 893.

④ U.S. Congress. *Administrative Procedure Act: Legislative History*: 223-224.

以补充。① 因此，美国的行政法直至今日仍然是由几百个不同行政机构各自的建制法和 1946 年行政程序法及后来的有关立法（如 1966 年信息自由法、1972 年联邦顾问委员会法、1974 年隐私法、1976 年阳光政府法、1980 年监管灵活性法、1980 年和 1995 年减少文书工作法、1990 年协商制定规则法、1993 年政府表现和效果法、1996 年小企业监管执行公平法等）构成的。这显然是新政派要求在承认已有行政管理机构活动架构基础上进行行政法立法的结果，同时也是美国国会为建立以立法为中心的公共行政系统而努力的产物，因为 1946 年行政程序法并未取代由国会围绕各种不同类型的行政管理机构通过的具体的建制法，而后者使国会在规范行政管理机构的使命和运作程序上过去、现在和将来都会举足轻重。如此一来，美国的行政法自然也就变得相当复杂和零乱，从而加强了由法院进行司法审查的必要性。

就后者（即制约行政管理机构）而言，1946 年程序法不仅对行政管理机构提出了程序上的要求，而且为对行政管理机构的行动进行司法审查设立了标准。当然，其中也包含了一系列妥协。该法将政府行政管理机构的活动分为三大类，即审理判决、制定法规和自由处置。在审理判决方面，当时如全国劳工关系委员会和联邦贸易委员会一类的行政管理机构已有多年经验，它们常常就当事人是否违反了法律和行政法规举行听证会，在审理后做出判决。1946 年行政程序法认可了这种与传统的戴赛理念不相吻合的做法，即涉及行政管理机构的争议不是交由一般法院根据一般法律审判，而是在行政管理机构内部以听证会的方式进行审理判决。这固然是支持行政管理国家的新政派和行政部门的胜利，但是该法同时也规定，此类审理判决必须在行政管理机构任命的半独立的听证官（现在已改称为行政法法官）主持下像法院审判一样采取对抗制的诉讼形式。不仅如此，1946 年行政程序法还为行政管理机构的审理判决规定了严格的司法审查标准，要求此类判决必须建立在"实质性证据"之上。这显然符合美国律师协会和国会中试图制约行政管理机构逐渐强大的人士的一贯主张。对于国会授权行政管理机构所从事的制定法规的活动，1946 年行政程序法不仅正式认可了其合法性，而且在程序要求上颇为松动，主要集中于三点：一要发布准备制定法规的通知；二要请求机构外的有关方面和人员对制定中的法规予以评论；三要将最后制定好的法

---

① Martin Shapiro. *Who Guards the Guardians: Judicial Control of Administration*. Athens, Georgia: The University of Georgia Press, 1988: 39; "The Supreme Court's 'Return' to Economic Regulation.": 102.

规在《联邦登记》公报上公布，并附上有关法规依据和目的的简短声明。尽管 1946 年行政程序法在司法审查上要求制定法规的活动不得"专断"和"随意"，但是由于该法未规定这类活动必须有记录，结果使司法审查在其后一段时间几乎沦为空谈。这当然比较迎合主张扩大行政管理机构权限的新政派的想法。至于自由处置则是指行政管理机构在审理判决和制定法规以外所从事的所有活动。1946 年行政程序法对这类行动未做程序上的规定，它一方面说法院不得将该法应用于自由处置活动，另一方面又称法院可以推翻自由处置权的滥用。这种含糊其词和自相矛盾显然又是有关各方妥协的结果。最后还要指出的是，在对行政管理机构的行动进行司法审查的问题上，1946 年行政程序法明确指出，如果有关的建制法规定了司法审查的标准，那就要以其为依据进行司法审查，而不是以这个联邦行政程序法作为根据。后来的发展表明，尽管 1946 年以后美国国会通过的一系列建制法和修正案中有不少接受了行政程序法规定的程序性要求和司法审查标准，但是也有很多建制法和修正案制定了不同的程序和标准，结果自然是使问题愈来愈复杂化。[①]

　　正是由于以上两方面的发展，夏皮罗在概括美国行政法和法院在这一领域的作用时十分精辟地指出："行政法就这样成了制定法，但它是由高度具体的规定、粗略的概括和缺漏所组成的令人难以置信地复杂、不完全和支离破碎的大杂烩。法院在试图宣告这一法律并对行政管理机构执法时，并非进行通常的法令解释。它们从事的实际上是旨在建立每个人必须遵守的基本规则的更广泛、更有自由处置权的活动。国会如果愿意可以介入，但除非它更全面和更始终如一地这样做，法院其实是在制定某种类似于行政宪法的东西。"[②] 对 1946 年行政程序法的褒贬与夏皮罗相去甚远的艾伦·莫里森也认为："行政程序法更像宪法而非制定法。它为决策提供了灵活性；它可以通过解释而非修正案即得以改变；它的运动更像钟摆式的而非直线式的。它的基本作用就是要塑造人民和他们的政府之间的关系，使政府在执行国会的实体法时有相当大的空间，同时又为被管理者提供相当程度的程序上的保护。"[③] 无论是贬之为"大杂烩"，还是褒之为"宪法"，一个共同的事实就是：美国行政法的折衷性、复杂性、不完全性和零碎性使得法院在进行解释

---

① Martin Shapiro. "APA: Past, Present, and Future." *Virginia Law Review* 72 (1986): 453-454.

② Shapiro. "The Supreme Court's 'Return' to Economic Regulation": 101.

③ Alan B. Morrison. "The Administrative Procedure Act: A Living and Responsive Law." *Virginia Law Review* 72 (1986).

时具有相当大的伸缩性，从而在美国行政法的发展及其实践上扮演了重要角色。具体说来，以哥伦比亚特区上诉法院为代表的联邦上诉法院在它们做出的一系列判决中虽然仍称是以建制法和行政程序法为依据，但实际上已超越了这些制定法的语言。在夏皮罗看来，它们是在创造有关行政程序的联邦普通法，它们要求所有的联邦行政法规，包括经济监管法规，都要通过在实质上是否合理的检验。美国最高法院最终肯定了这些联邦下级法院的做法，在行政法规的司法审查上愈来愈强调在宪法案件中已很少运用的实质性正当程序的原则，从而使法院的作用进一步加强。①

2. 行政法司法审查在公共利益时代的迅速加强

不过，美国法院在行政法这一新领域里加强司法审查并不是在1946年行政程序法通过后马上开始的，它经历了一个发展过程，直到1960年以后的所谓"公共利益时代"才在美国司法界蔚然成风。这一方面是由于新政宪法革命后司法克制主义的影响，另一方面则是因为战争年代和战后的经济繁荣使得着眼于调节公共部门和私人部门之间关系的改革暂时失去了"大萧条"时期的那种迫切性。更为重要的是，行政管理国家崛起以来对专家治理的信心在新政和战后初期达到了一个高峰。美国的法院在法院和行政管理机构之间如何分配决定权上第一次要面对专业知识的问题。在1944年全国劳工关系局诉赫斯特出版公司案的著名判决中，最高法院推翻了上诉法院对全国劳工关系局就"雇员"所做定义的否决。它在判决中指出："本案不需要围绕'雇员'一词做出完全确定的限制。那个任务已基本上划归由国会创造出来以执行此法的机构……每天执行此法的经验使它熟悉各个部门雇佣关系的条件与背景，熟悉工人自我组织和采取集体行动的能力与需要，熟悉以集体谈判和平解决他们与雇主争端的合适性。如此获得的经验一定要常常用来影响根据此法谁是雇员的问题。解决这个问题就像决定是否有违公平劳工一样，'属于'（全国劳工关系）局'通常的行政常规'。"②正如美国学者罗伯特·拉宾所言，该判决"赞扬的是行政管理机构经验之长，坚持的是法院监察功能的有限性"。③在1943年和1947年证券交易委员会诉切尼公司案长达十年的争议中，最高法院在两次判决中都肯定了行政管理机构的专业性与经验，尽管证券交易委员会自己坦率承认，它过去并未处理过信托责任

---

① Shapiro. "The Supreme Court's 'Return' to Economic Regulation.": 104-105.

② *NLRB v. Hearst Publishing Inc.*, 322 U.S. 111, 130 (1944).

③ Robert L. Labin. "Federal Regulation in Historical Perspective." *Stanford Law Review* 38 (1986): 1268.

问题。[①]

　　法院对行政机构专业性的这种尊重在 20 世纪 50 年代开始动摇。究其原因，首先是因为战后保守主义的复苏，特别是 1947 年塔夫脱—哈特莱法案的通过，对全国劳工关系局的权威提出了挑战。在 1951 年通用照相机案的判决中，最高法院推翻了下级法院有关塔夫脱—哈特莱法案并未扩大对劳工关系局司法审查范围的裁定，断言该法实际上反映了国会有关法院与行政管理机构适当关系的"基调"已经发生变化。不过，保守派对行政管理权力扩张的反对之声由于冷战的影响而有所缓和。他们转而主张为国家安全起见加强行政管理机构的权力。这样一来，无论是本就倾向于加强行政管理机构的自由主义者，还是长期反对行政管理权力扩张的保守主义者，在 20 世纪 50 年代都乐见法院对行政管理机构的决定少加干预。法院也确实是如此行事。可是，在德怀特·艾森豪威尔总统任内，行政管理机构被它们负责监管的利益集团所"俘虏"的事实频频曝光，使自由主义者对行政管理机构的专业性、中立性和客观性逐渐产生了怀疑。1960 年，新政时代行政管理国家的主要倡导者兰迪斯在受当选总统约翰·肯尼迪委托而撰写的报告中，表达了他对行政监管的失望。兰迪斯指出，对行政管理机构存在的"普遍批评"就是它们倾向于"以工业部门定位……常常体现为受监管者变成了监管者"。[②]与此同时，对行政管理机构专业性表示怀疑的种种理论也应运而生，诸如俘虏论、专业变形论、机构生命周期论和现代技术异化论，等等。[③]所有这些对行政国家的根基即"专业性"产生的怀疑，由于民权运动和反战运动的发展而进一步加强，因为这些运动挑战的都是既定的体制和权威。

　　当美国人对行政管理机构的专业性、中立性和客观性产生了愈来愈多的怀疑之时，他们对行政管理机构应该通过监管加以保护的公共利益——环保、卫生、安全——也愈来愈关心。有学者甚至认为美国在 20 世纪 60 年代和 70 年代进入了一个"公共利益时代"。[④]雷切尔·卡森的《寂静的春天》讲述了农药所产生的触目惊心的生态影响，在 1962 年成了畅销书。洛杉矶

---

① *SEC v. Cheney Corp.* [Cheney I], 318 U.S. 80 (1943); *SEC v. Cheney Corp.* [Cheney II], 332 U.S. 194 (1947).

② James Landis. *Report on Regulatory Agencies to the President-Elect*. Washington, D.C.: Government Printing Office, 1960: 70.

③ 参见 Shapiro. *Who Guards the Guardians?* 62-68.

④ Labin. "Federal Regulation in Historical Perspective.": 1278.

连续不断的烟雾警报在 60 年代末使人们忧心忡忡。加州圣巴巴拉沿海地区在 1969 年因联邦石油公司钻井平台事故导致 20 万加仑（约为 75.7 万升）石油外漏，35 英里（约为 56.33 千米）的海岸线经历了一场环境浩劫。在大峡谷筑坝的建议引起了一片反对之声，人们希望能保护大自然的美丽景观。这些接踵而至的灾难成为公共监管不到位的明证。美国国会对此做出了回应，在短短六七年的时间里就通过了一系列里程碑式的监管立法，旨在应对空气和水污染、职业卫生和安全、废物公害和有毒物质、濒危地点和物种等问题。其中最重要的立法包括 1969 年全国环境政策法、1970 年清洁空气法、1970 年职业安全与卫生法、1972 年联邦水污染控制法、1972 年濒危物种法、1976 年有毒物质控制法、1976 年资源保护与回收法。与此同时，以拉尔夫·纳德为代表的保护消费者权益的运动也在美国兴起。纳德与通用汽车公司对簿公堂，促使美国国会在 1966 年通过了汽车安全法。此后，很多其他的保护消费者的立法也相继在国会获得通过，其中包括 1966 年安全肉类法、1966 年香烟标记和广告法、1966 年儿童保护法、1966 年诚实包装和标记法、1967 年安全肉类法，1967 年安全禽类产品法，1967 年易燃纺织品法、1968 年天然气管道安全法、1968 年联邦消费者信贷保护法、1968 年放射控制法、1969 年煤矿卫生与安全法、1969 年儿童保护与玩具安全法、1969 年火烛研究与安全法、1970 年诚实信贷报告法、1972 年马格努森—莫斯担保与联邦贸易委员会改良法，等等。在这场巨大的监管立法浪潮中，许多新的联邦行政管理机构应运而生，例如环境保护署、职业安全与卫生管理局、材料运输局、矿区表面改造和执行厅、消费者产品安全委员会、联邦公路运输安全管理局、全国运输安全局、矿业安全与卫生管理局，等等。各类主要监管机构的开支在 20 世纪 70 年代也迅速增加，从 1970 年的 8.66 亿美元增加到了 1979 年的 55 亿美元以上。环境保护署的预算从 1969 年的 3.03 亿美元增加到了 1980 年的 56 亿美元；职业安全与卫生管理局的预算从 1973 年的 0.37 亿美元增加到了 1980 年的 1.78 亿美元。总体而言，主要行政管理机构的预算在 1970 年到 1979 年间增加了 537%，而雇员增加了 216%。每日出版的《联邦登记》公报登载的是行政管理机构提议和制定的法规，其页数也从 1960 年的 9562 页增加到了 1980 年的 74120 页。①

---

① Cass Sunstein. *After the Rights Revolution: Reconceiving the Regulatory State*. Cambridge, Massachusetts: Harvard University Press, 1990: 28.

政府监管在 20 世纪 60 年代和 70 年代的急剧扩大自然会使人们想到 30 年代的新政。然而，"公共利益时代"的政府监管与新政时代相比，不仅在实质上而且在制度上都有很大的区别。就其实质而言，"大萧条"时代的政府监管主要着眼于稳定经济和促进经济增长，而 60 年代和 70 年代的政府监管则是为了保护公共卫生和安全免于各种来源——工作场所、空气和水、消费品造成的危险，其目标并非单纯的经济增长，而是可持续的经济增长和社会发展。从制度角度来看，新政时代给予行政管理机构相当大的自主性，因为人们对其专业性有比较强的信心。如前所述，这种信心到 60 年代已大大削弱，人们在行政管理机构的自主监管中看到的是自我利益和派别之争左右了政府的监管。于是，国会在其通过的很多法案包括建制法中对行政管理机构的活动规定了各种制度上的制约方式。例如，有的法律提出了比行政程序法更为周密的程序要求，有的法律放宽了对行政管理机构采取法律行动的资格范围，有的法律提出了比"专断和随意"更严格的审查标准，有的要求行政管理机构准备事实性记录，有的在授予制定法规的广泛权力时详细规定了法规的目的和行政管理机构必须采用的手段。所有这些规定充分说明，国会非常担心行政管理机构缺乏足够的专业性，甚至会被利益集团所俘虏。所以国会在 60 年代和 70 年代通过的这些法律为司法审查提供了许多程序上和实质内容上的制定法依据，从而为法院通过解释制定法加强对行政管理机构行动的司法审查创造了条件。

这样，法院乃在公共利益时代开始通过一系列判决加强对行政管理机构活动的司法审查，并从程序性审查逐渐转向了实质性审查，结果使得行政法方面的联邦普通法或者说案例法获得了长足发展。由于位于首都的联邦政府行政管理机构的裁决和法规制定一般是由哥伦比亚特区巡回区上诉法院进行司法审查，该法院乃成为联邦上诉法院中推动这一重大转变的先锋。它在 1966 年美国航空公司案判决中表示，自己已"准备好制定相信是某些种类案件的公平听证概念本身所固有的程序要求，哪怕国会并未规定这些要求"。[①] 这虽然只是判决中的附带意见，但后来在有关案件中被多次援引。哥伦比亚特区巡回区上诉法院后来还在一系列案件的判决中反复重申，它有权决定程序要求，包括 1946 年行政程序法中所没有加以规定的就制定法规举行口头听证会和进行交叉质询等。尽管联邦上诉法院并未就这些新增加的程

---

① *American Airlines, Inc. v. CAB*, 359 F. 2d 624, 632 (D.C. Cir. 1966).

序做出普遍适用的硬性规定，但它们常常要求在制定法规行动中，用审理判决行动必须采用的比较严格的司法裁决式程序代替按照行政程序法本应采用的比较灵活的立法式程序。① 其结果自然是由联邦上诉法院对 1946 年行政程序法所规定的适用于行政管理机构不同行动的程序进行所谓"混血杂交"，在行政法领域形成比制定法要求远为严格的联邦普通法。②

联邦上诉法院之所以要这样做，同样是出于对行政管理机构作为公共利益代表的基本条件——专业性、中立性和公正性所产生的怀疑。因此，它们在程序要求上做文章的第一个目标就是加强行政管理机构与公众的"对话"，即一方面要求行政管理机构在对话中认真听取公众的意见，另一方面则让愈来愈多的团体与个人都享有这种对话的权利与机会。众所周知，1946 年行政程序法虽然要求行政管理机构在制定法规时要发出"通知"，并听取"评论"，但并未从程序上保证公众的意见一定会被认真考虑。有鉴于此，联邦上诉法院乃在判决中要求行政管理机构对所有重要的"评论"做出书面答复。这不仅迫使行政管理机构在对话中确实要考虑公众的意见，而且为法院后来的司法审查提供了书面材料。至于法院扩大公众参与的努力则表现在有关起诉资格的判决上。在 1966 年联合耶稣会交流办公室诉联邦通信委员会案的判决中，哥伦比亚特区巡回区上诉法院否定了行政管理机构可以充分代表公众利益因而无须公众介入其决策过程的传统看法，裁定收视的公众可以参与更新电视台执照的程序，扮演"私人司法部部长"的角色。"私人司法部部长"意味着公众作为私人公民不仅可以参与行政管理机构的运作，而且可以对其采取法律行动，哪怕他们个人的产权、经济利益，甚至于非经济利益并未受到直接损害或影响。③

对行政管理机构持怀疑态度的联邦上诉法院除了竭力加强这些机构与公众的对话以外，还要求行政管理机构在制定法规的过程中要对法规涉及的问题"严格审视"。1970 年，哥伦比亚特区巡回区上诉法院在大波士顿地区电视公司诉联邦通信委员会案判决中指出，该委员会有义务"合理考虑所有重

---

① *Marine Space Enclosure, Inc. v. FMC*, 420 F. 2d 577 (D.C. Cir. 1969). *Walter Holm & Co. v. Harding*, 449 F. 2d 1009, 1015 (D.C. Cir. 1971). *International Harvester Co. v. Ruckelshaus*, 478 F. 2d 615 (D.C. Cir. 1973).

② James V. DeLong. "Informal Rulemaking and Integration of Law and Policy." *Virginia Law Review* 65 (1979): 260, Note 22.

③ *Office of Communication, United Church of Christ v. FCC*, 359 F. 2d 994, 1003-4 (D.C. Cir. 1966).

要的事实和问题"。"如果法院获悉……该机构没有真正进行合理决策",那么它有义务拒绝批准其决定。① 更为重要的是,法院后来不仅要求行政管理机构进行"严格审视",而且要求进行司法审查的法院也要"严格审视",并明言双方在这方面是"合伙关系"。正如美国学者夏皮罗所说的一样,法院作为行政管理机构的合伙人进行"严格审视"时自然一定要考虑问题的实质,而不仅仅是关注这个机构在行动中所采取的程序。于是,法院在就行政管理机构的行动进行司法审查时便逐渐把重心从程序转向了实质。②

事实上,法院对行政管理机构在"对话"和"严格审视"上提出的要求虽然看上去主要是程序性的,但它们成了法院对行政管理机构决定的实质性内容加以否决的重要手段。这就是说,法院如果对实质性内容不满意,它可以利用在对话或严格审视方面做得不够等程序上的理由来推翻行政管理机构的决定。由于行政管理机构现在制定法规时被迫要和做出审理判决时一样留下详细记录,自然就为法院在程序上寻找漏洞开了方便之门。程序上的变动导致实质性裁决的例子不胜枚举,其中最重要的就是联邦上诉法院在有关程序的司法语言上所做的一个小小的省略。它们在加强对话这个程序问题上原本是要求行政管理机构对制定法规听证会参与者提出的所有重大问题都要做出回应。可是,有些联邦上诉法院后来在重述这个要求时逐渐省略掉了"参与者提出的"字眼,要求行政管理机构对与法规有关的所有重大问题都要做出回应。这个小小的省略使得法院对行政管理机构行动进行的司法审查不可避免地从程序走向了实质。③ 当法院过去要求的是对所有参与者提出的重大问题做出回应时,它信奉的是战后初期多元主义的思潮,只要在程序上能反映出有关各方的利益就可以了,所以它考虑的是不要漏掉任何一方的程序性问题,而不是对和错这种实质性问题。可是当法院省略了"参与者提出的"这个定语后,行政管理机构就要对所有重大的问题做出回应,并概括其要旨,然后就制定法规做出决定,这里便不存在多一方或少一方的问题,法院关注的是行政管理机构在听取所有各方意见后,所做概要和决定的对与错的问题,即实质性问题。

以哥伦比亚特区巡回区上诉法院为代表的联邦上诉法院固然是"公共利益时代"加强对行政管理机构进行司法审查的先锋,但是美国最高法院随后

---

① *Great Boston Television Corporation v. FCC*, 444 F. 2d 841 (D.C. Cir. 1970).

② Shapiro. "The Supreme Court's 'Return' to Economic Regulation.": 110.

③ Ibid., 112-113.

也在这方面发挥了重要作用。它不仅在 1970 年数据处理组织协会诉坎普案、1972 年谢拉俱乐部诉莫顿案、1973 年合众国诉挑战管制机构程序学生协会案的判决中扩大了起诉资格的范围①，而且在 1971 年保护奥弗顿公园公民协会诉沃尔普案中对法院就行政管理机构行动进行司法审查的标准做出了走向实质性审查的颇具新意的重要判决。据统计，最高法院的这项判决截至 2004 年底在法院判决书中共被援引了 4640 次，它对美国行政法的影响不可谓不大。②当然，沃尔普案判决比较复杂，它一方面在加强司法审查上有所创新，另一方面又坚持对司法审查应有所限制。案件是因交通部部长批准将联邦资金用于建设横穿田纳西州孟菲斯市奥弗顿公园的州际高速公路而起，涉及美国国会在 1966 年通过的交通部法和 1968 年通过的联邦援助高速公路法。由于人们愈来愈关注环境保护问题，国会在这两项立法中均规定如果有"可行的和经过深思熟虑的"替代路线存在，交通部部长就不得授权使用联邦资金建设横穿公共公园的公路。据此，保护奥弗顿公园公民协会将交通部部长沃尔普告上了法庭，指控他授权建设横穿公园的六车道高速公路的决定违反了这些法律。该协会认为交通部部长是在对有关事实的正式结论缺乏了解的情况下做出决定的，因此在书面证词中要求前联邦公路管理局局长宣誓作证。被告方则在书面证词中指出交通部部长做出决定是有根据的。先后负责审理此案的联邦地区法院和第六巡回区上诉法院均驳回了指控，裁定交通部部长做出决定并不要求有事实性正式结论，从而拒绝命令前联邦公路管理局局长宣誓作证。这两个法院还认为从书面证词上看不能认定交通部部长超越了其权限。保护奥弗顿公园公民协会对此判决不服，乃上诉到美国最高法院。③

　　最高法院在判决中推翻了下级法院的判决，要求联邦地区法院对此案进行完整审查。瑟古德·马歇尔大法官所写的判决书首先肯定了上诉者有权要求进行司法审查，因为行政程序法规定"美国政府每个行政管理机构"包括交通部的行动均可受到司法审查，除非有制定法禁止审查或者涉案行动按照法律属于机构自由处置的范围。显然，美国国会并无意禁止此类司法审查。

---

① 参见本书"十四 环境保护在美国法院所遭遇的挑战"。

② Peter L. Strauss. "Citizens to Preserve the Overton Park v. Volpe." Columbia Law School, Public Law and Legal Theory Working Paper Group. Paper Number 05-85), Law & Economics Working Paper Series. Paper Number 267): 1.

③ *Citizens to Preserve Overton Park v. Volpe*, 401 U.S. 402 (1971).

至于机构自由处置的范围，最高法院认为是属于无法律可适用的领域，而国会的两项立法已对交通部部长的行动做了明确规定。鉴于被上诉方认为交通部部长从"深思熟虑的"替代路线的角度考虑有权根据成本、安全等因素选择横穿公园，最高法院明确指出有关制定法的存在说明保护公园土地才是"最重要"的考虑因素。在谈到司法审查的标准时，最高法院认为此案中交通部部长所做的决定既不是行政程序法中所规定的"审理判决"，也不是"制定法规"，因此不得以缺乏"实质性证据"或"没有事实保证"为由进行司法审查或重新审理，但可根据行政程序法普遍适用的标准加以"实质性审查"。审查首先要确定交通部部长是否在其权限范围内行动。这不仅需要依靠事实，而且要看其行动是否是"专断的，随意的，滥用自由处置权，或者与法律不相吻合"。要做到后者，最高法院在判决中指出："法院一定要看其决定是否考虑了有关因素，看其判断是否有明显的错误。"这样，最高法院便在沃尔普案判决中提出了一个对行政管理机构行动进行司法审查的新标准——"明显的错误"，从而使这类司法审查在从程序性向实质性转变上迈出了重要的一步。[①] 正如夏皮罗所言，过去以"专断的和随意的"作为实质性审查的标准是很难推翻行政管理机构的决定的，因为"专断""随意"意味着有关决定必须荒诞到非有理性之人所能为；而行政管理机构的行动中有明显错误则是比较容易认定的事实。[②]

　　在程序问题上，最高法院同意下级法院的意见，即司法部部长做出决定时不需要有事实性正式结论作为依据，但它认为下级法院仅仅依靠双方呈递的书面证词做出判决是不妥当的，因为这些证词是事后撰写的自我辩解，不足以作为司法审查的根据。在最高法院看来，交通部有足够的行政记录可以让法院对交通部部长的行动进行充分而迅速的审查。由于最高法院手头并无此类记录，它裁定将此案送回地区法院进行完整审查。最高法院还明确指出，地区法院的审查必须以交通部部长做出决定时完整的行政记录为基础。鉴于记录有时难以反映出当时被考虑的因素或交通部部长对证据的解读，最高法院在判决中指示地区法院可要求某些解释，以便对部长是否在其权限内行动以及其行动是否有正当理由做出判断。它还允许地区法院要求某些参与其事的行政官员出庭作证。[③]

---

① *Citizens to Preserve Overton Park v. Volpe*, 401 U.S. (1971) 402, 410-416.

② Shapiro. "The Supreme Court's 'Return' to Economic Regulation.": 118-119.

③ *Citizens to Preserve Overton Park v. Volpe*, 401 U.S. 402, 417-420 (1971).

由此可见，最高法院在沃尔普案判决中不仅在对行政管理机构进行司法审查的标准上有所创新，从而促进了实质性司法审查的发展，而且在程序上对既非"审理判决"亦非"制定法规"的行政管理机构行动也提出了为司法审查提供记录的要求。因此，判决对在联邦上诉法院，尤其是哥伦比亚特区巡回区上诉法院，已经出现的加强对行政管理机构行动进行司法审查的发展趋势起了进一步的推动作用。行政程序法规定中对"制定法规"和"自由处置"行动的要求本来有别于对"审理判决"行动的要求，现在则在程序、证据和实质上都向原本仅适用于"审理判决"行动的较为严格的要求上靠拢。不仅如此，沃尔普案判决后，哥伦比亚特区巡回区上诉法院虽然明知该案涉及的并非制定法规问题，但它在对制定法规行动进行司法审查时仍然反复使用该案判决中的"明显错误"标准，避免提及行政程序法规定的"专断的和随意的"以及"滥用"等标准。这是特区巡回区上诉法院试图以法官制造的行政法普通法话语取代行政程序法的制定法话语的重要表现。[①] 不过，最高法院在加强对行政管理机构行动进行司法审查上并不是没有保留。如前所述，它否认对交通部部长决定的司法审查需要以事实性正式结论为基础，并在主张对其决定进行实质性审查的同时指出："审查的最终标准是范围狭小的。法院没有被授权以自己的判断来取代行政管理机构的判断。"[②]

3. 行政法司法审查在保守主义时代的微妙变化

沃尔普案判决肯定了联邦上诉法院自 20 世纪 60 年代后期以来加强对行政管理机构进行司法审查的努力，表明最高法院在这个问题上也采取了司法能动主义的积极态度，从而成为美国行政法发展史上的一个里程碑。司法能动主义在行政法领域的发展是和"公共利益时代"各种监管的加强并驾齐驱的，前者成了使后者不偏离正轨的一种法律保证。可是到 70 年代末，随着去监管化要求在美国社会逐渐抬头，最高法院在行政法领域的司法能动主义的态度似乎也发生了变化。它在 1978 年佛蒙特洋基核电公司诉自然资源辩护理事会案的著名判决中反对哥伦比亚特区巡回区上诉法院对核监管委员会加以新的程序要求，显然是对上诉法院在程序问题上制造联邦普通法进行抵制。时任芝加哥大学法学院教授的斯卡利亚赞成最高法院在判决中指责哥伦比亚特区巡回区上诉法院未能以行政程序法这个制定法为基准，但他承认

---

① Shapiro. "The Supreme Court's 'Return' to Economic Regulation.": 119-120.

② *Citizens to Preserve Overton Park v. Volpe*, 401 U.S. 402, 416 (1971).

行政程序法本身有问题，并且怀疑最高法院的佛蒙特洋基案判决能产生的实际影响究竟有多大。[①] 后来的发展表明，这位以保守著称的最高法院时任大法官在当时做出的判断不是没有道理。

佛蒙特洋基案涉及环境保护团体持有异议的两个问题：1. 原子能委员会授予了佛蒙特洋基核能公司经营核电厂执照。2. 该委员会制定了有关铀燃料循环环境影响的法规。由于原子能委员会在 1974 年被撤销，其职能转移给核监管委员会，所以核监管委员会取代原子能委员会在联邦上诉法院审查此案时成为被指控的对象。1976 年，哥伦比亚特区巡回区上诉法院认为，核监管委员会制定燃料循环法规的程序没有利用本可利用的方法，结果排除了充分反映事实和相反意见的可能性，从而不足以形成适当的"对问题的公开讨论"。[②] 这样，法院乃裁定燃料循环法规的某些部分是专断的和随意的，下令由该委员重新制定法规。法院甚至指出，为了维护正当程序标准，行政管理机构必要时可遵循比行政程序法规定更为复杂的制定法程序。至于授予经营执照问题，法院认为委员会未能对环境影响加以足够考虑，故执照同样也要由委员会重新审理。佛蒙特洋基核能公司对判决不服，上诉到了最高法院。1978 年 4 月 3 日，伦奎斯特大法官代表最高法院做出判决，驳回特区巡回区上诉法院的判决，要求该法院重审。伦奎斯特大法官在判决中指出，1946 年行政程序法规定了当时国会认为法院在联邦行政管理机构制定法规方面可以提出的"最大限度程序要求"，这些机构可以增加对自己的程序要求，但除非是在极其少有的情况下，否则法院无权这样做。在判定由上诉法院重新审查被挑战的法规的合理性时，伦奎斯特要求法院按照行政程序法的规定进行，"不要偏离司法范围去探讨程序模式"，也不要"把自己有关什么是'最好'程序的概念加在行政管理机构头上"，更不要去"促进某些模糊不清的公共利益"。[③]

最高法院的这一判决在当时引起了一片批评之声，因为它在很多法律界人士看来是要终止过去十多年来联邦上诉法院加强对行政管理机构的行动进行司法审查的趋势，尤其是法院通过自己的判决提出比制定法更多的程序要求的倾向。行政法权威学者肯尼思·戴维斯就认为这个判决非常可怕，他甚

① Antonin Scalia. "Vermont Yankee: The APA, the D.C. Circuit, and the Supreme Court." *Supreme Court Review* (1978): 375, 388.

② *Natural Resources Defense Council v. Nuclear Regulatory Commission*, 547 F. 2d 633, 644 (D.C. Cir. 1976).

③ *Vermont Yankee Nuclear Power Corp. v. NRDC*, 435 U.S. 519, 520,521 (1978).

至觉得有必要要求出版社停止印刷他的《行政法通论》第二版，以便他能加上对这个难以成立的佛蒙特洋基案判决的评论。在戴维斯看来，要防止行政管理机构权力的滥用，法官制定的普通法必须得到发展。他认为最高法院曾经在行政法和其他法律领域制定普通法，而佛蒙特洋基案判决却"禁止下级法院仿效最高法院的榜样"。①毋庸置疑，最高法院的这一判决确实使下级法院要求行政管理机构对自己行动负责的能力受到了限制，尤其是难以公开进行程序上的创新。不过，正如美国律师协会在 2007 年出版的《联邦行政管理机构法规制定指南》所说的一样，佛蒙特洋基案判决并不能被解读为推翻了在此案之前法院就如何解释行政程序法的程序要求而做出的判决。②换言之，这项判决的影响比起当时批评者的担心来说要有限得多。

根据哥伦比亚大学法学院教授吉利恩·梅茨格和夏皮罗等人的研究，对佛蒙特洋基案判决的重要性之所以不能估计过高，主要有以下几点理由。首先，判决在禁止法官制定程序上有所保留，这不仅表现为它承认极少数例外，而且表现为它没有质疑下级法院对行政程序法最小限度的程序要求做广义的解释。因此，这种基于制定法程序要求的广义解释在佛蒙特案判决后依然故我。例如，法院在判定行政管理机构违反了行政程序法中要求就"提议中法规的条款或实质，或涉及的内容与问题"提供通知的规定时，列举的理由是通知中提议的法规未能充分预示最终制定的法规所包含的内容。法院还要求通知中要包括支持所提议法规的数据和研究报告，等等。③这表面上是遵循制定法的程序要求，实际上却是这些要求的扩大与延伸。不仅如此，联邦上诉法院在佛蒙特洋基案判决后虽不能公开增加程序方面的要求，但可以在增加这类要求时称其为源于对行政程序法和建制法的解释，从而回避佛蒙特洋基案判决的限制。更为重要的是，这一判决虽然对下级法院加强对行政管理机构程序性审查的努力做了限制，但是它显然认可了下级法院对这些机构的行动加强实质性的司法审查，因为判决要求哥伦比亚特区巡回区上诉法院就涉案的法规是否有足够的理由进行审查并做出裁定。梅茨格认为，这样

① Cited in Kenneth F. Warren. *Administrative Law in the Political System.* Boulder, Colorado: Westview Press, 2004: 371.

② Jeffrey Lubbers. *A Guide to Federal Agency Rulemaking.* American Bar Association, 2007: 530.

③ Gillian Metzger. "The Story of Vermont Yankee: A Cautionary Tale of Judicial Review and Nuclear Waste." Columbia Public Law and Legal Theory Working Paper, Paper 0592 (2005): 53.

做的结果实际上是"为严格审视原则和制定法规记录的仔细检查开绿灯"。①

　　1983 年，最高法院就机动车辆制造商协会诉州农场互助汽车保险公司案做出的判决，成为佛蒙特洋基案后法院加强对行政管理机构进行实质性司法审查的重要标志。此案起因是罗纳德·里根总统任内的全国公路安全管理局在 1982 年取消了交通部制定的或者安装气袋或者安装座位安全带的汽车制造安全标准。该机构陈述的理由是：由于汽车工业部门倾向于安装愈来愈多的座位安全带而非气袋，且无证据显示消费者不会解开座位安全带，结果这项安全标准在增加生产成本的同时，却无法保证增加安全。最高法院就此案做出判决时虽然也谈及程序问题，但主要是对取消安全标准的决定是否合理进行实质性审查。法院在判决中明确指出，取消安全标准是"专断的和随意的"，因为涉案的行政管理机构未能就取消安全标准提供足够的"解释"。它还说，法院在审查其解释时一定要"看决定是否是基于对有关因素的考虑和判断是否有明显的错误"。这实际上是重申了奥弗顿公园案判决就行政管理机构行动的实质性司法审查提出的新标准。故最高法院判定"该机构不得仅仅因为该工业部门选择了无效果的座位安全带设计就取消当前技术可以达到的安全标准"。换言之，仅仅因为座位安全带没有产生预期的作用就把可以增加安全的气袋也一并取消，是明显的错误。不仅如此，法院认为取消座位安全带本身也是专断和随意的。在承认有关机构做出的决定时必须面对法规能否达到预期目的的"实质性不确定性"的同时，最高法院指出，该机构不能仅仅援引"实质性不确定性"来证明自己行动的合理性，它必须解释已有的证据，"在发现的事实和做出的选择之间找出合理的联系"。就此案而言，法院认为，"该机构对取消被动性限制要求的解释不足以使我们得出取消是合理决策的产物的结论"。② 显然，最高法院在此案判决中一再强调的就是对行政管理机构行动的实质性司法审查。

　　可是，就在座位安全带案判决后的第二年，最高法院又在美国雪佛龙公司诉自然资源辩护理事会案判决中来了一个看上去是 180 度的大转弯。它被很多人解读为行政管理国家发展中的"反马伯里案"判决。众所周知，最高法院首席大法官约翰·马歇尔在 1803 年马伯里诉麦迪逊案的历史性判决中确认了司法审查的原则，其核心就是由法院来解释什么是法律。可是，

　　① Gillian Metzger. "The Story of Vermont Yankee: A Cautionary Tale of Judicial Review and Nuclear Waste." Columbia Public Law and Legal Theory Working Paper, Paper 0592 (2005): 54.

　　② *Motor Vehicle Manufacturers Association v. State Farm Mutual*, 463 U.S. 29, 30, 43, 52 (1983).

1984年的雪佛龙案判决似乎宣告，当法律有含糊不清之处时应由行政管理机构而不是法院来决定何为法律。① 这与20世纪60年代和70年代以来加强对行政管理机构进行司法审查的发展趋势显然是背道而驰的。当时引起争议的是环境保护署就《清洁空气法》中规定的污染"固定来源"如何定义所做出的决定。里根总统任内的环保署在1981年宣布未达到国家空气标准要求的州可以将有几个排污设施的工厂视为一个"固定来源"。根据对"固定来源"的这种解释，一个工厂只要将其中一个污染设施加以改造而使总排污量不增加，就可以使整个工厂作为一个"固定来源"而被认定达到发放排污许可证的要求。哥伦比亚特区巡回区上诉法院在就此问题进行审查时做出判决：这种定义只能维持空气质量，而达不到1977年清洁空气法修正案所要求的改进空气质量的目的，因此是"不适当的"。② 最高法院在雪佛龙案判决中推翻了这一裁定。它认为，法院对一个行政管理机构就它所负责执行的法律做出的解释进行审查要分为两步。第一步就是要看国会在立法中是否直接谈到了涉案问题，如果答案是肯定的，那么法院的审查到此为止，它和行政管理机构都要尊重国会的意图。第二步则是在法院发现国会并未直接论及涉案问题后所要采取的步骤，即要看行政管理机构对问题的回答是否是基于对法律的合理解释，而不能简单地将法院对法律的解释强加于人。③ 这就是说，当国会对法律解释模糊时，行政管理机构而非法院将决定什么是法律。

对于这种看上去有违马伯里案判决的两步论，最高法院给出了几种解释。首先，它认为在这类案件中，由行政管理机构而非法院决定是什么法律，这源于国会的授权。当国会明确地或者隐蔽地在立法中留下了需要有行政管理机构填补的空白时，它实际上就是以明示或暗示的方式授权行政管理机构决定它未予澄清的法律。在最高法院看来，行政管理机构执行国会立法的权力本身就要求它在政策和法规上去填补国会以明示或暗示的方式留下的空白。④ 其次，最高法院认为监管事宜技术性很强，而且相当复杂，所以由专业性的行政管理机构决定这些领域需要加以解释的相关法律问题比较恰当，而法官则不是这些领域的"专家"。再次，最高法院认为这类决定需要

① Cass Sunstein. "Chevron Step Zero." John M. Olin Law & Economics Working Paper No. 249, (2nd Ser.), Public Law and Legal Theory Working Paper No. 91 (2005). 1-2.

② *Chevron, USA v. Natural Resources Defense Council*, 467 U.S. 837 (1984).

③ Ibid., 842-843 (1984).

④ Ibid., 843-844 (1984).

在彼此冲突的利益之间进行调和，所以"没有选民的联邦法官在这样的案件中有责任尊重那些有选民的所做出的合法政策选择"。它承认行政管理机构并不直接对人民负责，但它马上指出总统是直接对选民负责的，因此"让政府的这个政治部门去做出这种政策选择是完全适当的"，也就是说"在国会本身因疏忽而未决定或者有意留待根据每天的现实负责执行此法的行政管理机构去决定时"，应该由政治部门"来决定彼此竞争的利益"。①

最高法院的这些解释反映了行政管理国家在美国的发展——权力向行政部门的转移——对法律思想和实践的影响。有学者认为："雪佛龙案是 20 世纪从司法立法向行政立法转移的自然产物。"② 不过，美国政治制度中的分权传统仍然是根深蒂固的，因为它是美国民主宪政用以制约任何一个政府部门权力滥用的重要制度手段。在雪佛龙判决已过去 20 多年之后，美国著名的法学家卡斯·森斯坦的研究证明，"植根于法治的对行政自由处置权的限制依然是行政法的核心部分"，③ 雪佛龙判决的适用范围实际上受到了很多限制。早在最高法院对雪佛龙案做出判决的 1984 年，当时担任第一巡回区联邦上诉法院首席法官的行政法专家斯蒂芬·布雷耶就在梅伯格诉卫生与人事服务部案判决中指出，对于国会是否以暗示的方式要求法院尊重行政管理机构法律解释的问题不能一概而论，而要因案件而异。在与日常执法密切相关或者需要有专业知识才能解决的问题上，法院应该尊重行政管理机构；在其答案对众多法律领域具有稳定作用的"重大问题"上，法院则应做出独立的判断。④ 1986 年，布雷耶又在《行政法评论》上撰文对此做了系统阐述，他反对将雪佛龙判决理解为在国会立法模糊时接受行政管理机构任何合理解释的简单化态度。⑤ 三年后，正是这种简单化态度在斯卡利亚大法官为《杜克法律杂志》写的文章中得到了称赞，因为它减少了法官的负担和他们容易犯的错误。⑥ 当斯卡利亚支持雪佛龙案判决具有普遍适用性的简单划一原则时，布莱耶则强调该判决的运用因具体案件而异的复杂多样性。前者的观点

---

① *Chevron, USA v. Natural Resources Defense Council*, 467 U.S. 865-866 (1984).

② Sunstein. "Chevron Step Zero.": 50.

③ Ibid., 52.

④ *Mayburg v. HHS*, 740 F. 2d 100, 106 (1st Cir. 1984).

⑤ Stephen Breyer. "Judicial Review of Questions of Law and Policy." *Administrative Law Review* 38 (1986): 363.

⑥ Antonin Scalia. "Judicial Deference to Agency Interpretations of Law." *Duke Law Journal* 39 (1989): 511.

对其后的很多判决确实产生了影响，人们看到雪佛龙案判决在税收、劳工、环保、食品与药物、公路安全等领域的运用使行政管理机构通过解释法律制定政策的权力明显扩大。不过，森斯坦的研究发现，自 20 世纪 90 年代以来，布雷耶的看法逐渐占据上风。最高法院在一系列案件中对国会是否授予了行政管理机构以法律解释权的问题逐一进行审理，它或者将雪佛龙案判决的适用范围限制在行政管理机构经由正式程序而采取的具有法律效力的行动上，或者裁定该判决不适用于涉及"重大问题"的案件。简言之，这两类裁决都在修正雪佛龙案判决后将行政管理机构法律解释权视为普遍适用的简单化模式，其结果是重申行政法方面的马伯里案原则，即法院才是法律的最终解释者。当然，就像森斯坦教授所顾虑的一样，"这些对雪佛龙案判决的限制造成很多复杂情况"，而修正与反修正之争又导致严重的不确定性。[①] 不过，这大概就是美国政治制度的制衡功能所要付出的代价。

从新政实行以来美国行政法的司法实践看，法院对行政管理机构行动的司法审查主要受到来自两方面的影响，一是行政管理国家扩大的不断变化的现实，二是美国宪政分权制衡历久不衰的传统。行政管理国家的扩大自然要求法院减少对行政管理机构行动的限制，自新政时期至 20 世纪 50 年代就是如此，于是法院当时在司法审查上对行政管理机构的决定基本上采取尊重的态度。然而，当行政管理国家在扩大的过程中出现了行政管理机构为监管对象所俘虏的现象时，法院在 60 年代和 70 年代开始加强对行政管理机构行动的程序性和实质性司法审查，并出现了日益强调后者的趋势。值得注意的是，这种司法审查的加强并非要限制行政管理国家的发展，而是要行政管理国家的扩大不偏离维护公共利益的轨道。当行政管理国家的发展在司法审查的督促下得到长足发展后，最高法院在 70 年代末的去监管化过程中开始限制对行政管理机构的司法审查，其目的显然是要让趋于保守的行政管理机构在抑制行政管理国家的发展对私人利益和经济增长造成的限制性影响时少受法院的制约。这方面最著名的判决自然是 1978 年的佛蒙特洋基案判决和 1983 年的雪佛龙判决，前者旨在削弱程序性司法审查，后者则试图限制法院在司法审查中解释法律的权力，大有触动行政法领域司法审查根基之势。可以说，这是反对法院限制去监管化行政行动的司法保守主义的一种表现。然而，这两项旨在限制行政法领域司法审查的判决所产生的影响本身也受到

[①] Sunstein. "Chevron Step Zero.".

了限制。就像梅茨格教授在其文章中所说的一样，"在佛蒙特洋基案判决近三十年后，法院仍然在核废料处理和核政策上要让自己的声音被听到"。[1]法院更不可能在解释法律上如强调雪佛龙判决普遍适用性的人所希望的那样一味地尊重行政管理机构的意见。总之，涉及经济问题的司法审查自新政和第二次世界大战以来虽然在宪法领域步步退却，但自 60 年代以来却在行政法领域大行其道，并历久不衰。显然，美国经济司法裁决治理的重点已从宪法领域进入了行政法领域。如果说司法裁决治理重点领域的改变是行政管理国家扩大的结果，那么行政法领域的司法审查虽屡经曲折却持续至今，则在很大程度上要得益于美国政府部门彼此之间分权制衡的宪法传统根深蒂固。事实上，在司法审查日趋"全球化"的时代，[2]只要美国行政管理国家权力的扩大仍在继续，司法审查的制约功能就不会被置之脑后。无论法官的政治倾向如何，他们都不会缺乏这种基本的法律头脑。

至于行政法司法审查在 20 世纪下半叶的发展对美国社会的影响，也要从两个方面来看。一方面，行政法司法审查从程序上保证了公众参与，在顺应行政管理国家扩大的现代化趋势的同时，维护了美国的民主传统；它在肯定行政管理机构专业优势的同时，对其被利益集团"俘虏"的可能性保持警惕，把关注的焦点从程序扩大到了实质。可以说，美国"公共利益时代"的到来和它所取得的成就，是和行政法司法审查的加强分不开的。另一方面，行政法司法审查加强本身就反映了美国行政法体系的复杂、碎化、混乱和不完整性，法院的司法审查固然可以使这些问题得以缓和，但同时也可以使这些问题进一步恶化。最高法院在佛蒙特洋基案、座位安全带案和雪佛龙案判决中所表现出的摇摆就是一个证明。森斯坦教授所表达的忧虑不是没有道理的。法律的双重作用在行政法司法审查上也不能例外。

---

① Metzger. "The Story of Vermont Yankee." 59-60.

② Martin Shapiro. "The 'Globalization' of Judicial Review." Lawrence M. Friedman & Harry N. Schieber. eds. *Legal Culture and the Legal Profession*. Boulder, Colorado: Westview Press, 1996: 119-135.

（三）司法裁决治理的形式：
对抗制诉讼的加强及其后果

当 20 世纪美国经济司法裁决治理的基本原则发生演变而且其重点领域也发生转移的同时，我们在司法裁决治理的形式上看到的是对抗制诉讼在 20 世纪下半叶迅速加强。所谓对抗制诉讼是指英、美等普通法国家长期采取的司法诉讼形式，与大陆法国家的纠问制诉讼形式有很大的区别。它的基本特征是双方当事人在诉讼程序中的对抗性。这就是说，当事人及其律师在审判活动中居于主导地位，诉讼双方各自负责调查寻取对各自有利的证据，呈堂对证，传唤证人，交叉质询，相互争辩，通过诉讼中的对抗达到弄清事实真相的目的，然后由中立的法官依据法律做出判决，法官作为中立的裁判者只是听取双方的陈述，而不积极介入调查、取证和法庭辩论。纠问制则不然，它是由法官主导审判活动，包括决定所有必须进行的调查活动及其范围，而不是仅仅局限于当事人提供的证据，法官还负责传唤和质询证人等。根据许多学者所做的比较研究，加州大学伯克利分校法学院教授罗伯特·卡根对美国的司法裁决方式不同于大陆法国家的特点做了如下几方面的归纳：（1）法规更为复杂；（2）解决争端的对抗制程序更为正式；（3）法律争议的成本更高；（4）法律制裁更具惩罚性，更严厉；（5）对行政决策和程序的司法审查与干预更为经常；（6）有关法规和法律制度的政治争议更多；（7）决策体系在政治上更为碎化，更缺乏协调；（8）法律的不确定性和不稳定性更多。他把具有这些特点的司法体制称为"对抗制法治体系"（adversarial legalism）。在他看来，对抗制"不只是一种解决法律争端的方法，而且是一种植根于美国的政治文化和政治结构中的治理模式"。[①] 美国经济司法裁决治理中这种对抗制诉讼形式的加强，产生了双重结果：一方面，它使愈来愈多的公民和社会团体均能为个人权利和公共利益而诉诸法律手段，保证涉案各方均可竭其所能参与司法审理，从而维护了民主、平等和公正；但是另一方面，它又使得诉讼程序漫长而复杂，并要耗费巨大的人力和财力资源，从而

---

① Robert A. Kagan. *Adversarial Legalism: The American Way of Law*. Cambridge, Massachusetts: Harvard University Press, 2001: 7-9, 5.

使多为"惯常诉讼者"的"富者"比起多为"偶尔诉讼者"的"贫者"来说往往有更大的胜出机会，结果造成了不平等和不公正。时至今日，美国人仍在为 20 世纪 60 年代以来因对抗制诉讼加强以及随之而来的"诉讼爆炸"所产生的后果争论不休。

1. 对抗制诉讼在美国的加强及其原因

美国的对抗制诉讼成为司法裁决治理的基本形式是历史的产物。一方面，美国是一个移民国家，它不仅有大量来自不同国家、不同地区、不同种族、不同宗教文化背景的外来移民，而且国内居民的迁徙流动性也相当大。因此，与其他相对稳定和社区感较强的社会相比，美国社会的这种多样性和流动性不仅使社会成员个体化意识较强因而发生矛盾的概率较高，而且使得地方社区缓和社会成员之间冲突的能力较弱。于是，法律从比较早的时候开始就在很多方面逐渐取代社区的习俗成为解决社区成员争端的手段。不仅如此，美国还是世界上比较早就有了人数众多的中产阶级的国家，手中拥有财产和政治权利的不限于社会上层，而且包括许多中间阶层。因此，社会成员中不仅有许多人有财产和权利需要得到法律保护，而且他们的权利意识也比较强。当然，美国人权利意识的强化还可以追溯到美国革命甚至殖民地时代向宗主国争取自由的斗争。可是另一方面，美国和很多欧洲国家相比又是一个政府权力碎化和政府部门相互制约的国家，缺乏权力集中的强大的等级制官僚机构来处理种种社会争端。众所周知，由于开国之父们害怕权力集中会导致对人民权利的侵犯，他们通过宪法建立了三权分立的联邦制政治体系。其后政府权力虽随着时代的步伐有逐渐加强的趋势，甚至有学者以"帝王式总统"来形容总统权力的扩大，但是分权和制衡的原则至今不变。在这样一个社会争端多、权利意识强、害怕权力集中的心理挥之不去、政府权力又比较分散碎化的社会里，对抗制诉讼便很容易被视为一种保护公民权益的上好选择。因为它与大陆法国家由法官作为政府官僚组成部分所主导的纠问制不同，是由公民和他们的律师主导，而法官则保持中立，所以对抗制诉讼既不会导致政府权力的集中，又可以使公民获得他们所希望获得的对其权益的法律保护，乃一箭双雕之策。① 这就是对抗制诉讼作为司法裁决治理的基本形式得以在美国大行其道的历史根源。

---

① Robert A. Kagan. *Adversarial Legalism: The American Way of Law*. Cambridge, Massachusetts: Harvard University Press, 2001: 15-16. Lawrence M. Friedman. "Are We A Litigious People?" Friedman & Scheiber. eds. *Legal Culture and the Legal Profession*: 62-64.

对抗制诉讼虽然在美国早已有之，但在 1960 年以后大大加强，其突出的表现就是所谓"诉讼爆炸"。卡根教授援引的统计资料显示：1. 美国的律师费在 1960 年和 1987 年之间增加了六倍，从每年 90 亿美元增加到每年 540 亿美元（按照 1983 年美元价值计算），使得法律服务费在国内总产值中占的比例增加了两倍。2. 联邦法院受理的指控政府的民权案件从 1960 年的 280 件上升到 1980 年的 27000 件。3. 联邦上诉法院裁定的涉及有争议的宪法问题的案件从 1960 年的 300 件增加到 1980 年的 2000 件。4. 州上诉法院和联邦法院受理的涉及公立学校案件的数量和比例在 1920 — 1960 年基本稳定，在 1967 — 1981 年则翻倍。5. 20 世纪 80 年代初，在法院遭到挑战而被否决的环境保护署新法规、美国林业署管理计划、全国公路交通安全管理局法规、内务部近海石油勘探租约高达 80 % 以上。6. 在联邦地区法院对就业歧视提出指控的案件数量从 60 年代的寥寥无几上升到 1973 年的一年 2000 件，到 80 年代更达到一年 9000 件。7. 医疗事故案件直到 60 年代末都很少见，据一家最大的保险公司的统计，1970 年受保的医生中仅有 4.3 % 索赔，可是到 1986 年索赔比例上升到 18.3 %。8. 就不公平对待劳工向全国劳工关系局提出的法律投诉从 1960 年的每年 13000 起增加到 1980 年的 45000 起，而这段时期引发此类投诉的事件（代表性选举、集体谈判、停工）从数量上看基本稳定，并未大幅增加。9. 企业界之间的诉讼也增加了，在联邦法院管辖下涉及不同州籍当事人的合同案件在 1960 年为 4000 件，到 1986 年增加到 32000 件，为 1960 年的 8 倍。①

毋庸置疑，对抗制诉讼在 1960 年以后的爆炸式增加与当时风起云涌的社会运动是有密切关系的。在民权运动和反战运动的刺激推动下，美国社会争取各种权利的运动此起彼伏，诸如环境保护运动、女权运动、消费者运动等，还有为老年人、穷人、儿童、伤残人、福利领取者等不同群体争取权益的种种努力，它们共同构成了美国历史上颇为壮观的一场"权利革命"。哈佛大学著名政治学家塞缪尔·亨廷顿将美国历史上这个波澜壮阔的时代归因于所谓的"教义热"（creedal passion）。在他看来，美国自由主义、平等主义的政治教义和现实体制中的不平等形成了相当大的反差，使很多美国公民

---

① Robert A. Kagan. "American Lawyers, Legal Culture, and Adversarial Legalism." Friedman & Scheiber. eds. *Legal Culture and the Legal Profession*: 13-14.

为之愤慨，从而促成了 1960 年以后声势浩大的各种社会运动。[1] 加州大学伯克利分校著名的法律史学家劳伦斯·弗里德曼则认为，作为"权利革命"重要表现的"法律爆炸"反映了美国法律文化在这个时期所发生的深刻变化。简言之，20 世纪下半叶的美国人不同于他们的前辈，他们不再视不幸和不公平的对待为命定，他们相信现代社会有办法防止这些情况的发生。这样一来，他们便对公正和赔偿有普遍的期待。从这些普遍期待可以看出，他们是以"完全公正"（total justice）为目标。[2] 正是这种新的追求导致了"权利革命"，并使"权利革命"的范围不断扩大。也有学者发现，20 世纪下半叶美国人心目中的楷模已经从杰斐逊时代的自耕农、工业化时代的霍雷肖·阿尔杰和肯尼迪时代的冷战斗士变成了"受害者"，因为美国社会现在有愈来愈多的人声称自己是受害者。他们来自各个社会阶层，具有种种不同的背景，而他们的受害经历最终往往都是以要求赔偿的诉讼告终。持这种观点的帕特里克·加里认为，"诉讼爆炸"和美国社会的"受害者化"发生在同一时期绝不是偶然的。[3] "教义热"也好，"完全公正"也好，"受害者化"也好，这些分析从不同的角度告诉我们的都是同一个事实，那就是美国人权利意识的普及达到了前所未有的程度，他们对公正的要求也日益超出了其先辈所能想象的范围。这就是"权利革命"的革命性所在。

当然，权利意识的迅速普及和公正要求的日益扩大并非为美国社会所独有，工业化民主国家在第二次世界大战后几乎都出现了这种现象。不过，美国对权利意识的普及和公正要求扩大所做出的反应却和欧洲大陆国家有所不同。卡根教授的研究证明，当西欧国家主要依靠中央政府的官僚机制和组合主义机构来满足因权利意识普及而产生的种种个人和群体的权利要求包括公共权利要求时，美国在很大程度上则要借助于法院和律师或者说对抗性诉讼来实现这些目标。卡根认为，形成这种区别的原因有三个：第一，美国政府权力的碎化；第二，美国经济权力的碎化；第三，美国律师和法律文化的影响。[4] 其中最主要的是政府权力的碎化。美国建国以后长期缺乏像很多欧洲

---

① Samuel Huntington. *American Politics: The Promise of Disharmony*. Cambridge, Massachusetts: Belknap Press, 1981.

② Lawrence M. Friedman. *Total Justice*. New York: Russell Sage Foundation, 1985: 5.

③ Patrick M. Garry. *A Nation of Adversaries: How the Litigation Explosion is Reshaping America*. New York: Plenum Press, 1997: 103-105.

④ Kagan. *Adversarial Legalism*: 40-58.

大陆国家一样的权力集中的中央政府等级官僚机制，因此著名的政治学家斯蒂芬·斯考罗内克曾将19世纪70年代以前的美国称为"法院和政党国家"，当时主要是靠法院和政党在彼此分权制衡的政府部门之间进行协调，使国家机制得以运转。进步主义改革、新政、第二次世界大战和冷战大大加速了美国行政管理国家在20世纪的发展。不过，和其他发达资本主义国家相比，美国的政府无论是在结构上还是在政治上都依然比较松散和碎化。涉及警察、刑事、教育、土地使用管制、家庭、侵权、商业、福利管理、反歧视等相当广泛领域的大部分法律、政策和行政管理问题，仍然是州和地方政府及法院管辖的范围。甚至于很多重大联邦项目，包括失业保险、残者保险、未成年子女家庭援助等，实际上也是由州和县的政府机构负责管理，其程序和某些标准则会因州、县的不同而有所不同。众所周知，美国的两大政党和国会在来自不同地区和不同选民群体的压力之下，通常很难形成统一的全国性政策，即便形成了，也是妥协的结果，所以在执行上亦须借重各个地方政府和不同的利益集团。

如果说新政时期的改革立法曾经为建立权力比较集中的联邦行政管理机构进行过不能说是十分成功的尝试的话，那么20世纪60年代和70年代的国会则不仅没有这样做，反而有意识地使新建的联邦行政管理机构处于权力碎化的状态。在"权利革命"的推动下，国会在1964—1977年成功通过了25项重要的立法，涉及环保、民权、工作场所安全、消费者信贷、产品安全、私人年金基金、地方公共教育等广泛的领域，可是其中很多立法的主要执行权都被交给了州和地方政府官员。如前所述，即使国会在"公共利益时代"建立了新的联邦管理机构，它也未像新政时代的立法那样做广泛而笼统的授权，而是通过对新建机构的目标、职能、程序做详细规定来限制这些机构的权力范围，并让有关利益群体积极参与对其的监管活动。公民和社会团体还被鼓励像"私人司法部部长"一样与政府行政管理机构对簿公堂。这些做法固然增加了政府活动的民主性与透明度，但也给法律的执行带来了更多的不确定性。于是，我们不难看出，在美国公民权利意识大大加强而且对"完全公正"的要求日益增多的时代，满足这些要求的立法却要靠权力如此分散和碎化的政府机构去执行。其结果就像耶鲁大学法学院教授米尔詹·达马斯卡打的一个比方："一个有着很多独立的权力中心和改造社会强烈愿望的国家，可以被比作是一个胃口大而满足其胃口的工具差的人。"① 正是这种愿望与手段之间的矛盾使得美国的对抗式诉讼在 1960 年以后得以迅速强化。那些热切希望获得"完全公正"的美国人没法依靠欧洲式的中央政府等级官僚机制来保证公民的权利要求得到满足，他们便愈来愈多地诉诸自己颇为熟悉的对抗制法律诉讼来达到这个目标。

对抗制诉讼在美国较为盛行的另一个原因是美国经济权力的碎化。这种碎化是和美国市场经济的开放性密切相关联的。与很多欧洲国家相比，美国资本主义市场经济的发展所受到的来自政府、企业组织、劳工组织的制约都比较少。首先，美国联邦主义的宪政体制使得中央政府对经济活动的干预向来就比较有限，直到今天美国联邦政府对经济的干预重点仍然是宏观调控而非产业政策。其次，美国不仅没有卡特尔，也没有能号令全国企业界或者整个工业部门的最高企业组织（peak association），美国商会、全国制造商协会和企业理事会的代表性均相当有限，它们对美国整个企业界的约束力更是微不足道。再次，美国的劳工组织也十分软弱，劳联-产联远远不能和欧洲国家的全国性最高劳工组织（peak union）相提并论，美国工会与资方展开的集体谈判基本上是以厂家为单位进行，就整个工业部门谈判并达成协议的很少。这样一来，长期处于经济权力碎化状态的各个商家和公司自然就比较习惯于各自为政，结果不仅争端多，而且一旦有争端又难以依靠联邦政府官僚机制、企业组织、劳工组织或者它们之间形成的组合主义机构来解决，于是诉诸法律手段便成为一种比较现实的选择。诚然，美国的商家和公司并不好讼成性。斯图尔特·麦考利教授在 20 世纪 60 年代初做的一项研究中就发现，企业家认为打官司弊大于利，只要能避免就避免，而他们在大部分情况下都成功了。② 不过，在商家避免诉讼的努力不能奏效时，美国的企业还是要诉诸对抗制诉讼，因为经济权力的碎化使它们缺少欧洲企业所拥有的很多其他选择。60 年代以来，随着西欧经济的复苏、日本经济的崛起以及全球化的加速，美国企业面临着愈来愈大的竞争压力和不断变化的经济环境，它们很难从长远目标出发在彼此之间保持良好关系，常常面临与对手一决高下的局面。于是，美国学者在 80 年代所做的一些研究发现，某些种类的企

---

① Mirjan Damaska. *The Faces of Justice and State Authority*. New Haven: Yale University Press, 1986: 13.

② Steward Macaulay. "Non-contractual Relations in Business: A Preliminary Study." *American Sociological Review* 28 (1963): 55.

业诉讼实际上是在增加。① 前面提到的卡根教授援引的数据也证明，1986 年不同州籍当事人之间的合同案件是 1960 年的 8 倍。所有这些研究说明，由于经济权力的碎化，美国企业虽然不想打官司，但是它们比起欧洲企业来说不得不打官司的机会还是要大得多。

最后，对抗制诉讼离不了律师。美国律师众多虽不是对抗制诉讼盛行的首要原因，但是作为对抗制诉讼的主角，律师所起的推波助澜的作用是不能低估的。他们要这样做其实很自然，因为这是他们的谋生之道和获利的手段。众所周知，美国社会中常常把律师称为"追赶救护车的家伙"，这固然是对律师不择手段寻找打官司赚钱机会的一种夸大之词，但是律师积极诱导诉讼则不乏其例。当扬克公司生产的工装销售额从 1991 年的 1.1 亿美元下降到 1992 年的 6500 万美元时，公司决定关闭设在俄克拉何马州韦沃尔的雇佣 225 名工人的工厂。一个专长于工人赔偿法的律师事务所得知这一消息后马上就与该厂工人联系，告诉他们如何提出法律要求。于是，在工厂关闭前两天的时间里，工人们就提出了 247 起工伤赔偿要求，而此前该厂工人提出的赔偿要求总共只有 6 起。有调查研究证明，像韦沃尔工厂发生的这种事情在俄克拉何马州并不是例外。即便是真的以追赶救护车的方式寻找顾客，我们也可以找到例证。1986 年，有两个律师发起了"全国轮胎工人诉讼项目"，把配有透视设备的面包车开到各个轮胎工厂，为曾经在工作中接触过石棉的工人进行体检，然后为 6000 多名受石棉所害的工人提起了法律诉讼。诚然，这类集体诉讼确实能为很多当事人寻求公正，并对公司的不法行为做出惩处，但是律师常常是最大的受益者。例如，纽约一家律师事务所在 1990 年代表 100 万垫头账户投资者在州法院向七大证券经纪商提出集体诉讼，指控经纪商对复利非法收费。尽管证券经纪商认为其客户完全了解这一为时已久的政策，而且此举完全合法，但是在双方进行了几千小时的法律对抗和评估之后，证券经纪商同意庭外和解，它们在和解协议中并未承诺解决原告指控的任何问题，但同意支付原告的律师费 100 万美元。作为被告之一的美林公司发言人承认，该公司之所以同意和解并支付律师费只是为了避免更大的诉讼开支。②

当然，美国律师为对抗制诉讼推波助澜并不完全是为了自己的利益，他

---

① Friedman. "Are We the Litigious People?". 66.

② Kagan. "American Lawyers, Legal Culture, and Adversarial Legalism.". 27-30.

们还深受其职业道德准则的影响。美国在这个问题上和很多国家都不一样，其律师道德准则在 20 世纪变得愈来愈强调客户至上，甚至把律师对客户利益的私人责任摆在维护司法体系公正性的公共责任之上。19 世纪的美国律师道德准则手册一般都还要求律师在正式诉讼前弄清客户诉因的是非曲直，要有自己独立的观点，而不仅仅是客户的观点。1908 年首版的《美国律师协会道德守则》也强调既要对客户尽职，又要信守公共责任。尽管有多少律师真的如此行事令人怀疑，但至少这个行业公开的道德标准还是将律师对客户的私人责任和公共义务相提并论。可是 1908 年以后美国律师协会修订的道德守则变得愈来愈偏向于强调几乎是排他性的对客户的忠诚。这就是说律师只有为客户严守秘密和积极辩护的责任，而没有协助对方或监管机构收集事实的义务，也无须约束客户不作伪证或行骗，甚至不用劝导客户遵守法律或行政法规。[①] 简言之，律师在为客户积极辩护时除了自己不从事不正当活动以外，并不需要考虑涉及具体案件或整个社会的公正问题。受美国法律文化中这种道德准则的影响和激励，20 世纪的美国律师几乎可以肆无忌惮地运用他们所能想象得出的种种手段去招揽客户和为之进行咄咄逼人的辩护，从而使对抗制诉讼愈演愈烈。

　　美国律师为对抗制诉讼推波助澜还有一个重要原因，就是美国法律文化中工具主义对他们的影响。尽管学术界对工具主义法律观的地位和历史发展过程有不同看法，但一般都承认它在 19 世纪的存在和在 20 世纪的日益加强，尤其是新政宪法革命和第二次世界大战以后更是被广为接受。[②] 此处所说的工具主义其实就是一种实用主义的法律观，它把法律看作实现目标的手段，所以受其影响的律师为达到目标在法律手段上往往无所不用其极，从而加强了对抗制法律诉讼的势头。当然，前面所说的律师为自己的经济利益或客户的权益诉诸对抗制诉讼，也可以说是工具主义的一种表现，但工具主义法律观以法律为手段所要实现的重要目标往往超出了这些私人利益的范围，进入了公共利益的领域，其所追求的是社会变化。当律师为这种公共利益和社会变化的理想而进行法律诉讼时，其责任自然也就超越了通常的客户服

---

① Robert Gordon. "The Legal Profession." Austin Sarat, Bryant Garth, and Robert A. Kagan. eds. *Looking Back at Law's Century*. Ithaca: Cornell University Press, 2002: 301.

② Morton Horwitz. *The Transformation of American Law, 1780-1860*. Cambridge, Massachusetts: Harvard University Press, 1977. Brian Z. Tamanaha. *Law as a Means to an End: Threat to the Rule of Law*. New York: Cambridge University Press, 2006. 下文中有关事业律师的叙述主要依据塔马纳哈的著作。

务，而是致力于以公共利益和社会变化为目标的某种事业。因此，在美国为公共利益打官司的律师便不再是通常意义上的律师，而是所谓事业律师（cause lawyer）。以研究事业律师而著称的美国学者斯图尔特·沙因戈尔德和奥斯汀·萨拉特认为："事业律师业就其核心而言就是利用法律技能追求超越了客户服务的目标与理想。"① 这种事业律师的历史虽然可以追溯到 19 世纪，但是现代意义上的事业诉讼应该说始于有色人种协进会和它的法律辩护基金会。早在 20 世纪 30 年代，有色人种协进会就有了以法律行动瓦解种族隔离制度的计划，并在 1939 年建立了法律辩护基金会，后者实际上就是致力于实现有色人种协进会目标的一个律师事务所。有该协进会雇用了 1922 年毕业于哈佛法学院的查尔斯·休斯敦来执行其计划。休斯敦笃信庞德的社会法理学，把改进社会政策视为目标，而法律在他看来则是实现目标的手段与工具。后来在布朗案中出任首席律师的瑟古德·马歇尔就是休斯敦的门生之一。众所周知，布朗案获得了取消南部公立学校种族隔离制度的历史性胜利，但此案同时也是事业律师发展史上的里程碑，因为它不仅激起了南部种族主义者对事业律师的反对，而且促使最高法院做出了有利于事业律师的判决。

布朗案判决后，南部各州的种族主义势力对法律辩护基金会及其在当地的律师深恶痛绝，企图通过刑事调查指控他们招募客户作为当事人发起诉讼是不适当地"挑起诉讼"。这类指控在很多州都可依据普通法将被告定罪为刑事犯。不仅如此，包括弗吉尼亚在内的几个州还试图通过制定法来阻止有色人种协进会诉诸法律行动的努力，例如由州议会通过立法禁止非当事人为诉讼募捐和禁止为他人诉讼支付费用等。有色人种协进会遂针对弗吉尼亚等州通过的这些法律的有效性提出了法律挑战，指控它们侵犯了该组织受宪法第一条修正案保护的自由，即以诉讼作为发表政治言论的一种方式。结果，美国最高法院在 1963 年有色人种协进会诉巴顿案判决中裁定协进会胜诉。布伦南大法官在判决中写道："在有色人种协进会目标的背景之下，诉讼不是解决私人分歧的手段……因此它是政治表达的方式。发现自己不能通过投票达到目标的团体常常转向法院。例如，20 世纪 30 年代反对新政立法的人就是这样做的，今天的黑人少数民族同样也是在这样做。"② 从此以后，禁止

---

① Stuart A. Scheingold and Austin Sarat. *Something to Believe In: Politics, Professionalism, and Cause Lawyering*. Stanford, California: Stanford University Press, 2004: 3.

② *NAACP v. Button*, 371 U.S. 415, 429-30 (1963).

教唆诉讼的法规只适用于那些为私利而挑起诉讼的律师，为公共利益而展开诉讼的律师在这方面则可得到宪法保护。这样一来，公共利益诉讼也就是事业诉讼的增加从 20 世纪 60 年代开始便成排山倒海之势。为环境保护、消费者利益、儿童、妇女及各种少数群体权益进行诉讼的事业律师组织纷纷成立，其中影响较大的有：谢拉俱乐部法律辩护基金会、环境辩护基金会、拉尔夫·纳德的消费者诉讼团体、美国犹太人大会法律和社会行动委员会、民权律师委员会、儿童辩护基金会、全国妇女法律辩护组织、墨西哥美裔法律辩护和教育基金会、兰姆达同性恋问题律师事务所，等等。这些组织实际上都是类似于有色人种协进会法律辩护基金会的事业律师事务所。它们当中有不少得到了以福特基金会为代表的私人基金会的财力支持。据福特基金会 1976 年的一项研究统计，当时有 70 多个公共利益律师事务所"在诸如消费者和环境保护、政治改革和精神病保健这些不同的领域里进行诉讼"。[①] 此外，这一时期美国法院的很多判决和国会立法也鼓励私人公民通过诉讼推进公共目标，所以事业律师们很快便被人们称为"私人司法部部长"。

受自由主义改革事业在公共利益诉讼方面所取得的成功的影响，美国企业界和保守主义势力在 20 世纪 70 年代也开始借助公共利益诉讼来推进他们的事业。1973 年成立的太平洋法律基金会便得到了大公司和亲公司的私人基金会如利利基金会和奥林基金会的支持。曾经担任里根政府司法部部长的埃德温·米斯在 1998 年受访时称太平洋法律基金会是"我称为真正的公共利益法律事务所中的第一个，它们代表的是纳税人、父母和守法的公民"。[②] 继太平洋法律基金会之后成立的许多保守主义公共利益律师事务所的运作资金，直接或间接地来源于通用汽车公司、海湾石油公司、西尔斯、美国钢铁基金会、斯凯夫家庭基金会、库尔斯基金会以及其他的大公司或大基金会。这些保守主义公共利益律师事务所最初关注的公共利益是政府监管问题，它们成了去监管化运动的一支突击队。到 80 年代和 90 年代，它们的目标或者说事业则主要集中在两个方面，一是与公民自由有关的问题，如反对肯定性行动，主张自由选择学校，倡导私人财产神圣化，等等；二是与

---

① Karen O'Conner and Lee Epstein. "Rebalancing the Scale of Justice: Assessment of Public Interest Law." *Harvard Journal of Law & Public Policy* 7 (1984): 489, citing Center for Public Interest Law, *Balancing the Scale of Justice* (1976).

② Interview with David Wagner. "Legal Activism—When Conservatives Lay Down the Law." *Insight Magazine*, August 10, 1998: 1.

宗教信仰有关的问题，如反对同性婚姻和堕胎，主张将神造说纳入公立学校课程，希望在公共财产上竖立有宗教意义的象征物以及在公立学校祈祷，等等。保守主义事业律师事务所的公共利益和事业目标比起他们自由主义的对手固然不同，但在诉讼方式上则一脉相承。他们像有色人种协进会的法律辩护基金会一样，不仅要寻找提起诉讼的适当当事人，而且要在全国范围内找到能有把握取胜的试验案件，然后在审前和法庭上展开对抗性较量，其目标不是具体案件的输赢，而是案件所代表的理想与事业的成败。所以无论是自由主义还是保守主义的事业律师，他们对于 20 世纪 60 年代以来美国对抗制诉讼的迅速加强都起了推动作用。

2. 对抗制诉讼的双重作用

由于以上所说的种种原因，对抗制不仅成为美国司法诉讼的主要形式，而且自 20 世纪 60 年代以来被大大强化。美国经济的司法裁决治理在基本形式上自然也离不开对抗制诉讼，所以也就必须面对这种诉讼形式和它在 60 年代以来迅速加强所产生的后果，即对抗制诉讼的双重作用，包括正面影响和负面效应。从卡根教授有关对抗制法治体系的专著中可以看出，这种诉讼的双重作用在对美国经济进行司法治理的主要领域——民法、侵权法、福利国家、政府监管和经济开发等均表现得相当明显。民法方面的一个典型案例就是吉尔摩诉哥伦比亚瀑布制铝公司案。位于蒙大拿州西北部的哥伦比亚瀑布制铝公司到 1985 年时已亏损严重，其业主乃将公司卖给了布拉克·杜克和杰罗姆·布鲁萨德。作为这笔交易的一个组成部分，双方同意该公司工人至少将获得未来利润的一半。杜克和布鲁萨德接手后大量削减成本，要工人同意减少工资 15 %，以分享未来利润的 50 %。工人们为了避免关闭工厂只好同意这样做。1986 年，公司扭亏为盈，杜克和布鲁萨德遵约将所得利润 260 万美元与雇员平分。可是此后五年里，这两位新业主不再如此行事，而是将大量利润汇往海外银行账户。当财务主管在 1989 年对此表示异议时，迅即遭到解雇。后来，该公司 39 岁的会计罗伯塔·吉尔摩发现了同样的问题，以集体诉讼的方式一状告到法院。在历时 5 年 10 个月的诉讼当中，吉尔摩和工会雇用的律师要面对杜克由 13 个律师组成的律师团队，但他们通过审前披露和其他调查掌握了资金转移的详情，并获得了涉及分享利润协议的前业主给杜克的信。结果，在预定的法院宣判日来到前两周，杜克同意和解，愿意支付雇员 9700 万美元。拿年薪的雇员获得其中的 3200 万美元，付给吉尔摩所雇律师 600 万美元；拿工资的雇员获得 6500 万美元，付给工会律师 650 万美元。[1] 从这个案件的发展和结果可以看出，对抗制下的律师主导、集体诉讼和获得大量律师费的可能，不仅使吉尔摩和公司雇员这些普通老百姓可以对财力上占绝对优势的被告采取法律行动，而且使律师既有物质上的刺激也有必要的权力去搜寻一切证据，为赢得官司不遗余力。可以说，这是对抗制诉讼的民主性和进取性所在。

当然，民事领域里的对抗制诉讼也有其负面的效应，首先就是旷日持久和成本高昂。吉尔摩诉哥伦比亚瀑布制铝公司案的官司打了近 6 年。其中的原告固然在败诉时无须支付被告为数惊人的律师费，但在胜诉时要支付的律师费高达所获赔偿的 10 % 到 18.75 %。事实上，有很多民事案件的律师费要高过这个比例。据威斯康星州民事诉讼项目对 20 世纪 70 年代联邦和州法院的 1649 个样本民事案件所做的调查统计，在赔偿少于 1 万美元的案件中，原告的中位诉讼成本在律师胜诉分成时占赔偿的 35 % 左右，在律师计时收费时占赔偿的 46 %。[2] 其次，对抗制诉讼的结果具有很大的不确定性。1984 年，当彭氏石油公司购买格蒂石油公司十分之七股份的交易出现争端时，德士古公司在征求了公司并购专家的意见后，确认格蒂未受到与彭氏石油公司之间并未最后成交的交易的约束，于是以比彭氏出价更高优惠的条件买下了格蒂所有的上市股票。不料彭氏石油公司在休斯敦将总部在纽约的德士古告上了法庭。尽管独立的法律分析都认为根据纽约的法律来看彭氏与格蒂并没有正式签署合同，而且即便德士古要负责赔偿，彭氏的损失也不会超过 4.22 亿美元，然而休斯敦的陪审团裁定彭氏应获得 75 亿美元实际损害赔偿，30 亿美元惩罚性损害赔偿。这是美国法律史做出的数额最大的民事赔偿判决。后来得克萨斯州上诉法院虽将惩罚性损害赔偿降到 10 亿美元，但是德士古仍然拿不出 85 亿美元，只好宣布破产。破产虽然是暂时性的，但对德士古的打击相当大。[3] 既然连德士古这种旗下法律人才如云的超级大公司在民事诉讼上都有可能如此失算，那么对抗制诉讼的不确定性自然是非同小可。再次，对抗制诉讼导致了一定程度的不公正。由于这种诉讼旷

---

[1] Jim Robbins. "A Broken Pact and a $97 Million Payday." *New York Times*, April 19, 1998, sec. 3, p.1, cited from Kagan, *Adversarial Legalism*.

[2] David Trubek, et al. "The Costs of Ordinary Litigation." *UCLA Law Review* 31 (1983): 72, cited from Kagan. *Adversarial Legalism*: 104.

[3] Thomas Petzinger. *Oil and Honor: The Texaco-Penzoil Wars*. New York: Putnam, 1987. Robert Mnookin and Robert Wilson. "Rational Bargaining and Market Efficiency: Understanding Penzoil v. Texaco." *Virginia Law Review* 75 (1989): 295, cited from Kagan. *Adversarial Legalism*: 110-111.

日持久、耗资巨大和结果不确定，很多原本有正当理由的当事人不得不放弃自己的要求或做出不得已的让步。1992 年对 234 个市政府律师所做的一项调查发现，80％以上的律师都承认他们有时在稳操胜券的案件上寻求和解，纯粹是为了在短期内省钱。另据加利福尼亚收债行业的同业公会会长估计，该行业将拖欠债务案诉诸法庭解决的不会超过 20％，因为诉讼开支大，过于复杂，又延误时日。① 最后，对抗制诉讼还会产生不平等。因为诉讼是由律师主导的，所以双方所雇用的律师的多少、能力的强弱和专业阅历的深浅是决定胜败的关键之一。显然，经济实力不同的当事人在这方面是不可能处于平等地位的。

对抗制的这种双重作用在侵权法领域也十分引人注目。众所周知，由于法院为"严格产品责任"诉讼打开了大门，侵权法现在成了美国最有争议的司法领域之一。1973 年开始的所谓"石棉时代"可以说在这方面最有代表性。由于美国联邦上诉法院在这一年的博雷尔诉纤维板纸品公司案判决中裁定石棉制品商要对因接触石棉而受害的人负严格责任，此类侵权索赔案件立即暴增，在全国法院待审的石棉索赔案到 1987 年达到 5 万起左右，到 1992 年更上升到 20 万起，在 20 世纪结束时每年新增加的石棉索赔案仍达 6 千到 9 千起之多。② 在这样强大的诉讼和赔偿压力之下，美国 25 家主要的石棉制造商有 11 家宣告破产，整个产业部门奄奄一息。可以说，侵权法领域里的对抗制诉讼向整个美国企业界发出了加强产品安全和追究产品责任的非同一般的警告，其影响之大是其他发达资本主义国家在处理同类问题时所无法与之相比拟的。不过，对抗制诉讼的负面效应也不容忽视。自 1973 年"石棉时代"开始到 20 世纪结束，近 30 年时间过去了，这个产业部门已偃旗息鼓，可是石棉索赔案的官司还在打，其拖延时日之长可谓惊人。不仅如此，有研究证明，保险公司为石棉讼案支付的赔偿金有三分之二落入了律师的钱包。法院和陪审团对此类索赔要求做出的裁决也是因州而异、因案而异，存在相当多的不一致和不平等之处。尤其是后来以集体诉讼方式提出索赔要求的受害者得到的赔偿比个人起诉和早期集体诉讼达成的和解所赔要少得多。③

对抗制诉讼对美国的福利国家制度也有相当大的影响。福利国家制度在

---

① Kagan. *Adversarial Legalism*: 117-118.

② Gordon. "The Legal Profession.": 317.

③ Kagan. *Adversarial Legalism*: 126-127.

美国本来就是一个颇具争议的领域，且具有权力分散、标准不一和经济能力资格审查既严格又混乱的特点。对抗制诉讼在这里自然大有用武之地，但结果也是好坏参半。20 世纪 60 年代，随着领取救济金的人数迅速增加，未独立子女家庭援助计划遭到了愈来愈多的抨击，被指责为导致性关系和经济上的不负责任以及对救济金的依赖。一些州，尤其是南部州，要求福利管理机构在申请人不能为受援助的子女提供"合适的家"时拒绝发放救济金。有些福利管理机构还进行半夜搜查，试图发现单亲母亲屋内是否有能提供接济的男人过夜。当这些政策行动对很多领取救济金的家庭构成威胁之时，它们很快便在联邦法院遭到了挑战。由联邦政府提供资金的法律服务项目的律师们，代表领取福利金的家庭指控有关州的规定有种族主义之嫌。正是由于这些以福利权利为目标的事业律师们展开的对抗制诉讼，美国联邦法院乃得以在 60 年代末和 70 年代做出了一系列判决，维护了这些家庭的利益。1969年，在 9 个下级联邦法院做出了反对以居住年限来限制领取未成年子女家庭援助计划救济金的判决后，最高法院又在夏皮罗诉汤普森案判决中指出公民的旅行权受到宪法保护，从而否定了住满一定时间方可领取救济金的资格要求。[①] 1970 年，最高法院在著名的戈德堡诉凯利案判决中像 7 个下级联邦法院一样，宣布福利不是可以由政府随意取消的特权而是法定的权利，因此州或地方政府在以不够资格为由中止发放救济金之前，必须允许救济金领取者根据受宪法保护的权利要求由中立的行政裁判者举行公证会。[②] 这样一来，联邦法院的判决就使未成年子女家庭援助计划发生了重大变化，即从一个由州和地方决定资格与救济金的福利项目，变成了联邦法律监督下的法定权利制度。由此看来，对抗制诉讼在巩固美国的福利国家体制和维护社会正义方面的贡献是毋庸置疑的。不过，对抗制诉讼并不是万能药方。它常常会导致一个接一个诉讼和一次又一次的法规修改，结果使法律问题变得愈来愈复杂，拖延的时间也愈来愈长。例如，康涅狄格州对不肯说出子女生父名字的母亲及其子女停发救济金的规定，就引发了一连串诉讼，使该州议会和美国国会数度修改法律，后来又因福特政府的卫生、教育和福利部迟迟未能就例外情况拟定细则而一再拖延，到最后原告因细则出台而放弃诉讼时，前后已经 13 年过去了。另外，这些诉讼的结果往往还要取决于行政部门和立法

---

① *Shapiro v. Thompson*, 394 U.S. 618 (1969).

② *Goldberg v. Kelly*, 397 U.S. 254 (1970).

部门的态度。戈德堡诉凯利案判决固然迫使福利管理机构在停发救济金前要举行公证会，从而使接受救济的家庭得到了程序上的保障，但这和实质性的保障毕竟还不是一回事，因为保守派占多数的议会可以让行政管理机构在公证会上采用更为挑剔的标准。事实上，当美国国会在 1996 年通过法律终止作为联邦法定权利的未成年子女家庭援助项目时，对抗性诉讼并未能阻挡这一进程。①

美国的政府监管也离不了对抗制诉讼。1989 年埃克森石油公司漏油事件就是典型。当时该公司的油轮在阿拉斯加的威廉王子海湾搁浅，漏油 1100 万加仑，对附近野生动物众多的海域造成严重污染。事发后，埃克森公司花了 20 亿美元进行清理，对刑事指控表示认罪，被罚款 1.25 亿美元。阿拉斯加州政府和联邦政府又分别就漏油对自然资源造成的破坏对埃克森公司提出民事指控，迫使该公司用将近 10 亿美元了结这两桩民事案。不仅如此，数千渔民、印第安部落和其他声称受到漏油事件损害的私人当事人也请了律师，状告埃克森公司并要求赔偿，结果联邦法院的陪审团判处惩罚性赔偿金 50 亿美元，后经埃克森公司上诉，联邦第九巡回区上诉法院始于 2001 年做出判决，将赔偿减少到 40 亿美元。综观整个事件，埃克森公司在有违环境监管法规的漏油事件发生后，面临的是来自刑事诉讼、政府民事诉讼和私人诉讼三管齐下的对抗制诉讼的强大压力。这样的监管力度不可谓不大，罚款也不可谓不重。事实上，美国政府监管的一个最突出的特点就是法律制裁十分严厉。这在立法上是有诸多明确规定的。例如，国会在 1988 年将内部交易的个人刑事罚款增加到 100 万美元，单位刑事罚款增加到 250 万美元，并将违犯证券法任何规定的最高刑期从 5 年增加到 10 年。20 世纪 80 年代末和 90 年代初，国会将触犯环境法的大部分刑事犯罪从轻罪上升到重罪，增加了最高刑期。另外，国会还拨款增加环境保护署从事刑事控罪调查的人员。1995—1997 年，环保署平均每年向 250 多个违法者要求刑事罚款，而 10 年前平均每年只有 10 个违法者遭到刑事指控。②

对抗制诉讼下政府监管的这种严刑重罚自然在一定程度上提高了监管的效力。应该说，正是因为证券监管的成功，美国的证券市场才吸引了来自全世界的投资者。环境监管也在防止工业污染、城市垃圾处理和车辆污染方面

---

① Kagan. *Adversarial Legalism*. 165-168, 173-174.
② Ibid.. 192-193.

取得了很大的进展。美国的食品、饮水、药物和工作场所的安全比起很多国家来说都走在前面。不过,对抗制诉讼在时间、成本、不确定性等方面存在的负面效应在政府监管领域里也在所难免。霍利·韦尔斯和克里斯坦·恩格尔所做的研究发现,一家从事废物处理设备制造和运作的跨国公司为了在加利福尼亚州获得一个城市的固体废物填埋许可,在法律费用上开销达1500万美元,它在历时10年的时间里请了7个律师,应付了许多监管机构,进行了两次重大的行政上诉,打了3场旷日持久的官司。[1]值得注意的是,这种对抗制诉讼下的政府监管和采取其他监管方式的发达国家相比,其效果并不一定优于其他监管方式。莱尔·斯克鲁格斯在20世纪末根据经济合作与发展组织各国报告就20世纪70年代和80年代降低污染所做的研究发现,在减少空气污染、固体废物和水污染方面,美国在17个发达国家中居第13位,它在降低污染速度上落后于不采用对抗制诉讼的德国(排名第一)、荷兰(排名第二)、瑞典(排名第三)、日本(排名第四)和英国(排名第十一)。[2]当然,美国是否能像这些国家一样采取非对抗制诉讼的方式来处理政府监管,则是另一个问题。不难想象,仅仅要美国的企业和政府之间建立起如上述国家那种比较合作甚至于是组合主义的关系,恐怕就有蜀道之难。

如果说对抗制诉讼和美国的法院曾经在19世纪为美国的经济开发铺垫过道路,那么20世纪60年代以来这个问题变得愈来愈复杂,它涉及的不仅仅是受开发影响者在经济上的得失,而且还有人们愈来愈关注的社会和环境影响,于是对抗制诉讼带来的常常是开发计划的长期延宕和耗资巨大。1968年,兴建连接洛杉矶机场和市区东部的世纪高速公路的计划得到了联邦政府的资助。加州交通厅很快便着手获取这17英里(约为27.36千米)高速公路的路权,迁移需要搬迁的住户,进行建筑投标,并与沿线地方城市政府展开谈判,以获得让高速公路经过它们辖区的许可。然而,事情进展并不顺利。1972年初,公共利益法律中心代表沿线居民对加州交通厅和联邦交通部展开集体诉讼。加入这一诉讼的还有反对公路穿越其地域的地方城市

① Holly Welles and Kristen Engel. "A Comparative Study of Solid Waste Landfill Regulation: Case Studies from the United States, the United Kingdom, and the Netherlands." Robert A. Kagan & Lee Axelrad. eds. *Regulatory Encounters: Multinational Corporations and American Adversarial Legalism.* Berkeley: University of California Press, 2000.

② Lyle A. Scruggs. "Institutions and Environmental Performance in Seventeen Western Democracies." *British Journal of Political Science* 29 (1999): 1-31.

霍索恩，认为公路会破坏环境的谢拉俱乐部和环境辩护基金会，指责路线选择使少数族裔社区和家庭得不到平等法律保护的有色人种协进会。联邦地区法院就此案做出判决，要求加州交通厅准备公路计划出台时本不需要准备的环境影响报告书。在加州交通厅于 1972—1978 年准备该报告期间，整个公路建设处于停顿状态。1979 年，加州交通厅为一举了结诉讼而做出重大让步，其承诺包括：公路有两条车道作为巴士和多乘客轿车的专用道；和联邦政府联合出资 3 亿美元在公路经过社区修建 4200 套新住房；出资用于肯定性行动计划和建立就业中心；将工程分为 84 个承包合同与分包合同以便让妇女和少数族裔拥有的公司有机会参与；按照沿线少数族裔比例设定其在工程施工中的雇用比例，并为此进行学徒培训。此后 10 年，针对这一让步的执行、解释和修改举行的公证会开了一次又一次。尽管没有任何一方认为世纪高速公路完全不应修建，该公路还是拖到 1993 年才完工，历时 20 年之久。总开支从原计划的 5 亿美元飙升到 22 亿美元，其中实际用于工程建设的只占 54%，结果平均每英里造价为 1 亿美元，创美国历史上前所未有的纪录①。当然，不是所有的经济开发都像加州世纪高速公路一样，但是类似的情况相当普遍。例如，美国的核电厂建设在 20 世纪 70 年代和 80 年代的进展慢得像蜗牛一样，后来则干脆放弃。美国林业署在 80 年代的所有林业计划也因为法律挑战而无法进行。在 80 年代和 90 年代，一系列的听证会、申诉和诉讼使得雪佛龙公司无法从加州海岸的阿奎洛角的油井和再生站将油运走。加州奥克兰港的疏通加深工程从 70 年代就已启动，但是由于污泥置放地引起的法律争议和诉讼的拖延直到 1995 年才完成。诚然，这些经济开发工程的延宕对于减少社会和环境方面的不良影响是有一定的积极作用，但是为此付出的社会成本却不能不使人们对对抗制诉讼的负面效应有不胜唏嘘之感。

3. 谁是对抗制诉讼的赢家

上面所说的对抗制诉讼的正面作用和负面效应虽然涉及具体的案件和具体的当事人，但是分析的着眼点是对抗制诉讼对美国社会的总体影响。这就是说，无论是对抗制的正面作用还是它的负面效应，其影响所及都不是只限于某一个阶层、某一个族裔或者某一个群体，而是包括美国社会的各个阶

---

① Robert Reinhold. "Final Freeway Opens, Ending California Era." *New York Times*, October 14, 1993, A1.; Kagan. *Adversarial Legalism*: 209-211.

层、各个族裔和各种不同的群体。那么，其中谁才是对抗制诉讼最大的赢家而谁又才是最大的输家呢？这显然是研究美国法律的学者们应该最为关注的问题之一，就像研究政治的学者必须弄清参与者的得失一样。早在 1970年，当时在耶鲁大学作访问研究的马克·加兰特就试图对此做出回答，写出了《为什么'富者'胜出：对法律变化局限性的思考》一文。可是此文成稿后多年找不到杂志发表。社会科学类的杂志嫌它篇幅过长，法学类杂志虽不在乎篇幅，但是觉得其观点不合时宜，因为加兰特在"权利革命"使愈来愈多的美国人正在为他们在法院的胜利而欢欣鼓舞之时，却说诉讼的结果是富者胜出。有一家杂志在拒绝其投稿的复信中称赞文章的吸引力和文采，但是认为该文所言不是"我们在法律体制中之所见，'贫者'在这一体制中愈来愈依靠法院保护和表达他们的目标"。[1] 1973 年，加兰特成为《法律与社会评论》杂志的编辑，他在纽约州立大学布法罗分校法学院院长理查德·苏瓦茨的鼓励下，于 1974 年在《法律与社会评论》上发表了自己的文章。这篇文章很快便被列为许多大学课程中的指定读物，现在更是社会学法律研究领域里最经常引用的文章，也是所有法律评论文章中引用次数最多的文章之一。它不仅为社会科学和法学学科许多不同领域的学者展开进一步研究提供了理论框架，而且被法官们在判决书中多次引用，成为能走出象牙之塔对司法实践产生直接影响的为数不多的学术著作之一。在《为什么'富者'胜出：对法律变化局限性的思考》发表 25 周年之前，加兰特已任教多年的威斯康星大学法律研究所于 1998 年 5 月召开了两天的学术会议，庆祝文章产生的广泛影响，并对它的预见性展开评价。1999 年，《法律与社会评论》杂志在文章发表 25 周年之际为之出版了专辑。2003 年，赫伯特·克里泽和苏姗·西尔比将 1998 年会议和 1999 年专辑的文章还有一些新作收集成册，由斯坦福大学出版社出版，书名为《在诉讼中"富者"仍然胜出吗？》。[2] 加兰特的文章之所以能获得如此巨大的成功，是因为他击中了美国司法诉讼制度的要害，即它在导致社会变革尤其是再分配问题上的局限性。当"权利革命"时代的自由主义者对以法律手段实现他们的目标充满信心之时，加兰特就发出了警告。这一点随着 20 世纪 70 年代中期以来保守主义在美国的兴起已看得更加清楚。"贫者"靠对抗制诉讼扩大其权利范围的可能性已大打

---

① Marc Galanter. "Farther Along." *Law and Society Review* 33 (1999): 1115, note 2.

② Herbert M. Kritzer and Susan S. Silbey. eds. *Litigation: Do the "Haves" Still Come Out Ahead?* Stanford, California: Stanford University Press, 2003: 3-4, 7-8.

折扣，甚至有些已获得的权利也被去制度化了，未成年子女家庭援助就是一例。不仅如此，保守主义的事业律师也在利用对抗制诉讼实现他们自己的目标。正如加兰特文章之后美国学者的大部分研究所证明的一样，"富者"在美国的司法诉讼中有比"贫者"更大的胜出机会。诚然，"贫者"不是没有胜出的机会，而且在一定的时期、一定的法院和一定的问题上其胜出的机会还会增加，但是总的来说"富者"还是比"贫者"胜出的机会更大。只要美国的对抗制诉讼依然如故，那么这种情况在过去、现在和将来都不会发生太大的变化。

其实，"富者"在美国的法律体制下比"贫者"容易胜出，并不是什么新观点。早在建国之初和制宪期间，反联邦党人就对此表示忧虑。美国历史上很多改革派的目标所向也包括如何解决这个问题在内。学术界当然也不乏论述，但是建立在扎扎实实的经验性证据之上的成果则十分少见。加兰特的贡献所在并不是提出这个问题，而是为就这个问题展开系统的经验性研究提供了一个新的理论框架或者说一个新的方向。他不像很多学者那样从法规出发探讨这些法规如何通过法律制度从上而下地影响到诉讼当事人，而是反其道行之，主张从法律诉讼当事人入手，研究他们之间的差异以及这些差异如何影响到法律制度的运作。因此，加兰特将诉讼当事人分为两大类，即"偶尔诉讼者"（one shotters）和"惯常诉讼者"（repeat players）。在他看来，"偶尔诉讼者"多为"贫者"，如离婚者、汽车保险求偿者、刑事被告等，"惯常诉讼者"多为"富者"，如保险公司、金融公司、检查官、政府部门等。这种分类当然也有例外，如职业刑事罪犯便是"贫者"中的"惯常诉讼者"，触犯刑律的百万富翁则是"富者"中的"偶尔诉讼者"。不过，一般来说，资源充足的"富者"成为"惯常诉讼者"的机会比较大，资源匮乏的"贫者"成为"偶尔诉讼者"的机会也比较大。所以，加兰特认为，"富者"之所以在诉讼中一般来说比"贫者"有更大的胜出机会，主要是因为前者作为"惯常诉讼者"比起后者作为"偶尔诉讼者"来说有以下的优势：1. "惯常诉讼者"已积累了更多的诉讼经验，甚至有记录证明其行动的合理性。2. 他们在诉讼方面已有专长，有更多的专业人士（律师、顾问）的帮助，在打官司时有规模经济的好处，而无启动成本高的麻烦。3. 他们有机会和司法体制内的有关方面建立起对自己有好处的非正式关系。4. 他们在官司场上善于讨价还价的声誉使他们有更大的兴趣继续这样做。5. 他们对一次官司的输赢看得比较轻，从而有利于他们采取比较长远的战略。6. 他们不是只关注眼前诉讼的输赢，而是更看重通过院外活动和游说建立有利于将来的法规。7. 他们在诉讼中同样也不是只顾眼下的结果，而是更看重结果对未来的影响，即建立能适用于将来案件的法律原则。①

　　除了研究"惯常诉讼者"和"偶尔诉讼者"各自的特点和差异以外，加兰特还对二者卷入的诉讼类型做了分析。第一类是"偶尔诉讼者"告"偶尔诉讼者"，他们各自对诉讼成本的承受力将影响他们利用司法制度的机会。第二类是"惯常诉讼者"告"惯常诉讼者"，他们考虑到诉讼对相互之间长远关系的不利影响，所以往往希望回避这类官司，而以调解、仲裁或庭外和解等其他方式来解决。第三类是"惯常诉讼者"告"偶尔诉讼者"，如债权人告债务人违约，交通部门告某人违反交通规则，等等。这类官司通常以大批量处理的方式由法官根据有关法规做出类似于行政管理机构决定的判决，结果一望而知，不具备对抗制诉讼的特点。因此，与富者何以胜出真正有关的是第四类诉讼，即"偶尔诉讼者"告"惯常诉讼者"，例如，消费者告汽车制造商，雇员告雇主，房客告房东，等等。加兰特认为，"惯常诉讼者"的优势在这类诉讼中表现得最为明显。尽管"偶尔诉讼者"也有胜诉的时候，尤其是在他们得到了本身是"惯常诉讼者"的第三方（公共利益团体和事业律师事务所等）支持时就会把握更大一点，但就总体而言，"惯常诉讼者"在这类案件中比"偶尔诉讼者"胜出的机会还是要大得多。②

　　加兰特在对诉讼当事人及其进行的诉讼展开分析的同时，也论及美国司法制度的某些特点增加了"惯常诉讼者"的优势。他指出，对抗制诉讼的公平性是应该建立在诉讼双方具有平等的经济资源、调查机会和法律技能的基础之上的，然而这在美国根本不可能成为现实。众所周知，美国司法制度是消极反应型的，它要求原告靠自己的资源来启动诉讼程序，尽管胜诉分成等律师费支付方式减少了这方面的成本障碍，但是成本负担始终存在。"惯常诉讼者"或者说"富者"在这方面显然占有优势。另外，美国司法制度要处理的案件太多，诉讼拖延时日是家常便饭，结果进一步加重了诉讼的成本负担，并使最后获得的赔偿因此而在实际价值上大打折扣。不仅如此，由于法官、行政管理机构和立法机构为缓和司法负担过重的问题均在采取措施限制诉讼数量，要顺利发起诉讼就更需要法律方面的专业知识和技能。这只会使

---

① Marc Galanter. "Why the 'Haves' Come Out Ahead: Speculations on the Limits of Legal Change." *Law & Society Review* 9 (1974).

② Ibid.

"惯常诉讼者"比"偶尔诉讼者"享有的优势进一步扩大。[1]

正是在加兰特提出的这一套理论框架的启发和引导下，美国学者自1974年以来做了一系列经验性研究，用大量事实和数据证明了加兰特的观点，当然也有保留、修正和补充。1975年，克雷格·万纳对初审法院民事案件的研究所得出的结论与加兰特的观点基本吻合。[2] 1987年，斯坦顿·惠勒、布利斯·卡特赖特、罗伯特·卡根和劳伦斯·弗里德曼对美国16个州最高法院在1870—1970年期间审理的5904起案件进行了研究，发现在按实力强弱划分的五大类诉讼者中（个人、企业业主、企业组织、小镇政府、市和州政府），强者确实在诉讼中比弱者占优势，但优势不是很大。根据他们的计算，强者作为上诉人胜诉的案件比例为42％，弱者作为上诉人胜诉的案件比例为36.8％，前一个比例减去后一个比例即为强者的纯优势——5.2％。[3] 1999年，唐纳德·法罗尔对五个州的最高法院判决所做研究的结论与惠勒等人的研究结论大同小异，但他发现大企业的诉讼优势比较突出，政府的优势则更是非同一般。[4] 相比之下，唐纳德·桑格和雷金纳德·西恩在1992年发表的对联邦上诉法院判决所做的研究，似乎更为清楚地证实了加兰特的看法。他们发现，政府诉讼的总成功率四倍于个人诉讼的成功率，一倍半于企业诉讼的成功率。当他们利用惠勒等人在1987年提出的"纯优势"概念进行计算时，企业对个人有20％的纯优势，联邦政府对企业有40％的纯优势。这一研究结果虽然十分引人注目，但它的依据只是限于1986年一年的联邦上诉法院判决，而且仅仅是12个巡回区中3个巡回区上诉法院的判决，所以有相当大的局限性。[5] 为了突破这种局限，桑格和西恩会同苏姗·布罗迪·海尔一起对1925—1988年美国所有的联邦上诉法院公布的判决进行了研究。他们将诉讼者分为五大类：个人、企业、州或地方政

---

① Marc Galanter. "Why the 'Haves' Come Out Ahead: Speculations on the Limits of Legal Change." *Law & Society Review* 9 (1974).

② Craig Wanner. "The Public Ordering of Private Relations: Part I: Initiating Civil Cases in Urban Trial Courts." *Law & Society Review* 8 (1975): 421-440.

③ Stanton Wheeler, Bliss Cartwirght, Robert A. Kagan & Lawrence Friedman. "Do the 'Haves' Come Out Ahead? Winning and Losing in State Supreme Courts, 1870-1970." *Law & Society Review* 21 (1987): 420.

④ Donald J. Farole. "Reexamining Litigant Success in State Supreme Courts." *Law & Society Review* 33 (1999): 1043-1058.

⑤ Donald R. Songer and Reginald S. Sheehan. "Who Wins on Appeal? Upperdogs and Underdogs in the United States Courts of Appeals." *American Journal of Political Science* 36 (1992): 235-58.

府、美国政府、其他诉讼者。所谓"其他诉讼者"包括非盈利（私人）组织、非盈利（私人）学校、社会组织、慈善组织、兄弟会组织、政党以及难以统一归类的组织。它们仅占上诉人的 7.8 %，被上诉人的 6.3 %，且无法按照诉讼资源排列顺序，所以被排除在研究之外。于是，桑格、西恩和海尔实际上是对 1925—1988 年联邦上诉法院的四类诉讼者的成功率和纯优势进行了比较研究，结果见表 5.1 — 表 5.4。

表 5.1　1925—1988 年联邦上诉法院按照当事人分类的诉讼混合成功率和纯优势[1]（%）

诉讼者	作为上诉人的成功率	作为被上诉人对方的成功率	纯优势	混合成功率
个人	26.1	38.7	-12.6	35.1
企业	30.8	33.6	-2.8	48.2
州或地方政府	45.0	29.5	+15.6	64.5
美国政府	51.3	25.7	+25.6	70.0

表 5.2　不同时期诉讼的混合成功率[2]（%）

诉讼者	1925—1936 年	1937—1945 年	1946—1960 年	1961—1969 年	1970—1988 年
个人	39.2	39.6	33.7	31.0	33.9
企业	48.4	45.9	48.6	47.9	48.6
州或地方政府	59.2	67.4	73.6	68.9	61.9
美国政府	68.8	64.6	67.2	73.6	70.7

表 5.3　不同时期诉讼的纯优势[3]（%）

诉讼者	1925—1936 年	1937—1945 年	1946—1960 年	1961—1969 年	1970—1988 年
个人	-11.7	-5.1	-12.9	-7.1	-17.0
企业	+0.4	-6.1	-0.6	-4.0	-3.6
州或地方政府	+12.9	+19.6	+23.5	+14.9	+14.2
美国政府	+21.8	+15.4	+15.6	+30.6	+33.6

[1] Donald R. Songer, Reginald S. Sheehan & Susan Brodie Haire. "Do the 'Haves' Come Out Ahead over Time? Applying Galanter's Framework to Decisions of the U.S. Courts of Appeals, 1925-1988." Kritzer & Silbey. eds. *Litigation: Do the "Haves" Still Come Out Ahead*, 93, Table 3.2.

[2] Ibid., 94, Table 3.3, A.

[3] Ibid., 94, Table 3.3, B.

表 5.4 1925—1988 年惯常诉讼"富者"对不同当事人对手的纯优势①（%）

惯常诉讼"富者"诉讼方	相对"贫者"	纯优势
企业	个人	6.3
州和地方政府	个人	19.5
美国政府	个人	34.5
州和地方政府	企业	21.2
美国政府	企业	21.9
美国政府	州和地方政府	16.9

从表 5.1 可以看出，资源最丰富的联邦政府上诉时成功的案件比例高达 51.3%，州和地方政府次之，成功率为 45%，企业占第三位，为 30.8%，而资源最少的个人上诉成功的案件只占 26.1%。总的来说，美国政府的成功率为个人的两倍，企业的一倍半。这和 1992 年桑格与西恩的研究结论大同小异。除了作为上诉人的成功率以外，纯优势和混合成功率的统计数字也充分说明，资源优势愈大的"富者"或者说"惯常诉讼者"所享有的诉讼优势也就愈大。这种情况会不会因历史时期的不同而发生变化呢？桑格、西恩和海尔将 1925—1988 年分为五个历史时期做了进一步考察。这五个时期是：1. 各级法院由保守和亲企业的法官所主导的 1925—1936 年；2. 新政宪法革命后由罗斯福任命的比较注重下层利益的法官逐渐居于主导地位的 1937—1945 年；3. 经济繁荣时代由杜鲁门和艾森豪威尔任命的法官不太注重其政策偏向的 1946—1960 年；4. 美国历史上最为自由主义的沃伦法院为社会下层的权益大展拳脚的 1961—1969 年；5. 尼克松、福特和里根任命的法官使最高法院愈来愈保守的 1970—1988 年。表 5.2 和表 5.3 说明，加兰特提出的资源优势愈大的"富者"享有的诉讼优势也愈大的论点，对于各个不同的历史时期来说基本上都是适用的。唯一不大吻合的时期是 1937—1945 年，由于新政改革和联邦法官组成的变化，"贫者"占多数的个人诉讼者的诉讼混合成功率比起"富者"较多的企业来说差距已缩小，而且纯优势与后者相比还略高了一点。

以上的成功率和纯优势是指每一个诉讼者对所有其他的诉讼者而言，那

---

① Donald R. Songer, Reginald S. Sheehan & Susan Brodie Haire. "Do the 'Haves' Come Out Ahead over Time? Applying Galanter's Framework to Decisions of the U.S. Courts of Appeals, 1925-1988." Kritzer and Silbey. eds. *Litigation: Do the "Haves" Still Come Out Ahead*, 95, Table 3.4.

么他们对于不同类别的诉讼者的情况又会如何呢？桑格、西恩和海尔的研究
对此也做了考察，其发现见表四和表五。这些统计数据清楚地显示，实力愈
强、诉讼经验愈多的诉讼者的纯优势也愈高，其中只有 1960—1969 年这个
时期的"富者"企业对"贫者"个人的纯优势为负数，沃伦法院时代联邦法
官的态度大概要负一定责任。需要指出的是，表 5.5 中的企业对个人在
1937—1945 年有 33.6 % 的纯优势，可是前面的表 5.3 却显示企业在这个时
期对所有对手的纯优势低于个人。桑格、西恩和海尔的解释是：企业在
1937—1945 年比个人要面对更多的政府"惯常诉讼者"。[1]

表 5.5　不同时期惯常诉讼"富者"对不同当事人对手的纯优势[2]（%）

惯常诉讼 "富者" 诉讼方	处于 相对 劣势者	1925—1936 年 纯优势	1937—1945 年 纯优势	1946—1960 年 纯优势	1961—1969 年纯优势	1970—1988 年 纯优势
企业	个人	8.4	33.6	15.6	-6.4	8.0
州和地方 政府	个人	*	*	*	16.7	16.6
美国政府	个人	29.5	33.3	31.5	36.3	43.9
州和地方 政府	企业	31.6	27.5	*	*	22.7
美国政府	企业	27.6	19.3	9.3	16.1	32.3
美国政府	州和地方 政府	*	*	*	*	22.8

*州和地方政府卷入的案件数量太少，无法加以数量化比较。

　　从以上这些学者的研究可以看出，加兰特从"惯常诉讼者"和"偶尔诉
讼者"在资源、经验、专业性和战略等方面的差别出发对"富者"胜出进行
的理论解释，在有关初审法院、州最高法院和联邦上诉法院的研究中基本上
得到了证实。可是，西恩、威廉·米什勒和桑格在 1992 年所做的一项研究
发现，加兰特的理论解释对于最高法院的诉讼来说并不适用。诚然，在他们
考察的最高法院 36 年的判决中，联邦政府像在其他各级法院的判决中一样

　　[1] Donald R. Songer, Reginald S. Sheehan & Susan Brodie Haire. "Do the 'Haves' Come Out Ahead over Time? Applying Galanter's Framework to Decisions of the U.S. Courts of Appeals, 1925-1988." Kritzer and Silbey. eds. *Litigation: Do the "Haves" Still Come Out Ahead*, 96.
　　[2] Ibid., 96, Table 3.5.

仍然是最成功的诉讼者，贫穷个人的诉讼成功率同样也是最低的。但是，贫穷个人在与州政府的诉讼中却占有纯优势，少数族裔比起地方政府或者企业来说诉讼的成功率也要高。不仅如此，诉讼的输赢比例在很大程度上是和最高法院的法官组成有关系，即受到法官的意识形态倾向性很大的影响。① 除了这三位学者指出最高法院的诉讼与加兰特的理论解释不大吻合以外，其他一些学者们还从科层组织的法律内在化、政府诉讼突出优势的原因和"富者"胜出的社会影响等几个方面对加兰特的理论解释做了补充和修正。

劳伦·埃德尔曼和马克·萨奇曼的研究发现，包括大公司在内的科层组织自1974年以来愈来愈倾向于所谓法律的内在化。它们为了将诉讼化解于公司内部，十分注意在以下四个方面实现法律的内在化：1. 法律内容的内在化，即在制定公司的内部政策与规则时以政府立法为基准，减少和避免出现有违法律规定的情况；2. 法律程序的内在化，即尽可能采取解决争端的另类方式在组织内部或组织之间解决问题；3. 法律专家的内在化，即提高内部法律顾问的地位和加强他们的作用；4. 法律执行的内在化，即重振私人保安力量，使他们承担更多的责任。② 显然，这种法律内在化的结果不仅会使这些组织减少对簿公堂的概率，而且会使它们一旦官司缠身能有更大胜出的把握。可以说，埃德尔曼和萨奇曼从法律内在化的角度进行的研究，与加兰特强调诉讼当事人之间的差别相比有所不同，因为他们将研究的触角深入到当事人自身的内在变化中去了。

同样，赫伯特·克里泽有关政府作为诉讼者胜出的原因所做的研究也是在诉讼当事人的特点上下更大的功夫。他发现在上诉法院占统治地位的诉讼模式与其说是"富者"占优势，还不如说是政府占优势。事实上，很多学者的研究都已证明，政府比企业或个人在诉讼中有更大的胜出机会。其所以会如此，克里泽认为并不是像加兰特所说的仅仅是由于政府作为"富者"在资源上占有优势而已。他说我们必须注意政府有其他诉讼者所不具备的两大优势。第一，政府是法规制定者，它可以使诉讼所依据的法规有利于自己。第二，尽管司法独立，但法院和法官不可能完全独立于政府，他们毕竟是政府

---

① Reginald S. Sheehan, William Mishler & Donald R. Songer. "Ideology, Status, and the Differential Success of Direct Parties before the Supreme Court." *American Political Science Review* 86 (1992): 464-471.

② Lauren B. Edelman & Mark C. Suchman. "When the 'Haves' Hold Court: Speculations on the Organizational Internalization of Law." Kritzer & Silbey. eds. *In Litigation: Do the "Haves" Still Come Out Ahead?*. 290-341.

的一个组成部分。这不是说法官会盲目地支持其他的政府部门的行动，但是在诉讼双方旗鼓相当时，法官很可能对作为诉讼一方的政府机构多一点同情和理解。[1] 因此，克里泽得出结论，资源固然如加兰特所言是对抗制诉讼中决定何方胜出的一个重要因素，但不是唯一的因素。

帕特里夏·尤维克和苏姗·西尔比探讨了"富者"胜出观念所产生的社会影响。他们在三年时间内对新泽西州随意选出的 430 个人进行调查访问，发现几乎每一个调查对象都认为法律实际上并不等于正义，它有利于富人、大规模组织，甚至有利于作为"惯常诉讼者"的刑事犯。不过，有趣的是，几乎每一个调查对象同时都相信法律代表着正义和公平的最高理想，法律面前应该人人平等。"简言之，法律在人民看来既是神圣的又是世俗的，既是上帝又是骗人的把戏，既是有偏见的又是超脱的，既是此地又是彼岸"。尤维克和西尔比认为，人们对"富者"胜出这种法律不理想一面的洞悉不仅没有构成对现行法律制度的挑战，反而能保护其合法性不受到激进的批评。相反，如果把一种社会制度说成十全十美，那么这种意识形态倒是会遭到猛烈的抨击和拒绝，因为它离现实太远。这两位学者颇有见地，他们指出，"被解释为一个过程的意识形态对社会生活的塑造不是因为它阻止思想（依靠对人民思想的编排或控制），而是因为它实际上欢迎思想"。在他们看来，"内部的矛盾、反对和差距不是意识形态服饰下的弱点。相反，一种意识形态只有靠内部矛盾才可以维持下去，这些矛盾变成了意识形态体现于日常生活的援引、修订、应用和变换的基础"。[2] 法律所具有的葛兰西笔下的文化主导力量大概也在于此。

纵观美国经济司法治理在 20 世纪的发展，我们看到的是它在原则、领域和形式上所发生的适应时代的变化，反映了国家在美国社会经济生活中作用的加强，尤其是行政管理国家的发展，还有美国人民权利意识的空前提高。这些变化的社会作用则是双重的，既有正面的，也有负面的。我们在这里看到的既有民主、进步、平等、自由和公正，也有它们的对立面。美国学术界对此并不讳言，尤其是深受詹姆斯·威拉德·赫斯特影响的法律与社会

---

[1] Herbert M. Kritzer. "The Government Gorilla: Why Does Government Come Out Ahead in Appellate Courts?" Kritzer & Silbey. eds. *In Litigation: Do the "Haves" Still Come Out Ahead?*: 343.

[2] Patricia Ewick & Susan S. Silbey. "Common Knowledge and Ideological Critique: The Significance of Knowing that the 'Haves' Come Out Ahead." Kritzer & Silbey. eds. *In Litigation: Do the "Haves" Still Come Out Ahead?*. 273-289.

学派，还有批判法律学派，就更是如此。也许就像尤维克和西尔比的研究所
昭示的一样，美国法律制度的生机并不在于它的完美，而在于它的矛盾，在
于它欢迎有不同的思想、尝试和实践来解决一个接一个的矛盾。如果没有矛
盾，历史也就终结了。

探　索　篇

六　美国资本主义经济发展中的契约自由与合同法

合同法（law of contract）与财产法一样，是美国法律体系中最重要的柱石。契约自由（freedom of contract）更是西方国家从封建社会转变为资本主义社会的一个重要标志。亨利·梅因爵士在 19 世纪中期曾经指出："迄今为止进步社会的运动就是从身份到契约的转变。"（from status to contract）[①]美国没有封建主义的过去，开国后宪法第一条第十款就明确规定各州不得通过有碍契约义务的法律。"契约"或者说"合同"被美国法律史学家劳伦斯·弗里德曼称为"19 世纪君临一切的概念之一"。[②] 过去半个世纪的美国法律史研究对契约自由和合同法在美国的历史演变提出了一些发人深省的见解，但是也引起了很大的争议。

传统观点认为，现代合同法的发展早在 16 世纪的英国就完成了。美国哈佛大学教授莫顿·霍维茨在 20 世纪 70 年代对此表示异议。他认为现代合同的意愿论（the will theory）直到 18 世纪末和 19 世纪初才出现，并取代了过去的所有权论（the title theory）和公平交换观（equitable conceptions of exchange），使现代合同法的诞生成为可能。因此，他把 19 世纪资本主义市场经济扩展下现代合同法的兴起，看作意愿论的凯旋。这种契约自由的理念与合同法的形成有利于个人创造性能量的释放，推动了美国资本主义经济在 19 世纪的迅速发展。然而，随着市场经济引发了种种社会经济问题，国家干预自 19 世纪后期以来逐步加强，立法和行政部门愈来愈多地介入合同法这个本在它们管辖权之外的私法领域，公平观的地位又上升了。与此同时，

---

① Sir Henry Maine. *Ancient Law*. reprint ed. London: J. M. Dent, 1917: 100.

② Lawrence M. Friedman. *A History of American Law*. New York: Simon and Schuster, 1973: 464.

管理资本主义的发展也对 19 世纪的合同法提出了诸多挑战，促成了它在 20
世纪的重大调整。目睹以意愿论为基础的合同法在走向形式主义顶峰之后的
历史性退缩，先后在耶鲁大学和芝加哥大学法学院任教的格兰特·吉尔摩教
授在他 20 世纪 70 年代初的系列讲座中语出惊人地宣告了"合同之死"。①

　　美国合同法走过的历史道路也许不能简单地概括为从意愿论的胜利到合
同的死亡。霍维茨和吉尔摩两人的观点及论证也存在一些问题，并因此受到
了学者们的批评。②不过，他们挑战传统的开拓性研究曾使美国法律史学界
为之震动，至今在学术界仍有很大的影响。③笔者试图参照霍维茨和吉尔摩
的看法，并综合其他法律史学家的有关研究，对美国资本主义经济成长过程
中合同法的历史发展做一点初步探讨，希望能在中国的法律史学研究中起到
抛砖引玉的作用。

（一）现代合同法的源起

　　霍维茨认为现代合同法基本上是 19 世纪的产物。它在英美两国的形
成，不仅摆脱了对财产法的从属地位，而且对实体正义（substantive
justice）的中世纪传统有所批判。这种传统在 18 世纪的大西洋两岸尤其是
英属北美殖民地的法律思想中曾经居于主导地位。以内在的正义和交换的公
平作为合同义务基础的理念直到 19 世纪才被摒弃，定约各方在意愿上的统
一即所谓"合意"（meeting of the minds）终于成为合同义务的根据所在。
因此，霍维茨认为美国现代合同法是对殖民地合同法的拒绝而不是继承，包
括合同法在内的私法在这一时期发生了根本性的转变。④

---

① Morton J. Horwitz. "The Historical Foundations of Modern Contract Law." *Harvard Law Review* 87
(1974): 917-956. Grant Gilmore. *The Death of Contract*. Columbus, Ohio: Ohio State University Press, 1974.

② A. W. B. Simpson. "The Horwitz Thesis and the History of Contracts." *The University of Chicago Law
Review* 46 (1979): 533-601. Gary L. Mihollin. "More on the Death of Contract." *Catholic University Law
Review* 24 (1974): 29-60.

③ 霍维茨的《1780—1860 年美国法律的改变》（*The Transformation of American Law, 1780-1860*）
一书在 1978 年获美国史学研究最高奖——班克罗夫特奖。美国《西北大学法律评论》在 1995 年出专辑
纪念已故的吉尔摩教授，讨论他的《合同之死》。

④ Horwitz. "The Historical Foundations of Modern Contract Law." 917-919; Kevin M. Teeven. *A History
of the Anglo-American Common Law of Contract*. New York: Greenwood Press, 1990: 162.

　　合同的历史虽然很长，但它直到 18 世纪主要还是被视为财产所有权转移的一种手段。合同法对财产法的这种从属地位在当时英国法官威廉·布莱克斯通的四卷本巨著《英国法释义》中体现得非常清楚。在这部对英属北美殖民地法律界产生极大影响的著作中，有关合同的论述首先出现在完全讨论财产法的第二卷中，后来又出现在有关"个人财产损害"的章节中，前后总共只有 40 页。这种合同法上的所有权论（the title theory）是和当时市场经济不够发达相适应的。因为很多交换都是当面进行，立即成交，不涉及未来的货币回报，所以法院在合同中只看到具体货物的财产利益，很少承认预期损害（expectation damages），也不执行所谓待履行合同（executory contract）。

　　然而，随着市场经济在大西洋两岸的发展，特别是美国革命后政府证券交易剧增和 1815 年以后美国国内市场的扩张，法院必须面对预期回报，也要处理愈来愈多的预期损害问题。待履行合同作为有关期货的协定，在经济体系中逐渐占据中心地位。根据霍维茨的研究，英美两国法院是在 1790 年以后第一次承认了预期损害。这不仅标志着现代合同法的出现，也意味着合同法开始与财产法分离。因为预期损害和待履行合同所着眼的不是既得利益的占有，而是未来的打算；不是具体财产权的转移，而是预期回报的创造；不是静态的财产，而是动态的市场。1810 年纽约州的桑德斯诉泰勒案清楚地展现了现代合同法与传统合同法所有权论的明显差别。案中买方在收到部分小麦后拒绝接受剩下的根据合同购买的小麦。按照传统的所有权论，卖方只有将小麦保留直到收到买方付款为止，因为所有权已经转移。可是此案中的卖方没有这样做，而是把剩余小麦立即出手，然后状告买方，要求赔偿出手市场价和合同价格之间的差价造成的损失，即预期损害。法院判卖方胜诉，认为卖方为避免更大损失有必要作为买方的信托人采取行动。[①]

　　现代合同法的兴起不仅拒绝了所有权论的主导地位，而且与实体正义的公平观念渐行渐远。19 世纪以前的这种公平观常常导致以交换是否公平为由限制甚至否认合同义务。其最直接的表现就是衡平法院在认定对价不相当（the inadequacy of consideration）时可以拒不执行任何合同。陪审团也可以起类似的作用。1785 年，宾夕法尼亚州首席法官麦金在沃顿诉莫里斯案中就明确指出，在没有衡平法院的情况下法院有义务转向陪审团寻求"对协定

---

① *Sands v. Taylor*, 5 Johns. (N. Y. 1810).

的公平和有良心的解释"。①事实上，当时大部分法官都把损害赔偿问题交给陪审团来做决定。直至 1804 年，最高法院大法官华盛顿还发现，巡回法院的陪审团不理会他有关原告有权获得全额赔偿的指示。不过，他拒绝重新审判，因为"损害问题……非陪审团莫属，以致他不能允许自己介入他们的领域"。②另外，英属北美殖民地和美国的法院在 18 世纪还奉行"好价格保证好商品"（a sound price warrants a sound commodity）的原则。当卖价超过所谓客观价值时，法院会执行买方要求的暗含质量保证（implied warranty）。这种客观价值（objective value）是合同公平观的基础。

　　显然，唯公平观马首是瞻的合同法使商业交易具有太多不确定因素，难以符合市场经济发展的需要。因此，当时的从商者只要有可能都私下了结纠纷，否则就诉诸仲裁或求助于商法（law merchant），以回避用普通法处理合同问题。另外，他们还采用免受公平观干涉的法律形式进行交易，主要就是罚款保函或盖印文件（the penal bonds or sealed instruments）一类的印章契约。这种加盖印章的契约对不履行合同做了明确的赔偿规定，因此排除了依照普通法检查对价是否相当的问题。19 世纪以前北美大陆的大部分重大交易都是以这种方式进行的。进入 19 世纪以后，印章契约日见减少，它的统治地位逐渐为待履行合同所取代。这一来是因为法官加强了对衡量损害规则和陪审团的控制，二来是因为印章契约中的损害赔偿规定愈来愈无法预测市场的波动。不过，更重要的是，法律观念因为资本主义市场经济的扩张而发生了极其深刻的变化。

　　在一个不是立即付货而要有待将来的日益扩大的市场里，人们很难想象在交易中收和付可以完全等价。预期价值是会浮动的。作为公平论基础的客观价值看来并不存在，价值应该说是主观的。因此，合同的作用不是保证协定的公平，而是执行合同各方认为对他们都有好处的交易，即他们达成的共同意愿。可以说，现代合同法的崛起就是这种意愿论的胜利。意愿论在逐渐取代公平观的过程中，否认了客观价值，不承认有衡量平等的实质标准，把不平等仅仅看作是虚幻之感而已。现代合同法就是以这种方式宣告了市场交换上的人人平等。古里安·维普兰克在 1825 年的《合同精义》中写道：严格地说就没有什么"价格相当（或者）赔偿的平等或不平等"，因为"从事

---

① *Wharton v. Morris*, 1 Dall. 125, 126 (Pa. 1785).

② *Walker v. Smith*, 4 Dall. 389, 391 (C. C. D. Pa. 1804).

物的本质来看，价格只是取决于各方的协定，是由它一手创造的"。法律保
证的只是交易的每一方都"充分了解所有的事实"。① 除了维普兰克以外，当
时撰文对公平观展开抨击的还有丹尼尔·齐普曼、奈森·戴恩和最高法院大
法官约瑟夫·斯托里。1844 年，斯托里的儿子威廉发表了他的合同法论
文，标志着意愿论取代所有权论的努力在美国终于大功告成。②

　　霍维茨认为现代合同法与 19 世纪之前相比发生了根本变化的上述观点
遭到了 A. W. B. 辛普森的质疑。后者以其对英国和英属北美殖民地法律的
精深研究而著称。他发现预期损害和待履行合同这些所谓现代合同法的观念
与实践在 19 世纪之前的英国和英属北美殖民地早已存在。不过，正如另一
位研究英美普通法历史的专家凯文·蒂温所言，待履行合同和预期损害赔偿
在 19 世纪之前固然不乏其例，但当时的市场力量不像后来那样强大，一般
来说合同至少是部分履行了，要法院执行待履行合同及预期损害赔偿的情况
并不多。③ 诚然，霍维茨也许低估了英属北美殖民地资本主义市场经济到 18
世纪中叶的发展程度，但是我们也不要小看了前资本主义传统在当时的影
响。过去几十年美国社会史学家对殖民地时代所做的研究表明，这种影响不
仅有，而且相当持久。④ 史学界在这个问题上虽然还有争议，但它至少说明
霍维茨的法律转变观无论是从当时的市场经济还是从社会发展角度上来讲都
不能说是完全没有历史依据。不过，由于美国殖民地时代法律史研究在原始
资料上的欠缺，对霍维茨的观点进行充分考证并加以适当的修正恐怕还有待
时日。

---

① Gulian Verplanck. *An Essay on the Doctrine of Contracts: Being An Inquiry How Contracts Are Affected in Law and Morals*. New York: G & C Carvill, 1825: 115, 225.

② Daniel Chipman. *Essay on the Law of Contracts*. Middlebury, Vermont.: Daniel Chipman, 1822; Nathan Dane. *A General Abridgment and Digest of American Law*. Boston: Cummings, Hillard and Company, 1823-1829; Joseph Story. *Commentaries on Equity Jurisprudence, as Administered in England and America*. Boston: Hillard, Gray & Company, 1836; William W. Story. *A Treatise on the Law of Contracts Not Under Seal*. Boston: C. C. Little and J. Brown, 1844.

③ Teeven. *A History of the Anglo-American Common Law of Contract*: 166.

④ James Henretta. *The Origins of American Capitalism*. Boston: Northeastern University Press, 1991. Allan Kulikoff. *The Agrarian Origins of American Capitalism*. Charlottsville: University Press of Virginia, 1992.

（二）美国法律"合同年代"的契约自由

　　1800—1875 年是美国资本主义经济的上升时期，也是美国法律史学界泰斗詹姆斯·威拉德·赫斯特所说的"我们法律的合同年代"。[①] 契约自由在这个时期成了美国社会最重要的组织原则之一。现代合同法不仅崛起，而且扩展到了很多其他的法律领域。对美国合同法历史深有研究的劳伦斯·弗里德曼认为，这是一个很自然的发展过程。在他看来，合同法关注的核心就是市场，即作为美国经济体系基础的不受其他条条框框管制的私人交易关系。因此，合同法的发展与市场经济的起落大体平行：它在 19 世纪上半叶资本主义市场经济迅速扩张和走向成熟的过程中经历了自己的"黄金时代"，其重要性到 19 世纪后期由于管理资本主义的兴起和国家权力的扩大而开始走下坡路。[②] 这个和市场经济扩张相联系的黄金时代，在学术界常常被称为美国现代合同法的"古典时期"。[③] 赫斯特曾经指出："合同法的主要特性或者说功能就是服务于市场对于一个确保交易的框架结构的需要。"[④] 在这个所谓的古典时期，以意愿论为基础的合同法原则的形成、判定合同双方意愿的主观标准和客观标准的演变以及针对普通法而来的法典化改革运动，都是为了服务于这个目标，即尽量减少市场供求以外的不确定性，保证资本主义市场经济的发展。

　　意愿论可以追根溯源到自然法和民法思想，它和亚当·斯密的自由主义古典经济学一道，为 19 世纪英美普通法中合同法基本原则的形成奠定了基础，使合同法在抽象化的过程中成为有利于资本主义市场经济活动的一般法则。自由主义经济学认为，在供求决定价格的自由市场上由享有契约自由的私人进行公开竞争，可以解决所有的市场问题，有利于经济发展。在意愿论影响下形成的 19 世纪的合同法就体现了自由主义经济学所希望的这种契约

　　① J. Willard Hurst. *Law and the Conditions of Freedom in the Nineteenth-Century United States*. Madison: University of Wisconsin Press, 1956: 18.

　　② Friedman. *A History of American Law*: 244. Friedman. *Contract Law in America: A Social and Economic Case Study*. Madison: University of Wisconsin Press, 1965: 21.

　　③ Teeven. *A History of the Anglo-American Common Law of Contract*: 179.

　　④ J. Willard Hurst. *Law and Economic Growth: The Legal History of the Lumber Industry in Wisconsin, 1836-1915*. Cambridge: Belknap Press of Harvard University Press, 1964: 289-290.

自由，把合同看作是双方自愿建立的相互之间的义务。有关要约（offer）和承诺（acceptance）的规则在这个时期的出现，就是因为市场的扩大使交易沟通在时间和空间上被分隔，需要这方面的规则来确保双方意愿的一致。"合意"（concurrence of intention）成了所有合同的指导原则。巡回法官克兰奇在 1804 年最高法院附录中写道："每个人都有自然权利订他想订的合同……所有不存在欺诈和强迫的合同按照他们的精神和意愿在法律上和道德上都是必须履行的。"① 在要约和承诺的过程中当然要有对价，但法院无权就对价的相当与否进行干预，因为它是双方合意的产物。"货物出手皆不退换"（caveat emptor）的原则在 19 世纪初由于新的合同法精神也重新得到肯定。显然，当法院给了人们在合同协定上的这种自主权时，他们的创业精神和能量才会因为不害怕外来干预的不确定性而得到充分发挥。可以说，这就是 19 世纪合同法的宗旨所在。

为了排除外来干预的不确定性，美国合同法在当时具有比英国合同法更强的抽象化趋势，因为合同涉及的主题如果个别化或者说具体化都会受到有关的限制和干预，例如密西比河的使用权不能成为合同买卖的对象，未成年儿童不允许签约。这样，正如美国学者弗里德曼所言，"纯"合同法作为一种抽象，"它是有意放弃个别，有意放弃以社会政策的名义对无拘无束的个人自主性或完全自由的市场进行限制的诱惑"。② 由于合同法的一般原则不理会涉及的对象是什么，也不管合同双方是什么人，因此在 19 世纪上半叶被广泛地应用于土地法、商法、无形资产和保险等等方面，成为保证各种商业交易顺利进行的重要工具。赫斯特在对 1836—1915 年威斯康星州木材工业的 700 多个案例进行分析后发现，"它们首先几乎全是合同法案例，然后才是木材工业案例。"③ 毫无疑问，合同法在美国 19 世纪的法律中占有特殊的地位，它不仅"吞没了"很多其他的法律，而且对美国经济的发展和全国性市场的最终形成产生了积极的影响。④

合同法执法的关键是损害赔偿问题。如果它没有一点确定性可言，以合同方式展开经济活动的有关方面都会望而却步。美国合同法在 19 世纪上半叶形成的有关"实质履行"（substantial performance）、"预期违约"

---

① 5 U. S. 367, 423 (1 Cranch, Appendix) (1804).

② Friedman. *Contract Law in America*. 20.

③ Hurst. *Law and Economic Growth*. 289.

④ Friedman. *A History of American Law*. 244.

（anticipatory repudiation）、"数量限制"（quantum limitation）的原则就是为了解决这一问题。当时很多建筑合同在规格要求上十分详尽，建筑商稍有一点不符合合同要求就会前功尽弃。这对于 1815 年后迅速成长中的美国经济只会起阻碍作用。1828 年，马萨诸塞州最高法院在海伍德诉伦纳德案中做出裁决，如果合同履行了，但无意中在个别细节上有偏差，建筑商可按量（quantum meruit）获得付款。只要有"遵守合同的诚意和实际履行"，法院就不会判处违约罚金。不过，这种有利于建筑商的实质履行规则对劳工却不适用。受雇者如果提前离职，就会失去全部工资。[①] 无论是有利于建筑商的实质履行规则还是对劳工的阶级偏见，其实都是为了使从事资本主义市场经济活动的人有一种安全感，从而大胆释放自身的能量。关于预期违约和数量限制的规则也起了相同的作用。前者使预期违约的受害者能马上解除合同义务和要求赔偿，从而减少了预期违约造成损害的可能性，并使受害者尽快转向新的经济活动。后者则是以可预见性为标准（the foreseeability standard）使所谓后果性损害赔偿（consequential damages）得到数量上的控制。从 19 世纪初著名的纽约州衡平法院法官詹姆斯·肯特到后来最高法院大法官奥利弗·霍姆斯都是数量限制原则的支持者。[②]

　　合同的基础既然是意愿的统一即合意（concurrence of intention），那么如何确定双方的意愿便成了合同法的一个核心问题。当时存在主观和客观两种标准。主观标准就是要找出合同双方的实际或者真正意愿。客观标准则是要看意愿的外在表现。主观标准可以说和意愿论一脉相承。它在 19 世纪上半叶居于主导地位。衡平法官肯特当时曾经写道："清楚的意愿"应该"胜过合同严格的字句"。[③] 然而，完全以意愿为基础的合同义务使法律的确定性和可预测性成了问题。因此，即便在主观标准占统治地位的 19 世纪上半叶，客观标准也同时存在，例如口头证据规则被用来强调书面合同的确定性，商业惯例也被看作是合同双方意愿的证据。到 19 世纪下半叶，霍维茨认为，随着美国经济逐步走向成熟，客观标准逐渐取代了主观标准在合同法中的地位。这主要是因为内战后市场的扩大和一体化、交通的改良以及物价的稳定，使得人们不仅比较容易接受客观价值的概念，而且对法律的确定性

---

① Morton J. Horwitz. *The Transformation of American Law, 1780-1860*. Cambridge: Harvard University Press, 1977: 186-188.

② Teeven. *A History of the Anglo-American Common Law of Contract*: 190-197.

③ James Kent. *Commentaries on American Law*. 2nd. ed. New York: James Kent, 1832: 555.

也有了更高的要求。[①]

在合同法作为普通法的重要组成部分逐步克服自身的不确定性的同时，美国 19 世纪上半叶的法律改革，即法典化运动，实际上也在朝这个方向前进。法律改革原本是针对普通法而来，但它最后并未能以制定法取代普通法，而是在保留普通法的灵活性的同时，加强了它的确定性。在 1820—1850 年法典化运动的高潮中，西奥多·塞奇威克、威廉·桑普森和戴维·达德利·菲尔德等改革者主张按照功利主义大师边沁的理念实行全盘法典化，而以大法官斯托里为主要代表的法律界人士则希望部分法典化。结果后一种理念占了上风。纽约州 1848 年通过了菲尔德起草的《民事诉讼程序法典》（Code of Civil Procedure），并为大多数州所仿效。这是法典化运动的顶峰，但也是它失去势头的开始。可以说，法律改革运动的成功主要是在程序法而不是在实体法上。各州的法典化废除了复杂的诉讼形式，使抗辩和程序简单化，还将衡平法院的案件交由一般法院统一处理。这样一来，任何商业交易都不会因为不符合过去的诉讼形式而难以采取法律行动，合同法的抽象原则得到广泛应用，于是合同双方的共同意愿只要不违法就能在法律上予以执行，契约自由乃得到进一步的保障。另外，简化程序减少了诉讼费用，加快了司法速度。所有这些进步，自然得到商界人士的支持，也有利于美国经济的发展。正如美国学者查尔斯·M.库克在论及改革结果时所言："人们发现，关于普通法方法造成法律不确定性的谈论愈来愈少了，尽管它还未能被完全消除。法律的成长和变化继续快速进行，不过是发生在一个稳定的框架结构之内。"[②]

法律改革运动的主旨虽然是聚焦在普通法的程序问题上，但它也有民主和人道方面的目标。已婚妇女作为合同一方在普通法上曾被视为缺乏对价，因为她没有独立于丈夫的意愿，不具备立约的能力。到 1850 年，这种情况发生了变化。大部分法院承认已婚妇女的立约能力。如果说妇女立约权符合合同法不管合同双方为何许人的抽象原则，那么立法议会在这段时期通过的一些人道理由的立法则与合同法精神不相一致。从得克萨斯扩展到其他州的宅地豁免就是一例，50 英亩（约为 20.23 平方米）的宅地及其上的某些财产可依法免受债权人追讨。另外，债务监禁到 19 世纪中期也被完全取消。

---

① Horwitz. *The Transformation of American Law*: 196-199.

② Charles M. Cook. *The American Codification Movement: A Study of Antebellum Legal Reform.* Westport, Conn.: Greenwood Press, 1981: 203.

大法官马歇尔在 1819 年斯特杰思诉克伦宁歇德案判决中指出："监禁不是合同的一部分，仅仅释放被监禁人并未损害它的义务。"[1] 破产法最初虽然是为了保护债权人的利益，但到 19 世纪中期变成了把债务人解放出来再次成为有生产能力的经营者的手段。不过，这些民主和人道的理念在 19 世纪合同法中的表现还是相当有限的。公平观的重新抬头要等到 20 世纪，尤其是20 世纪 30 年代的大萧条和新政发生以后。

（三）"洛克纳时代"的合同法理论及其影响

20 世纪曙光初现时，我们看到内战以后兴起的法律形式主义发展到了登峰造极的地步。法律形式主义（legal formalism）不同于 19 世纪上半叶的法律工具主义（legal instrumentalism）。前者坚持已经形成的法律原则，后者认为法律可以根据社会需要而变化；前者追求法律的客观性、中立性和统一性，后者强调法律的灵活性；前者是保持现状的屏风，后者是推动社会变化的工具。据霍维茨的研究，美国革命后的法院迅速改变了"前商业和反发展的普通法价值观"，以私法作为变革的工具，在 19 世纪上半叶完成了经济权力向商人和企业家团体的转移。[2] 美国法律的这一重大变化促进了资本主义市场经济的蓬勃发展。前面所说的合同法以意愿论取代财产论和公平观，就是这一法律变化的组成部分。到内战前后，经济权力的转移已经完成，法律工具主义不再如此重要。于是，保护既得利益的需要使法律形式主义的地位开始上升，并从公法进入了私法领域。至 19 世纪与 20 世纪之交时，法律形式主义发展到顶峰，进入所谓"洛克纳时代"。

在合同法方面，哈佛大学法学院院长克里斯托弗·哥伦布·兰戴尔对合同进行了"遥远、非人格化和冷酷的抽象"，最高法院大法官奥利弗·霍姆斯提出了关于对价的交易论（the bargain theory of consideration），后来负责

---

① *Sturges v. Crowninshield*, 4 Wheat. (17 U. S.) 122, 200-201.

② Horwitz. *The Transformation of American Law*: 253-256.

编撰《合同法重述》的塞缪尔·威里斯顿发表了他的论著。① 1871 年，在哈佛法学院首创案例教学法的形式主义大师兰戴尔出版了他的第一本案例集，即《合同法案例选集》。他在选集中告诉人们，合同法是由普遍适用的绝对准则组成的，通过科学推理就可以从案例中找到合同法的"真正原则"。这种对一般性原则的强调是 19 世纪在普通法中寻求确定性的长期努力的继续。霍姆斯和威里斯顿对合同法的贡献也在于此。前者在他的《普通法》一书中提出了一个普遍适用的"真正原则"，那就是对价交易论。后者则在《合同法重述》中把对价交易论捧上了合同法原则的皇位。过去只要立约人受益或者受约人受害就足以构成执行合同的对价，合同责任相当广泛。霍姆斯对此不以为然。他认为，仅仅受益或受害都不一定是提供了对价，只有当受益或受害是源于相互讨价还价达成的交易时才构成对价，合同双方也才因此有履行合同的责任。这样一来，合同责任的范畴缩小了。例如，因"有害信赖"而受害的原告无论从公平观的角度看多么有理，甚至可以举证出被告因此受益，但是只要不存在相互交易，他也就缺乏对价，无权要求赔偿。霍姆斯的对价交易论不仅排除了纯粹的公平观，缩小了合同责任的范畴，而且要求以客观标准来决定是否存在相互交易。这样，早在 19 世纪就已开始的以客观标准取代主观标准统治地位的历史过程在世纪之交达到了一个新的高峰。联邦法官伦恩德·翰德在 1911 年一个判决中的下述声明成了有关合同法客观标准的至理名言，并得到了最高法院的认可：

　　严格地说，合同与签约方个人或各自的意图无关。合同只是由法律力量加在签约方某些行动通常是诺言上的一种义务。这些诺言一般来说是伴随并代表已知的意图。哪怕有二十个主教证明任何一方在使用诺言时持有和法律赋予它们的通常含义不同的意图，他也仍然要（对义务负责），除非相互有错误或类似的问题。②

　　与这种合同法理论上的抽象化、一般化和客观化趋势相呼应，追求法律统一性的法典化思潮在世纪之交也有所发展。这在很大程度上是因为工业革

---

① Gilmore. *The Death of Contract*, 13. Christopher Columbus Langdell, *A Selection of Cases on the Law of Contracts*. Boston: Little, Brown and Company, 1871. Oliver Holmes. *The Common Law*. Boston: Little, Brown and Company, 1881; Samuel Williston. *Law of Contracts*. New York: Baker, Voohis & Company, 1922-1930.

② *Hotchkiss v. National City Bank*, 200 F. 287, 293 (S.D. N.Y., 1911)

命和交通革命带来的全国市场的一体化难以容忍各个地区在商法上的巨大差异。美国律师协会（American Bar Association）在 1895 年发起了统一州法委员会全国会议。该会议自己或者委托其他组织起草并公布了许多供各州议会审议的具有全国统一性的分门别类的商法，如 1896 年公布的《流通票据法》（*The Negotiable Instruments Law*），1906 年公布的《统一销售法》（*The Uniform Sales Act*）和《统一仓单法》（*The Uniform Warehouse Receipt Act*），等等。这些法律先后为美国很多州的州议会所通过，直到第二次世界大战后才逐渐为统一州法委员会全国会议公布并为各州所采纳的《统一商法典》所取代。其中的销售法虽然并不是要改变普通法，但它是美国历史上在 19 世纪中期的法典化运动以后立法部门第一次这样广泛和直接地介入合同法这个普通法领域。"货物出手皆不退换"不再是金科玉律。购货者的利益因暗含担保而得到较多保障，因为在技术日益复杂的大规模生产和距离日益遥远的大规模销售的年代，成功的交易不能只靠购货者自己的判断，还要靠售货者的诚信。世纪之交的这些法典化方面的努力遭到了进步主义改革者的批评，因为它不触及当时美国面临的很多其他社会经济问题。为了回应这些批评，美国法律界在 1923 年建立了美国法学会（the American Law Institute）进行所谓"法律重述"，以"澄清和简化法律，使之更为确定。"①与法典化相比，法律重述更符合法律界的利益，因为它不是以制定法取代普通法，而是由法律界权威人士对普通法加以提炼、升华和解释。这本来就是法律界权力的根基所在。1932 年，由塞缪尔·威里斯顿负责起草的《合同法重述》第一版正式发表。尽管重述特别顾问阿瑟·科宾带来了一些新的理念，《合同法重述》第一版基本上还是体现了兰戴尔、霍姆斯和威里斯顿的形式主义合同观。对价交易论被写进了重述第 75 条。

美国学者凯文·M. 蒂温认为："形式主义作为商业的谄媚者，它顶礼膜拜的是自由市场和个人不受政府干预订立合同及拥有财产的权利。"②这是和进步主义改革旨在保护弱者和穷人的所谓"社会立法"针锋相对而来的。双方的冲突在 1905 年洛克纳诉纽约州案中成为引人注目的焦点。最高法院当时裁决，纽约州将面包房工人的工时限制在每天 10 小时的立法侵犯了受宪法第十四条修正案保护的契约权，应宣告无效。这在很多人看来是自由市场

---

① American Law Institute. *Restatement of the Law of Contracts*. St. Paul: American Law Institute, 1932: viii.

② Teeven. *A History of the Anglo-American Common Law of Contract*: 218.

和契约自由理念的胜利。洛克纳案判决因此被视为法律形式主义登峰造极的标志。1890—1920 年也被称为法院将契约自由加以宪法化的"洛克纳时代"。①美国学术界长期以来曾把洛克纳案判决解释为反对社会立法的自由放任主义和社会达尔文主义的胜利。然而 20 世纪 80 年代以来有不少学者将这一判决和"中立原则"联系起来。他们认为美国法院在洛克纳时代并不是不分青红皂白地反对政府对经济活动的所有干预，而是反对偏向于某个团体或阶级的所谓"阶级立法"。②从世纪之交美国法院很多法官的思想来看，他们确实不是自由放任主义的信徒。不过，正像查尔斯·W.麦克迪教授最近指出的一样，这种修正派观点虽然提高了我们对这个时代的认识，但无法抹去赫斯特曾经谈到的事实：19 世纪 80 年代以来美国法院就契约自由做出的判决表现出对有利于"劳工……利益"立法的"确定无疑的政策偏见"。③

（四）20 世纪美国合同法的重大调整

以维持现状为宗旨的法律形式主义在 20 世纪初如日中天之时，也是美国经济和政治发生重大变化的年代：大公司和管理资本主义在崛起，社会问题在增加，国家的权力范围在扩大，立法部门对包括合同法在内的私法领域的"入侵"与时俱进。到新政时期和第二次世界大战以后，福利国家和自由主义改革的发展更是进入了一个新的历史阶段。所有这些压力和挑战使美国的合同法在 20 世纪做出了两方面的重大调整：一是对不确定性的容忍，即大量借口法（excuse law）的出现；二是向公平观的回归，诸如"有害信赖"（detrimental reliance）和"恢复原状"（restitution）这些衡平法原则在合同

---

① W. David Slawson. *Binding Promises: The Late 20th-Century Reformation of Contract Law*. Princeton, New Jersey: Princeton University Press, 1996: 12-14.

② Michael Les Benedict. "Laissez-Faire and Liberty: A Reevaluation of the Meaning and Origins of Laissez-Faire Constitutionalism." *Law and History Review* 3 (1985): 293-331. Howard Gillman. *The Constitution Besieged: The Rise and Demise of Lochner Era Police Power Jurisprudence*. Durham: Duke University Press, 1993.

③ Charles W. McCurdy. "The 'Liberty of Contract' Regime in American Law." Harry N. Scheiber. ed. *The State and Freedom of Contract*. Palo Alto, California: Stanford University Press, 1998: 165, 194.

法中得到了运用。① 这些调整显然和当年兰戴尔倡导的冷酷抽象的形式主义合同法原则不相吻合，倒是在一定程度上体现了 20 世纪 70 年代哈佛大学教授约翰·罗尔斯提出的新自由主义哲学观，即以正义取代自由作为社会制度的"首要价值"。②

　　20 世纪美国合同法的发展之所以出现新趋势是和美国经济的变化分不开的。首先，随着现代大公司的崛起和管理资本主义的发展，纵向一体化使很多原本以合同方式建立的市场交换关系变成了大公司内部各部门之间的行政协调和管理。控股公司子公司之间的合同意愿不是以子公司各自的利益而是以它们共同的利益为转移。子公司违约也不会诉诸公堂。居于少数地位的公司持股者即便不同意也要受公司合同的制约。我们在这些经济关系中很难看到过去的合同和契约自由的影子。不仅如此，大公司不再具有小企业在短期应变方面的灵活性，它们在外部供求关系上倾向于长期合同。长期就意味着更大的不可测性，因此要求合同在容忍未定因素上有一定的开放性。这就需要在更大程度上依靠签约各方的合作和善意，即便出现争议也很少以诉讼方式解决。所有这些都是和过去那种建立在小企业之间比较单一简单的市场交易上的合同关系不大相同的地方。最后还要提到的是标准化合同的出现。它适应了大规模交易的需要，降低了成本，但却使弱势的一方通常是消费者失去了讨价还价达成交易的机会，甚至于连合同都未看懂就成为签约方。契约自由和交易对价的原则对于处在弱势地位的人来说好像根本不存在。有人挖苦说这正好和梅因爵士一百多年前讲的相反，是从契约"转回到身份"。③

　　显然，在 19 世纪曾成功地推动美国资本主义市场经济发展的合同法，现在遇到了市场经济本身的变化所带来的问题。此外，由于合同法的抽象化、非人格化和去道德化，加之它关注的中心是合同中的商品而不是人，所以面对世纪之交工业化和城市化引起的种种社会问题，尤其是大企业崛起突显出来的贫富不均和阶级冲突，当时的合同法显然不是应对之策。这样，进步主义运动中形形色色的改革派都开始寄希望于国家来解决这些经济和社会问题，促进公共利益。事实上，早在进步主义改革之前，州和联邦的立法机构已经逐步介入了合同法这个私法领域。当时涉及的主要是对周围社区具有

---

　　① Robert A. Hillman. "The Triumph of Gilmore's The Death of Contract." *Northwestern University Law Review* 90 (1995): 35-38.

　　② John Rawls. *A Theory of Justice*. Cambridge: Belknap Press of Harvard University Press, 1971: 3.

　　③ Teeven. *A History of the Anglo-American Common Law of Contract*: 295.

广泛影响的私人合同，诸如公用事业公司、保险公司、铁路公司跟它们的顾客之间的合同。合同法领域最著名的"立法入侵"当然是一些中西部州的格兰奇法和美国国会1887年通过的《州际商务法》。从19世纪80年代到进步主义改革，州和联邦政府通过立法介入的合同法领域愈来愈多，包括公用事业、保险、银行、铁路、食物与药品、卫生、托拉斯、劳工和社会福利，等等。政府行政监管在这些领域开始取代合同成为市场的调节者，结果使愈来愈多的经济活动部分或全部地离开了合同法原则适用的范围。正如美国合同法专家劳伦斯·弗里德曼所言，合同法具有"剩余性"（residuary），即它所管辖的是排除所有政府干预领域以后剩下的范围。[①] 这个范围在20世纪，尤其是新政时期和第二次世界大战以后，由于政府干预的加强和福利国家的发展而逐渐缩小。

美国合同法的范围在20世纪缩小了，但它的灵活性增加了。相比之下，19世纪的合同法是相当绝对的，尤其在法院执行合同义务上更是如此。康涅狄格州高等法院在1857年第一校区诉多奇案判决中甚至认为"上帝的行动"也不能成为不履行合同的理由。[②] 在1874年斯第思诉伦纳德案中，被告由于不知情而在下面有沼泽的土地上根据合同建楼，结果两次失败，不得不拒绝履行合同。陪审团和明尼苏达州上诉法院都做出了不利于被告的裁决。法院认为，即便是缺乏远见的合同也要履行，因此被告应采取一切必要的行动完成工程，必要时包括将沼泽水抽干。[③] 当时的美国法院对于签订合同时未预见的不可能性（imposibility）一般不予通融，只有立约人死亡和法律变化导致合同非法等少数情况是例外。因为在法院看来，由享有契约自由的人签订的合同使它的义务具有不可侵犯的神圣性。

这种绝对义务观在19世纪下半叶开始发生变化。1890年巴特菲尔德诉拜伦案是一个转折点。拜伦按合同修建的旅馆在完工前被闪电击中焚毁，结果停工。巴特菲尔德在获得保险赔偿后状告拜伦违约。马萨诸塞州法官诺尔顿在判决中指出，修理建筑的暗含前提是建筑的继续存在，建筑在合同双方都无责任的情况下被毁使合同义务无须履行。从此，暗含前提在合同法涉及的不可能性问题上广为应用。1916年，加利福尼亚最高法院在米勒若公园

---

① Lawrence M. Friedman. *Contract Law in America*: 17.

② Marcia J. Speziale. "The Turn of the Twentieth Century as the Dawn of Contract 'Interpretation': Reflections in Theories of Impossibility." *Duquesne Law Review* 17 (1978-1979): 561-563.

③ Ibid., 563-564.

土地公司诉霍华德案中，把解除合同义务的理由从"不可能"进一步扩大到"不现实"（impracticability），即可能履行的义务如果由于不可预见的事由变得代价高昂或特别困难时，也可因不现实而予以解除。1932 年的《合同法重述》认可了"不可能"和"不现实"这两种解除合同义务的理由。除此以外，因英国 1903 年克里尔诉亨利案判决而在英美两国合同法中影响愈来愈大的"目的实现受阻"（frustration），更使 20 世纪的合同法义务得到了进一步放松。根据这一理由，合同义务的履行哪怕是可能的和现实的，但只要在签约方无责任的情况下失去了当初订合同的目的，就是目的实现受阻，合同义务便可以因此而解除。①

应该说，以"不可能"作理由所依靠的"暗含条件"仍然是以合同各方的意愿为基础，即契约自由的原则，而"不现实"和"目的实现受阻"考虑的则是未来发生的不测事件造成的损害如何由合同各方公平合理地分担，我们在其中看到的是久违的公平论的影响。显然，这种借口法的扩大，不仅赋予了合同义务更大的灵活性，而且引入了公平合理的原则。尽管如此，立约方一般来说还是比受约方承担了更多的外部条件变化造成的损失风险。因此，立约方倾向于签订条件不大受限制的开口合同（open-ended contracts），如产品包销合同（output contract）、全量购入合同（requirement contract）等。严格地说，这类长期开口合同违背了 19 世纪合同法有关义务的相互性（mutuality of obligation）和确定性（definiteness）等基本原则，但在 20 世纪逐渐为法院所接受。法院通过对合同的解释，并援引商业惯例和善意原则，使长期开口合同在法律上站稳了脚跟。②

如果说借口法和长期开口合同主要是从商业角度出发，去改变 19 世纪合同法的绝对性，以适应新时代经济条件的不确定性的话，那么"恢复原状"和"有害信赖"则主要是从社会角度出发，去伸张正义和建立公平。当然，商业和社会目的常常是难以分开的。不过，"恢复原状"和"有害信赖"原本都是衡平法的原则，直到 19 世纪中期法律改革把衡平法案件划归一般法院审理后，才在普通法中作为合同法原则加以运用。严格地说，它们涉及的是在没有签约各方同意情况下由法律界定的责任，所以实际上更接近

---

① Marcia J. Speziale. "The Turn of the Twentieth Century as the Dawn of Contract 'Interpretation': Reflections in Theories of Impossibility." *Duquesne Law Review* 17 (1978-1979): 565-567, 569-574, 580-586. Teeven. *A History of the Anglo-American Common Law of Contract*: 231-236.

② Teeven. *A History of the Anglo-American Common Law of Contract*: 236-239.

侵权法而不是合同法。"恢复原状"主要是对并非违约的"不当得利"（unjust enrichment）的处理，尽管它有时也被用来作为违约赔偿的一种替代方式。这种不当得利是由错误、不正当影响、胁迫、欺诈等原因造成的。"恢复原状"甚至适用于不具法律约束力的合同。1937 年，美国法学会的《恢复原状重述》为处理不当得利问题提供了清楚的一般原则，但其后这些原则的应用因过于广泛而显得有些混乱，现在法律史学家还很难对此归纳出一个清晰的模式。①"有害信赖"则是指不存在对价的单方受益合同的一方，因信赖而在违约发生时受害。这种情况最初在慈善认捐毁约案中发生得最多。早在 1866 年，伊利诺伊州法院在汤普逊诉默塞郡督学委员会案中就判决被告对建造新法院楼的慈善认捐负有责任，因为他造成其他人对此承诺的信赖。当他毁约时就必然造成对他人的损害，即便是缺乏对价的单方受益合同，他也要为损害做出赔偿。这种"有害信赖"原则又被称为"承诺不容否定"（promissory estoppel）。1932 年，这项原则被写进《合同法重述》第九十条，并被赋予普遍意义，使之可以适用于除慈善认捐外所有类似的单方受益合同或承诺。此后，这一原则又被进一步推广到了商业合同。1982 年问世的《合同法重述》第二版对第九十条做了修改，把商业承诺和可预见第三者信赖都包括进来，还允许部分执行，不再要求信赖一定是实质性的。②这就使"有害信赖"的适用范围进一步扩大。

除了"恢复原状"和"有害信赖"以外，20 世纪美国合同法中最能体现公平观的调整是在保护消费者权益方面，因为技术进步和大规模标准化生产使消费者和生产销售者在交易上处于极不平等的地位。"显失公平"（unconscionability）和"严格责任"（strict liability）乃成为合同法用以保护消费者的两大原则。前者是为了防止显然不道德的不公正商业行为。它被写进了 1952 年公布的《统一商法典》，并在 1981 年《合同法重述》第二版中被认定为适用于所有合同的原则。后者在 1913 年被法院应用于有关不纯净食物与饮料销售的案件，到 20 世纪 50 年代初扩大到体外使用的洗衣粉、肥皂和染发剂案件上。1958 年开始，所有种类的产品销售都有被以严格责任起诉的可能。具有侵权法特点的严格责任在合同法案件中愈来愈多的应用，说明传统合同法原则不再能适应社会经济现实的变化，要借助于其他的

---

① Teeven. *A History of the Anglo-American Common Law of Contract*: 242-245.
② Ibid., 248-254, 256-260.

法律进行调整。这就为侵权法等其他法律的"入侵"打开了大门。

　　总的说来，20世纪的美国合同法面临重重挑战，如立法入侵、行政机构权力的扩大、大公司的发展、经济的复杂化和不确定性、社会各阶层对公平的要求等。为了应对这些挑战，美国合同法进行了重大调整。这些调整最重要的目标就是使合同法具有适应社会经济变化的更大的灵活性和更高的公平标准。于是，和19世纪的合同法乃至20世纪初的形式主义传统相比，这些调整不仅使契约自由和交易对价这些基本原则遭到了质疑甚至于背离，而且使侵权法的民事责任在合同法内的影响愈来愈大。吉尔摩教授在20世纪70年代谈到合同之死，就是要人们注意这些似乎与合同法旧有原则背道而驰的发展趋势。当然，合同法在美国并没有死亡，只要资本主义市场经济依然存在，它大概也不会死亡。在立法机构、公平理念和侵权民事责任的三方入侵之下，契约自由仍然不失为美国法律最重要的原则之一。1994年共和党国会选举的政治纲领的标题就是"与美国立约"（Contract with America）。吉尔摩的合同之死，就像霍维茨的现代合同起源说一样，虽有大笔一挥不拘小节之处，但为我们勾画出了美国合同法发展的总体趋势。在美国历史研究缺乏宏观巨著的时代，这两位学者犀利的思想锋芒至少把我们引向了美国法律演变的广袤空间。

七　美国法律史研究中有关私人产权的几个问题

马克思主义政治经济学认为，资本主义经济是以生产资料的私人所有制为基础，"私有财产神圣不可侵犯"是资本主义国家法律的核心内容。对此，美国新右翼人士恐怕不会有什么异议。当然，他们和马克思主义者不同的地方是把私人产权视为资本主义社会的优势所在。在新右翼看来，以公有制和计划经济为基础的苏联和东欧社会主义国家的瓦解，进一步证明了私人产权在人类文明史上的重要性。① 他们担心的倒是，新政和第二次世界大战以后自由主义的社会经济改革似乎违背了美国的历史传统，未能使产权得到应有的实质性保护。② 因此，对他们来说，20 世纪 70 年代中期以来私人产权运动在美国的兴起是理所当然，而最高法院从 1987 年开始在土地使用问题上一系列所谓回归宪法传统的判决乃是人间正道。作为美国新右翼在法学界的代言人之一，圣地亚哥大学法学院教授伯纳德·H. 塞根在 2001 年出版了新著《产权：从大宪章到宪法第十四条修正案》，全面阐述了他对美国法律保护私人产权这一历史传统的看法。在对 LEXIS 和 WESTLAW 两大法律数据库所提供的 1790 — 1870 年美国 33 个州有关"征用""正当赔偿"和"公用"的案例以及最高法院的有关判决进行检索研究之后，塞根认为：美国法官们在具体问题上可能意见不一，但实际上都向财产所有人保证，他们的产权会受到保护，不得没收或受到不合理监管。于是，他在该书的结论中写道："联邦和州法院直到 19 世纪 70 年代初在保护产权上近乎完全的一致

---

① Bernard H. Siegan. *Property and Freedom: The Constitution, the Courts, and Land-Use Regulation*. New Brunswick, N. J.: Transaction Publishers, 1997: 5-9.

② James W. Ely, Jr.. *The Guardian of Every Other Rights: A Constitutional History of Property Rights*. New York: Oxford University Press, 1998: 134.

性，确实不同寻常。我们的开国先辈和紧随其后的子孙们的司法系统值得我们密切关注，因为它突出了产权对于我们自治制度的重要性。我们之所以会无比富有和保持了我们的自由，主要就是由于我们祖先和他们的英国先人有这种深谋远虑。"①

对于美国这个资本主义国家来说，法律保护私人产权应该说是天经地义，这也是美国两百多年来基本上能长治久安的一个重要原因。不过，值得我们注意的是，保护私人产权并不等于"私有财产神圣不可侵犯"，私人产权在美国从来就不具有绝对性，18世纪英国法官威廉·布莱克斯通所说的"那种独一无二和专制性的支配权"（that sole and despotic dominion）在定义产权上只是神话。②因此，美国乔治城大学法律中心的 J. 彼得·伯恩教授在他1996年发表的文章中甚至提出了"产权不是宪法权利"的观点。③笔者在这里不拟对产权理论和产权的法律定位进行探讨，只想以历史事实说明产权问题并不像新右翼人士所说的那样简单。过去半个世纪的美国法律史研究告诉我们，美国法律虽然保护私人产权，但有三个方面特别值得我们注意和研究：1. 它不是只保护既得权利，而是更倾向于保护动态产权；2. 它不是只保护私人产权，而是对公共权利的保护也相当重视；3. 它不是只保护现有产权，而是在创造新产权上也敢于进行尝试。显然，美国法律在这些方面的发展不仅比新右翼的产权观丰富复杂得多，也超出了我们过去对资本主义国家私人产权的理解。这种认识上的差距只有通过美国法律史的有关研究才能得以弥补。

（一）美国法律对私人产权的保护

美国法律对产权作为一种"既得权利"的保护是众所周知的事实。20世纪初美国宪法史权威学者爱德华·S. 科文曾称"既得权利"是"美国宪

---

① Bernard H. Siegan. *Property Rights: From Magna Carta to the Fourteenth Amendment*. New Brunswick, N. J.: Transaction Publishers, 2001: 123-126, 286-287.

② A. W. B. Simpson. "Land Ownership and Economic Freedom." Harry N. Scheiber. ed. *The State and Freedom of Contract*. Stanford, California: Stanford University Press, 1998: 17.

③ J. Pepter Byrne. "What We Talk About When We Talk About Property Rights—A Response to Carol Rose's *Property as the Keystone Right?*" *Notre Dame Law Review* 71 (1996): 1049.

法的基本原则"。① 这个原则就是要保护既得权利不受政府侵犯。有学者认为它来自约翰·洛克的自然权利说和 1215 年的英国大宪章，也有学者把它看作是市民共和主义在苏格兰启蒙思想影响下向商业共和主义转化的产物。② 当然，对于 1787 年制宪会议的代表来说，迫在眉睫的问题是独立战争和邦联时期一些州议会对私人产权的严重侵犯。约翰·亚当斯后来曾经说过："产权一定要有保障，否则自由就不存在。"美国宪法之父詹姆斯·麦迪逊则在制宪会议期间就指出："市民社会的首要目标就是产权保障和公共安全。"③

　　无论是从美国资本主义社会的长远发展，还是从合众国初年面临的困境来看，制宪会议上的开国之父们都认为产权是头等大事。当时的会议记录表明，只有一个代表对此表示异议。④ 不过，美国宪法并没有明文规定保护私人产权。它对产权的保护，依靠的是对政府体制所做的安排和对政府权力予以限制的有关条款。显然，一个三权分立互相制衡的联邦体制本身就是对政府滥用职权的防范，自然也是对私人产权的保护。至于与私人产权有直接关系的限制政府权力的宪法条款就是第一条第十款第一目。它禁止州政府缔约结盟、铸造货币、通过没收令及有追溯力的法律，其中对于保护产权来说最重要的就是不允许州政府通过破坏合同义务的法律，因此该宪法条款也被称为"合同条款"（contract clause）。另外，1791 年生效的《权利法案》中的宪法第五条修正案规定，联邦政府不得未经正当法律程序而剥夺任何人的生命、自由或财产，也不得在没有公正赔偿的情况下将私人财产征为公用。该修正案的内容因此也被分别称为"正当程序条款"（due process clause）和"征用条款"（taking clause）。1868 年通过生效的宪法第十四条修正案则将正当程序条款的适用范围扩及州政府。这样，"合同条款""正当程序条款"

① Edward S. Corwin. "The Basic Doctrine of American Constitutional Law." *Michigan Law Review* 12 (1914): 247-276.

② Edward J. Erler. "The Great Fence to Liberty: The Right to Property in the American Founding." Ellen Frankel Paul & Howard Dickman. eds. *Liberty, Property, & the Foundation of the American Constitution*. Albany: State University of New York Press, 1989: 43-63. Gregory S. Alexander. *Commodity and Propriety: Competing Visions of Property in American Legal Thought, 1776-1970*. Chicago: University of Chicago Press, 1997: 60-71.

③ Charles Francis Adams. ed. *The Works of John Adams*. Boston: Little, Brown and Company, 1851. vol. 6: 280. Max Farrand. ed. *The Records of the Federal Convention of 1787*. New Haven: Yale University Press, 1966: 147.

④ Siegan. *Property and Freedom*: 15.

和"征用条款"就构成了美国联邦宪法体制下保护私人产权的主要法律手段。① 各州宪法一般来说也有类似的规定。②

内战以前，美国最高法院在保护私人产权时主要是援引合同条款。1810年，马歇尔大法官就弗莱彻诉佩克案做出判决，宣布新当选的佐治亚州议会因贿赂丑闻取消过去的土地授予合同这一行为违反宪法，损害了私人土地所有者的基本权利。此后，"合同条款"被广为应用。1819年达特茅斯学院案的著名判决将公司特许状视为合同，禁止州议会做出变动。这显然是对私人公司权利的保护。不过，由于后来州议会在授予特许状时加上有关修改权的附加条款，该判决的实际作用有限。③ 正当程序条款在内战前因为一些州宪法有类似规定而在州法院的判决中常被援引，但它在联邦法院仅仅出现于1856年的默里承租人案和1857年臭名昭著的德雷德·司各特案判决中。最高法院在默里案中宣布，正当程序是对所有政府权力（立法、行政、司法）的限制，以保护自由和产权不受侵犯。它在司各特案中则以实质性正当程序对私人财产的保护为由，拒绝了司各特就其奴隶身份的上诉。④ 至于征用条款的应用在内战前也不多见，因为联邦政府当时很少需要征用私人财产，而州政府又不受宪法第五条修正案的限制。⑤

随着美国工业资本主义在内战后的迅速发展和大企业的崛起，州和联邦立法机构在各种改革运动和利益集团的压力下加强了对私人企业和经济活动的监管。最高法院担心因此出现有利于某个利益集团而损害私人产权的所谓"阶级立法"，乃在此时奉行所谓自由放任主义宪政观，对州政府的干预行动

---

① 美国宪法中的"商业条款"也曾被用在州际商业中保护私人产权不受州政府的限制。限于篇幅，本书不拟作专门讨论。

② 在宪法第十四条修正案通过以前，只有南卡罗来纳州宪法规定为公路征用私人财产无须做出赔偿。

③ *Fletcher v. Peck*, 10 U. S. 87 (1810). *Dartmouth College v. Woodward*, 17 U. S. 518 (1819); Ely. *The Guardian of Every Other Right*. 62-68. 州议会在授予公司特许状时就以附加条款在特许状上明文规定议会有权修改特许状。这样一来，达特茅斯案判决以合同条款为依据对州议会修改特许状所加的限制就不起作用了。达特茅斯案判决后，美国很多州议会常常采用这一做法来回避该判决的限制。

④ *Murray's Lessee v. Hobroken Land and Improvement Co.*, 59 U. S. 272 (1856); *Dred Scott v. Sandford*, 19 Howard 393 (1897).

⑤ Ely. *The Guardian of Every Other Right*: 75-80; Edward Keynes. *Liberty, Property, and Privacy: Toward a Jurisprudence of Substantive Due Process*. University Park, Pennsylvania: Pennsylvania State University Press, 1996: 20-25.

多有限制。① 宪法第十四条修正案通过生效后，正当程序条款在 19 世纪后期成了最高法院用以限制州议会权力的最为有效的法律手段，逐渐取代了合同条款在保护私人产权上的重要地位。19 世纪 90 年代，最高法院在一系列有关铁路和公用事业的判决中，根据正当程序条款裁定这类企业有权合理收费，其合理性由法院决定，不受州政府控制。与此同时，征用条款也成为法院保护私人产权的重要武器。最高法院在 1871 年庞佩利诉绿湾公司案判决中扩大了"征用"的适用范围，裁定虽未取走财产但对财产造成物体入侵的政府行动（如水淹土地等）也是"征用"，必须予以赔偿。在 1897 年芝加哥、伯林顿和昆西铁路公司诉芝加哥案的判决中，最高法院法官一致认定公正赔偿是受宪法第十四条修正案保证的正当程序的重要内容。②

这种以保护私人产权和限制政府"阶级立法"为目标的自由放任主义宪政观，在 1905 年最高法院就洛克纳诉纽约案做出的判决中达到登峰造极的地步。当时法院裁定纽约州无权立法规定面包房工人每周工作不得超过 60 小时，因为雇主和雇员之间进行劳动力买卖的合同权是受正当程序保护的自由的一部分。③ 纽约州有关面包房工时的法律被最高法院看作仅仅有利于工人的"劳工立法"，即所谓阶级立法。尽管新政期间的"宪法革命"结束了自由放任主义宪政观占上风的所谓洛克纳时代，但是正如芝加哥大学法学院卡斯·R.森斯坦教授所言，如果我们认识到洛克纳案判决代表的是对所谓司法"中立"的要求，即"在普通法基线下保持现有财富与权利的分配"，那么洛克纳的幽灵至今仍然徘徊在美国重大的宪法判决中。④

（二）动态产权观与法律工具主义

基于对以上历史过程的深刻了解，当代美国法律史的一代宗师詹姆斯·威拉德·赫斯特在他的经典之作《19 世纪美国的法律和自由之条件》里指出："我们看不出有什么其他的法律发展比司法对'既得权利'的保护

---

① Michael Les Benedict. "Laissez-Faire and Liberty: A Reevaluation of the Meaning and Origins of Laissez-Faire Constitutionalism." *Law and History Review* 3 (1985): 291-331.

② *Pumpelly v. Green Bay Company*, 80 U. S. 166 (1871); *Chicago, Burlington and Quincy Railroad Company v. Chicago*, 166 U. S. 226 (1897); Ely. *The Guardian of Every Other Right*, 82-100.

③ *Lochner v. New York*, 198 U. S. 45 (1905).

④ Cass R. Sunstein. "Lochner's Legacy." *Columbia Law Review* 87 (1987): 873-875.

更明显地是和 19 世纪浑然一体了。"不过，他的结论不是到此为止。赫斯特紧接着写道："'既得权利'听起来好像纯粹是因循守旧，好像是仅仅保护已经存在的，因为它已经在那里，而且没有什么比稳定更珍贵。然而总的说来，19 世纪的美国珍视变化甚于稳定，珍视稳定则常常是因为它帮助创造出产生变化的框架。"具体到产权，赫斯特认为，保证"我们首要利益"的是"动态而非静态的产权"，是"运动或冒险的产权"，而不是"安全或休眠的产权"。①

赫斯特的这种动态产权观自 20 世纪 50 年代问世以来影响了几代美国法律史学家，因为历史为这种观点提供了大量例证。众所周知，美国革命后废除了长子继承权和限定继承权，取消了有些教派曾经类似于国教的地位，允许已婚妇女掌控自己的财产。这些变化几乎都没有因为使既得权利受损而遭到有力的抵制。1787 年《西北条例》则明文规定西部新州加入联邦后享有和老州平等的地位，老州的既得利益在这个着眼于发展的年轻合众国看来同样没有什么特权可言。甚至于最高法院在 1895 年推翻所得税法的裁决，在赫斯特眼里也不是仅仅为了一成不变的私人所得，而是为了资本的形成和大企业的崛起。②不过，最能说明美国法律倾向于保护动态而非静态产权的，是在美国宪法史上影响深远的查尔斯河桥案。

查尔斯河桥诉沃伦桥案发生在 19 世纪上半叶美国交通革命迅速扩展的时代。1828 年，马萨诸塞州议会为进一步改善波士顿和查尔斯镇之间的交通而授权在查尔斯河上修建新的沃伦桥，并在特许状中规定此桥建成六年以后不再收过桥费，转为公共桥梁。这就使 1785 年获州议会特许状修建的查尔斯河桥收过桥费 70 年的既得权益严重受损，因为两桥在同一条河上，且相距不过 90 码。查尔斯河桥公司告上法庭，最后上诉到最高法院，声称1785 年特许状虽未明言但暗示该公司有在查尔斯河上经营桥梁的唯一排他性特权。1837 年，以罗杰·B. 托尼为首的最高法院就此案做出历史性判决，驳回了查尔斯河桥公司的诉讼要求。

这一判决的法律依据是对特许状的严格解释，即公司特权必须明言，不能靠暗示。不过，更重要的是，托尼认为：如果查尔斯河桥胜诉，那么在交通革命中取代收费马路而迅速发展的铁路和运河的巨大投资将受到严重威

---

① J. Willard Hurst. *Law and the Conditions of Freedom in the Nineteenth-Century United States.* Madison: University of Wisconsin Press, 1956: 23-24.

② Ibid., 24-25.

胁，"我们将被扔回到上个世纪的改良中去，被迫止步不前。"① 正因为如此，美国著名宪法史学家斯坦利·I.柯特勒指出，查尔斯河桥案不是一个地方争端，而是在美国历史长河中影响深远的大案。在托尼多数派看来，沃伦桥是新技术的象征，查尔斯河桥则是既得权利的代表。为了社会经济的进步，前者有时要毁掉后者。柯特勒在他有关查尔斯河桥案的专著中借用熊彼得的说法，将这一过程称为"创造性毁灭"。② 托尼法院的判决为此提供了法律论证。后来，全国高速公路网的形成，航空运输领先于铁路客运，石油天然气压倒煤炭工业，都牵涉这种创造性毁灭的法律诉讼。美国法院和有关的联邦委员会基本上都是步托尼法院后尘，使代表变革、进步和创新的动态产权形式有了广阔的发展空间。当然，对于走向衰落的既得利益来说，它们付出的代价有时也是相当高昂的。③

除了查尔斯河桥案以外，颇能说明美国法律倾向于保护动态产权的就是美国普通法产权概念的转变。哈佛大学法学院教授莫顿·J.霍维茨在他1977年出版的名作《1780—1860年美国法律的改变》中对此做了全面的阐述。霍维茨认为，19世纪美国法律区别于18世纪的一个重要特点，就是普通法法官在指导社会变革上起了核心作用。他们不再像殖民地时代那样唯先例是尊，而是把自己看成是有权形成法律原则的造法者。普通法成了他们手中的工具。于是，普通法的产权概念在19世纪上半叶发生了重大变化，对美洲大陆的开发和工业化的发展产生了不可忽略的推动作用。④

水力是早期工业化的动力来源。大量水力作坊的出现和堤坝的修筑，使水权在19世纪初成为引起法律争端的突出问题。18世纪的普通法在水权问题上有两条原则，一是不能"人为"破坏水的自然流动，二是水的使用不能和沿岸其他土地所有者利益相冲突。对于这种维持现状不求发展的原则，美国建国后一些州法院以种种理由予以拒绝。其中影响最大的就是所谓"合理使用"的理由。纽约州最高法院在1805年帕尔默诉米利根案判决中裁定，普通法对改变水流的限制要有"合理的范围"，法院不必理会沿岸其他土地

---

① *Charles River Bridge v. Warren Bridge*, 36 U. S. 552-553 (1837).

② Joseph A. Schumpeter. *Capitalism, Socialism and Democracy.* London: Allen and Unwin, 1976, orig. pub. 1942: 82-85.

③ Stanley I. Kutler. *Privilege and Creative Destruction: The Charles River Bridge Case.* Philadelphia: Lippincott, 1971.

④ Morton J. Horwitz. *The Transformation of American Law, 1780-1860.* Cambridge, Massachussetts: Harvard University Press, 1977: 1-30.

所有者因水流改变而感受到的"小小不便"。[1] 1818年，纽约最高法院又在普拉特诉约翰逊案中指出，产权上的冲突不能在法律上视为对产权的侵犯。[2] 到内战时，大部分法院都承认了合理使用原则。普通法水权原则的改变对早期工业发展的影响，从以下的统计结果就可以略见一斑。1824年到1833年，美国水权案件之多超过了过去历史上的总和，而几乎就在同一时期，即1820—1831年，美国棉纺作坊生产能力增加了6倍。[3]

　　美国普通法最初在水权上鼓励开发时一般都承认先行开发者的优先权，其目的是刺激风险投资。然而，当优先权形成垄断时，它便成了阻碍进一步开发的障碍。因此，1825—1850年，几乎所有的法院都不再承认优先权，也不承认因长期使用获得的所有权。这两个普通法原则把老的产权置于新的产权之上，不利于竞争，结果为美国法院所拒绝。另外，土地改良的增值也是美国法院要面对的一个与经济开发息息相关的问题。根据英国普通法的传统，对土地条件的任何根本改变都被视为要负法律责任的损害。这种不利于土地改良的反开发原则理所当然地在很多州遭到了否定，在纽约等州也被大加修改。不过，土地改良后的增值在违约损害赔偿上如何计算，则成了一个比较复杂的问题。土地买主因卖主在所有权上有问题而要交出土地时，英国普通法规定索赔额度以买地时的原始价格为准，不能加上买者改良土地后的增值。美国不少法院在1810年前拒绝了这一习惯做法，但1810年后又有回归英国普通法正统的趋势，因为土地投机弄得价格难以把握。尽管如此，美国立法机构还是为鼓励土地改良找到了新的办法，即以"善意占有"法令让最后得到土地的实际受惠者支付土地增值。[4]

　　从美国普通法产权概念的上述演变不难看出，它鼓励的是经济开发、彼此竞争和土地改良，而且往往不惜以牺牲既得利益为代价。用霍维茨的话来说，"美国产权概念在革命和内战之间改变了，它允许经济发展的新代表去毁灭旧的产权形式。在这个变化的过程中，土地几乎完全被看作是生产性财产，财产所有权的法律依据不是财产本身，而是它对增加国民财富的贡献。

---

[1] *Palmer v. Mulligan*, 3 Cai. R. 307, 313-314 (N. Y. Sup. Ct. 1805).

[2] *Platt v. Johnson*, 15 Johns. 213, 218 (N. Y. 1818).

[3] Horwitz. *The Transformation of American Law*. 34-40.

[4] Ibid., 42-47, 54-62.

结果，法律原则也被这种工具主义的产权观改变了"。^①显然，霍维茨阐述的19世纪美国普通法产权观的变化，实际上就是从英国普通法传统下的静态产权观，走向在不断扩展中的新大陆上应运而生的动态产权观。这和查尔斯河桥案一样，证实了赫斯特的观点：美国法律倾向于保护动态产权而非静态产权。

（三）公共权利与私人产权的关系

需要进一步指出的是，美国法律固然保护私人产权，尤其是动态产权，但它从未因此而否定公共权利（public rights）。加州大学伯克利分校法学院教授哈里•N. 沙伊伯自20世纪60年代就开始研究美国法律中的公共权利问题。他认为美国的法官和法律评论家们长期以来非常清楚地意识到，"如果要有真正的法治，那就不只是私人方面，还有公共方面也有'权利'一定要得到承认和尊重。"^②事实上，公共权利是可以直接影响私人产权的政府权力的基础。这些政府权力主要包括征税权（taxation）、征用权（eminent domain）和治安权（police power）^③。政府在行使这些权力保护公共权利的过程中，一方面可以促进私人产权的动态发展，另一方面又可以限制私人产权的非法滥用。只有这样，资本主义市场经济的发展才会有一定的规范性、可测性和稳定性。美国法院在政府行使这些权力时发挥了重要作用。它们或者支持立法行动，或者对政府部门加以限制，或者就普通法传统做出调整，其目的就是使政府在运用这些权力时能处理好公共权利和私人产权之间的关系，为美国经济的发展提供有利的社会环境和法律条件。

在直接影响私人产权的三大政府权力中，征税权在宪法中有明确的规定。马歇尔大法官在1830年普罗维登斯银行诉比菱思案判决中曾清楚地指出："立法的权力和随之而来的征税权是施加在属于这个政体的所有人和财产之上。这是一种以社会本身为基础的原始原则。它是由众人为了众人而授

---

① Morton J. Horwitz. "The Transformation in the Conception of Property in American Law, 1780-1860." *The University of Chicago Law Review* 40 (1973): 290.

② Harry N. Scheiber. "Public Rights and the Rule of Law in American Legal History." *California Law Review* 72 (1984): 219.

③ 美国法律中的"治安权"并不仅指以维护公共秩序和对付刑事犯罪为目的的政府权力，而是有更为广泛的含义。

予的……不管个人权利有多么绝对，它就其本质而言一定要承担部分公共（负担），负担多少则由立法议会决定。"① 限于篇幅，本文不拟讨论征税权。值得我们注意的是美国学术界近年来涉及私人产权时争议最多的征用权和治安权。新右翼学者虽然承认自然法的大师级人物如雨果·格劳秀斯、塞缪尔·普任多夫、埃默里奇·德·沃达尔、科内琉斯·本克尔谢克和孟德斯鸠都说过国家有征用权，但他们至今认为征用权无论是从自然法的哲理上还是逻辑上都说不通。② 对于这个哲理和逻辑上所无法说通的问题，美国法律史却做出了清楚的解答。用厄恩斯特·弗罗因德教授的话来说就是："州以征用权的名义取走财产是因为它对公众有用，以治安权的名义取走财产则是因为它（对公众）有害。"③ 公共权利是它们产生的基础。

　　美国宪法正文没有述及征用权，但宪法第五条修正案在对征用权加以限制性规定时肯定了它的存在。其限制在于：1. 这一权力的行使必须是为了"公用"，2. 私人财产被征用后要有"公正赔偿"。不过，联邦政府在 19 世纪上半叶很少行使征用权，征用基本上发生在州和地方一级。美国的州政府之所以在当时广泛行使征用权，主要是为了适应交通革命的需要。诸如伊利运河这样的公共工程所具有的非同一般的公益性，使人们视征用权为理所当然。不仅如此，法院还以所谓"便捷原则"（expediting doctrines）来降低征用成本。首先，内战前的法院一般都裁定在征用有争议的私有财产时所有者只能寻求成文法范围内的补偿，不能诉之传统的衡平法。其次，赔偿仅限于财产本身被征用，不包括间接或后果性损害。再次，征用赔偿只要有一定的程序就无需陪审团审理。最后，征用后剩下财产所获益处可用来抵消所受损失。由于州政府在进行交通改良时不光是举办公共工程，还常常以特许状授权私人公司进行这方面的建设，因此征用权和"便捷原则"也成了这些私人公司手中降低成本的武器。沙伊伯教授的研究发现，俄亥俄州的铁路公司在法院指定的人员评估征用的损失和益处时，往往能两相抵消。伊利诺伊州的铁路公司在作征用赔偿时通常只要付一美元。纽约、马萨诸塞和佛蒙特等州

　　① *Providence Bank v. Billings*, 29 U. S. (4 Pet.) 563 (1830).

　　② Ellen Frankel Paul. *Property Rights and Eminent Domain*. New Brunswick, N. J.: Transaction Books, 1987: 74-77.

　　③ Ernst Freund. *The Police Power, Public Policy and Constitutional Rights*. Chicago: Callaghan & Company, 1904: 546-547.

的情况也大体如此。① 众所周知，内战前美国资本短缺，基础设施百业待兴。由于征用权降低了建设成本，它在促进交通改良和形成全国市场方面显然发挥了重要作用。

让私人公司行使征用权自然引起了不少法律纠纷，因为它乍一看违背了"公用"的原则。1837 年，北卡罗来纳最高法院在裁定州议会有权授予私人铁路公司征用权时做出如下解释："[铁路]公司就像渡轮等一样是一种经营特权。对于公众来说，它是公路，从最严格的意义上讲就是公用财产（*publici juris*）。"② 所谓"公用财产"是英国普通法的概念。它指的是既非纯粹的公共财产，又非纯粹的私人财产，而是私人所有但用于公众的财产。这样，私有公用的普通法概念为私人公司取得征用权铺平了道路。私人公司固然因此获利，但它必须服务于公众的公用性也是无可否认的事实。由于马歇尔法官在 1833 年巴伦诉巴尔的摩案中判决第五条宪法修正案不适用于州政府（这一情况直到宪法第十四条修正案生效后才改变），③ 所以内战前有关征用权的法律纠纷几乎全部是涉及州法并在州法院审理。1848 年，对征用提出指控的西河桥诉迪克斯案以违反合同条款为由才上诉到最高法院。法院判决：州的征用权"高于所有的私人权利"。④

19 世纪上半叶，美国资本主义市场经济还没有得到充分发展。这不仅表现在资本短缺，也表现在社会冲突和阶级矛盾尚不尖锐，人们对于经济增长是他们的公共利益所在，比较能认同。因此，州政府和铁路等公司为此行使征用权一般来说都得到了法院的支持。这种情况在内战以后发生了变化。工业化、城市化和大企业的崛起，使得城乡之间和阶级之间的矛盾加剧了。征用权的公益性受到了愈来愈多的怀疑。最高法院乃在此时加强了对征用权

---

① Harry N. Scheiber. "Property Law, Expropriation, and Resource Allocation by Government: The United States, 1789-1910." *Journal of Economic History* 33 (1973): 234-238. 托尼·弗里尔在研究特拉华、新泽西、马里兰和宾夕法尼亚四州内战前的征用权问题后得出了与沙伊伯不同的结论。他发现地方利益在土地征用估价上有相当大的影响力，因此常常以高价赔偿保护了土地所有者的私人产权，结果增加了交通建设的成本。不过，正如弗里尔教授所言，这种地方利益对私人产权的保护是对资本主义生产方式的一种抵制。因此，它和今天新右翼视为资本主义经济柱石的对私人产权的保护，实为南辕北辙。尽管有这种抵制，弗里尔承认，征用权还是给了铁路和运河以极大的优势。详见：Tony Freyer. "Reassessing the Impact of Eminent Domain in Early American Development." *Wisconsin Law Review* (1981): 1263-1286. Idem. *Producers v. Capitalists*, 137-166 (1994).

② *Raleigh & Gaston R.R. v. Davis*, 2 Dev. & Batt. 469. N. C. 1837)

③ *Barron v. Baltimore*, 32 U. S. 243 (1833).

④ *West River Bridge v. Dix*, 47 U. S. 532 (1848).

的限制。如前所述，美国最高法院在 1871 年庞佩利诉绿湾公司案中扩大了
征用赔偿的范围，将并非直接征用财产的间接损害或曰后果性损害也纳入其
中。1893 年，最高法院在莫诺加西拉航海公司诉美利坚合众国案中宣布，
不能让个人承受超过他份额的政府负担。[1] 1897 年，最高法院在芝加哥、伯
林顿和昆西铁路公司诉芝加哥案中正式否定了马歇尔 1833 年巴伦案判决，
将公正赔偿归为宪法第十四条修正案正当程序的内容，从而使宪法第五条修
正案征用条款的限制性规定从此也正式适用于州政府。不过，经济发展落后
于东部和中西部的西部各州此时仍然广泛行使征用权，并得到法院支持。科
罗拉多州 1875—1876 年宪法会议通过的条款甚至明文规定，私人财产可以
被征收，其使用采取"必要的私人方式，……水库、排水沟、渡槽、在他人
土地上或流经的沟渠，目的是采矿、谷类加工、家用或卫生"。[2] 1896 年，
加利福尼亚州允许水公司为灌溉征用土地的法律在最高法院的判决中得到首
肯。1904 年，最高法院又在克拉克诉纳西案中认定犹他州授权个人征用邻
居土地为水道的法律有效。判决宣布：只要征用"对于社区的繁荣来说是必
不可少或至关重要"，它就是有效的。[3]

　　治安权和征用权一样，在美国宪法正文中并无明文规定。它实际上是包
含在第十条修正案保留给州的权力中。托尼大法官曾将它称为"每个主权管
辖范围内政府与生俱来的权力"。[4] 马萨诸塞州最高法院首席法官莱缪尔·肖
在 1851 年该州诉阿尔杰一案的判决中，对治安权做了清楚而颇有影响的说
明。肖认为治安权就是州议会为"公共利益"对私人财产行使的监管权，以
确保其使用不会损害他人和"社区权利"。[5] 根据威廉·J. 诺瓦克 1996 年出
版的《人民福利》一书，"州和地方政府通过治安权进行的监管在 19 世纪
前 70 年几乎无所不在，包括公路、桥梁、渡轮、贸易、公共卫生和治安等
等"。[6] 19 世纪 50 年代开始，由于州和地方立法的重点由促进经济增长向监
管经济活动倾斜，有关治安权的法律诉讼随之剧增。美国最高法院在内战后
亦愈来愈多地介入此类讼案。1873 年，最高法院在著名的屠宰场案中支持

---

① *Monongahela Navigation Company v. United States*, 148 U. S. 312 (1893).

② Colorado, 1876 Constitution, Article Ⅱ, section xiv.

③ *Clark v. Nash*, 198 U. S. 361 (1904).

④ *License Cases*, 46 U. S. (5 How.) 504, 582 (1847).

⑤ *Commonwealth v. Alger*, 7 Cush. 53. Mass., 1851.

⑥ William J. Novak. *The People's Welfare: Law and Regulation in Nineteenth-Century America*. Chapel Hill: University of North Carolina Press, 1996.

路易斯安那州对这个行业进行监管的立法。1877 年，最高法院又在蒙恩诉伊利诺伊案和有关的格兰奇法案件中做出历史性裁决，支持中西部各州对铁路和仓储的监管立法。首席大法官莫里森·韦特在判决中指出，州之所以有监管权是因为从普通法角度来看这些行业"受到公共利益影响"，不再仅仅是一种私人事业。① 这实际上是 19 世纪有关治安权范围的基本原则，也是法院支持政府监管的理由所在。

到了 19 世纪与 20 世纪之交，最高法院对州政府治安权的态度受自由放任主义宪政观的影响逐渐发生变化。1886 年，最高法院在沃巴什、圣路易斯和太平洋铁路诉伊利诺伊案中裁定该州监管铁路运费的法律无效，因为它超出州界影响到州际贸易。② 1890 年，最高法院在芝加哥、密尔沃基和圣保罗铁路公司诉明尼苏达案中，第一次宣判一个州的铁路立法违反了宪法第十四条修正案的正当程序条款③。在 1905 年洛克纳案判决成为自由放任主义宪政的里程碑后，大法官霍姆斯又在 1922 年宾夕法尼亚煤矿公司诉马洪案中代表最高法院做出著名裁决："财产在一定程度上可以被监管，但监管走得太远将被认定为征用。"④ 这样，宾州为防止房屋倒塌禁止煤矿公司进行地下采掘的立法，被宣判无效。该州如要实行这种禁令就必须以税款对征用做出赔偿。显然，这项判决使征用条款成为对州政府治安权的一种制约。当时在限制州政府治安权上的一个重要例外就是城市规划分区问题。最高法院在 1926 年的尤克里德村诉安布勒房地产公司案中，承认州政府治安权包括对土地进行分类，在住宅区禁止建造商业用房等。⑤ 这种对土地的监管被认为可以稳定和提高房地产价值，因此才得到了法院的支持和保守派的欢迎。

由于 20 世纪 30 年代"大萧条"的冲击，最高法院终于改变了它在征用权和治安权上限制政府行动的自由放任主义宪政观，在新政的"宪法革命"中来了个一百八十度大转弯。1937 年西岸旅馆诉帕瑞西案判决被很多学者视为这次宪法革命的里程碑。最高法院在裁决中支持华盛顿州有关妇女和未成年雇员的最低工资立法，否定了洛克纳案判决曾引以为据的合同自由说。首席大法官查尔斯·伊文思·休斯更指责"对谈判权上处于不平等地位

---

① *Munn v. Illinois*, 94 U. S. 113 (1877).

② *Wabash, St. Louis & Pacific Railway v. Illinois*, 118 U. S. 557 (1886).

③ *Chicago, Milwaukee, and St. Paul Railway Co. v. Minnesota*, 134 U. S. 418 (1890).

④ *Pennsylvania Coal Co. v. Mahon*, 260 U. S. 393, 415 (1922).

⑤ *Village of Euclid v. Ambler Realty Company*, 272 U. S. 365 (1926).

的工人阶级进行的剥削"。他认为州议会有广泛的权力保护雇员的健康和安全，确保他们有"不受压迫的自由"。[1] 其实，最高法院的态度在 1934 年内比亚诉纽约案判决中已发生重大变化。它当时支持纽约州控制牛奶价格的立法，不接受原告根据 1877 年蒙恩案判决提出的理由，即所谓该行业未"受公共利益影响"因此可以不受政府管制。最高法院断然宣布州政府有权"采纳任何可以被合理地视为促进公共福利的经济政策"。[2] 这就使政府监管的范围不再限于与公共利益有关的行业部门，从 19 世纪治安权的基本原则上大大向前迈进了一步。更为重要的是，在 1937 年最高法院转而支持一系列新政立法后，它还在 1938 年合众国诉卡罗琳产品公司案判决中建立了司法审查的双重标准。最高法院在判决中指出，"影响到一般商业交易的管制立法将不会被宣布为违宪"，除非它不是建立在"立法者知识和经验范围内的某种理性基础"之上。大法官哈兰·斯通在判决第四条注释中指出，这种一般不违宪的推断不能广泛应用于影响到《权利法案》具体条款的立法。[3] 这样，最高法院在司法审查上开始将产权和个人自由区别开来。在此后大约半个世纪的时间里，最高法院在涉及产权的经济监管案件上几乎完全以立法机构的决定为准，从未像新政中期那样宣布有关立法违宪，但在涉及个人自由的民权等问题上则大刀阔斧地进行司法审查，推翻了一系列种族隔离和种族歧视的政府立法和过去的判决。这种双重标准可以说为新政和第二次世界大战后政府加强经济干预开了司法上的绿灯。

　　直到 1987 年，最高法院才开始改变新政后期以来对经济监管案件（监管性征用）袖手旁观的态度，在诺兰诉加州海岸委员会案中否决了有关土地使用的政府条例。法院裁定：加州政府有关机构在签发海滨房屋重建许可证时要求屋主允许其海滩地被用作公共通道构成了征用。[4] 同年，最高法院又在第一英格兰福音路德教会诉洛杉矶县案中判决，地主因政府行动暂时不能使用其土地也要得到公正赔偿。[5] 除了对征用土地加以限制以外，最高法院在 1992 年卢卡斯诉南卡罗来纳海岸委员会案中对限制海滨土地使用的立法也进行干预，因为它降低了财产价值，构成了并非直接征用的所谓"监管征

---

① *West Coast Hotel v. Parrish*, 300 U. S. 379 (1937).

② *Nebbia v. New York*, 291 U. S. 502 (1934).

③ *United States v. Carolene Products Co.*, 304 U. S. 144 (1938).

④ *Nollan v. California Coastal Commission*, 483 U. S. 825 (1987).

⑤ *First English Evangelical Lutheran Church v. County of Los Angeles*, 482 U. S. 304 (1987).

用"。① 显然，由于城市规划分区制和环境保护运动的影响，政府对土地使用的监管日益增多。最高法院的上述行动就是对这种政府监管做出的一种反应，也是美国保守主义大气候下私人产权运动日益加大的压力造成的结果。在这段时期，美国有大约 20 个州通过了某种形式的产权立法。国会众议院在 1995 年也通过了联邦产权法，不过参议院并未就此采取立法行动。华盛顿州在这年举行的公决中则否决了一个包罗万象的赔偿立法。可以说，涉及私人产权的政府征用和监管在美国仍然是一个有很大争议的问题，公共权利和私人产权之间的矛盾永远也不会终止。

（四）福利国家与"新产权"问题

最后要提一下的是美国的"新产权"问题。新政和第二次世界大战以后美国政府对经济干预的加强，尤其是福利国家的发展，使得政府用税收和权力创造的财产在美国国民收入中占的比例愈来愈大。所谓政府创造的财产又被称为政府赠与（government largess），包括社会保障法提供的福利、失业赔偿、对未成年子女的补助、退伍军人津贴、州和地方政府的各种福利、政府开支创造的工作机会、职业执照、专营权、政府合同、农业和航运等部门的政府津贴、公有资源的使用权、从邮政到储蓄银行保险和农业技术信息等政府提供的服务。这些政府赠与构成了美国人享有的财产的一个重要组成部分。1961 年，美国个人收入总值为 4164.32 亿美元，各级政府开支就达 1648.75 亿美元，其中社会福利开支为 580 亿美元。② 这些数字还没有包括执照、专营权、服务和资源使用权等无形财产的价值。以政府赠与形式出现的这些财产与它们的受惠人之间是否存在私人产权关系呢？1964 年，耶鲁大学法学院教授查尔斯·A. 赖克在《新产权》一文中提出了这个问题，并做出了回答。这篇文章不仅轰动了美国法学界，而且对后来法院在福利权利问题上的判决产生了一定的影响。

赖克认为，由于个人在政府赠与中的利益随着福利国家的发展变得愈来愈重要，理应受到保护。可是在法律上，政府赠与尚未被视为受惠人的"既得权利"，而是被看作特权，因此总是有被取消的可能，而且其使用也受到

---

① *Lucas v. South Carolina Coastal Council*, 505 U. S. 1003 (1992).

② Charles A. Reich. "The New Property." *Yale Law Journal* 73 (1964): 734-737.

一定的限制。不仅如此，受惠人的独立性愈来愈少。例如，接受公共援助的有未成年子女的单亲家庭常常在深更半夜遭到政府人员突袭式检查，如果被发现有双亲甚至临时性伴侣都可能使这个家庭失去政府援助。为了不失去援助，她们一般都不敢援引宪法第四条修正案来保护自己的基本权利。因此，赖克建议"我们一定要创造一种新产权"，即将社会福利变成受到法律保护的产权。他说只有这样"福利国家才能实现其目标，在每个人不能完全成为自己命运主人的社会里为个人福利和尊严提供获得保证的起码的基础"。①

1970 年，最高法院在戈德堡诉凯利案中向这种新产权观靠近了一步。它裁定纽约州未举行听证会就中止有关福利违反了正当程序条款。②另外，它还在 1968—1972 年金诉史密斯、汤森诉斯旺克和卡尔森诉雷米拉德等三项讼案中裁定，州政府无权对未成年子女家庭援助（AFDC）计划受益人的资格加以限制，除非联邦有关立法已对限制做了明确授权。③由于联邦立法根本没有这类规定，最高法院的判决实际上否定了州政府拒绝给贫困家庭未成年子女援助的任何借口，使未成年子女家庭援助几乎成了一个以需要为基础的范围极其广泛的"法定权利"计划（entitlements）。④至于下级法院，它们在这个问题上一般都是唯最高法院马首是瞻，甚至比最高法院走得更远。

里根就任总统以后，在他和参议院财政委员会主席罗素·朗（路易斯安那州民主党人）的竭力倡导下，美国国会在 20 世纪 80 年代对社会保障法做了一系列修改。这才扭转了美国法院有可能一步一步把社会福利变成"新产权"的倾向。显然，国家干预和福利国家所带来的一系列问题，已经使新政以来的现代自由主义改革失去了它的势头。"法定权利"在里根时代受到了广泛的批评。90 年代更是共和党"保守主义革命"如日中天的时期，就连克林顿的民主党政府在社会福利政策上也大幅度右转。1996 年，克林顿签署福利改革法，取消了未成年子女家庭援助计划，代之以贫困家庭临时援助计划（TANF），其核心就是帮助福利金领取者就业，以工利来取代福

---

① Charles A. Reich. "The New Property." *Yale Law Journal* 73 (1964): 785-787.

② *Goldberg v. Kelly*, 397 U. S. 254 (1970).

③ *King v. Smith*, 392 U. S. 309 (1968); *Townsend v. Swank*, 404 U. S. 282 (1971); *Carleson v. Remillard*, 406 U. S. 598 (1972).

④ R. Shep Melnick. "The Politics of the New Property: Welfare Rights in Congress and the Courts." Ellen Frankel Paul & Howard Dickman. eds. *Liberty, Property, and the Future of Constitutional Development*. Albany: State University of New York Press, 1990: 216.

利。① 与新政以来民主党的传统政策相比，其变化不可谓不大。

当这些不仅是美国而且是世界范围内向右转的趋势被美国新右翼欢呼为西方资本主义传统的胜利时，弗兰西斯·福山在世纪之交谈到了所谓"历史的终结"。② 可是，过去 50 多年的美国法律史研究却告诉我们：传统并非一成不变，历史长河也总是在不停地奔流。就是在保护私人产权这种对资本主义社会的发展堪称生死攸关的重大问题上，美国法律也没有把它奉为神圣，从此便不可越雷池一步。恰恰相反，我们在动态产权、公共权利和新产权中看到了美国法律在保护私人产权上所展现出的灵活性。正是因为有这种与时俱进的灵活性，美国的私人产权从长远来看才得到了真正的保护，美国资本主义经济的发展才走出了一条虽问题不断但相对成功的道路。对于那些从公共权利和私人产权关系上思考一个国家或者整个世界未来的人们来说，美国法律史研究应该能提供一些走出极端主义解释桎梏的启示。

---

① http://www.acf.dhhs.gov/programs/ofa/ November 28, 2002.

② Francis Fukuyama. "The End of History?" *The National Interests* no. 16 (Summer 1989): 3-18. Idem. *The End of History and the Last Man*. New York: Free Press, 1992.

八　美国侵权法从过失侵权责任
向严格侵权责任的转变

　　美国侵权法（tort law）涉及的是非合同民事损害赔偿问题。它的威力之大在当今美国可以使很多首屈一指的大公司谈虎色变。1998 年，从未寻求过庭外和解的美国烟草业被迫做出让步，在以密西西比州为首的各州检察官发起的诉讼中同意通过庭外和解支付 2460 亿美元，赔偿纳税人在医疗援助计划中为与吸烟有关的疾病治疗所承受的负担。此后，美国的大烟草公司在一系列民事赔偿诉讼中接连败诉。2002 年 10 月，洛杉矶高等法院陪审团在裁决中创下吸烟受害者个人民事赔偿的最高纪录，判定美国最大的烟草公司菲利普·莫里斯对贝蒂·布洛克患肺癌负责，补偿性赔款 85 万美元，惩罚性赔款 280 亿美元。同年 12 月 18 日，法官将惩罚性赔款数额减到 280 万美元。到笔者完稿时，原告布洛克接受了法官的决定，被告菲利普·莫里斯公司则准备上诉。[①] 相比之下，在 1911 年纽约三角女衫厂惨绝人寰的火灾中丧生的 145 名移民女工所获得的庭外和解赔偿，只有每人平均 75 美元。这种天文数字的差异反映了美国侵权法在 20 世纪所发生的巨大变化：侵权法的重心从 19 世纪工业革命时代的过失侵权责任逐渐转向了 20 世纪现代工业及后工业社会的严格侵权责任。这一转变导致了所谓"责任爆炸"，即严格侵权责任诉讼的急剧增加。[②] 没有这一历史性的演变，北美经济开发的元勋部门烟草工业是不会在 1998 年做出让步，并在此后的很多民事诉讼案中败走麦城的。笔者在这里所要探讨的就是美国侵权法从 19 世纪到 20 世

---

　　① Robert A. Kagan. *Adversarial Legalism: The American Way of Law*. Camridge: Harvard University Press, 2001: 134. *New York Times*, December 19, 2002.

　　② Lawrence M. Friedman. *American Law in the 20th Century*. New Haven: Yale University Press, 2002: 349-351.

纪的这种历史演变及其原因，希望能为中国史学界和法学界在这个过去很少有人涉及的学术领域的研究上提供一点启示和参考。

（一）过失侵权责任统治地位的确立

美国侵权法是工业革命的产物，也是从 19 世纪美国普通法发展过程中脱颖而出的一个最引人注目的法律分支。在此之前，侵权法并未自成体系，有关讼案在英美两国均须经由普通法的"侵害之诉"（trespass）或"类案侵害之诉"（trespass on the case，又译"间接侵害之诉"。）才能进行。前者是针对直接的、即刻性损害，后者是针对间接的、后果性损害。"侵害之诉"的被告不管有无过失，只要造成了直接的、即刻性损害，就要负法律责任。这就是"严格责任"（strict liability），又称"绝对责任"（absolute liability）或"无过失责任"（liability without fault）。"类案侵害之诉"的被告则要在有过失时才会负法律责任。这就是人们后来所说的过失侵权责任（negligence）。[1] 美国哈佛大学教授莫顿·霍维茨认为，无论是以"侵害之诉"还是以"类案侵害之诉"发起诉讼，19 世纪以前的美国普通法实际上都要求被告负严格责任；过失侵权责任是在 19 世纪才推翻了严格责任的统治地位，成为他所论述的"美国法律的改变"一个重要组成部分。[2] 加州大学洛杉矶分校法学院的加里·施瓦茨教授不同意霍维茨的看法。他认为严格责任原则在 19 世纪前的美国并不是主流。[3] 如果说由于历史资料的缺乏，我们现在还很难对 19 世纪以前严格责任在美国侵权诉讼中的地位做出最后判断，那么有一点倒是可以肯定：过失侵权责任确实是在 19 世纪中叶取得了统治地位，从而使美国侵权法应运而生。

过失侵权责任取得统治地位的里程碑式判决是由马萨诸塞州最高法院首

---

① Charles O. Gregory. "Trespass to Negligence to Absolute Liability." *Virginia Law Review* 37 (1951): 359-397. E. F. Roberts. "Negligence: Blackstone to Shaw to? An Intellectual Escapade in a Tory Vein." *Cornell Law Quarterly* 50 (1965): 191-216.

② Morton J. Horwitz. *The Transformation of American Law, 1780-1860.* Cambridge: Harvard University Press, 1977: 85-99.

③ Gary T. Schwartz. "Tort Law and the American Economy in Nineteenth-Century America: A Reinterpretation." *The Yale Law Journal* 90 (1981): 1717-1775.

席大法官莱缪尔·肖在 1850 年布朗诉肯德尔案中做出的。[1]他在判决中驳回了原告根据直接接触造成侵害提出的赔偿要求。肖论证说，直接接触造成的侵害的确可以使原告以"侵害之诉"（trespass）提出诉讼，但并不等于被告侵权（tort）。对于非故意接触造成的侵害是否构成侵权，要以是否有过失（negligence）为基准。这就使无论是以"侵害之诉"还是以"类案侵害之诉"提起诉讼的非故意侵权案件一律都要根据是否有过失做出判决，从而让过失侵权责任成为居于统治地位的法律原则。这不仅标志着美国侵权法的问世，也标志着它和英国普通法在这个问题上的分道扬镳。[2]

正如美国法律史学家劳伦斯·弗里德曼所言，虽然很多基本原则在1850 年以前就有了，但侵权法最迅速的成长是在 1850 年之后。美国有关侵权法的第一部论文集直到 1859 年才出现。在弗里德曼看来，"现代侵权法注定要敲打的是机器具有碾碎人体的惊人能力的工业革命之门"。[3]19 世纪上半叶，以纺织和交通为先导的工业革命使工伤事故剧增，成为侵权诉讼的主因；其中尤以铁路工业侵权诉讼一马当先，它几乎是和侵权法在同步成长。当时如果以英国普通法的严格责任或者说绝对责任为准则，那铁路公司几乎对所有的事故损害都要做出赔偿，其负担之重可想而知。美国侵权法在这个关键时期放弃英国式的严格责任准则，无疑使铁路和其他新兴工业部门减少了要负担的成本，因此被霍维茨教授视为是一种"补助"。在严格侵权责任不再构成威胁后，过失侵权责任仍然使美国的法官们感到十分担心。1866 年，纽约法院在铁路公司显然有过失的赖恩诉纽约中央铁路公司案判决中指出："确认这样的赔偿要求……将导致[铁路要承担]任何谨慎小心都防范不到、任何私人财富都肩负不起的责任。"[4]出于这种考虑，美国法院在19 世纪以种种方式有意识地限制侵权赔偿，以便使这个资本短缺的国家的工业发展尽可能减少经济成本。当时法院用来限制赔偿的法律依据主要有原告过失（contributory negligence）、同事过失（the fellow-servant rule）和自担风险（assumption of risk）三大抗辩事由（defense）。

---

① *Brown v. Kendall*. 60 Mass. (6 Cush.) 292 (1850). 该案中原告和被告的两只狗打架撕咬。被告用棍棒将狗分开时，意外击中站在旁边的原告，结果被告侵害，要求赔偿。

② 英国直到 1959 年才在普通法上做了类似的更动，参见 Roberts. "Negligence: Blackstone to Shaw to ? An Intellectual Escapade in a Tory Vein." 192.

③ Lawrence M. Friedman. *A History of American Law*. New York: Simon & Schuster, 1973: 409.

④ *Ryan v. New York Central Rr. Co.*, 35 N. Y. 210 (1866).

　　原告过失是指原告本人如有过失，就不能向同样有过失的被告索赔。这项原则早在 1809 年就见之于英国法院的判决，但在美国直到 19 世纪 50 年代才开始被广为应用。其原因就在于美国铁路里程在这段时间剧增，结果使横穿铁路不小心被火车撞到的人、畜、车辆愈来愈多。而促进安全驾驶的机车气刹到 1868 年才发明。这样，原告过失乃成为铁路公司为避免过失责任而采用的主要抗辩事由之一。后来它的应用当然超出了铁路工业的范围。[①]自担风险则是以雇员明知在矿井、铁路或工厂里工作有风险还受雇为由，断言他们愿意自担风险，因此雇主无须为工伤负责。至于同事过失，也是针对工伤事故中的侵权赔偿而来。它规定因同事过失受害者，只能状告有直接过失的同事，而不能告与工伤无直接关系的雇主。在雇主受到这一原则保护的情况下，要受害者状告一贫如洗的同事显然于事无补。除了这三项原则是侵权诉讼中被告的主要抗辩事由外，当时普通法还有人死案销等传统规定。不难看出，所有这些抗辩事由和传统规定都为侵权赔偿增加了障碍。弗里德曼教授和时任威斯康星大学社会学助理教授杰克·拉丁斯基一针见血地指出："肖和他那一代人把他们得救的希望寄托在急剧的经济增长上。也许他们渴求的就是保证事故赔偿侵权体系不要给新兴工业增加问题。"[②] 因此，"到镀金时代开始时，新侵权法的总的特点已一目了然……企业得益超过工人，在超过乘客和公众成员上则略少一点……总之，这些规则的目标所向就是要公司企业干脆免于侵权诉讼"。[③]

　　弗里德曼的这些看法至今仍是美国法律史学界的主流观点，当然也不乏挑战者。其中影响较大的是"法律和经济学运动"的代表人物理查德·波斯纳。他认为以过失侵权责任和三项抗辩事由为主体的侵权法系统促进了高效率事故防范，而过失责任原则符合企业防止事故的"最佳投资"标准。[④]加里·施瓦茨则认为美国法院在 19 世纪并没有帮助新兴工业回避侵权责任，

---

① Friedman. *A History of American Law*. New York: Simen & Schuster, 1973: 412-413. Wex S. Malone. "The Formative Era of Contributory Negligence." *Illinois Law Review* 41 (1946): 151-182.

② Lawrence M. Friedman and Jack Ladinsky. "Social Change and the Law of Industrial Accidents." *Columbia Law Review* 67 (1967): 57-58.

③ Friedman. *A History of American Law*. New York: Simen & Schuster, 1973: 416-417.

④ Richard A. Posner. "A Theory of Negligence." *Journal of Legal Studies* 1 (1972): 29-96. William M. Landes and Richard A. Posner. *The Economic Structure of Tort Law*. Cambridge: Harvard University Press, 1987.

而是为原告主持了公道。① 不过，这两种跟弗里德曼观点相左的看法在论证上均有各自的问题。波斯纳的论证过于理论化。如果把过失侵权普通法体系下工人对风险了解的信息成本、企业的监控成本、法院诉讼成本、庭外和解成本等等都考虑进去的话，这些现实世界的"交易成本"（transaction cost）将使这个体系很难成为波斯纳所说的防止事故的最有经济效率的选择。② 施瓦茨的研究完全集中在上诉法院的案件上。如果他把在数量上多得多的下级法院受理案件和庭外和解也纳入研究范围的话，那就很难得出 19 世纪的美国侵权法"宽宏"和"人道"的结论。③ 总之，大多数学者还是比较赞同弗里德曼的看法，即美国侵权法在 19 世纪的形成和发展不仅是工业革命的产物，也是促进经济增长的手段。它使工矿铁路等部门的公司企业成为主要的受惠者，工人大众的利益则很少得到公正的保护。然而，这种情况在 19 世纪后期和 20 世纪初开始发生变化，从侵权法的角度来看就是它的重心正在从过失责任向严格责任逐渐转移。

（二）侵权法重心开始向严格责任转变

美国侵权法重心从过失责任向严格责任转移的苗头见之于有关超常危险活动案的判决，而它的突破性进展则是 20 世纪头十年工人赔偿法在 43 个州议会的迅速通过。如前所述，美国侵权法在 1850 年布朗诉肯德尔案判决中确立了过失侵权责任的统治地位。不过，这种地位并不是绝对的。最明显的例证就是严格责任准则在超常危险活动案件中以这种或那种形式忽隐忽现。早在 1849 年，纽约上诉法院就已在海诉科荷思案中裁决，被告在自己土地上引爆物品导致飞石损害原告房屋，虽无过失但违反"己用不得伤人"（*sic utere tuo ut non alienum laedas*）的原则，因此要做出赔偿。到了 1873 年的洛西诉布坎南案，法院又裁定锅炉爆炸的飞石损害邻居房屋无须赔偿，

① Schwartz. "Tort Law and the Economy in Nineteenth Century." 1774.

② Price V. Fishback, Shawn Everett Kantor. *A Prelude to the Welfare State: The Origins of Workers' Compensation*. Chicago: University of Chicago Press, 2000: 30-31.

③ Lawrence M. Friedman, Thomas D. Russell. "More Civil Wrongs: Personal Injury Litigation, 1901-1910." *The American Journal of Legal History* 34 (1990): 310-312. Lawrence M. Friedman. "Civil Wrongs: Personal Injury Law in the Late 19th Century." *American Bar Foundation Research Journal* (1987): 351-378.

因为被告没有引爆锅炉，无过失者没有侵权责任。1893 年的布什诉罗马铁路案也是引爆行为伤及原告房屋，不过不是飞石所致，而是震动的结果。法院虽以被告是从事合法活动又没有造成物体入侵为由，判决被告无须负责，但它实际上承认了直接侵害下的严格责任原则，只是被告未造成直接侵害而已。1900 年，纽约法院又在苏利文诉邓汉姆案中判决实施了无过失引爆行为的被告要为"侵害"负责。显然，纽约州法院在这些判决中并没有完全按大法官肖的判决行事，不过也没有直截了当地宣布以严格责任或绝对责任为准则。这种犹抱琵琶半遮面的姿态说明，法官们深知在 19 世纪工业化起步的时代公然转向严格责任未免也走得太远了。然而，正如著名的侵权法学者查尔斯·O. 格雷戈里在评述这些判决时所说的一样，"当公众相信他们有权通过某种社会保障来免受生活中的一般损害，当大家觉得工业不仅不再需要补助，而且应该承担对正常运作造成的所有损害进行赔偿的负担时，那就是法官们与无过失绝对责任理论从私通到正式结为夫妇的适当气候到来了"。①

应该说，世纪之交的美国开始有了上述这种适当的气候，因为经济、法律和政治环境都发生了深刻的变化。于是，企业、劳工和保险业在工业事故上达成了可以三赢的妥协，即在各州支持通过工人赔偿法，使之成为普通法侵权诉讼的替代物，从过失侵权责任走向严格侵权责任。根据工人赔偿法，工人在工作时因事故伤亡，不论雇主和伤亡雇员有无过失，雇主都要依法做出赔偿。这实际上成了美国历史上第一个涵盖范围广泛的社会保障项目，对 20 世纪的侵权法改革产生了深远的影响。当时形成改革气候的第一个重要因素是经济方面的，即跨部门就业流动使工矿部门从事较危险工作的工人比例增加，事故风险增大。例如，事故多的矿业部门工人在就业大军中所占比例 1900 年为 2.6 %，到 1910 年增加到 2.8 %，矿工人数净增 30 万，每年死亡矿工增加了 600 人。美国学者普赖斯·V. 菲什巴克和肖恩·埃弗里特·坎特近年来对工人赔偿法做了最新研究。他们根据俄亥俄州工人赔偿基金的有关资料数据编制了工作地点事故风险指数。这个指数从 1899 年的 1.3 上升到了 1909 年的 1.5。更为重要的是，公众对工业事故的知情度提高了。这是各州政府管理劳工的机构扩大后对事故的报告日渐详细的结果。显然，工业事故风险指数上升使改革的必要性加强，而公众知情度提高则使改

---

① Charles O. Gregory. "Trespass to Negligence to Absolute Liability." *Virginia Law Review* 37 (1951): 382-383.

革的压力加大。①

形成改革气候的第二个因素是法律环境的改变。以过失责任为准则并辅之以三项抗辩事由的侵权法诉讼，对原告尤其是劳工来说往往是残酷与不公正的，因此从一开始就不乏反对者。随着劳工运动影响的扩大，不仅是陪审团，甚至于法官都对工业事故中的受害者产生了同情。有些法院开始沿用和发明一些与三大抗辩事由相反的法律原则。例如，"比较过失"（comparative negligence）就是按照原告和被告的相对责任让他们分摊损害，从而使原告不至于因"原告过失"而完全失去索赔权。"最后明显机会"（last clear chance）则要求，即便原告有过失，如果被告显然还有最后机会避免事故却没有这样做，那就要对损害做出赔偿。"次长过失"（the vice-principal doctrine）是指"同事过失"中的同事如为监工或上司，则雇主要为其次长即副手负法律责任。"安全工地"（safe place to work）和"安全工具"（safe tools and appliances）的要求显然减少了受害者因"自担风险"而败诉的可能性。"不言自明"（res ipsa loquitur）则减轻了原告证明被告过失的负担。所有这些反原则在 1900 年以前的应用虽然还相当有限，但在进入 20 世纪以后它们使侵权诉讼的法律环境发生了重大变化。

除了法院以外，各州议会的立法对于法律环境的改变也产生了很大影响。一些州先后通过立法要求火车经过交叉路口要有警铃，路口要有交通标记，路旁要有围栏等等，否则铁路公司就要对事故负责任。美国国会对州际铁路的安全设施也有立法规定。从 19 世纪 50 年代到 1874 年，佐治亚、艾奥瓦、怀俄明和堪萨斯州还通过法律，在铁路诉讼中取消"同事过失"原则作为抗辩事由。1908 年，联邦雇主责任法将该原则的适用性排除在州际铁路之外。到 1911 年，一半以上的州在铁路部门取缔了"同事过失"原则。②三大抗辩事由至少有一项被雇主责任立法在非铁路事故诉讼中加以禁止的州，从 1900 年的 7 个增加到 1911 年的 23 个。法院和州议会的这些行动，加上律师到 1881 年大都转而采用不胜诉不收费的成功酬金收费方式（the contingent fee，又称"胜诉分成"。），刺激了侵权诉讼大幅增加。美国各州最高法院受理的非铁路部门案件总数，从 1900 年的 154 起猛升到 1911 年的 490 起。结果，雇主购买责任和事故保险的保费也大幅度上扬，总数从

① Price V. Fishback & Shawn Everett Kantor. "The Adoption of Workers' Compensation in the United States, 1900-1930." *Journal of Law and Economics* 41 (1998): 315-316.

② Friedman. *A History of American Law*: 424-425.

1900 年的 6370 万美元增加到 1911 年的 2.253 亿美元（以 1967 年美元计算）。[1] 美国企业界对于工业事故成本上升和侵权诉讼变数增加，自然感到不安。与此同时，劳工大众又对自身境遇的改善程度深感不满。到世纪之交时，就像弗里德曼所说的一样，美国侵权法不再是"分配成本的有效手段"，因为"它既无残酷的勇气，又无人道的力量"，"它既不能使资本满意，也不能使劳工舒心"。[2] 所以，改革势在必行。

还有一个形成改革气候的因素不能忽略，那就是政治，即有关利益集团在工业事故问题上结成的政治联盟和当时的政治环境。从詹姆斯·温斯坦和罗伊·卢博韦在 20 世纪 60 年代所做的研究到菲什巴克和坎特 2000 年出版的新著，美国学者现在大都认为，工人赔偿法并不是劳工对资本的胜利，而是资本、劳工和保险业三方面在进步主义时代形成的政治联盟努力的结果。应该说，三方都是赢家。[3] 劳工由于工人赔偿法获益是显而易见的。他们放弃了以侵权法诉诸公堂的权利，换得的是雇主无论有无过失都要依法承担对工业事故受害者做出赔偿的严格责任。事故后赔款数额比过去以过失责任起诉的同类赔款增加了 75 % 到 200 %。[4] 资方根据工人赔偿法理赔的数额虽然增加了，但他们换得了劳资关系的相对和谐，在一定程度上阻止了法院判决愈来愈有利于受害工人的发展趋势，减少了工业事故赔偿的不确定性，并可以把赔偿增加的负担通过降低工人实际工资和提高销售价格转嫁出去。至于保险公司，只要州政府不以州的保险基金来取代私人保险，它们就是工人赔偿法的受益者，因为雇主现在要大量购买保险来为雇员在发生工伤事故时提供福利。所以，毫不奇怪，由大公司和工会领导人组成的全国公民联合会在 1908 年到 1910 年大力推动工人赔偿法的立法活动。原本倡导自愿保险的全国制造商协会在 1911 年转而认可工人赔偿法作为解决工业事故的办法。长期以来致力于取消三大抗辩事由并担心政府介入劳工事务的美国劳工联合会，也在 1909 年改变立场，全力支持那些让工人赔偿法获得通过的努力。最后还要提到的是 20 世纪初风起云涌的进步主义改革。它对工人赔偿法在

---

[1] Fishback, Kantor. *A Prelude to the Welfare State*, 95, Table 4.1.

[2] Friedman. *A History of American Law*: 425.

[3] James Weinstein. "Big Business and the Origins of Workmen's Compensation." *Labor History* 8 (1967): 156-174; Roy Lubove. "Workmen's Compensation and the Prerogatives of Voluntarism." *Labor History* 8 (1967): 254-272; Fichback and Kantor. *A Prelude to the Welfare Sate*: 54-83, 88-89.

[4] Fishback and Kantor. "The Adoption of Workers' Compensation in the United States, 1900-1930." 309.

各州的通过所起的推波助澜的作用也不可低估。菲什巴克和坎特以计量方法研究发现，1913 年以前通过工人赔偿法的州的进步主义立法中项指数为 4.57，而 1916 年以后通过这一立法的州的进步主义立法中项指数则只有 2.6。[①] 这说明，进步主义改革走在前面的州，工人赔偿法的通过也一马当先。

毫无疑问，工人赔偿法在 20 世纪初的通过，是美国侵权法的重心从过失责任向严格责任转移所取得的突破性进展。不过，这一进展仅仅限于工业事故领域，而且是以成文法或者说制定法的形式出现的。对于其他范围广泛的侵权问题和以普通法为主体的侵权法来说，过失责任仍然是基本准则。我们所说的侵权法重心从过失责任向严格责任的转移，在 20 世纪还有很长的路要走，其目标被有些学者称为"企业责任"（enterprise liability）。他们认为只有企业必须对其活动所造成的损害负责时，它们才会努力减少危险，并为受害者提供必要的保障。[②] 自 20 世纪初开始，这种以企业责任为目标的侵权法改革在成文法和普通法两条战线上都展开了攻势，不过直到 20 世纪 60 年代和 70 年代才取得重大进展。普通法领域的改革最为引人注目，它使严格的产品责任变成了企业责任的核心内容。这些侵权法方面的变化在 20 世纪后期产生了巨大的影响，因此被批评者称为"法律革命"。[③]

（三）法学思想从严格责任论到企业责任论的演化

美国侵权法在 20 世纪发生重大变化的思想先导要追溯到奥利弗·霍姆斯法官。长期以来，美国学术界一直把这位现实主义法学的先驱错误地视为侵权法上的形式主义死硬派，并把这种思想上的矛盾性说成是"与自己打仗"。[④] 在他们笔下，霍姆斯抱住 19 世纪的侵权法不放，为建立过失责任的

---

① Fishback, Kantor. *A Prelude to the Welfare State.* 106, Table 4.4.

② George L. Priest. "The Invention of Enterprise Liability: A Critical History of the Intellectual Foundations of Modern Tort Law." *Journal of Legal Studies* 14 (1985): 463; Richard B. Stewart. "Crisis in Tort Law? The Institutional Perspective." *University of Chicago Law Review* 54 (1987): 185; Virginia E. Nolan & Edmund Ursin. *Understanding Enterprise Liability: Rethinking Tort Reform for the Twenty-First Century.* Philadelphia: Temple University Press, 1995.

③ Peter W. Huber. *Liability: The Legal Revolution and Its Consequences.* New York: Basic Books, 1988.

④ Robert W. Gordon. "Holmes's *Common Law* as Legal and Social Science." *Hofstra Law Review* 10 (1982): 719-720.

统治地位发挥了重要作用，可以说是严格责任准则的死敌。然而，哈佛大学教授戴维·罗森堡在20世纪90年代中期所做的研究推翻了这一结论。他发现霍姆斯的侵权理论始终如一地支持严格责任。事实上，把严格责任视为侵权法的一般性独立领域的现代观点就是霍姆斯首先提出来的。他之所以能这样做，是因为这位现实主义法学大师不是从形式主义强调的法律原则出发，而是从现实的经验出发来检讨侵权法问题。在他看来，过失责任的原则是以往岁月的产物。那时的侵权行为大都是孤立的和个别的日常案件，如骑马、烧壁炉、建篱笆和举棍打狗等引起的损害，涉及的主要是个人与个人之间的私人领域的民事纠纷。以过失责任处理这类日常案件自然有它一定的道理。可是当工业化的新时代到来后，这一切都发生了变化。大量的侵权问题都是铁路、工厂造成的人体和财产损害，常常和过失责任无关，像机器设备上没法发现的"潜在毛病"的发生和由于"边际成本"无法承受而导致的防范措施不周等。这样一来，原本主要是私人领域的侵权问题，便愈来愈多地涉及一个工业社会的问题，或者说这个社会的公共利益。[①] 用霍姆斯的话来说，这些侵权责任"迟早会成为公众要付出的代价"，它"说到底实际上是希望公众对为之工作的人的安全要在多大程度上做出保障的问题"。[②] 因此，严格责任就成了在新的工业社会里从整体利益出发对传统过失责任原则的一个补充。[③]

在霍姆斯之后，西北大学法学院院长利昂·格林在20世纪20年代和30年代发表了一系列著述，从现实主义法学的角度对传统侵权理论提出了挑战，最终不仅为现代企业责任论奠定了基础，而且为侵权法改革指出了方向。在他看来，传统侵权理论的基石也就是"'过失'观……已经破产"。[④] 其要害是一方面抽象地承认所有的人对所有的他人负有保护其不受损害的普遍义务（universal duty），另一方面又以因果关系（causation）下的过失责任准则来缩小法律上的责任范围。格林认为，被告过失与原告所受损害之间的因果关系属于陪审团的事实调查范围，而法官决定侵权行为法律责任所要关注的则是原告和被告之间的"联系"（the relationship）。这种联系不是抽

---

① David Rosenberg. *The Hidden Holmes: His Theory of Torts in History*. Cambridge: Harvard University Press, 1995: 1-12, 124-136.

② Oliver W. Holmes. "The Path of the Law." *Harvard Law Review* 10 (1897): 457, 467.

③ Rosenberg. *The Hidden Holmes*. 136.

④ Leon Green. "The Duty Problem in Negligence Cases: Ⅱ." *Columbia Law Review* 29 (1929): 270.

象的"普遍义务",而是被告对原告的具体义务。被告是否有违义务则要看处于相同地位的"有理智的人"是不是可以预测到他的行动或疏忽会使原告处于本可预测到的危险之中。要对这种联系做出判断就需要对有关各方的风险承受力和相关风险对社会利益的影响进行分析。因此,当格林以法律义务的联系论取代过失责任的因果关系论时,他强调的是风险分配、利益平衡和社会政策。① 格林认为事故损害不是道义问题,而是工业社会"不可避免的"副产品,风险分配应"把损失放在它会感觉是最少和最能承受的地方",也就是企业的肩上。② 这些观点不仅道出了侵权法严格责任的特点,也构成了企业责任的立论基础。

格林现实主义法学的侵权法理论在 20 世纪 30 年代没有得到当时侵权法权威学者弗兰西斯·波伦的认同。后者是哈佛大学和宾夕法尼亚大学法学教授,美国法学会《侵权法重述》的主笔。这种情况到 30 年代末和 40 年代开始改变。后来担任《侵权法重述》第二版主笔并在战后成为美国侵权法泰斗的威廉·普罗瑟在 1941 年显然接受了格林的观点。他在被日后法学界视为权威著作的《侵权法手册》中指出,严格责任论就是"对一个复杂和危险文明所要承受的在所难免的损失进行分配,[置]责任于最有能力负担的一方"。在普罗瑟看来,严格责任之所以不管有无过失均要由被告做出赔偿,是因为"它被看作是一种好的社会政策",即"企业应该承担它们造成的损害所要支付的费用"。③ 当然,这种具有强烈企业责任色彩的严格责任论在法学界影响的迅速扩大,是在第二次世界大战以后。先后在芝加哥和弗吉尼亚大学任教的查尔斯·格雷戈里、耶鲁大学的福勒·哈珀和弗莱明·詹姆斯、加利福尼亚大学的艾伯特·埃伦兹维格等人都先后提出了与格林类似的学术主张,格雷戈里和埃伦兹维格还把他们主张的严格责任正式冠以"企业责任"的称谓。④ 这些人和哈佛大学拘泥于侵权法传统理论的法学教授们展开了学术上的论战,而普罗瑟则成了在战后一致论时代将现实主义法学和传统观点融为一体的法学大师。他一方面反对企业责任的具体政策观,另一方面又在 1964 年出版的由他主笔的《侵权法重述》第二版中认可了产品严格责

---

① G. Edward White. *Tort Law in America* (1980: 92-96).

② Green. "The Duty Problem in Negligence Cases: Ⅱ." 256, 258, 257.

③ William Prosser. *Handbook of the Law of Torts*. St. Paul: West Publishing Company, 1941: 21, 430.

④ Gregory. "Trespass to Negligence to Absolute Liability". Albert A. Ehrenzweig. *Negligence without Fault* (1951), reprinted in *California Law Review* 54 (1966).

任准则。这样，严格责任终于在美国法学界的主流意识中确立了它的新地位，而过失责任的影响则在逐渐缩小。"法律革命"已经具备了理论条件和思想基础。

（四）美国法院从严格侵权责任迅速转向与"法律革命"

这场"法律革命"不仅是侵权法法学观发生转变的结果，也是美国侵权法在 20 世纪进行改革的产物。如前所述，改革从一开始就是在两个方面展开的，一是立法领域，二是普通法（司法）领域。立法方面的侵权法改革以工人赔偿法的成功而首开纪录。受此鼓舞，格林早在 1929 年就建议将赔偿计划扩及一般交通案件，如火车和汽车车祸事故等。这方面的改革努力后来集中在汽车车祸事故上，先后有哥伦比亚大学的一个研究委员会在 20 世纪 30 年代提出的"哥伦比亚计划"，以及罗伯特·基顿、杰弗里·奥康内尔两位侵权法学者在 1965 年提出的"基顿—奥康内尔计划"。不过，这种无过失汽车车祸赔偿计划在立法上长期未能取得实质性进展，直到 70 年代才由马萨诸塞州议会通过了全国第一个汽车赔偿计划，后来又有二十几个州通过了类似的无过失汽车计划。80 年代以后，由于无过失汽车赔偿计划并不比一般汽车保险的过失责任侵权诉讼更节省经济成本，这方面的立法改革在美国失去了势头。[①] 除了汽车车祸以外，其他赔偿计划立法取得的进展就更加有限。1969 年，美国国会通过立法，建立由煤矿公司纳税维持的赔偿基金，向患黑肺病的矿工提供赔偿。1986 年，国会立法允许免疫注射产生副作用的儿童的父母不管疫苗制造商有无过失都可获得赔偿，但也可采用侵权诉讼。此外，弗吉尼亚和佛罗里达两州议会先后通过了法案，对出生过程中或刚出生后受到伤害的婴儿提供无过失赔偿。这些立法从侵权法改革的角度来看只是例外，因为美国立法机构一般来说不愿意把赔偿计划扩及范围广泛的其他领域，更不要说用它来取代侵权法诉讼了。相比之下，20 世纪美国普通法（司法）在侵权法改革方面的步伐则令人刮目相看。

---

① Nolan and Ursin. *Understanding Enterprise Liability*, 33-68. Mark C. Rahdert. *Covering Accident Costs: Insurance, Liability, and Tort Reform*. Philadelphia: Temple University Press, 1995: 132.

　　美国联邦上诉法院法官斯蒂芬·莱因哈特在回顾民权方面的进步时曾经说过:"(我们)一定要永远记住,是法院而不是国会和总统结束了这个国家法定的种族隔离制度。""是法院而不是其他的政府部门使'所有人的自由和公正'这个短语第一次有了意义。"[①]同样,我们在侵权法改革上也可以说,是美国的法院而不是其他政府部门起了最为重要的作用,是法院使侵权法的普通法解释在 20 世纪有了过去从未有过的新义。侵权法在这方面所发生的最重要的变化,就是产品严格责任准则的日益广泛的应用。它在一定程度上是 20 世纪大规模生产和大规模销售的现代企业制度崛起的结果。这种新的生产和销售方式一方面使消费者对产品的依赖日益加深,另一方面又使他们愈来愈缺乏信息和能力对产品的可靠性和厂家的过失做出判断。于是,在这样一个大众消费时代保护消费者的利益,便与社会大众的公共利益有了愈来愈密切的联系。美国法院在解释侵权法时所展现的新的灵活性,就是对现代企业制度和大众消费时代的到来所做出的反应。

　　1916 年,纽约州上诉法院对麦克弗森诉别克汽车公司案做出历史性裁决,第一次为 20 世纪的产品责任诉讼打开了方便之门。案中原告因所购别克汽车在制造上的问题出车祸受伤,将制造商告上法庭。按照传统的"法律当事人"原则(privity),他是从车行而非别克汽车公司购得汽车,只能状告作为法律当事人的车行而非别克公司。这一原则在手工生产直接销售的时代言之成理,但在大规模生产和销售的时代却可能使真正要负责任的人逍遥法外。于是,法官本杰明·卡多佐在判决中推翻了"法律当事人"原则,要别克汽车公司对其产品造成的损害做出赔偿。[②]这一判决从此在各州法院被仿效,为现代工业社会里往往是非法律当事人的产品制造商的责任诉讼扫清了道路。

　　20 世纪 40 年代开始,加州最高法院继纽约州上诉法院之后成为在侵权法改革上影响最大的美国司法机构。这与加州以及美国西南部在全国经济生活中的地位日趋重要密切相关。罗杰·特雷纳法官被视为这一时期加州最高法院的代表人物。1944 年,特雷纳在埃斯可拉诉可口可乐瓶装公司案判决的同意书中提出,严格责任应立即适用于所有的缺陷产品使人受到伤害的案件。他认为产品造成损害的风险必须"由制造厂家担保,然后作为经营成本

---

① Stephen Reinhardt. "Guess Who's Not Coming to Dinner!!" *Michigan Law Review* 91 (1993): 1175, 1181.

② *MacPherson v. Buick Motor Co.*, 217 N. Y. 382 (1916).

由公众分摊"。^① 这一建议虽然不是法院多数派的意见，在当时也未引起足够的注意，但它为此后美国法院的侵权法改革指明了方向。加州最高法院后来就是在特雷纳的影响下以大量判决重写了侵权法，使人们看到了普通法给侵权法改革带来的希望之光。

20 世纪 60 年代，美国法院的侵权法改革开始在全国范围内取得突破性进展。新泽西最高法院在 1960 年亨宁森诉布卢姆菲尔德汽车公司案判决中，把严格责任的应用从过去的食品类扩及所有的产品，从而建立了一般产品严格责任的原则。^② 1963 年，加州最高法院在格林曼诉尤巴电动产品公司案中也确认了这一原则。特雷纳法官在代表法院做出的判决中指出，严格责任的目的就是要制造商而不是要"无力保护自己"的受害人对缺陷产品造成的损害承担责任。^③ 翌年，美国法学会《侵权法重述》第二版正式认可了一般产品严格责任原则。从此以后，这一原则在全美法院的应用便成所向披靡之势。到 1971 年，普罗瑟发现，不再考虑过失问题的产品严格责任案件代表的是"侵权法整个历史上对陈规陋习的一次最迅速也是最有气势的扫荡"。^④ 以严格侵权责任的爆炸式发展为基础的"法律革命"终于席卷了美国。

在这场"法律革命"中，美国因用具、机器、化学药品、汽车和其他产品造成损害而起诉的案件在 1976 — 1986 年增加了 4 倍。产品责任案件原告的胜诉率从 60 年代的 20%—30% 上升到 80 年代的 50% 以上。所有侵权案裁决的平均赔偿数额在排除通货膨胀因素后由 60 年代初的 5 万美元增至 80 年代初的 25 万美元。^⑤ 道化学公司 1986 年产品责任方面的法律和保险开支在美国为 1 亿美元，在产销量与美国相等的世界上其他地区则只有 2000 万美元。该公司在美国被起诉的案件有 456 起，在世界上其他地区则只有 4 起。^⑥ 最耸人听闻的侵权诉讼当然是 1994 年麦当劳快餐店案。一位 79 岁的老太太不慎把自己买的咖啡溅出造成烫伤，结果陪审团裁定麦当劳快餐店要为咖啡温度太高而赔偿原告 290 万美元。^⑦ 现在，美国的大烟草公

---

① *Escola v. Coca Cola Bottling Co.*, 24 Cal. 2d 453, 150 P. 2d (1944).

② *Henningsen v. Bloomfield Motors*, 32 N. J. 358 (1960).

③ *Greenman v. Yuba Power products*, 59 Cal. 2d 57 (1963).

④ William L. Prosser. *Handbook of the Law of Torts*. St. Paul: West Publishing Company, 4th ed. 1971: 654.

⑤ Huber. *Liability*. 9-10.

⑥ Kagan. *Adversarial Legalism*. 132.

⑦ Carl T. Bogus. *Why Lawsuits Are Good for America*. New York: New York University Press, 2001: 19-21.

司又成了众矢之的，被数以千计的官司缠身，有的讼案裁决甚至高达上亿美元。此外，美国侵权法还在医疗事故、情绪损害和隐私权等方面取得了令人叹为观止的进展。尽管学者们对于以上的统计数据和案例的代表性存在一些争议，并对这场"法律革命"的广度和深度也有不同看法，但谁都不会否认，美国侵权法在 20 世纪下半叶发生了"意义重大、迅猛和几乎一直是倾向于扩大责任的变化"。[①]

（五）侵权法重大转变得以成功的原因及引发的反弹

综上所述，19 世纪的美国侵权法主要是一种限制性的法律，而 20 世纪的美国侵权法则是在一步一步地解除这些限制。其结果当然是原告面对的障碍减少，胜诉的可能性增加，赔偿数额提高，侵权责任诉讼也就发生了爆炸性的倍增现象。这一切之所以会发生，除了和前面所说的美国在 20 世纪进入了大规模生产和大众消费的现代工业及后工业时代这一基本变化有着密切的联系以外，还有几个因素也是不能忽略的。首先，美国责任保险业的发展增加了侵权法改革的可行性。这主要是由于责任保险分摊了损害的责任负担，从而使 19 世纪侵权法所强调的过失追究变得不那么重要，于是严格责任范围的扩大便有了新的空间。不仅如此，责任保险还使人们意识到侵权法不再仅仅是处理原告和被告两方的私人关系，它还涉及多方参与的公共关系，即在一定程度上成了在整个社会有效和公平地分配损害负担的一个赔偿系统。利昂·格林早在 20 世纪 50 年代结束时就曾说过，侵权法是"披上伪装的公法"。它"为我们社会各种各样的活动每天所造成的损害……提供了一种补救办法"。[②] 因此，侵权诉讼的增加在社会福利赔偿立法比较欠缺的美国应该说是顺理成章的事情。

其次，美国的诉讼律师在促成 20 世纪美国侵权法的巨大变化上也起了一定的作用。梅尔文·贝利就被人们誉为"侵权（诉讼）之王"。斯图亚特·M. 斯巴塞专精于飞机失事的索赔诉讼，甚至还写了这方面的专著。他们有一整套争取胜诉的办法和策略，诸如在出事地点召开记者招待会，在法

---

① Peter H. Schuck. ed. *Tort Law and the Public Interest: Competition, Innovation, and Consumer Welfare*. New York: W.W.Norton & Company, 1991: 20.

② Leon Green. "Tort Law: Public Law in Disguise." *Texas Law Review* 38 (1959-60): 257, 269.

庭出示具有轰动效应的证物，招募潜在的索赔人，等等。美国诉讼律师协会、公民健康研究会和汽车安全中心现在都有自己的数据库、专家证人名单和原告律师"诉讼大全"，帮助律师展开侵权诉讼。他们虽然不一定是人们所挖苦的"跟在救护车屁股后面追的人"，但他们确实是侵权法诉讼中的一支突击队。①

更为重要的是，20 世纪的美国愈来愈成为弗里德曼教授所说的要求"完全公正"或"完全赔偿"的社会。② 大部分 19 世纪的美国人在疾病、事故和灾难发生时，其生命和财产是得不到多少保障的。他们那时只能听天由命。可是 20 世纪的科学、技术、经济的发展，还有社会的进步，使得美国人不再像他们的前辈那样认为灾难是不可避免的，也不再认为损害是不可补救的。第二次世界大战以后，受黑人民权运动的巨大影响，各个不同的族裔、阶层和团体都在起而争取和保护自己的权利。他们每个人都希望有"完全的公正"和"完全的赔偿"。侵权法也就成了愈来愈多的人在受到损害时追求公正和赔偿的重要手段。

不过，美国侵权法的"法律革命"和责任讼案的剧增在美国社会已引起强烈反弹。有人甚至认为这场"法律革命"导致了"侵权法危机"。③ 早在 20 世纪 70 年代，美国学术界以理查德·波斯纳为代表的"法律和经济运动"，还有以乔治·弗莱彻和理查德·爱泼斯坦为代表的"权利学派"，就对严格责任展开了抨击。前者认为过失责任更能刺激经济效率，后者认为过失责任更能公正地维护人们的权利。④ 1991 年，布鲁金斯学会出版了由猛烈攻击"法律革命"的彼得·休伯和另一位学者罗伯特·E.利坦主编的《责任迷宫》一书。为该书撰稿的大部分学者认为，侵权法诉讼的爆炸式倍增不仅没有增加安全，反而妨碍了企业的创新。⑤ 对"法律革命"展开攻击的主力当然是各个利益集团，从产品制造商到保险公司、医生协会、医院、市政当

---

① Lawrence M. Friedman. *American Law in the 20th Century*. 373-374. Kagan. *Adversarial Legalism*. 133.

② Lawrence M. Friedman. *Total Justice*. New York: Russell Sage Foundation, 1985.

③ Richard B. Stewart. "Crisis in Tort Law? The Institutional Perspective." *University of Chicago Law Review* 54 (1987).

④ Posner. "A Theory of Negligence." 29-96. Landes and Posner. *The Economic Structure of Tort Law*. George P. Fletcher. "Fairness and Utility in Tort Theory." *Harvard Law Review* 85 (1972): 537. Richard A. Epstein. "A Theory of Strict Liability." *Journal of Legal Studies* 2 (1973): 151.

⑤ Peter W. Huber and Robert E. Litan. eds. *The Liability Maze: The Impact of Liability Law on Safety and Innovation*. Washington. D. C.: Brookings Institution, 1991.

局和校区。它们为美国侵权法改革协会（American Tort Reform Association）提供了巨额资金，由该协会通过大众传媒对所谓"诉讼滥用"展开了大规模广告战。许多政治人物都卷入了这场攻击，其中包括罗纳德·里根、丹·奎尔、约翰·C.丹佛斯、乔治·W.布什和约瑟夫·I.李伯曼。在这场强大的政治攻势之下，美国有 41 个州议会在 1985 — 1991 年期间通过了"阻拦"性立法，以限制侵权法诉讼的起诉、胜诉和高额赔偿。不过，正如侵权法的批评者们抱怨的一样，美国侵权法的体系仍然完好无损。1996年，加利福尼亚州就三项取代和阻拦侵权诉讼的提议进行了州民投票表决，结果三项提议均被否决。[①]

　　在 21 世纪到来之后，美国侵权法仍然是政治上最有争议的法律领域之一。乔治·W.布什总统曾多次呼吁进行全国性侵权法改革。[②] 不过，美国侵权法体系在未来发生重大变化的前景似乎还不明朗。当以共和党为代表的保守主义势力在这个保守主义的时代对美国侵权法的现状提出挑战时，有一点是他们没法忽略的事实，那就是 20 世纪美国侵权法的演变在一定程度上可以说是自由主义目标和保守主义方式相结合的产物。如果说侵权法重心从过失责任向严格责任乃至于企业责任的转移具有自由主义改革的倾向的话，那么它主要是以普通法（司法）而不是以立法方式来实现目标，这种模式深深地植根于美国法律文化的传统之中。美国人只要有可能就不希望政府对他们的社会经济生活做过多的干预。因此，当西欧国家比较着重以政府社会保险计划来解决损害赔款问题时，美国人却选择了扩大侵权法的适用范围。对于很多美国人来说，侵权法要解决的是平民百姓在平常活动中所受到的损害。他们往往宁可靠自己去对簿公堂，也不希望以无过失社会保险立法来取代侵权法诉讼，因为他们相信普通法可以在人人平等的基础上还他们以公道。这就是美国的法律文化，也是美国侵权法的力量所在。当然，它也带来了责任诉讼井喷式增加所引起的一系列问题。考虑到美国法律文化根深蒂固的影响，不管政治人物如何大呼小叫，侵权法未来的改革恐怕也只能是在现行体系内进行适当的调整，任何取而代之的方案至少从目前来看都是不现实的。

---

① Kagan. *Adversarial Legalism*. 135, 147, 154. Bogus. *Why Lawsuits Are Good for America*. 4.

② Tanya Albert. "Bush decries 'junk lawsuits,' calls for federal tort reform." *American Medical News* August 12, 2002 (http://www.ama-assn.org/sci-pubs/amnews/pick_02/gvl101812.htm, January 1, 2003).

九　美国历史上法律对劳工自由流动的限制

在我国广为发行的政治经济学教科书中，自由竞争资本主义（又称自由资本主义）通常被用来指称 18 世纪末到 19 世纪末所谓自由竞争占主导地位的资本主义发展阶段。在这个阶段里，国家只是守夜人而已，也就是说它在经济上奉行的基本上是自由放任主义。后来，由于竞争产生了垄断，加之国家干预经济的必要性变得日益明显，资本主义社会才先后进入了私人垄断资本主义和国家垄断资本主义的发展阶段。这种有关资本主义发展阶段性的理论在中国学术界被视为理所当然。于是，在一些史学著作中 19 世纪的美国和英国也就被相应地看作处于自由资本主义的发展阶段或者说"鼎盛期"。然而，这种源于政治经济学理论的阶段说能否被用来恰当地阐述资本主义国家在其不同历史时期的实际发展呢？笔者以为这样做尚有难度，现仅从美国法律对劳工自由流动所加限制的角度做一考察，并据此对所谓 19 世纪美国处于自由资本主义阶段的真实性提出质疑。

自由资本主义阶段与其后的私人垄断资本主义和国家垄断资本主义时期的主要区别是自由竞争和自由放任，因而劳动力作为商品的自由流通就必须是它存在的基本前提之一，否则就谈不上什么自由竞争和自由放任。对于美国这个素来被人们视为是世界自由之乡的国度而言，除了早期的契约奴和内战前的南部奴隶制以外，很少有人会去怀疑其劳动力的自由流动性存在任何问题。早在 19 世纪初，从英国南部移居北美的一个农业劳工就在家信中写道："我这个冬天有很多活干……这个国家的习俗是管吃管住，让你做你想做的事。"另一个从英国来的劳工写道："这里和英国不一样，你如果不喜欢，你可以离开，这里会说请留下，我给你加工钱。"[1] 内战前的美国白人劳

---

[1] Peter Karsten. *Heart versus Head: Judge-Made Law in Nineteenth-Century America.* Chapel Hill: The University of North Carolina Press, 1997: 166.

工甚至不喜欢用有服从含义的主仆关系来称呼雇佣关系，在他们看来，"除了黑人以外谁也不是仆人。"① 然而，正如专长于劳工史和法律史的美国著名史学家克里斯托弗·汤姆林斯（Christopher L. Tomlins）所言，"平民百姓的社会和政治好恶是一回事，而法律的专业话语又是另一回事。"② 19 世纪的美国法律虽然比起当时的英国法律来说给了劳工以更多的流动自由，但实际上对劳工的自由流动仍然施加了种种限制。这些限制直到 19 世纪末和 20 世纪初才基本上不再成为劳工自由流动的法律障碍。

（一）美国限制劳工流动的法律渊源

美国法律对劳工自由流动的限制从法律渊源上来讲可以追溯到英国 14 世纪以来有关劳工的一系列立法。由于"黑色瘟疫"（指十四世纪在欧洲流行的鼠疫，也叫"黑死病"）时期人口大量死亡造成的农村劳动力紧缺，英国在 1349 到 1351 年间制定了《劳工条例》（*Ordinance of Labourers*）和《劳工法》（*Statute of Labourers*），禁止"任何收割者、割草者，或者其他劳工，或者仆役"在劳务期满之前离开，否则就处以监禁。③ 这些法律后来又历经修改，不过除了在危机时严格执行外，其刑事惩罚在平常年月主要是针对没有技术的农业劳工。到 1562 年，这些早期劳工法被《工匠法》（*Statute of Artificers*）所取代。《工匠法》不仅重申将对提前终止劳务的劳工和仆役提出起诉，并且将此种惩罚扩及工匠，所有提前离开工作的工匠和劳工都要被处以一个月的监禁。1747 年通过并在 1766、1777 年修改的《主仆法》（*Master and Servant Act*）进一步加强了这类惩罚，其中所说的"仆役"已不再是局限于家仆和无技术的体力劳动者，而是包括工匠和劳工在内的劳动力大军涉及的几乎所有职业。例如，1766 年的法律授权治安法官拘捕在合同规定的期限之前离开的任何工匠和劳工，包括棉布印花工、手艺人、矿工、烧炭工、平底船工、煤矿工、玻璃工、陶工，等等，并处以三个月的教

---

① Charles William Janson. *The Stranger in America* (London: Printed for J. Cundee, 1807), p. 88.

② Christopher L. Tomlins. *Law, Labor, and Ideology in the Early American Republic*. New York: Cambridge University Press, 1993: 223-224.

③ Marc Linder. *The Employment Relationship in Anglo-American Law: A Historical Perspective*. New York: Greenwood Press, 1989: 47.

养院监禁。1823 年，英国国会在主仆法中又加入了一项修正条款，规定上述各类劳工在立约后根本就未开始工作者也可以被处以刑事罪，判处最多三个月的苦役。[①]

由于此类限制劳工流动性的法律的存在，据英国史学家达夫妮·西蒙（Daphne Simon）统计，在 19 世纪 60 年代的英格兰和威尔士平均每年有一万名男女因离开工作而被刑事起诉。[②]戴维·摩根（David H. Morgan）的研究也发现，英国直到 1875 年每年还有约两千农业劳工因离开或威胁离开其雇主或者因工作中的"无理举动"而被定罪和监禁。[③]美国学者罗伯特·J.斯坦菲尔德（Robert J. Steinfeld）对长达 19 卷的《英国和威尔士 1857—1875 年司法统计》中的数据进行分析后，在针对劳工的刑事起诉问题上得出如下结论：1857—1875 年，英格兰和威尔士平均每年有一万多劳工遭到刑事起诉，对他们的惩处成了对其他劳工的一种警告；起诉率一般来说在失业率低的时期比较高，但失业率高的时候雇主仍然不忘以刑事惩罚来控制劳工；在这段时期内没有哪一年的刑事起诉少于 7300 宗，到 19 世纪 70 年代初经济繁荣和劳工运动高涨时，刑事起诉的数量与 7300 宗相比翻了一倍左右，甚至在英国国会正式废除以刑事犯罪来惩处违约劳工的 1875 年，刑事起诉的数量也只是略低于 1872 年和 1873 年的高峰期。西蒙在她对 19 世纪 60 年代的英格兰和威尔士所做的研究中曾经认为，对离开工作的劳工进行刑事起诉主要集中在农业部门，以及矿业和制造业中比较落后的部门；但斯坦菲尔德发现 1860 年的这类起诉实际上集中在制造业在当地经济中占有重要地位的地区。[④]诚然，这些统计数据和对它们的分析尚不足以完全解决诸如此类的一些争议，而且留下了很多问题无法回答，但有一点是十分清楚的，那就是英国法律直到 19 世纪后期仍然以刑事惩处来限制劳工的自由流动。换言之，尽管 19 世纪的英国被很多人视为是自由资本主义的典型国度，但是劳动力可以自由流动的劳工市场在当时还不是法律上毫无争议的合

① Marc Linder. *The Employment Relationship in Anglo-American Law: A Historical Perspective*. New York: Greenwood Press, 1989: 64.

② Daphne Simon. "Master and Servant." John Saville. ed. *Democracy and the Labor Movement*. London: Lawrence & Wishart, 1954: 160-200. 统计表见该书第 160 页。

③ David H. Morgan. *Harvesters and Harvesting, 1840-1900: A Study of the Rural Proletariat*. London: Croom Helm, 1982: 124-126, 131-133.

④ Robert J. Steinfeld. *Coercion, Contract and Free Labor in the Nineteenth Century*. New York: Cambridge University Press, 2001: 72-82.

法存在。

诚然,美国法律到 19 世纪时已不像英国那样以刑事起诉来限制所谓自由劳工的流动,但英属北美殖民地早期有关劳工的法律却在这方面受到了英国法的影响。当时的劳工主要有四大类,即工匠和零工(artificers and laborers)、学徒(apprentices)、仆役——包括契约奴和雇佣仆役(servants including indentured servants and hired servants)、奴隶(slaves)。其中的奴隶和契约奴在自由流动上所受到的法律限制是众所周知的事实,无须赘言。值得我们注意的是,受中世纪和都铎王朝时代英国法的影响,北美殖民地早期对其他类别的劳工也施加了类似的法律限制。1632 年弗吉尼亚殖民地的一项法令几乎是逐字重复了英国 1562 年的《工匠法》,责令"每个工匠或零工"不得在完成其工作前离开,否则便处以一个月监禁且不得保释,或代之以交付 5 英镑罚金。[①] 学徒的地位其实和契约奴差不多,殖民地法律通常规定,逃走的学徒被抓回来后要被罚延长劳务期,期限相当于非法离开时间的数倍。[②] 雇佣仆役虽然是不同于契约奴的拿工资的家居劳工,但是很多殖民地法律将他们与契约奴一样都归类为"仆役",并禁止其自由流动。1662 年罗德岛殖民地的一项法令就明文规定,"雇佣仆役"在双方同意的劳务期满之前如无正当理由离开了主人,可在审讯后"送交监狱",直到该仆役对合同的履行有足够的保证为止。[③]

然而,从 17 世纪到 18 世纪末,既非奴隶又非契约奴的劳工的法律地位发生了很大的变化,其中只有学徒是例外,他们直到 19 世纪还会因逃走而遭追捕。最显著的变化是,禁止工匠和零工这类非家居劳工弃工而走的条款,在 18 世纪初的殖民地法令中已经看不到了。例如,曾经明文禁止"工匠或手艺人"抛弃其工作的罗德岛殖民地,在 1728 年就从法令中略去了有关限制工匠和手艺人离职的规定。不仅如此,18 世纪以后,法院也不再强制命令工匠和手艺人履行其劳务协定了。雇佣仆役的情况则比较复杂,有些殖民地的法律在 18 世纪下半叶就不再禁止他们的自由流动,但也有些地方

[①] Act XXVIII, September 1632, William Waller Hening. *The Statutes at Large: Being a Collection of All the Laws of Virginia from the First Session of the Legislature in the Year 1619*, 13 vols. New York, 1819-1823, vol.1: 193.

[②] Richard Brandon Morris. *Government and Labor in Early America*. New York: Octagon Books, 1975: 437, n.194.

[③] John D. Cushing. *The Earliest Acts and Laws of the Colony of Rhode Island and Providence Plantations, 1647-1719*. Wilmington: Michael Glazer, 1977: 146.

如马里兰直到 19 世纪还有这类法律规定。雇佣仆役在制定法之外所受到的限制虽然依旧存在，但显然也已放松了。18 世纪 40 年代末到英属北美殖民地造访的瑞典人彼得·卡姆在当时曾经写道："英属美洲殖民地受雇的仆役或者是自由民，或者是奴隶……那些完全自由的人是按年打工。他们不仅被允许在一年结束时终止其服务，而且可以在他们与其主人不和的任何时间离开。"[①] 在对新英格兰、中部殖民地和南部殖民地分别做了研究后，汤姆林斯认为：尽管英国法中管制工资劳动者的各种法律强制措施在移民初始时就被引入了大陆殖民地，但"除了在那些特定的愈来愈特殊的情况下以外，它们看来并未能在十八世纪开始后继续存在下去。"[②] 在很多问题上与汤姆林斯意见向左的美国法律史学家彼得·卡斯滕（Peter Karsten）也承认，"殖民地劳工比起他们的英国同行在劳工协议诉讼中的处境要略好一些。"[③]

简言之，英属北美殖民地早期在限制劳工自由流动上曾受到英国法的影响，对所有弃工而走的劳工都可进行刑事惩处，但此后的刑事惩处愈来愈集中在奴隶、契约奴、学徒或其他受束缚的劳工（如身负债务者）身上，而不再适用于"自由"劳工。17 和 18 世纪北美大陆的所谓"自由"劳工，用殖民地史专家塞缪尔·麦基的话来讲，就意味着"没有公共或私人的监管"（without public or private regulation）。[④]

（二）美国法律对劳工自由流动的限制

麦基所谓的"没有公共或私人监管"的"自由"劳工的概念，多少反映了英属北美殖民地时代为数很少的那部分劳工的情况，但是对于美国建国以后，尤其是 19 世纪，亦即我们通常认为"自由"劳工愈来愈多的自由资本主义阶段来讲，这一概念却难以概括当时在美国劳工中占绝大多数的所谓"自由"劳工的法律地位。众所周知，美国在历史上曾是个劳动力长期短缺

① Robert J. Steinfeld. *The Invention of Free Labor: The Employment Relation in English and American Law and Culture, 1350-1870*. Chapel Hill: The University of North Carolina Press, 1991: 50-51.

② Tomlins. *Law, labor, and Ideology in the Early America*: 240.

③ Karsten. *Heart versus Head*: 164.

④ Samuel McKee. *Labor in Colonial New York, 1664-1776*. New York: Columbia University Press, 1935: 179.

的国家，雇主希望控制劳动力的流失是十分自然的事情。他们在殖民地时代有权依照有关法令和通过诉诸刑事惩处来限制为他们工作的绝大多数劳工，即奴隶、契约奴、学徒和部分雇佣仆役。可是，随着来自欧洲的契约奴在19世纪30年代中期的消失[①]和奴隶制在内战时期的废除，19世纪美国雇主所雇用的绝大多数劳工成了在自由流动上已不再受到源于英国法的刑事惩处制约的"自由"劳工。这是市场关系不断发展、共和主义自由理念深入人心和享有选举权的民众范围逐步扩大的结果。在这个劳动力依然短缺的国家里要想继续控制占劳工绝大多数的"自由"劳工的流动，不可能再指望那些必须面对愈来愈多劳工选民的议员们去制定像英国一样限制劳工的法律。于是，雇主们把目光转向了普通法和美国的法院，因为法院的司法独立性使得法官们受民意左右的程度比起议员来说要小得多。这样一来，当19世纪的美国"自由"劳工因不受刑事惩处之威胁而在流动性上获得了当时英国劳工所没有的自由的同时，他们的自由流动却受到了同样是源于英国的美国普通法的限制。

美国法院以普通法限制劳工自由流动的主要法理依据，就是所谓"不可分合同"（entire contract）。在涉及雇佣关系的劳务合同中，"不可分"是指合同规定的服务期限或合同规定的所要完成的任务是完整而不可分的。这就是说，在合同规定的期限完全到期或合同规定的任务完全完成之前，如果受雇者弃工而走是得不到任何工资的。当然，如果合同规定了工资可以分期支付或者合同中对工资或工作完成日期并无具体规定，提前终止工作的雇员一般是可以得到其工作报酬的。不过，当时远比这类合同更为普遍的劳务合同是不可分合同。[②]事实上，被法院视为不可分合同的劳务合同有两类：一类是明确规定了雇主在雇员服务期满或任务完成后才支付工资；另一类是并无此种"不可分"的明确规定，但是规定了服务期限或要完成的任务。对于这两类合同，1850年以前除新罕布什尔州以外，美国所有州有诉讼记录的州法院在听取上诉后，均以"不可分"为由裁定雇主无义务支付提前终止工作

---

① 从殖民地时代到19世纪初的绝大多数契约奴来自欧洲。这类契约奴在1820年左右不再输入，到19世纪20年代末已十分少见，到19世纪30年代中期则基本上见不到了。华工在19世纪40年代也是以契约方式输入到加利福尼亚。美国在1848年控制新墨西哥领地时，当地原著民和拉美裔居民根据领地立法成为债奴。参见：Steinfeld. *The Invention of Free Labor*: 164, n. 56; David W. Galenson. "The Rise and Fall of Indentured Servitude in the Americas: An Economic Analysis." *The Journal of Economic History* 44 (1984): 1-26.

② Karsten. *Heart versus Head*: 168.

的雇员的工资，除非该雇员完成了合同的约定。①

这类案例最早见诸记录的是 1815 年纽约州的麦克米伦和麦克米伦诉范德利普案（*McMillan & McMillan v. Vanderlip*）。范德利普与两位麦克米伦先生定下口头合约，承诺为他们纺纱十个半月，每个定时工作量以 3 美分计算。但后来范德利普提前弃工而走，并将两位雇主告上法庭，追讨他已完成的 845 个定时工作量的工资。下级法院陪审团裁定他在扣除两位麦克米伦先生已提前支付的 3 美元以后还可得到 22.35 美元的工资。可是当此案上诉到纽约州最高法院时，法官安布罗斯·斯潘塞（*Ambrose Spencer*）援引卡特诉鲍威尔案（*Cutter v. Powell*）等英国案例否定了下级法院的裁决，判定范德利普没有追偿权。斯潘塞论证说，范德利普在纺纱上原本是新手，他的劳动价值在合约后期会比前期要高，就像农工在夏季农忙时的价值两倍于冬季农闲时一样，如果允许农工在农忙来临之前辞工并按平均月工资计算获得此前所做工作的工资的话，其雇主就无法弥补因该农工提前辞工所造成的损失。② 1824 年，马萨诸塞州最高法院在斯塔克诉帕克案（*Stark v. Parker*）判决中，对不可分合同原则在劳务合同纠纷中的具体运用作了更为清楚无误的表述。案中的农工约翰·斯塔克（John Stark）同意为托马斯·帕克（Thomas Parker）工作一年，全年工资 120 美元。但他只干了两个多月就提前辞工，并状告帕克以期追讨未付工资。初审法院陪审团裁决他可按比例获得 27.33 美元。帕克不服，上诉到该州最高法院。法官利瓦伊·林肯（Levi Lincoln）推翻了初审法院的裁决，明确指出"履行一年的服务"是"支付义务的前提条件"，按比例支付将"和有关这类约定本质的一般理解完全相矛盾"。他还声称，允许原告回避约定而追讨实际工作时间的工资将会是"明目张胆地违背正义的首要原则"。这就是说，不可分合同原则拒绝劳工有权在完全履行合同之前追讨已完成部分的工资，明确否认了按比例取得所欠工资的合法性。如此一来，劳工根据市场需求寻求报酬更高的工作机会就要付出相当大的经济代价，其自由流动性自然也就受到了很大的限制。

1850 年以前，美国各州法院对此类案件的终审判决基本上都是萧规曹随，以不可分合同原则为圭臬。其中唯一的例外是 1834 年新罕布什尔州最高法院对布里顿诉特纳案（*Britton v. Turner*）做出的判决。原告约定在被告

① Ibid., 177, Table I; Steinfeld. *Coercion, Contract and Labor in the Nineteenth Century*: 291; Tomlins. *Law, Labor and Ideology in Early American Republic*: 273–274.

② *McMillan & McMillan v. Vanderlip*, 12 Johns. (N.Y.) 165 (1815).

的农场工作一年，报酬为 120 美元，但他工作九个半月后离开，并向被告追讨未付工资 100 美元。初审法院陪审团裁决他可获得 95 美元。被告上诉到该州最高法院。法官乔尔·帕克（Joel Parker）决定维持原判。帕克认为不可分合同原则付诸实施时可能"很不平等，更不要说不公正了"。按照陪审团裁决的 95 美元计算，被告实际上已经得到了合约规定一年劳动价值的六分之五，这不仅和原告提前辞工"可能造成的损害"相比"完全不相称"，而且"完全超出了被告在原告完全未履行其合同的情况下所能获得的损害赔偿"。因此，如果雇主实际上收到了在价值上超出违约所造成损失的履行劳务合同的好处，那就有足够的理由认为"他应该支付为他的好处所做的一切的合理价值"。帕克法官在判决中宣布的原则与不可分合同原则大相径庭。该原则要求"雇主支付其实际获得的劳务的价值"，而同时也要求"劳工对他未充分履行合同造成的损害做出赔偿"。在帕克法官看来，这既可以防止雇主在合同快到期时故意让雇员辞工从而避免支付其工资，又可以防止雇员无充分理由便随意辞工而去。[①] 该案的判决原则实际上是在建筑承包合同等商务合同中已采用得愈来愈多的合理金额原则（*quantum meruit*）。就像建筑承包商在未能完全按照合同完成承包项目的情况下可以根据实际完成的工程获得合理金额的酬报一样，劳工在未能充分履行劳务合同的情况下也应根据已付出的劳动获得合理金额的工资。

　　布里顿诉特纳案判决将合理金额原则应用于劳务合同纠纷，使得不可分合同对劳动力自由流动的限制面临愈来愈多的法律挑战。不过，尽管当时一些享有盛名的法律专著的作者认可了帕克法官的观点，布里顿诉特纳案判决并没有在美国各州的法院得到广泛认同。据卡斯滕教授统计，内战前只有 5 个州（其中 1 个是蓄奴州）的法院采纳了该案判决所依据的标准，10 个州（其中 4 个是蓄奴州）仍然固守不可分合同原则。[②] 内战以后，随着美国工业化的发展、劳动力市场的扩大和劳工维护自身权益运动的高涨，布里顿诉特纳案判决所依据的合理金额原则在愈来愈多的州法院得到了承认，但是进展仍不理想。到 1915 年为止，在劳务合同案件审理中采纳这一原则的州增加到 11 个，可是继续坚持不可分合同原则的州仍然有 12 个，另外还有 9 个州的法院则采取了界于二者之间的中间立场。[③] 正如斯坦菲尔德教授所指出

---

① *Britton v. Turner*, 6 N. H. 481 (1834).

② Karsten. *Heart versus Head*: 175.

③ Ibid., 177, Table I.

的，"尽管在有关合同的法理和原则上存在相当大的争议，将不可分性应用于劳工协议尤其是那些涉及劳务期限的协议，在绝大多数州一直持续到1870年以后很长一段时期。"①

美国法院以普通法对劳动力自由流动加以限制，不仅表现为许多法院长期坚持不可分合同原则，而且反映在它们对合同中加入的丧失条款（forfeiture provision）的认可上。雇佣合同中的丧失条款和不可分条款不同，它并不要求雇员在服务期满或任务完全完成后才能获得工资，而是要求雇员在辞工时必须提前一定时间通知雇主，否则就会丧失被雇主以信托方式扣在手中的所欠工资。由于19世纪上半叶的农场主和工厂主利用长期雇佣合同及其不可分性来约束雇工的努力遭到了劳工的抵制，并且在法院也引起了一些如布里顿诉特纳案判决那样的反对之声，所以愈来愈多的雇主尤其是工厂主乃倾向于在雇佣合同中加入丧失条款来限制劳工的流失。在这些合同的丧失条款中，工厂主常常要求按季度、月或两月发放工资的雇员在辞工时要相应提前一个季度、一个月或两个月通知雇主，否则就会失去雇主欠发的工资。当一些州的法院自斯塔克诉帕克案判决后，在不可分合同上逐渐缓慢地放松劳工必须完全履行合同的要求时，却对执行合同中的丧失条款要求很严格，往往只要求陪审团确认辞工的雇员是否了解丧失条款，对明知故犯者绝不宽容。② 丧失条款的应用在劳工中引起了强烈不满。马萨诸塞州的一位工人在1869年抱怨雇主通过合同条款扣发工人工资的"托管人程序"，说它"吞掉一个人月工资的一半"。另一位工人则谈到"很多人在诉诸法院要求获得他们的工资之前已被弄得要面对一大堆麻烦和开销。"③ 显然，为半个月的扣发工资打官司对于当时很多工人来说是件既难以负担又难以应付的事情。尽管有些劳工史学家根据他们的个案研究，发现雇主很难要求雇员执行合同，甚至在雇员离开时主动发放所欠工资，但是19世纪的法院记录表明，很多州的最高法院都曾多次受理丧失工资的案件。这不仅说明雇主以合同中的丧失条款限制工人离开的案子不乏其例，而且证明当时以工资为生的工人丧失半个月的欠发工资往往就会在经济上陷入困境，不得不诉诸公堂。至于那些慑

---

① Steinfeld. *Coercion, Contract, and Labor in the Nineteenth Century*: 303.

② Ibid., 304, 310, n.71; David Montgomery. *Citizen Worker: The Experience of Workers in the United States with Democracy and the Free Market During the Nineteenth Century*. New York: Cambridge University Press, 1993: 42.

③ Karsten. *Heart versus Head*: 167.

于丧失条款威胁而不敢离开的工人恐怕就为数更多。显然，在合同中含有丧失条款的情况下，合同规定的工资支付间隔期（the pay period）愈长，该条款对违反规定提前辞工的工人造成的经济损失就可能愈大。因此，雇佣合同中的丧失条款加上较长时间的工资支付间隔期，就成了和不可分合同一样可以被雇主用来控制雇员流动性的法律工具。事实上，不可分合同原则之所以坚持合同期限或任务的不可分性，反对按比例原则或合理金额原则，也是因为不可分性可以使提前辞工的雇员损失更长时间的工资，对雇员流动具有更强大的制约力。总之，不可分合同和丧失条款均是以经济手段来限制劳工的自由流动，它虽然看上去在强制性上不及英国的刑事惩处严厉，但限制就是限制，而且经济手段的限制力度并不一定就比刑事手段小。

（三）美国劳工自由流动法律保障的逐步建立

美国法院通过普通法对劳工自由流动施加的这些限制，到 19 世纪后期和 20 世纪初逐渐失去了作用。这主要是由于美国法律在三方面的发展造成的：（1）19 世纪 70 年代以来许多州议会通过了工资支付法；（2）本来不为人注意的任意雇用法传统在 19 世纪末突然得到普遍承认；（3）西北条例、州宪法和美国宪法第十三条修正案对自由劳工的保护得到了愈来愈多的立法和司法支持。到 20 世纪 30 年代，美国劳工自由流动的法律保障如果不是完全确立，至少也是基本确立下来了。

随着内战以后工业化的迅速发展、劳资冲突加剧和工人运动的高涨，美国很多州的议会在世纪之交通过了一系列保护劳工的法令，诸如最高工资法、童工法、女工法和反代用币法等等，工资支付法也是其中之一。通过工资支付法的主要目的有三个：其一是减轻工人由于较长的工资支付间隔期而要靠借高利贷度日的负担；其二是防止某些雇主利用公司所属商店和实物工资剥削和控制工人；其三是使工人免于丧失被欠发的工资。[①] 这样，从 1879 年马萨诸塞州通过全美第一个工资支付法到 1935 年为止，美国有三分之二的州制定和颁布了工资支付法。据统计，其中有 1 个州规定每月发放一次工

---

① Carl E. McGowan. "The Divisibility of Employment Contracts," *Iowa Law Review* 21 (1935-1936): 70.

资，31 个州规定每半个月发放一次工资，8 个州规定每周发放一次工资。[1]
这些规定不仅使普通法的不可分合同原则对劳工的控制失去了作用，而且使
因合同丧失条款可能失去的工资数额减少。除了对工资支付间隔期做出以上
有利于雇员的规定以外，其中 25 个州的工资支付法还规定在工人放弃工作
或被解雇时，其工资"就应支付和即行清偿""全额支付""马上支付"或
"在合理的时间内支付"。这就是说工人哪怕是未完成工资间隔期的全部工
作，也应在离职时获得已完成工作的全部报酬。在这 25 个州中，无论是自
己主动放弃工作还是被解雇均可获得已完成工作报酬的有 13 个州，仅被解
雇才可获得此种保护的有 8 个州，仅自己放弃工作才可得到此种保护的有 1
个州，另外还有 3 个州是无合同雇工放弃工作才可得到此种保护。[2]毫无疑
问，这些规定使得在合同中增加丧失条款以限制劳工流动的做法不再起作
用。尽管这些工资支付立法在 19 世纪 90 年代至 20 世纪 20 年代曾在一些
州的法院遭到是否合乎宪法的挑战，但是"到 20 世纪 30 年代，雇主们大
都放弃了挑战工资支付立法的努力，他们在很多州显然都不得不承认，已不
存在让他们利用长工资间隔期和丧失工资来强制执行劳工协定的真正的可
能。"[3]

同样是在世纪之交，即 1871 — 1937 年间，美国有 41 个州在法律上接
受了任意雇用原则。[4]按照这一原则，雇用合同若未规定期限，则雇主可以
任意解雇雇员，雇员亦可任意离职。这是导致美国劳工自由流动法律保障得
以确立的又一重要发展。不过，对于这个原则在美国被接受的时间和原因，
美国学术界存在很大争议。传统观点认为，直到 19 世纪中后期，美国法院
在未规定期限的雇用关系上遵循的仍主要是英国那样将此类雇用期视为一年
的所谓一年雇用原则，在这一年的雇用期内雇主不得任意解雇雇员，雇员也
不得任意辞工。然而，从 19 世纪 70 年代开始，美国法院突然改变态度，
转而采纳任意雇用原则，其援引的权威依据就是霍勒斯·伍德（Horace
Wood）在 1877 年发表的法律专著《主仆法》。由于伍德在该著作中阐述任

---

[1] Carl E. McGowan. "The Divisibility of Employment Contracts." *Iowa Law Review* 21 (1935-1936): 72, n.57.

[2] Ibid., 73, n.58-60.

[3] Steinfeld. *Coercion, Contract, and Labor in the Nineteenth Century*: 313.

[4] Andrew P. Morriss. "Exploding Myths: An Empirical and Economic Reassessment of the Rise of Employment At-Will." *Missouri Law Review* 59 (1994): 700, Table II.

意雇用原则时引用的案例根本不能支持这一原则，很多学者乃视任意雇用原则为伍德的发明和美国法律背离英国法的一大创新。在他们看来，该原则适应了美国雇主在工业化加速过程中希望有解雇雇员的更大自由的经济需要。[①] 法学家杰伊·费恩曼（Jay Feinman）认为，19世纪后期中层管理人员在资本主义经济体系中所占地位愈来愈重要，他们想沿用英国普通法的一年雇用原则来保护自己在就业上的稳定性，可是雇主却想加强对包括中层管理人员在内的劳动力队伍的控制，于是法院乃"宣布了任意雇用的新原则"来满足雇主的需要。[②] 美国工业关系研究领域的专家桑福德·雅各比（Sanford Jacoby）则发现，法院之所以能采用不同于英国普通法原则的任意雇用原则，主要是因为美国工会的力量比英国软弱，而且在美国这个不大讲究身份地位的国家里，白领雇员的社会地位不像英国的白领雇员那样高，所以他们在法院无法为自己争取到长期雇用的保障。[③] 近年来，有些学者对任意雇用原则是在19世纪70年代突然出现的观点提出了质疑，并对从经济角度解释其动机也不以为然。例如，安德鲁·莫里斯（Andrew Morriss）的研究发现，各个州接受任意雇用原则的时间与其工业化的发展无关，他认为是法院觉得自己不适宜对这类案件做出裁决，遂采用任意雇用原则规避越来越多的雇用纠纷诉诸公堂的境况。[④] 迈耶·弗里德（Mayer Freed）和丹尼尔·波尔斯比（Daniel Polsby）则得出结论说，伍德引用的案例可以支持任意雇用原则，该原则并不是没有先例可循。[⑤] 在这些学者中对传统观点提出最大挑战的当属德博拉·巴拉姆（Deborah Ballam）。她在两篇长文中对马萨诸塞等9个州的最高法院在19世纪末以前受理的所有雇用案件作了研究，发现除了马萨诸塞殖民地建立之初一个很短的时期以外，任意雇用原则早已成了这些州的法院在处理未规定雇用期限的雇用争端时所使用的依据。因此，伍德在1877年阐述这一原则时毫无新义可言，至于传统观点认为任意雇用规则是

① J. Peter Shapiro & James F. Tune. "Implied Contract Rights to Job Security." *Stanford Law Review* 26 (1974): 335, 341, n.53-54.

② Jay M. Feinman. "The Development of the Employment at Will Rule." *American Journal of Legal History* 20 (1976): 132.

③ Sanford Jacoby. "The Duration of Indefinite Employment Contracts in the United States and England." *Comparative Labor Law* 5 (1982): 85-128.

④ Morriss. "Exploding Myths." : 679-773.

⑤ Mayer J. Freed & Daniel D. Polsby. "The Doubtful Province of 'Wood's Rule' Revisited." *Arizona State Law Journal* 22 (1990): 551-558.

在 1870 年代以后才突然出现，自然更是无稽之谈。[1]

不过，值得我们注意的是，巴拉姆在挑战传统观点的同时承认，她所考察的 19 世纪末以前的雇用案件绝大多数不是涉及未规定雇佣期限的争端，而是涉及有雇用期限的合同。这就是说，任意雇用原则虽然从殖民地时代就已经被法院接受，但它的实际适用范围在 19 世纪 70 年代以前却非常之小。事实上，在英属北美殖民地时代，绝大部分为他人工作的劳工不是契约奴，就是黑奴，他们均不属于未规定期限的劳工。当时只有为数很少的零工或者工匠有可能是未规定期限的自由劳工，也就是说他们既可以自己任意辞工，也可以被雇主任意解雇。从美国建国以后直到 19 世纪上半叶，契约奴虽然在 30 年代已基本上不复存在，但南部奴隶制并没有废除，即便是所谓自由劳工，他们在受雇时没有规定雇用期限的也是少数。鉴于当时美国劳工短缺情况严重，无论是农业部门还是新兴工业部门的雇主都曾试图用长期合同来控制劳动力的流失。在 19 世纪三、四十年代的新英格兰北部，为期一年的雇用合同在纺织业相当普遍。由于这种控制劳动力的方式在劳工短缺时期并不一定见效，到内战前夕，工厂中最常见的做法乃是在合同或厂规中要求工人在辞工前四周通知雇主，而雇主则将工人两周的工资扣在手中以确保其不违反这一要求。[2] 1850 年以后，随着爱尔兰移民的大量到来和劳工短缺问题的缓和，为期一年的雇用合同在新英格兰变得愈来愈少使用了。到 19 世纪 70 年代，纺织工业部门的大部分雇用合同终于不再规定雇用期限，[3] 但北方农业部门的定期雇用合同仍然存在，合同规定的期限通常是 3 — 5 个月个月或者更长的时间。[4] 至于南方被解放的黑奴，他们在内战后无论是成为分成制农民，还是成为种植园主或其他业者的雇工，都是以合同为基础。不仅如此，联邦军队和自由人管理局为了把"自由劳工"制度引入南部，甚至不惜以刑事惩处来迫使前奴隶执行雇用合同。一些南部州的议会也通过

---

[1] Deborah A. Ballam. "The Traditional View on the Origins of the Employment At-Will Doctrine: Myth or Reality?" *American Business Law Journal* 33 (1995): 1-50; "Exploding the Original Myths Regarding Employment At Will: The Origins of the Doctrine." *Berkeley Journal of Employment and Labor Law* 17 (1996): 91-130.

[2] Montgomery. *Citizen Worker*: 42.

[3] Jacoby, "The Duration of Indefinite Employment Contracts in the United States and England: A Historical Analysis": 106.

[4] Steinfeld. *Coercion, Contract, and Labor in the Nineteenth Century*: 307.

"黑人法典"，对违反雇用合同的前奴隶实行刑事惩处。[①]

由此可见，巴拉姆的研究虽然纠正了任意雇用原则产生于 19 世纪末的误解，但她并未能否认该原则在过去很长的一个历史时期内对美国劳工流动性的影响无足轻重的事实。更重要的是，所有卷入这一问题讨论的学者都承认，任意雇用原则是从 19 世纪 70 年代开始才在美国法院的审判中成为一个引人注目的法理依据。这显然和北方工业部门的劳工在 19 世纪末大都以不定期合同受雇有着密切的关系。其深层次的原因则在于：由于大量移民的涌入导致劳工短缺问题得以缓和，再加上工业化时代经济危机频繁所造成的压力，工厂主在控制劳工队伍上的目标已从保持其稳定性转向了寻求应对经济波动的灵活性。这就是说，他们希望在解雇劳工上有更大的自由。[②]美国法院在此时突然大量应用任意雇用原则来处理雇用纠纷，显然是适应了工业化过程中雇主的需要。当然，任意雇用原则不仅包含任意解雇，也包含任意辞工。可以说，它在给予雇主更多解雇劳工的自由的同时，也给了劳工更多流动的自由，成为劳动力自由市场在世纪之交获得充分发展的法律保证之一。不过，此时的劳工最需要的已不是换工的自由，而是保住眼下工作的所谓工作保障，因为他们在工业化时代面临着愈来愈严重的失业威胁。回首这段历史不难发现，美国法律在劳工短缺时帮助雇主限制劳工的流动，在劳工过剩时允许雇主任意解雇劳工，其释放资本主义经济发展能量的作用十分明显。

从法律上为劳动力自由市场的形成及发展提供保障，不仅要靠各州的工资支付立法和任意雇用原则的广泛运用，而且要靠自由劳工在基本法或者说宪法层面上真正得到法院的承认。众所周知，美国宪法禁止在 1808 年后输入奴隶，但并未废除奴隶制，也未禁止契约奴。1787 年国会通过的《西北条例》，后来成为俄亥俄、密歇根、印第安纳、伊利诺伊和威斯康星州在其西北领地上禁止"奴隶制"和"非自愿束缚"（involuntary servitude）的法律依据。内战以后，美国宪法第十三条修正案在美国所有的领土上都禁止"奴隶制"和"非自愿束缚"。可以说，这是美国的基本法或者说宪法对自由劳工做出的保证。可是，如何解释"非自愿束缚"却是一个在法律上长期存在争

---

① Steinfeld. *Coercion, Contract, and Labor in the Nineteenth Century*: 267-268.

② 莫里斯论证任意雇用规则在各州的采用与该州的经济发展无关，是依据传统观点所说的该规则是在世纪之交才被接受而做出的分析；而巴拉姆的论文推翻了传统观点所说的各州接受任意雇用规则的时间，从而使得莫里斯的经济无关论失去了其立论的基础。

议的问题。由于 1787 年后美国继续输入契约奴，且直到 19 世纪 30 年代才终止，所以当年《西北条例》的制定者很可能将契约奴身份视为一种"自愿的"合同安排，而不是"非自愿束缚"。后来，随着西北领地逐渐建州，这些州形成了对"非自愿束缚"的三种法律解释。其一是俄亥俄州 1802 年宪法的《权利法案》第二款的规定：如果自愿签约成为受到束缚的劳工，并有真正的对价关系（on condition of a bona fide consideration），那就不是"非自愿束缚"，签约的劳工也就无权在约定期限内脱离这种关系。对于黑人来说，该条款则规定只要劳工契约不超过一年，就不是"非自愿束缚"。这种强调以劳工协定的有限期限来保证劳工个人自由的法律解释，至今仍在涉及某些需要长期劳务合同的行业的法律规定上有所体现，如加利福尼亚通过禁止性禁制令（negative injunction），在电影业等特殊行业强制执行劳务合同不得超过七年的规定。不过，据斯坦菲尔德教授的研究，此种强调合同期限不得过长的法律解释，在有关"非自愿束缚"的争议中起的作用不大，真正影响较大的是另外两种法律解释。①

在美国长期存在争议的这两种法律解释分别来自伊利诺伊州法院和印第安纳州法院的判决。1828 年，伊利诺伊州最高法院在涉及一个与自己主人签下为期 40 年的受束缚劳务契约的黑人妇女的案件中裁定，只要契约是自愿签定的，那么强制执行这一契约就不是"非自愿束缚"。换言之，不管束缚性契约的时限有多长，劳工只要是自愿签约，就是自愿的劳工，雇主依约对劳工加以束缚并不构成《西北条例》禁止的"非自愿束缚"。从契约奴在美国曾长期存在的角度来看，这种解释在当时是广为人们接受的传统观点。然而，印第安纳州最高法院在 1821 年著名的有色妇女玛丽·克拉克案（*The Case of Mary Clark, a Woman of Color*）判决中，对"非自愿束缚"却做出了完全不同的解释。该案中的克拉克在 1816 年与主人"自愿"签下为其服务 20 年的契约，但是几年后要求解除其契约义务，以其主人非法拘留她为由向法院要求人身保护令。下级法院拒绝了她的诉讼要求，但当案件上诉到印第安纳州最高法院后，最高法院裁定她的契约义务可以被解除，并在判决中对"非自愿束缚"做出了不同于伊利诺伊州最高法院的另一种宪法解释。印第安纳州最高法院宣布：

当这个［妇女］仍然毫无怨言地为权利人服务时，法律推定她的服

---

① Steinfeld. *Coercion, Contract, and Labor in the Nineteenth Century*: 256-259.

务是自愿履行的；但是她向巡回法院提出的从其主人的羁押中得到释放
的申请确立了一个事实：她不愿再服务了；而当这种意愿出现时，法律
不能以任何可能的含义推定她的服务是自愿的……于是事实就是上诉人
正处于非自愿的束缚中，我们依据宪法，这块土地上的最高法，有责任
使她得到释放。[①]

这就是说，不管过去有何自愿签定的协定，只要劳工决定离开其工作时
受到其雇主或法令的阻止，那她就是遭到了"非自愿的束缚"。换言之，自
由劳工在自己想辞工时随时可以辞工，无须受自己自愿签定的雇用合同的约
束。这实际上是颇具现代意义的自由劳工观。

印第安纳州最高法院和伊利诺伊州最高法院对"非自愿束缚"所做的这
两种不同法律解释之间的争议，在 19 世纪的大部分时间里长期存在，直到
进入 20 世纪后才在美国最高法院的判决中得到解决。诚然，印第安纳州最
高法院体现现代自由劳工观的法律解释在内战前北部各州有关劳工关系的法
律和实践中居于统治地位，但伊利诺伊州最高法院的解释仍然不乏支持者。
1850 年新墨西哥尚未正式建立领地时通过的宪法就规定，达到一定年龄的
男女如果自己同意作为他人的仆人、奴隶或学徒，一旦违约可受到刑事惩
罚。该领地的议会在 1852 年也通过立法做出了类似的规定。这项立法后来
在新墨西哥最高法院审理债奴案件时还得到了法院的认可。美国国会众议院
在 1860 年认为新墨西哥领地以刑事惩罚强制执行劳工协定的立法保护了
"非自愿束缚或奴隶制"，决定废除这些法律，但此举遭到了南部参议员的有
效抵制。不过，得到北部议员支持而在美国国会通过的有关输入合同劳工的
立法规定不得以刑事手段执行这类劳工合同，则反映了印第安纳州最高法院
的自由劳工观。内战胜利后，美国宪法第十三条修正案明确规定禁止奴隶制
和"非自愿束缚"，除非后者被用于惩罚罪行。1867 年，美国国会运用其执
行宪法第十三条修正案的权力，通过了反债务奴役法（*Anti-peonage Act*）。
该法看上去好像是把第十三条修正案禁止的范围从"非自愿束缚"扩大到劳
工关系上的自愿束缚，但它实际上只适用于债务奴役，而且没有明确宣布所
有的束缚，无论是自愿接受的还是不自愿接受的，都是"非自愿束缚"。因
此，第十三条宪法修正案的通过和反债务奴役法的出台，均未使伊利诺伊州
最高法院对"非自愿束缚"的传统法律解释退出历史舞台，尤其是在美国南

[①] *The Case of Mary Clark, a Woman of Color*. 1 Blackf. 122 (Ind. 1821): 125-126.

部。如前所述，联邦军队和自由人管理局依然用刑事惩处的手段强制执行前奴隶"自愿"签下的雇用合同，更不要说那些"黑人法典"了。直到 1889 年，南卡罗来纳州最高法院在一项判决中仍然宣布，该州对劳工合同的违约实施刑事制裁的法律没有违反美国宪法修正案禁止"非自愿束缚"的规定。①

1897 年，以刑事制裁强制执行劳工协定是否将自愿的安排变成了"非自愿束缚"，终于成为摆在美国最高法院面前的一个法律问题。在罗伯逊诉鲍德温案（Robertson v. Baldwin）中，几位海员拒绝履行出海义务后被强迫上船，返回后因未履行职责而遭到起诉，起诉依据是有关商船海员的一项联邦法律。这几位海员则向法院要求人身保护令以获得释放，指称有关的联邦法律违反了第十三条宪法修正案禁止"非自愿束缚"的规定。然而，最高法院最后裁定该项法律有效，宣称"在知情和愿意的情况下进入的受束缚状态不能被称为非自愿的"。法院在判决中承认个人服务方面的违约行为在这个国家并没有像在英国一样要负刑事责任，但随即指出也有例外，士兵、海员等就是这种例外。大法官中只有约翰·马歇尔·哈伦（John Marshall Harlan）一人在异议中坚持印第安纳州最高法院的法律解释，他写道："一个人立约为他人的私事提供个人服务的情况，从他被迫违背其意愿继续这种服务之时起，就变成了非自愿束缚的情况。"② 8 年以后，最高法院在克莱特诉合众国案（Clyatt v. United States）判决中显然转而采纳了印第安纳最高法院的法律解释。法院认为债务奴役无论是如何形成的都是"强制性服务、非自愿束缚……债务人尽管立约以劳动或服务来支付债务，并在违约时要像其他立约者一样因造成的损失而被诉诸公堂，但是可以选择在任何时候毁约，没有法律或力量可以强迫其服务的履行或继续。"③ 不过，克莱特案判决只是针对债务奴役而来，并不能推而广之。直到 1911 年的贝利诉亚拉巴马州案（Bailey v. Alabama）判决，最高法院才使克莱特案判决的原则具有了广泛的适用性，它明确宣布反债务奴役法所反对的内容"必定包括所有那些把拒绝或没有履行服务或劳务定为罪行以寻求强制下的服务或劳务的立法"。④ 至此，美国最高法院终于在 20 世纪初承认了印第安纳州最高法院对

---

① Steinfeld. *Coercion, Contract, and Labor in the Nineteenth Century*: 265-268.

② *Robertson v. Baldwin*, 165 U.S. 275, 280-282, 301 (1897).

③ *Clyatt v. United States*, 197 U.S. 207, 215 (1905).

④ *Bailey v. Alabama*, 219 U.S. 219, (1911).

自由劳工做出的具有现代意义的解释：劳工在想辞工时可以随时辞工，除了要对因此造成的损失负民事责任外不受过去签下的雇用合同的任何约束。

美国法律史研究告诉我们，从殖民地时代到 19 世纪末，这个国家劳工的自由流动在法律上曾长期受到限制，起初是模仿英国以刑事惩处来控制包括黑奴和契约奴在内的大多数劳工，后来是以不可分合同和丧失条款等普通法手段来防止劳动力的流失。尽管自由劳工的理念早已为某些法院承认，但是劳动力自由流动的法律保障要等到 19 世纪末和 20 世纪初才得以最终确立。这种法律保障之所以能形成，源于世纪之交美国法律三方面的重要发展：工资支付法在大多数州获得了通过，任意雇用原则在法院和立法机构得到广泛承认，对自由劳工的宪法保护在最高法院赢得了明确无误的支持。诚然，19 世纪的法律限制对劳工的流动究竟产生了多大的实际影响，是一个颇有争议的问题。有些劳工史学家认为这种限制并没有能阻止劳工的自由流动，[①] 但他们的证据都有这样或那样的局限性，没有人能以足够的史料和数据向我们证明，在 19 世纪的美国，究竟有多少劳工不理会这些法律限制而自由流动，又有多少劳工因为这些法律限制的威胁而未敢跳槽换工。这方面的答案有赖于今后学者在美国劳工史、社会史和经济史等诸多领域更深层次的研究。不过，从美国法律史的角度来看，对劳工自由流动的法律限制在 19 世纪的长期存在则是无可争议的事实。在美国这个崇尚法治的国家里，当法律还没有给劳工的自由流动以充分的保障时，我们很难说这个国家是处于以自由竞争和自由放任为特点的自由资本主义发展阶段。事实上，除了鼓吹市场万能的新保守主义学者以外，美国学术界现在几乎都认为，作为政策和法律实践的自由放任在美国历史上只不过是神话。[②] 至于自由竞争，它在市场经济尚未得到充分发展的 19 世纪的大部分时间里受到了地理上、政治上、法律上和旧有的价值观念上的多种限制。应该说，真正比较自由的市场竞争，就像真正比较自由的劳动力流动一样，其实是同科层制大企业的崛起以及国家干预集中化、行政管理化和宪法化的趋势一道，出现在 19 世纪末和 20 世纪初的美国。在此之前的美国并不是一个自由资本主义的典型，而

---

① Jonathan Prude. *The Coming of Industrial Order: Towns and Factory Life in Rural Massachusetts, 1810-1860*. New York: Cambridge University Press, 1983; Anthony F. C. Wallace. *Rockdale: The Growth of an American Village in the Early Industrial Revolution*. New York: Alfred A. Knopf, 1978.

② William J. Novak. *The People's Welfare: Law and Regulation in Nineteenth-Century America*. Chapel Hill: University of North Carolina Press, 1996.

是处于自由竞争的市场经济尚未得到充分发展、科层制大企业还未出现、国家干预仍以分权化和普通法为基础的前现代资本主义时代。到世纪之交，美国社会终于进入了现代资本主义的发展阶段。政治经济学教科书上所说的自由资本主义、垄断资本主义和国家垄断资本主义的主要特点——自由竞争、垄断、国家干预的加强——几乎是同时出现在这一时期。可以说，世纪之交是美国社会发生重大转变的时代，不过不是从自由资本主义进入垄断资本主义，而是从前现代资本主义进入现代资本主义的发展阶段。

十 美国公司法向民主化和自由化方向的
历史性演变

    自由企业制度的倡导者亚当·斯密在美国独立的 1776 年曾经警告："以促进某些特定制造业发展的公共精神为宗旨的合股公司……常常成事不足，败事有余。"① 然而，到 20 世纪初，哥伦比亚大学教授尼古拉斯·默里·巴特勒字斟句酌地写道："有限债务公司是近代最伟大的单项发明……甚至于蒸汽和电力相比之下都微不足道，如果没有有限债务公司，它们都会沦落到相当无用的地步。"② 众所周知，公司在 20 世纪已成为美国资本主义经济的基本企业组织形式。1990 年，美国公司的销售和收入占全国所有厂家销售和收入的 90 %。③ 从亚当·斯密的担心到公司在美国的成功，美国公司的发展不仅走过了漫长的道路，也经历了巨大的变化。法律在这方面起了什么作用呢？对公司法深有研究的美国法律史泰斗詹姆斯·威拉德·赫斯特认为："公司法从来就是源于法律之外的需要和能量的工具，它不是第一推动者……与创办者、金融家、经理、推销员、工会领袖以及很多其他人的发明和能量相比，我们绝不能夸大法律界人士的影响……但是法律在关键点上为其他的发展提供了杠杆，它的边缘作用可以决定在那些确定我们方向和速度的其他复杂因素之间最终形成的平衡。"④ 事实上，美国公司法走向民主化和

    ① Adam Smith. *An Inquiry into the Nature and Causes of the Wealth of Nations*. New York: Modern Library, 1965: bk. 5, 715-16, cited from Carl Kaysen. ed. *The American Corporation Today*. New York: Oxford University Press, 1996: 28.

    ② Nicholas Murray Butler. *Why Should We Change Our Form of Government?* New York: Charles Scribner's Sons, 1912: 82.

    ③ Kaysen. *The American Corporation Today*. 5.

    ④ James Willard Hurst. *The Legitimacy of the Business Corporation in the Law of the United States, 1780-1970*. Charlottesville, Virginia: The University Press of Virginia, 1970: 10-12.

自由化的历史进程不仅使亚当·斯密的担心成为多余，而且为美国经济的现代化、大企业的崛起和管理资本主义的发展提供了法律空间，也因此在使美国资本主义经济长期领先于世界方面功不可没。本文所要探讨的就是美国公司法的这种历史性演变。其中的民主化主要是指从特许公司制向一般公司法的转变，而自由化则是指公司从最初被视为人造之物到后来被承认是自然实体在法律观念及实践上所发生的变化，还有 19 世纪末和 20 世纪初各州"竞相而下"放松对公司限制所造成的划时代影响。① 这两方面的历史性演变历时约一个世纪才大体完成，构成了直至今日美国现代公司法的基础。当然，它们既带来了成功，也引发了争议。

（一）美国公司法的起源和立足于州的特点

　　亚当·斯密在《原富》一书中担心的是"公司的排他性特权"会侵犯"自然权利"，② 因为"到 18 世纪初，私人公司活动要服务于公共目的和它拥有垄断权利的原则在英国法律体系中已根深蒂固"。③ 源于古罗马的公司组织形式早在中世纪的英国就被用于建立大学、行会和村镇。当时国王为某些合法的公共利益，通过下发特许状授权建立这类公司组织，并因此授予其某些特权。最初这些公司多半是在已经成立之后才由国王授予特许状而承认其合法性，但到都铎王朝时公司组织的建立一般都要有王室特许状在先。17 世纪时，唯有国王授权以后才能组织公司在英国法律上已成定论。公司活动在商业性加强的同时也开始减少其公共功能，其典型代表就是那些海外贸易公司。1719 年，英国国会通过《泡沫法》（*the Bubble Act of 1719*），正式宣布

---

① Susan Pace Hamill. "From Special Privilege to General Utility: A Continuation of Willard Hurst's Study of Corporations." *American University Law Review* 49 (1999)：81-176；Gregory A. Mark. "The Personification of the Business Corporation in American Law." *The University Chicago Law Review* 54 (1987): 1441-1483; William L. Cary. "Federalism and Corporate Law: Reflections Upon Delaware." *The Yale Law Journal* 83 (1974): 663-705.

② Adam Smith. *An Inquiry into the Nature and Causes of the Wealth of Nations.* ed. R. H. Campbell and A. S. Skinner. Indianapolis, Indiana, 1981). cited from Pauline Maier. "The Revolutionary Origins of the American Corporation." *The William and Mary Quarterly*, 3rd Ser., 50 (1993): 58-59.

③ Thomas K. McCraw. "The Evolution of the Corporation in the United States." John R. Meyer & James M. Gustafson. eds. *The U. S. Business Corporation: An Institution in Transition.* Cambridge, Massachusetts: Ballinger Publishing Company, 1988: 3.

未获王室特许状的合股公司非法。1741 年，泡沫法扩及英属北美殖民地。[1]
这样，到 18 世纪，英国公司便成了由作为主权者的国王以特许状方式人为
创造的法律实体，并享有特许状授予的特权。亚当·斯密担心这样的公司特
权会妨碍以自由竞争为基础的市场经济的发展也就不足为怪了。

不过，美国的公司和英国的不大一样，因为美国公司法所受英国的影响
并不像它的财产法、合同法、侵权法那样大。[2] 赫斯特甚至认为，无论是在
殖民地时代还是美国独立以后，这块北美土地上的公司法基本上都是"本土
的产物"。阿道夫·伯利和加德纳·米恩斯在 1931 年也曾指出，"公司在美
国是沿着独特的路线发展的"。[3] 当然，美国公司法有一点倒是与英国法一脉
相承，那就是创造一个公司必须由主权者以成文法令正式授权。然而，赫斯
特一针见血地指出，即便是在这个沿袭英国公司法的核心问题上，美国人也
加上了他们"自己的内容"：[4] 公司的建立基本上不是由中央政府授权。虽
然殖民地时代获权开发新大陆的英国公司包括弗吉尼亚或伦敦公司一般都是
由英国国王授予特许状，可是英属北美殖民地的大多数公司却是由殖民地业
主、总督或议会授权建立的。尽管在英国也有将公司授予权下放给牛津大学
校长的先例，但那只是偶尔为之；北美殖民地却将这种做法变成了通例。英
国王室对此没有明确认可，但也没有反对。因此，英属北美殖民地并未仅仅
承袭公司必须由主权者授权才能成立的英国法传统，而是很快就加上了殖民
地在新世界的地方自治的特点。[5] 美国革命以后，由于有殖民地议会颁发特
许状的先例，各州议会自然而然便获得了授予公司特许状的权力，并在其后
形成的所谓分权化联邦主义体制下将其巩固下来。这样，美国有权通过法律
程序授权建立公司的主要是州议会，而不是美国国会。直到今天，美国的公
司法仍然是以各州公司法为主体，并无统一的联邦一般公司法。这和英国、
法国、德国以及世界上大多数国家都有一部全国统一的公司法形成了鲜明的

[1] James Willard Hurst. *The Legitimacy of the Business Corporation in the Law of the United States, 1780-1970*. Charlottesville, Virginia: The University Press of Virginia, 1970: 2-8.

[2] Edwin Merrick Dodd. *American Business Corporation until 1860 with Special Reference to Massachusetts*. Cambridge, Massachusetts: Harvard University Press, 1954: 1.

[3] Adolf Berle and Gardiner Means. "Corporation." *Encyclopedia of the Social Sciences*. New York: Macmillan, 1931, vol. 4: 416.

[4] Hurst. *The Legitimacy of the Business Corporation in the Law of the United States, 1780-1970*. 1, 8-9.

[5] Joseph S. Davis. *Essays in the Earlier History of American Corporations*. Cambridge, Massachusetts: Harvard University Press, 1917, vol. 1: 7-8.

对照。① 当然，联邦法院的判决和联邦政府后来就某个部门或某种问题通过的立法及采取的行政举措，也会对公司的发展和公司法的演变产生十分重要的影响，但这和全国统一的公司法不可同日而语。

美国从建国之初就确定由各州议会授予公司特许状，是和当时美国人有关政府的政治理念密切相关的。美国著名历史学家戈登·伍德曾经指出，那时的美国人像孟德斯鸠一样，认为只有成员的彼此利益相类似的同质性小社会才能维持共和政府，"一个人的'国家'仍然是他的州"。② 这样，与英国和欧洲大陆国家的单一主权制形成对照，美国的邦联条例承认各州保有部分主权，从而使作为主权实体之一的州议会在授予公司特许状上的权力变得顺理成章。相比之下，邦联时期的国会是否拥有这样的权力，则因联邦条例没有明确授权而受到怀疑。1780 年，国会曾成立一个委员会研究这一问题。1781 年，国会在亚历山大·汉密尔顿的精心策划下终于通过决议，以特许状授权建立北美银行。可是，就连赞成建立北美银行的詹姆斯·麦迪逊都不认为国会拥有这种权力。结果，国会在授予这个特许状时还要建议各州在辖区内使之具有必要的有效性。③ 1782 年，北美银行的董事们从宾夕法尼亚、罗得岛、马萨诸塞和纽约弄到了这几个州的公司特许状。北卡罗来纳和新泽西虽未颁发特许状，但也认可了北美银行的有效性。④ 由此可见，国会颁发的公司特许状的有效性在当时很多人看来是需要州的特许状来支持的。

1787 年宪法虽然加强了联邦政府的权力，但对于国会是否有权授予公司特许状仍旧保持沉默。麦迪逊和查尔斯·平克尼曾在制宪会议上建议给国会这种权力，但未被会议采纳。马萨诸塞、新罕布什尔、纽约、北卡罗来纳和罗得岛等州在批准宪法过程中甚至提出了修正案，要求禁止国会授权建立完全以商业利益为目的的公司，不过未获通过。⑤ 结果，美国宪法既未明确授权也未明确反对国会有权授予公司特许状。州议会在这方面的权力则因后来通过的宪法第十条修正案的保留条款而变得名正言顺，因为宪法既未将此

---

① Hurst. *The Legitimacy of the Business corporation in the Law of the United States, 1780-1970*, 8-9; Alfred F. Conard. *Corporations in Perspective*. Meneola, New York: The Foundation Press, Inc., 1976: 1-93.

② Gordon Wood. *The Creation of the American Republic, 1776-1787*. New York: W. W. Norton & Company, 1969: 356.

③ Davis. *Essays in the Earlier History of American Corporations*. vol. 2: 10.

④ Hamill. "From Special Privilege to General Utility: A Continuation of Willard Hurst's Study of Corporations." 90, note 32.

⑤ Davis. *Essays in the Earlier History of American Corporations*, vol. 2: 12-14.

权授予联邦政府，又未对州政府明令禁止，于是便成为保留给州的权力。这样一来，汉密尔顿在宪法通过后不久要求国会授权建立美国银行时，便被托马斯·杰斐逊等人指责为"违宪"。他只好依靠宪法第一条第八款的"必要和适当"条款的所谓暗含权力进行反驳，声称国会授权建立美国银行是制定"必要和适当"的法律来行使宪法明确列举的国会的权力。1791年，国会接受了汉密尔顿的建议，通过法案为组建美国银行颁发特许状，并由乔治·华盛顿总统签署生效。美国国会根据宪法暗含权力有权授予公司特许状遂成为既成事实，并在1819年麦卡洛克诉马里兰案的判决中得到了以约翰·马歇尔法官为首的最高法院的认可。① 不过，这一权力在内战前的运用仅仅限于建立美国银行和其后的第二美国银行。此时大量出现的美国公司几乎全部是由各州议会通过特许状或一般公司法授权建立的。

　　如上所述，美国联邦政府在授权组建公司上并未受到"宪法的正式束缚"，倒是受到了赫斯特所说的"联邦体制运作传统"的限制。在他看来，宪法虽然赋予了联邦政府以广泛的权力，但它作为政治交易的产物，其达成妥协的首要条件便是各州在大部分事务中作为主要立法者继续积极地发挥作用。② 美国学者哈里·沙伊伯在研究了联邦主义与美国经济秩序的关系后也指出，1861年以前的美国联邦主义是分权化的，"政府在经济领域干预活动的作用大都限于州这一层面"。③ 就连竭力主张加强联邦政府作用的最高法院首席大法官约翰·马歇尔在1824年著名的吉本诉奥格登案判决中也一方面确认联邦政府对州际商业的管辖权，另一方面又否认只有联邦政府才有这种管辖权，因而使州际商务管辖权被定位为联邦政府和州政府都可以行使的权力（concurrent power）。④ 五年以后，马歇尔又在威尔森诉黑鸟溪沼泽公司案中提出"休眠商务权"（dormant commerce power）原则，即在国会无所

---

① Davis. *Essays in the Earlier History of American Corporations*, vol. 2: 14-15; Alfred H. Kelly, Winfred A. Harbison & Herman Belz. *The American Constitution: Its Origins and Development*. New York: W. W. Norton & Company, 1983: 130-131; *McCulloch v. Maryland*, 4 Wheaton 316 (1819).

② Hurst. *The Legitimacy of the Business Corporation in the Law of the United States, 1780-1970*. 139-140.

③ Harry N. Schiber. "Federalism and the American Economic Order, 1789-1910." *Law & Society* 10 (Fall 1975): 88.

④ *Gibbons v. Ogden*, 9 Wheaton 1 (1824); Kelly, Harbison, and Belz. *The American Constitution: Its Origins and Development*. 202-204.

行动时州议会通过的对州际商业产生影响的立法有效。^①这些判决扫除了州议会在授权建立公司时有可能遭遇的唯一宪法障碍，即因涉及州际商业而涉嫌越权。因此，亚拉巴马大学法学院教授苏珊·佩斯·哈米尔在分析吉本诉奥格登案判决对美国公司法的影响时指出："马歇尔法院使州在授权建立公司程序中永远握有主要管辖权上有了一个十分良好的开端。"^②到杰克逊时代，由于州权论的影响和以罗杰·托尼为首的最高法院的态度，将公司问题的权力中心从州转移到联邦的"任何可能性"几乎都不复存在了。^③

（二）美国公司法的民主化：
从特许公司制到一般公司法

美国公司法基本上属于州议会的立法范围。这一特点对其后公司法的发展产生了重大影响，尤其是在 19 世纪末和 20 世纪初成为各州公司法竞相自由化的一个重要原因，并从那时起引发了很大的争议。不过，就 19 世纪的大部分时间而言，州议会授权建立公司的权力基本上没有受到挑战。当时真正受到挑战的是公司的身份和特权所产生的社会影响，另外还有公司作为人造之物的法律地位。对前者的挑战将推动美国公司法的民主化，对后者的挑战则将促进美国公司法的自由化。美国公司法的历史表明：民主化在前，自由化在后，民主化的进展并不等于自由化的扩大，但是二者之间有着相当密切的联系。

据约瑟夫·S.戴维斯在 20 世纪初所做的迄今为止有关早期美国公司的最全面的研究，商业公司的大量出现是美国建国以后的事情。殖民地时代除市镇、教育机构、慈善机构和教会等方面建立的公司以外，商业公司很少。17 世纪成立的商业公司只有两个，即波士顿的一个供水公司和威廉·佩恩的宾夕法尼亚自由商社。^④ 18 世纪建立的商业公司则有 335 个，其中只有 7 个是建于殖民地时代，而建于 18 世纪最后 10 年的就多达 295 个，占总数

---

① *Willson v. Black Bird Creek Marsh Co.*, 2 Peters 245; Schiber. "Federalism and the American Economic Order." 79.

② Hamill. "From Special Privilege to General Utility." 94.

③ Ibid., 103-104.

④ Davis. *Essays in the Earlier History of American Corporations*. vol. 2: 4.

的 88 %。① 美国建国后商业公司增加速度之快使当时的英国和欧洲大陆国家相形见绌。不过，正如奥斯卡·汉德林和玛丽·汉德林在 20 世纪 40 年代的研究所发现的一样，这些公司的大量出现并不是因为它们具备后来人们所说的经济效率、有限债务和不受政府干预的优势。事实上，这些优势在当时还不存在，自然也不会引起多大注意。然而受公司有公共职能的英国法原则的长期影响，人们普遍认为公司是具有一定公共性的"政府代理"，享有排他性的特权与政治权力，故而比较适合从事与整个社区利益密切相关的活动，尤其是对全州经济发展有重大影响的交通、金融等公共基础设施的建设。因而正是在这些领域里，出现了大量的公司。② 据统计，1780—1801 年各州以特许状授权建立的 317 个商业公司中，有三分之二是与交通有关的内陆航运、收费道路和桥梁公司，20 % 是银行和保险公司，10 % 是供水一类提供地方公共服务的公司，与公共服务无关的一般商业公司所占比例不到4 %。新泽西州在 1791—1875 年授予特许状建立的 2318 个公司中有三分之一是交通公司，16 % 是金融公司，6 % 是地方公用事业公司，制造业和其他一般商业公司占 42 %。宾夕法尼亚州在 1790—1860 年以特许状授权建立的 2333 个公司中有 64 % 是交通公司，18 % 是金融公司，6 % 是地方公用事业公司，制造业和其他一般商业公司只占 8 %。③

　　这样，美国内战前建立的公司大都是交通、金融等部门的公用事业公司，而且它们通过特许状获得的不仅是公司身份（可以作为一个法律实体起诉和被诉，拥有和转让产权，在股东变更的情况下继续其运作，使股东免于第三方对公司的债权要求等等），还有一定的特权（修建收费马路、运河及铁路的路权，确定这些交通设施收费标准的定价权，发行期票用于支付流通的发行权，源于州政府的征用权，在某个地区经营交通或银行的垄断权，因修坝、疏通航道或从事其他工程而造成公害或私人损害时免于承担法律责任的权利等）。③ 这种由政府授予的公司身份和特权，从建国之初就引起了人们的担心并受到挑战，因为它们似乎有违美国革命的共和主义理念，特别是权利平等和权力分散的信条。18 世纪 80 年代初，宾夕法尼亚反对北美银行的人们就指责它立足的基础"不是原则，而是贪婪"，并说它不符合该州共和

---

① Davis. *Essays in the Earlier History of American Corporations*. vol. 2: 24.

② Oscar Handlin & Mary F. Handlin. "Origins of the American Business Corporations." *The Journal of Economic History* 5 (1945): 1-23

③ Hurst. *The Legitimacy of the Business Corporation in the Law of the United States, 1780-1970*, 17-18.

主义的宪法，因为这部宪法"不容许授予任何人以特权"。新泽西实用制造商社的反对者在 1792 年发表的一篇评论中写道，"主张平权的人们"在"特权独占的公司"里看到的是所有他们"钟爱的共和主义原则遭到了践踏"。不过，正如麻省理工学院教授波林·梅尔所言，后来公司在美国的迅速增加并不一定代表这些反公司者的失败。事实上，他们的批评对公司特许状后来特点的形成产生了很大的影响。例如，宾州议会 1787 年为北美银行再次颁发特许状时所加的很多限制就是反对者在 7 年前首次提出的。① 可以说，这是在美国革命共和主义理念影响下公司法民主化的先声。

反对公司特权的声势在杰克逊时代因为"银行之战"而达到高潮，成为 1830—1860 年"杰克逊政治的主要支柱"。② 当时几乎所有的公司特权都遭到了攻击。经济学家威廉·古奇在 1833 年对杰克逊时代反公司运动的原委做了如下的概括：

> 可以说，反对所有公司的理由就是：给予它们的任何权力都是从政府或人民手中拿走的。当特许状的目的是给予公司成员他们作为个人时其能力所不拥有的权力时，金钱公司的存在本身就与权利平等不相吻合……这些就是公司固有的缺陷，所以除非由法律或环境给予它们垄断或具有垄断性的优势，否则它们是永远不会成功的……在这种情况下它们甚至也不能像个体商户那样做到成本低廉，不过它们在竞争中有足够的钱去毁掉个体商户，于是有了属于它们自己的市场。③

赫斯特认为，从古奇的概括中可以看出，杰克逊时代反公司的理由是公司有违三条原则：1. 权利平等，2. 权力均衡，3. 功能效率。不过，就整个 19 世纪而言，各州政府在公司问题上关注的首先是涉及权利平等和权力均衡的公司外在影响，即民主化的问题，至于涉及功能效率的公司内部关系当时还没有引起多少注意。④

---

① Pauline Maier. "The Revolutionary Origins of the American Revolution." *The William and Mary Quarterly*, 3rd Ser., 50 (1993): 67, 73, 76-77.

② Joel Seligman. "A Brief History of Delaware's General Corporation Law of 1899." *Delaware Journal of Corporate Law* 1 (1976): 256-258; Hurst. *The Legitimacy of the Business Corporation in the United States*. 30.

③ Hurst. *The Legitimacy of the Business Corporation in the United States*. 30.

④ Hurst. *The Legitimacy of the Business Corporation in the United States*. 30-31, 47-49.

因此，我们在杰克逊时代首先看到的是公司法朝民主化方向迈出了重要步伐，开始了从特许公司制向一般公司法的历史性转变，结果使组建公司的平等权利问题在19世纪70年代以后基本解决。根据赫斯特的研究，"杰克逊式的反公司的呼声……到头来只是要求所有的人都有合理的平等机会去获得建立公司的好处"。[①] 从这个意义上说，无论是建国初期信奉共和主义的人，还是杰克逊时代的民主党人，他们大都没有反对公司本身，而是反对公司要由州议会一个一个以特许状单独授予特权的机制。在他们看来，这种特许公司制不仅使一般人与公司无缘，而且会造成腐败，所以解决办法就是用一般公司法来取而代之，即由州议会通过对一般人和所有公司都适用的公司法，任何人在符合公司法的统一要求后均可申请注册并获得许可证组建公司。这样一来，也就无所谓特权了。显然，一般公司法是以权利平等为基础，可以说是美国公司法民主化的重要举措。杰克逊时代的两位著名民主党人马丁·范布伦和西奥多·塞奇威克就是一般公司法的积极倡导者。[②] 甚至于以反公司和亲劳工而著称的民主党激进派"洛科福科派"也主张以一般公司法来取代特许公司制。[③]

在杰克逊时代反对公司特权的强大政治压力之下，宾夕法尼亚州和康涅狄格州分别在1836年和1837年通过了一般公司法，其他各州也开始仿效。诚然，美国第一部适用于商业公司的一般公司法早在1811年就在纽约州问世了，不过当时的目标不是民主化，而是为了减少对英国进口的依赖、刺激本土制造业的发展，结果在其后20多年里几乎没有引起其他州的注意。诞生于19世纪30年代的这两个一般公司法就不同了，权利平等的民主化目标使它们开全国风气之先河。40年代又有6个州在杰克逊时代民主精神影响下通过了一般公司法。到1859年，美国38个州和领地中有24个通过了一般公司法。这一趋势在内战期间和战后以更快的速度发展。60年代，通过一般公司法的州又增加了14个，使全国47个州和领地中，有一般公司法的州达到了39个。到1875年，一般公司法在美国基本上已普及开来，47个州和领地中有44个通过了一般公司法，达到了90%以上。[④] 因

① Ibid., 119-120.

② Arthur M. Schlesinger, Jr.. *The Age of Jackson*. Boston: Little, Brown and Company, 1945: 48, 188-189.

③ Arthur M. Schlesinger, Jr.. *The Cycles of American History*. Boston: Houghton Mifflin, 1986: 226-227.

④ Hamill. "From Special Privilege to General Utility." 101-105.

此，赫斯特得出结论："一般公司法——起初是作为可以代替特许状的一种选择，到（19 世纪）70 年代和 80 年代作为获得公司身份的唯一渠道——使个人的权利平等问题不再成为问题了。"[①] 这个结论基本上是正确的。当然，哈米尔教授的最新研究发现，特许公司直到 20 世纪初才不再是建立公司的重要方式，而且至今还没有在美国完全销声匿迹。[②] 不过，每个人都有组建公司的平等权利这一点，确已在 19 世纪 70 年代就得到一般公司法的法律保证。

在特许公司制转向一般公司法的过程中，主张权利平等的人还希望维持权力均衡，因为他们害怕公司会造成私人经济权力的集中，从而使权力分散的民主理念无法实现。正是在这种担心公司权力膨胀的政治压力之下，一些州议会把对公司施加更多限制的条款写入了一般公司法。历史学家罗伯特·A. 莱夫利在论及当时的一般公司法时，甚至将之称为"由那些想限制公司权力和成长的人写出来的严格和不受欢迎的规则"。[③] 这些规则使公司经营活动的目的和领域、资本和资产的数量、公司的寿命等等都受到了限制。因此，有些企业在一般公司法通过后仍然寻求特许状来组建公司，就是希望逃避一般公司法在财务报告等方面比特许状更为严格的要求，或者在筹资、借贷、免税、垄断、征用上获得更多的灵活性。[④] 无怪乎赫斯特在谈到 19 世纪后期的美国公司法时写道："一方面是公司法现在为使公司作为工具能为人所用而正式采取了宽松的态度……另一方面是那些特定的限制性条款被写进了一般公司法，在除此以外当时只有为数有限的人主张对商业监管予以关注的时代，这些条款颇为突出地成为公开宣布的监管政策的重要组成部分。"[⑤] 显然，民主化还不等于自由化，不过这是美国公司法取得的第一个历史性进步。

---

① Hurst. *The Legitimacy of the Business Corporation in the Law of the United States*. 33.

② Hamill. "From Special Privilege to General Utility." 88, 122-168.

③ Robert A. Lively. "The American System." *Business History Review*. March 1955): 91.

④ Hamill. "From Special Privilege to General Utility." 125.

⑤ Hurst. *The Legitimacy of the Business Corporation in the Law of the United States*. 56-57.

（三）美国公司法的自由化：
从人造之物到具有法律人格的自然实体

美国公司法在 19 世纪从特许公司制向一般公司法的转变，一方面使组建公司成为一种人人都可以有的平等权利，另一方面又由议会在立法中加强了对公司的限制，以防止私人权力的集中对社会权力均衡造成破坏。尽管后一种努力的实际作用值得怀疑，但是正如赫斯特所言："特许和一般（公司）法中的限制性规定确实使法院在一代人的时间里对公司权力问题采取了很僵硬的态度，结果把过多的注意力放在所谓公司行为的越权（*ultra vires*）特点上。"① 不过，公司法的民主化虽不等于自由化，但它对促进有利于公司法自由化的法律观念的转变确实产生了影响。当一般公司法使得申请组建公司不再需要议会一个个专门立法，而把它变成了一个行政手续和程序问题时，公司是议会人为创造的法律实体的观念自然而然就削弱了。人们开始觉得公司就跟一般个体业主或合伙人差不多，是一个具有公民法律人格的独立的自然实体。这种观念上的转变实际上就是美国公司法自由化的关键所在。用美国著名历史学家莫顿·凯勒的话来说："最深刻的法律变化就是从视公司为国家的人造之物的观点，转变为把它看作是具有宪法第十四条修正案定义的公民的诸多属性，也就是说认为它真正具有了法律的'人格'。"② 这一变化之所以深刻或者说之所以成为公司法自由化的关键，就是因为公司作为法律的人造之物只能做特许状或一般公司法允许它做的事，而一旦变成具有公民法律人格的自然实体就可以做法律没有禁止它做的任何事情。③

在美国这个被人们视为具有自由主义传统的国家，公司的人格化也就是公司法的自由化其实经历了一个长期的发展过程。1804 年，最高法院在黑德和艾默里诉普罗维登斯保险公司案中第一次面对公司的法律属性源于何处的问题，即它究竟是源于入股企业的个人还是来自授予其特许状的议会。马

---

① Hurst. *The Legitimacy of the Business Corporation in the Law of the United States*. 57.

② Morton Keller. "Law and the Corporation." Austin Sarat, Bryant Garth & Robert A. Kagan. eds. *Looking Back at the Law's Century*. Ithaca, New York: Cornell University Press, 2002: 233.

③ Gregory A. Mark. "The Personification of the Business Corporation in American Law." *The University of Chicago Law Review* 54 (1987): 1455.

歇尔大法官当时在判决中明确指出，公司"是因法令才有其存在的那些法令的创造物；它的权力只限于那些由议会授予的权力"。① 这样，最高法院便在正式肯定公司是议会的人造法律实体的同时，也确认了议会对公司活动保留有管控权。马歇尔的判决是在当时普遍承认公司具有公共属性的基础上做出的。然而，随着旨在为私人牟利的公司愈来愈多，公司是议会立法的人造之物的观点在法院遭到了一次又一次的挑战。1815 年，最高法院大法官约瑟夫·斯托里在为法院就特雷特诉泰勒案写的判决书中区别了公共公司和私人公司。他裁定县或市、镇等公共公司的特许状可以由州议会取消或修改，但私人公司应享有自然法和宪法的保护，因此特许状一经颁发，其财产和权利就不再属于议会主宰的范围。这是最高法院第一次把私人公司不完全看作是受议会左右的人造之物。不过，斯托里写的判决在当时几乎没有引起任何注意。②

4 年以后，和 1815 年斯托里判决颇有类似之处的达特茅斯学院案判决在美国宪法史上可谓轰动一时。马歇尔大法官以公司特许状是合同为由裁定州议会无权对特许状做出更动，因为宪法第一条第十款规定州不得通过损害合同义务的法律。这项判决在当时激起了一片抗议之声，说它从"人民和他们选出的代表"手中取走了"对社会和经济事务的大部分控制"。③ 毫无疑问，最高法院确实是想对州议会有所限制，使公司的产权利益得到更多的保护。不过，达特茅斯学院案判决在这方面产生的实际影响远远不如人们想象得那么大。斯托里大法官在该案赞同书中曾指出，如果议会想修改公司特许状可以在颁发之时就先写明保留修改权。后来各州议会确实大都照此办理，在公司特许状中加上了这类保留权力的条款。更为重要的是，马歇尔大法官本人在此案的判决中对公司再次做了如下明确的定义："公司是人造之物（the artificial being），看不见，摸不着，只存在于法律思维中。由于仅仅是法律的创造物，它只有创造它的特许状给它的性能，或者是明确给予的，或者是因为它的存在而附带给予的。"④

---

① Melvin I. Urofsky and Paul Finkelman. *A March of Liberty: A Constitutional History of the United States*. New York: Oxford University Press, 2002, vol. 1: 239; *Head and Amory v. Providence Insurance Company*, 2 Cranch. U. S.) 127 (1804).

② Urofsky and Finkelman. *A March of Liberty*, 240-241; *Terrett v. Taylor*, 9 Cranch. U. S.) 43 (1815).

③ Lawrence M. Friedman. *A History of American Law*. New York: Simon and Schuster, 1973: 174.

④ Hurst. *The Legitimacy of the Business Corporation in the Law of the United States*. 9; *Dartmouth College v. Woodward*, 4 Wheaton (U. S.) 518 (1819).

显然，最高法院在特雷特和达特茅斯学院案上做出的判决虽有保护公司权利不受议会干预的自由化意图，但并没有否定公司是人造之物的传统法律观。无怪乎赫伯特·霍温坎普教授在他 1991 年出版的《企业和美国法律》一书中要把 19 世纪 30 年代以前称为前古典时期，因为他认为当时美国的商业公司及法律的发展还不符合亚当·斯密古典经济学的自由竞争原则，仍然是重商主义模式。在他看来，关于商业公司的古典理论，即符合古典经济学自由主义模式的公司论，是在以罗杰·托尼为首的最高法院 1837 年就查尔斯河桥案做出的著名判决中第一次出现的。从那时起到 19 世纪末，美国的经济政策才可以说是"以古典主义为主"。① 霍温坎普教授的这一观点有待商榷。② 众所周知，托尼大法官在查尔斯河桥案判决中以对特许状需要严格解释为由，否认老的桥公司获得了在查尔斯河上修桥收费的垄断特权，裁定马萨诸塞州议会有权给新的桥公司授予特许状。③ 这一判决为新的产权利益方提供了与老的产权利益方自由竞争的平等机会或者说平等权利。就此而言，它的确具有自由主义色彩。不过，从限制政府干预这个古典自由主义的核心信条上来看，托尼的立场比起马歇尔的达特茅斯学院案判决反而还后退了一步。托尼虽未直接否认马歇尔有关特许状是合同的裁决，但他在判决中把特许状比之为王室授权书。这样，他在议会与公司的关系上就"以君民关系取代了私法合同论所包含的地位平等者之间的关系"。④ 事实上，托尼在否定公司的垄断特权和裁定州议会保留有授予新特许状的权力时，他强调的是政府为社区利益进行干预的权力，即美国法律中含义广泛的所谓治安权（the police power）。托尼在判决中写道："所有政府的目的和目标就是促进使它得以建立的社区的福祉和繁荣；政府打算缩小用以实现其为之建立的目标的权力，是永远不可设想的。"⑤

---

① Herbert Hovenkamp. *Enterprise and American Law, 1836-1937*. Cambridge, Massachusetts: Harvard University Press, 1991: 11-12.

② 本书只涉及公司法问题，其他问题可参看 William J. Novak. *People's Welfare: Law and Regulation in Nineteenth-Century America*, Chapel Hill, North Carolina: The University of North Carolina Press, 1996。作者在书中批评了视 19 世纪为美国自由主义黄金时代的传统观点，以大量史料说明 1787 — 1877 年的美国恰恰是一个"被充分管制的社会"（well-regulated society）。

③ Stanley I. Kutler. *Privilege and Creative Destruction: The Charles River Bridge Case*. New York: W. W. Norton & Company, 1978; *Charles RiverBridge v. Warren Bridge*, 11 Peters 420 (1837).

④ Kelly, Harbison, and Belz. *The American Constitution*. 233-234.

⑤ Kutler. *Privilege and Creative Destruction*. 90.

托尼法院不仅在 1837 年的查尔斯河桥案中强调了政府在公司问题上的治安权，而且在 1839 年的奥古斯塔银行诉厄尔案中否认公司具有公民权，从而把外州公司在一个州有无经营权留给州政府来决定。后一个案子是在市场扩大和州际商业活动增多的背景下发生的。当时一个亚拉巴马州公民以外州公司无权在一个主权州建立合同关系为由，拒付佐治亚州一个银行的汇票。银行则认为公司是受到宪法保护的公民，可以在其他州从事经营活动，于是将纠纷诉诸公堂。托尼代表最高法院对此案做出了判决。他拒绝承认公司享有自然人或者说公民受宪法保护的所有权利，断言公司只是在创造它的州里才有法律存在，因此它按理不能根据宪法中适用于公民的特权和特免条款移入他州。不过，托尼同时指出，公司可在州际礼让原则下到外州从事经营活动，也就是说只要外州没有以成文法禁止其进入，那公司还是可以在外州做生意的。[①] 一些学者据此认为托尼法院的判决扩大了对公司权利的保护[②]，但问题是此后很多州都在这一判决影响下通过了对外州公司加以监管、限制、甚至禁止的立法。当然，由于很多州政府在执法上存有漏洞，不少外州公司，尤其是矿业和制造业部门的公司，在一般商业活动中并没有受到这些立法太大的影响。不过，由于公司被拒绝承认具有公民法律人格，外州公司在一个州从事商业活动的权利在法律上仍然处于未定地位。托尼在奥古斯塔银行案判决中所体现的保守观念，在 1868 年最高法院就保罗诉弗吉尼亚案做出的判决和 19 世纪 70 年代及 80 年代一些州法院的判决中都再次得到了确认。[③]

除了外州公司因不具有公民法律人格而在商业活动上受到限制以外，一般公司由于被视为州议会的人造之物也只能行使特许状所授予的权力。正如法律史学家查尔斯·W. 麦柯迪所言，19 世纪"每个州的……议会实际上都

---

① Kelly, Harbison, and Belz. *The American Constitution*. 236-237.

② Ibid., 236.

③ *Paul v. Virginia*, 75 U. S. 168, 178-82 (1868); Gregory A. Mark. "The Personification of the Business Corporation in American Law." 1456, Charles W. McCurdy. "The *Knight* Sugar Decision of 1895 and the Modernization of American Corporation Law, 1869-1903." *Business History Review* 53 (1979): 317-318. 也有学者认为，最高法院在保罗诉弗吉尼亚案判决中虽然拒绝承认公司是享有特权和特免的公民，但是也引出了州不得将从事州际业务的外州公司拒之于州界以外的推论，即只有意欲从事州内业务的外州公司才应该被禁止进入。参见 Henry N. Butler. "Nineteenth-Century Jurisdictional Competition in the Granting of Corporate Privileges." *Journal of Legal Studies* 14 (1985): 155.

用它们对公司授权的控制来限制公司的活动范围"。① 公司的行为如果超出议会授予的权力范围就会在法律上构成"越权"（*ultra vires*），结果会遭到起诉。这成了当时政府对公司活动加以控制的重要手段。内战以前，美国法院严守"越权"原则，使大部分超出授权的公司活动无效。尽管后来法院在这方面有所放松，以种种方式扩大了公司合法权力的定义，但"越权"原则作为政府对公司权力加以限制的重要法律手段，其影响仍然是不能低估的。最明显的例子就是 19 世纪 80 年代由 6 个州政府发起的轰动一时的反托拉斯诉讼。起诉的主要理由就是越权。由于没有哪一个州的公司法授权一个公司可以放弃自己的控制权，以托拉斯方式把公司控制权交出去的企业联合便构成了越权，结果这些州政府在反托拉斯案件中全部胜诉，托拉斯被迫解散。②

从马歇尔、托尼到内战以后的美国最高法院和州法院，从外州公司经营权到公司越权问题，公司是州议会通过法律创造的人造之物的所谓"授予论"（grant theory）在法理上一直居于统治地位。这是公司法在减少政府干预的自由化方向上未能取得重大进展的法律原因。直到 19 世纪末和 20 世纪初"授予论"才因宪法第十四条修正案被用于保护公司权利而最终为"自然实体论"（natural entity theory）所取代。由此，公司法乃得以朝抑制州政府干预和保护公司权利的自由化方向迈出了历史性的一步。众所周知，宪法第十四条修正案的通过原本是为了保护被解放黑奴的基本权利，可是最高法院在其后的判决中却逐步使之成了"一部名副其实的为商业服务的大宪章"。③ 早在 1873 年的屠宰场案判决中，当最高法院以源于黑人问题为由拒绝将第十四条修正案用于保护屠宰业主的经营权时，斯蒂芬·J. 菲尔德和约瑟夫·P. 布拉德利两位大法官就曾表示异议，主张对该修正案作更广义的解释。在 1886 年最高法院就圣克拉拉县诉南太平洋铁路公司案做出的判决中，他们的观点终于占了上风。法院裁定公司是受宪法第十四条修正案保护的"人"，因此可以享有和自然人一样的权利、特权和法律保护。④ 这就使过

---

① McCurdy. "The *Knight* Sugar Decision of 1895 and the Modernization of American Corporation Law, 1869-1903." 316.

② Ibid., 321-322; Morton J. Horwitz. *The Transformation of American Law, 1870-1960: The Crisis of Legal Orthodoxy*. New York: Oxford University Press, 1992: 77-78.

③ 伯纳德·施瓦茨. 美国法律史. 中国政法大学出版社，1990：114.

④ Urofsky and Finkelman. *A March of Liberty*, 504-507; Slaughter Houses Cases, 16 Wall. 36 (1873); *Santa Clara v. South Pacific Railroad Company*, 118 U. S. 394 (1886).

去在外州公司权利和公司越权问题上做出判决的法律依据——授予论——为之动摇。宪法史学家艾尔弗雷德·H.凯利和温弗雷德·A.哈比森在他们编写的被美国大学广为采用的宪法史教科书中，高度评价圣克拉拉案判决在限制州政府对公司干预上所起的作用。[1]赫斯特也认为，最高法院在1886年"静悄悄地接受了公司是在（宪法第十四条修正案）这些保证之内的'人'"，并在19世纪90年代牢固地建立了公司可寻求其自由和财产不受州法律侵犯的原则。[2]

　　不过，莫顿·霍维茨教授后来对圣克拉拉案所做的重新评价发人深省。他一方面肯定新的公司法律人格观动摇了州政府对公司活动加以限制的基础，但另一方面又指出，有关公司法律人格的自然实体论在圣克拉拉案判决之时尚未确立，要到1905年的黑尔诉亨克尔案才真正得到最高法院的承认。[3]根据他的分析，最高法院在圣克拉拉案判决中虽然确认公司具有公民的法律人格，但作为这种主张的代表人物菲尔德大法官和为铁路公司辩护的著名律师约翰·诺顿·波默罗伊，并未视公司为一个自然实体，而是视其为股东的组合，即一种合伙关系。这种以股东为主体的合伙论固然可以作为公司应享有与公民同样权利和保护的依据，从而使公司的基本权利不受州政府干预，但它也会对公司造成两方面的限制：1.使公司股东享有的有限债务责任难以成立，因为它以公司是独立于股东的实体为前提，如果把公司和股东混为一谈，那股东就要对公司的所有债务负责；2.使公司合并增加困难，因为合伙企业需要合伙人一致同意才能与别的企业合并或进行其他重大结构调整，不能靠简单多数做出决定。不过，无论是法院还是各州的公司法都没有停留在圣克拉拉案判决背后的合伙论上，而是在法律实践中一步一步走向了公司法律人格的自然实体论。[4]正因为如此，美国公司法自由化的这一重要进展，才不仅仅是铲除了各州认为公司是其人为创造因而可以进行特别监管的授予论法理基础，而且使现代大企业崛起过程中的结构调整得以合法化，并促进了产权和管理权的分离以及管理资本主义在美国的发展。

　　首先，法院判决导致了"越权"论的逐步消亡，从而大大减少了州政府

---

　　① Alfred H. Kelly and Winfred A. Harbison. *The American Constitution: Its Origins and Development*. New York: W. W. Norton & Company, 1976: 326-327.

　　② Hurst. *The Ligitimacy of the Business Corporation in the Law of the United States*, p. 65.

　　③ *Hale v. Henkel*, 201 U. S. 43 (1905); Horwitz. *The Transformation of American Law*. 73.

　　④ Horwitz. *The Transformation of American Law*. 65-107.

对公司活动包括合并行为的干预。在 19 世纪 80 年代和 90 年代有关越权的判决中，法院放宽了对公司权力的解释，甚至接受所谓"附属交易"原则，即公司可以从事那些虽未经法律授权但能提高已授权活动效率的附属商业活动。例如，铁路可以经营旅馆，因为后者为旅客提供了方便。尽管联邦最高法院在 1880—1900 年对铁路部门通过租借设施进行合并的行为常常以越权宣布其非法，各州法院在这方面却开了绿灯。纽约上诉法院在 1896 年甚至指责最高法院的越权判决不公。事实上，各州在 19 世纪 80 年代以越权为由展开反托拉斯诉讼的高潮过后，因害怕大企业逃离本州，已不再在公司合并上追究所谓越权问题。因此，著名公司法学者威廉·W. 库克在 1894 年指出，越权原则正在迅速销声匿迹。到 1898 年，他认为越权问题至少在州法院已寿终正寝。从法理上来讲，正如霍温坎普教授所言，州法院之所以发生这种变化，是因为和特许状创造的公司相比，一般公司法下的公司更像"一个普通的生意人"，[①] 即具有公民法律人格的自然实体。它不应该像人造之物的公司那样受到州政府的越权限制。

　　其次，各州立法在公司重大决策上以"多数原则"取代"一致同意"的要求，结果不仅扫除了公司合并的普通法障碍，而且有助于产权和管理权的分离。当托拉斯和控股公司作为合并方式在州和最高法院先后遭到指控后，美国大企业开始以买下对方资产的方式进行直接兼并（direct merger）。这种以资产买卖进行的直接兼并固然很难被控为"越权"，但它却碰到了一个普通法原则带来的障碍，即公司资产出售这类重大决定需要全体股东一致同意。显然，此种要求是从个人产权出发，视股东为主体，把公司仅仅看作是股东的组合，而不是在股东控制之外的一个实体。可是现代大企业的实际发展趋势却反其道而行之，我们看到的是股东地位的下降和经理阶层最终成为大公司的主宰。美国各州政府顺应了这一时代潮流，在第一次大合并运动开始以前就纷纷通过有关铁路公司兼并的立法，允许在缺少股东一致同意但是有简单多数的情况下进行兼并。到 1901 年，14 个州宣布"从事同样或同类生意"的任何公司都可以在没有股东一致同意的情况下实行兼并，这显然是为横向直接兼并网开一面。至于纵向直接兼并，它虽然还受到"一致同意"原则的限制，但在公司无力偿还债务时也可以未经股东一致同意而出售其资

---

① Horwitz. *The Transformation of American Law*. 85-86; Hovenkamp. *Enterprise and American Law*. 59-60.

产。这个无力偿付债务的条件后来越放越宽。到 1926 年，几乎所有的州都以立法或判决废除了这个"一致同意"的普通法要求。应该说，多数原则（the majority rule）的逐渐确立不仅使大合并运动在法律上成为可能，而且使产权和管理权的分离得到了实际承认。19 世纪与 20 世纪之交的著名法学家厄恩斯特·弗罗因德在《公司的法律属性》一书中指出，公司内部的多数原则只有用超出契约论和个人产权概念的某种实体论才能使之在法理上得以成立。[①]

最后，法院判决和各州立法推翻了信托基金原则，从而使有限债务责任得以真正实现。这固然是对股东利益的保护，但更重要的是此举在确认公司是独立于股东的自然实体的情况下促进了现代股票市场的发展，也推动了产权和管理权的分离。据霍维茨教授研究，内战时的普通法虽已承认股东有限债务责任的原则，但大部分州的宪法或法规事实上都要股东对多于他们股票价值的公司债务负责，因为把股东看作是跟合伙人或个人业主一样的所有者的传统观点仍然挥之不去。例如，纽约州的一般公司法就规定股东要对两倍于股票价值的债务负责。有的州要求负责的债务则更多。即便是要求最低的州一般也要按照所谓信托基金原则（the trust fund doctrine）办事。根据这一原则，公司按股票票面价值吸纳的投资是公司债权人所依靠的收回债务本息的"信托基金"，所以股东如果以不足票面价值的折扣价买下股票，他还是要对以票面价值计算的债务负责，也就是在还债时必须支付他的股票票面价值和他实付价格之间的差价。[②] 显然，这是建立在股东与公司之间有一种正式的私人认购关系的基础之上的，可是随着工业股票在 1890 和 1893 年间开始大量上市，并由经纪公司在证券市场上进行买卖，股东和公司之间的正式私人认购关系已不复存在。当一个公司为吸纳资金将股票以低于票面价值的价格出售时，要无辜的股票购买者作为一个投资者而不是公司真正的决策者为足值股票承担债务责任便缺乏公正性了，而且会挫伤投资者的积极性。这样，从 1887 年纽约上诉法院的一次判决起，美国的法院在 19 世纪 90 年代的一系列判决中使信托基金原则逐渐失去了意义。[③] 进入 20 世纪不久，各

---

① Horwitz. *The Transformation of American Law*. 88-89.

② Hovenkamp. *Enterprise and American Law*. 52-53; Horwitz. *The Transformation of American Law*. 94.

③ *Christensen v. Eno*, 106 N. Y. 97, 102, 12 N. E. 648 (1887); *Handley v. Stutz*, 139 U. S. 417 (1891); *Clark v. Bever*, 139 U. S. 96 (1891); *Fogg v. Blair*, 139 U. S. 118 (1891); Horwitz. *The Transformation of American Law*. 93-97.

州纷纷通过有关立法，允许公司发行无票面价值的股票。这更是对信托基金原则釜底抽薪。所有这些判决和立法，在法理上只能是以公司作为一个独立于股东的实体才能成立。如果将二者混为一谈，那股东也就得不到我们今天所说的有限债务责任的保护了，现代证券市场的发展也不会如此迅速，而将这二者分清自然就要承认所有权和管理权的分离，即公司是不受股东控制的自然实体。

（四）各州公司法"竞相而下"的自由化
和联邦政府在公司法问题上做出的反应

在从人造之物到自然实体的公司人格化过程中，美国各州公司法的自由化在 19 世纪末和 20 世纪初出现了高潮，当时各州议会争先恐后对公司法进行重大修改，在自由化的程度上达到了美国历史上前所未有的地步，可以说使现代美国公司法从此基本定型，至今都没有再做任何根本性的改动。诚然，各州公司法"竞相而下"的迅速自由化是前述公司人格化这个历史过程的一个重要组成部分，但它的直接导因则是各州之间出于各自利益需要而展开的竞争。这也是美国公司法立足于州的必然结果。"竞相而下"是后来批评者的讥讽之词，因为各州公司立法在自由化过程中竞相降低对公司的限制性要求。[1] 新泽西州就是"竞相而下"的始作俑者，不过它的领先地位后来为特拉华州所取代。究其原因，新泽西州是因财政危机而走上这条道路的。它原本是以铁路公司的税收作为财政收入主要来源，可在内战期间和内战以后碰到了入不敷出的麻烦。1886 年，该州仅仅因为铁路官司就负债 25 万美元。到 1888 年，州政府被迫将一千股铁路和运河股票出手才没有在财政上陷入窘境。1890 年，州长利昂·阿贝特明言需要增加岁入 45 万美元，并威胁说要否决没有资金来源的拨款法案。[2] 为了摆脱这种财政困境，新泽西州遂在 19 世纪 80 年代通过法案，将政府的征税范围扩大到铁路以外的公司，不管其经营活动是否在州内都要征税。然而，光靠税法并不能增加岁入，公司法也要做重大修正，才能吸引外州企业尤其是大企业到新泽西来申

---

① Cary. "Federalism and Corporate Law: Reflections Upon Delaware." 666.

② Christopher Grandy. *New Jersey and the Fiscal Origins of Modern American Corporation Law*. New York: Garland Publishing, Inc., 1993: 34.

请公司许可证，从而成为被征收公司税和手续费的对象。于是，新泽西州在1888—1896 年对公司法做了一系列修改，开各州公司法"竞相而下"自由化之先河。到 1896 年，集八年立法创新之大成的公司法总体修正法问世。它被美国学者乔尔·塞利格曼称为一部"完全改变了的公司法"。①

　　一般美国历史教科书中谈到新泽西州公司法在 19 世纪末的变化时，往往只强调它在美国历史上第一次允许公司握有其他公司的股票，从而使控股公司合法化。其实，新泽西州公司法所做的修改在内容上要广泛得多，其意义也绝不止于此。与 19 世纪 80 年代大部分州的一般公司法相比，修改后的新泽西州一般公司法对公司资产、寿命、经营目标和地点等不再有任何限制。它不仅允许公司合并，包括以控股公司方式拥有其他公司股权，而且允许在购买其他公司股票时以自己公司的股票作为支付手段。② 更有甚者，法律还允许合并协定纳入"董事们认为对于完善兼并或合并来说有必要的……所有那些条款和细节"。③ 这类规定到 20 世纪 30 年代成为各州公司法的标准内容，被法律史学家称为"授权"条款，因为它使公司董事和管理层几乎可以为所欲为。这样，19 世纪 80 年代一般公司法中对公司的种种限制几乎被一扫而光。用赫斯特的话来说，当初那种"规范型公司法"（the set-pattern incorporation acts）现在被"授权型制定法"（the enabling-act type of statute）所取代了。④ 结果从 1896 年开始，大企业对于到新泽西申请公司许可证可以说趋之若鹜。1880—1896 的 16 年里，资本在 2000 万美元或以上的大公司在新泽西只有 15 家，而 1897—1904 的 7 年里则猛增了 104 家。这正好是美国历史上第一次大合并运动的年代。到 1900 年，有学者统计全国大公司中有 95％是在新泽西获得许可证组建的。修改公司法的财政效益更是有目共睹：1902 年，新泽西从公司税和手续费中获得的收入是如此之多，以致州政府不仅取消了财产税，并且还清了所有的债务。到 1905 年，新泽西财政盈余达 2940918 美元。该州州长得意地指出："政府的所有收入中没有一分钱是直接取之于民。"⑤

---

① Seligman. "A Brief History of Delaware's General Corporation Law of 1899." 265.

② Ibid.

③ Grandy. *New Jersey and the Fiscal Origins of Modern American Corporation Law*. 43-44.

④ Hurst. *The Legitimacy of the Business Corporation in the Law of the United Sates*. 70, 76.

⑤ Seligman. "A Brief History of Delaware's General Corporation Law." 266-268.

尽管新泽西州被黑幕揭发者斥之为"托拉斯之母"和"叛徒州",[1] 它丰厚的收入却使得不少州都纷纷仿效,修改公司法,放宽对公司的限制。据统计,到 1912 年有 42 个州允许以任何"合法目的"组建公司;43 个州取消了公司资本上限;24 个州授予无限期公司许可证,大部分州许可证延期不过是例行公事;18 个州允许公司的兼并和合并,只有 2 个州明文禁止;19 个州允许控股,只有 2 个州明令禁止控股公司,7 个州要附加条件;40 个州取消了现金购股要求;9 个州宣布公司借以发行股票的财产值以董事会的估算为准,除非发现舞弊才无效;33 个州不再要求董事必须是公司许可证颁发州的居民。[2] 可是,就在其他州"竞相而下"地模仿新泽西州时,新泽西州自己却迫于外州竞争的压力、本州经济发展的需要和反托拉斯的声浪而改弦易辙了。1913 年,该州州长伍德罗·威尔逊在离职就任美国总统之前促使州议会通过了所谓"七姊妹法",即七项反托拉斯法令,结果使新泽西州很快就在公司法上失去了它过去对企业界的那种吸引力。特拉华州于是取而代之,成为企业界申请公司许可证的最佳选择地点。[3] 尽管新泽西州到 1917 年将七姊妹法大都废除了,但和特拉华州相比,它在竞争中的败局已定。

早在 1899 年,特拉华州通过的一般公司法就开始模仿新泽西州。不仅如此,特拉华州衡平法院还在 1900 年的有关判决中做出推理,州议会在立法时采用新泽西州法律的语言,就是要法院也以新泽西法院对法律的解释为准。这就为新泽西式的公司法在特拉华州的执行提供了法院方面的保证。无怪乎 1913 年新泽西州在公司法自由化上稍一退缩,特拉华就一马当先了。[4] 到 1915 年,该州公司法"被公认为一部现代的和'自由化'的法律"。[5] 作为各州公司法"竞相而下"自由化最典型的代表,特拉华州在它 1901 年的一般公司法中模仿新泽西州,明文规定:"公司许可证也可包含公司创办者

---

① Grandy. *New Jersey and the Fiscal Origins of Modern American Corporation Law*. 14.

② Seligman. "A Brief History of Delaware's General Corporation Law." 269-270.

③ Grandy. *New Jersey and the Fiscal Origins of Modern American Corporation Law*. 75-93; Butler. "Nineteenth-Century Jurisdictional Competition in the Granting of Corporate Privileges." 163.

④ Butler. "Nineteenth-Century Jurisdictional Competition in the Granting of Corporate Privileges." 162; William E. Kirk. "A Case Study in Legislative Opportunism: How Delaware Used the Federal-State system to Attain Corporate Pre-eminence." *The Journal of Corporation Law* 10 (1984-85): 233-260; S. Samuel Arsht. "A History of Delaware Corporation Law." *Delaware Journal of Corporate Law* 1 (1976): 1-22.

⑤ Cary. "Federalism and Corporate Law: Reflections Upon Delaware." 664-665.

为管理企业和经办公司事务而选择插入的任何条款，以及对公司、董事和股东或者任何种类的股东的权力进行创制、定义、限制和监管的任何条款，只要这些条款与本州法律不相违背。"① 这种"授权"条款实际上等于授权公司可以做法律没有禁止的任何事情，和过去一百多年美国公司只能做州议会授权它做的事形成了鲜明的对照。这样，特拉华州的公司创办者和经理们乃得以在 20 世纪 20 年代对股东控制权的最后残余展开了攻击。他们通过大量发行无投票权的优先股和普通股等类股票，使不少投资者失去了对公司事务的发言权。特拉华州法院自 1807 年起就普遍承认的股东的股票先买权，也在 1919 年以后由于公司许可证的修改而不复存在。甚至股东的红利权亦不像过去那样保险，因为董事会现在有权就不同种类的股票宣布有红利或者不宣布红利。如此种种，正如曾经担任特拉华州律师协会公司法委员会委员达 25 年之久的 S. 塞繆尔·阿西特所说的一样：特拉华州公司法"在公司权力分配上的这种新的灵活性……毫无疑问帮助了那些决心保证管理层在公司居于统治地位的创办者"。② 美国公司法终于"从 19 世纪 80 年代的标准——法律基本上设定了公司的结构，并使这种法律设定的机制可以被广为采用，转向了 20 世纪 30 年代的标准——法律认可私人起草者选择创造出的那种公司组织"。③ 可以说，美国公司法自由化的历史性转变已经基本完成。由此看来，19 世纪末和 20 世纪初各州公司法"竞相而下"做出的改变是划时代的，因为它所代表的自由化和此前的民主化一起，奠定了美国现代公司法的基础。

　　无可怀疑，美国公司法的自由化在现代大企业崛起过程中确实助了一臂之力，它大大促进了以管理层为公司主导的管理资本主义在美国的迅速发展。不过，各州政府"竞相而下"对公司的纵容在社会上也引起了很多不满。人们自然寄希望于联邦政府来解决州政府因彼此竞争而不能解决的问题。结果，以统一的联邦一般公司法来取代相互较劲的各州一般公司法，便成为联邦政府做出反应的一种选择。这就是说由联邦政府通过一般公司法来颁发公司许可证，从而使公司标准或者说对公司的要求不至于因各州之间的竞争而降低。然而，从历史角度来看，这不是件容易的事情。内战前的美国国会仅仅为北美银行、第一美国银行和第二美国银行颁发过特许状，而且引发了很大的争议。内战时，国会通过了银行业的一般公司法，即 1863 年国

① Arsht. "A History of Delaware Corporation Law." 9.

② Ibid., 10.

③ Hurst. *The Legitimacy of the Business Corporation in the Law of the United States*. 71.

许银行法，由联邦政府颁发许可证建立国许银行，可是州许银行并没有因此而被取代，结果形成了美国银行业的双轨制，也就是国许银行与州许银行并存的局面。内战后，美国国会为修建横贯大陆的铁路而给太平洋铁路公司颁发了联邦许可证，此后还因不同需要为少数其他公司发过许可证，但仅仅限于个别公司而已。所以，适用于大部分工商部门的联邦一般公司法，在19世纪末和20世纪初虽数度被国会有关委员会拿出来讨论，但最终还是一无所成。这类建议在当时倒是得到了相当广泛的支持，其中包括西奥多·罗斯福和威廉·霍华德·塔夫脱两位总统、代表大企业的全国公民联盟、有组织劳工以及与摩根财团关系密切的利益集团，不过都于事无补。反对者的理由包括违宪、州权、偏向大企业和一些细节问题，等等。威尔逊总统虽不反对联邦一般公司法，但他因专注于反托拉斯立法方面的努力而对一般公司法缺乏兴趣，结果威尔逊任内有七项涉及联邦一般公司法的提案在国会相关委员会审议时都胎死腹中。[1] 即便是在新政改革如火如荼之时，联邦一般公司法也不过是辩论中的一个"有趣的议题"而已。[2]

由于联邦一般公司法在美国未能问世，所以联邦政府对公司法的影响实际上来自它从19世纪末以来日益加强的对经济活动的监管，而且主要是在反托拉斯和证券交易两个方面。当然，第二次世界大战以后联邦监管在其他领域的迅速扩展，对公司法也有一定的影响。从反托拉斯政策来看，它原来的目标至少是包括了理查德·霍夫施塔特所说的"阻止权力在私人手中的集聚"，[3] 但1890年的谢尔曼法以及最高法院后来根据该法做出的一系列判决却是以传统的普通法原则为圭臬，即认为私人权力的集中在"限制贸易"上有合理与不合理之分。这样，反托拉斯法的应用主要是对大公司的外在行为而不是对它的内部结构进行某种管制。尽管后来的克莱顿反托拉斯法和联邦贸易委员会在一定程度上加强了对大公司的监管，但它们并没有改变谢尔曼法颁布以来联邦政府反托拉斯政策的基本倾向。[4] 甚至于一个世纪以后，当

---

① Melvin I. Urofsky. "Proposed Federal Incorporation in the Progressive Era." *The American Journal of Legal History* 26 (1982): 160-183.

② Hurst. *The Legitimacy of the Business Corporation in the Law of the United States*. 141.

③ Richard Hofstadter. "What Happened to the Antitrust Movement?" E. Thomas Sullivan. ed. *The Political Economy of the Sherman Act: The First Hundred Years*. New York: Oxford University Press, 1991: 23.

④ Martin J. Sklar. *The Corporate Reconstruction of American Capitalism, 1890-1916*. New York: Cambridge University Press, 1988: 86-154; Naomi R. Lamoreaux. *The Great Merger Movement in American Business, 1895-1904*. New York: Cambridge University Press, 1985: 159-186.

"合理原则"在司法思维中已被更为复杂的经济分析所取代时，"反托拉斯行动背后的基本概念——对大企业做出裁决的基础是它的实际行为和经济后果，而不是像公司本质一类的抽象概念或者'对大的诅咒'——却依然如故"。[①] 至于第二次世界大战以后联邦政府在环境保护、消费者利益、工人安全、医疗和年金计划以及工作场所的种族与性别歧视等方面愈来愈多的监管举措和行动，则和反托拉斯政策在基本倾向上没有太大的区别。借用赫斯特的话来说，在定义公司的责任和使其得以履行上，这些方面的法律"愈来愈倾向于让公司结构之外的专业监管发挥作用"。[②]

与这些仅仅涉及公司外在行为的联邦监管政策不同的，是 20 世纪 30 年代的证券交易立法。它们是大萧条和新政改革的产物，触及到公司的内部关系，奠定了此后证券监管的基础。1933 年证券法要求公司在发行新证券时公布与之有关的财务详情，并由独立会计师核准。1934 年证券交易法明令所有已有股票的公司均要公布财务详情。根据该法建立的证券交易委员会被授权修改交易规则，禁止证券舞弊，并可制定必要的监管条例，对诸如代表股东行使投票权等公司内部事务进行一定的规范。1935 年的公用事业控股公司法更授权证券交易委员会监督这类公司的解散和公司结构的调整。可以说，新政以来的证券交易立法和监管不仅仅是针对证券市场，而且影响到涉及股东、董事和管理层权益的公司内部关系和结构，即我们现在所说的公司治理问题。在此后半个多世纪的时间里，证券交易委员会被视为所有联邦监管机构中最成功的一个。对证券交易委员会深有研究的哈佛大学企业史教授托马斯·K. 麦克劳认为，它成功的最重要原因就是"1933 年和 1934 年对那些授权立法的精心设计和这个机构在其创立年代里所拥有的出类拔萃的领导层"。[③] 换言之，以詹姆斯·兰迪斯为代表的证券交易委员会负责人赢得了证券界人士的支持，使他们不再觉得政府监管是威胁，反而愿意参与这场变革，结果形成了证券交易委员会监督下的行业自我监管。不过，正如乔尔·塞利格曼在对证券交易委员会所做的详尽历史研究中所指出的一样，这个委员会对行业自我监管的监督能否成功，取决于它愿不愿意诉诸威胁或者能不能够提供刺激。因此，当证券交易委员会 20 世纪 60 年代在这些方面

---

① Keller. "Law and Corporation." 240-241.

② Hurst. *The Legitimacy of the Business Corporation in the Law of the United States*. vii.

③ Thomas K. McCraw. *Prophets of Regulation*. Cambridge, Massachusetts: The Belknap Press of Harvard University Press, 1984: 153-154.

有所懈怠时，尼克松和福特总统任内便出现了证券自我监管的几次危机。尼克松对证券交易委员会主席这一职位所做的不恰当任命更加剧了这些危机的严重性。[①]

总之，无论是反托拉斯政策和第二次世界大战以后在很多领域日益加强的联邦监管，还是证券交易方面的立法和证券交易委员会权力的行使，对美国公司法的总体影响都比较有限。各州公司法依然一言九鼎，特拉华州独领风骚的地位也没有改变。州际竞争造成的各州法律对公司纵容有余而监管不足的局面，由于 20 世纪 60 年代以来联邦证券监管不甚得力而更趋严重。于是，前证券交易委员会主席威廉·L.卡里在 1974 年的《耶鲁法律杂志》上撰文猛烈抨击以特拉华州为代表的各州公司法"竞相而下"（the race for the bottom），降低了公司标准，损害了股东权益。他知道要国会通过联邦一般公司法在"政治上不现实"，乃建议就公司责任问题通过联邦标准法。[②] 除了卡里和他的支持者以外，主张以联邦公司立法来解决各州公司法"竞相而下"问题的，还有在汽车安全问题上曾与通用汽车公司对簿公堂的拉尔夫·纳德等人。[③] 不过，诸如联邦公司标准法一类的联邦公司立法建议至今在美国都是曲高和寡。

不仅如此，自 70 年代中期新保守主义在美国逐渐得势以来，有学者甚至认为各州的竞争为公司提供了更有效率的法律环境，不仅没有损害反而还维护了股东的利益，因此这种竞争不是"竞相而下"，而是"竞相而上"（the race to the top）。[④] 持这种观点的人往往还主张视公司为一种合同关系，并认为合同条件中最主要的就是管理人员有责任最大限度地增加股东的财富。80 年代的敌对接管和杠杆兼并的浪潮一度被他们欢呼为形成了健康的"公司控制权的市场"，[⑤] 因为它使经理层为了控制公司资源而展开竞争，让不能最大限度增加股东财产的公司管理层在敌对接管和杠杆兼并中被淘汰出局。然而结果并不像这些人预设的那样理想，反而造成了公司大量负债、管

① Joel Seligman. *The Trnasformation of Wall Street: A History of the Securities and Exchange Commission and Modern Corporate Finance*. Boston: Northeastern University Press, 1995: 439-440, 534.

② Cary. "Federalism and Corporate Law: Reflection Upon Delaware." 663-670, 700-701.

③ Ralph Nader, Mark J. Green, and Joel Seligman. *Constitutionalizing the Corporation: The Case for the Federal Chartering of Giant Corporations*. Washington: Corporate Accountability Group, 1976.

④ Robert Romano. *The Genius of American Corporate Law*. Washington: The AEI Press, 1993; Ralph K. Winter. *Government and the Corporation*. Washington: The AEI Press, 1978.

⑤ Grandy. *New Jersey and the Fiscal Origins of Modern American Corporation Law*. 3.

理层的短期行为和过度冒险、垃圾债务泛滥，等等。此外，各州财政及社区利益也无疑受到外州公司接管兼并的威胁。于是到 80 年代末有愈来愈多的州通过了阻挠接管的立法，联邦政府也加强了有关的监管，再加上高回报债券市场崩溃和信贷吃紧，敌对接管和杠杆兼并在 90 年代很快就失去了势头。

敌对接管和杠杆兼并的失势，并不等于股东至上论不再有影响。事实上，很多公司在 90 年代用其他方式来实现敌对接管和杠杆兼并所追求的一个维护股东利益的基本目标——促使管理层密切关注公司股票在证券市场上的表现。例如，1980—1994 年美国公司主管年薪中的股票部分增加了几乎 7 倍，显然就是为了产生这个效果。不仅如此，不少公司还把管理层的报酬和资本回报率挂上钩。这就是说在争取股市业绩好的同时，要避免 80 年代敌对接管和杠杆兼并因不顾成本而负债累累的问题。美国国会的立法和证券交易委员会的规定也有类似的向股东方面倾斜的迹象。1997 年，代表美国大企业的企业圆桌会议宣称："管理层和董事会首先要对股东负有责任，而不是……对其他的利害相关者。"[1] 这些变化和 80 年代的兼并潮一起，使得一些研究公司治理的学者开始大谈管理资本主义正在被投资者资本主义所取代的问题。

不过，非股东的债权人、雇员、消费者和公众等所谓利害相关者也没有沉默。80 年代敌对接管和杠杆兼并对他们造成的损害，使这些人对只顾股东利益的公司行为日益不满，结果导致 30 个州先后通过立法允许管理层在决策时对法案列举的非股东者利益予以考虑。1989 年，特拉华州最高法院就卓绝通信公司诉时代公司案做出判决，时代公司管理层可以拒绝卓绝公司的兼并要求，尽管后者的开价有利于时代公司的股东。[2] 这就是说，管理层可以为了非股东方面的考虑而不听从股东的选择。有学者认为，这些立法和判决为以后逐步在公司法问题上以社区论来取代合同论带来了希望，即每个社会的个人在合同关系之外相互之间还有其他的义务，从个人到公司都"要承认对社区所有成员的生活质量负有责任"。他们为此而呼吁以社区利益为

---

① Bengt Holmstrom and Steven N. Kaplan. "Corporate Governance and Merger Activity in the United States: Making Sense of the 1980s and 1990s." *Journal of Economic Perspectives* 15 (2001): 132-137.

② *Paramount Communications v. Time*, 571 A. 2d 1140. (Del. 1989); David Millon. "New Direction in Corporate Law: Communitarians, Contractarians, and the Crisis in Corporation Law." *Washington and Lee Law Review* 50 (1993): 1376.

导向的法律改革。①

从反映美国公司发展可能出现的趋势上来看，倾向股东利益的所谓投资者资本主义和倾向利害相关者利益的所谓社区论也许都有一定的道理。股东的利益和公司的责任在美国确实是受到了比过去多得多的关注，不过，这些关注的具体举措最后还是落实到了管理层身上：或者是通过市场和公司治理给管理层以关注股东利益的刺激，或者是通过立法和判决给他们以关注社区利益的授权。从这个角度来看，称管理资本主义已为投资资本主义所取代恐怕还为时太早，说公司管理层和股东的利益要完全让位于社区利益恐怕也是理想多于现实。至少从规范公司的结构、关系和行为的美国公司法来看，它在过去几十年里还没有发生根本性的变化。凯勒教授在 20 世纪结束后对美国的法律和公司进行回顾时写道："国家对公司的监管和法律关系自 20 世纪 30 年代以来就其本质而言没有大变。专门针对公司而来的新的重要监管机构未曾建立，公司方面的立法只是修订而不是改造了现行法律。"② 这个结论应该说是相当中肯的。

（五）结论：美国公司法的演变与公司的历史作用

美国公司法的演变其实是与公司作用的历史性变化密切相关联的。公司特许制固然是一种历史沿袭，但它也是与 19 世纪美国公司主要来自公用事业部门以促进基础设施建设的时代要求相适应的。这类建设不仅需要集资，而且需要一定的特权，甚至包括垄断特权。从事这类建设的公司在数量上也必须有一定的限度，不是"韩信用兵多多益善"的领域。正因为这类建设的公用性，决定了当时的公司法要对公司事务加以较多的规范和管制。此种限制甚至在从特许制转向一般公司法后还保持了很长一个时期。因此，从公司法的角度来看，19 世纪的大部分时间都不是一个所谓自由放任的时期。不过，当时一般工商部门的主要企业组织并不是公司，而是个体或合伙厂家商户。它们不受公司法的约束，而是靠合同进行商业往来，所以赫斯特曾称

---

① Millon. "New Direction in Corporate Law: Communitarians, Contractarians, and the Crisis in Corporation Law." 1382-1383; Lawrence E. Mitchell. ed. *Progressive Corporate Law*. Boulder, Colorado: Westview Press, 1995.

② Keller. "Law and the Corporation." 239.

1800—1875 年"首先是我们法律上的合同的年代"。[①] 现代合同法在 19 世纪的出现和发展在一定程度上保证了签约者能按自己的意志管理手中的资源，使市场调节在经济中的地位日益重要，从而让美国社会的经济能量得以释放。内战以后，尤其是 19 世纪末和 20 世纪初，在美国经济现代化的过程中公司逐渐成为美国大部分工商部门的企业组织形式，美国公司法此时在民主化的基础上迅速走向自由化，应该说适应了公司历史作用转变的时代要求，结果不仅使作为企业主要组织形式的公司在市场活动中有了过去无法想象的自由驰骋的天地，而且促进了大企业的崛起和管理资本主义在美国的发展。尽管大企业在美国经济中的地位和管理阶层的作用在进入 21 世纪时不仅受到了质疑而且发生了一定的变化，[②] 但还没有达到让美国公司法也进行重大调整的地步。因此，当我们强调进步主义改革和新政以来，尤其是第二次世界大战以后，美国国家干预的加强或所谓国家垄断资本主义的发展时，不要忘了美国公司法为美国的企业留下了一个至今仍十分广阔的自由发展的法律空间。

[①] James Willard Hurst. *Law and the Conditions of Freedom in the Nineteenth-Century United States*. Madison, Wisconsin: The University of Wisconsin Press, 1956: 18.

[②] Naomi R. Lamoreaux, Daniel M. G. Raff, and Peter Temin. "Beyond Markets and Hierarchies: Toward a New Synthesis of American Business History." *American Historical Review* 108 (2003): 404-433.

十一　美国反托拉斯法目标多重性的历史缘由

美国大学的教科书将《谢尔曼反托拉斯法》誉为"自由企业的大宪章"，最高法院大法官阿贝·福塔斯则形容反托拉斯为美国的"社会宗教"。[①] 无可置疑，当世界上主要的工业国家在第二次世界大战以前大都容忍甚至鼓励卡特尔（与托拉斯类同的垄断组织形式之一）时，几乎只有美国存在顾名思义是以保护竞争为宗旨的反托拉斯立法。因此，美国著名历史学家理查德·霍夫施塔特曾经指出："反托拉斯运动和它的立法是典型美国式的。"到 20 世纪 60 年代，这个在世纪之交曾使锐意改革的人们热血沸腾的公共政策问题已变得制度化了，它得到了两大政党的支持，"静悄悄地走自己的路，没有多少公众的注意，于是我们看不到它了"。[②] 就在这时，芝加哥学派对美国政治中已被视为理所当然的反托拉斯政策展开了愈来愈猛烈的抨击，指责它不但没有刺激反而阻碍了市场竞争。[③] 其中的主要代表人物之一、耶鲁大学法学院教授罗伯特·博克在发表了一系列文章之后，于 1978年出版了《反托拉斯悖论：跟自己开战的政策》一书。该书的论点对美国反托拉斯政策在 80 年代引人注目地转向温和产生了重大影响。当博克在 1987年被罗纳德·里根总统提名为最高法院大法官人选时，美国律师协会反托拉斯法委员会的 15 位前任主席称他的这部大作是"过去 25 年里这个领域最

---

① Marshall Howard. *Antitrust and Trade Regulation*. Englewood Cliffs, New Jersey: Prentice Hall, 1983: 1. Wyatt Wells. *Antitrust and the Formation of the Postwar World*. New York: Columbia University Press, 2002: 1.

② Richard Hofstadter. "What Happened to the Antitrust Movement." *The Paranoid Style in American Politics and Other Essays*. New York: Alfred A. Knopf, 1965: 195, 189.

③ Robert Bork, Ward Bowman. "The Crisis in Antitrust." *Fortune* 68, December 1963: 138. Robert Bork. "Legislative Intent and the Policy of the Sherman Act." *Journal of Law and Economics*, 7 (1966): 5. George Stigler. "The Economic Effects of the Antitrust Laws." *Journal of Law and Economics* 9 (1966): 225. Richard Posner. "Oligopoly and the Antitrust Laws: A Suggested Approach." *Stanford Law Review* 21 (1969): 562.

重要的著作"。① 美国法律史学家威廉·E.科瓦契奇在 1990 年纪念《谢尔曼反托拉斯法》通过 100 周年的文章中甚至认为："1890 年以来没有一本学术著作对反托拉斯政策的方向所产生的影响比《反托拉斯悖论》还大。"②

博克在这部著作和他 60 年代以来发表的一系列文章中提出的核心论点是：《谢尔曼反托拉斯法》原来的意图和唯一的目标，就是消费者利益的最大化，要做到这一点唯有加强市场竞争以提高经济效率；然而美国法院的法官们后来并未照此行事，却一步步引入了彼此冲突的其他目的，其中有的旨在保护竞争，有的旨在压制竞争，形成了自相矛盾的"跟自己开战"的反托拉斯政策，③ 到 20 世纪 60 年代和 70 年代更出现了置消费者利益和经济效率于不顾的"反托拉斯危机"，它不仅表现为法院对效率关注的敌意，而且反映在国会的立法动向以及拉尔夫·纳德和他的支持者们对大公司的诉讼之战与口诛笔伐上。因此，博克呼吁进行反托拉斯法改革，称其关系到"竞争性自由市场理念的政治命运"。④

博克在反托拉斯问题上视消费者利益以及实现企业最大化的经济效率为唯一至高无上的目标，是以新古典经济学理论为基础的。这种现代主义色彩极浓的规范式思想见解，对 20 世纪 80 年代以来美国的反托拉斯政策乃至企业结构的调整产生了相当大的影响，从而使芝加哥学派的理论成为美国新保守主义崛起以来反托拉斯政策上的显学。不过，从反托拉斯历史的角度来看，博克的观点未免失之偏颇，其要害是简单化。诚然，简单化有时可以加强政策的效力，但却无助于解释历史。事实上，《谢尔曼反托拉斯法》从一开始就不是博克所说的仅仅以经济效率为目标的"消费者福利处方"，⑤ 而是有着相当广泛的经济、社会、政治和道德宗旨。美国反托拉斯法在目标上表现出的多重性也不是法官们随意诠释的结果，而是不同利益及思想理论的反映，并随着美国历史上不同时期经济监管体制的变化而有所变化。因此，芝加哥学派的经济效率至上论，在对美国反托拉斯法目标的解释上有以偏概全之嫌，也不宜成为对美国反托拉斯法的历史发展进行评价的唯一标准。

---

① William E. Kovacic. "*The Antitrust Paradox* Revisited: Robert Bork and the Transformation of Modern Antitrust Policy." *The Wayne Law Review* 36 (1990): 1416.

② Ibid., 1417.

③ Robert Bork. *The Antitrust Paradox: A Policy at War with Itself*. New York: Basic Books, Inc., 1978: 7-8, 66.

④ Ibid., 7, 10.

⑤ Ibid., 66.

（一）反托拉斯法是不同利益集团相互较量和妥协的产物

博克对美国第 51 届国会在《谢尔曼反托拉斯法》立法过程中展开的辩论进行了研究，他发现消费者利益是国会"居于首位的目标"，其他目标在与之发生冲突时都要"让路"。[①]然而，很多学者在博克大作问世以来对谢尔曼法及其立法史所做的新一轮研究却得出了与博克相反的结论。[②]他们和霍夫施塔特等老一辈的史学家一样，[③]认为《谢尔曼反托拉斯法》具有多重目标。其中大多数人还发现国会首要关注的是生产者而不是消费者，即生产者中因美国经济的巨大变化而发生的权力中心的转移和它所产生的广泛影响。这种权力中心的转移使小生产者或者说小企业受到威胁，使原有的地区经济平衡遭到破坏，也使崛起中的现代大企业遇到了来自各州的抵抗。《谢尔曼反托拉斯法》在一定程度上就是这些不同的经济利益方在面对经济权力中心转移所产生的影响时，通过国会立法形成的一种妥协，所以在目标上自然具有多重性，在语言上也势必有一定的模糊性。

第 51 届国会在讨论《谢尔曼反托拉斯法》时确实提到消费者利益和降低消费者商品价格的目标。约翰·谢尔曼参议员本人起草的法案就曾明确指出，"旨在或倾向于增大消费者代价的……所有安排、合同、协定、托拉斯或联合"违背了公共政策，是非法和无效的。参议员纳尔逊·奥尔德里奇在讨论时还建议加上一个限制性条款，规定反托拉斯法不适用于那些"旨在或倾向于……减少生产成本或降低生活必需品价格的……联合"，实际上就是认可旨在提高经济效率的企业联合。[④]这是博克认为《谢尔曼反托拉斯法》旨在维护消费者利益和提高经济效率的主要依据所在。然而，正如经济史学家克里斯托弗·格兰迪所言："法案从未在提到消费者时不述及通过监管竞

① Bork. "Legislative Intent and the Policy of the Sherman Act." 10.

② 关于美国学术界有关反托拉斯问题的新一轮历史研究，可参见：Rudolph J. R. Peritz. "Forward: Antitrust as Public Interest Law." *New York Law School Law Review* 35 (1990): 767-790; James May. "Historical Analysis in Antitrust Law." *New York Law School Law Review* 35 (1990): 857-877; Daniel R. Ernst. "The New Antitrust History." *New York Law School Law Review* 35 (1990): 879-891.

③ Hofstadter. "What Happened to the Antitrust Movement." 199-202.

④ Christopher Grandy. "Original Intent and the Sherman Antitrust Act: A Re-examination of the Consumer-Welfare Hypothesis." *Journal of Economic History* 53 (1993): 362-363, 365.

争来保护生产者"。^①当谢尔曼在他起草的法案中规定要保护"充分和自由的竞争"时，他也未必是指芝加哥学派今天所说的"消费者福利最大化"，因为谢尔曼在辩论时曾明确指出，如果"公司联合起来阻止竞争"，以"赔本销售产品"驱逐对手，那法院要进行干预。^②这显然不是以降低产品价格造福消费者为主要目标。不仅如此，跟博克的消费者至上论或经济效率论可谓不谋而合的奥尔德里奇建议，在辩论时还遭到了谢尔曼的强烈反对。更为重要的是，到《谢尔曼反托拉斯法》经参议院司法委员会修改问世时，我们在生效的文本中既看不到奥尔德里奇的修正意见，也看不到上述谢尔曼起草的法案中有关"消费者代价"以及"充分和自由的竞争"的内容。它们被反对"限制贸易"的普通法模糊语言所取代了。

博克曾争辩说，"限制贸易"就是指"限制产量"，^③后者会提高价格从而损害消费者福利，所以国会在《谢尔曼反托拉斯法》中反对"限制贸易"就是为保护消费者福利而反对限制产量和抬高价格。且不说博克的看法有违普通法关于"限制贸易"的解释，无可否认的经济事实是：限制产量和抬高价格在当时并不是人们最担心的事情，生产过剩和价格下跌才是令人头痛的问题。美国学者托马斯·J.迪洛伦佐根据人口统计局资料对第51届国会所指责的由托拉斯垄断的部门中有统计数据的17个列表进行了分析，发现除火柴和蓖麻油以外，其他15个部门的产量在1880—1890年均在增长。这一增长趋势一直持续到1900年。不仅如此，当美国国民生产总值在谢尔曼法通过前十年增加了约24%时，这些所谓垄断部门的实际产值平均增长175%。它们的发展速度超过了整个经济的发展速度。因此，笼统地说托拉斯限制产量是没有根据的。同样，断言托拉斯抬高价格也是不实之词。据统计，在1880—1890年间，钢的平均价格下跌53%，糖价下跌22%，铅价下跌12%，锌价下跌20%，只有烟煤价格保持不变，但随后从1890年到1900年烟煤价格也下跌29%。和1880—1890年全国消费品价格指数下跌7%相比，这些所谓垄断部门的产品价格的下跌幅度除煤炭工业以外可以说

---

① Christopher Grandy. "Original Intent and the Sherman Antitrust Act: A Re-examination of the Consumer-Welfare Hypothesis." *Journal of Economic History* 53 (1993): 362.

② Ibid., 363-364.

③ Bork. "Legislative Intent and the Policy of the Sherman Act." 16.

遥遥领先。[1]

　　显然，《谢尔曼反托拉斯法》当时需要真正关注的问题，并不是损害消费者福利的限制产量和抬高价格的垄断行为，而是内战以后美国经济迅速工业化和现代大企业崛起所带来的新的经济权力不平衡。这种不平衡在各个生产者利益集团中都引发了不满或忧虑。首当其冲的就是农场主、牧场主和其他小生产者。对谢尔曼法通过前公众对托拉斯的态度做了广泛研究的桑福德·D.戈登曾经指出："特殊利益集团（对工业联合）做出的也许是最猛烈的反应来自农场主。"[2] 作为消费者，他们在 1865—1900 年由于农产品价格下跌少于其他商品而成为实际受惠者；[3] 但是作为生产者，他们不仅在经济变化的大潮中失去了过去的安全感，而且还亲身领教了大规模高效率生产带来的降价压力。在各州反托拉斯立法中颇具代表性的密苏里州，当地的牧场主和屠宰零售商就是因为芝加哥四大屠宰厂形成了所谓"牛肉托拉斯"，而在降价竞争的威胁之下走上了反托拉斯的道路。[4] 他们后来成了要求通过《谢尔曼反托拉斯法》和 1891 年联邦肉类检查法的院外游说活动的主力军之一。[5]

　　在美国工业化过程中形成的小生产者和大生产者之间的利益冲突，还表现为非工业化的农业边缘地带和铁路、金融、工业大公司集中的东北部及大湖区制造业核心地带的地区性矛盾。这种地区性矛盾也是《谢尔曼反托拉斯法》在目标上具有多重性的重要原因。据美国学者伊丽莎白·桑德斯研究，美国工业经济扩展造成的地区专业化到 19 世纪 80 年代已相当明显。从缅因州南部向南延伸到宾夕法尼亚州、向西延伸到密歇根湖西岸的东北部及大湖区已经崛起为美国工业的核心地带。它在经济上的统治地位要在将近一个世纪后才会真正遭到挑战。根据 1890 年制造业的统计数据计算，位于这一

---

① Thomas J. DiLorenzo. "The Origins of Antitrust: An Interest-Group Perspective." *International Review of Law and Economics* 5 (1985): 78-80.

② Sanford D. Gordon. "Attitudes Toward Trusts Prior to the Sherman Act." *Southern Economic Journal* 30 (1963): 158.

③ Douglass North. *Growth and Welfare in the American Past: A New Economic History*. Eaglewood Cliffs, New Jersey: Prentice Hall, 1966: 139.

④ Donald J. Boudreaux, Thomas J. DiLorenzo, and Steven Parker. "Antitrust before the Sherman Act." Fred S. McChesney & William F. Shughart, II. eds. *The Causes and Consequences of Antitrust*. Chicago: The University of Chicago Press, 1995: 255-270.

⑤ Gary D. Libecap. "The Rise of Chicago Packers and the Origins of Meat Inspection and Antitrust." *Economic Inquiry* 30 (1992): 242-262.

地区的 8 个州的制造业增加值占全国的 69%，如果加上西部太平洋沿岸 3 个工业较发达的州，则会占 72%。[①]包括南部、中西部、大平原和山脉地区在内的边缘地带的农场主和其他小生产者把这种突飞猛进的工业化看作是威胁而不是机会。他们在变幻莫测的市场环境中被迫与包括国际收割机公司、美国烟草公司、斯威夫特肉类公司、美孚石油公司、铁路公司等大企业打交道，常有如履薄冰之感，反垄断情绪乃一发而不可收。南部地区在内战后深有沦为经济殖民地之感，这种被大企业盘剥的感受对上述情绪更是起了火上浇油的作用。谢尔曼法在一定程度上就是边缘地带农场主和其他小生产者领军的反托拉斯运动的产物。尽管他们没有能完全实现自己的目标，但正如桑德斯所言："这些代表农业利益的人仍可引以为傲的是有了一个初具雏形的反托拉斯政策，而当时欧洲在这个公共政策问题上正朝着经济权力集中的相反的方向前进。"[②]

小生产者和边缘地带在国会的影响力，固然对《谢尔曼反托拉斯法》起了催生的作用，并对它的内容产生了重要的影响，但是它们无法左右整个立法过程，因为美国大企业在国会的影响也是不能低估的。前面提到的要以修正案使降低生产成本的企业联合不受反托拉斯法约束的奥尔德里奇参议员，后来成了小约翰·D.洛克菲勒的岳父。他自己找的传记作家坦承此公与糖业托拉斯关系密切。参议员亨利·佩恩的儿子奥利弗·佩恩是美孚石油公司的董事。关于大企业与第 51 届国会之间的这种密切关系，以及《谢尔曼反托拉斯法》可能是大企业所需要的麦金莱关税法的铺垫，美国不少政治史著作早已有所论及[③]，此处不再赘述。值得注意的是，近年来运用公共选择理论从事研究的学者们以"事件结果研究"证实，《谢尔曼反托拉斯法》和各州的反托拉斯管制及立法相比，确实是一个更有利于大企业的选择。由于小生产者、地区利益和各种反垄断力量的政治影响，美国的州政府自 19 世纪 80 年代就对托拉斯展开了攻势，无论是在时间上还是在力度上都遥遥领先于联邦政府。在 1888—1890 年间，有 5 个州政府在反托拉斯起诉中胜诉，遭

① Elizabeth Sanders. "Industrial Concentration, Sectional Competition, and Antitrust Politics in America, 1880-1980." *Studies in American Development* 1 (1986): 152.

② Ibid., 157.

③ Merle Fainsod and Lincoln Gordon. *Government and the American Economy*. New York: W. W. Norton & Company, 1948; Matthew Josephson. *The Politicos, 1865-1896*. New York: Harcourt, Brace, and World Company, 1938; Martin J. Sklar. *The Corporate Reconstruction of American Capitalism, 1890-1916*. Cambridge: Cambridge University Press, 1988.

到挫败的有 3 家全国闻名的大托拉斯，1 家享有地区声誉的托拉斯，其中包括俄亥俄的美孚石油。1888—1891 年，有 15 个州通过了反托拉斯法，其中 13 个早于《谢尔曼反托拉斯法》。这些州的反托拉斯法与谢尔曼法相比，不仅在法律定义上毫不含糊，而且在涉及的范围上更加广泛。例如，得克萨斯州对"托拉斯"的定义就有 7 段文字。这 15 个州的反托拉斯法都明文禁止联合定价，对其他的违法行为也有比较明确的规定。[①] 因此，当赞成公共选择理论的学者用数理统计方法对各州的反托拉斯行动和《谢尔曼反托拉斯法》的"事件结果"进行分析时，他们发现各州的行动使投资者感到惊恐，不仅降低了直接涉案的托拉斯的证券市场价值，而且降低了其他不涉案的托拉斯的市场价值。相比之下，《谢尔曼反托拉斯法》的通过则没有产生这样的影响。

据美国学者沃纳·特罗埃斯肯对 1889—1890 年有关统计数据的计算，加州和纽约州法院早期反对糖业托拉斯的裁决使托拉斯的平均市场价值下跌 6%—9%，内布拉斯加州法院反对威士忌托拉斯的判决使托拉斯平均市场价值下跌 6%—7%，伊利诺伊州法院反对瓦斯托拉斯的判决使托拉斯平均市场价值下跌 6%—9%。如果考虑州法院所有反托拉斯判决的累积效应，托拉斯平均市场价值下跌达 29%—37%。尽管铅业托拉斯在这些统计所包括的判决中并未涉案，其市场价值也下降了 31%—44%。各州反托拉斯行动的影响显然不可小视。《谢尔曼反托拉斯法》则不然。虽然参议院金融委员会对原始法案进行修改以及将法案提交司法委员会都曾使托拉斯平均市场价值略有下滑，法案在众议院的通过也曾使糖业托拉斯平均市场价值下跌 8%—9%，但是把所有托拉斯包括在内的平均市场价值在《谢尔曼反托拉斯法》提交到国会山的一个星期里上扬了 12%—15%。如果把与谢尔曼法有关的所有立法事件的累积效应都考虑进来，那托拉斯的平均市场价值上升了 9%—21%。因此，特罗埃斯肯得出结论，《谢尔曼反托拉斯法》在投资者看来顶多只是个小小的威胁。如果和各州的反托拉斯行动和立法相比，大企业无疑希望有谢尔曼法这样的联邦立法以回避投资者眼中来自各州的真正

[①] Werner Troesken. "Did the Trusts Want a Federal Antitrust Law? An Event Study of State Antitrust Enforcement and Passage of the Sherman Act." Jac C. Heckelman, John C. Moorhouse, Robert M. Whaples. eds. *Public Choice Interpretations of American Economic History*. Boston: Kluwer Academic Publishers, 2000: 84-89.

威胁。[①]

这个结论和美国政治史学家们长期以来对谢尔曼法进行研究后所形成的看法是一致的。威廉·莱特温在他 1954 年出版的有关谢尔曼法的专著《美国的法律和经济政策：谢尔曼反托拉斯法的演变》中就曾指出："国会想做两件事，尽管它们不是互不相容，却也难以协调，那就是在受益于合并的同时又要保住竞争的好处。"[②] 换言之，美国国会作为民主政治的机构固然要对工业化权力中心转移过程中遍及全国的反垄断呼声做出反应，但它同样也要对代表美国经济未来发展方向的大企业负责。国会作为利益集团代表的这种多元性，决定了《谢尔曼反托拉斯法》在目标上的多重性。可以说，美国的反托拉斯法从一开始就不是博克所说的目标单一、泾渭分明的法律。

（二）反托拉斯法是不同政治思想和经济学理念影响的结果

《谢尔曼反托拉斯法》不仅是不同利益集团较量和妥协的产物，而且受到了不同思想的影响。在它的制订过程和早期实施阶段中，美国革命以来共和主义有关权力均衡的政治理念仍然有很大影响，自由主义的自然权利和个人自由的信条更是根深蒂固。从经济思想上来说，古典经济学和新古典经济学正处于新旧交替时期，老的观念尚未退出阵地，新的想法已在抢占地盘。过去美国学术界所谓法院直到 20 世纪 70 年代才从经济角度审视反托拉斯问题的说法，现在看来并不确切。著名法律史学家赫伯特·霍温坎普的研究证明："反托拉斯政策自它发端之日就是由经济观念打造出来的。"[③] 所有这些纷繁复杂的政治理念和经济思想对美国的反托拉斯法及其实践都产生了一定的影响。应该说，反托拉斯法既是共和主义和自由主义理念相互妥协的结果，又是古典经济学向新古典经济学转变的产物。

---

① Werner Troesken. "Did the Trusts Want a Federal Antitrust Law? An Event Study of State Antitrust Enforcement and Passage of the Sherman Act." 94-101.

② William Letwin. *Law and Economic Policy in America: The Evolution of the Sherman Antitrust Act.* New York: Random House, 1965, 4th ed.: 234.

③ Herbert Hovenkamp. *Enterprise and American Law, 1836-1937.* Cambridge, Massachusetts: Harvard University Press, 1991: 268.

众所周知，古典共和主义的政府目标是造福于全体公民，公共利益高于对个人利益的追求。这种理念在美国革命时具有广泛的影响，曾被誉为争取独立的人们心中的"北极星"。①能否把公共福祉摆在私心杂念之前取决于公民道德，而这种道德的前提条件就是产权。在赞成共和主义理念的人看来，只有由独立、自给自足的有产者组成的全体选民才愿意且有能力去追求公共福利，因为无产者不得不屈从他们所依附的人，而产业过多的人又很难将他们的私利置于大众福利之下。②所以，诺厄·韦伯斯特当时曾经写道："产权平等，必要的转手，持续不断地营运以消除强大家族的联合，是一个共和国的灵魂所在。"③这样，权力均衡便成了共和主义的信条。尽管以追求个人利益为基础的自由主义后来在美国人的价值观中占了上风，但权力均衡的共和主义理念在19世纪末和20世纪初经济权力中心大转移时，依然反映了很多人的心声。有学者认为，《谢尔曼反托拉斯法》在一定程度上就是"为了这种持久而又根深蒂固的观念所做的最后一次努力"。④

据美国学者戴维·米隆研究，关注经济权力的均衡是否遭到破坏是"谢尔曼法的核心"。⑤当时的国会辩论对垄断的谴责是毫不含糊的。谢尔曼参议员本人曾经指出，对社会秩序形成的最大威胁，就是"资本在一代人的时间里集中到庞大联合体中，去控制生产和贸易以及消灭竞争所带来的条件、财富和机会的不平等"。⑥参议员乔治·霍尔则直接指责垄断是"对共和制度的一种威胁"。⑦在乔治·格雷参议员看来，有办法筹措资本的大厂家比起那些没有同样资本的人来说占有了"不应有的优势"。他说国会应该阻止这种不平衡的发生，哪怕是资本集中往往"导致了我们文明的进步和我们财富的增

---

① Gordon Wood. *The Creation of the American Republic*. New York: W. W. Norton & Company, 1972: 55.

② Drew R. McCoy. *The Elusive Republic: Political Economy in Jeffersonian America*. Chapel Hill: The University of North Carolina Press, 1980: 68; J. G. A. Pocock. *The Machiavellian Moment: Florentine Political Thought and the Atlantic Republican Tradition*. Princeton, New Jersey: Princeton University Press, 1975: 219-272, 462-506.

③ Pocock. *The Machiavellian Moment*. 534.

④ David Millon. "The Sherman Act and the Balance of Power." *Southern California Law Review* 61 (1988): 1220.

⑤ Ibid., 1276.

⑥ United States Congress, *Congressional Record* 21 (1890): 2460.

⑦ Ibid., 3146.

加"。① 显然，共和主义的理念关心的是权力，而不是博克所说的效率。恢复被大企业崛起所破坏的经济权力的均衡就是谢尔曼法的立法目标之一。谢尔曼参议员在国会辩论中曾慷慨陈词："如果我们不愿忍受作为政治权力的国王，我们也不应该忍受一手左右生产、运输和销售生活必需品的国王。如果我们不臣服于皇帝，我们也不应对有权阻止竞争和对商品定价的商业贵族低头。"② 他还宣布反托拉斯法案的宗旨是保护美国公民的"工业自由"，实际上就是在大体平等的条件下展开竞争的自由。③

　　同样，自由主义政治观关注的核心也是权力。不过，自由主义不像共和主义那样强调公共利益，而是把追求个人利益视为人的本性所在。每个人都有追求个人物质利益的自由。它是以对财产、劳动、交换、竞争的自然权利为基础的。人的自由和自然权利不仅要受政府的保护而不被其他公民侵犯，同样也不能受政府的侵犯。④ 政府权力对自由的威胁长期以来都是自由主义政治观担心的焦点，这在美国宪法尤其是《权利法案》中体现得非常清楚。因此，保护产权、契约自由和有限政府成了自由主义的基本信条。美国学者鲁道夫·J.R.佩里茨对第51届国会辩论进行研究后发现，当时受自由主义影响而与谢尔曼参议员在反托拉斯问题上意见相左的人，他们所依靠的就是与产权密切相关的所谓"公平价格"或者"公平回报"的观念。例如，奥维尔·普拉特参议员在辩论时明确指出："价格应该是公正的，合理的，公平的……以便使所有从事生产的人有公平的回报，资本、劳动和投入生产的别的东西都要有公平利润……经商的每个人……有法律上和道德上的权利从其生意和工作中获得公平的利润；如果他们被激烈的竞争逼到无利可图的地步，我认为他们有权联合起来抬高价格直到价格变得公平和有利可图。"⑤ 这样，当谢尔曼为保护竞争的自由而诉诸共和主义时，普拉特则为保护产权的联合而诉诸自由主义。他们就像美国法律史学家詹姆斯·梅所说的一样，在对新的左右市场的企业联合做出反应时，不是马上皈依一种新的理念，而是

---

① United States Congress, *Congressional Record* 21 (1890): 2657.

② Ibid., 2457.

③ Ibid., 2461, 2457.

④ Thomas Hobbes. *Leviathan*. Cambridge: Cambridge University Press, 1991. John Locke. *Two Treatises of Government*. Cambridge: Cambridge University Press, 1960. Roberto M. Unger. *Knowledge & Politics*. New York: Free Press, 1975.

⑤ Rudolph J. R. Peritz. *Competition Policy in America, 1888-1992*. New York: Oxford University Press, 1996: 18.

"寻求将这种与众不同的因素纳入传统的视野"。① 共和主义和自由主义就是这种传统视野内的理念。它们之间的较量和妥协，使谢尔曼法在 1890 年通过时给这两种传统理念都留下了回旋的空间。

当然，传统的理念不会是一成不变的。作为自由主义思想基础之一的古典政治经济学在 19 世纪末就处于重大变化之中，即向新古典经济学演变。霍温坎普教授称新古典经济学的兴起是英美经济理论上的一次"伟大的革命"。② 就古典政治经济学而言，它和自由主义的政治理念一样，把"竞争"看作是"自由"，特别是对个人财富的配置有权做出自由的选择，从法律上来讲就是"契约自由"。新古典经济学则不然，它是建立在边际效用理论的基础之上。其"完美竞争"的概念是指价格下跌至边际成本而厂家通过创新和最佳规模的生产使成本降至最低。因此，"竞争"在古典政治经济学看来涉及的是"自由"，在新古典经济学看来则是一种价格—成本关系。这一经济学概念上的革命性变化不仅影响到普通法的基本原则，而且涉及反托拉斯法的发展。因为谢尔曼法在一定程度上就是普通法的联邦法典化。

众所周知，谢尔曼法没有明言保护竞争，却采用了普通法的语言，将之称为禁止"限制贸易"。对于在 19 世纪深受古典政治经济学影响的普通法来说，所谓"限制贸易"就是指剥夺他人进入市场的自由，如强迫人签订不参与竞争的契约，等等。根据这种解释，卡特尔式的定价协定在 19 世纪的大部分时间里并没有被看作是"限制贸易"，更不在禁止之列，因为它没有以强制手段限制他人或者说外人进入市场的自由。不过，谢尔曼法虽然采用了普通法的语言，却并没有停留在普通法有关"限制贸易"的司法惯例上。首先，它没有视限制贸易的合同仅仅是不具法律约束力，而是宣布其非法，并且可以由州或第三方提出起诉。更重要的是，法院后来在执行谢尔曼法时对于过去不在"限制贸易"之列的卡特尔式定价采取了愈来愈严厉的态度，甚至不考虑其"合理性"而将它定义为"赤裸裸的限制贸易"加以禁止。③ 相反，对于 19 世纪普通法所说的"限制贸易"，法院则采取了比较宽容的

① James May. "Antitrust in the Formative Era: Political and Economic Theory in Constitutional and Antitrust Analysis, 1880-1918." *Ohio State Law Journal* 50 (1989): 294-295.

② Herbert Hovenkamp. *Enterprise and American Law, 1836-1937*. Cambridge, Massachusetts: Harvard University Press, 1991: 269.

③ "赤裸裸的限制贸易"是由威廉·H.塔夫脱法官在 1898 年美国诉埃迪斯顿钢管和钢铁公司案中提出并加以阐述的，参见 *Unites States v. Addyston Pipe and Steel Co.*, 85 F. 271 (6th Cir. 1898)。

态度，例如罗得岛州最高法院在 1894 年的奥克戴尔制造公司案中裁定，不参与竞争契约的限制"哪怕是在时间或地域上没有限度"也是合法的。[①] 所以，霍温坎普教授在研究了这段时期经济思想变化与反托拉斯法的关系后明确指出："法律实际上紧跟'竞争'概念的变化，它对限制贸易合同所必然导致的对个人自由加以限制这一状况逐渐减少了关注，变得愈来愈关心像定价这类新古典意义上的反竞争安排。"[②]

受新古典经济学影响而产生的这种法律变化，还涉及对限制贸易和消灭竞争的"强制"行为的理解。在古典经济学和传统的普通法看来，个人以合同来约束自己不能算强制，个人之间达成协议通过市场来约束第三方也不能算强制，因为第三方在市场活动中可以不理会这种协议，彼此都有采取市场行动的自由。这就是卡特尔在谢尔曼法通过之前和通过之初基本上没有遭到法院反对的原因。然而，新古典经济学在强制问题上却不作如是观。艾尔弗雷德·马歇尔认为，每个人都有一个比他不愿付的价格还高的"保留价格"。从卡特尔或垄断者那里购买或者拒绝购买，实际上就是被强制支付比竞争性价格高的价钱或者被强制什么也不买。换言之，他们被剥夺了不受限制的市场所能提供的机会。这样，新古典经济学就把强制的概念从市场准入扩大到了市场定价，从而为谢尔曼法通过之后法院追究这类过去不予追究的市场行为提供了经济学理由。[③]

此外，受新古典经济学影响的美国反托拉斯法在司法实践中还遇到了一个宪法问题，即受宪法保护的契约自由是不是包括以签约方式中止彼此之间竞争的自由。最高法院如果在这个问题上坚持古典经济学和普通法强调契约自由的传统立场，那反托拉斯法的执行将困难重重。事实上，当时的几桩大案，包括 1898 年的联合交通运输协会案、1899 年的埃迪斯顿钢管和钢铁公司案以及 1904 年的北方证券公司案，都涉及这个宪法问题，因为涉案者众口一词地宣称，其定价协定或自愿合并并非普通法所谓的不合理限制贸易，应该受契约自由的法条保护。联合交通运输协会一案的被告甚至直接指责谢尔曼法违宪。可是，一向被视为维护契约自由的旗手之一的大法官鲁弗斯·佩卡姆在埃迪斯顿钢管和钢铁公司案中代表最高法院做出裁决，声称契

[①] Hovenkamp. *Enterprise and American Law*. 282; *Oakdale Manufacturing Co. v. Garst*, 18 R. I. 484, 488 (1894)

[②] Hovenkamp. *Enterprise and American Law*. 274.

[③] Ibid., 287-291.

约自由虽然得到宪法保护，但国会管制州际商业的权力也是宪法承认的。他还说，契约自由从来就不是指"个人有权签订这样一种私人合同，它一旦执行就会对州际商业形成管制并违反国会就此通过的法律所保护的私人合同"。[①] 这一判决使古典意义上的契约自由不再能轻易成为谢尔曼法关注的消灭竞争的借口，可以说是美国反托拉斯法在司法实践中取得的一个重大进展。

综上所述，共和主义的权力均衡理念、自由主义的产权观、古典经济学的契约自由和新古典经济学的市场价格学说，在谢尔曼法的制订过程和中付诸实施的初期阶段都曾产生了相当大的影响，结果使美国的反托拉斯法从一开始就具有目标多重性的特点。这些多重目标涉及的不仅是经济学的原理和普通法的解释，而且关系到美国社会的政治和道德理念。这些思想观念会随着时代的前进而发生变化，并和新的思想观念一起，在新的历史条件下继续影响美国反托拉斯法的发展，使后者在目标上的多重性具有了时代的特点。换言之，美国反托拉斯法在一定程度上会反映一个时代的要求，并随着代表这种要求的美国经济监管体制本身的发展变化而在反托拉斯目标上表现出时代的差异性。

（三）反托拉斯法是因时而异的不同监管体制的组成部分

美国威斯理大学政治学教授马克·艾伦·艾斯纳在 1991 年第一次提出，美国自 19 世纪末以来曾形成过四种不同的经济监管体制（regulatory regime），即市场体制（19 世纪 90 年代—20 世纪前 10 年）、同业公会体制（20 世纪 20 年代—30 年代）、社会体制（20 世纪 60 年代—70 年代）和效率体制（20 世纪 70 年代—80 年代）。后来，美国反托拉斯学会主席艾伯特·A. 福尔和该会资深研究员罗伯特·H. 兰德在 1999 年回顾美国反托拉斯法的演变时，也认为艾斯纳的监管体制说可以提供一种新的研究视角。[②] 事

---

① *Addyston Pipe & Steel Co. v. United States*, 175 U. S. 211, 228-230 (1899).

② Marc Allen Eisner. *Regulatory Politics in Transition*. Baltimore: The Johns Hopkins University Press, 1991. Albert A. Foer and Robert H. Lande. "The Evolution of United States Antitrust Law: The Past, Present, and. Possible) Future." *Nihon University Comparative Law* 16 (1999): 147-172 (http://www.antitrustinstitute. org/recent/64.pdf, Septermber 9, 2003).

实上，这种监管体制说的确有助于我们从历史发展的角度探讨美国反托拉斯政策和思想的变化，了解美国反托拉斯法因时代的不同而在目标上出现的差异性。所谓"监管体制"是指一定历史条件下监管政策和机构建制的总体形式。它着眼于超出具体经济部门的更为广泛的目标，调节的是社会利益、国家和经济行为者之间的关系。当经济和社会发生巨大变化时，监管体制也会发生相应的变化，因为各种利益集团在经济和社会变化大潮造成的威胁之下会要求改变国家和经济的关系，以弥补经济和社会变化对它们的利益所产生的影响。这些要求取决于人们如何看待经济和社会的变化，也即它们形成于人们有关政治经济和机构建制的思考，然后作为一种思想和理论去促成监管政策和机构建制的变化，催生出一种可以反映时代要求的新监管体制。①

在 19 世纪末和 20 世纪初形成的"市场体制"就是对美国大企业崛起所带来的经济和社会变化做出的反应，其目标是恢复或重整市场秩序，所以艾斯纳称之为"市场体制"。恢复和重整市场秩序是当时深得人心的要求，这一要求通过各种思想理论影响了当时的监管政策和机构建制的形成与发展。从《谢尔曼反托拉斯法》到 1914 年的克莱顿法和联邦贸易委员会法，美国政府在这一时期的反托拉斯政策应该说是"市场体制"下经济监管的主要组成部分，因此也具有关注市场秩序的鲜明特点。这一特点首先见之于影响反托拉斯法的思想理论，即前面提到的共和主义、自由主义、古典经济学和新古典经济学等。据美国学者佩里茨的分析，这些思想理论基本上可以归纳为两大类：一类倾向于保护小企业，强调的是共和主义的理念，即人享有在大体平等的市场参加者之间进行不受限制的竞争的自由；另一类倾向于维护大企业，强调的是自由主义的理念，即为了保护产权的公平回报进行合并或达成私人协定的契约自由。② 这两类思想理论虽然代表了不同的利益和不同的社会观，而且在反托拉斯问题上有不同的目标，但它们却有一个共同的关注点，那就是市场关系。前者关心的是不受限制地进出市场的自由，后者牵挂的则是进行市场活动的前提——契约自由。

此外，美国反托拉斯法对市场关系的关注还见之于这一领域内两大司法原则的确立，即合理原则（rule of reason）和本身非法原则（per se rule）。就第一项原则而言，当时最高法院的大法官分成了两大派，即法律条文派和

---

① Eisner. *Regulatory Politics in Transition*. xv-xvi.

② Peritz. *Competition Policy in America*. 14-20.

合理原则派。前者以鲁弗斯·佩卡姆大法官为代表，主张严格按照法律条文实施谢尔曼法；后者以爱德华·D.怀特大法官为代表，主张谢尔曼法的应用要遵循普通法的合理原则。最初，法院基本上是按合理原则做出判决，即只追究不合理的限制贸易，而对合理的则网开一面。可是从 1897 年的横贯密苏里货运协会案开始，法律条文派的意见在最高法院占了上风，他们认为谢尔曼法的条文是禁止所有的限制贸易，并没有讲什么合理与不合理之分。佩卡姆大法官明确表示，哪怕"资本的联合"比"小业主和穷一生之精力的高尚的人"更有效率，也不能以此为理由把他们逼上绝路。[1] 合理原则派虽然对此持有异议，并在包括 1904 年著名的北方证券公司案在内的一系列案件的判决中，继续表示不同意见，但直到 1911 年的美孚石油公司案和美国烟草公司案，他们才得以重新确立了以维护契约自由为宗旨的合理原则。首席大法官怀特宣布，谢尔曼法的"意图不是限制订立和执行合同的权利，无论是源于联合还是其他方式，只要没有不正当地限制州际或对外贸易即可"。[2] 尽管美国国会在 1914 年通过了克莱顿法和联邦贸易委员会法，明文禁止某些垄断行为，并建立了独立的联邦贸易委员会以控制不公平竞争，但反托拉斯问题的最后仲裁者仍然是最高法院，它依靠的仍然是合理原则。这一原则所保证的契约自由为企业扩张的市场活动提供了相当大的法律空间。

至于本身非法原则，它是指最高法院把包括卡特尔、普尔和维持转售价格在内的松散联合排除出了合理限制贸易的范畴，视之为本身非法。这就是说，合理原则只保护紧密联合的契约自由，不包括松散联合的定价协定。早在 1898 年埃迪斯顿钢管和钢铁公司案中，联邦巡回法院法官塔夫脱就将限制贸易分为"直接"和"附加"两种，松散联合的定价行为被视为赤裸裸的直接限制贸易，一律加以禁止。[3] 后来，最高法院认可了塔夫脱确立的这一原则。1910 年，最高法院就迈尔斯博士医药公司案做出判决，禁止该公司要求独立零售商维持转售价格。[4] 这些松散联合在法院看来之所以不受契约自由的保护，是因为宪法保护的契约自由是个人自由，而松散联合显然不是一个独立的个体。相比之下，紧密联合形成的统一管理的现代大公司则被法院视为一个独立的个体。这是因为从公司法的角度来讲，公司在世纪之交已

---

[1] *United States v. Trans-Missouri Freight Association*, 166 U. S. 290, 323 (1897)

[2] *Standard Oil Co. v. United States*, 221 U. S. 1, 59-60 (1911).

[3] *United States v. Addyston Pipe and Steel Co.*, 85 F. 271 (6th Cir. 1898).

[4] *Dr. Miles Medical Co. v. Park & Sons Co.*, 220 U. S. 373 (1910).

逐渐不再被看作是立法机构的人为创造，而是具有法律人格的自然实体。所以，宪法第十四条修正案对个人自由的保护才被最高法院顺理成章地应用于对公司权利的保护。[1] 这也是法院为什么在反托拉斯问题上要将松散联合和紧密联合区别开来的法律原因。显然，无论是在本身非法原则中强调契约自由是一种个人自由，还是确立合理原则来保护这种自由，都是针对市场关系而来。所以，美国反托拉斯司法实践的这两项基本原则和市场体制的总体目标是一致的，那就是在大企业崛起的历史条件下恢复或重整以个人自由为基础的市场秩序。

然而，在市场体制下迅速发展起来的由现代大企业占统治地位的美国经济，在 20 世纪 30 年代陷入了大萧条。为了稳定经济，一种新的监管体制——"同业公会体制"应运而生。这种体制不是以个人自由为基础，而是鼓励不同的经济利益集团建立同业公会式的经济联合组织，由政府把它们纳入监管政策的制定和执行过程，使之发挥核心作用，形成一种政府监督下的自我监管体系，有学者认为这类似于"组合主义安排（corporatist arrangements）"。[2] 此种安排的好处是可以利用各个被监管的利益集团的专业和人才资源，减少政府和被监管的利益集团之间的冲突，也缓和了同一利益集团在市场监管条件下的内部争斗，通过合作来稳定经济。新政时代的《全国工业复兴法》《农业调整法》《农业销售法》《华格纳法》和证券交易立法等构成了"同业公会体制"下经济监管的主要内容。

这种同业公会体制的思想渊源，要追溯到 19 世纪末和 20 世纪初人们在美国社会日益组织化的时代对传统的个人主义和市场竞争所做的后古典主义的反思。当时很多思想家都开始把团体而不仅仅是个人看作是组成社会的元素。其中最著名的包括阿瑟·F.本特利、玛丽·帕克·福利、索尔斯坦·维布伦、查尔斯·库利、赫伯特·克罗利、奥利弗·W.霍姆斯和约翰·杜威。就连以顽固的个人主义信念而著称的全国制造商协会主席约翰·柯比也承认："我们生活在组织的时代。"[3] 至于竭力倡导同业公会的阿

[1] Morton J. Horwitz. *The Transformation of American Law, 1870-1960: The Crisis of Legal Orthodoxy.* New York: Oxford University Press, 1992: 65-107.

[2] Donald R. Brand. *Corporatism and the Rule of Law: A Study of the National Recovery Administration.* Ithaca: Cornell University Press, 1988.

[3] R. Jeffrey Lustig. *Corporate Liberalism: The Origins of Modern American Political Theory, 1890-1920.* Berkeley: University of California Press, 1986: 110.

瑟·J.埃迪则在《新竞争》一书中明确指出："竞争是战争，战争是地狱。"他呼吁从竞争走向合作。[①]事实上，同业公会体制的最初尝试应该说是联邦储备体系的建立和第一次世界大战中以战时工业局为代表的政府与工业组织的合作。当然，赫伯特·胡佛在20世纪20年代推行同业公会主义则是新政以前走向这一监管体制的最重要的一步。因此，新政改革与胡佛时代在监管体制上的连续性是不应该被否认的。全国工业复兴法作为新政时代同业公会体制在经济监管政策上的法律样板虽然失败了，但同业公会监管体制至今仍以这样或那样的形式在美国的农业、证券交易、工业关系等领域继续发挥作用。

当然，反托拉斯法并不是同业公会体制下旨在稳定经济的监管政策的主要组成部分，它在这方面起的作用实际上是护航性的，也就是为这一体制的运转提供合法性的保证。由于同业公会是经济联合组织，它们收集、分析和出版市场信息的活动涉及是否触犯反托拉斯法的问题。最高法院最初在一系列有关同业公会的案件中认定这些合作活动有碍竞争，但从1925年的枫木地板制造商协会案开始，法院改变了态度。哈伦·F.斯通大法官代表最高法院在判决中称赞同业公会的活动促进了"企业经营的明智行为"，并说信息交流可以服务于公共利益。[②]法院不再视同业公会活动为竞争者之间的合作，而是看作可以保证稳定价格和公平利润的理性竞争。联邦贸易委员会在20世纪20年代也大力加强和同业公会的联系，在1930年以前平均每年批准57个行业协定。[③]到新政时期全国工业复兴法通过时，法案第五款更明确规定根据该法建立的公平竞争法规委员会的活动免于反托拉斯法的起诉。这就使以同业公会为主体的法规委员会做出的规定价格和限制产量等卡特尔式安排合法化了。显然，1935年以前新政在反托拉斯法上对企业界网开一面，就是为了保证以合作为基础的同业公会体制在稳定经济上能有效发挥作用。这和市场体制下反托拉斯法意图重整以个人自由为基础的市场秩序的目标显然是不一样的。

---

① Peritz. *Competition Policy in America*. 78. Arthur Jerome Eddy. *The New Competition*. Chicago: A. C. McClurg & Co., 1913.

② Peritz. *Competition Policy in America*. 87-88; *Maple Flooring Manufacturers Association v. United States*, 268 U. S. 563 (1925).

③ Marc Allen Eisner. *Antitrust and the Triumph of Economics: Institutions, Expertise, and Policy Change*. Chapel Hill: The University of North Carolina Press, 1991: 65-66.

不过，由于工业复兴法的失败，尤其是 1937 年的经济衰退，罗斯福政府在第二次新政期间加强了包括反托拉斯在内的政府直接监管行动，试图取代同业公会体制下未能奏效的自我监管，以收到稳定经济的效果。美国国会和最高法院在反托拉斯问题上也采取了和行政当局相互协调的步伐。然而，正如历史学家艾伦·布林克利所指出的那样，第二次世界大战所重新建立的对美国经济增长的信念，"使 20 世纪 30 年代末的'监管'改革意图失去了急迫性，让人转而相信凯恩斯主义间接管理经济的观念"。到战争结束时，美国的自由主义者觉得，他们已有把握在不干预资本主义经济内部运作的情况下来弥补它所不可避免的缺陷和失误，于是他们在战后"转向新的征讨——争取民权、消灭贫困、拯救环境、保护消费者、反对共产主义、改造世界"。[1] 正是在这样一种历史背景下，一种新的监管体制在 20 世纪 60 — 70 年代问世了。它不是像"市场体制"和"同业公会体制"那样对经济变化做出反应，而是要对资本主义生产造成的社会危害有所回答，也就是试图解决工业社会的职业安全、健康和环境等问题。因此，艾斯纳把这种体制称为"社会体制"。社会体制下的监管也被人称为"新社会监管"。[2] 诚然，反托拉斯法并不是这种新体制的政策内容，但是由于形成该体制的历史条件的影响，美国反托拉斯法的发展在愈来愈重视微观经济分析的趋势下，仍不失其社会关注，而且加强了制约大公司的所谓去集中化趋势。

第二次世界大战以后，后古典主义经济学家爱德华·钱伯林有关寡头市场和垄断竞争的理论不仅一度左右了微观经济学的发展，而且为微观经济分析在反托拉斯法司法实践中逐渐占据主导地位奠定了理论基础。于是，我们在反托拉斯问题上看到了所谓"法律和经济学的结合"。[3] 这种结合的产物之一，即经济结构主义学说，对 20 世纪 70 年代末以前美国反托拉斯法的发展产生了重大影响。以哈佛大学教授唐纳德·特纳和卡尔·凯森的大作《反托拉斯政策：经济和法律分析》为代表的经济结构主义学说认为，集中化的市场结构会导致反竞争的企业行为，因而影响经济表现。这种"结构—行为—表现"说的关键是市场结构，即市场集中化的程度，简单地说就是市场

---

① Alan Brinkley. "The New Deal and the Idea of the State." Steve Fraser & Gary Gerstle. eds. *The Rise and Fall of the New Deal Order, 1930-1980*. Princeton, New Jersey: Princeton University Press, 1989: 109, 112.

② Eisner. *Regulatory Politics in Transition*. 6.

③ Peritz. *Competition Policy in America*. 183; Eisner. *Antitrust and the Triumph of Economics*. 90-91.

份额（market share）。1945 年，第二巡回上诉法院法官勒尼德·汉德就美国制铝公司案做出历史性判决，宣布该公司占有 90％的原始铝锭市场，构成垄断。此后，最高法院在 1946 年美国烟草公司案、1954 年联合制鞋机器公司案等一系列案件的判决中都遵循同样的原则，即认定企业的市场地位跟它的垄断"意图和目的"是彼此联系的。[①] 1963 年，威廉·J. 布伦南大法官在费城国许银行案判决中甚至划了一条明确的界线，禁止不当市场份额达到 30％的合并。[②] 司法部反托拉斯局发布的《1968 年合并指南》也清楚地表示，将以市场结构分析对合并做出评估。[③]

在这种着眼于微观市场权力的经济结构主义理论在反托拉斯法司法实践中逐渐占据主导地位的同时，一种杰斐逊式的对经济权力扩张本身及其社会作用的担心也在继续影响美国反托拉斯法的发展。1950 年的《塞勒—基福弗法》对《克莱顿法》第七款的修正，在一定程度上就是这种担忧与关注的产物。它不仅堵住了《克莱顿法》在其禁止的合并中没有包括资产买卖性合并的漏洞，而且把纵向合并、混合合并和横向合并全部纳入了监管的范围。[④] 1962 年，最高法院第一次根据《塞勒—基福弗法》就布朗制鞋公司诉美国案做出了判决。此案涉及的不仅有横向合并而且有纵向合并，其合并又是发生在经济结构主义者认为合并对竞争不构成威胁的一个非集中化的市场结构里。尽管如此，法院还是裁定合并非法。首席大法官厄尔·沃伦明确指出："我们不能不承认，国会的愿望是通过保护可行的、小规模的、本地所有的企业来促进竞争。国会意识到了，维持四分五裂的部门和市场通常会造成高成本和高价格，但它在斟酌这些彼此对抗的方法后决定赞同去集中化。"[⑤] 1967 年，最高法院有三项去集中化判决都反映了这种对经济权力的担忧和对传统小企业的关爱。在犹他饼业公司案中，尽管该公司曾有三分之二的市场份额，而且在 3 家全国大公司进入这个市场后仍然占有 45％的市场，法院仍以 3 家大公司饼价低于在其他地方的价格为由判决它们违犯了

---

① Eisner. *Antitrust and the Triumph of Economics*. 84-85; *U. S. v. Aluminum Co. of America et al.*, 148 F. 2d. 416 (1945).

② Peritz. *Competition Policy in America*. 216-217; *United States v. Philadelphia National Bank*, 374 U. S. 321, 362-64 (1963).

③ Peritz. *Competition Policy in America*. 232.

④ Ibid., 195-199.

⑤ Eisner. *Antitrust and the Triumph of Economics*. 121-122; *Brown Shoe Co. v. United States*, 370 U. S. 294, 344 (1962).

有关的反托拉斯法律。[①] 显然，这个生产"家做甜饼"（home-made pie）的家庭所有制本地公司之所以胜诉，并不是因为经济理论的力量，而是由于社会价值观的影响。

20 世纪 60 年代末，去集中化的要求由于第三次大合并运动和白宫反托拉斯政策研究小组的报告（《尼尔报告》）而进一步加强。该报告建议厂家的市场份额不得超过 12 %。[②] 不久，对联邦贸易委员会长期以来在反托拉斯问题上表现不力提出批评和改革建议的《纳德报告》和《施蒂格勒报告》先后发表。根据尼克松总统的要求，美国律师协会也组织了一个委员会专门研究联邦贸易委员会在执行反托拉斯政策上的问题，得出了和纳德报告类似的结论。在这一系列报告的推动下，美国国会增加了给联邦贸易委员会的拨款，并通过了好几个加强其权力的法案，其中包括 1975 年《联邦贸易委员会改良法》和 1976 年《哈特—斯科特—罗迪诺反托拉斯改良法》。这些法案虽然不像尼尔报告建议的那样强行规定厂家的市场份额上限，但在监管合并上确实赋予了联邦反托拉斯机构以更大的权力。例如，《哈特—斯科特—罗迪诺法》就要求合并厂家在合并前向联邦反托拉斯局提供有关的资料，使该局可以适时做出反应。可以说，无论是强调市场权力结构性影响的经济结构主义，还是关注经济权力社会性影响的去集中化主张，它们都赞成对企业扩张加以一定的限制。这一点在二战后直到 70 年代中期得到了几乎是两党一致的政治支持。社会体制的总体目标——防止资本主义经济发展可能造成的社会危害——对于反托拉斯问题上的这种政治态度不能说没有产生一定的影响。

事实上，经济结构主义和去集中化主张都不认为效率是企业合并扩张的充分理由。前者认为市场权力超过一定程度的大企业在寡头市场里是不会再追求效率的，规模经济的效率只有在非集中化的市场里才能实现；后者则认为不能因为效率就容忍经济权力扩张所造成的社会危害，其中包括对美国人视为传统的小企业和本地社区利益形成的冲击等。正是在这个问题上，芝加哥学派自 20 世纪 60 年代开始提出了和上述观点针锋相对的主张，他们把效率视为美国反托拉斯政策的中心目标。芝加哥大学法学院教授里查德·波

---

① Paul H. Rubin. "What Do Economists Think about Antitrust?: A Random Walk Down Pennsylvania Avenue." McChesney and Shughart. *The Causes and Consequences of Antitrust*. 40-41; *Utah Pie Co. v. Continental Baking Co. et al.*, 386 U. S. 685 (1967).

② Eisner. *Antitrust and the Triumph of Economics*. 159.

斯纳在他 1976 年出版的《反托拉斯法：一种经济观》中指出："我们在经济分析中看重竞争是因为它提高了效率——即作为手段而不是目的——所以只要垄断可以增加效率，那就应该被容忍，而且确实应该得到鼓励。"[1]他把经济效率对公共政策和法律的理论指导作用比喻为有关宇宙起源的"大爆炸"理论（"big bang" theory）。[2] 1978 年，时任耶鲁大学法学院教授的博克出版了《反托拉斯悖论》。如前所述，经济效率至上也是该书的主题，因为在博克看来它"决定着我们社会的财富水平或者说消费者福利"。[3]在波斯纳、博克和包括经济学家乔治·施蒂格勒等人在内的其他芝加哥学派学者的影响下，以新古典经济学价格理论为基础的经济效率至上论很快就取代了经济结构主义，成为 20 世纪 70 年代中期以后到里根总统任内美国反托拉斯法改革的指导思想。

芝加哥学派在这个时期的崛起并不是一个偶然的现象。它实际上是一种新的监管体制——"效率体制"——形成的先声。这种新体制是对 20 世纪 70 年代和 80 年代美国宏观经济表现欠佳做出的反应。当时美国经济不仅陷入了严重的"滞胀"，即通货膨胀与经济衰退同时并存，而且面临来自欧洲和日本的强大的竞争压力。政府官员、政策分析家和学者中有愈来愈多的人认为，战后各种政府监管的增加降低了经济效率，使企业竞争力削弱，成为滞胀现象出现的一个重要原因。于是，去监管化的呼声愈来愈高。从卡特到里根两届总统任内，美国政府采取了一系列去监管化的政策措施，力图减少政府对市场机制的干预。由于这些政策措施旨在通过市场竞争提高经济效率，艾斯纳乃称当时形成的新监管体制为"效率体制"。反托拉斯法改革就是这个体制下的一项重要政策内容。

其实，早在尼克松总统的任命改变了大法官的组成以后，最高法院已经在一些反托拉斯判决中向芝加哥学派的观点尤其是经济效率至上论倾斜，其中最明显的就是 1977 年对西尔韦尼亚公司案做出的判决。刘易斯·鲍威尔大法官以"纵向限制使制造商在销售其产品上有一定的效率从而促进了品牌之间的竞争"为由，否认这类限制贸易本身就是非法，从而背离了传统的司

[1] Richard Posner. *Antitrust Law: An Economic Perspective*. Chicago: University of Chicago, Press, 1976: 22.

[2] Richard Posner. "Some Use and Abuses of Economics in Law." *University of Chicago Law Review* 46 (1979): 281, 295.

[3] Bork. *The Antitrust Paradox*. 91.

法惯例。他还引用波斯纳、博克和经济学家保罗·萨缪尔逊的观点，对纵向限制如何提高效率做了阐述。[①] 这一判决表明，经济结构主义不再能主导反托拉斯问题上的司法裁决了。到里根总统任内，正如艾斯纳所言："法院始终如一地对遭到质疑的企业行为在效率方面的理由进行检查，并愿意在此基础上使司法惯例不起作用。"[②] 在 1984 年全国大学运动员协会诉俄克拉何马州大学校董会案中，最高法院在判决中就强调，对历来被视为本身非法的定价行为也有进行效率方面审查的必要。[③]

至于里根任命的负责反托拉斯事务的助理司法部长威廉·巴克斯特，他和博克教授一样认为，"从反托拉斯法的国会基本目的中（可以）提炼出来的唯一合法目标"就是效率。[④] 因此，巴克斯特公开宣布："一个工业部门走向集中的趋势并不是要考虑的因素。"他甚至说："天上并没有写着：如果这个世界只有一百家公司就会成为一个不能令人完全满意的地方。"在这种思想指导下，毫不奇怪，20 世纪 80 年代发生的上万起企业合并中，只有 28 起遭到司法部反托拉斯局的起诉。[⑤] 这个数字比进入 20 世纪后任何一个十年里被司法部起诉的反托拉斯案件都少。据统计，大萧条的 30 年代有 87 起，40 年代为 380 起，50 年代为 354 起，60 年代更是高达 410 起。[⑥] 在 80 年代这种对企业合并大开绿灯的反托拉斯政策影响下，敌对接管和杠杆兼并成功地推动了美国历史上又一次大合并浪潮。当时合并个案所涉及的资产价值达到几十亿美元的比比皆是，如通用电气公司兼并美国无线电公司，美国钢铁公司买下马拉松石油公司，还有通用汽车公司和丰田汽车公司、福特汽车公司和中古汽车公司组成所谓合资企业，等等。不仅如此，司法部反托拉斯局还在 80 年代撤销了对美国商业机器公司的起诉，并与诉讼多年的美国电话电报公司达成了庭外协定，将其分为 8 个小公司。许多学者认为，这种和美国电话电报公司在法院外解决问题的办法并没有对已有的垄断造成太

---

① *Continental T. V. Inc. v. GTE Sylvania Inc.*, 433 U. S. 36, 54, 56 (1977).

② Eisner. *Antitrust and the Triumph of Economics*. 186.

③ *National Collegiate Athletic Association v. Board of Regents of the University of Oklahoma*, 468 U. S. 85 (1984).

④ Eisner. *Antitrust and the Triumph of Economics*. 189.

⑤ Peritz. *Competition Policy in America*. 278.

⑥ Richard Posner. "A Statistic Study of Antitrust Enforcement." McChesney & Shughart. eds. *The Causes and Consequences of Antitrust*: 82, Table 5.5.

大的影响。①

　　有趣的是，从里根下台到新世纪的来临，美国反托拉斯法的发展又逐渐离开了效率体制，出现回到传统反托拉斯政策上去的苗头，微软公司案成了轰动社会的新闻。据美国反托拉斯学会的两位学者福尔和兰德的研究，一种对经济全球化和信息化做出反应的后芝加哥学派监管体制正在形成。② 当然，他们把这种新的监管体制称为"消费者保护体制"是否妥当尚有待商榷，美国反托拉斯法在这种新体制下的具体发展也有待进一步探讨。不过，本章到此已足以得出结论：美国反托拉斯法不仅从一开始就因不同利益和思想的影响而在目标上具有多重性，而且它后来的发展也因为不同时代监管体制的变化而具有了时代的特点，也就是说反托拉斯法的具体目标还会受到不同时代监管体制总体目标的影响，诸如重整市场、稳定经济、加强社会关注和提高经济效率，等等。总之，无论是从美国反托拉斯法的形成还是从其后的发展来看，它在目标上是绝不可能像博克所希望的那样从一而终的。

---

① Donald Dewey. *The Antitrust Experiment in America*. New York: Columbia University Press, 1990: 44-49.

② Foer, Lande. "The Evolution of United States Antitrust Law: The Past, Present, and. Possible) Future." 18-25.

十二 从美国独立到 1929 年股市大崩溃以前的华尔街风云与证券监管

　　美国的一位银行家曾经说："除了基督教以外，纽约证券交易所对世界文明的影响是最大的。"[1] 对于很多美国人来说，华尔街确实是美国文明的象征，因为它在这些人眼中是 1929 年股市大崩溃以前自由市场经济的代表。一般美国学者在论述美国的证券监管（securities regulation）时，也往往是从 1933 年证券法开始，顶多追溯到 20 世纪初的"蓝天法"，他们通常认为"这个国家的证券监管始于本世纪（即 20 世纪）初"。[2] 有人甚至说在 19 世纪的证券市场上"投机者除了受市场自然法则的约束以外不受任何规则的限制"。[3] 这和国内美国史学界不少学者视 19 世纪乃至于胡佛任内是所谓自由放任时代的观点颇为类似。可是，早在 19 世纪末，詹姆斯·布赖斯就在他的经典之作《美国联邦》中指出："尽管美国人没有关于国家的理论，并以狭隘的眼光来看待其功能，尽管他们认为自己在原则上忠于'自由放任'，在实践中是最自力更生的民族，他们并没有逐渐变得比英国人更不习惯于……政府的行动。"[4] 其实，市场经济的发展就像卡尔·波拉尼所说的是一个"双重运动"（double movement），既有市场扩张的"运动"，也有在某些方向抑制其自由扩张以保护社会平衡的"反运动"。[5] 行业自我监管和政府监

　　[1] R. C. Michie. *The London and New York Stock Exchanges, 1850-1914*. London: Allen & Unwin, 1987: 167.

　　[2] Louis Loss and Joel Seligman. *Fundamentals of Securities Regulation*. Boston: Little, Brown and Company, 1995: 9.

　　[3] John Steele Gordon. *The Scarlet Women of Wall Street*. New York: Weidenfeld & Nicolson, 1988: xviii.

　　[4] James Bryce. *The American Commonwealth*. New York: Macmillan & Co., 1895, vol. Ⅱ: 541-42.

　　[5] Karl Polanyi. *The Great Transformation: The Political and Economic Origins of Our Time*. Boston, Beacon Press, 1957: 130.

管乃是这个反运动的重要组成部分。美国证券市场的发展亦复如此，这里所要探讨的就是从美国建国之初到 1929 年股市大崩溃之前证券市场的发展与监管的双重运动。

（一）美国证券市场的起源和早期监管

当英国证券市场在 1720 年因"南海气泡"吹炸陷入恐慌时[①]，英属北美殖民地几乎没有受到什么影响，因为当时殖民地虽然也有一些本地债券和欧洲的证券在流通，但交易量很少，而且没有定期的证券市场活动。美国证券市场的形成和发展应该说是美国独立战争以后的事情。殖民地时代之所以谈不上有什么证券交易，是因为当时在本地建立的商业公司只有 9 个而已，[②] 殖民地政府又很少发行债券，于是没有多少证券可以进入市场。美国革命改变了这种状况。大陆议会和各州政府发行了大量债券支付战争开支。到 18 世纪 80 年代，这些债券已在纽约、费城和波士顿等城市的咖啡馆里进行交易。靠证券交易谋生的经纪人也出现了。由于亚历山大·汉密尔顿成功地敦促国会不仅要承诺担负统一偿还各种联邦债务的责任，而且决定为各州偿付战时债务，美国政府仅国内债务的本金加利息到 1790 年初就高达 6300 万美元。[③] 当国会于是年 8 月授权发行 3 种新的债券来偿付这些债务时，人们对美国政府信用和联邦债券的信心大增，债券价格随之飙升，纽约等大西洋沿岸城市的证券市场便很快地兴盛起来。

除了政府债券外，公司股票在 1791 年也给证券市场增加了新的活力。是年 2 月，由国会授予特许状建立的第一美国银行资本总值确定为 1000 万美元，政府认购 20％股份，即 200 万美元，其余 800 万美元股份完全由私

---

① 1711 年，英国政府为了促销针对西班牙王位继承战而发行的债券，决定这种大大低于票面值出售的债券可以按票面值兑换为握有对印度贸易垄断权的南海公司的股票，结果使南海公司股票愈炒愈热，并影响到整个英国证券市场。当南海公司和其他一些卷入股市投机的合股公司遭到调查时，英国证券市场在 1720 年陷入恐慌，股市崩溃，史称"南海气泡"（the South Sea Bubble）。

② 英属北美殖民地在 17 世纪建立的商业公司只有 2 个，在 18 世纪建立的只有 7 个，参见 Joseph S. Davis. *Essays in the Earlier History of American Corporations*. Cambridge, Massachusetts: Harvard University Press, 1917. vol. 2: 4, 24.

③ Stuart Bruchey. *Enterprise: The Dynamic Economy of a Free People*. Cambridge, Massachusetts: Harvard University Press, 1990: 119.

人认购。① 早在 1784 年就已建立的纽约银行也在 1791 年 8 月从纽约州议会获得特许状。由于这两个银行有发行通货的特权，其利润基本上是有保证的，所以股票很快就被认购一空，甚至超额认购。此外，美国第一个公开上市的制造业公司——实用制造商社——的股票也在这时出现于纽约市的证券市场上。当然，工业股票的时代要到 19 世纪末才会真正到来，美国建国之初的证券市场无疑还是政府债券和银行股票的天下。

在联邦政府决定统一偿还战时公债后，主要商埠开始定期举行证券的当众拍卖（public auctions）。纽约市从 1791 年 7 月 1 日起每天均有一次定期证券拍卖，后来改为每天举行两次。② 市场上不仅有长线投资者，而且有做卖空交易（short）的投机家，以股票为担保的贷款方式也已出现。当时比较流行的是"定时合同"（time bargain），双方定好某种证券在未来某个日期成交的价钱和数量，届时收取或支付市场实际价格与合同价格的差额。这种交易不需要占有和经手证券，和赌博差不多。由于有这些证券交易和投机手段推波助澜，交易量迅速增加，价格也大幅度波动。日后可以兑换第一美国银行股票的临时认购凭证，在 1791 年 7 月的价格是 25 美元，到 8 月猛升到 280 美元，9 月又跌到 110 美元，此后则再次上升。③ 到 1792 年 3 月，美国人终于吹破了自己的"南海气泡"，股市一落千丈，曾经在财政部担任汉密尔顿助理的威廉·杜尔也因投机失败和债台高筑而锒铛入狱。

不过，美国证券市场的风云变幻从一开始就不是在毫无监管的情况下进行的。据美国学者斯图尔特·班纳研究，美国人和英国人一样在证券投机上既是实践者，又是批评者。他们一方面乐此不疲，另一方面又批评投机是欺骗、非生产性活动和政治腐败的根源。④ 因此，他们从来就不缺乏对证券交易加以某种监管的愿望。早在 1789 年，第一届国会在通过建立财政部的法案时就在这项立法中规定，任何"被任命到因该法而设置的公职上去的人员"不得从事包括公债交易在内的一系列商业活动，也就是禁止我们今天所

---

① Hugh Rockoff. "Banking and Finance, 1789-1914." Stanley L. Engerman & Robert E. Gallman. eds. *The Cambridge Economic History of the United States*. Cambridge: Cambridge University Press, 2000. vol. Ⅱ: 646.

② Walter Werner, Steve T. Smith. *Wall Street*. New York: Columbia University Press, 1991: 21-22.

③ Ibid., 15.

④ Stuart Banner. *Anglo-American Securities Regulation: Cultural and Political Roots, 1690-1860*. Cambridge: Cambridge University Press, 1998: 122-160.

说的"内部知情者交易"。①这项规定在 1791 年和 1792 年被扩大适用于所有财政部雇员和所有与政府岁入有关的联邦雇员。当然，该法在监管证券交易上有很大的局限性，如未触及国会议员，且罚款不足等。不过，这毕竟是英、美两国历史上第一个禁止"内部知情者交易"的立法尝试。当 1792 年美国经历了第一次股市崩溃后，国会又试图对证券转手进行征税，然而没有成功。与此同时，一些州议会也对证券市场的这次大波动做出了反应。宾夕法尼亚州议会提出的法案宣布出售自己并不握有的证券的交易无效。这样，投机性定时合同在宾州法院将不予执行。可是，这个法案在宾州议会未能获得通过。当时在通过类似法案上获得成功的是纽约州。该州通过的法案不仅宣布出售自己并不握有的证券的合同无效，而且禁止当众拍卖证券。此外，马萨诸塞州议会也在这方面做出了努力，但直到 1836 年才通过了类似的法案。在成文法方面，除了这些对所有的公债或证券都适用的联邦与州的有关规定以外，美国的证券在建国之初还受到授予公司特许状和授权发行公债的立法机构的监管。这类监管是针对具体的公司或具体的公债而言，并不适用于所有的公司或公债。例如，1790 年北卡罗来纳州议会授权某公司在帕斯奎坦克河与伊利莎白河之间修建运河时就规定，该公司股票要在一定的城镇和一定的时期由一定的人员监督进行认购，股东出售股票要在有两个证人的情况下以契约形式转让，并在转让完成后于该公司登记，等等。关于 1790 年联邦债券的国会立法则对初次销售的机制和以后二级市场的买卖程序做了规定，要求任命专员在每个州监督证券转让。②由于每一个公司的建立和每一次公债的发行都要有单独的立法做出具体规定，这种对证券的监管缺乏统一性，直到后来一般公司法出现和政府举债成为常规后，此种状况才有所改变。

　　此外，普通法在美国法院的运用也对证券交易形成了一定的监管，但它在当时起的主要作用是促进证券市场的发展。从普通法的角度来看，投机性证券交易合同究竟是法院可执行的合同还是非法赌博，是英国法院留给美国法官的一个没有定论的重要问题。宾夕法尼亚州最高法院在 1795 年吉尔克里斯特诉波洛克案判决中以政府债券是和小麦一样的财产为由，裁定其买卖不能因价格波动而被视为"非法或不道德"，从而认可了此类合同的执行。③

---

　　① Stuart Banner. *Anglo-American Securities Regulation: Cultural and Political Roots, 1690-1860.* Cambridge: Cambridge University Press, 1998: 162.

　　② Ibid., 179-180.

　　③ *Gilchreest v. Pollock*, 2 Yeates (7 Pa.) 18, 21 (1795)

这项裁决在 19 世纪上半叶没有遭到任何美国其他法院的反对，而它所建立的普通法先例无疑有利于证券市场的成长。同样，证券投机合同带来的高额利润是否违反有关高利剥削的法律（the law of usury），也是一个至关重要的普通法问题。美国法院在这个问题上一般都援引英国法官几个世纪以来所采用的原则，即投资者的本金如有风险，则高额回报便不是高利剥削。此外，美国法院还在 18 世纪 90 年代的另一些判决中确立了投机活动如没有非法赌博或非法高利剥削的意图就不能视为非法的原则。这样，大部分证券交易合同在法院是可以根据普通法加以执行的。

到 18 世纪结束时，美国政府早期证券监管的主要特点可以说已经形成。首先，沿袭传统的普通法成了法院用以促进证券交易的工具。其次，联邦政府和州政府对证券交易虽有所监管，但相当有限。有趣的是，这种有限监管的后果之一竟是华尔街在证券交易上逐渐脱颖而出。其实原因很简单，1836 年以前唯有纽约州的立法使投机性证券交易合同在法院无法执行，该州的证券交易乃不得不寻求法院外的非政府机制来保证合同的执行和交易的正常秩序，结果刺激了纽约证券交易自我监管的发展。华尔街的兴起在一定程度上就是这种自我监管的产物。纽约最早有记载的自我监管见之于 1791 年 9 月公共证券交易者在纽约一家咖啡馆召开的会议。与会者签字同意遵守 14 条规则，包括建立执行买卖合同的机制，禁止签字者跟未签字的证券拍卖商做交易，不允许参加不雇用经纪人的证券拍卖商的拍卖活动，等等。[①] 由于 1792 年恐慌中止了当众拍卖活动，并使这类活动遭到纽约州法律的禁止，1791 年证券交易者达成的协定实际上成了一纸虚文。不过，1792 年 5 月，纽约 24 个证券经纪人又签订了著名的梧桐树协定（The Buttonwood Agreement），对经纪人收取的最低佣金做了规定。这显然是在 1792 年恐慌使证券交易受到立法限制的情况下，经纪人通过卡特尔式自我监管做出的反应。

众所周知，梧桐树协定成了华尔街证券交易所起源的传奇性标志，并有学者视之为纽约证券市场制度化的开始。[②] 其实，真正有组织的证券交易市场或者说正式的证券经纪人组织在华尔街的出现，要等到 1817 年纽约证券

---

① Banner. *Anglo-American Securities Regulation*, 250-251. Werner and Smith. *Wall* Street. 22.

② Peter Eisenstadt. "How the Buttonwood Tree Grew: The Making of a New York Stock Exchange Legend." *Prospects: An Annual of American Cultural Studies* 19 (1994): 75. Robert Sobel. *The Big Board: A History of the New York Stock Market*. New York: The Free Press, 1965: 21.

交易会（The New York Stock and Exchange Board）的成立。[1] 在此之前，从 1792 年到 1817 年，纽约的证券交易因为立法限制而不能在露天当众拍卖，便转入了一些咖啡馆进行室内交易，其中最有名的就是 1793 年由很多经纪人、律师和商人认股修建的桐亭咖啡馆（The Tontine Coffee-House）。正式的经纪人组织当时还没有问世。直到 1812 年美英战争使联邦债券市场迅速扩大和 1816 年第二美国银行的股票大量进入市场后，纽约的证券交易者对自我监管的必要性终于有了更深切的体会，遂在 1817 年成功地建立了纽约证券交易会。他们不仅仅是以协定而且是以正式的经纪人组织进行行业自我监管。于是，华尔街作为美国资本市场中心而崛起的时代到来了。

（二）华尔街的兴起和内战前的证券监管

有人说纽约证券交易会是模仿费城的类似组织建立的，他们认为美国最早的证券经纪人组织建立于费城。[2] 但学术界对此存在争议[3]。不过，有一点可以肯定，华尔街最初并不比费城的切斯纳特街在金融证券上更为重要。这种情况在 1812 年战争后才开始发生变化。先是英国把纽约作为倾销商品的最佳地点，接着是伊利运河的修建使纽约和东北部在商业和制造业上迅速崛起，[4] 并在 1817 — 1825 年使 700 万美元的运河证券进入纽约市场，在全国掀起了运河热。[5] 到安德鲁·杰克逊总统通过"银行之战"迫使位于费城的第二美国银行寿终正寝时，纽约在美国金融和证券交易上的统治地位已无其他城市可以挑战。无怪乎老奥利弗·温德尔·霍姆斯在 1835 年曾经写道：纽约成了"舔食大陆商业这块奶油的舌尖"。[6] 纽约的证券经纪人也在 1836

---

[1] Werner and Smith. *Wall Street*, 26.

[2] Sobel. *The Big Board*. 30.

[3] Banner. *Anglo-American Securities Regulation*. 253.

[4] 纽约州在 1811 年到 1840 年新建的商业公司为 1329 个，宾夕法尼亚州为 777 个，新泽西州为 324 个，马里兰州为 346 个，俄亥俄州为 532 个。显然，纽约州是大幅度领先了。上述数据的出处见 Banner. *Anglo-American Securities Regulation*. Table 6.1, 191。

[5] Werner and Smith. *Wall Street*. 37.

[6] Sobel. *The Big Board*. 26.

年信心十足地向州议会报告说，这个城市的证券交易"比费城多得多"。①

在纽约市兴起和繁荣的过程中，证券交易的发展确实引人注目。1816—1822 年，纽约市公开报价的证券数翻了一倍，到 1827 年又翻了一倍，达到 100 多种。非金融业和外地的证券也开始进入纽约。证券交易量就总体趋势而言也在迅速增加，但也随着市场条件的变化而有所起落。表12.1 是有关这一时期纽约证券交易会的数据。它们大体上反映了不仅是纽约而且是整个美国在内战前的证券交易情况。显然，1819 年经济恐慌曾使交易量下跌，直到 1821 年才走出低谷。1824 年和 1825 年兴起投机热后，交易量大增。股市气泡在 1825 年末被吹炸，证券交易又陷入低迷，到 1831年时东山再起，并使 1837 年以前的 6 年成了疯狂投机的时代。1837 年金融危机发生后，证券市场受挫。尽管外国资本的到来和州政府交通建设开支的猛增使公开交易的证券数一度有所增加，但当 1841—1842 年 9 个州政府无法支付债务利息时，证券市场在整个 40 年代都一蹶不振。40 年代末，美墨战争和加利福尼亚淘金热又给美国经济带来了新的活力，使证券市场在50 年代初重新看好。证券交易在 1857 年发生短暂下跌后于 1859 年再次升温，但不久即因内战而失去了势头。②

表 12.1　纽约证券交易会的成长，1820—1840 年③

年代	上市证券数（种）	日平均交易量（股）
1820 年	28	156
1825 年	69	1108
1830 年	58	456
1835 年	80	8475
1840 年	112	4.266

资料来源：Banner, *Anglo-American Securities Regulation*, Table 8.1, 255.

内战前美国证券市场的发展不仅表现为证券种类和交易数量的迅速增加，而且反映在证券构成、交易技术及方法的变化上。首先，建国初期的证

① R. C. Michie. *The London and New York Stock Exchanges, 1850-1914*. London: Allen & Unwin, 1987: 170.

② Werner and Smith. *Wall Street*. 35-46, 133-136.

③ 19 世纪 50 年代的数字比此表中的要大得多，因为铁路股票大量进入证券市场。详见 Joseph Edwar Hedges, *Commercial Banking and the Stock Market before 1863*. Baltimore: Johns Hopkins University Press, 1938: 36, 40。

券市场是以联邦债券为主。在杰斐逊和他的财长艾伯特·加拉廷的降债努力开始见效前,联邦债务徘徊在 8000 万美元左右,[1] 1812 年降到 4500 万美元,美英战争使之升到内战前的最高点,即 1816 年的 1 亿 2700 万美元;到 19 世纪 30 年代中几乎降到零,后来在 50 年代又波动于 2800 万和 6800 万美元之间。[2] 各州债务由于支持交通建设在 19 世纪 20 年代和 30 年代猛升,于 1838 年达到 1 亿 4100 万美元,到 1860 年更是高达 2 亿 5700 万美元。[3] 显然,州债逐渐超过了联邦债务,成为公共证券的主体。不过,证券构成上更重要的变化,是公司证券逐渐取代公共证券成为美国证券市场上占比最大的证券。这就是说美国证券市场的主要职能从为政府集资转向了为私人企业集资。1850 年,美国的公司股票值已上升为同年政府债券值的几乎 3 倍[4]。另需指出的是,在 1830 年铁路公司股票在纽约首次公开上市后,原本以银行和保险等金融公司股票为主的私人证券构成也开始发生变化。据资料记载,1820 年在纽约公开上市的商业公司有 10 家是银行,另外 18 家则是保险公司。到 1840 年,在纽约公开上市的 112 家商业公司中,已有 13 家铁路公司。[5] 可以说,铁路公司作为美国最早出现的私人大企业左右美国证券市场的时代正在到来。

由于证券交易在信息传递上分秒必争,塞缪尔·莫尔斯发明的电报在 19 世纪 40 年代中期被成功应用于证券交易,此举乃该行业在交易技术上的重大突破。纽约和费城之间不再需要沿途用镜子反光来传递股市信息了。到 50 年代结束时,华尔街和美国所有重要的城市都有了电报联系,报价和成交只是瞬息之间的事情。这样,纽约和华尔街在美国证券市场上的统治地位

---

[1] Herbert E. Sloan. *Principle and Interest: Thomas Jefferson and the Problem of Debt*. New York: Oxford University Press, 1995: 194-200; Raymond Walters, Jr.. *Albert Gallatin: Jeffersonian Financier and Diplomat*. New York: Macmillan, 1957: 145-146.

[2] Unites States Bureau of the Census. *Historical Statistics of the United States*. Washington: Government Printing Office, 1975. II: 1118.

[3] Fritz Redlich. *The Molding of American Banking*. New York: Hafner, 1951. II: 325-326; B. U. Ratchford. *American State Debts*. Durham: Duke University Press, 1941: 127.

[4] James Lester Sturm. *Investing in the United States 1798-1893: Upper Wealth Holders in a Market Economy*. New York: Arno Press, 1977: 50-51. 转引自 Banner. *Anglo-American Securities Regulation*. 193。据 Banner 在引用时的注释中所做的说明,Sturm 未对政府债券和公司债券加以区别,后者到 1850 年数目相当大,如被计算则公司证券相对政府证券在比例上所占优势还要大。

[5] Werner and Smith. *Wall Street*. 158-159.

便得到了进一步的巩固。[①] 另外，华尔街和美国证券市场的发展不仅得力于电报技术的突破，还得力于金融交易方法上的创新。"短期同业拆借"（call loan）在纽约证券市场已不足为怪。这种贷款方式是当交易者需要大量资金购进证券时，由银行或其他贷款者为他们提供随时可以要求偿还的短期贷款，并要他们以证券担保。经纪人和他们的顾客之间还常常进行"垫头交易"（margin trading），即通过经纪人购买证券的顾客只需付所购证券价格的一小部分，其余由经纪人垫付，但证券必须持于经纪人之手以作为担保。这是美国证券交易完全源于本土的一大创新，为证券买卖和投机提供了极其有力的金融交易手段。诚然，很多投机者在相当长的一段时期内还是采用"定时合同"的方法，但到 1840—1860 年，"垫头交易"终于取代了"定时合同"。一来，垫头交易有证券做担保，而定时合同只有双方的承诺而已；二来，垫头交易合法，定时合同则被纽约州的法律宣布无效。两相比较，当然是垫头交易后来居上。[②]

证券市场在 19 世纪的发展使很多美国人愈来愈强烈地意识到了它的重要性。纳撒尼尔·A. 韦尔在 1844 年出版的《政治经济笔记》中写道，一个活跃的公司股票市场"在这个资本如此短缺的地方是特别有帮助的"。[③] 就连投机也开始为不少人所认可。当时在美国旅行过的英国人弗雷德里克·马里亚特曾在日记中记载说，"美国人认为他们投机有理"，因为他们"是以未来投机，而未来对于他们不像对我们那样遥远"。[④] 不过，从 18 世纪的英国继承下来的反市场思想也不甘示弱，反倒因 1792 年的证券市场崩溃而有所加强。1830 年代《纽约时报》的一篇社论就把纽约证券交易会称作是"一个巨大的赌场"。[⑤] 1849 年的《霍尔顿美元杂志》认为，华尔街上"通常所说的'赚钱'十有八九无异于合法偷钱"。[⑥] 尽管 19 世纪中叶一般公司法在愈来愈多的州获得通过，把公司股票和政治腐败联系在一起的批评之声不像过

---

① Sobel. *The Big Board*. 52-53; Michie. *The London and New York Stock Exchanges*. 172-173.

② Werner and Smith. *Wall Street*. 45, 135.

③ Nathaniel A. Ware. *Notes on Political Economy, as Applicable to the United States*. New York: Leavitt, Trow, 1844: 245.

④ Frederick Marryat. *Diary in America* (1839). ed. Jules Zanger. Bloomington: Indiana University Press, 1960: 137.

⑤ Herman E. Krooss, Martin R. Blyn. *A History of Financial Intermediaries*. New York: Random House, 1971: 85.

⑥ "Wall Street Operations." *Holden's Dollar Magazine*, June 1849: 380.

去那样强大，但以劳工阶级的苦难来谴责华尔街暴发户的呐喊却变成了一种有阶级意识的新现象。① 美国人对证券交易的这种矛盾的态度对内战前政府的证券监管和行业自我监管都产生了很大的影响。

19 世纪上半叶，很多州通过了限制证券投机的立法。最直接的限制来自宾州 1841 年的立法和马里兰州 1842 年通过的法律。这两项法律规定，在证券交易合同签署日之后超过 5 日才转手证券的期权式交易无效，并对交易者处 100 至 1000 美元罚金。法律还宣布超过五日的定时合同无效。不过，这些法律规定需要交易者不愿执行合同时才会被用来在法院作为辩护的理由，而交易者很少愿意这样做，因为那将使他们在这个行业失去信用，从此永无生意可做。除了这些法律之外，各州直接限制证券投机的方法还有：1. 规定认购股票后的最起码的持股期，如纽约州 1837 年法律规定为 3 个月，在到期之前不得将股票出手，以避免认购投机；2. 防止大宗股票转手，如马萨诸塞州在 1822 年授予特许状建立埃塞克斯制造公司时，就规定认购者在 100 股中所购不得超过 25 股；3. 禁止银行买卖股票，如密西西比州在 1840 年就通过了这样的立法，还有很多州则在授予银行的特许状中做了这样的规定。各州间接限制证券投机的手段则包括：1. 证券经纪人必须有执照才能营业，弗吉尼亚州在 1834 年首开先例，不少州起而效仿；2. 通过立法和公司特许状对证券转让方式有所规范，总趋势是起初多有限制，后来逐渐放松。

至于证券欺骗行为在当时则无需立法也会受到限制。原因是普通法早就禁止出卖一般财产时在财产价值上欺骗买者，所以美国的法官和律师们很自然地就将这种普通法的原则也应用于作为新财产形式的证券。到 19 世纪中叶，法院已审理了很多股票发行代理人在股票价值上故意误导（knowing misrepresentation）委托人的案件，② 并把股票价值以外的弄虚作假也视为欺骗罪。例如，当田纳西州一收费道路公司谎称一半股份已被认购从而诱使该州买下了另一半股份时，州最高法院就认定只要州政府能证明该公司董事知道在说谎即可取消交易。③ 至于交易活动上的欺骗行为，如 1826 年纽约 8 个投机者勾结行骗，则会遭到刑事起诉。这一点从未为法院所怀疑。普通法对证

---

① John Pickering. *The Working Man's Political Economy* (1847). New York: Arno Press, 1971: 111.

② *Crossman v. Penrose Ferry Bridge Co.*, 26 Pa. 69, 71 (1856); *Mead v. Mali*, 15 How. Pr. 347, 350 (N. Y. Super. 1857).

③ *State v. Jefferson Tpk. Co.*, 22 Tenn. 305, 310-11 (1842).

券欺骗的追究不仅仅是针对股票发行者及其代理，而且还适用于证券转卖的二级市场。① 到 1855 年，纽约和密歇根两个州都通过成文法，将某些证券欺骗行为定为刑事犯罪。不过，无论是普通法还是成文法，在追究证券欺骗时都只是处罚弄虚作假本身，一般来说并未要求公布有关证券的任何资料或者纠正买方对真实价值的误解。这种情况要到 20 世纪才会改变。

内战前还要注意的一个政府证券监管问题就是：法院像在一般商业案件中一样，把行业习惯也作为证券监管的法律依据之一。例如，纽约一家经纪公司在 1818 年初将一个顾客的 430 股合众国银行股票握于手中作为该顾客获取一笔贷款的担保，当顾客逾期未能偿还贷款后，该公司将 430 股股票在股价已下跌的市场上出售，并要顾客补足余额，但顾客以公司未将他的股票与其他股票分开为由，指称公司在股价尚高时已将其股票出售，故所得款完全足以支付贷款。对此，经纪公司辩解说，按照这个行业的习惯他们没有义务将该顾客的股票与公司其他股票分开来。纽约州著名法官詹姆斯·肯特后来判决经纪公司胜诉，因为证券行业的习惯应该成为解决这类争端的规则。② 到 1860 年，以股票市场习惯作为法律规则在纽约州已成定论。由此可见，行业自我监管在这个时代其实是非常重要的，甚至法院对它的原则也要有所依赖。

当时美国证券行业自我监管的主要机制就是纽约证券交易会。它在 19 世纪上半叶的规模虽然有限，但一直在稳步向前发展，其影响力则愈来愈大。1820 年，会员只有 39 人，到 1848 年增加到 75 人。新会员入会要经全体会员秘密投票通过，三票反对就足以被拒之门外。至少要从事过一年证券经纪业务才会被接纳为会员。入会会费在 1820 年为 25 美元，到 1848 年上升到 400 美元，相当于现在的好几千美元。证券在证交会报价起初只是通过非正式的安排，到 1856 年有了正式程序，即报价者要提出申请并经证交会成员投票表决。对于证券交易中的最低抛售量和最低报价，证交会也有所规定。尽管当时也出现了一些其他的交易所，而且有相当大一部分交易是在经纪公司、咖啡馆和大街上进行，纽约证券交易会对这些非证交会交易的影响却与日俱增。之所以如此，是因为它的报价决定了其他地点的价格。事实上，纽约证券市场很快变成了全国经济表现的一个指标。至少从 1837 年恐

---

① Banner. *Anglo-American Securities Regulation*. 238-239.

② *Nourse v. Prime, Ward and Sands*, 4 Johns. Ch. 490, 493, 495-96 (N. Y. Ch. 1820).

慌开始，证券市场的荣衰大体上就是和美国经济的起落同步的，反观 1792
年的证券市场崩溃情况就不同。正因为如此，在华尔街上叱咤风云的雅各
布·利特尔和丹尼尔·德鲁等人在 1860 年以前就已被视为在全国都有影响
的"华尔街大熊"。[①]

根据美国学者班纳的最新研究，纽约证券交易会之所以有这样大的影响
力，以至于交易者不惜重金也要加入，主要有以下一些原因：1. 证交会有
条不紊的程序使买卖双方总是能从众多的经纪人中找到适合的买主或卖主；
2. 证交会在一定程度上保证了交易对象的可信性；3. 证交会接纳会员的审
查程序提高了经纪人的声誉，有助于吸引顾客；4. 证交会为成员提供了有
关市场价格的重要信息；5. 证交会为成员提供了监管交易、执行合同和解
决争端的机制。不仅如此，证交会还试图保证进入交易的证券的质量，只让
合法企业的股票上市，还以最低佣金的规定在证券经纪行业建立了自我保护
的卡特尔，并在州议会从事维护行业利益的院外活动。[②]

正如班纳教授所言，当我们习惯于把法律看作是政府的职能时，不要忘
了非政府性法律的存在。[③]他认为，纽约证券交易会就像一个微型法律体系
一样，有它自己的证券交易规则，也有它自己解决交易争端的机制。这不是
创新，而是源于英、美两国长达几个世纪之久的商业团体自我监管的传
统。[④]早在 1817 年，纽约证券交易会的建会章程里就明确规定，"在证券买
或卖上有争议的所有问题"将由"证交会多数决定"。后来证交会成员增
多，便由证交会委托的委员会来解决争端并做出裁决。如 1831 年的一个五
人委员会就在审理争端后对不执行合同的会员做出处罚，停止其会员资格，
结果该会员有 17 个月未能在证交会进行交易。证交会做出的这类裁决往往
形成了先例，不仅对未来的交易具有指导性，而且对后来的案件裁判也有影
响。证交会还反对由与之无关的其他仲裁者来解决证券交易争端。由于纽约
州法律视定时合同无效而使此类合同在该州法院无法执行，有关的交易争端
在 1792 年到 1858 年基本上都是由证交会来解决。证交会也因此建立了一

---

① Banner. *Anglo-American Securities Regulation*. 254-257; Sobel. *The Big Board*. 40-41; John Steele
Gordon. *The Scarlet Women of Wall Street: Jay Gould, Jim Fisk, Cornelius Vanderbilt, the Erie Railway Wars,
and the Birth of Wall Street*. New York: Weidenfeld & Nicolson, 1988: 27.

② Banner. *Anglo-American Securities Regulation*. 258-270.

③ Ibid., 270.

④ William C. Jones. "An Inquiry into the History of the Adjudication of Mercantile Dispute in Great
Britain and the United States." *University of Chicago Law Review* 25 (1958): 445.

套有关定时合同的规则。纽约证券交易会成员之所以支持这种行业自我监管，一来是因为他们可以因此在获取资料信息等方面比非会员占有更多的优势，赢得更多的顾客和佣金；二来是因为这种自我监管增加了人们对证券市场的信心，从而使交易量大增，他们自然可以从中获利。显然，证券行业为自身利益进行自我监管是 19 世纪上半叶美国证券市场得以发展的重要原因之一。[①]

（三）从内战到 20 世纪初美国证券市场的扩张、监管以及"蓝天法"的问世

一般学者现在都认为，内战对美国经济成长产生了负面影响，[②] 但它确实推动了美国证券市场的扩张。1861 年秋，林肯政府的财政部和纽约、波士顿、费城的州许银行谈妥，由它们认购并转售财政部发行的 1 亿 5000 万美元联邦债券。1862 年法币法在授权发行 1 亿 5000 万美元"绿背纸币"的同时，还授权发行 5 亿美元债券。为了给如此之多的债券找到销路，财长塞缪尔·蔡斯找来了费城私人银行家杰伊·库克。后者使出浑身解数，发起规模庞大的促销运动，到 1864 年售出债券 3 亿 6200 万美元，其余的则由财政部推销出去了。[③] 这样，内战不仅使数量和价值空前的政府债券进入了美国证券市场，而且使以库克为代表的投资银行家应运而生。由于投资银行业务在内战和战后由非专业的中间人手中转入到专业投资银行家的掌控之中，美国到世纪之交时终于迎来了 J. P. 摩根的时代。

和内战相比，美国铁路的发展对 19 世纪下半叶证券市场的扩张所产生的影响则更大，而且更长久。著名企业史学家艾尔弗雷德·D. 钱德勒认为正是"铁路证券的大量增加使纽约证券交易所的交易和投机具有了现代形式"。[④] 据统计，内战结束后仅 4 年，新上市的铁路和运河证券就高达 5 亿美

---

① Banner. *Anglo-American Securities Regulation*. 272-280.

② 参见拙文《美国内战在经济上的代价和影响》，载《世界历史》2002 年第 2 期。

③ Vincent P. Carosso. *Investment Banking in America*. Cambridge, Massachusetts: Harvard University Press, 1970: 14-16.

④ Alfred D. Chandler, Jr.. *The Visible Hand: The Managerial Revolution in American Business*. Cambridge, Massachusetts: The Belknap Press of Harvard University Press, 1977: 92.

元，其中 95 % 是铁路证券。[①] 到 1910 年，美国铁路资产为 100 亿美元，投入到铁道、桥梁、车站、车间和车辆上的资本在 1870 年后的 40 年里增加了 4 倍，总数在 20 世纪初占美国能再生产的财富的六分之一。[②] 如此之高的资本需求和证券上市使得铁路公司和投资银行联手采取了种种新方法扩大证券市场：首先是促销普通股票，其次是以诱人的红利吸引投资者，还有将证券分为普通股、优先股和债券来打开风险承担力不同的资金来源。铁路对美国证券市场发展的影响之大是不难想象的。当时能在华尔街呼风唤雨的人物如丹尼尔·德鲁、杰伊·古尔德、詹姆斯·菲斯克、科尼利厄斯·范德比尔特和 J. P. 摩根等几乎无一不与铁路公司有关。他们当中有些人因为在铁路证券交易上令人目瞪口呆的大手笔而被人称为"华尔街的荡妇"。[③]

值得注意的是，和那些过分强调公司在美国早期工业化中集资作用的学者的想象不同，美国工业证券，即包括制造业、销售业、采矿业和加工业在内的公司的股票和债券，是在 1890 年以后才逐渐在美国证券市场后来居上的。在此之前，这些部门的公司一般规模都比较小，可以说鲜为人知，而它们证券的风险又比较大，故难以吸引投资者。因此，尽管公司和资本市场在美国早就出现了，但它们在 19 世纪的大部分时间里对于美国工业企业的集资来讲并不是那么重要。这种情况在 1890 年前后终于发生了变化。托拉斯的出现和第一次大合并运动使美国现代大企业迅速崛起，并变得家喻户晓，而 19 世纪 90 年代开始发行的工业优惠股票和它们在 1893—1897 年危机期间的不俗表现更建立了市场对工业证券的信心。[④] 与此同时，利率和对铁路证券的需求在 19 世纪 90 年代呈下降趋势，从而使大量富余资金转向了工业证券市场。[⑤] 到 1910 年，在纽约证券市场上市的铁路公司的数目第一次低

[①] Richard Franklin Bensel. *Yankee Leviathan: The Origins of Central State authority in America, 1859-1877*. New York: Cambridge University Press, 1990. note 29, 251.

[②] Stuart Bruchey. *Enterprise: The Dynamic Economy of a Free People*. Cambridge, Massachusetts: Harvard University Press, 1990: 270.

[③] John Steele Gordon. *The Scarlet women of Wall Street: Jay Gould, Jim Fisk, Cornelius Vanderbilt, the Erie Railway Wars, and the Birth of Wall Street*. New York: Weidenfeld & Nicolson, 1988; Vincent P. Carosso. *The Morgans: Private International Bankers, 1854-1913*. Cambridge, Massachusetts: Harvard University Press, 1987.

[④] Thomas R. Navin and Marian V. Sears. "The Rise of a Market for Industrial Securities, 1887-1902." *Business History Review* 29 (1955): 136-137.

[⑤] Ibid., 107; Gene Smiley. "The Expansion of the New York Securities Market at the Turn of the Century." *Business History Review* 55 (1981): 77.

于上市公司总数的一半，非铁路公司的证券发行数超过了铁路公司。用经济史学家兰斯·E. 戴维斯和罗伯特·J. 卡尔的话来说，"美国市场在迅速成熟。"[①]

从内战结束到 20 世纪初，美国证券市场的发展和过去一样，始终是有证券监管相伴随。对世纪之交的伦敦和纽约证券交易所深有研究的 R. C. 米基认为："（纽约）证券交易所的行动影响到证券市场的形式和运作，它一方面以其专业化吸引业务，另一方面又以它的各种限制排斥业务。"[②] 众所周知，作为行业自我监管主要机制的纽约证券交易会在 1863 年改名为纽约证券交易所。1869 年，它与早在 1864 年就已建立的公开交易会（The Open Board）合并，到 1910 年时该所股票交易量占全国的 68.5%，债券交易量占全国的 90.6%。[③] 纽约证券交易所的这种统治地位自然使它的自我监管对整个美国证券市场的影响不容低估。

首先，纽约证券交易所为了保护旗下经纪人的利益，使他们能进行比较稳定的证券交易，严格限制了交易所成员名额。1869 年名额为 1060，到 1914 年仅增加一次，达到 1100 而已。名额有限而交易量又大增，结果在纽约证券交易所购买一个交易位子的价格，由 1880 年的 14000—26000 美元上升到 1910 年的 65000—94000 美元。不仅如此，由于当时美国的大多数投资者并非专业老到的投机家，他们希望有某种稳定的回报，结果纽约证券交易所为吸引这些人的投资，采取了严格的股票上市审查程序，要求上市公司在资本规模、股东数量和可查证业务记录上要达到比较高的最低标准。此外，纽约证交所有关最低佣金的要求也是为了保证旨在稳定的卡特尔式组织能有效运作。佣金百分比不是按股票市场价值而是按每股 100 美元的最低股价计算。这就使股价低于 100 美元的证券在纽约证券交易所上市会处于不利地位。最后，证交所对一次交易的数量也有规定，从而保证了大宗交易的进行。毫不奇怪，所有这些自我监管措施使得在纽约证券交易所上市的大都是资本雄厚、利润稳定的大公司，而浮动性较大的小公司股票，尤其是采矿业和石油业方面的，则进入了纽约证券交易所以外的市场，包括海外证券

---

① Lance E. Davis and Robert J. Cull. "International Capital Movements, Domestic Capital Markets, and American Economic Growth, 1820-1914." Stanley L. Engerman and Robert E. Gallman. eds. *The Cambridge Economic History of the United States*. Cambridge: Cambridge University Press, 2000. vol. 2: 766-769.

② Michie. *The London and New York Stock Exchanges*. 203.

③ Ibid., Table 6.2, 170.

市场。其他证券市场的存在和竞争固然使纽约证券交易所在 1885 — 1910 年建立了一个部门，专门经营未在该所上市的证券的交易，但审查程序仍然相当严格。① 到第一次世界大战爆发前，纽约证券市场因走向成熟而扩大了上市公司的范围，但是和伦敦证券市场相比，有学者认为当时的纽约在这方面还落后了 20 年。②

除了纽约证券交易所的自我监管以外，美国的州政府在这个时期对证券交易的管制也有所加强。由于过去州政府主要是通过授予公司的特许状和后来的一般公司法以及其他立法对证券作一般性规定，这种监管方式在美国公司大量增加的情况下变得难以奏效了，因为涉及的部门愈来愈多，公司的经营也愈来愈专门化。这样，美国的一些州便开始尝试围绕某个部门或者说某类公司通过专门的监管立法。像马萨诸塞州早在 1852 年就立法规定铁路公司必须在认购股票票面值的 20% 已经实际付款后方能开工修建铁路，到 1869 年更建立铁路委员会，通过法院对铁路证券进行监管。该州 1894 年的立法甚至还规定，铁路公司股票唯有在铁路委员会批准后才能发行。得克萨斯、威斯康星等州在世纪之交也通过了类似的专门法案。不仅如此，在 1860 — 1900 年期间有 22 个州的新宪法都包括有限制证券交易的专门条款。其中 11 个州的宪法条款规定唯有有形资产才能发行股票，3 个州要求公司只有从事许可证规定范围内的商业活动才能出售股票，8 个州规定股东有权根据所占股份比例投票选举公司官员，此外还有些州要求公司账目随时待查，等等。③

不过，世纪之交最引人注目的政府证券监管则是很多州相继通过的"蓝天法"。这些法律禁止公司证券上的欺骗行为，要求公司证券登记，以防止有人甚至出售"蓝天之上可转让的建筑用地"。④ 与公司特许状、一般公司法以及过去其他有关证券监管的立法相比，"蓝天法"的不同之处在于：它们不仅仅是法律陈述，而且把执行的责任交到了包括州检察长、州务卿、银行专员和公司委员会专员在内的行政官员手中。一般认为，"蓝天法"是美国

---

① Michie. *The London and New York Stock Exchanges*. 194-200.

② Davis and Cull. "International Capital Movements, Domestic Capital Markets, and American Economic Growth, 1820-1914." 783.

③ Gerald D. Nash. "Government and Business: A Case Study of State Regulation of Corporate Securities, 1850-1933." *Business History Review* 38 (1964): 148-150.

④ Jonathan R. Macey and Geoffrey P. Miller. "Origin of the Blue Sky Laws." *Texas Law Review* 70 (1991): Note 59, 359.

政治体系对缺乏监管的证券市场上愈演愈烈的欺骗行为做出的反应，是具有公共意识的议员们为保护投资者利益所进行的努力。[1] 然而，美国法学家乔纳森·R.梅西和杰弗里·P.米勒在 20 世纪 90 年代初作的最新研究却发现，问题并不是如此简单。他们认为 20 世纪初虽不乏证券欺骗，但把"蓝天法"通过前的美国证券市场说成是骗子的天下却缺乏证据。[2] 本文前面已经提到，当时在纽约上市的证券一般都经过了严格审查，比较可靠，故采矿、石油、地产、专利开发等风险较大的证券只能在纽约以外的市场上交易。这类风险较大的证券交易虽然投机性高，但欺骗犯罪并不是主流。到 1910—1911 年，此类投机活动进入了一个高潮，一方面是因为当时通货膨胀迫使投资者宁可冒风险也要寻求较高的回报，另一方面则是由于农业收入增长使不少人有富余资金投入证券市场。据梅西和米勒的研究，投机热升温虽然引起了人们对欺骗行为的担心，但真正害怕投机的并不是想从中获利的投资者，而是小银行、储蓄机构、负责银行监管的州政府官员和想从银行获得贷款的农场主与小企业家。道理很简单，小银行和储蓄机构因证券投机热会失去愈来愈多的存款客户，负责银行监管的官员因此会感到自己的辖区受到了威胁，而想贷款的小业主们则会担心银行资金来源减少。[3] "蓝天法"实际上就是在这些人的推动下问世的。

1911 年，堪萨斯州首先通过了"蓝天法"，其发端者就是该州银行专员约瑟夫·N.多利。这项法律要求出售证券的厂家必须从银行专员处获得许可证，并定期报告财务状况。投资公司也要报告它们的经营计划、财务状况和所有准备在堪萨斯销售的证券副本。银行专员有权以种种理由禁止投资公司在该州营业，包括投资公司"不能保证……所销售的……股票、债券或其他证券有公平回报"。[4] 这种以业绩为基础进行的监管，是后来在新政时期启动的美国联邦证券监管都没有涵盖的内容。堪萨斯模式的"蓝天法"自然遭到了投资银行的强烈反对，其代言人是该行业在 1912 年成立的同业公会，即投资银行家协会。此外，和投资银行家站在一起的还有债券发行者和大银

---

① Joe Seligman. "The Historical Need for a Mandatory Corporate Disclosure System." *Journal of Corporation Law* 9 (1983): 1, 18-33; Carosso. *Investment Banking in America*. 162-163; Louis Loss and Edward M. Cowett. *Blue Sky Law*. Boston: Little, Brown and Company, 1958: 7-8.

② Macey and Miller. "Origin of the Blue Sky Laws." 350.

③ Ibid., 350-351.

④ Ibid., 361.

行。由于这些反对"蓝天法"的利益集团和它们的对手在不同地区的实力对比不一样，各州对"蓝天法"的态度也出现了地域性差别。按照堪萨斯模式通过了比较严格的"蓝天法"的主要是没有大投资公司、大银行和大制造商的农业州，集中在南部和西部。1912 年，亚利桑那、路易斯安那和南卡罗来纳 3 个州通过了类似法案。1913 年又有 20 个州仿而效之。[1] 反对通过"蓝天法"的州主要有两类，且集中在东部。一类如缅因、特拉华、内华达和马里兰，它们虽为农业州，但当时正在竭力吸引公司去注册；另一类如纽约、宾夕法尼亚、马萨诸塞、伊利诺伊和印第安纳，它们都是投资银行和制造业重地。[2] "蓝天法"虽然为一些州法院所首肯，但在 1914 — 1916 年先后被四个联邦法院裁决为过于家长式，超出了州政府治安权的权限。直到 1917 年，最高法院才在有关"蓝天法"的三项上诉案中判决，州政府为防止欺诈而有权在州界内监管证券交易，公职人员可根据申请者的声誉决定是否发放进行证券交易的执照。在最高法院这一判决的影响下，有 8 个州在 1917 — 1920 年通过了各自的"蓝天法"。到 1933 年，除了内华达州以外，美国其他所有的州都通过了"蓝天法"。[3] 不过，这时的"蓝天法"，包括堪萨斯州的在内，大都已作重大修改，扩大了不受"蓝天法"监管的证券的豁免范围。有些州还采纳了早在 1913 年就已经为某些州所接受的投资银行家协会的立法建议，以实情监管取代堪萨斯模式的业绩监管，即要求公布有关证券和经纪人的真实资料，对弄虚作假者以欺骗论处。显然，在进入 20 世纪 20 年代时，各州"蓝天法"已逐渐脱离堪萨斯模式，失去了当初试图对证券交易严加监管的锋芒。

（四）1929 年的股市大崩溃

美国证券市场在 20 世纪 20 年代的急剧扩张是有目共睹的事实。美国国内发行的公司证券总值在 20 年代增加了两倍，从 1920 年的 28 亿美元上升到 1929 年的 90 亿美元；纽约证券交易所证券成交量则从 1923 年的 2 亿

① Cedric B. Cowing. *Populists, Plungers, and Progressives: A Social History of Stock and Commodity Speculation, 1890-1936*. Princeton, New Jersey: Princeton University Press, 1965: 68.

② Macey and Miller. "Origin of the Blue Sky Laws." 377-380.

③ Carosso. *Investment Banking in America*. 186-188.

3600 万股飙升到 1929 年的 11 亿 2500 万股。[①] 根据美国著名经济史学家斯图尔特·布鲁奇的分析，20 年代美国证券市场的扩张有以下几方面的原因。首先，公司在利润增长的情况下，无论是从长期还是短期的资本需要来讲都愈来愈依靠证券市场，而不是像过去那样依靠银行短期信贷，企业合并更使新发行的股票剧增以支付合并的新资本需求。其次，有利于分散投资风险的投资信托公司在 20 年代大量增加，1928 年为 186 个，1929 年上升到 265 个，是年售出的投资信托公司证券总值高达 30 亿美元。第三，公用事业部门的控股公司为了买下营运公司甚至买下其他控股公司的控股权而大量发行股票，后来在 1933 年遭到国会调查的塞缪尔·英萨尔旗下的控股公司帝国就是典型。除了有这些数量惊人的股票上市以外，投资于证券市场购买股票的也不乏其人，估计占全国人口的 8 %。[②] 正如经济学家约翰·加尔布雷思所言："1929 年股市投机的惊人之处并不在于参加者多，而在于它成为文化中枢的方式"。[③] 人人都关心股市价格，价格则从 1924 年下半年开始一路飙升，仅于 1926 年小有挫折，到 1928 年则是疯狂上涨。作为当时投机热典型指标的无线电指数在 1928 年由 85 上升到 420，到 1929 年 9 月更达到 505 的顶峰。[④]

　　布鲁奇认为，替股市价格推波助澜的不仅是大量涌入市场的现金，而且是愈来愈多的经纪人贷款（broker's loan）。这些贷款使得投资者可以通过垫头交易购买股票（buy on margin），即只付股票票面价的一小部分，其余由经纪人贷款垫付，而所购股票用以作担保，所借贷款则随时可能被要求偿还，属于短期同业拆借。由于股市牛气冲天，短期同业拆借市场的利息从 1928 年初的 5 % 上升到年底的 12 %，结果从国内外吸引了大量资金。不仅是商业银行，还有大公司和有钱人都卷入了短期拆借市场。新泽西美孚石油公司在 1929 年平均每天就有 6900 万美元投入这个市场。据统计，20 年代初的经纪人贷款总额每年大约是 10 亿到 15 亿美元，可是到 1929 年夏季结束时，当年的经纪人贷款总额已高达 70 亿美元。[⑤] 证券交易背后有如此巨大

---

　　① U. S. Bureau of the Census. *Historical Statistics of the United States, Colonial Times to 1957*. Washington: Government Printing Office, 1960. Exhibit 7: 658；William E. Leuchtenburg. *The Perils of Prosperity*. Chicago: University of Chicago Press, 1958: 242.

　　② Bruchey. *Enterprise: The Dynamic Economy of a Free People*. 427-428.

　　③ John Kenneth Galbraith. *The Great Crash: 1929*. Boston: Houghton Mifflin, 1954: 83.

　　④ Bruchey. *Enterprise: The Dynamic Economy of a Free People*. 428.

　　⑤ Ibid., 429.

的短期同业拆借，使这个牛市一有风吹草动后果便不堪设想。对此，美国联邦储备委员会和纽约联邦储备银行不是不清楚，但它们由于彼此不和而未能采取提高贴现率的有效货币政策，结果仅以道德规劝的方式试图抑制成员银行向投机者贷款。除了联邦储备系统以外，美国当时几乎没有别的联邦机构可以影响证券交易，只有联邦邮递诈骗法禁止证券交易者利用邮件误导和欺骗公众，其作用自然是微乎其微。这样，对 20 年代的证券交易能有所控制的仍然是各州政府的监管和证券交易行业的自我监管。

　　作为州政府证券监管主要依据的"蓝天法"本来就作用有限，到 20 年代更由于投资银行家协会持续不断的干扰而进一步削弱了。投资银行家协会在第一次世界大战和战后初期原本试图以统一的联邦立法来取代各州的"蓝天法"，但很快就放弃了这一主张。原因之一就是该协会在促使各州缓和其"蓝天法"的证券监管上取得了成功。纽约州作为证券交易大州是这个协会活动的首要目标。1921 年，纽约州议会在投资银行家协会支持下通过了在证券交易上反欺诈的马丁法，授权州检察长调查欺诈行为，传讯嫌犯，并寻求颁布禁令中止其证券业务。然而，这项法律使纽约的证券交易者和证券上市免于向政府登记注册及获取许可证。不仅如此，投资者银行家协会还成功地抵制了对该法的修改，结果使纽约州直到 1932 年才通过法律，第一次要求交易者向新建立的州证券局登记注册。对于那些在各自的"蓝天法"中坚持证券登记和经纪人注册的州，投资者银行家协会则成立了以阿瑟·G. 戴维斯为首的特别委员会专门加以应对。该委员会在倡导各州证券立法走向统一的口号下成功地使很多州修改了"蓝天法"。到 1929 年，有 16 个州在登记注册需提供的财务数据和报表上有了几乎统一的要求，并在豁免范围上也建立了统一的标准。诸如在交易所上市的证券、由不同州监管的公用事业公司证券、有持续赢利历史的证券均在不受"蓝天法"监管的标准豁免范围内。就连对登记注册要求向来很严的密歇根州也决定纽约证券交易所上市的证券可以被豁免。投资银行家协会的这些努力得到了统一州法委员会全国会议和美国律师协会的支持。这样，20 年代各州"蓝天法"的发展趋势，实际上是把愈来愈多的证券监管权交给了私人机构和作为志愿组织的同业公会，当时主要也就是投资银行家协会和纽约证券交易所。[1]

---

[1] Michael E. Parrish. *Securities Regulation and the New Deal*. New Haven: Yale University Press, 1970: 21-30.

具有讽刺意味的是，当这两个行业组织理应承担起自己争取来的行业自我监管责任时，它们无论是在组织上还是在专业能力上都已无法像过去一样适应这种使命。对于投资银行协会和它的会员来说，美国的投资银行业在1929 年以前发生了深刻的变化，其主要业务对象变成了这个行业尚不熟悉的一种新的财产形式，即公司股票。诚然，普通股和优先股这类股票在 20 年代以前很早就出现了，但它们长期以来大都是有稳定回报的银行股票和铁路股票，而且在比例上少于公司的债券。回报浮动较大的一般公司股票突然大量涌入证券市场，并在比例上超过了债券，则是发生在 20 年代的下半期。投资银行家协会的企业行为委员会认为，公司主要依靠债券和商业银行贷款的时代是在 1927 年结束的。过去基本上以经营有固定回报证券为主的一般投资银行家，现在被手头新的财产形式弄得晕头转向。甚至于最大的投资财团也发现，它们原本以买卖债券为主的分行在组织上和人员上也不能适应这种变化。一个投资银行家协会会员抱怨说："我们和我们的顾客在这里摸索，想发现我们股票的价值⋯⋯可是我们根本没有一个尺度可言。"[1] 纽约证券交易所和投资银行家协会一样，在应对新财产形式上也遇到了困难。1917 年的股票数在纽约证券交易所所有上市证券数中占的比例不到 1/3，到1926 年上升到 43 %，且总值超过了所有债券的总值。证交所八人上市委员会在 1926 年批准了 300 种新股票的申请，1928 年批准了 571 种，1929 年头 9 个月就批准了 759 种。他们那个小小的调查班子根本就没法胜任如此之大的工作量。上市委员会承认："情况变得愈来愈复杂和难以进行分析，因为突然一下出来了很多大的持股公司和投资信托公司。"[2]

结果就像美国学者迈克尔·E. 帕里什所说的一样，1929 年市场大崩溃并不仅仅是因为贪念的驱使和对无知投资者的掠夺，"崩溃发生的部分原因在于，包括投资银行家协会和纽约证券交易所在内的组织缺乏必要的意愿、能力和监管机制来监管贪婪和掠夺成性的人们"。[3] 因此，罗斯福新政的证券监管改革所要实现的目标，也不仅仅是诚实和公平的交易，还有行业监管的道德勇气与所需的组织及专业能力。它不是要以新建立的联邦证券监管体系来完全取代行业自我监管，而是要二者联手形成波拉尼所说的市场扩张的反

---

[1] Investment Bankers Association. *Proceedings of Annual Convention.* New York, 1929: 201.

[2] Parrish. *Securities Regulation and the New Deal.* 39-40.

[3] Ibid., 39.

运动，在新的历史条件下重建证券市场双重运动之间的新的平衡，使美国资本主义市场经济的进一步发展不会危及整个社会的稳定和繁荣。从这一点来说，新政的证券监管改革同时也是过去历史的延续。不过这是需要另一篇文章来阐述的问题了。

十三　富兰克林·罗斯福时代的
新政"宪法革命"

　　1935 年 5 月 27 日是美国宪法史上的所谓"黑色星期一"。[①] 当天，最高法院做出了不利于富兰克林·罗斯福政府的三项重要判决，其中包括 9 名大法官一致同意推翻新政经济复苏计划的核心立法——《全国工业复兴法》。5月 31 日，罗斯福在记者招待会上批评法院剥夺了联邦政府应对紧急问题的权力。他说："我们被划到过时的州际商业定义中去了。"[②] 1936 年，最高法院又接二连三地做出了反对新政的判决。是年，罗斯福在总统大选中以压倒性多数获得连任。1937 年 2 月 5 日，他向最高法院宣战，提出了法院改组法案，使美国政界为之震惊。同年，最高法院在一系列重大判决中转而支持新政立法，使危及美国法院体制的宪法危机宣告结束，史称"使九人得救的及时转向"。[③] 在当时和此后很多美国宪法学家和历史学家看来，最高法院对宪法授予政府的权力所做的正统解释与新政改革发生了冲突，法院在政治压力下不得不从对抗转向认同，从而使美国宪法的有关法理原则及其应用在1937 年发生了重大变化。他们把这些变化视为新政"宪法革命"。[④]

---

　　① Marian C. McKenna. *Franklin Roosevelt and the Great Constitutional War: The Court-Packing Crisis of 1937*. New York: Fordham University Press, 2002: 96.

　　② Samuel I. Rosenman. ed. *The Public Papers and Addresses of Franklin D. Roosevelt*. New York: Random House, 1938-50, vol. 4: 200-222.

　　③ 美国著名宪法学家爱德华·科温在他 1937 年 5 月 19 日给当时的司法部部长霍默·I.卡明的信中第一次提出"使九人得救的及时转向"的说法，后广为沿用。此信收藏于普林斯顿大学的爱德华·科温文件，转引自威廉·E.洛克滕堡：《富兰克林·D.罗斯福的改组法院计划：再生、再死》（William E. Leuchtenburg. "FDR's Court-Packing Plan: A Second Life, A Second Death." *Duke Law Journal* [35] 1985: 673）。

　　④ G. Edward White. *The Constitution and the New Deal*. Cambridge, Massachusetts: Harvard University Press, 2000: 16-17.

从 20 世纪 30 年代到今天，包括爱德华·科温、伯纳德·施瓦茨、罗伯特·麦克罗斯基、威廉·洛克滕堡、卡斯·森斯坦、劳拉·卡尔曼等在内的几代美国学者都持有上述看法，强调政治对法官和宪法革命所产生的决定性影响。直到 20 世纪 70 年代中期，他们的观点才遭到了修正派史学家的质疑。但在新政宪法革命研究上真正改弦易辙的则是 20 世纪 90 年代以来巴里·库什曼、理查德·弗里德曼、G. 爱德华·怀特所发表的一系列论著。他们认为，法院改组法案之争、1936 年大选这类政治事件和最高法院态度的转变之间并无决定性因果关系。法官对宪法法理原则的理解所发生的变化，或者说他们在宪法法理观上的转变，还有法官组成的新老交替，才是法院做出不同判决的最重要的原因。[①]

在美国著名法律史学家莫顿·霍维茨和政治学家劳拉·卡尔曼看来，这两派学者就新政宪法革命展开的争论涉及的是长期以来困扰美国法学界的一个核心问题，即法律和政治的关系问题。[②]对两派观点都相当关注的布鲁斯·阿克曼教授则建议停止这种"老旧而令人疲惫的辩论"，主张"把两方面的见解结合起来而不要走向任何一个极端"。[③]笔者既不准备介入法律和政治关系的争辩，也无意对新政宪法革命做全面的分析评价，只想借助于美国学者有关新政"宪法革命"的最新研究，从中获取某些重要的启示。具体来说，就是在我们探讨美国历史上发生的重大变化，尤其是在将它上升到"革命"和"分水岭"这样的高度时，要特别注意历史发展的连续性、局限性和复杂性。这样，我们最后的结论才会具有一定的辩证性。

（一）1937 年最高法院三大条款"宪法革命"说质疑

美国研究新政宪法革命的学者大都认为 1937 年是这场宪法革命的分水岭，其中包括著名宪法学家、1937 年法院改组计划的参与者爱德华·科温和研究罗斯福新政的权威历史学家威廉·洛克滕堡。前者是"使九人得救的

---

①　本段涉及的美国学者研究和著述的详情请参看：White. *The Constitution and the New Deal*: 13-32.

②　Laura Kalman. "Law, Politics, and the New Deal(s)." *The Yale Law Journal*, 108, 1999: 2167, 2188.

③　Bruce Ackerman. *We the People: Transformations*. Cambridge, Massussetts: Belknap Press of Harvard University Press, 1998: 343, 291.

及时转向"一语的原创者，后者干脆称这场革命为"1937 年宪法革命"。[①]
无可否认，最高法院确实是在 1937 年有关最低工资、劳工关系法（即《华
格纳法》）和社会保障法的一系列判决中，改变了它在 1935 年和 1936 年的
反新政态度，转而支持新政的有关立法。不过，从宪法革命的角度来讲，重
要的不是最高法院在最低工资、劳工关系和福利国家这些政策问题上所采取
的态度发生了什么根本变化，而是最高法院在就这些政策问题做出不同判决
时所依据的宪法法理原则是否发生了根本变化。学者们一般认为，1937 年
宪法革命主要是在三大宪法条款的法理原则上发生了变化，即正当程序（契
约自由）、商务权和公共福利。在他们看来，这些变化清楚地反映在最高法
院 1936 年和 1937 年做出的三组重大判决之中。每一组中 1937 年的判决和
1936 年的相比几乎都迥然不同，所以后来才有"及时转向"之说。[②]

　　涉及正当程序（契约自由）条款的第一组判决的案件是 1936 年的莫尔
黑德诉纽约州案和 1937 年的西岸旅馆诉帕里什案（即最低工资法案件）。
1936 年 6 月 1 日，大法官欧文·J. 罗伯茨加入了因保守而有"四骑士"之
称的另外 4 位大法官威利斯·范德凡特、詹姆斯·麦克雷诺兹、皮尔斯·巴
特勒、乔治·萨瑟兰的队伍，在莫尔黑德案中形成了 5 比 4 的多数（少数
派是首席大法官查尔斯·E. 休斯和 3 位倾向新政的大法官哈伦·斯通、路
易斯·D. 布兰代斯、本杰明·卡多佐），判决纽约州妇女最低工资法无效，
因为它侵犯了受宪法第十四条修正案正当程序条款保护的契约自由。[③]然
而，到 1937 年 3 月 29 日，罗伯茨反过来加入了莫尔黑德案判决中的少数
派，使最高法院能够以 5 比 4 的多数在西岸旅馆案中支持华盛顿州的妇女
和未成年人最低工资法。于是，西岸旅馆案成了最高法院"转向"的引人注
目的开端，而罗伯茨则成了"转向"的典型代表人物。首席大法官休斯在西
岸旅馆案判决中明确指出："宪法没有讲到契约自由。"[④]有学者认为，这标

---

　　① William E. Leuchtenburg. *The Supreme Court Reborn: The Constitutional Revolution in the Age of Roosevelt*. New York: Oxford University Press, 1995: 213-236.

　　② White. *The Constitution and the New Deal*: 198; Richard D. Friedman. "Switching Time and Other Thought Experiments: The Hughes Court and Constitutional Transformation." *University of Pennsylvania Law Review* (142) 1994: 1891-1984.

　　③ *Morehead v. New York ex rel. Tipaldo*, 298 U. S. 587, 618-631 (1936).

　　④ *West Coast Hotel Co. v. Parrish*, 300 U. S. 379, 391 (1937).

志着"经济正当程序作为一种宪法形式在事实上的寿终正寝"。①

涉及商务权条款的第二组判决的案件是 1936 年的卡特诉卡特煤矿公司案和 1937 年的全国劳工关系局诉琼斯和劳克林钢铁公司案（即华格纳法案件，也称劳工局案）。1936 年 5 月 18 日，罗伯茨再次加入"四骑士"，在卡特案中以 5 比 4 的多数裁定 1935 年《烟煤资源保护法》违宪。该法的劳工条款保证劳工有组织起来和进行集体谈判的权利。萨瑟兰代表法院多数在判决中指出，这些条款之所以违宪是因为对矿业进行监管，而矿业和其他生产性活动一样，长期以来被视为地方活动，不是属于宪法商务权条款规定的由联邦政府管辖的州际商业的一部分。② 1937 年 4 月 12 日，罗伯茨又一次转向，和休斯及 3 位自由派法官一起组成 5 比 4 的多数，在琼斯和劳克林案中支持全国劳工关系法，即《华格纳法》。在这项判决和其他几项有关《华格纳法》的判决中，最高法院都裁定，该法可以适用于那些对州际商业有密切和实质性影响的生产性部门。③

涉及公共福利条款的第三组判决的案件是 1936 年的合众国诉巴特勒案（即 1933 年农业调整法案件）和 1937 年斯图尔德机器公司诉戴维斯案、海尔维宁诉戴维斯案（即社会保障法案件）。根据 1933 年农业调整法的规定，联邦政府为控制农业生产过剩可以认租可耕地，购买剩余农产品，给同意休耕的农场主以补偿。这些项目的经费来自向项目所涉及的农产品之加工商课征的加工税。当农业调整法规定的这种加工税在巴特勒案中遭到挑战时，政府方面为该项法律辩护的法理根据是美国宪法第一条第八款规定国会有权为了美国的公共福利而征税。然而，罗伯茨、休斯和"四骑士"一起在 1936 年 1 月的判决中以 6 比 2 的多数拒绝接受这一理由，指责该法的税收和拨款是"达到违宪目标的手段"。在他们看来，联邦政府无权监管农业，更不能如农业调整法项目那样以经济压力实行强制。④ 可是 1937 年 5 月 24 日，最高法院在两项社会保障法案件的判决中均以公共福利条款为由确认了该法的有效性。在有关老年福利的海尔维宁案中，最高法院甚至形成了 7 比 2 的多数，"四骑士"中只有麦克雷诺兹和巴特勒持异议。在涉及失业救

① John W. Ely, Jr.. *The Guardian of Every Other Right: A Constitutional History of Property Rights*. New York: Oxford University Press, 1998: 127.

② *Carter v. Cater Coal Co.*, 298 U. S. 238, 302 (1936).

③ *NLRB v. Jones & Laughlin Steel Corp.*, 301 U. S. 1, 37-38 (1937).

④ *United States v. Butler*, 297 U. S. 1, 68, 71 (1936).

济的斯图尔德机器公司案中,"四骑士"仍然是"四骑士",不过处于少数地位。①

从以上三组判决来看,最高法院在 1937 年对正当程序(契约自由)、商务权和公共福利三大宪法法理原则的理解及其运用,与 1936 年相比似乎是发生了很大的变化,但是近年来美国学者的研究告诉我们,如果从比较长一点的历史时间跨度上来探讨这些条款涉及的法理问题,便会发现很难将 1937 年定位为新政宪法革命的分水岭。首先,就正当程序条款而言,"1937 年的宪法革命"实际上有它的连续性,因为这一法理原则的革命性变化在 1934 年的内比亚诉纽约州案判决中已经发生了。其次,就商务权条款而言,"1937 年的宪法革命"实际上有它的局限性,因为这一法理原则的革命性变化要等到 1942 年的威卡德诉菲尔伯恩案判决才真正实现。最后,就公共福利条款而言,"1937 年的宪法革命"有它的复杂性,因为这一法理原则的革命性变化并没有发生,有关社会保障法的判决实际上是以制宪以来就有的法理原则为基础的。从现代福利国家的发展上来看,该判决固然是重大的进展,但在法理原则上并不存在进步战胜反动或者自由主义战胜保守主义的所谓革命性变化。不仅如此,即便是在罗斯福任内确已发生的宪法法理原则的重大变化,从其后的影响和结果来看,往往也不是像人们所想象的那样简单或者说那样"革命"。显然,新政宪法革命是十分复杂的,需要我们做进一步的思考。

(二)1937 年之前既已发生的正当程序条款宪法革命

首先来看正当程序条款。众所周知,正当程序是 19 世纪末和 20 世纪初美国最高法院用以保护经济权利不受政府侵犯的最有力的宪法依据。在此之前,宪法第五条修正案中的正当程序只适用于制约联邦政府,内战后宪法第十四条修正案的通过才使州政府也要受到正当程序条款的制约。按照世纪之交所谓自由放任主义宪政治时代很多美国法官的解释,受正当程序条款保护的经济权利主要是私人产权和契约自由,后者牵涉到价格、工时、工资等诸多与经济监管有关的问题。在美国宪法史上可算是划时代的 1905 年洛克

---

① *Helvering v. Davis*, 301 U. S. 619 (1937). *Steward Machine Co. v. Davis*, 301 U. S. 548 (1937).

纳判决，就是以纽约州限制面包房工人工时的立法侵犯了受宪法第十四条修正案保护的契约自由为由，宣判该法无效，为新政以前所谓自由放任主义宪政占统治地位的洛克纳时代定下了基调。① 宪法第十四条修正案为契约自由和私人产权提供的这种保护，常常被后来的学者称为"经济正当程序"或者"实质性正当程序"。②

　　不过，正当程序对契约自由的保护有两个例外，一是不适用于政府为保护公众健康、安全和道德而行使的治安权，二是不适用于政府对"受公共利益影响"的经济活动进行的监管。③ 显然，公私之分是契约自由能否得到正当程序保护而不受政府监管的关键所在。在 1877 年著名的芒恩诉伊利诺伊州案判决中，最高法院在价格管制问题上就是以仓储业是"受公共利益影响的行业"为由，认可该州法律（即格兰奇法）对仓储业主收费的监管。④ 在1905 年洛克纳诉纽约州案判决中，最高法院则发现治安权不适用于对面包房工人工时的监管，因为这种监管既不是保护一般公众的健康，也不是保护面包房工人的健康，更不是保护公共安全和道德。⑤ 这样，纽约州的法律便因与治安权的公共目的无关而被认定侵犯了受到正当程序保护的契约自由，结果被判无效。在对工资的监管上，法院往往是以实施治安权为由认可有关

---

　　① 美国学者对世纪之交的"自由放任宪法主义"存在不同看法。以卡尔·布伦特·斯威舍、艾尔弗雷德·H.凯利、温弗雷德·A.哈比森为代表的传统观点认为，当时最高法院对契约自由的保护是为了资本的利益，尤其是大企业的利益；以霍华德·吉尔曼、迈克尔·本尼迪克特等人为代表的修正派则认为，最高法院是为了维护中立的原则，即反对仅仅有利于某个团体或阶级的所谓"阶级立法"。笔者在本书中沿用"自由放任宪法主义"这一习惯说法，只是指以宪法第十四条修正案的正当程序条款保护契约自由和私人产权的司法实践，并不表示笔者赞同以上任何一派的观点。关于两派的争论参见：Howard Gillman. *Constitution Besieged: The Rise and Fall of Lochner Era Police Powers Jurisprudence*. Durham: Duke University Press, 1993: 3-9.

　　② Rogers M. Smith. *Liberalism and American Constitutional Law*. Cambridge, Massachusetts: Harvard University Press, 1985: 75.

　　③ 对治安权（police power）的理解分狭义和广义两种。狭义的治安权只包括州政府为保护公众健康、安全和道德而行使的权力，如本书就是如此。广义的治安权则还要加上为保护公共福利等所行使的权力，因此范围很广，可以把对"受公共利益影响的"经济活动进行的管制也包括进来，如吉尔曼在《四面受围的宪法》一书中就是如此，拙文《美国法律史研究中有关私人产权的几个问题》（《美国研究》2003 年第 1 期）也曾做同样的处理。本书之所以做狭义理解，主要是因为引用的有关案例中法官在判决时对治安权的解释是狭义的。关于源于英国法的"受公共利益影响"的法律概念的源起及运用可参看：Breck P. McAllister. "Lord Hale and Business Affected with a Public Interest." *Harvard Law Review* (43) 1930: 759, 768-769.

　　④ *Munn v. Illinois*, 94 U. S. 113, 126 (1877).

　　⑤ *Lochner v. New York*, 198 U.S. 45, 57, 59 (1905).

工资发放时间和方式的立法，但在有关工资数额的监管立法上则常常是看有关行业是否受到公共利益的影响，采纳了自芒恩案以来用以确定对价格进行监管的标准。[①]

在经历了多年有关工资监管的司法争议后，最高法院在 1923 年的阿德金斯诉儿童医院案判决中，排除了治安权标准，把是否"受公共利益影响"作为能否对最低工资进行监管的唯一标准。该案涉及的是 1918 年一项国会立法。这项法律授权在哥伦比亚特区建立的最低工资局为当地就业的妇女规定最低工资，使之足以"为这些妇女提供足够的生活开支使她们保持良好的健康和道德"。[②] 显然，该法是以治安权作为对妇女最低工资进行监管的法理依据。[③] 可是，萨瑟兰大法官在代表最高法院多数写的著名判决中指出，保持健康和道德所必需的收入因人而异，只能由个人决定，而不可能由立法创造的机构规定一个普遍适用的公式。这样，治安权便不再是能否制订最低工资法的依据。按照萨瑟兰在判决中的论证，工资监管和价格监管基本上是一回事，因为"从原则上看，出售劳动力和出售货物没有区别"。过去法院只在两种情况下认可对收费的监管，也就是制定收费标准。一是涉及"公共工程"的合同，二是涉及"受公共利益影响的行业"。由于阿德金斯案中规定最低工资的立法所涉及的既不是公共工程，也不是受公共利益影响的行业，所以该法被宣判无效。[④] 根据美国法律史学家巴里·库什曼的研究，"阿德金斯案后……支持规定工资立法的唯一可行途径就是以有关行业确实受公共利益影响作为论据"。[⑤]

然而，"受公共利益影响"并不适用于所有的行业，所以只有扫除这一障碍，才能使美国宪法的正当程序条款在所有行业不再成为实施最低工资法的障碍。在 20 世纪 20 年代末仍然担任首席大法官的威廉·H. 塔夫脱大概已经看出了这种发展势头。他当时非常害怕在他看来是进步主义者的赫伯

[①] Barry Cushman. *Rethinking the New Deal Court: The Structure of a Constitutional Revolution.* New York: Oxford University Press, 1998: 56-57.

[②] Ibid., 66.

[③] 治安权本是由宪法第十条修正案保留给州的权力，不是联邦政府所拥有的权力。但是，最高法院在 1903 年钱皮恩诉埃姆斯案判决中把商业权条款下的联邦权力扩大到保护公共道德，从而在事实上承认了联邦治安权的存在。参见：*Champion v. Ames*, 188 U. S. 321 (1903). 因此，阿德金斯案涉及的国会立法才会以治安权为根据。

[④] *Adkins v. Children's Hospital*, 261 U. S. 525, 546-558 (1923).

[⑤] Cushman. *Rethinking the New Deal Court*: 72.

特·胡佛任命的大法官会毁掉宪法，所以尽管年老体衰且百病缠身，他仍决心"留在法院防止布尔什维克获得控制权"。塔夫脱在1929年12月给他兄弟的信中写道："我们要保持对宪法的陈述始终如一，唯一的希望就是我们要尽可能活久一点。"[①] 不过，他毕竟没法一直撑下去，终于在1930年2月3日几乎是临死前辞去了大法官的职务。胡佛总统马上任命了查尔斯·埃文斯·休斯接替塔夫脱出任首席大法官。3月8日，爱德华·桑福德大法官去世，胡佛又提名欧文·J.罗伯茨进入了最高法院。撇开塔夫脱有关"布尔什维克"和毁掉宪法的夸张言辞不说，后来的发展一定使塔夫脱在天之灵觉得他不幸而言中。正是在休斯主持最高法院的十多年里发生了宪法革命，而且在正当程序条款上打响革命第一枪的就是罗伯茨大法官。在1934年内比亚诉纽约州案的判决中，罗伯茨一举推翻了正当程序条款的公私有别原则，为后来最低工资法在司法审查中被认定符合宪法铺平了道路。

　　内比亚案涉及的是纽约州对牛奶零售价格的监管。监管的目的是缓和这一行业里使从业者难以生存的你死我活的竞争。利奥·内比亚因为以低于州所规定的价格出售牛奶而被控罪。他在上诉中称这种监管违反了宪法第十四条修正案，未经正当程序就剥夺了他的财产，因为价格管制只适用于受公共利益影响的行业，例如公用事业或自然垄断的行业，对纯粹是私人性的牛奶零售业进行价格管制则是违宪的。控方纽约州的辩护律师提出的理由是：1. 管制是临时性的，2. 牛奶零售业是受公共利益影响的行业，3. 大量易变质牛奶的积存对公众健康造成的威胁使州不得不行使治安权。代表最高法院多数做出判决的罗伯茨大法官本可根据以上任何一项自1877年以来就为法院承认的理由认可纽约州的监管，但他没有这样做。罗伯茨在宣判纽约州的监管有效时语出惊人地进行了一场正当程序条款上的法理革命。他承认牛奶业不是公用事业，不是垄断，也没有政府授予的特权，然后问道："但是如果像必须承认的一样这个行业部门受到了监管，有什么宪法原则禁止州通过有关价格的立法来纠正现存的失调现象呢？"罗伯茨的回答十分明确："我们认为没有这种原则。"这就是说，无论是否受公共利益影响，这个行业部门的企业都要接受这种监管。那么正当程序条款对私人权利的保护作用何在呢？罗伯茨的解释是："联邦活动领域内的宪法第五条修正案和有关州的行

---

① Henry F. Pringle. *The Life and Times of William Howard Taft: A Biography*. New York: Farrar & Rinehart, 1939: vol. 2, 967.

动的宪法第十四条修正案不禁止政府为公共福利而进行监管。……正当程序的保证就像通常所认为的一样，只是要求法律不能不合理，不能专断，不能随心所欲，而且所选择的手段和寻求实现的目标要有真正的和实质性的关系。"①

这样一来，罗伯茨便在内比亚案判决中摈弃了正当程序条款上公私有别的原则，使私人企业和私人行业部门不能再以未"受公共利益影响"而回避政府监管。正当程序条款所要保证的仅仅是这些监管立法的合理性。于是，阿德金斯案判决中确认的最低工资法的唯一宪法障碍便被扫除了。最高法院后来在 1937 年西岸旅馆案中支持华盛顿州的妇女和未成年人最低工资法也就成了顺理成章的事情。事实上，首席大法官休斯在西岸旅馆案做出判决时在法理上所依靠的就是罗伯特的内比亚案判决。他在判决中写道："攻击妇女最低工资管制的人所说的侵犯就是剥夺了契约自由。这是什么自由？宪法没有说契约自由。它说的是自由，并且禁止未经法律正当程序就剥夺自由。""在禁止这种剥夺时，宪法并不承认绝对的和不受控制的自由。……所以宪法之下的自由必须受到正当程序的限制，就其内容而言凡是合理的并且是为社区利益所采取的监管就是正当程序。"②

如果说最高法院直至在 1937 年的西岸旅馆案判决中才在最低工资这个具体问题上推翻了阿德金斯案判决所确认的原则，那么它所依据的宪法法理原则早在 1934 年的内比亚案判决中就已经发生了根本性的或者说革命性的变化。这就是"1937 年宪法革命"和 1934 年内比亚案判决在宪法法理原则上不可否认的连续性。由于正当程序条款如罗伯茨在内比亚案判决中所言并不禁止政府为公共福利进行监管，斯通大法官后来在 1938 年合众国诉卡罗琳制品公司案判决中干脆明确表示，最高法院今后基本上不再依据正当程序对经济监管立法进行司法审查，除非这类立法不是建立在"立法者知识和经验范围内的某种合理基础之上"。③这项判决成了 1934 年内比亚案判决以后正当程序条款法理革命的又一个里程碑。

---

① Crushman. *Rethinking the New Deal Court*: 78-79; *Nebbia v. New York*, 291 U. S. 502, 525, 531-532 (1934).

② *West Coast Hotel v. Parrish*, 300 U. S. 379, 391 (1937).

③ *United States v. Carolene Products Co.*, 304 U. S. 144, 152 (1938).

（三）1937 年之后才发生的商务权条款宪法革命

在讨论了正当程序问题之后，我们再来考虑商务权条款。该条款是防止联邦政府侵入在宪法明文划定界限以外保留给州的权限的宪法依据所在，也是美国二元联邦主义的基石之一。联邦政府在管理州际以及与外国或印第安部落之间的商业上有商务权，但无权介入州内商业，更不要说州内生产。1935 年，最高法院在谢克特公司诉合众国案中宣判全国工业复兴法违宪的理由之一，就是被告没有从事州际商业，根据全国工业法制定的对其加以管制的"生禽法规"超出了联邦政府的权限。尽管谢克特公司从州内外都购进了家禽，但屠宰后是在本地售给零售商。因此，法院认为就本案涉及的家禽买卖环节而言，"州际商业的流动已经停止"。[①]如前所述，最高法院在 1936 年卡特案中也是视矿业为地方活动，不在联邦商务权管辖范围之内，故而宣判 1935 年《烟煤资源保护法》违宪。法院在判决中指出，州际商业流动在谢克特案中已中止，在卡特案中则还没有开始。[②]地方煤业生产既不是州际商业本身，也不是商业流动（a current of commerce）的一个组成部分，而且对州际商业没有造成直接影响，所以对其加以管制的联邦立法无效。

到 1937 年华格纳法案件判决时，最高法院似乎转向了。人们通常所说的这一"转向"，是指法院从反对管制劳工关系的《烟煤资源保护法》，转而支持同样是管制劳工关系的《华格纳法》（又称《国家劳工关系法》）。不过，最高法院所依据的法理原则却没有发生什么实质性的变化，基本上仍然是谢克特案和卡特案中适用的商务权条款。真正的变化是《华格纳法》的起草者不同于《全国工业复兴法》的设计师，他们在商务权条款上是有备而来。据美国学者彼得·H. 艾恩斯研究，《华格纳法》和仓促草就的《全国工业复兴法》不一样，该法的起草者主要是律师，在起草法案和后来选择验证其合法性的案例上可以说煞费苦心。[③]其宗旨就是要使该法对劳工关系的管制在法院经得起是否违宪的挑战，而他们认定的宪法依据就是商务权条款和商业流动说。按照他们的论证，雇主拒绝雇员组织工会和进行集体谈判造成

---

① *Schechter Corp. v. United States*, 295 U. S. 495, 543 (1935).

② *Carter v. Carter Coal*, 298 U. S. 238, 306 (1936).

③ Peter H. Irons. *The New Deal Lawyers*. Princeton: Princeton University Press, 1982: 203-300.

的罢工和其他骚动，是处于商业流动之中，会破坏商业媒介的效率、安全和运行，还会影响到物质与产品的流动和价格，等等，从而给州际和对外商业造成负担和阻碍。这样，他们就把《华格纳法》对劳工的管制牢靠地建立在商务权条款的宪法基础之上。不仅如此，到1936年末，他们选中的包括琼斯和劳克林案在内的3个华格纳法案件都有胜诉的把握。涉案的3个公司都从外州购进材料，又都把产品运到州外去，[①] 可以说是确实处于商业流动之中，而不像谢克特案和卡特案中的公司是处于商业流动的两个端头，所以华格纳法涉案公司很难被排除在州际商业之外。

　　由于政府方面精心挑选了这3个案件，最高法院不费吹灰之力就将涉案的3个公司的活动都定位于商业流动之中。[②] 因此，首席大法官休斯在琼斯和劳克林案判决中认定涉案公司在《华格纳法》的合法管制范围以内，并明确指出："给州际或对外商业或者这类商业的自由流动直接造成困难或阻碍的行动在国会的权力管辖范围以内，是众所周知的原则。……其标准是对商业造成的影响，而不是造成损害的源泉。"[③] 这些判决词在商务权条款的有关法理原则上没有任何新义可言。不过，休斯在国会是否可以管制州内经济活动上还是朝前迈了一步。他在判决中指出："尽管分别考虑时是州内性质的活动，如果它们与州际商业有如此密切和实质性的关系，以至于对它们的控制对于保护商业免遭困难和阻碍至关重要或者适当的话，国会不能被拒绝实行这种控制的权力。"[④] 然而，休斯害怕这一步走得太远，所以在判决中又做了如下的限制："这种权力的范围无疑要按照我们的二元政府体制加以考虑，不得扩大到把对州际商业十分间接和遥远的影响也包括进来，结果将实际上抹杀了全国性和地方性的区别，并且造成完全中央集权的政府。这里的问题必须是一个程度的问题。"[⑤]

　　显然，以休斯为代表的最高法院多数法官在华格纳法案件的判决中，还没有在商务权的有关法理原则上从二元联邦主义中走出来。无怪乎罗斯福政府的司法部副部长斯坦利·里德在判决下达后不久就说："我看不出有关

　　① Crushman. *Rethinking the New Deal Court*: 162-166。另外两个华格纳法案件是：*NLRB v. Fruehauf Trailer Co.*, 301 U. S. 49 (1937); *NLRB v. Friedman-Harry Marks Clothing Co.*, 301 U. S. 58 (1937).

　　② Crushman. *Rethinking the New Deal Court*: 171-173.

　　③ *NLRB v. Jones & Laughlin Steel Corp.*, 301 U. S. 1, 31-32 (1937).

　　④ Ibid., 37-38.

　　⑤ Ibid., 37.

《华格纳法》的判决和有关《古费法》（即 1935 年《烟煤资源保护法》）或者全国工业复兴局的判决之间有任何明显的不一致。"① 在华格纳法案件诉讼中担任政府头号法律军师的查尔斯·费伊在 12 年后也写道："我在当时和现在的观点都是：劳工局案件并不是对过去的背离。"② 此外，下级法院和国会议员对于华格纳法案件判决是否真正推翻了谢克特案和卡特案判决也有类似的解读。事实表明，在华格纳法案件判决后 3 年里，最高法院在涉及全国劳工关系局、1938 年农业调整法的一系列案件中，对商务权的解释和运用与过去相比仍是大同小异。休斯在 1938 年的圣克鲁斯水果包装公司诉全国劳工关系局案判决中，还有斯通大法官在全国劳工关系局诉费因布莱特案判决原稿中，都曾指称谢克特判决仍然有效。不过，斯通后来在罗斯福新任命的大法官雨果·布莱克和费利克斯·法兰克福特的反对下删去了这样的文字。③

到 1941 年，最高法院的组成发生了很大的变化，"四骑士"或者退休，或者去世，1937 年的大法官中只有休斯、罗伯茨和斯通还在位，其他6 名大法官全是罗斯福新任命的。这样，启动商务权法理原则上的宪法革命终于成为可能。最高法院在 1941 年的合众国诉达比案判决中向这个方向迈出了第一步，确认 1938 年公平劳动标准法有效。这项法律禁止在"为州际商业进行的生产"中以低于标准的工资雇用工人或要他们超时工作，而且不允许在低于标准的雇用条件下生产出来的产品进入州际运输。对此，斯通在代表法院做出判决时指出，国会的权力可以扩大到影响州际商业的州内活动上去。④ 休斯虽然没有表示异议，但在法院内部讨论时对于国会有权管制所有"为州际商业进行的生产"有重大保留。他说国会在这项法律中没有提供一种机制来决定成为州际商业的组成部分所要求的条件，即在生产行动和州际商业之间"密切和实质性的关系"是否确实存在。如果国会的管制权扩大到了与州际商业只有"遥远关系"的地方工商业行为，休斯警告说："我们的二元政府体制将走到尽头。"⑤

如果说法理原则上二元联邦主义的终结在达比案中还只是休斯提出的警

---

① See William E. Leuchtenburg. *The Supreme Court Reborn*: 318-319.

② Charles Fahy. "Notes on Developments in Constitutional Law, 1936-1949." *Georgetown Law Journal* (38) 1949: 1, 11.

③ Crushman. *Rethinking the New Deal Court*: 177-203.

④ *United States v. Darby*, 312 U. S. 100 (1941).

⑤ Crushman. *Rethinking the New Deal Court*: 208-209.

告，那么这种警告在 1942 年威卡德诉菲尔伯恩案判决中则完全成了事实。休斯在前一年已退休了，接替他出任首席大法官的是一向支持新政立法的斯通，代表法院就威卡德案做出判决的是曾经在罗斯福政府担任司法部部长的罗伯特·杰克逊大法官。案件涉及的是俄亥俄州的一个叫罗斯科·菲尔伯恩的农场主。他种的小麦亩数两倍于农业部部长克劳德·威卡德根据 1938 年农业调整法给他分配的可耕种小麦亩数，从而触犯了这项法律。不过，菲尔伯恩超过分配亩数耕种的小麦收获后完全是在自己的农场上使用和消费的。这就使最高法院碰到了一种它从未认可的联邦管制。用杰克逊的话来说，被管制的不仅是州内活动，而且事实上是农场内的活动，它们"既不是州际的，也不是商业"。法官们在一时难以做出判决的情况下决定重新进行法庭辩论以延长他们思考的时间。[①] 到 1942 年夏天，用库什曼教授的话来说，杰克逊大法官终于像当年的恺撒一样"做好了在正午时穿越卢比孔河的准备"，开始采取断然行动。[②]

　　杰克逊在肯定 1938 年农业调整法有效的判决中论证说，供家庭消费的小麦种植降低了州际商业中对小麦的需求，从而使价格下降。尽管菲尔伯恩种的小麦单独来讲对小麦价格影响很小或者没有影响，但是如果和其他类似的情况加在一起就可能有重大影响。这样，杰克逊便不再理会法院过去在商业条款下要考虑其影响是直接还是间接，是贴近还是遥远的问题，把问题集中到所谓总体的"重大"影响上来了。不仅如此，他甚至没有说影响必须是重大的，而是说"这些记录使我们无可怀疑，国会可能已适当地考虑到在这个农场种植并在那儿消费的小麦如果完全排除在管制计划之外，将对击败和阻碍这个计划靠因此而增加的价格刺激贸易的目的产生重大影响"。[③] 这就是说，法院并未肯定在该农场消费的小麦将会或已经产生这种影响，它肯定的是"国会可能已适当地考虑到"会产生这种影响。尽管杰克逊的判决书中有 3 页有关小麦生产的经济数据，但是这些数据不足以让法院就是否有重大影响做出司法裁定。不过，这些数据却足以让国会就此做出了立法决定。法院现在不愿对国会的决定是否正确做出判断，只要国会的考虑是"适当"的就行了。简言之，在涉及国会对经济问题加以监管的商务权问题上，最高法院将不再轻易做出司法裁决，基本上要尊重国会自己的决定。杰克逊在做出判

---

① Crushman. *Rethinking the New Deal Court*: 213.

② Ibid., 218.

③ *Wickard v. Filburn*, 317 U. S. 111, 128-129 (1942).

决后不久曾在一封信中清楚地指出："当我们承认（某事）是经济事务时，我们就几乎等于承认它不是法院可以做出裁决的事务。"①

由此可见，威卡德案判决所认可的国会的商务权几乎无所不包，②二元联邦主义至此可以说在法理上走到了尽头。1937 年在商务权条款上尚未发生的宪法革命在 1942 年终于大功告成了。更重要的是，就如同斯通在 1938 年卡罗琳案判决中宣布最高法院在涉及正当程序的经济管制立法上一般不再进行司法审查一样，杰克逊在威卡德案判决中实际上就商务权条款也做出了尊重国会决定的类似表示。显然，最高法院对它长期以来用以限制政府经济监管的两大宪法法理原则的理解和运用至此都发生了根本性的变化。这就是说，法院今后将不再以司法审查对经济立法多加干预。不过，斯通在卡罗琳案判决的注 4 中曾指出，法院对经济立法的司法审查固然要尽可能减少，但这并不等于它在包括各种少数群体的民权在内的个人自由问题上也会采取相同的态度。相反，在涉及后者的有关立法上，最高法院将根据宪法第十四条修正案进行更加严格的司法审查。③这样，上述两项判决加上斯通这一美国宪法史上著名的注 4 便为今后的司法审查定出了一松一严的双重标准，即对经济立法审查宽松，对个人自由和民权立法审查严格。应该说，这是新政宪法革命带来的宪法法理原则上的重大变化。它不仅为政府加强对经济的干预开了司法绿灯，而且为战后民权运动和"权利革命"在法院取得重大进展提供了法律渠道。④

（四）1937 年并未发生的公共福利条款宪法革命及问题的复杂性

我们最后还要考虑的就是公共福利条款。一般认为，最高法院在 1937 年社会保障法案件判决中确认了它在 1936 年巴特勒案判决中拒绝接受的有关公共福利的法理根据，从而在 1937 年宪法革命中进行了又一次"转

---

① Melvin I. Urofsky. "The Roosevelt Court." William H. Chafe. ed. *The Achievement of American Liberalism: The New Deal and Its Legacies*. New York: Columbia University Press, 2003: 80.

② Ibid., 76.

③ *United States v. Carolene Products Co.*, 304 U. S. 144, 152-153 (1938).

④ Urofsky. "The Roosevelt Court": 74.

向"。① 不过，罗伯茨大法官在巴特勒案判决中并未否定联邦政府有为提供公共福利而征税的权力的法理原则，他只是裁定联邦政府为提供公共福利征税和拨款的权力不能用来对农业生产进行监管，后者是在宪法第十条修正案保留给州的权限范围之内。② 事实上，据美国法律史学家理查德·D.弗里德曼的研究，罗伯茨在这项判决中明确表示赞成的是亚历山大·汉密尔顿和约瑟夫·斯托里大法官在建国之初就对公共福利条款所做的广义解释。詹姆斯·麦迪逊当时曾认为国会只有在行使其他已被授予的权力时才有征税和开支权，但汉密尔顿和斯托里坚持只要是为了提供公共福利即可。对于首席大法官休斯来说，在法院判决中对公众福利条款下的征税和开支权做广义理解，本就是他长期以来努力的目标。多年以后，休斯在回顾巴特勒案判决时声称有关公共福利的意见是此案"最有意义和最重要的裁定"。③ 因此，从巴特勒案到社会保障法案件的判决，依据的都是早就为汉密尔顿和斯托里所主张做广义理解的公共福利条款，在法理原则上并未发生什么重大变化。

其实，对于公共福利条款下联邦政府的征税权和开支权，就连"四骑士"也常表赞成。他们在 1927 年佛罗里达诉梅隆案判决中甚至认可联邦政府有关税法的规定，允许在缴纳联邦遗产税时免去已缴州遗产税数额，以此鼓励各州制订遗产税。④ 后来负责起草 1935 年社会保障法失业保险条款的保罗·劳申布什曾向布兰代斯大法官请教法律上的问题，布兰代斯要他考虑萨

---

① 也有学者把最高法院 1937 年支持社会保障法的判决看作是相对于 1935 年宣布铁路退休法违宪的判决的一种"转向"。不过，这两次判决所依据的宪法法理原则完全不同，其间并没有某种宪法法理原则本身或者对它的解释与运用发生了根本性变化，所以没有宪法革命可言。具体来说，最高法院在 1935 年铁路退休管理局诉奥尔顿铁路公司案[*Railroad Retirement Board v. Alton Railroad*, 295 U. S. 330 (1935)]判决中裁定铁路退休法无效，主要是因为该法存在太多技术性问题，而且法院认为仅仅涉及工人社会福利的老年退休金与该法所称改进州际商业效率的目的没有什么关系，因此不在联邦商业权管辖范围之内。最高法院在 1937 年支持社会保障法并不是因为它在 1935 年的判决中所依据的商业权法理原则本身或者对该原则的解释发生了根本性的变化，而是因为法院后来依据的是公众福利条款的法理原则，所以两次判决从法理原则上来看没有什么相互联系。故笔者在本书中不做详细分析，而只专注于都涉及公众福利条款的有关判决之间的比较，以探讨该条款的法理原则及其运用是否发生了根本性变化。

② Alfred H. Kelly, Winfred A. Harbison, and Herman Belz. *The American Constitution: Its Origins and Development*. New York: W. W. Norton & Comapny, 1983: 491-492.

③ David J. Danelski and Joseph S. Tulchin. eds. *The Autobiographical Notes of Charles Evans Hughes*. Cambridge, Massassutts: Harvard University Press, 1973: 309.

④ *Florida v.* Mellon, 273 U. S. 12 (1927).

瑟兰大法官当年所写的佛罗里达诉梅隆案判决。[1] 这样，后来的社会保障法才规定，向本州建立的失业保险计划缴纳税款的雇主，可以在缴纳联邦失业保险税时免去已缴给州的部分，从而为各州建立失业保险计划起了重要推动作用。当社会保障法案件在最高法院受审时，政府方面的律师就曾以佛罗里达诉梅隆案判决作依据为失业保险条款符合宪法做辩护。[2] "四骑士"中的萨瑟兰和范德凡特大法官在 1937 年社会保障法案件判决中认可了老年年金条款。尽管他们以某些行政问题为由拒绝支持失业保险条款，但萨瑟兰明确指出："我同意按工资额征税是在国会权力范围内行使权力……州没有被联邦立法强迫通过失业法律。联邦法律条款的运作可以诱导州通过失业法律，如果它认为这种行动符合它的利益的话。"[3]

由此可见，以公共福利条款为基础的社会保障法案件的胜诉，不仅不是宪法法理原则发生重大变化的结果，而且得到了以保守著称的"四骑士"过去做出的著名判决的支持。新政宪法革命的复杂性由此可见一斑。不过，这种复杂性更为重要的表现则涉及在法理原则上已经发生重大变化的正当程序和商业权条款所产生的影响。这些影响并不像人们通常所想象的那样简单或者说"革命"。首先，新政宪法革命在解除这两大宪法条款对联邦政府的限制时固然给了联邦政府很多新的权力，但这并不意味着州政府权力的缩小。所谓宪法意义上的"国家主义革命"并没有因为二元联邦主义的终结而发生。[4] 西北大学法学教授斯蒂芬·加德鲍姆所做的研究就是要扫除人们的这种误解。他发现，最高法院在罗斯福时代解除过去对联邦政府的限制而扩大其权力的同时，也解除了过去对州政府的很多限制而扩大了州的权力。当正当程序法理原则上的宪法革命不再以公私有别来限制政府对产权和契约自由等经济权利的监管时，它不仅对联邦政府，而且对州政府也解了禁。另外，过去即便是在联邦政府未实施商务权的州际商业领域，即商务权的所谓休眠地带，法院对州政府的介入往往也严加禁止，可现在由于法院放松了对经济立法的司法审查，州政府在这些领域便获得了很大的活动空间。1938 年，

① Bruce Allan Murphy. *The Brandeis/Frankfurter Connection: The Secret Political Activities of Two Supreme Court Justices*. New York: Oxford University Press, 1982: 166.

② *Steward Machine Co. v. Davis*, 301 U. S. 548, 557, 559, 562, 564 (1937).

③ Ibid., 609-610. 参见 Barry Cushman. "The Secret Lives of the Four Horsemen." *Virginia Law Review* (83) 1997: 561-563.

④ Stephen Gardbaum. "New Deal Constitutionalism and the Unshackling of the States." *The University of Chicago Law Review* (64) 1997: 483.

最高法院在伊利铁路公司诉汤普金斯案判决中推翻了它 1842 年就斯威夫特诉泰森案做出的裁决，决定联邦法院在涉及不同州公民的案件上不再以联邦普通法为准，而要以由各州法院解释的州法为准，结果大大加强了州一级的司法权。[①] 如此等等，不胜枚举。所以，加德鲍姆教授认为有理由得出结论：新政宪法革命的"大部分变化中只有很少是出自对州和全国立法机构适当作用（即联邦主义）的考虑，相反那些根本性的变化大多源于对立法机构（无论是州的或是联邦的）和法院在公共政策上所起适当作用进行的思考。换言之，宪法革命作为整体来说不是与联邦主义，而是与部门之间的分权有更密切的关系，它引入的是对立法和司法各自功能的新的理解"。[②]

然而，即便是在部门之间的分权问题上，新政宪法革命所产生的影响也和人们通常所预期的不大一样。无可否认，最高法院在经济立法上确实开始尊重国会或者说立法机构的决定，几乎不再诉诸司法审查。不过，就像新政宪法革命带来的联邦政府权力的扩大并不等于州政府权力的缩小一样，司法机构对经济监管立法所加限制的迅速减少也不等于立法机构在这方面通过的监管立法的急剧增加。这主要是因为在新政后期和第二次世界大战期间，美国国家干预经济的方式发生了历史性的重大变化。哥伦比亚大学著名历史学家艾伦·布林克利的研究揭示出，1937 年"罗斯福衰退"发生后，新政改革派急于寻找解决问题的新办法。当时他们大都认为，像全国工业复兴局那样把市场经济的运转交给企业界自我监管是行不通的，必须加强联邦政府的干预来保护公众利益。可是对于如何加强联邦政府的经济干预，新政改革派中出现了两种意见，一种主张强化经济监管，包括严格执行反托拉斯法以反垄断等，另一种则主张利用政府的税收和开支或者说财政政策来刺激经济复苏，即后来所说的凯恩斯主义宏观调控。这两种意见起初在罗斯福政府内都具有一定的影响力，但是到了新政后期和第二次世界大战，通过财政政策进行宏观调控的主张终于占了上风，并且成为战后美国政府干预经济的主要手段。[③]

之所以发生这种变化，在一定程度上要归因于第二次世界大战的经济繁

[①] Stephen Gardbaum. "New Deal Constitutionalism and the Unshackling of the States." *The University of Chicago Law Review* (64) 1997: 488-489; *Erie Railroad Co. v. Tompkins*, 304 U. S. 64 (1938).

[②] Gardbaum. "New Deal Constitutionalism and the Unshackling of the States": 490.

[③] Alan Brinkley. "The New Deal and the Idea of the State." Steve Fraser and Gary Gerstle. eds. *The Rise and Fall of the New Deal Order*. Princeton: Princeton University Press, 1989: 85-121.

荣使美国人恢复了对资本主义经济机制的信心。正如布林克利教授所说，半个多世纪以来不少美国人担心工业化所造成的不良影响，对资本主义机制存在很深的疑虑，"想利用政府的力量来改造或者至少驯服它们。这种意愿就是从 19 世纪末到 20 世纪 30 年代后期'进步主义'和'自由主义'希望的核心因素"。① 可是，1937 年到第二次世界大战的经历改变了人们的观念和政府的政策。繁荣和信心使得对资本主义经济机制的改造和监管不再成为当务之急，宏观调控的财政货币政策自然也就代之而起，成了战后历届美国政府在管理经济上的首选，因为它既可以弥补私人经济的不足，又不需要像监管政策那样直接介入资本主义经济机制的内部运作。正是"在和他们的经济结构做了这样的和解之后，战后世界的自由主义者可以进而开始新的远征——为民权、消灭贫困、挽救环境、保护消费者、重铸世界而战……"② 当然，战后美国政府不是不进行监管，而是正如美国政治学家马克·艾伦·艾斯纳的研究所表明的一样，其监管的主要目标在战后很长一个历史时期内不再是市场和经济组织之间的关系，而是各种社会关注，如环境污染、消费者利益、职业安全，等等。③

综上所述，当新政宪法革命使法院不再热衷于对经济监管立法进行司法审查而为之大开绿灯之时，美国国会立法的主要监管目标却离开经济领域转向了社会关注。因此，司法机构经济监管作用的削弱并没有像人们所预期的那样造成立法机构在这方面作用的恶性膨胀。历史发展的复杂性就是这样使得新政宪法革命的革命性失去了不少锋芒。如果加上前面所说的连续性和局限性，我们对新政宪法革命的评价就应该更加全面和谨慎。至于"1937 年宪法革命"的说法，则是很难站住脚的。

---

① Alan Brinkley. "The New Deal and the Idea of the State." Steve Fraser and Gary Gerstle. eds. *The Rise and Fall of the New Deal Order*. Princeton: Princeton University Press, 1989: 111-12.

② Ibid., 112.

③ Marc Allen Eisner. *Regulatory Politics in Transition*. Baltimore: Johns Hopkins University Press, 2000.

十四　环境保护在美国法院所遭遇的挑战

从美国环境史的角度来看，1970 年 4 月 22 日的第一次"地球日"并不是一个转折点，因为美国人有关环境目标的看法或者说价值观在 20 世纪 50 年代末已经发生了深刻变化；① 但是从美国环境法规和政策的角度来讲，1970 年确实标志着一个新时代的开始。② 当时的美国总统理查德·尼克松在 1970 年 1 月 1 日签署了后来被人们称为自然环境大宪章的《全国环境政策法》。③ 这项法律宣告美国的环境政策不再像过去近一个世纪的绝大部分环境政策法令那样仅仅视环境为自然资源，而是要在人和其所处的环境之间建立"生机勃勃和快意盎然的和谐关系"，并且"实现当代和未来世世代代美国人在社会、经济和其他方面的要求"。④ 该法不仅规定建立隶属于白宫的环境质量委员会，而且首创了后来为世界各国争相仿效的"环境影响报告书"，用以进行有效的环境监管。同年，尼克松总统下达行政命令建立环境保护署。他还宣布 20 世纪 70 年代是"环境的十年"。⑤ 自全国环境政策法生效以后，美国国会在 70 年代又通过了有关环境问题的 16 项重大法案，其数量之多

---

① Samuel P. Hays. *Exploration in Environmental History*. Pittsburgh, Pennsylvania: University of Pittsburgh Press, 1998: 379.

② Richard N. L. Andrews. *Managing the Environment, Managing Ourselves: A History of American Environmental Policy*. New Haven: Yale University Press, 1999: 227.

③ Matthew J. Lindstrom and Zachary A. Smith. *The National Environmental Policy Act: Judicial Misconstruction, Legislative Indifference, & Executive Neglect*. College Station: Texas A & M University Press, 2001: 4.

④ Ibid., 141-142.

⑤ Jacqueline Vaughn Switzer and Gary Bryner. *Environmental Politics: Domestic & Global Dimensions*. New York: St. Martin's Press, 1998: 11.

在美国历史上是空前的。^①这些立法和后来通过的很多环境法案使传统上根据普通法来处理的环境争议进入了成文法和公法的领域。^②于是，联邦政府在环境保护上的作用大大加强，联邦标准和条例成为主要的政策工具，公民就环境问题诉诸行政程序和法院的途径日益增多。无怪乎有美国学者认为1970年以后美国环境法规和政策就其根本而言进入了一个"新时代"。^③

　　然而，美国环境法规和政策的发展从来就不缺少反对派，因为经济开发和环境保护之间的矛盾也许是人类要永远面对的问题。20世纪70年代以来美国环境法规和政策的"新时代"自然也要面对所谓的"绿色反弹"（Green Backlash）。^④在民间，尤其是在西部，艾灌丛反叛、明智使用运动、县权至上运动、产权运动等都反映了对联邦环境政策这样或那样的不满。在政府方面，罗纳德·里根总统上台后去监管化努力的一个重要目标就是环境监管，但他在这方面的举措遭到了民主党占多数的国会的抵制，并激起了公众的不满，所以其继任者乔治·布什在1988年大选时表示自己要做一个"环境总统"。^⑤然而，进入90年代以来，美国国会的环境立法从70年代获得几乎是众所一致的支持逐渐变得举步维艰。尤其是1994年中期选举产生了第104届国会以后，共和党人40年来第一次在两院取得多数地位，他们对过去的环境法规和政策展开了自80年代初以来最直接和猛烈的攻击。^⑥尽管这种攻击受到了民主党人比尔·克林顿行政当局一定的制衡，而且在公众中获得的支持有限，但环境立法上形成的僵局一直持续到小布什入主白宫。作为一个保守的共和党人，小布什在环境问题上倾向于林业、矿业、农业、石油业和

---

① W. Douglas Costain and James P. Lester. "The Evolution of Environmentalism." James P. Lester. ed. *Environmental Politics and Policy: Theories and Evidence*. Durham: Duke University Press, 1995: Table 2.2: New National Laws for the Environment, 1890-1990, 29; Norman J. Vig and Michael E. Kraft. *Environmental Policy: New Directions for the Twenty-First Century*. Washington, D. C.: CQ Press, 2003: Appendix 1: Major Federal Laws on the Environment, 1969-2002, 409-415.

② Lindstrom and Smith. *The National Environmental Policy Act*: 11.

③ Andrews. *Managing the Environment, Managing Ourselves*: 227.

④ Jacqueline Vaughn Switzer. *Green Backlash: The History and Politics of Environmental Opposition in the U. S.* Boulder, Colorado: Lynne Rienner Publishers, 1997.

⑤ Switzer and Bryner. *Environmental Politics*: 13; Norman Vig. "Presidential Leadership and the Environment." Vig and Kraft. eds. *Environmental Policy*: 108-109.

⑥ Michael E. Kraft. "Environmental Policy in Congress: from Consensus to Gridlock." Vig and Kraft. eds. *Environmental Policy*: 127-150; Michael C. Blumm. "Twenty Years of Environmental Law: Role Reversals between Congress and the Executive, Judicial Activism Undermining the Environment, and the Proliferation of Environmental (and Anti-Environmental) Groups." *Virginia Environmental Law Journal* (20) 2001: 6-8.

美国大公司的利益。他上任后的惊人之举包括让美国单方面撤出有关全球温室效应的京都议定书，并试图通过以所谓自愿、灵活、合作为基础的种种政策举措对环境保护进一步去监管化。2001 年的"9·11"恐怖主义事件和伊拉克战争又把美国人民的注意力迅速转向了国家安全问题，环境保护似乎已不再是公众关注的中心。这样，美国的环境法规和政策在进入 21 世纪以后就像一位美国学者所说的一样来到了"一个重要的十字路口"。①

　　笔者无意对 1970 年以来美国环境法规和政策的发展与反弹做全面的回顾，只想对环境保护在美国法院所遭遇的挑战进行初步探讨。尽管学者们对法院在环境问题上所起的作用评价不一，② 但它所产生的影响无疑是广泛和深远的。亚历克西斯·托克维尔在一个半世纪以前就曾说过，美国重大的政治争议最后几乎无不归结为法律问题。③ 既是环境法律师又是锡拉丘兹大学教授的罗斯玛丽·奥利里在 20 世纪 90 年代初对 2000 多项联邦法院判决做了研究，以探讨它们对美国环境保护署的政策和行政管理所产生的影响，结果发现"遵守法院命令已成为该署最优先考虑的事情之一，有时超过了国会的授权，威胁到代议制民主"。④ 事实上，受民权运动在法院取得重大胜利的鼓舞，环境保护主义者和他们的团体在 70 年代曾有意识地将他们的大部分要求诉诸法院，成功地促使有关联邦管理机构加强环境法规的执行。与此同时，政府部门对违反环境法规者的起诉也持续增加。工业界和反对环境政策的人士及团体则在此后不久对政府的环境监管提出了愈来愈多的挑战。据玛丽安娜·拉韦尔 1991 年的文章所做的统计，环保署制订的法规条例有 80％要被迫诉诸公堂。⑤ 那么，美国法院的态度如何呢？就 70 年代而言，法官们在环境保护问题上大多是以同情的态度做出了积极的司法反应。到了 80 年代，美国法院尤其是最高法院在政治上日趋保守，但在环境保护问题上做出

　　① Michael E. Kraft and Norman J. Vig. "Environmental Policy from the 1970s to the Twenty-First Century." Vig and Kraft. eds. *Environmental Policy*: 2.

　　② Lettie McSpadden. "The Courts and Environmental Policy." Lester. ed. *Environmental Politics and Policy*: 242-243; Gerald N. Rosenberg. *The Hollow Hope: Can Courts Bring About Social Change*. Chicago: The University of Chicago Press, 1991: 269-303.

　　③ Lettie M. Wenner. *The Environmental Decade in Court*. Bloomington: Indiana University Press, 1982: 169.

　　④ Rosemary O'Leary. *Environmental Change: Federal Courts and the EPA*. Philadelphia: Temple University Press, 1993: 170.

　　⑤ Marianne Lavelle. "Taking about Air." *The National Law Journal*, June 10, 1991: 30, cited from Switzer and Bryner. *Environmental Politics*: 63.

的司法反弹还比较有限。进入 90 年代后，最高法院在一系列重大判决中力图扭转 70 年代以来美国环境法规和政策的新走向，[①] 以至于有学者在这种努力中看到了"环境保护主义在美国法律中的死亡"。[②] 当然，环境保护主义在美国法律中是否已寿终正寝，还大有商榷的余地，但法院确实在起诉资格、产权、司法审查等重大的法律问题上对过去的环境法规和政策展开了猛烈的攻击。之所以会如此，乃是有值得我们细加思考的深层次原因的。

（一）起诉资格之争

　　环境保护在美国法院所遭遇的重大法律挑战首先是起诉资格问题，即环保团体或个人有无资格或权利将环境争议诉诸公堂。起诉资格（standing to sue）是在 20 世纪中期才在美国成了一个宪法问题。[③] 美国宪法第三条在论及司法权力用于何种"辩论"和"争议"时并未就起诉资格做任何具体规定。芝加哥大学法学院教授卡斯·R. 森斯坦的研究表明，在 20 世纪中后期乃至第二次世界大战之前，只要法律（普通法和成文法）授予了一个人起诉权，这个人就有了起诉资格。宪法从未限制国会通过立法创造起诉资格的权力，起诉资格也很少引起争议。因此，到 1992 年 7 月 11 日为止，最高法院共计有 117 次根据宪法第三条讨论了起诉资格，其中有 55 次即近一半发生在 1985 年以后；有 71 次即三分之二以上发生在 1980 年以后；有 109 次即接近全部发生在 1965 年以后。[④]

　　不过，在 20 世纪上半叶，尤其是在新政期间，"起诉资格"作为现代法律用语尽管还未正式出现，但是作为一个法律问题已开始引起人们的关注。主要原因就是国家的监管逐渐增多，而法院常常借助宪法来阻挠监管立法的实施，于是支持进步主义改革和新政的大法官如路易斯·D. 布兰代

---

① Lawrence S. Rothenberg. *Environmental Choices: Policy Responses to Green Demands*. Washington, D. C.: CQ Press, 2002: 91-92.

② Michael S. Greve. *The Demise of Environmentalism in American Law*. Washington, D. C.: The AEI Press, 1996.

③ Robert Percival. "'Greening' the Constitution—Harmonizing Environmental and Constitutional Values." *Environmental Law*, 32, 2002: 827.

④ Cass R. Sunstein. "What's Standing after *Lujan*? Of Citizen suits, 'Injuries,' and Article Ⅲ." *Michigan Law Review* (91) 1992: 177, 169.

斯、费利克斯·法兰克福特等便想通过是否有资格由法院审理这一问题来减少司法干预。当有些公民想直接援引宪法推翻改革法案时，上述大法官则坚持认为，除非有法律授权，这些公民无权起诉。最高法院在 1939 年的一项判决中明确指出，原告要想有资格起诉一定要有"法定权利——产权、因契约而来的权利、不受侵权所害的权利，或者以授予特权的法律为基础的权利"。① 1944 年，最高法院终于在斯塔克诉威卡德案中第一次正式提到"起诉资格"。② 法院对起诉资格的这种关注很快便在 1946 年通过的行政程序法中得到了体现。该法规定："一个人如果由于管理机构的行动而在法律上受到侵害，或者在有关法规的含意内由于管理机构的行动受到不利影响或委屈，便有资格就此诉诸司法审查。"③ 森斯坦教授认为，这项有关起诉资格的成文法规定确定了具有起诉资格的三个条件：1. 普通法规定的利益在法律上受到侵害；2. 成文法规定的利益在法律上受到侵害；3. 即便没有利益受到法律侵害，有关法规也授予了在受到不利影响或委屈时起诉的权利。显然，起诉资格的关键是有法可依，而不是侵害本身。这和美国过去在这个问题上的司法惯例是相一致的。④

当美国的环境保护在 1970 年以后进入了一个新时代时，争取起诉资格马上成了环境保护主义者和环保团体日程表上的当务之急，因为他们想通过法律诉讼扩大环境监管上的公共参与。这些人不再像进步主义时代的改革者那样迷信专业行政监管机构的效率，而是担心环境保护署和有关政府部门会被它们的监管对象所俘虏。于是，他们希望公民和公民团体有资格像"私人司法部部长"一样对未能根据环保法规保护公共利益的政府管理机构及违反环保法规的私人提出起诉。在这种压力之下，美国国会在 1970 年把公民诉讼条款加到了洁净空气法以及此后通过的很多重要环保法律之中，明确规定任何人都可以作为私人公民对触犯环保法规者和未能履行职责的环保机构及官员进行起诉。到 70 年代中期，环保团体在这方面取得了重大进展。环境辩护基金会在 1971 年发起的法律诉讼迫使环保署就是否禁止使用滴滴涕举行了公开的听证会。自然资源辩护理事会在 1973 年和 1974 年指控环保署

---

① Cass R. Sunstein. "What's Standing after *Lujan*? Of Citizen suits, 'Injuries,' and Article Ⅲ." *Michigan Law Review* (91) 1992: 179-181; *Tennessee Elec. Power Co. v. TVA*, 306 U. S. 118, 137-138 (1939).

② *Stark v. Wickard*, 321 U. S. 288, 310 (1944).

③ Susntein. "What's Standing after *Lujan*?". 181. *Administrative Procedure Act*, 5 U. S. C. & 702 (1988).

④ Sunstein. "What's Standing after *Lujan*?". 181-182.

未能制定针对有毒水污染物的控制标准，结果促使该署在 1976 年法院命令规定的期限之前制定了 60 多种污染物的控制标准。这种不仅由环境监管的对象并且由主张环保的公民广泛参与监管程序的做法，和过去半个多世纪里美国监管政策主要依靠专业人员进行公共管理相比，无疑是一个巨大的飞跃。[①]

在森斯坦教授看来，公民诉讼和只要法律授权就有起诉资格的美国司法传统并无矛盾，但有很多学者和法律界人士并不作如是观。他们认为被告只有清楚地表明个人受到了伤害才有资格起诉。[②] 这种论点的依据，在很大程度上来自 1970 年最高法院就数据处理组织协会诉坎普案做出的判决。法院在该判决中一反森斯坦教授所说的司法传统，在判定有无起诉资格的标准上从法律走向了事实，即不再考虑有无法律授权，而是专注于是否受到"事实上的伤害"。[③] 不过，"事实上的伤害"这一要求最初并未能对环保团体发起公民诉讼造成多大的障碍。在 1972 年有关起诉资格的著名案件谢拉俱乐部诉莫顿案判决中，最高法院承认，内政部部长罗杰斯·莫顿授权沃尔特·迪士尼公司在矿王谷建设滑雪胜地，对自然和历史景物以及野生动物造成了不利影响，可以被视为"事实上的伤害"。然而，由于环保团体谢拉俱乐部并没有声称自己受到了"事实上的伤害"，而是以代表广大公共团体寻求提高环境质量的名义诉诸公堂，最高法院认为"事实上的伤害"不能仅仅就一般的社会利益而言，要涉及具体利益，于是判定谢拉俱乐部未能满足"事实上的伤害"这一要求，所以不具备起诉资格。表面上看，谢拉俱乐部败诉，但实际上环保团体在"起诉资格"上取得了重大胜利。首先，最高法院承认对环境的破坏，甚至于对环境美的破坏，都可以构成"事实上的伤害"。其次，法院还提醒谢拉俱乐部，它只要能证实它的某些利用矿王谷地区休闲的成员个人受到了伤害，就可以获得起诉资格。这就为后来环保人士和团体以这样或那样的个人伤害为由成功起诉打开了大门。[④] 其中最典型的案件是 1973 年的合众国诉挑战监管机构程序学生协会案。由几个学法律的学生组成的"挑战监管机构程序学生协会"对州际商务委员会增加铁路运费提出起

---

① Andrews. *Managing the Environment, Managing Ourselves*: 239-242.

② Ibid., 241; Greve. *The Demise of Environmentalism in American Law*: 43-44.

③ *Association of Data Processing Organizations v. Camp*, 397 U. S. 152 (1970).

④ Lindstrom and Smith. *The National Environmental Policy Act*: 105-106. *Sierra Club v. Morton*, 405 U. S. 727 (1972).

诉，理由是运费增加影响到回收材料的运输成本，结果减少了回收活动，增加了原始资源的使用，提高了制成品价格，使得丢弃的垃圾增多，从而使该团体成员在经济上、美感上、休闲上均受到伤害。尽管最高法院承认原告列举的"因果关联性不强"，但在判决中还是认定不能拒绝这些事实上受到伤害的人的起诉资格。[①]

进入 20 世纪 80 年代以后，最高法院开始从上述对"起诉资格"所做的自由主义宽泛解释上后退。[②] 不过，在环境诉讼案中就此做出保守主义的重大判决则是在 90 年代。其中最有代表性的就是大法官安东宁·斯卡利亚在 1992 年的卢汉诉野生动物保护者协会案中为最高法院写的判决书。可以说，这个案件是截至目前美国有关起诉资格的案件中最重要的一个。该案源于 1973 年濒危物种法的一项规定，即任何联邦机构都要征求内政部部长的意见，以确保其授权、资助或采取的行动不得有害于任何濒危物种的继续生存。由于里根政府的内政部在 1986 年发布的有关条例将政府部门在海外的活动排除在这一规定的适用范围以外，野生动物保护者协会将内政部部长告上了法庭。为了取得起诉资格，该协会两名成员称她们受到了这一条例造成的"事实上的伤害"，因为她们曾分别到过埃及和斯里兰卡观察濒危动物尼罗河鳄鱼和亚洲象、豹的出没栖息之地，并准备重返这些地方做进一步观察。[③]

最高法院就此案做出的判决否认原告具有起诉资格。它首先对美国宪法第三条做出解释，称"根据宪法不可降低的最起码的起诉资格"必须具备三要素：1. 事实上的伤害是具体的、实际的或迫近的，而不是推测的或假设的；2. 伤害可以追根溯源到被告而不是第三方的行动；3. 有利于原告的判决可以补救其所受的伤害。在这种宪法解释的基础之上，法院得出了三点结论。其一，原告没有证明自己受到了事实上的伤害。有重访濒危动物栖息地的打算而无具体计划和行程说明没有"实际的或迫近的"伤害，仅仅靠生态系统的相互联系和研究观察濒危动物的兴趣是不能证明具备起诉资格的，一定要有"以事实证明的可以察觉的伤害"。其二，原告未能证明可补救性。法院认为，即便原告胜诉让有关政府机构就其海外资助活动是否危及濒危动

---

① *United States v. Student Challenging Regulatory Agency Procedure (SCRAP)*, 412 U. S. 669 (1973).

② *Allen v. Wright*, 468 U. S. 737 (1984); *Heckler v. Chaney*, 470 U. S. 821 (1985).

③ Sunstein. "What's Standing after Lujan?". 197-198; *Lujan v. Defenders of Wildlife*, 112 S. Ct. 2130 (1992).

物征求内政部部长意见，提供资助的机构仍可能自行其是，且美国机构在有关海外资助项目中只提供了部分资金，其他资金来源如国际开发署根本不会受到胜诉判决的影响。其三，濒危物种法的公民诉讼条款允许任何人以自己的名义起诉，控告任何人包括美利坚合众国和政府机构违犯该项法律的行动，这是违反宪法的。三项结论中最后一项是最重要的，因为它以宪法的名义否认了 1970 年美国进入环境保护新时代以来通过的众多环境法律授予公民的起诉资格的合法性。

　　显然，最高法院在 1992 年就卢汉案做出的判决是"绿色反弹"在美国法院影响愈来愈大的结果，也是反对环境保护的社会力量所取得的巨大成功。不过，正如宣告环境保护主义在美国法律中寿终正寝的学者迈克尔·S. 格雷夫所承认的一样，环境保护主义在美国法律中的衰亡还远远不像它当初被接受那样确定无疑。[1] 在此后近十年里下级法院虽然根据 1992 年卢汉案在起诉资格上做出了一系列不利于环保团体和人士的判决，但最高法院在 2000 年的地球之友诉莱德劳环境服务公司一案中又以 7 比 2 的多数否决了斯卡利亚在卢汉案判决中有关起诉资格的限制性标准。斯卡利亚和克拉伦斯·托马斯两位保守的大法官自然对此判决持异议，但值得注意的是，态度居中的安东尼·肯尼迪大法官在赞成这一判决的同时对公民诉讼也有所保留。[2] 因此，在保守主义占有一定优势的今日美国，环境诉讼中的起诉资格之争将向何方发展，仍有待观察。

（二）产权之争

　　环境保护在美国法院所遭遇的重大法律挑战还涉及产权问题，即环境法规及政策和私人产权发生矛盾的问题。众所周知，美国法律保护私人产权，但这种保护从来就不是绝对的。美国宪法第五条修正案实际上允许政府为公共利益征用私人财产，不过要给予公正赔偿。从普通法的角度来讲，政府一向有权对妨害他人或妨害公众的私人财产的使用加以监管。另外，由宪法第十条修正案保留给州的权力而产生的治安权，也被视为各州政府为维护公共

---

[1] Greve. *The Demise of Environmentalism in American Law*: 2.

[2] Percival. "'Greening' the Constitution—Harmonizing Environmental and Constitutional Values.". 848-850. *Friends of the Earth v. Laidlaw Environmental Services. Laidlaw)*, 528 U. S. 167, 171, 197 (2000).

利益对私人财产进行监管的权力。① 和宪法第五条修正案所言的对私人财产的直接征用相比，因上述普通法和宪法第十条修正案而来的监管对私人财产所造成的影响常常是无形的，即因为并无产权的转移，所以通常也就无须赔偿。例如，在 1887 年的马格勒诉堪萨斯州一案中，酒商指控堪萨斯州新通过的宪法条款禁止在该州制造和销售酒类产品，结果使其土地及建于其上的酒厂价值减少了 75 %，造成了对他财产的违宪征用。可是最高法院判决，由于酒厂是公害，州可以为保护社区的安全、健康和道德风尚而行使其治安权，此举并不构成需要加以赔偿的征用。这是最高法院就有关这类监管对私人财产产生的影响所做的第一项重大判决。② 此后，法院长期遵循这一先例，拒绝承认为公共利益进行的监管是征用，哪怕私人财产的价值受到了严重影响。

直到所谓自由放任主义宪政观占据上风的 1922 年，奥利弗·温德尔·霍姆斯大法官才在最高法院有关宾州煤矿公司诉马洪案的著名判决中写道："财产在一定程度上可以被监管，但监管走得太远将被认定为征用。"③ 然而，新政时代的最高法院很快走出了自由放任主义宪政的阴影，确立了司法审查的双重标准，在对涉及个人自由的民权等问题严格审查的同时，却给了州和联邦政府在涉及产权的经济监管上以很大的政策空间。在 1958 年美国诉中尤里卡矿业公司案的判决中，最高法院承认监管行动把财产值降到一定程度就构成征用，但它认为所有者被剥夺了对其财产进行有价值使用的大部分权利还不足以要求赔偿。④ 在环境监管日益加强的 70 年代和 80 年代初，最高法院对监管造成财产损失这类案件继续作如是观，即很少视其为需要进行赔偿的征用。1987 年，最高法院在冠石烟煤协会诉德班涅第克提斯案判决中认定，宾州法律为防止地面塌陷而禁止在其上已有建筑物和墓地的地下煤矿进行开采，是有利于公共利益的行动，且并未剥夺煤矿业主的全部地下开采权，故不构成征用。⑤

不过，在里根时代去监管化呼声日益增高的情况下，最高法院在同年审

---

① 参见拙文《美国法律史研究中有关私人产权的几个问题》，《美国研究》2003 年第 1 期。

② Erin O'Hara. "Property Rights and the Police Powers of the State: Regulatory Takings: An Oxymoron?" Bruce Yandle. ed. *Land Rights: The 1990s' Property Rights Rebellion*. Lanham, Maryland: Rowman & Littlefield Publishers, Inc., 1995: 37-38. *Mugler v. Kansas*, 123 U. S. 623 (1887).

③ *Pennsylvania Coal Co. v. Mahon*, 260 U. S. 393, 415 (1922).

④ *United States v. Central Eureka Mining Co.*, 357 U. S. 155 (1958).

⑤ *Keystone Bituminous Coal Association v. DeBenedictis*, 480 U. S. 470 (1987).

理格伦代尔第一英格兰路德教会诉洛杉矶县案时虽未断言有关监管构成了征用，但判定洛杉矶县由于暂时禁止在防洪区建房使得教会不能使用自己的地产，需要做出赔偿。理由是政府使得业主的财产处于完全不能使用的状态。[1] 到 1992 年，最高法院终于在著名的卢卡斯诉南卡罗来纳海岸管理委员会案判决中，从长期不愿承认监管征用，转而肯定即便是为公共利益进行的监管征用也要做出赔偿。这一引人注目的转变涉及的不是第一路德教会案中那样的临时性命令，而是一个州的永久性立法，即南卡罗来纳州 1988 年通过的旨在防止海滩侵蚀的滩头管理法。由于该法使得卢卡斯在此之前购买的土地被划入了不允许改造建设的范围，最高法院判定：当监管使业主土地所有经济上可行的使用都不再成为可能时，就构成了需要赔偿的监管征用，除非所禁止的使用从一开始就不是业主所有权的组成部分。[2] 后来，最高法院在 2001 年的帕拉佐洛诉罗得岛州案判决中甚至认为，即便业主是在监管生效后获得土地所有权，也可指控此前就已存在的监管是征用而要求赔偿。[3]

最高法院在监管征用问题上态度发生如此变化，自然使美国的环境政策法规在与私人产权发生冲突时会遭到严峻的法律挑战。这种挑战在绿色反弹愈演愈烈的湿地和濒危物种保护方面表现得尤为突出。1972 年，《水污染控制法》（现称《洁净水法》）在国会通过并经总统签署生效。该法第 404 款成了保护湿地的法律依据。此款规定在美国水域进行填充和疏导活动必须获得陆军工程兵团签发的许可证。由于陆军工程兵团对执行上述监管持保留态度，环保团体在 1975 年自然资源辩护理事会诉卡勒韦案中将此问题诉诸公堂。华盛顿特区的联邦地区法院乃责令陆军工程兵团发布新条例以反映在洁净水法第 404 款下该兵团握有的广泛管辖权。当年，陆军工程兵团在新颁布的临时条例中将"美国水域"的范围扩及所有州际或可能影响州际商业的水域和湿地，无论是淡水还是咸水。1980 年，该兵团颁布了根据第 404 款签发许可证的准则，将监管重心从湿地开发转向了湿地保护。这一历史性的转移反映了人类对湿地生态作用的新的科学认识和环保团体多年的努力。然

---

[1] *First English Evangelical Lutheran Church of Glendale v. County of Los Angeles*, 482 U. S. 304 (1987).

[2] *Lucas v. South Carolina Coastal Council*, 505 U. S. 1003 (1992); Percival. "'Greening' the Constitution—Harmonizing Environmental and Constitutional Values": 851. Erin O'Hara. "Property Rights and the Police Powers of the State: Regulatory Takings: An Oxymoron?". 44.

[3] *Palazzolo v. Rhode Island*, 533 U. S. 606 (2001).

而，国会、环保署和环保团体仍不满意。在它们的压力之下，陆军工程兵团终于在 1985 年 9 月和环保署签订了协议，同意将它的管辖范围扩大到包括有可能被候鸟或其他濒危动物所用的湿地。这个被人称为"雁眼一瞥"（"glancing goose" test）的标准规定，只要大雁在天上飞行时看了一眼以为是可以着陆的地方，就可认定为应受联邦监管的湿地。因为这只假想的大雁在飞越不同的州时有可能被捕捉、食用或猎杀，从而使它所看到的湿地与州际商业有关。同年，最高法院也在美国诉河畔湾景房屋公司案判决中，支持将所谓邻近和孤零的湿地纳入陆军工程兵团的管辖范围。[①] 这样一来，根据洁净水法第 404 款，由联邦监管的湿地达到一亿英亩（约合 40 万 4700 平方千米）左右，其中相当大一部分为私人所有。[②] 湿地所有者不仅被禁止随意使用自己的财产，还要照旧缴纳财产税或者遗产税。这自然在湿地私人业主中激起了极大的反弹，全国湿地联盟也应运而生。作为他们的代言人，阿拉斯加州国会议员唐纳德·扬在 1992 年辩论湿地立法时慷慨陈词："他们把实际上不受限制的权力置于联邦官僚手中，牺牲了个人权利。"[③]

湿地业主在财产因联邦监管而受到损失时，通常根据宪法第五条修正案要求赔偿，所以往往将陆军工程兵团告到联邦索赔法院。据美国总会计署 1993 年 8 月的统计报告显示，索赔法院当时共受理了 28 起湿地案件，12 起仍在审理中，16 起已做出判决，其中 12 起政府胜诉，3 起业主原告胜诉，1 起在判决前和解。值得注意的是，索赔法院在湿地案件上的态度和最高法院在监管征用问题上立场的变化颇有默契。3 起业主原告胜诉都发生在最高法院 1987 年第一路德教会案判决认定对教会暂时不能使用自己的财产要做出赔偿之后。不仅如此，索赔法院原则上是以业主财产所有经济上可行的使用权丧失殆尽作为要做出赔偿的理由。这显然是最高法院 1992 年卢卡斯案判决设定的标准。[④] 主张维护私人产权的利益团体对此仍不满足，乃推动美国国会议员在 90 年代提出了很多产权法案，旨在对导致财产的部分价

① Karol J. Ceplo. "Land-Rights Conflicts in the Regulation of Wetlands." Yandle. ed. *Land Rights*: 104-115; *Natural Resource Defense Council v. Callaway*, 392 F. Supp. 685. D. D. C. 1975); *United States v. Riverside Bayview Home, Inc.*, 474 U. S. 121 (1985).

② Alfred M. Olivetti, Jr. and Jeff Worsham. *This Land is Your Land, This Land is My Land: The Property Rights Movement and Regulatory Takings*. New York: LFB Scholarly Publishing LLC, 2003: 31-32.

③ Donald J. Pisani. "Natural Resources and Economic Liberty in American History." Harry N. Scheiber. ed. *The State and Freedom of Contract*. Stanford, California: Stanford University Press, 1998: 266.

④ Ceplo. "Land-Rights Conflicts in the Regulation of Wetlands": 117-118, 129.

值减少而非剥夺全部财产值的监管也要加以限制，即此类监管应被视为财产征用而对利益受损方给予赔偿。有些法案的矛头直指湿地监管和第 404款。可是，出于对做出赔偿的成本和环保方面的考虑，这些立法尝试至今没有一个获得成功。[①]

　　然而，到 2001 年，歧见甚大的最高法院以 5 比 4 的微弱多数做出了限制联邦政府湿地监管的重要判决。在固体废料局诉美国陆军工程兵团一案中，北库克县固体废料局购下 533 英亩（约 2.16 平方千米）砂石坑用作废料掩埋场，陆军工程兵团知悉此处有一百多种鸟类包括几种候鸟后，拒绝签发掩埋许可证。废料局乃在地区法院提起诉讼并在其判定兵团胜诉后上诉到了最高法院。最高法院推翻了地区法院的裁决，理由是陆军工程兵团根据洁净水法保护的水域不能扩及由雨水填满的砂石坑，且土地管制从传统来说应由地方政府负责，除非国会另有意图。5 位大法官认为从洁净水法或者其立法史中看不出国会有这种意图。他们承认过去法院曾听从联邦机构对有关法律的解释，但此案的不同之处在于涉及联邦和州之间的平衡关系。这样，最高法院就在联邦主义的名义下，否决了对陆军工程兵团湿地管辖权的宽泛解释，使美国湿地环境保护的未来走向增加了不确定性。[②]

　　在濒危物种保护方面，环境立法也和产权发生了矛盾。1973 年濒危物种法授权内政部部长列出濒危和受到威胁的物种名单，禁止联邦政府机构采取任何有可能毁坏关系到这些物种存亡的栖息地的行动。不仅如此，该法第 9 款还禁止任何人"获取"濒危和受到威胁的动物。后来内政部有关条例更将"获取"中的"伤害"定义为不仅包括对动物的直接伤害，而且包括对其栖息地的破坏所造成的间接伤害，如打乱了它们产子、喂食和隐蔽的行为模式。这样一来，私人所有的土地便因其上有濒危和受威胁动物出没而在土地使用上受到限制，结果价值猛跌。例如，布兰特和威尼斯·蔡尔德夫妇在犹他州买了 500 英亩（约 2.02 平方千米）土地用以建设露营休闲场地，然而由于在这块土地上发现了一种濒危的琥珀色蜗牛而被迫将工程停建，其地产价值因此减少了 250 万美元。[③] 这样，私人业主因濒危物种法令他们受到财

[①] Olivetti and Worsham. *This Land is Your Land, This Land is Our Land*: 105-116.

[②] Rosemary O'Leary. "Environmental Policy in the Courts." Vig and Kraft. eds. *Environmental Policy*: 164-165.

[③] Lee Ann Welch. "Property Rights Conflicts Under the Endangered Species Act: Protection of the Red-Cockaded Woodpecker." Yandle. ed. *Land Rights*: 166-167.

产损失而诉诸公堂的便愈来愈多。其中影响最大的是与林地业主相联的官司。他们的很多林地被禁止采伐，因为美国西北部的北方斑枭和东南部的红帽章啄木鸟等被列入了濒危物种名单。90 年代初，代表小土地业主、伐木公司和依靠林业为生者的大俄勒冈社区甜美之家分会将内政部部长告上了法庭，指控其颁发的条例对"伤害"所做的定义是国会曾经否定了的过于广泛的定义。该团体认为，由于此条例应用于保护北方斑枭和红帽章啄木鸟的栖息地，使其成员受到了经济上的损失，要求内政部买下他们的土地。联邦地区法院判定条例对国会意图做了合理解释，但哥伦比亚特区上诉法院否定了地区法院的判决，于是内政部部长上诉到最高法院。1995 年，最高法院在巴比特诉大俄勒冈社区甜美之家分会案的判决中推翻了上诉法院判决，认定内政部部长有关"伤害"的定义是合理的，并表示在这种技术性和科学性很强的复杂政策选择上，法院无意以自己的观点取代国会授权部长做出的选择。[①] 濒危物种保护在最高法院无疑取得了一次重大胜利。

　　然而，两年以后，最高法院又在布拉德·本尼特等请愿者诉迈克尔·斯皮尔等一案中做出了不利于濒危物种保护的判决。俄勒冈州克拉马河流域的两位居民指控：美国鱼类和野生动物局为了保护两种濒危胭脂鱼能回流产卵，减少了当地居民从附近湖泊引水灌溉的水量，导致农田牧场业主遭受7500 万美元的经济损失，从而违背了濒危物种法要求监管者在宣布一个地区是动物重要栖息地时要考虑经济影响的规定。最高法院全体大法官一致判定当地居民胜诉，理由是当对物种的过度保护使个人受到损害时，当事人可以到法院要求减少这种保护。斯卡利亚大法官在其代表最高法院写的判决书中指出，濒危物种法允许任何人就政府机构违法采取法律行动，这不仅适用于要求政府机构实行环保限制的法律行动，也适用于阻止其实行环保限制的法律行动。[②] 这项本来只是就两种濒危动物保护做出的判决会不会扩及更多的濒危动物，显然已成为环境保护团体要担心的法律问题。

---

　　① Rosemary O'Leary. "Environmental Policy in the Courts." Vig & Kraft. eds. *Environmental Policy*: 161-162; *Sweet Home Chapter of Communities for a Great Oregon v. Lujan*, 806 F. Supp. 279 (1992); *Sweet Home Chapter of Communities for a Great Oregon v. Babbitt*, 1 F. 3d. 1 (1993); *Sweet Home Chapter of Communities for a Great Oregon v. Babbitt*, 17 F. 3d. 1463 (1994); *Babbitt v. Sweet Home Chapter of Communities for a Great Oregon*, 515 U. S. 687 (1995).

　　② *Brad Bennet, et al., Petitioners v. Michael Spear, et al.*, 520 U. S. 154 (1997).

（三）司法审查之争

环境保护在美国法院所遭遇的第三种重大法律挑战涉及司法审查问题，即对环境法规的执行可否进行司法审查和如何进行司法审查的问题。美国最高法院在 1971 年保护奥弗顿公园公民协会诉沃尔普案的判决中对此做出了比较含糊的回答。一方面，它对全国环境政策法的适用能否进行司法审查给予了肯定的答复，即所有联邦机构在执行此法上都要受制于司法审查，除非有法律明文禁止这样做或者该机构的行动按照法律规定应该由它自己决定。法院甚至还提到要对被告的行动和它是否遵守全国环境政策法"紧盯不放"。另一方面，最高法院又在此案判决中指出，审查的标准是狭义的，即法院并未被授权用自己的判断来取代政府机构的意见，一般来说应服从这些机构的专业性决定。[①] 如果说最高法院在环境政策司法审查上的态度还有模糊之处，那么下级法院在环境保护的黄金时代，即 20 世纪 70 年代，对这种司法审查则立场颇为鲜明。它们不仅对联邦政府机构在环境问题上是否认真执法的案件进行司法审查，而且在审查标准上从程序扩展到了实质性法律目标。其中最著名的案件就是 1971 的卡尔弗特·克利夫斯协调委员会诉原子能委员会案。尽管美国原子能委员会的有关行动在程序上与全国环境政策法的要求基本相符，但哥伦比亚特区巡回区上诉法院在判决中认定，该委员会没有如该法所要求的在"最大可能的程度"上依法办事，所以法院有责任强制该委员会不仅照环境政策法的程序而且照该法的意图和价值观采取行动。[②] 其他法院后来也依此判决行事，从而对促使联邦政府机构在环境问题上严格执法产生了很大影响。正如最高法院大法官瑟古德·马歇尔在 70 年代中期所说的一样，"下级法院是全国环境政策法成功的根源所在"。[③]

然而，最高法院在对下级法院的判决采取多年宽容态度之后，却于 70 年代后期改变态度，它后来的判决一反下级法院的做法，背离了卡尔弗

---

① Lindstrom and Smith. *The National Environmental Policy Act*: 114-115; *Citizens to Preserve Overton Park v. Volpe*, 401 U. S. 402 (1971).

② *Calvert Cliffs' Coordinating Committee v. Atomic Energy Commission*, 449 F. 2d. 1109. D. C. Cir. 1971).

③ *Kleppe v. Sierra Club*, 427 U. S. 390, 421 (1976).

特·克利夫斯案判决就法律的意图和价值观等实质内容进行司法审查的精神，转而采取了不愿干预行政和立法部门决定的退缩顺从态度。在 1976 年的克莱普诉谢拉俱乐部案判决中，最高法院指出全国环境政策法及其立法过程均未"期望法院以自己的判断取代该机构就其行动的环境后果所做出的判断"。① 1978 年，最高法院又在著名的佛蒙特扬基核电公司诉自然资源辩护理事会一案的判决中，推翻了巡回区上诉法院有关核管制委员会在环境问题上措施不力的两项判决，指责下级法院干预该委员会的决定权，以自己的政策偏好取代专家委员会的判断。大法官威廉·伦奎斯特在判决中还指出，全国环境政策法并未给这个国家设定实质性目标，它对政府机构的委托也是程序性的。② 到 1980 年的斯特赖克海湾地区理事会诉卡伦案判决，美国学者马修·J. 林斯特龙和扎卡里·A. 史密斯认为，最高法院"有效地消除了通过司法执行全国环境政策法实质性目标的任何可能"。③

应该说，最高法院在环境政策司法审查上对行政部门的决定基本上采取顺从的态度，而且对环境政策法的执行只是从程序上而不是从实质内容上进行司法审查，和新政以来最高法院在司法审查上建立的双重标准颇为一致，即对影响到一般商业贸易的监管立法在司法审查上采取消极态度。不过，二者的效果却正好相反。新政以来的司法审查双重标准是为政府对经济活动的积极干预开了绿灯，而最高法院在环境政策司法审查上的顺从态度则是为联邦行政部门不积极执行全国环境政策法开了绿灯。下级法院在这个问题上虽然没有完全萧规曹随，但毕竟受到了一定的影响。④ 直到 90 年代，巡回区上诉法院才在 3 项重大判决中从最高法院仅仅着眼于程序的顺从性司法审查中真正走了出来，转向了实质性司法审查。不过，值得注意的是，它们此时的矛头所向已不再是行政机构的环境监管不力，而是所谓 70 年代以来的环境监管过度。这种变化与里根总统上任后的去监管化潮流以及新任命的联邦法官中保守派增多有密切关联。⑤ 因此，巡回区上诉法院 90 年代的实质性司

---

① *Kleppe v. Sierra Club*, 427 U. S. 410 (1976).

② *Vermont Yankee Nuclear Power Copr. v. Natural Resource Defense Council*, 435 U. S. 519, 558 (1978).

③ Lindstrom and Smith. *The National Environmental Policy Act*: 119. *Stryker's Bay Neighborhood Council, Inc. v. Karlen*, 444 U. S. 227 (1980).

④ Lindstrom and Smith. *The National Environmental Policy Act*: 120.

⑤ 在美国联邦地区法院、巡回区上诉法院、最高法院总计 714 名法官中有一半以上是在罗纳德·里根和乔治·布什两位共和党总统任内由他们任命的，参见 Mark Dowie. *Losing Ground: American Environmentalism at the Close of the Twentieth Century* (Cambridge, Massachusetts: MIT Press, 1995), 79.

法审查和最高法院 70 年代中期以来的顺从性司法审查一样，都是环境保护在美国法院引起的"绿色反弹"的重要组成部分，也是环境保护在司法审查问题上所遭遇的重大法律挑战。

巡回区上诉法院实质性司法审查的着眼点是：政府部门在进行环境监管时对其他的目标、可能产生的副作用以及边际回报上的负面效应等有失考虑。因此，法院不能对政府部门在这些方面的失败采取顺从性司法审查的态度，而应该进行专注于监管结果的实质性司法审查。在环保和消费者团体都十分关注的竞争企业协会诉全国高速公路交通安全管理局一案中，交通安全管理局为 1990 年产的汽车规定的节能标准是诉讼的起因。原告指控该局将每加仑行 27.5 英里[①]的标准改为每加仑行 26.5 英里会导致汽车的小型化，而小型汽车的安全性差，会增加高速公路的致命车祸。哥伦比亚特区巡回区上诉法院裁定，交通安全管理局没有进行利弊权衡就声称其决定没有安全代价，故责令该局就此做出解释。在 1991 年的防蚀设备公司诉环境保护署案中，第五巡回区上诉法院取消了环保署根据有毒物质控制法做出的实际上完全禁止使用石棉的决定。法院认为，法律本要求环保署以最轻的负担对这种危险加以足够的防范，可是该署在完全禁止石棉产品时基本上没有考虑所付出的成本和代价。同年，哥伦比亚特区巡回区上诉法院在审理汽车工人联合会国际工会诉职业安全和卫生管理局案时，否认该局可以在可行性范围内任意设定安全标准，指出职业安全和卫生法所说的"合理性"要求有成本效益分析。对于长期以来已习惯于法院在司法审查上持顺从态度的联邦政府社会监管机构而言，这 3 项判决使它们吃了一惊。不过，除了环保署在石棉问题上放弃了过去的做法以外，其他两个机构并未改变立场，而且后来还为法院判决所认可。尽管这 3 项判决产生的实际效果有限，但它们不仅代表着在环境政策司法审查上出现的新动向，而且反映了在环境监管上愈来愈强调成本效益、风险评估和市场刺激的新趋势。[②]

到 1999 年，哥伦比亚特区巡回区上诉法院在实质性司法审查上又向前走了一步。它以新政时期最高法院宣布改革立法违宪所依据的不得将立法权授予行政机构为理由，对环保署根据洁净空气法在 1997 年颁发的全国空气

---

① 1 加仑≈3.79 升，1 英里≈1.61 千米。

② Paul Weiland, Lynton K. Caldwell & Rosemary O'Leary. "The Evolution, Operation, and Future of Environmental Policy in the United States." Randall Baker. ed. *Environmental Law and Policy in the European Union and the United States*. Westport, Connecticut: Praeger, 1997: 110-113.

质量标准提出了挑战。该法院在美国卡车运输协会诉环境保护署案的判决中认定，洁净空气法有关提供"足够的安全余地"的指令是将立法权违宪地授予了环保署。这一判决不仅危及空气洁净法，而且威胁到一系列重要的环境立法和其他联邦监管，其可能造成的后果将动摇美国环境保护法规和政策的根基。这样，环保署乃上诉到了最高法院。其对手很快意识到新政时代的不得授权理由难以站住脚，又试图将洁净空气法解释为要求环保署在成本效益分析的基础上设定标准。在通用电气公司雇用的哈佛大学著名宪法教授劳伦斯·特里贝继续吁请最高法院以不得授权为理由否定空气洁净法的同时，十几位著名经济学家则以呈递协助解释书的非同寻常的方式，要求修改空气洁净法，以纳入成本效益分析的内容。可是，最高法院在 2001 年就此案做出判决时，全体大法官一致推翻了下级法院的裁决，认定空气洁净法既未违宪，也没有要求环保署在设定质量标准时考虑成本问题。显然，环境保护在美国法院所遭遇的司法审查上的重大法律挑战，还没有发展到足以动摇近40 年来美国环境立法基础的地步，就连日趋保守的美国最高法院对走向这一步也有所保留。[①]

（四）环境保护法在美国法院遭到挑战的深层次原因

环境保护在美国法院所遭遇的上述法律挑战虽然还没有动摇其立法根基，但是这种挑战的影响和未来的走势却令致力于环境保护的人深感担心。美国著名记者马克·道伊在他获得普利策奖提名的《失去地盘：20 世纪结束时的美国环境保护主义》一书中指出，虽然所有的社会运动都会产生如黑格尔所说的对立面，但很少像环境保护主义运动这样激发了"如此恶毒的对抗"。他认为原因在于环境保护主义运动就其本质而言"威胁到我们文化最神圣的制度——私人产权"。这场运动还激怒了强大的政府官僚机制，使迄今为止最庞大的经济组织跨国公司都陷入难堪的境地，并在攻击政府部门和公司组织的同时，在社会上引发了组织良好、财力雄厚的绿色反弹。[②] 道伊

① Percival. "'Greening' the Constitution—Harmonizing Environmental and Constitutional Values": 856-858; *American Trucking Associations, Inc. v. EPA*, 175 F. 3d 1027 (D. C. Cir. 1999); *Whitman v. American Trucking Associations, Inc.*, 531 U. S. 457 (2001).

② Mark Dowie. *Losing Ground: American Environmentalism at the Close of the Twnetieth Century*. 83-84.

列举的这些原因不无道理，笔者在前文也多少有所提及。然而，道伊却忽略了美国环境保护主义运动激起强烈反对的一个深层次原因，那就是它的权利观说到底不仅仅是为了公共权利对私人产权加以限制，而且是为了大自然的权利对人类的权利也要加以限制。从这个角度来看，环境保护主义的激进程度甚至超过了否定私人产权的思想观念。这也许就是为什么美国著名社会学家罗伯特·尼斯比特曾经指出："当 20 世纪的历史最终写成时，这个时期最重要的社会运动将会被断定为环境保护主义。"①

其实，西方文化传统中并不乏对自然环境的尊重，从柏拉图到卢梭，尤其是美国的亨利·梭罗，对此都曾有所论述。在梭罗看来，"我脚下的大地不是死的、没有生气的庞然大物。它是一个肉体，它有精神，是有机的，而且受其精神之影响会发生变化"。不过，这些声音在西方和美国工业化的过程中听起来只是鹤鸣燕语而已。弗朗西斯·培根、伊萨克·牛顿、勒内·笛卡尔、戴维·休谟、约翰·洛克的主张才是西方世界现代化进程的主旋律。他们视大自然为人类的财产，而且只能为人类所征服和利用。如果土地不为人所用，在洛克看来就是"浪费"。② 就连 19 世纪末 20 世纪初对美国环境保护做出巨大贡献的资源保护主义者吉福德·平肖，也是从功利主义的角度把自然作为人类可以利用的资源来加以保护的。诚然，以谢拉俱乐部的创始人约翰·缪尔为代表的自然保护主义者超越了功利主义，认为自然本身从生态系统的角度就需要保护，但是在美国从大地伦理的高度第一个对人和自然的关系发表文字著述的，则是著名的自然主义者奥尔多·利奥波德。

1909 年，利奥波德射杀了一只母狼。当他看见倒地母狼眼中"愤怒的绿火"时，这绿火改变了他的一生。利奥波德后来写道："我那时年轻，总是想扣扳机；我认为狼愈少鹿愈多，没有狼就是猎人的天堂。但是在看到那绿火熄灭时，我感觉到了无论是那只狼还是那山都不会同意这种观点。"③ 40年后，即 1949 年，利奥波德的文集《沙县年鉴》在他谢世后出版了。其中有一篇文章第一次提出了"大地伦理"的概念。利奥波德认为，从生态学的角度来说，伦理就是要对生存斗争中的行动自由加以限制，因为彼此依靠的个人或团体有走向合作的趋势，也就是说有所谓共生现象。他说至今还没有一种伦理是处理人和土地以及在其上生长的动、植物的关系的。大地就像荷

---

① Mark Dowie. *Losing Ground: American Environmentalism at the Close of the Twnetieth Centur:* xi.

② Dowie. *Losing Ground:* 12-14.

③ Ibid., 18-19.

马史诗中奥德修斯的女奴一样仍然被看作是财产。人类对自然可以不受限制地为所欲为，他们看到的只是一种经济关系，只有特权而无义务。这在利奥波德看来只是动物的本能，人类需要的是一种社会本能。他相信把伦理的适用范围扩及人类环境中的自然物不仅从人类进化的角度来讲有其可能性，而且从生态学的角度来讲有其必要性。①

伦理是法律的基础之一。正是在利奥波德这种把伦理扩展到处理人和自然关系的理念基础之上，美国法学家克里斯托弗·D.斯通在他1972年发表的有关自然之物法定权利的经典之作《树有起诉资格吗？走向自然之物的法定权利》中，主张把法定权利扩及自然之物。他认为，美国的法律史在一定意义上来说就是一部享有权利者的队伍和他们所享有的权利不断扩大的历史。虽然这个进程尚不完美，但儿童、犯人、外国人、妇女、精神病人、黑人、胎儿、印第安人原本没有的法定权利逐渐得到了或多或少的承认，则是不争的事实。当然，每逢权利被扩大到一个新的实体手中时，人们往往觉得不可思议和难以理解。所以，最高法院才会在1856年德雷德·斯科特案判决中拒绝给黑人公民权；19世纪的加州最高法院才会否认华人在刑事诉讼中的出庭作证权；19世纪后期的威斯康星州也才会拒绝给妇女在该州行医的权利。然而，历史已经证明，当时不可思议的事情并不等于是梦幻，更不是不可行的。不仅如此，美国被承认享有法定权利的也不是仅仅限于人类的范畴。托拉斯、公司、合资企业、市政府、民族国家等都是享有法定权利的非人类实体。因此，斯通建议"我们把法定权利给予森林、海洋、河流和环境中的其他所谓'自然之物'，实际上，就是给予整个自然环境"。②

斯通当时撰写此文的目的是影响最高法院对谢拉俱乐部诉莫顿案的判决。后来的判决虽然没有提到斯通的观点，但是看了斯通文章的威廉·O.道格拉斯大法官在对判决表示异议时指出，如果允许环境问题以"那些被劫掠、毁损或侵害的无生命之物的名义而诉诸联邦机构或联邦法院的话"，起诉资格这个关键问题就会简单得多，也清楚得多。哈里·A.布莱克门和小威廉·J.布伦南大法官也同意这一看法。③斯通这篇被诺贝尔生理学奖获得者乔治·瓦尔德誉为"高雅诗章"的论文，究竟对美国的法官们产生了什么

---

① Garret Harding. "Foreword." Christopher D. Stone. *Should Trees Have Standing? Toward Legal Rights for Natural Objects*. Los Altos, California: William Kaufmann, Inc., 1974: x-xii.

② Stone. *Should Trees Have Standing?*: 9.

③ Garret Hardin. "Foreword." Stone. *Should Trees Have Standing?*: xii-xv.

具体影响，现在还很难评价，但这篇文章所代表的美国环境保护主义的法律观在美国环境法的发展上所起的作用，却不可低估。保守主义思想库美国企业研究所的学者迈克尔·S.格雷夫发现，环境保护主义的法律逻辑在 20 世纪 70 年代和 80 年代的判决中表现得最为明显。他认为，正是在环境领域，"联邦法院在接受与传统的、普通法的观念完全脱节的法律推理和论证模式上走得最远"。① 法学家 A. 丹·塔洛克也指出，"环境伦理或生态伦理的挺进把平等的（有时甚至是最高的）权利给了非人类系统，使人和自然的历史性二元关系摇摇欲坠。这种伦理是对过去伦理传统的激进背离，因为它既在挑战西方自由主义的产权观，又在扫除环境保护的准宗教或伪宗教的基础"。在唐纳德·J.皮萨尼看来，"我们的法律体系是建立在专注于个人的人的权利和责任的概念基础上的，大部分环境法和这些传统不相一致"。② 美国环境法是不是真的像这 3 位学者说的已走得如此之远，尚令人怀疑，但是他们的论断可以使我们清楚地看到环境保护主义的理念具有非常激进的一面。这大概就是环境保护法在美国法院遭到严峻挑战的深层次原因所在，也是人类在面向未来时不可能回避的问题。

---

① Greve. *The Demise of Environmentalism in American Law*: 12.

② Pisani. "Natural Resources and Economic Liberty in American History": 266-267.

回眸篇

十五　走出历史认识的误区

——关于美国资本主义经济发展阶段性的新思考

在结束本书时，笔者已不再需要强调法律在美国资本主义经济发展过程中曾经起了十分重要的作用。一切就像美国著名法律史学家哈里·沙伊伯所说的一样清楚："尽管法律在美国生活很多方面的影响只是边缘性的，但在塑造经济市场，建立经济和企业制度，还有形成物质增长和创新的原动力上，其影响是广泛和深刻的。"[①] 笔者现在还想指出的是，从美国法律史的角度对法律与美国资本主义经济发展的关系所做的研究，不仅可以使我们对法律尤其是司法实践在美国资本主义经济发展中所起的重要作用有比较全面和深入的了解，而且使笔者深感中国的史学工作者对于在美国史研究中容易陷入的几个认识上的误区一定要有所警觉，并力图为还其庐山真面目而做一点初步的尝试。这些认识上的误区通常是以理论为圭臬而不以事实为基础的产物，结果与历史研究的真谛相去甚远。诚然，历史研究的成果所反映出的不可能是绝对真实，也不会是终极真理，但历史学者治学的基本态度必须是忠于事实，而不是理论。理论可以因事实而修正，但事实不能为迎合理论而加以误读。我希望史学界同仁能为走出这些历史认识的误区而努力，尤其是在美国资本主义经济发展阶段性这个重大问题上，做一番不为政治经济学理论所束缚并能使其更接近历史真实的新思考。

中国学者在研究美国史时容易陷入的第一个误区就是认为内战前或者新政以前的美国实行的是自由放任主义。其实，自由放任主义只是18世纪法国重农主义者反对政府干预贸易的一种经济理念，在美国自然不乏支持者，

---

① Harry N. Scheiber. "Public Economic Policy and the American Legal System: Historical Perspectives." *Wisconsin Law Review*, 1980: 1159.

从早期因各种原因主张小政府的人士，到当代美国的芝加哥学派和今天的新保守主义者，都认为政府对经济的干预愈少愈好，但是自由放任主义在美国从来就没有真正成为政府的政策实践。美国法律史告诉我们，当立法和行政部门的力量还不够强大之时，司法部门即法院在调节和监管经济关系上发挥了重要作用，当联邦政府的权力尚未得到充分发展时，州和地方政府对经济活动的监管则比比皆是，无怪乎内战前的美国被有的法律史学家称为"监管良好之社会"。① 因此，对于内战或新政前美国的政府与经济的关系进行研究，要探讨的不是有没有干预的问题，而是如何干预的问题，也就是说，这些干预是如何在一个长期以来缺乏强大的国家机器并有担心政府权力过大的思想传统的国度里得到实现的。换言之，我们要研究的是适合美国政治、经济、文化和社会特点的政府干预。

第二个容易陷入的误区是断定私有财产在美国法律中是神圣不可侵犯的，有学者甚至想当然地说美国宪法做了这样的明文规定。这主要是因为1789年法国国民议会通过的《人权宣言》确实庄严宣告私人财产神圣不可侵犯，结果导致很多人认为这是所有资本主义国家法律的基本原则，美国亦不例外。其实，法国《人权宣言》在宣布私人财产神圣不可侵犯时是加了条件的，即在有合法认定的公共需要并且做出公平赔偿时，私人财产是可以被剥夺的。由于何为公平从来都是有争议的，所以法国《人权宣言》所加的条件早已使私人财产的神圣性打了折扣。至于美国宪法，它固然有保护私人财产的重要条款，但从头至尾都没有说私人财产神圣不可侵犯。更重要的是，美国法律史研究表明，美国法院的司法实践为了促进资本主义市场经济的发展，注重保护的往往是动态的私人产权，而非静态的私人产权，后者常常要为前者让路，美国中西部有不少土地所有者手中的大片土地在19世纪的交通革命中被法院判定以一美元的公平赔偿而征收时，就没有什么私人财产神圣不可侵犯可言。

第三个容易陷入的误区是以为美国根深蒂固的个人主义传统使得美国人总是把个人摆在首位，而忽略了公共利益。诚然，美国人确实比欧洲人更注重个人权利，但他们并没有因此而忘记了公共权利的存在。这一点从美国法律史研究中看得很清楚。政府的征税权、征用权和治安权就是为了保护公共

---

① William J. Novak. *The People's Welfare: Law and Regulation in Nineteenth-Century America*. Chapel Hill: The University of North Carolina Press, 1996: 26-50.

权利，它们的实施通常都会使私人利益服从于公共利益的需要。且不要说普通法传统中有关"人民福利"的原则在内战前的美国曾经占有十分重要的地位，即便是在 19 世纪末和 20 世纪初的所谓"自由放任主义宪政"时代，最高法院虽然为保护合同自由等私人权利而在一系列著名判决中推翻了政府监管立法，并因此而名噪一时，但在大部分判决中，大法官们还是支持了当时的监管改革立法，因为他们认为这些立法的制定是出于公共目的，至于他们否决某些立法则是因为他们认为其服务于公共目的的立论不足。各州法院法官的态度大体亦复如此。至于新政以后，尤其是在战后的所谓"公共利益时代"，美国法院支持的从环境保护到消费者利益等社会监管的目的所向，则更是建立在公共利益而非私人利润的基础之上。

最后一个容易陷入的误区则是将美国资本主义经济的发展分为自由资本主义、垄断资本主义和国家垄断资本主义三个前后相连的不同的历史阶段。这和前三个误区的存在有着密切的关联。由于误认为美国人总是把个人权利看得高于一切，并且相信私人财产在美国法律中是神圣不可侵犯的，很多从事美国史研究的人往往容易接受内战前的美国实行的是自由放任主义的观点，并根据政治经济学教科书中对资本主义经济阶段性的论述将早期的美国视为处于自由资本主义的发展阶段。在他们看来，这个阶段在交通革命、工业化和大企业崛起之后结束了，因为自由竞争导致了垄断，结果使美国在 19 世纪末和 20 世纪初进入了垄断资本主义阶段。可是这些巨大变化产生了一系列社会问题，于是国家干预在所难免，尤其是在 20 世纪 30 年代的大萧条中，罗斯福新政使这种国家干预达到了前所未有的程度，从而使美国进入了国家垄断资本主义阶段。这就是有关美国资本主义经济发展阶段性的三段论。从政治经济学理论上来看，将资本主义经济的发展简化为这样三个阶段加以剖析似乎顺理成章，[①] 但是这种理论上的阶段性未必能准确地勾画出美国资本主义经济发展的实际轨迹。前述美国法律史研究对前三个误区所做出的澄清，就说明我们很难将内战前的美国说成是自由资本主义时期。更重要的是，19 世纪的美国法律之所以如赫斯特所言要以释放能量和控制经济环境为主要目的，就是因为当时还存在许多阻碍自由市场经济发展的因素，或者说形成所谓自由资本主义的条件还不成熟。另外，许多具体法律领域的研究也对三段论提出了挑战，像美国公司法的发展就是如此。内战前美国的

---

① 宋涛. 主编. 政治经济学教程（第 7 版）. 北京：中国人民大学出版社，2006：145.

公司是由立法机构通过特许状或一般公司法授权建立的，它并不像纯粹以牟取私利为目的的个体经营者和合伙经营者那样享有公民的法人地位，公司一方面因此而获得了政府授予的某些特权，但另一方面也因此而受到了政府更多的监管和约束，在市场经济活动中并不能享有如普通公民一样的自由。直到 19 世纪后期，最高法院将宪法第十四条修正案对公民权利的保护应用于公司时，公司才获得了如同公民的法人地位，在经济活动上有了比较大的自由驰骋的空间。与此同时，各州议会纷纷修改公司法，争相降低对公司监管要求的门槛，从而进一步扩大了公司自由活动的范围。有趣的是，也就是在 19 世纪末和 20 世纪初这段时期，主要以公司形式建立的大企业迅速崛起，在某些部门形成了所谓垄断，而国会则通过了反托拉斯法，并建立了州际商务委员会和联邦贸易委员会等独立的政府组织，对大公司的活动加强监管。由此可见，美国的公司在内战前并没有真正享有所谓自由资本主义时代理应享有的相对充分的自由竞争的权利，倒是在 19 世纪末和 20 世纪初才有了更多的竞争的自由，但同时也产生了垄断，并开始受到国家逐渐增多的干预。因此，从公司法的发展历程来看，我们很难把内战前的美国说成是自由资本主义的时代，不仅如此，自由资本主义、垄断资本主义和国家垄断资本主义的特点几乎是同时出现在 19 世纪末和 20 世纪初的美国。诚然，这只是公司法的发展，有其局限性。但是我们如果考虑到美国合同法在保护和促进市场活动中出现的抽象化、一般化和客观化的发展趋势是在 19 世纪末和 20 世纪初才达到高峰，而立法机构公共权力对这一私法领域的大举入侵同样也是发生在这个时期，还有其他一些法律领域的类似发展，那么美国法律的魔镜至少告诉我们，在美国资本主义经济发展阶段性这个重大问题上，研究美国史的学者还需要进行新的思考，历史的本来面目并不像三段论描述的那样简单。

如果说从前三个历史认识的误区中走出来并不是太难的事情，结论也比较明确的话，那么要走出最后一个误区则还要做很大的努力。因为在这个问题上，美国法律史研究并不能一锤定音。对美国资本主义经济发展阶段性的重新认识需要从法律史、经济史、政治史和社会史等诸多不同的领域展开充分和深入的研究后才能最终形成比较科学的看法。笔者现在不可能深入探讨这一重大课题，只想就此提出一点初步的研究设想，以期日后能通过史学界同仁的共同努力而在这方面取得一些进展。这一设想主张从制度史研究出发，围绕资本主义经济的三大治理机制——市场机制、企业机制和国家机制——在美国资本主义经济发展的不同历史时期所具有的不同特点及形成原因展开研究，然后根据这三大治理机制所发生的历史性变化，将美国资本主义经济的发展尝试性地分为三个历史时期，即前现代资本主义时期、现代资本主义时期和后现代资本主义时期，希望这种建立在制度史研究基础上的历史分期能为日后就美国资本主义经济发展阶段性展开的多学科历史研究铺垫一条道路。

具体说来，所谓前现代资本主义时期，就是现代资本主义经济尚未形成的时期或者说资本主义经济的初期发展阶段。从殖民地时代到19世纪70年代，资本主义经济虽已出现在北美大陆，但尚不成熟，从制度上来说其治理机制还不具备现代资本主义的主要特点。首先，市场机制在这个历史时期具有地方性、封闭性和分散化垄断的特点。尽管殖民地时代的北美沿海地区早就卷入了大西洋经济的商品市场，但各个殖民地之间并没有形成一体化的经济实体，人们看到的只是与大西洋经济有密切联系的彼此分隔的许多地方市场。美国革命使这些殖民地获得了独立，并建立了一个国家，但政治和经济上的真正统一则要等到内战以后。就商品市场而言，西部边疆的开拓使大量移民远离了沿海较为发达的市场，在广大的西部地区形成了愈来愈多的建立在"岛式社区"基础上彼此分隔的地方市场。[①] 在这样的市场条件下，竞争自然受到了很多制约，甚至会出现并非由于权力集中而是因为地域分散才形成的"只此一家，别无分店"的垄断。美国史学家查尔斯·塞勒思所说的19世纪上半叶的"市场革命"就是要冲破这些市场障碍，但它要到19世纪70年代才趋于完成。[②] 劳动力市场亦复如此，南部奴隶制的存在使得内战前全国性劳动力市场的形成没有可能，甚至在内战后一个很长的时期内，南部劳动力市场仍然保持着它的封闭性，所以才会在工业化增加了对劳动力需求的时代成为一个低工资地区。这种劳动力市场的封闭性要等到第一次世界大战期间黑人向北部大规模迁移才结束。根据美国法律史学家罗伯特·J.斯坦菲尔德的研究，即便是非奴隶的白人劳工在19世纪很长的一个历史时期内也很难说是自由劳工，因为他们不能随意中止合同。根据普通法，大部分州的劳工在违反劳务协定时要丧失尚未支付的工资。1860年以前只有几个州

---

① 关于"岛式社区"可参看：Robert Wiebe. *Search for Order, 1877-1920*. New York: Hill and Wang, 1967.

② Charles Grier Sellers. *The Market Revolution: Jacksonian America, 1815-1846*. New York: Oxford University Press, 1991.

的法院判决改变了这种做法。直到 19 世纪 70 年代，由于愈来愈多州通过定期支付工资和缩短工资支付间隔期的立法，雇主才不能像过去一样以金钱惩罚手段强制控制雇员的劳动力，从而使自由劳工市场在法律上和实践中都不再被大打折扣。[①] 至于地区之间利率之差在这段时间的长期存在，则证明了金融市场同样未能实现全国一体化，货币的自由流通还不是畅通无阻，资本市场也要到 19 世纪末才真正成为私人工业企业也可用来集资的工具，而不仅仅是政府债券和具有公用事业性质的银行、铁路部门证券的天下。因此，无论是就商品、劳动力、金融而言，还是从资本角度来看，全国性市场在这个时期还未真正形成，所谓"自由资本主义"阶段的市场竞争也就难以成为现实。换言之，美国的市场竞争在这个时期既不是那么自由，也不可能得到充分的发展。其次，从企业机制来看，当时的美国尚无现代公司可言。当时大量存在的是建立在个体或合伙经营基础上的小企业，而且企业之间的关系常常受制于一种介于市场关系（market）与科层关系（hierarchy）之间的因相互信任或长期来往而形成的关系网（network）。[②] 这就是说，作为现代化重要标志之一的经济与社区的分离还没有完成。诚然，公司在当时已成为美国企业组织的重要形式，但公司还处于从具有公用事业特点的经营组织向牟取利润的私人企业组织转变的过程之中，因而受到州政府的诸多监管，缺乏个体和合伙企业所享有的很多自由。更重要的是，科层制管理组织的形成还有待时日。再次，从国家机制来看，内战前美国二元联邦主义之下的联邦政府不仅要和各州分享主权，而且把大部分经济权力留给了州政府。这和现代民族国家的中央政府相比有相当大的差距。不过，这绝不等于说国家只是"自由资本主义"理论所说的守夜人，它对经济活动的态度更不是所谓自由放任。事实上，美国从来就不是一个自由放任的国度。殖民地时代政府对经济活动的监管几乎无处不在。在 19 世纪上半叶的美国，州和地方政府不仅在推动交通革命和建立银行系统上，而且在促进和监管其他的经济活动方面都发挥了十分积极和相当重要的作用。不过，联邦政府在当时所起的作用还比较微小，因为在这个时期的美国国家机制下，经济权力的重心不在联邦而在州和地方政府。如果就政府部门之间而言，当时国家机制经济权力的重

① Robert J. Steinfeld. *Coercion, Contract, and Free Labor in the Nineteenth Century*. Cambridge: Cambridge University Press, 2001: 10.

② Naomi Lamoreaux, Daniel M. G. Raff, and Peter Temin. "Beyond Markets and Hierarchies: Toward a New Synthesis of American Business History." *American Historical Review* (108) 2003: 404-433.

心不在行政部门，而是在司法部门，所以赫斯特才会高度评价美国法律所起的释放能量的作用，斯考罗内克更是称 1877 年前的美国国家机制为法院国家。① 由此可见，1880 年以前的美国存在着市场竞争的不充分、企业科层管理组织的缺乏和国家经济权力的分权化和司法化。这些特点决定了美国资本主义经济的不成熟，也就是说它还处于前现代资本主义的历史时期。不过，美国资本主义经济的这个初期发展阶段并不具有政治经济学理论所说的自由资本主义的主要特点，我们在那里既看不到足够自由的市场竞争，也看不到国家作为守夜人袖手旁观的自由放任。

所谓现代资本主义时期，就是现代资本主义经济形成后的时期，也可以说是资本主义经济已经成熟的阶段。和前现代资本主义时期形成鲜明对照的是，这个时期美国经济的治理机制已经具有现代资本主义的主要特点，即全国性市场的形成、公司科层管理组织的崛起、联邦政府权力的集中以及行政管理国家的壮大。到 19 世纪末和 20 世纪初，美国的"市场革命"终于取得了重大进展，内战后大大加速的铁路和电报线路的建设使全国性市场趋于形成，"岛式社区"被联为一体，美国法律释放出了个人和公司的创造性能量，结果出现了和 19 世纪 70 年代以前相比远为自由的市场竞争。其证明就是市场竞争的加剧和生产过剩的出现。美国经济开始从稀缺型向丰裕型转变，卖方市场逐渐转变为买方市场，生产在社会意识里的中心地位也一步一步地由消费所取代。与此同时，市场的扩大、技术上的突破和美国公司法向民主化与自由化方向的发展，使得从事大规模生产和大规模销售的现代大企业应运而生。公司科层管理组织迅速发展为美国企业机制的重要形式，并从多单位集权化的管理模式逐渐转变为多部门分权化的管理模式，使美国管理资本主义的发展遥遥领先于其他的发达资本主义国家。② 这样，州和地方政府已难以应对由于全国性市场的形成和跨州经营的现代大企业的出现而产生的经济治理问题。联邦政府介入经济事务的权力乃在世纪之交迅速扩大，行政管理国家得到了长足的发展，到新政时代更是达到了高峰，形成了所谓

---

① Stephen Skowronek. *Building a New American State*. New York: Cambridge University Press, 1982: 19-35.

② Alfred D. Chandler, Jr.. *Visible Hand: The Managerial Revolution in American Business*. Cambridge, Massachusetts: Belknap Press, 1977. *Strategy and Structure: The Chapter in the History of the Industrial Enterprise*. Cambridge, Massachusetts: MIT Press, 1962. *The Scale and Scope: The Dynamics of Industrial Capitalism*. Cambridge, Massachusetts: Belknap Presee, 1990.

"大政府"，并在战后长期奉行凯恩斯主义宏观调控政策。值得注意的是，美国国家机制经济权力的扩大受到了自由主义传统、联邦主义体制和私人企业组织的制约，往往表现出与欧洲国家不同的特点，如在第一次世界大战的战时经济管制中借重私人企业的组织与人力资源，在各种独立行政监管委员会的运作上仿效司法模式，在战后的经济干预活动中把重点放在不触动经济结构的宏观调控而非产业政策之上。[①] 不过总的说来，全国性市场的形成、公司科层管理组织的出现和联邦政府经济权力的集中及行政管理国家的发展，从制度上标志着美国资本主义经济的成熟，或者说现代资本主义历史时期的到来。政治经济学理论所说的自由资本主义、垄断资本主义和国家垄断资本主义所具有的特点几乎是同时出现在世纪之交的美国，它们实际上是与经济现代化相伴随的一种共生现象。因此，我们既不能把 19 世纪的美国简单地说成是自由资本主义占统治地位的时期，也不能把世纪之交的美国说成是垄断资本主义占统治地位的时期。事实上，市场机制、企业机制和国家机制在世纪之交几乎同时走向了现代化，从而使日后美国经济的发展不是以垄断区别于自由竞争，而是以其治理机制的现代化区别于此前美国经济制度的前现代化。正是这三大治理机制的现代化，为美国经济在现代资本主义时期居于全球之首提供了制度保障。直到 20 世纪 70 年代和 80 年代，美国现代资本主义经济制度才遭到了严峻的挑战，即经济的全球化、信息化和知识化所带来的巨大变化。美国经济自此开始向后现代资本主义经济模式转型。

所谓后现代资本主义时期，是指现代资本主义经济进一步转型的时期。此时美国的经济治理机制和现代资本主义时期相比正在发生重大变化。首先，美国的市场出现了愈来愈国际化、多样化和非物质化的倾向。众所周知，美国资本主义经济早就和国际市场有联系，并且具有对外扩张的倾向，可是就现代资本主义时期而言，美国经济基本上还是建立在民族国家和国内市场的基础之上。即便在战后关税和贸易总协定框架之下，美国企业为国际市场进行的生产也不过是通过国外的分厂和对外出口来进行而已。然而到了20 世纪 70 年代，真正国际化的跨国公司的发展突破了旧有的体系，成为影响愈来愈大的经济全球化的先锋。这些公司在所有权、管理权、原料供给、劳动力资源、生产和销售上都跨越了国界，使得国内市场和国外市场之间的

---

① Robert D. Cuff. *The War Indutries Board: Business-Government Relations during World War I*. Baltimore: The Johns Hopkins University Press, 1973; Steve Fraser and Gary Gerstle. eds. *The Rise and Fall of the New Deal Order*. Princeton: Princeton University Press, 1989.

界线愈来愈模糊。与此同时，西欧和日本经济的复兴，东南亚新兴工业化国家的崛起，使美国在日益全球化的经济中遇到了力量强大的新竞争者。这些国家和地区的产品在美国市场上吸引了愈来愈多的消费者，美国的国内生产和国内消费之间长期以来建立的牢固联系终于被严重地削弱了。国内市场占有额的减少使美国国内生产力过剩变得严重起来，结果迫使很多厂家以产品的多样化寻找出路。这和 20 世纪 60 年代末以来美国消费品市场的日益碎片化相呼应，促使美国市场向多样化的方向迅速发展。除了市场的国际化和多样化以外，美国市场还出现了愈来愈非物质化的倾向。知识和信息不仅影响到劳动和生产，而且成为供消费的非物质化产品。当然，知识、信息、文化、服务等非物质化产品并非过去没有，但它们以前只是居于从属地位，物质化的产品才是美国经济的重心所在。这种情况在 70 年代以后发生了变化，在知识和信息产品领域是否握有优势决定着一个国家经济的未来。美国市场的这些重大变化使美国企业不得不在组织结构上进行具有深刻历史意义的调整，即从适合大规模生产标准化产品的公司科层管理组织，转向以灵活的方式生产多样化、顾客品味化、即时化产品的新福特主义或后福特主义的企业机制。所谓新福特主义企业机制是指企业在保持科层制管理组织基本结构的同时，采用新的技术和组织方式来适应市场的变化，进行具有灵活性的大规模生产。后福特主义企业机制则是指由科层制管理组织走向关系网，即由大生产者将制造程序的各个组成部分分包给独立的小生产者进行小批量生产，在大生产者和小生产者之间建立一种长期合作的关系网。这种关系网既不像市场关系那样不稳定，又不像科层制管理组织那样死板，而是介于二者之间，既有一定的规范性，又有一定的灵活性。[①] 由于美国企业机制在 80 年代开始进行重大调整，美国国家机制也必然要顺应时势，为这种调整留下空间，结果在现代资本主义时期日益加强的联邦政府对经济活动的行政监管不得不有所放松。于是，自里根政府以来，去监管化（deregula- tion）在美国蔚然成风。20 世纪初即已开始的联邦政府经济权力集中化的趋势终于出现了较大的逆转，有学者将此称为新政秩序的衰落。[②] 不仅如此，受经济全球化的影响，美国政府对跨国公司进行监管的难度也变得愈来愈大。如果说要谈论全球化时代民族国家的危机还为时过早，那么无论是从去监管化，还是

---

① Fran Tonkiss. *Contemporary Economic Sociology: Globalization, Production, and Inequality.* New York: Routlege, 2006.

② Fraser and Gerstle. *The Rise and Fall of the New Deal Order, 1930-1980.*

从经济全球化的角度来看，美国国家机制的经济权力出现了弱化的趋势都是不可否认的事实。2008 年美国爆发了大萧条以来最为严重的金融危机，在一定程度上就是国家经济权力弱化的结果。因此，美国市场、企业和国家作为经济治理机制在 20 世纪 80 年代以来所发生的这些重大变化，使我们有理由相信，美国现代资本主义经济正在进一步转型，即向后现代资本主义的方向发展。不过，这一转型尚未完成。因此严格地讲，当今美国的资本主义经济实际上是处于现代资本主义与后现代资本主义共存的时代。之所以将其冠以"后现代资本主义"则是为了使人们明确这一转型的存在和已经发生的重大变化。

　　以上便是笔者有关重新探讨美国资本主义经济发展的阶段性的初步设想，要完成这样一个庞大的课题自然不是一朝一夕之功，恐怕也不是一人所能为之，但它是笔者在研究美国法律与资本主义经济发展的关系时深感在美国史研究中必须正视的重大问题。众所周知，在史学研究的漫长道路上，没有什么研究能穷尽真理，一项研究的结束往往意味着另一项研究的开始。有鉴于此，本书在结束时呼吁史学界学人尤其是青年学子关注美国资本主义经济发展阶段性的重新思考，研究这一问题，探讨这一问题，并为解决这一问题做出贡献。这就是回眸篇的意图所在，也是本书在完成对法律与美国资本主义经济发展的关系所做的初步研究后，希望能对整个美国史研究稍有助益的地方。

参考文献

一、案例

1. *Ableman v. Booth*, 21 Howard 506 (1859)

2. *Adair v. United States,* 208 U. S. 161 (1908)

3. *Addyston Pipe & Steel Co. v. United States*, 175 U. S. 211 (1899)

4. *Adkins v. Children's Hospital*, 261 U. S. 525 (1923)

5. *Allen v. Wright*, 468 U. S. 737 (1984)

6. *Allgeyer v. Louisiana*, 165 U. S. 578 (1897)

7. *Allied Structural Steel Co. v. Spannaus*, 438 U. S. 234 (1978)

8. *American Airlines, Inc. v. CAB*, 359 F. 2d 624 (D. C. Cir. 1966)

9. *American Trucking Associations, Inc. v. EPA*, 175 F. 3d 1027 (D. C. Cir. 1999)

10. *Association of Data Processing Organizations v. Camp*, 397 U. S. 152 (1970)

11. *Babbitt v. Sweet Home Chapter of Communities for a Great Oregon*, 515 U. S. 687 (1995)

12. *Barron v. Baltimore*, 32 U. S. 243 (1833)

13. *Bigelow v. Virginia*, 421, U. S. 809 (1975)

14. *Brad Bennet, et al., Petitioners v. Michael Spear, et al.*, 520 U. S. 154 (1997)

15. *Brown Shoe Co. v. United States*, 370 U. S. 294 (1962)

16. *Brown v. Kendall*, 60 Mass. (6 Cush.) 292 (1850)

17. *Brown v. Maryland*, 12 Wheaton 419 (1827)

18. *Bunting v. Oregon*, 243 U. S. 426 (1917)

19. *Calvert Cliffs' Coordinating Committee v. Atomic Energy Commission*, 449 F. 2d 1109 (D. C. Cir. 1971)

20. *Carey v. Daniels*, 49 Mass. (8 Met.) 466 (1844)

21. *Carleson v. Remillard*, 406 U. S. 598 (1972)

22. *Carolene Products Co. v. United States*, 323 U. S. 18 (1944)

23. *Carter v. Cater Coal Co.*, 298 U. S. 238 (1936)

24. *Central Hudson Gas & Electric Copr. v. PSC*, 447 U. S. 557 (1980)

25. *Champion v. Ames*, 188 U. S. 321 (1903)

26. *Charles River Bridge v. Warren Bridge*, 11 Peters 420 (1837)

27. *Chevron, USA v. Natural Resources Defense Council*, 467 U. S. 837, (1984)

28. *Chicago, Burlington and Quincy Railroad Company v. Chicago*, 166 U. S. 226 (1897)

29. *Chicago, etc. R. R. v. Ackley*, 94 U. S. 179 (1877)

30. *Chicago, etc. R. R. v. Iowa*, 94 U. S. 155 (1877)

31. *Chicago, Milwaukee & St. Paul Ry. Co. v. Minnesota*, 134 U. S. 418 (1890)

32. *Christensen v. Eno*, 106 N. Y. 97, 102, 12 N. E. 648 (1887)

33. *Citizens to Preserve Overton Park v. Volpe*, 401 U. S. 402 (1971)

34. *Clark v. Bever*, 139 U. S. 96 (1891)

35. *Clark v. Nash*, 198 U. S. 361 (1904)

36. *Cohens v. Virginia*, 6 Wheaton 264 (1821)

37. *Commonwealth v. Alger*, 7 Cush. 53 (Mass., 1851)

38. *Commonwealth v. Perry*, 155 Mass. 117 (1891)

39. *Continental T. V. Inc. v. GTE Sylvania Inc.*, 433 U. S. 36 (1977)

40. *Coppage v. Kansas*, 236 U. S. 1 (1915)

41. *Crossman v. Penrose Ferry Bridge Co.*, 26 Pa. 69 (1856)

42. *Dartmouth College v. Woodward*, 17 U. S. 518 (1819)

43. *Day-Bright Lighting, Inc. v. Missouri*, 342 U. S. 421 (1952)

44. *Dolan v. City of Tigard*, 512 U. S. 687 (1994)

45. *Doyie v. Continental Insurance Co.*, 94 U. S. 535 (1877)

46. *Dr. Miles Medical Co. v. Park & Sons Co.*, 220 U. S. 373 (1910)

47. *Dred Scott v. Sandford*, 19 Howard 393 (1897)

48. *Erie Railroad Co. v. Tompkins*, 304 U. S. 64 (1938)

49. *Escola v. Coca Cola Bottling Co.*, 24 Cal. 2d 453, 150 P. 2d (1944)

50. *Federal Power Commission v. Natural Gas Pipeline Co.*, 315 U. S. 575 (1942)

51. *Federal Trade Commission v. Ruberoid Co.*, 343 U. S. 470 (1952)

52. *Ferguson v. Skrupa*, 372 U. S. 726 (1963)

53. *First English Evangelical Lutheran Church v. County of Los Angeles*, 482 U. S. 304 (1987)

54. *Fletcher v. Peck*, 10 U. S. 87 (1810)

55. *Florida Rock Industries, Inc. v. United States*, 18 F. 3d 1560 (Fed. Cir. 1994)

56. *Fogg v. Blair*, 139 U. S. 118 (1891)

57. *Friends of the Earth v. Laidlaw Environmental Services (Laidlaw)*, 528 U. S. 167 (2000)

58. *Frorer v. People*, 141 Ill. 181 (1892)

59. *General Motors Corporation v. Romein*, 503 U. S. 181 (1992)

60. *Georgia v. Brailsford*, 3 U. S. (3 Dallas) 1 (1794)

61. *Gibbons v. Ogden*, 9 Wheaton 1 (1824)

62. *Gilchreest v. Pollock*, 2 Yeates (7 Pa.) 18 (1795)

63. *Godcharles v. Wigeman*, 113 Pa. St. 431 (1886)

64. *Goldberg v. Kelly*, 397 U. S. 254 (1970)

65. *Great Boston Television Corporation v. FCC*, 444 F. 2d 841 (D. C. Cir. 1970)

66. *Greenman v. Yuba Power Products*, 59 Cal. 2d 57 (1963)

67. *Hale v. Henkel*, 201 U. S. 43 (1905)

68. *Handley v. Stutz*, 139 U. S. 417 (1891)

69. *Hawaii Housing Authority v. Midkiff*, 467 U. S. 229 (1984)

70. *Head and Amory v. Providence Insurance Company*, 2 Cranch (U. S.) 127 (1804)

71. *Heckler v. Chaney*, 470 U. S. 821 (1985)

72. *Helvering v. Davis*, 301 U. S. 619 (1937)

73. *Henningsen v. Bloomfield Motors*, 32 N. J. 358 (1960)

74. *Hooper v. California*, 155 U. S. 648 (1894)

75. *Horsford v. Wright*, 1 Kirby 3 (Conn. 1786)

76. *Illinois Central R. R. v. Illinois*, 146 U. S. 387 (1892)

77. *In re Jacobs*, 98 N. Y. 98 (1885)

78. *International Harvester Co. v. Ruckelshaus*, 478 F. 2d 615 (D. C. Cir. 1973)

79. *Ives v. South Buffalo Railway Co.*, 201 N. Y. 271 (1911)

80. *Keystone Bituminous Coal Association v. DeBenedicitis*, 480 U. S. 470 (1987)

81. *King v. Smith*, 392 U. S. 309 (1968)

82. *Kleppe v. Sierra Club*, 427 U. S. 390 (1976)

83. *Lincoln Federal Labor Union v. Northwestern Iron & Metal Co.*, 335 U. S. 525 (1949)

84. *Lochner v. New York*, 198 U. S. 45 (1905)

85. *Loretto v. Teleprompter Manhattan CATV Corp.*, 458 U. S. 419 (1982)

86. *Lorillard Tobacco Co. v. Reilly*, 533 U. S. 525 (2001)

87. *Louisville, et. R. R. v. Letson*, 2 How 497 (1844)

88. *Lowe v. SEC*, 472 U. S. 181 (1985)

89. *Lucas v. South Carolina Coastal Council*, 505 U. S. 1003 (1992)

90. *Lujan v. Defenders of Wildlife*, 112 S. Ct. 2130 (1992)

91. *Lynch v. Household Finance Co.*, 405 U. S. 538 (1972)

92. *MacPherson v. Buick Motor Co.*, 217 N. Y. 382 (1916)

93. *Maple Flooring Manufacturers Association v. United States*, 268 U. S. 563 (1925)

94. *Marbury v. Madison*, 1 Cranch 137 (1803)

95. *Marine Space Enclosure, Inc. v. FMC*, 420 F. 2d 577 (D. C. Cir. 1969)

96. *Martin v. Hunter's Lessee*, 1 Wheaton 304 (1816)

97. *Mayburg v. HHS*, 740 F. 2d 100, 106 (1st Cir. 1984)

98. *McCulloch v. Maryland*, 4 Wheaton 316 (1819)

99. *McLean v. Arkansas*, 211 U. S. 539 (1908)

100. *Mead v. Mali*, 15 How. Pr. 347 (N. Y. Super. 1857)

101. *Millet v. People*, 117 Ill. 294 (1886)

102. *Monongahela Navigation Company v. United States*, 148 U. S. 312 (1893)

103. *Morehead v. New York ex rel. Tipaldo*, 298 U. S. 587 (1936)

104. *Motor Vehicle Manufacturers Association v. State Farm Mutual*, 463 U. S. 29 (1983)

105. *Mugler v. Kansas*, 123 U. S. 623 (1887)

106. *Muller v. Oregon*, 208 U. S. 412 (1908)

107. *Mumford v. M'Pherson*, 1 Johns. R.414 (N. Y. 1806)

108. *Munn v. Illinois*, 94 U. S. 113 (1877)

109. *Murray v. South Carolina Railroad Co.*, 1 McM. 385 (So. C. 1841)

110. *Murray's Lessee v. Hobroken Land and Improvement Co.*, 59 U. S. 272 (1856)

111. *NAACP v. Button*, 371 U. S. 415 (1963)

112. *National Collegiate Athletic Association v. Board of Regents of the University of Oklahoma*, 468 U. S. 85 (1984)

113. *Natural Resource Defense Council v. Callaway*, 392 F. Supp. 685 (D. D. C. 1975)

114. *Natural Resources Defense Council v. Nuclear Regulatory Commission*, 547 F. 2d 633 (D. C. Cir. 1976)

115. *Nebbia v. New York*, 291 U. S. 502 (1934)

116. *New York v. Miln*, 11 Peters 102 (1837)

117. *NLRB v. Friedman-Harry Marks Clothing Co.*, 301 U. S. 58 (1937)

118. *NLRB v. Fruehauf Trailer Co.*, 301 U. S. 49 (1937)

119. *NLRB v. Hearst Publishing Inc.*, 322 U. S. 111 (1944)

120. *NLRB v. Jones & Laughlin Steel Corp.*, 301 U. S. 1 (1937)

121. *Nollan v. California Coastal Commission*, 483 U. S. 825 (1987)

122. *Nourse v. Prime, Ward and Sands*, 4 Johns. Ch. 490 (N. Y. Ch. 1820)

123. *Oakdale Manufacturing Co. v. Garst*, 18 R. I. 484 (1894)

124. *Office of Communication, United Church of Christ v. FCC*, 359 F. 2d. 994 (D. C. Cir. 1966)

125. *Olcott v. Supervisors of Fond Du Lac County*, 16 Wall. 678 (1873)

126. *Oshkosh City Ry. Co. v. Winnebago County*, 89 Wis. 435, 437, 61 N. W. 1107 (1895)

127. *Pacific Mutual Life Insurance Co. v. Haslip*, 499 U. S. 1 (1991)

128. *Palazzolo v. Rhode Island*, 533 U. S. 606 (2001)

129. *Palmer v. Mulligan*, 3 Cai. R. 307 (N. Y. Sup. Ct. 1805)

130. *Paramount Communications v. Time*, 571 A. 2d 1140 (Del. 1989)

131. *Paul v. Virginia*, 75 U. S. 168 (1868)

132. *Peik v. Chicago, etc. R. R.*, 94 U. S. 164 (1877)

133. *Pennsylvania Coal Co. v. Mahon*, 260 U. S. 393 (1922)

134. *Pensacola Telegraph Co. v. Western Union Telegraph Co.*, 96 U. S. 1 (1877)

135. *People ex. Rel. Detroit and Howell R. R. Co. v. Salem*, 20 Mich. 452 (1870)

136. *People v. Salem*, 20 Mich. 487 (1870)

137. *Permian Basin Area Rates Case*, 390 U. S. 747 (1968)

138. *Philadelphia and Reading Railroad Co. v. Pennsylvania*, 15 Wallace 232 (1872)

139. *Philadelphia Fire Association v. New York*, 119 U. S. 110 (1886)

140. *Pine Grove Township v. Talcott*, 19 Wall. 666 (1874)

141. *Platt v. Johnson*, 15 Johns. 213 (N. Y. 1818)

142. *Propeller Genesee Chief v. Fitzhugh*, 12 Howard 443 (1851)

143. *Providence Bank v. Billings*, 29 U. S. (4 Pet.) 563 (1830)

144. *Pumpelly v. Green Bay Company*, 80 U. S. 166 (1871)

145. *Raleigh & Gaston R. R. v. Davis*, 2 Dev. & Batt. 469 (N. C. 1837)

146. *Ritche v. People*, 155 Ill. 98 (1895)

147. *Ryan v. New York Central Rr. Co.*, 35 N. Y. 210 (1866)

148. *Sands v. Taylor*, 5 Johns. (N. Y. 1810)

149. *Santa Clara v. South Pacific Railroad Company*, 118 U. S. 394 (1886)

150. *Schechter Corp. v. United States*, 295 U. S. 495 (1935)

151. *Seawall Associates v. City of New York*, 74 N. Y. 2d 92 (1989)

152. *SEC v. Cheney Corp.* [Cheney I], 318 U. S. 80 (1943)

153. *SEC v. Cheney Corp.* [Cheney II], 332 U. S. 194 (1947)

154. *Shapiro v. Thompson*, 394 U. S. 618 (1969)

155. *Sierra Club v. Morton*, 405 U. S. 727 (1972)

156. *Slaughter Houses Cases*, 16 Wall. 36 (1873)

157. *Slaughterhouse Cases*, 83 U. S. 36 (1873)

158. *Sparf and Hansen v. United States*, 156 U. S. 51 (1895)

159. *Standard Oil Co. v. United States*, 221 U. S. 1 (1911)

160. *Stark v. Wickard*, 321 U. S. 288 (1944)

161. *State v. Crowe*, 130 Ark. 272 (1917)

162. *State v. Goodwill*, 33 W. Va. 179 (1889)

163. *State v. Jefferson Tpk. Co.*, 22 Tenn. 305 (1842)

164. *Stettler v. O'Hara*, 243 U. S. 629 (1917)

165. *Stettler v. O'Hara*, 69 Ore. 519 (1914)

166. *Steward Machine Co. v. Davis*, 301 U. S. 548 (1937)

167. *Stone v. Farmer Loan & Trust Co.*, 116 U. S. 307 (1886)

168. *Stone v. Wisconsin*, 94 U. S. 181 (1877)

169. *Stryker's Bay Neighborhood Council, Inc. v. Karlen*, 444 U. S. 227 (1980)

170. *Sturges v. Crowninshield*, 4 Wheat. (17 U. S.) 122 (1819)

171. *Sweet Home Chapter of Communities for a Great Oregon v. Babbitt*, 1 F. 3d. 1 (1993)

172. *Swift v. Tyson*, 16 Peters 1 (1842)

173. *Tennessee Elec. Power Co. v. TVA*, 306 U. S. 118 (1939)

174. *Terrett v. Taylor*, 9 Cranch (U. S.) 43 (1815)

175. *Thurston v. Hancock*, 12 Mass. 220 (1815)

176. *Townsend v. Swank*, 404 U. S. 282 (1971)

177. *TXO Production Corp. v. Alliance Resources Corp.* 509 U. S. 433 (1993)

178. *U. S. v. Aluminum Co. of America et al.*, 148 F. 2d 416 (1945)

179. *U. S. v. Peters*, 5 Cranch 115 (1809)

180. *Unite States Trust Co. v. New Jersey*, 431 U. S. 1 (1977)

181. *United States v. Addyston Pipe and Steel Co.*, 85 F. 271 (6th Cir. 1898)

182. *United States v. Butler*, 297 U. S. 1, 68 (1936)

183. *United States v. Carlton*, 512 U. S. 26 (1994)

184. *United States v. Carolene Products Co.*, 304 U. S. 144 (1938)

185. *United States v. Central Eureka Mining Co.*, 357 U. S. 155 (1958)

186. *United States v. Darby*, 312 U. S. 100 (1941)

187. *United States v. Philadelphia National Bank*, 374 U. S. 321 (1963)

188. *United States v. Riverside Bayview Home, Inc.*, 474 U. S. 121 (1985)

189. *United States v. Student Challenging Regulatory Agency Procedure (SCRAP)*, 412 U. S. 669 (1973)

190. *United States v. Trans-Missouri Freight Association*, 166 U. S. 290 (1897)

191. *United States v. Winstar Corporation*, 518 U. S. 839 (1996)

192. *Unites States v. Addyston Pipe and Steel Co.*, 85 F. 271 (6th Cir. 1898)

193. *Utah Pie Co. v. Continental Baking Co. et al.*, 386 U. S. 685 (1967)

194. *Van Ness v. Pacard*, 27 U. S. (2 Pet.) 137 (1829)

195. *Vanhorne v. Dorrance*, 28 F. Cas. 1012 (No. 16,857) (D. Pa. 1795)

196. *Vermont Yankee Nuclear Power Corp. v. NRDC*, 435 U. S. 519 (1978)

197. *Village of Euclid v. Ambler Realty Company*, 272 U. S. 365 (1926)

198. *Virginia Pharmacy Board v. Virginia Consumer Council*, 425 U. S. 748 (1976)

199. *Wabash, St. Louis & Pacific Railway Co. v. Illinois*, 118 U. S. 557 (1886)

200. *Walker v. Smith*, 4 Dall. 389 (C. C. D. Pa. 1804)

201. *Walter Holm & Co. v. Harding*, 449 F. 2d 1009 (D. C. Cir. 1971)

202. *Welton v. Missouri*, 91 U. S. 275 (1875)

203. *West Coast Hotel Co. v. Parrish*, 300 U. S. 379 (1937)

204. *West River Bridge v. Dix*, 47 U. S. 532 (1848)

205. *Wharton v. Morris*, 1 Dall. 125 (Pa. 1785)

206. *Whitman v. American Trucking Associations, Inc.*, 531 U. S. 457 (2001)

207. *Wickard v. Filburn*, 317 U. S. 111 (1942)

208. *William v. Evans*, 139 Minn. 32 (1917)

209. *Williamson v. Lee Optical Co.*, 348 U. S. 483 (1955)

210. *Wilson v. Black Bird Creek Marsh Company*, 2 Peters 245 (1829)

211. *Winnona & St. P. R. R. v. Blake*, 94 U. S. 180 (1877)

212. *Yee v. City of Escondido*, 503 U. S. 519 (1992)

二、英文著述

1. Ackerman, Bruce A. *We the People, Volume 1: Foundations*, Cambridge, Massachusetts: Harvard University Press, 1991.

2. Ackerman, Bruce A. *We the People, Volume 2: Transformations.* Cambridge, Massachusetts: Harvard Unviersity Press, 1998.

3. Adams, Charles Francis. ed. *The Works of John Adams*. Boston: Little, Brown and Company, 1851, vol. 6.

4. Alexander, Gregory S. *Commodity and Property: Competing Visions of Property in American Legal Thought, 1776-1970*. Chicago: The University of Chicago Press, 1997.

5. Allen, David Grayson. *In English Ways: The Movements of Societies and the Transfer of English Local Law and Custom to Massachusetts Bay in the Seventeenth Century*. Chapel Hill, North Carolina: The University of North Carolina Press, 1981.

6. American Law Institute. *Restatement of the Law of Contracts*. St. Paul: American Law Institute, 1932.

7. Ames, James Barr. *Lectures on Legal History and Miscellaneous Legal Essays*. Cambridge, Massachusetts: Harvard University Press, 1913.

8. Andrews, Richard N. L. *Managing the Environment, Managing Ourselves: A History of American Environmental Policy*. New Haven: Yale University Press, 1999.

9. Banner, Stuart. *Anglo-American Securities Regulation: Cultural and Political Roots, 1690-1860*. Cambridge: Cambridge University Press, 1998.

10. Beard, Charles. *Contemporary American History, 1877-1913*. New York: Macmillan, 1914.

11. Bensel, Richard Franklin. *Yankee Leviathan: The Origins of Central State Authority in America, 1859-1877*. New York: Cambridge University Press, 1990.

12. Bidwell, Percy Wells, and John I. Falconer. *History of Agriculture in the Northern United States, 1620-1860*. Washington: Carnegie Institution of Washington, 1925.

13. Biemer, Linda Briggs. *Women and Property in Colonial New York: The Transition from Dutch to English Law, 1643-1727*. Ann Arbor, Michigan: UMI Research Press, 1983.

14. Biemer, Linda Briggs. *Courts and Commerce: Gender, Law and the Market Economy in Colonial New York*. Columbus, Ohio: Ohio State University Press, 1997.

15. Bigelow, Melville M. *History of Procedure in England from the Norman Conquest*. Boston: Little, Brown and Company, 1880.

16. Bogus, Carl T. *Why Lawsuits Are Good for America*. New York: New York University Press, 2001.

17. Boorstin, Daniel. *The Mysterious Science of the Law*. Cambridge, Massachusetts: Harvard University Press, 1941.

18. Boorstin, Daniel J. *The Americans: The Colonial Experience*. New York: Random House, 1958.

19. Bork, Robert. *The Antitrust Paradox: A Policy at War with Itself*. New York: Basic Books, Inc., 1978.

20. Boudin, Louis B. *Government by Judiciary*. New York: William Godwin, Inc., 1932.

21. Boyer, Paul, and Stephen Nissenbaum. *Salem Possessed: The Social Origins of Witchcraft*. Cambridge, Massachusetts: Harvard University Press, 1974.

22. Brand, Donald R. *Corporatism and the Rule of Law: A Study of the National Recovery Administration*. Ithaca: Cornell University Press, 1988.

23. Breen, T. H. *The Marketplace of Revolution: How Consumer Politics Shaped American Independence*. Oxford: Oxford University Press, 2004.

24. Breyer, Stephen, Richard Steward, Cass Sunstein, and Matthew Spitzer.

Administrative Law and Regulatory Policy: Problems, Text, and Cases. New York: Aspen Law and Business Publishers, 1998.

25. Brisbin, Richard A., Jr.. *Justice Antonin Scalia and the Conservative Revival.* Baltimore: The Johns Hopkins University Press, 1997.

26. Bruchey, Stuart. *Enterprise: The Dynamic Economy of a Free People.* Cambridge, Massachusetts: Harvard University Press, 1990.

27. Bryce, James. *The American Commonwealth.* New York: Macmillan & Co., 1895.

28. Bushman, Richard L. *From Puritan to Yankee: Character and the Social Order in Connecticut, 1690-1765.* Cambridge, Massachusetts: Harvard University Press, 1967.

29. Butler, Nicholas Murray. *Why Should We Change Our Form of Government?* New York: Charles Scribner's Sons, 1912.

30. Cantor, Norman. *Imagining the Law: Common Law and the Foundation of the American Legal System.* New York: Harper Collins Publishers, 1997.

31. Carosso, Vincent P. *Investment Banking in America.* Cambridge, Massachusetts: Harvard University Press, 1970.

32. Carosso, Vincent P. *The Morgans: Private International Bankers, 1854-1913.* Cambridge, Massachusetts: Harvard University Press, 1987.

33. Chandler, Alfred D. Jr.. *Stragegy and Structure: Chapters in the History of the Industrial Enterprise.* Cambridge, Massachusetts: MIT Press, 1962.

34. Chandler, Alfred D. Jr.. *The Visible Hand: The Managerial Revolution in American Business.* Cambridge, Massachusetts: Belknap Press of Harvard University Press, 1977.

35. Chandler, Alfred D. Jr.. *Scale and Scope: The Dynamics of Industrial Capitalism.* Cambridge, Massachusetts: Belknap Press, 1990.

36. Chipman, Daniel. *Essay on the Law of Contracts.* Middlebury, Vermont: Daniel Chipman, 1822.

37. Chipman, Nathaniel. *Principles of Government: A Treatise on Free Institutions.* Burlington, Vermont: E. Smith, 1833.

38. Conard, Alfred F. *Corporations in Perspective.* Meneola, New York: The Foundation Press, Inc., 1976.

39. Cook, Charles M. *The American Codification Movement: A Study of Antebellum Legal Reform*. Westport, Connecticut: Greenwood Press, 1981.

40. Cooke, Jacob E. ed. *The Federalist 78*. Middletown, Connecticut: Wesleyan University Press, 1961.

41. Cooley, Thomas M. *A Treatise on the Constitutional Limitations Which Rest upon the Legislative Power of the States of the American Union*. 1868, 8th ed. Boston: Little, Brown and Company, 1927.

42. Corwin, Edward. *Court over Constitution*. New York: P. Smith, 1938.

43. Cowing, Cedric B. *Populists, Plungers, and Progressives: A Social History of Stock and Commodity Speculation, 1890-1936*. Princeton, New Jersey: Princeton University Press, 1965.

44. Cushman, Barry. *Rethinking the New Deal Court: The Structure of a Constitutional Revolution*. New York: Oxford University Press, 1998.

45. Damaska, Mirjan. *The Faces of Justice and State Authority*. New Haven: Yale University Press, 1986.

46. Dane, Nathan *A. General Abridgment and Digest of American Law*. Boston: Cummings, Hillard and Company, 1823-1829.

47. Danelski, David J., and Joseph S. Tulchin. eds. *The Autobiographical Notes of Charles Evans Hughes*. Cambridge, Massassutts: Harvard University Press, 1973.

48. Dargo, George. *Law in the New Republic: Private Law and the Public Estate*. New York: Alfred A. Knopf, 1983.

49. Davis, Joseph S. *Essays in the Earlier History of American Corporations*. Cambridge, Massachusetts: Harvard University Press, 1917.

50. Degler, Carl. *Out of Our Past: The Forces That Shaped Modern America*. New York: Harper, 1959.

51. Demos, John. *A Little Commonwealth: Family Life in Plymouth Colony*. New York: Oxford University Press, 1970.

52. Dewey, Donald. *The Antitrust Experiment in America*. New York: Columbia University Press, 1990.

53. Dicey, Albert V. *Introduction to the Study of the Law of the Constitution*. London: Macmillan, 1885.

54. Dodd, Edwin Merrick. *American Business Corporation until 1860 with Special Reference to Massachusetts*. Cambridge, Massachusetts: Harvard University Press, 1954.

55. Dowie, Mark. *Losing Ground: American Environmentalism at the Close of the Twentieth Century*. Cambridge, Massachusetts: MIT Press, 1995.

56. Duxbury, Neil. *Patterns of American Jurisprudence*. New York: Oxford University Press, 1995.

57. Eddy, Arthur Jerome. *The New Competition*. Chicago: A. C. McClurg & Co., 1913.

58. Eisner, Marc Allen. *Antitrust and the Triumph of Economics: Institutions, Expertise, and Policy Change*. Chapel Hill, North Carolina: The University of North Carolina Press, 1991.

59. Eisner, Marc Allen. *Regulatory Politics in Transition*. Baltimore: The Johns Hopkins University Press, 1991.

60. Eisner, Marc Allen. *From Warfare State to Welfare State: World War I, Compensatory State-Building, and the Limits of the Modern Order*. University Park, Pennsylvania: The Pennsylvania State University Press, 2000.

61. Ely, James W. Jr.. *The Guardian of Every Other Right: A Constitutional History of Property Rights*. New York: Oxford University Press, 1998.

62. Epstein, Richard. *Takings: Private Property and Eminent Domain*. Cambridge, Massachusetts: Harvard University Press, 1985.

63. Fainsod, Merle, and Lincoln Gordon. *Government and the American Economy*. New York: W. W. Norton & Company, 1948.

64. Farrand, Max. ed. *Records of the Federal Convention of 1787*. New Haven: Yale University Press, reprinted 1966.

65. Fine, Sidney. *Laissez Faire and the General-Welfare State*. Ann Arbor: University of Michigan Press, 1956.

66. Fishback, Price V. and Shawn Everett Kantor. *A Prelude to the Welfare State: The Origins of Workers' Compensation*. Chicago: The University of Chicago Press, 2000.

67. Fraser, Steve, and Gary Gerstle. eds. *The Rise and Fall of the New Deal Order, 1930-1980*. Princeton, New Jersey: Princeton University Press, 1989.

68. Freund, Ernst. *The Police Power, Public Policy and Constitutional Rights*. Chicago: Callaghan & Company, 1904.

69. Freyer, Tony Allan. *Forums of Order: The Federal Courts and Business in American History*. Greenwich, Connecticut: JAI Press Inc., 1979.

70. Friedman, Lawrence M. *Contract Law in America*. Madison: University of Wsiconsin Press, 1965.

71. Friedman, Lawrence M. *Total Justice*. New York: Russell Sage Foundation, 1985.

72. Friedman, Lawrence M. *A History of American Law*. New York: Simon & Schuster, 1985.

73. Friedman, Lawrence M. *American Law in the 20th Century*. New Haven: Yale University Press, 2002.

74. Friedman, Lawrence M., and Harry N. Scheiber. eds. *American Law and the Constitutional Order: Historical Perspectives*. Cambridge, Massachusetts: Harvard University Press, 1988.

75. Friedman, Lawrence M., and Harry N. Schieber. eds. *Legal Culture and the Legal Profession*. Boulder, Colorado: Westview Press, 1996.

76. Fukuyama, Francis. *The End of History and the Last Man*. New York: Free Press, 1992.

77. Galbraith, John Kenneth. *The Great Crash: 1929*. Boston: Houghton Mifflin, 1954.

78. Garry, Patrick M. *A Nation of Adversaries: How the Litigation Explosion is Reshaping America*. New York: Plenum Press, 1997.

79. Gillman, Howard. *The Constitution Besieged: The Rise and Demise of Lochner Era Police Power Jurisprudence*. Durham: Duke University Press, 1993.

80. Gilmore, Grant. *The Death of Contract*. Columbus, Ohio: Ohio State University Press, 1974.

81. Gilmore, Grant. *The Ages of American Law*. New Haven: Yale University Press, 1977.

82. Gluckman, Max. *The Judicial Process Among the Barotse of Northern Rhodesia*. Manchester, England: Manchester University Press, 1967.

83. Goebel, Julius, Jr.. *Cases and Materials on the Development of Legal Institutions*. Brattleboro, Vermont: The Vermont Printing Company, 1946.

84. Goodrich, Carter. *Government Promotion of American Canals and Railroads, 1800-1890*. New York: Columbia University Press, 1960.

85. Goodrich, Carter. ed. *Canals and American Economic Development*. New York: Columbia University Press, 1961.

86. Goodrich, Charles. *The Science of Government*. Boston: Little, Brown and Company, 1853.

87. Gordon, John Steele. *The Scarlet Women of Wall Street*. New York: Weidenfeld & Nicolson, 1988.

88. Grandy, Christopher. *New Jersey and the Fiscal Origins of Modern American Corporation Law*. New York: Garland Publishing, Inc., 1993.

89. Greene, Jack P. *Pursuits of Happiness: The Social Development of Early Modern British Colonies and the Formation of American Culture*. Chapel Hill, North Carolina: The University of North Carolina Press, 1988.

90. Greve, Michael S. *The Demise of Environmentalism in American Law*. Washington, D. C.: The AEI Press, 1996.

91. Greven, Philip. *Four Generations: Population, Land, and Family in Colonial Andover, Massachusetts*. Ithaca, New York: Cornell University Press, 1970.

92. Grunewald, Donald, and Henry L. Bass. eds. *Public Policy and the Modern Corporation*. New York: Appleton-Century-Crofts, 1966.

93. Hall, Kermit. ed. *The Supreme Court and Judicial Review in American History*. Washington, D. C.: American Historical Association, 1985.

94. Hall, Kermit. ed. *The Courts in American Life*. New York: Garland Publishing, Inc., 1987.

95. Hall, Kermit. *The Magic Mirror: Law in American History*. New York: Oxford University Press, 1989.

96. Hall, Kermit. ed. *Oxford Companion to American Law*. New York: Oxford University Press, 2002.

97. Hall, Kermit, and Kevin T. McGuire. eds. *The Judicial Branch*. New York: Oxford University Press, 2005.

98. Hartz, Louis. *The Liberal Tradition in America*. New York: Harcourt, Brace & World, Inc., 1955.

99. Haskins, George Lee. *Law and Authority in Early Massachusetts: A Study in Tradition and Design*. New York: The Macmillan Company, 1960.

100. Hays, Samuel P. *Exploration in Environmental History*. Pittsburgh, Pennsylvania: University of Pittsburgh Press, 1998.

101. Hedges, Joseph Edwar. *Commercial Banking and the Stock Market before 1863*. Baltimore: Johns Hopkins University Press, 1938.

102. Henretta, James A. *The Origins of American Capitalism*. Boston: Northeastern University Press, 1991.

103. Higham, John. *History: Professional Scholarship in America*. Englewood Cliffs, N. J.: Prentice-Hall, 1965.

104. Hilliard, Francis. *The Elements of Law: Being a Comprehensive Summary of American Civil Jurisprudence*. Boston: Hilliard, Gray, and Co., 1835.

105. Hobbes, Thomas. *Leviathan*. Cambridge: Cambridge University Press, 1991.

106. Hoffer, Peter Charles. *Law and People in Colonial America*. Baltimore: The Johns Hopkins University Press, 1992.

107. Holmes, Oliver. *The Common Law*. Boston: Little, Brown and Company, 1881.

108. Holmes, Oliver W. *Collected Legal Papers*. New York: Harcourt, Brace and Howe, 1920.

109. Horwitz, Morton. *The Transformation of American Law, 1780-1860*. Cambridge, Massachusetts: Harvard University Press, 1977.

110. Horwitz, Morton. *The Transformation of American Law, 1870-1960* New York: Oxford University Press, 1992.

111. Hovenkamp, Herbert. *Enterprise and American Law, 1836-1937*. Cambridge, Massachusetts: Harvard University Press, 1991.

112. Howard, Marshall. A*ntitrust and Trade Regulation*. Englewood Cliffs, New Jersey: Prentice Hall, 1983.

113. Howe, Mark De Wolfe. *Readings in American Legal History*.

Cambridge, Massachusetts: Harvard University Press, 1949.

114. Huber, Peter W. *Liability: The Legal Revolution and Its Consequences.* New York: Basic Books, 1988.

115. Huber, Peter W., and Robert E. Litan. eds. *The Liability Maze: The Impact of Liability Law on Safety and Innovation.* Washington, D. C: Brookings Institution, 1991.

116. Hunt, Robert S. *Law and Locomotives.* Madison: State Historical Society of Wisconsin, 1958.

117. Huntington, Samuel P. *Political Order in Changing Societies.* New Haven, Connecticut: Yale University Press, 1968.

118. Huntington, Samuel P. *American Politics: The Promise of Disharmony.* Cambridge, Massachusetts: Belknap Press, 1981.

119. Hurst, James Willard. *The Growth of American Law: The Law Makers.* Boston: Little, Brown and Company, 1950.

120. Hurst, James Willard. *Law and the Conditions of Freedom in the Nineteenth-Century United States.* Madison: The University of Wisconsin Press, 1956.

121. Hurst, James Willard. *Law and Social Process in United States History.* Ann Arbor: University of Michigan Law School, 1960.

122. Hurst, James Willard. *Justice Holmes on Legal History.* New York: Macmillan, 1964.

123. Hurst, James Willard. *Law and Economic Growth: The Legal History of the Lumber Industry in Wisconsin, 1836-1915.* Cambridge, Massachusetts: Belknap Press of Harvard University Press, 1964.

124. Hurst, James Willard. *A Legal History of Money in the United States, 1774-1970.* Lincoln: University of Nebraska Press, 1970.

125. Hurst, James Willard. *The Legitimacy of the Business Corporation in the Law of the United States, 1780-1970.* Charlottsville: University Press of Virginia, 1970.

126. Hurst, James Willard. *Law and Social Order in the United States.* Ithaca, New York: Cornell University Press, 1977.

127. Innes, Stephen. *Labor in a New Land: Economy and Society in*

Seventeenth-Century Springfield. Princeton, New Jersey: Princeton University Press, 1983.

128. Investment Bankers Association. *Proceedings of Annual Convention*. New York, 1929.

129. Josephson, Matthew. *The Politicos, 1865-1896*. New York: Harcourt, Brace, and World Company, 1938.

130. Kagan, Robert A. *Adversarial Legalism: The American Way of Law*. Cambridge, Massachusetts: Harvard University Press, 2001.

131. Karsten, Peter. *Heart versus Head: Judge-Made Law in Nineteenth-Century America*. Chapel Hill, North Carolina: The University of North Carolina Press, 1997.

132. Kaysen, Carl. ed. *The American Corporation Today*. New York: Oxford University Press, 1996.

133. Kelly, Alfred H., Winfred A. Harbison, and Herman Belz. *The American Constitution: Its Origins and Development*. New York: W. W. Norton & Company, Inc., 1983.

134. Kent, James. *Commentaries on American Law*. New York: E. B. Clayton, James Van Norden, 1836.

135. Keynes, Edward. *Liberty, Property, and Privacy: Toward a Jurisprudence of Substantive Due Process*. University Park, Pennsylvania: The Pennsylvania State University Press, 1996.

136. Kimball, Spencer. *Insurance and Public Policy*. Madison: University of Wisconsin Press, 1960.

137. Konig, David T. *Law and Society in Puritan Massachusetts: Essex County, 1629-1692*. Chapel Hill, North Carolina: The University of North Carolina Press, 1979.

138. Kritzer, Herbert M., and Susan S. Silbey. eds. *In Litigation: Do the "Haves" Still Come Out Ahead?* Stanford, California: Stanford University Press, 2003.

139. Krooss Herman E. and Martin R. Blyn. *A History of Financial Intermediaries*. New York: Random House, 1971.

140. Krugman, Paul R. *The Great Unraveling: Losing Our Way in the New*

Century. New York: W. W. Norton & Company, 2003.

141. Kuehnl, George J. *The Wisconsin Business Corporation*. Madison: University of Wisconsin Press, 1959.

142. Kulikoff, Allan. *The Agrarian Origins of American Capitalism*. Charlottesville, Virginia: University Virginia Press, 1992.

143. Kutler, Stanley I. *Privilege and Creative Deconstruction: The Charles River Bridge Case*. Philadelphia: Lippincott, 1971.

144. Lake, James A. *Law and Mineral Wealth: The Legal Profile of the Wisconsin Mining Industry*. Madison: University Of Wisconsin Press, 1962.

145. Lamoreaux, Naomi R. *The Great Merger Movement in American Business, 1895-1904*. New York: Cambridge University Press, 1985.

146. Landes, William M. and Richard A. Posner. *The Economic Structure of Tort Law*. Cambridge, Massachusetts: Harvard University Press, 1987.

147. Landis, James. *The Administrative Process*. New Haven: Yale University Press, 1938.

148. Landis, James. *Report on Regulatory Agencies to the President-Elect*. Washington, D. C.: Government Printing Office, 1960.

149. Langdell, Christopher Columbus. *A Selection of Cases on the Law of Contracts*. Boston: Little, Brown and Company, 1871.

150. Laurent, Francis W. *The Business of a Trial Court, 100 Years of Cases*. Madison: University Of Wisconsin Press, 1959.

151. Letwin, William. *Law and Economic Policy in America: The Evolution of the Sherman Antitrust Act*. New York: Random House, 1965.

152. Leuchtenburg, William E. *The Perils of Prosperity*. Chicago: The University of Chicago Press, 1958.

153. Leuchtenburg, William E. *The Supreme Court Reborn: The Constitutional Revolution in the Age of Roosevelt*. New York: Oxford University Press, 1995.

154. Levey, Leonard. *The Law of the Commonwealth and Chief Justice Shaw*. Cambridge, Massachusetts: Harvard University Press, 1957.

155. Lieber, Francis. *On Civil Liberty and Self-Government*. 1853. 3rd ed. Philadelphia: Lippincott, 1891.

156. Lindstrom, Matthew J., and Zachary A. Smith. *The National Environmental Policy Act: Judicial Misconstruction, Legislative Indifference, & Executive Neglect*. College Station: Texas A & M University Press, 2001.

157. Locke, John. *Two Treatises of Government*. Cambridge: Cambridge University Press, 1960.

158. Lockridge, Kenneth. *A New England Town: The First Hundred Years: Dedham, Massachusetts, 1636-1736*. New York: Norton, 1970.

159. Loss, Louis, and Joel Seligman. *Fundamentals of Securities Regulation*. Boston: Little, Brown and Company, 1995.

160. Lubbers, Jeffrey. *A Guide to Federal Agency Rulemaking*. American Bar Association, 2007.

161. Lustig, R. Jeffrey. *Corporate Liberalism: The Origins of Modern American Political Theory, 1890-1920*. Berkeley: University of California Press, 1986.

162. Maine, Sir Henry. *Ancient Law*. reprint ed. London: J. M. Dent, 1917.

163. Mann, Bruce H. *Neighbors and Strangers: Law and Community in Early Connecticut*. Chapel Hill, North Carolina: University of North Carolina Press, 1987.

164. Marryat, Frederick. *Diary in America*. ed. Jules Zanger. Bloomington: Indiana University Press, 1960.

165. Martin, John Frederick. *Profits in the Wildness: Entrepreneurship and the Founding of New England Towns in the Seventeenth Century*. Chapel Hill, North Carolina: University of North Carolina Press, 1991.

166. McCoy, Drew R. *The Elusive Republic: Political Economy in Jeffersonian America*. Chapel Hill, North Carolina: University of North Carolina Press, 1980.

167. McCraw, Thomas K. *Prophets of Regulation*. Cambridge, Massachusetts: Belknap Press of Harvard University Press, 1984.

168. McCusker, John J., and Russell R. Menard. *The Economy of British America, 1607-1789*. Chapel Hill, North Carolina: The University of North Carolina Press, 1985.

169. McDowell, Gary L. *Curbing the Courts: The Constitution and the*

Limits of Judicial Power. Baton Rouge: Louisiana University Press, 1988.

170. McKenna, Marian C. *Franklin Roosevelt and the Great Constitutional War: The Court-Packing Crisis of 1937*. New York: Fordham University Press, 2002.

171. Mermin, Samuel. *Jurisprudence and Statecraft: The Wisconsin Development Authority and its Implications*. Madison: University of Wisconsin Press, 1963.

172. Michie, R. C. *The London and New York Stock Exchanges, 1850-1914*. London: Allen & Unwin, 1987.

173. Morris, Richard B. *Studies in the History of American Law with special Reference to the Seventeenth and Eighteenth Centuries*. Philadelphia: Joseph M. Mitchell Co., 1959.

174. Murphy, Bruce Allan. *The Brandeis/Frankfurter Connection: The Secret Political Activities of Two Supreme Court Justices*. New York: Oxford University Press, 1982.

175. Murphy, Earl F. *Water Purity*. Madison: University of Wisconsin Press, 1961.

176. Nader, Ralph, Mark J. Green, and Joel Seligman. *Constitutionalizing the Corporation: The Case for the Federal Chartering of Giant Corporations*. Washington: Corporate Accountability Group, 1976.

177. Nelson, William E. *Americanization of the Common Law, 1760-1830*. Cambridge, Massachusetts: Harvard University Press, 1975.

178. Nolan Virginia E., and Edmund Ursin. *Understanding Enterprise Liability: Rethinking Tort Reform for the Twenty-first Century*. Philadelphia: Temple University Press, 1995.

179. North, Douglass. *Growth and Welfare in the American Past: A New Economic History*. Eaglewood Cliffs, New Jersey: Prentice Hall, 1966.

180. Novak, William J. *The People's Welfare: Law and Regulation in Nineteenth-Century America*. Chapel Hill, North Carolina: University of North Carolina Press, 1996.

181. O'Leary, Rosemary. *Environmental Change: Federal Courts and the EPA*. Philadelphia: Temple University Press, 1993.

182. Offutt, William M. Jr.. *Of "Good Laws" and "Good Men": Law and Society in the Delaware Valley, 1680-1710*. Urbana, Illinois: University of Illinois Press, 1995.

183. Olivetti, Alfred M. Jr., and Jeff Worsham. *This Land is Your Land, This Land is My Land: The Property Rights Movement and Regulatory Takings*. New York: LFB Scholarly Publishing LLC, 2003.

184. Paine, Thomas. *The Complete Writings of Thomas Paine*, 2 vols. ed. Philip S Foner. New York: The Citadel Press, 1945.

185. Parrish, Michael E. *Securities Regulation and the New Deal*. New Haven: Yale University Press, 1970.

186. Parsons, Talcott. *The System of Modern Societies*. Englewood Cliffs, New Jersey: Prentice Hall, 1971.

187. Parsons, Theophilus. *The Law of Contracts*. Boston: Little, Brown and Company, 1857.

188. Paul, Ellen Frankel. *Property Rights and Eminent Domain*. New Brunswick, N. J.: Transaction Books, 1987.

189. Peritz, Rudolph J. R. *Competition Policy in America, 1888-1992*. New York: Oxford University Press, 1996.

190. Petzinger, Thomas. *Oil and Honor: The Texaco-Penzoil Wars*. New York: Putnam, 1987.

191. Pickering, John. *The Working Man's Political Economy*. New York: Arno Press, 1971.

192. Pocock, J. G. A. *The Machiavellian Moment: Florentine Political Thought and the Atlantic Republican Tradition*. Princeton, New Jersey: Princeton University Press, 1975.

193. Polanyi, Karl. *The Great Transformation: The Political and Economic Origins of Our Time*. Boston: Beacon Press, 1957.

194. Ponceau, Peter S. Du. *A Dissertation on the Nature and Extent of the Jurisdiction of the Courts of the United States*. Philadelphia: Abraham Small, 1824.

195. Posner, Richard. *Antitrust Law: An Economic Perspective*. Chicago: University of Chicago Press, 1976.

196. Pound, Roscoe. *Interpretations of Legal History*. Cambridge: The University Press, 1923.

197. Pound, Roscoe. *The Formative Era of American Law*. Boston: Little, Brown and Company, 1938.

198. Pound, Roscoe. ed. *Perspectives of Law: Essays for Austin Wakeman Scott*. Boston: Little, Brown and Company, 1964.

199. Pringle, Henry F. *The Life and Times of William Howard Taft: A Biography*. New York: Farrar and Rinehart, Inc., 1939.

200. Prosser, William. *Handbook of the Law of Torts*. St. Paul: West Publishing Company, 1941.

201. Prosser, William L. *Handbook of the Law of Torts*. 4th ed. St. Paul: West Publishing Company, 1971.

202. Rahdert, Mark C. *Covering Accident Costs: Insurance, Liability, and Tort Reform*. Philadelphia: Temple University Press, 1995.

203. Ratchford, B. U. *American State Debts*. Durham: Duke University Press, 1941.

204. Rawls, John. *A Theory of Justice*. Cambridge, Massachusetts: Belknap Press of Harvard University Press, 1971.

205. Redlich, Fritz. *The Molding of American Banking*. New York: Hafner, 1951.

206. Reid, John Phillip. *Law for the Elephant: Property and Social Behavior on the Overland Trail*. San Marino, California: The Huntington Library, 1980.

207. Roeber, A. G. *Faithful Magistrates and Republican Lawyers: Creators of Virginia Legal Culture, 1680-1810*. Chapel Hill, North Carolina: The University of North Carolina Press, 1981.

208. Rohr, John. *To Run a Constitution: The Legitimacy of the Administrative State*. Lawrence, Kansas: University Press of Kansas, 1986.

209. Romano, Robert. *The Genius of American Corporate Law*. Washington: The AEI Press, 1993.

210. Rose, Carol M. *Property and Persuasion: Essays on History, Theory, and Rhetoric of Ownership*. Boulder, Colorado: Westview Press, 1994.

211. Rosenberg, David. *The Hidden Holmes: His Theory of Torts in History*. Cambridge, Massachusetts: Harvard University Press, 1995.

212. Rosenberg, Gerald N. *The Hollow Hope: Can Courts Bring About Social Change?* Chicago: The University of Chicago Press, 1991.

213. Rosenbloom, David H. *Building a Legislative-Centered Public Administration*. Tuscaloosa, Alabama: The University of Alabama Press, 2000.

214. Rosenman, Samuel I. ed. *The Public Papers and Addresses of Franklin D. Roosevelt*. New York: Random House, 1938-1950.

215. Rothenberg, Lawrence S. *Environmental Choices: Policy Responses to Green Demands*. Washington, D. C.: CQ Press, 2002.

216. Rothenberg, Winifred Barr. *From Market-Places to a Market Economy: The Transformation of Rural Massachusetts, 1750-1850*. Chicago: The University of Chicago Press, 1992.

217. Russell, Peter E. *His Majesty's Judges: Provincial Society and the Superior Court in Massachusetts, 1692-1774*. New York: Garland Publishing, Inc., 1990.

218. Rutman, Darrett B. *Winthrop's Boston: Portrait of a Puritan Town, 1630-1649*. Chapel Hill, North Carolina: The University of North Carolina Press, 1965.

219. Salmon, Marylynn. *Women and the Law of Property in Early America*. Chapel Hill, North Carolina: The University of North Carolina Press, 1986.

220. Scheingold, Stuart A., and Austin Sarat. *Something to Believe in: Politics, Professionalism, and Cause Lawyering*. Stanford, California: Stanford University Press, 2004.

221. Schlesinger, Arthur M. Jr.. *The Age of Jackson*. Boston: Little, Brown and Company, 1945.

222. Schlesinger, Arthur M. Jr.. *The Cycles of American History*. Boston: Houghton Mifflin, 1986.

223. Schuck, Peter H. ed. *Tort Law and the Public Interest: Competition, Innovation, and Consumer Welfare*. New York: Norton, 1991.

224. Schumpeter, Joseph A. *Capitalism, Socialism and Democracy*. London: Allen and Unwin, 1976, orig. pub. 1942.

225. Schwartz, Bernard. *The New Right and the Constitution: Turning Back the Legal Clock*. Boston: Northeastern University Press, 1990.

226. Seligman, Joel. *The Transformation of Wall Street: A History of the Securities and Exchange Commission and Modern Corporate Finance*. Boston: Northeastern University Press, 1995.

227. Sellers, Charles Grier. *Market Revolution: Jacksonian America, 1815-1846*. New York: Oxford University Press, 1991.

228. Shammas, Carole. *The Pre-industrial Consumer in England and America*. Oxford: Clarendon Press, 1990.

229. Shapiro, Martin. *Who Guards the Guardians: Judicial Control of Administration*. Athens, Georgia: The University of Georgia Press, 1988.

230. Siegan, Bernard H. *Property and Freedom: The Constitution, the Courts, and Land-Use Regulation*. New Brunswick, N. J.: Transaction Publishers, 1997.

231. Siegan, Bernard H. *Property Rights: From Magna Carta to the Fourteenth Amendment*. New Brunswick, N. J.: Transaction Publishers, 2001.

232. Sklar, Martin J. *The Corporate Reconstruction of American Capitalism, 1890-1916*. New York: Cambridge University Press, 1988.

233. Skowronek, Stephen. *Building a New American State: The Expansion of the National Administrative Capacities, 1870-1920*. Cambridge: Cambridge University Press, 1982.

234. Slawson, W. David. *Binding Promises: The Late 20th-Century Reformation of Contract Law*. Princeton, N. J.: Princeton University Press, 1996.

235. Sloan, Herbert E. *Principle and Interest: Thomas Jefferson and the Problem of Debt*. New York: Oxford University Press, 1995.

236. Smith, Adam. *An Inquiry into the Nature and Causes of the Wealth of Nations*. New York: Modern Library, 1965.

237. Sobel, Robert. *The Big Board: A History of the New York Stock Market*. New York: The Free Press, 1965.

238. Steinfeld, Robert J. *Coercion, Contract, and Free Labor in the Nineteenth Century*. New York: Cambridge University Press, 2001.

239. Story, Joseph. *Commentaries on Equity Jurisprudence, As*

Administered in England and America. Boston: Hillard, Gray & Company, 1836.

240. Story, William W. *A Treatise on the Law of Contracts Not Under Seal*. Boston: C. C. Little and J. Brown, 1844.

241. Sturm, James Lester. *Investing in the United States 1798-1893: Upper Wealth Holders in a Market Economy*. New York: Arno Press, 1977.

242. Sunstein, Cass. *After the Rights Revolution: Reconceiving the Regulatory State*. Cambridge, Massachusetts: Harvard University Press, 1990.

243. Switzer, Jacqueline Vaughn. *Green Backlash: The History and Politics of Environmental Opposition in the U. S.* Boulder, Colorado: Lynne Rienner Publishers, 1997.

244. Switzer Jacqueline Vaughn, and Gary Bryner. *Environmental Politics: Domestic & Global Dimensions*. New York: St. Martin's Press, 1998.

245. Tamanaha, Brian Z. *Law as a Means to an End: Threat to the Rule of Law*. New York: Cambridge University Press, 2006.

246. Teeven, Kevin M. *A History of the Anglo-American Common Law of Contract*. New York: Greenwood Press, 1990.

247. Thayer, James Bradley. *A Preliminary Treatise on Evidence at the Common Law*. Boston: Little, Brown and Company, 1898.

248. Tocqueville, Alexis de. *Democracy in America*. J. P. Mayer. ed. George Lawrence. trans. New York: Harper and Row, 1969.

249. Tonkiss, Fran. *Contemporary Economic Sociology: Globalization, Production, Inequality*. New York: Routledge, 2006.

250. Tomlins, Christopher L., Bruce H. Mann. eds. *The Many Legalities of Early America*. Chapel Hill, North Carolina: University of North Carolina Press, 2001.

251. Tragardh, Las. ed. *After National Democracy: Rights, Law and Power in America and the New Europe*. Portland: Hart Publishing, 2004.

252. Tushnet, Mark. *The New Constitutional Order*. Princeton, New Jersey: Princeton University Press, 2003.

253. Twiss, Benjamin. *Lawyers and the Constitution: How Laissez Faire Came to the Supreme Court*. Princeton, New Jersey: Princeton University Press, 1942.

254. U. S. Congress, *Congressional Record*. vol. 92, 79th Congress, 2nd Session, Washington, D. C.: Government Printing Office, 1946.

255. U. S. Congress. *Administrative Procedure Act: Legislative History*. Senate Committee on the Judiciary, Washington, D. C.: Government Printing Office, 1946.

256. Unger, Roberto M. *Knowledge & Politics*. New York: Free Press, 1975.

257. Urofsky Melvin I., and Paul Finkelman. *A March of Liberty: A Constitutional History of the United States*. New York: Oxford University Press, 2002.

258. Verplanck, Gulian. *An Essay on the Doctrine of Contracts: Being an Inquiry How Contracts Are Affected in Law and Morals*. New York: G & C Carvill, 1825.

259. Vig, Norman J., and Michael E. Kraft. *Environmental Policy: New Directions for the Twenty-First Century*. Washington, D. C.: CQ Press, 2003.

260. Walters, Raymond Jr.. *Albert Gallatin: Jeffersonian Financier and Diplomat*. New York: Macmillan, 1957.

261. Ware, Nathaniel A. *Notes on Political Economy, as Applicable to the United States*. New York: Leavitt, Trow, 1844.

262. Warren, Charles. *Bankruptcy in United States History*. Cambridge, Massachusetts: Harvard University Press, 1935.

263. Warren, Kenneth F. *Administrative Law in the Political System*. Boulder, Colorado: Westview Press, 2004.

264. Wells, Wyatt. *Antitrust and the Formation of the Postwar World*. New York: Columbia University Press, 2002.

265. Wenner, Lettie M. *The Environmental Decade in Court*. Bloomington: Indiana University Press, 1982.

266. Werner, Walter, and Steve T. Smith. *Wall Street*. New York: Columbia University Press, 1991.

267. White, G. Edward. *The Constitution and the New Deal*. Cambridge, Massachusetts: Harvard University Press, 2000.

268. Wiebe, Robert H. *Search for Order, 1877-1920*. New York: Hill and

Wang, 1967.

269. Wiecek, William M. *The Lost World of Classical Legal Thought: Law and Ideology in America, 1886-1937*. New York: Oxford University Press, 1998.

270. Wigdor, David. *Roscoe Pound, Philosopher of Law*. Westport, Conn.: Greenwood Press, 1974.

271. Williston, Samuel. *Law of Contracts*. New York: Baker, Voohis & Company, 1922-1930.

272. Wilson, James. *The Works of James Wilson*. 2 vols. ed. Robert Green McCloskey. Cambridge, Massachusetts: Belknap Press of Harvard University Press, 1967.

273. Winter, Ralph K. *Government and the Corporation*. Washington: The AEI Press, 1978.

274. Wood, Gordon S. *The Creation of the American Republic, 1776-1787*. New York: W. W. Norton & Company, 1972.

275. Wood, Gordon S. *The Radicalism of the American Revolution*. New York: Vintage, 1991.

276. Zuckerman, Michael. *Peaceable Kingdoms: New England Towns in the Eighteenth Century*. New York: Knopf, 1970.

三、英文论文

1. "Report of President's Committee on Administrative Management." 74th Congress, 2nd Session, Washington, D. C.: Government Printing Office, 1937.

2. "Wall Street Operations." *Holden's Dollar Magazine*, June 1849.

3. Albert, Tanya. "Bush decries 'junk lawsuits,' calls for federal tort reform." *American Medical News,* August 12, 2002, http://www.ama-assn.org/sci-pubs/amnews/pick_02/gvl101812.htm, January 1, 2003.

4. Arsht, S. Samuel. "A History of Delaware Corporation Law." *Delaware Journal of Corporate Law* (1) 1976.

5. Association of American Law Schools. *Selected Essays in Anglo-American Legal History*. New York: AALS, 1907.

6. Atack, Jeremy, Fred Bateman, William N. Parker. "The Farm, the Farmer, and the Market." Stanley L. Engerman & Robert E. Gallman. eds. *The Cambridge Economic History of the United States*. vol. 2. Cambridge: Cambridge University Press, 2000.

7. Barnes, Thomas G. "Thomas Lechford and the Earliest Lawyering in Massachusetts, 1638-1641." Daniel R. Coquillette. ed. *Law in Colonial Massachusetts, 1630-1800*. Boston: Colonial Society of Massachusetts, 1984.

8. Bendict, Michael Les. "Laissez-Faire and Liberty: A Re-evaluation of the Meaning and Origins of Laissez-Faire Constitutionalism." *Law and History Review* (3) 1985.

9. Berger, Johannes. "Modernization Theory and Economic Growth." Waltraud Schelkle, Wolf-Hagen Krauth, Martin Kohli & Georg Elwert. eds. *Paradigms of Social Change: Modernization, Development, Transformation, Evolution*. New York: St. Martin's Press, 2000.

10. Bernstein, R. B. "Legal History's Pathfinder: The Quest of John Phillip Reid." Hendrik Hartog & William E. Nelson. eds. *Law as Culture and Culture as Law: Essays in Honor of John Phillip Reid*. Madison, Wisconsin: Madison House Publishers, 2000.

11. Berthoff, Rowland, and John M. Murrin. "Feudalism, Communalism, and Yeoman Freeholder: The American Revolution Considered as a Social Accident." Kurtz Stephen G. & James S. Huston. eds. *Essays on the American Revolution*. Chapel Hill, North Carolina: The University of North Carolina Press, 1973.

12. Blumm, Michael C. "Twenty Years of Environmental Law: Role Reversals between Congress and the Executive, Judicial Activism Undermining the Environment, and the Proliferation of Environmental (and Anti-Environmental) Groups." *Virginia Environmental Law Journal* (20) 2001.

13. Bork, Robert, and Ward Bowman. "The Crisis in Antitrust." *Fortune*, December 1963.

14. Bork, Robert. "Legislative Intent and the Policy of the Sherman Act." *Journal of Law and Economics* (7) 1966.

15. Botein, Stephen. "The Legal Profession inn Colonial North America."

Wilfrid Prest. ed. *Lawyers in Early Modern Europe and America*. New York: Holmes & Meier Publishers, Inc., 1981.

16. Boudreaux, Donald J., Thomas J. DiLorenzo, and Steven Parker. "Antitrust before the Sherman Act." Fred S. McChesney & William F. Shughart, II. eds. *The Causes and Consequences of Antitrust*. Chicago: The University of Chicago Press, 1995.

17. Breyer, Stephen. "Judicial Review of Questions of Law and Policy." *Administrative Law Review* (38) 1986.

18. Brinkley, Alan. "The New Deal and the Idea of the State." Steve Fraser & Gary Gerstle. eds. *The Rise and Fall of the New Deal Order, 1930-1980*. Princeton, New Jersey: Princeton University Press, 1989.

19. Butler, Henry N. "Nineteenth-Century Jurisdictional Competition in the Granting of Corporate Privileges." *Journal of Legal Studies* (14) 1985.

20. Byrne, J. Pepter. "What We Talk About When We Talk About Property Rights—A Response to Carol Rose's *Property as the Keystone Right?*" *Notre Dame Law Review* (71) 1996.

21. Cachan, Manuel. "Justice Stephen Field and 'Free Soil, Free Labor Constitutionalism': Reconsidering Revisionism." *Law and History Review* (20) 2002.

22. Carter, James C. "The Ideal and the Actual in the Law." *Reports of the American Bar Association* (18) 1890.

23. Cary, William L. "Federalism and Corporate Law: Reflections Upon Delaware." *The Yale Law Journal* (83) 1974.

24. Collins, Michael G. "October Term, 1896—Embracing Due Process." *American Journal of Legal History* (45) 2001.

25. Corwin, Edward S. "The Basic Doctrine of American Constitutional Law." *Michigan Law Review* (12) 1914.

26. Costain, W. Douglas & James P. Lester. "The Evolution of Environmentalism." James P. Lester. ed. *Environmental Politics and Policy: Theories and Evidence*. Durham: Duke University Press, 1995.

27. Cushman, Barry. "The Secret Lives of the Four Horsemen." *Virginia Law Review* (83) 1997.

28. Davis, Lance E., and Robert J. Cull. "International Capital Movements, Domestic Capital Markets, and American Economic Growth, 1820-1914." Stanley L. Engerman & Robert E. Gallman. eds. *The Cambridge Economic History of the United States*. vol. 2. Cambridge: Cambridge University Press, 2000.

29. Dayton, Cornelia Hughes. "Turning Points and the Relevance of Colonial Legal History." *The William and Mary Quarterly*, 3rd ser. (50) 1993.

30. DeLong, James V. "Informal Rulemaking and Integration of Law and Policy." *Virginia Law Review* (65) 1979.

31. Diamond, Stephen. "Legal Realism and Historical Method: J. Willard Hurst and American Legal History." *Michigan Law Review* (77) 1979.

32. DiLorenzo, Thomas J. "The Origins of Antitrust: An Interest-Group Perspective." *International Review of Law and Economics* (5) 1985.

33. Eisenstadt, Peter. "How the Buttonwood Tree Grew: The Making of a New York Stock Exchange Legend." *Prospects: An Annual of American Cultural Studies* (19) 1994.

34. Ely, James W. Jr.. "The Railroad Question Revisited: Chicago, Milwaukee & St. Paul Railway v. Minnesota and Constitutional Limitation on State Regulations." *Great Plain Quarterly* (12) 1992.

35. Epstein, Richard A. "A Theory of Strict Liability." *Journal of Legal Studies* (2) 1973.

36. Erler, Edward J. "The Great Fence to Liberty: The Right to Property in the American Founding." Ellen Frankel Paul & Howard Dickman. eds. *Liberty, Property, & the Foundation of the American Constitution*. Albany: State University of New York Press, 1989.

37. Ernst, Daniel R. "The New Antitrust History." *New York Law School Law Review* (35) 1990.

38. Fahy, Charles. "Notes on Developments in Constitutional Law, 1936-1949." *Georgetown Law Journal* (38) 1949.

39. Farole, Donald J. "Reexamining Litigant Success in State Supreme Courts." *Law & Society Review* (33) 1999.

40. Fishback Price V. and Shawn Everett Kantor. "The Adoption of

Workers' Compensation in the United States, 1900-1930." *Journal of Law and Economics* (41) 1998.

41. Fisher, William W. Ⅲ. "Texts and Contexts: The Application to American Legal History of the Methodologies of Intellectual History." *Stanford Law Review* (49) 1997.

42. Fishlow, Albert. "Internal Transportation in the Nineteenth and Early Twentieth Centuries." Stanley L. Engerman & Robert E. Gallman. eds. *The Cambridge Economic History of the United States*. vol. 2. Cambridge: Cambridge Unviersity Press, 2000.

43. Fletcher, George P. "Fairness and Utility in Tort Theory." *Harvard Law Review* (85) 1972.

44. Foer, Albert A. & Robert H. Lande. "The Evolution of United States Antitrust Law: The Past, Present, and (Possible) Future." *Nihon University Comparative Law* (16) 1999.

45. Freund, Ernst. "Constitutional Limitations and Labor Legislations." *Illinois Law Review* (4) 1910.

46. Freyer, Tony. "Reassessing the Impact of Eminent Domain in Early American Development." *Wisconsin Law Review*, 1981.

47. Friedman Lawrence M., and Jack Ladinsky. "Social Change and the Law of Industrial Accidents." *Columbia Law Review* (67) 1967.

48. Friedman, Lawrence M. "Civil Wrongs: Personal Injury Law in the Late 19th Century." *American Bar Foundation Research Journal*, 1987.

49. Friedman, Lawrence M. "Losing One's Head: Judges and the Law in the Nineteenth-Century American Legal History." *Law and Society Inquiry* (24) 1999.

50. Friedman, Lawrence M. & Thomas D. Russell. "More Civil Wrongs: Personal Injury Litigation, 1901-1910." *The American Journal of Legal History* (34) 1990.

51. Friedman, Richard D. "Switching Time and Other Thought Experiments: The Hughes Court and Constitutional Transformation." *University of Pennsylvania Law Review* (142) 1994.

52. Galanter, Marc. "Why the 'Haves' Come Out Ahead: Speculations on

the Limits of Legal Change." *Law & Society Review* (9) 1974.

53. Gallman, Robert E. "Economic Growth & Structural Change in the Long Nineteenth Century." Stanley L. Engerman and Robert E. Gallman. eds. *The Cambridge Economic History of the United States*. vol. 2. Cambridge: Cambridge University Press, 2000.

54. Gardbaum, Stephen. "New Deal Constitutionalism and the Unshackling of the States." *The University of Chicago Law Review* (64) 1997.

55. Gellhorn, Walter. "The Administrative Procedure Act: The Beginnings." *Virginia Law Review* (72) 1986.

56. Gordon, Robert W. "Critical Legal Histories." *Stanford Law Review* (36) 1984.

57. Gordon, Robert W. "Holmes's *Common Law* as Legal and Social Science." *Hofstra Law Review* (10) 1982.

58. Gordon, Robert W. "Hurst Recaptured." *Law and History Review* (18) 2000.

59. Gordon, Robert W. "Introduction: J. Willard Hurst and the Common Law Tradition in American Legal Historiography." *Law & Society Review* (10) 1975.

60. Gordon, Robert. "The Legal Profession." Austin Sarat, Bryant Garth & Robert A. Kagan. eds. *Looking Back at Law's Century*. Ithaca: Cornell University Press, 2002.

61. Gordon, Sanford D. "Attitudes Toward Trusts Prior to the Sherman Act." *Southern Economic Journal* (30) 1963.

62. Grandy, Christopher. "Original Intent and the Sherman Antitrust Act: A Re-examination of the Consumer-Welfare Hypothesis." *Journal of Economic History* (53) 1993.

63. Green, Leon. "The Duty Problem in Negligence Cases: II ." *Columbia Law Review* (29) 1929.

64. Green, Leon. "Tort Law: Public Law in Disguise." *Texas Law Review* (38) 1959-1960.

65. Gregory, Charles O. "Trespass to Negligence to Absolute Liability." *Virginia Law Review* (37) 1951.

66. Hall, Kermit. "History of American Law: Antebellum through Reconstruction, 1801-1877." Kermit Hall. ed. *Oxford Companion to American Law*. New York: Oxford University Press, 2002.

67. Hamill, Susan Pace. "From Special Privilege to General Utility: A Continuation of Willard Hurst's Study of Corporations." *American University Law Review* (49) 1999.

68. Harding, Garret. "Foreword." Christopher D. Stone. *Should Trees Have Standing? Toward Legal Rights for Natural Objects*. Los Altos, California: William Kaufmann, Inc., 1974.

69. Harris, Ron. "The Encounters of Economic History and Legal History." *Law and History Review* (21) 2003.

70. Hilbrink, Lisa. "Law and Politics in a Madisonian Republic: Opportunities and Challenges for Judges and Citizens in the New Europe." Lars Tragardh. ed. *After National Democracy: Rights, Law and Power in America and the New Europe*. Portland, Oregon: Hart Publishing, 2004.

71. Hillman, Robert A. "The Triumph of Gilmore's *The Death of Contract*." *Northwestern University Law Review* (90) 1995.

72. Hofstadter, Richard. "What Happened to the Antitrust Movement?." E. Thomas Sullivan. ed. *The Political Economy of the Sherman Act: The First Hundred Years*. New York: Oxford University Press, 1991.

73. Holmes, Oliver W. "The Path of the Law." *Harvard Law Review* (10) 1897.

74. Holmstrom, Bengt, and Steven N. Kaplan. "Corporate Governance and Merger Activity in the United States: Making Sense of the 1980s and 1990s." *Journal of Economic Perspectives* (15) 2001.

75. Horwitz, Morton J. "The Historical Foundations of Modern Contract Law." *Harvard Law Review* (87) 1974.

76. Horwitz, Morton J. "The Transformation in the Conception of Property in American Law, 1780-1860." *The University of Chicago Law Review* (40) 1973.

77. Hurst, James Willard. "Law in United States History." *Proceedings of the American Philosophical Society* (104) 1960.

78. Hurst, James Willard. "Legal History: A Research Program." *Wisconsin*

Law Review, 1942.

79. Hurst, James Willard. "The State of Legal History." *Reviews in American History* (10) 1982.

80. Jones, Alan. "Thomas M. Cooley and 'Laissez-Faire Constitutionalism': A Reconsideration." *Journal of American History* (53) 1967.

81. Jones, Alan. "Thomas M. Cooley and the Michigan Supreme Court: 1865-1885." *American Journal of Legal History* (10) 1966.

82. Jones, William C. "An Inquiry into the History of the Adjudication of Mercantile Dispute in Great Britain and the United States." *University of Chicago Law Review* (25) 1958.

83. Kagan, Robert A., Bryant Garth, and Austin Sarat. "Facilitating and Domesticating Change: Democracy, Capitalism, and Law's Double Role in the Twentieth Century." Austin Sarat, Bryant Garth & Robert A. Kagan. eds. *Looking Back at Law's Century*. Ithaca: Cornell University Press, 2002.

84. Kalman, Laura. "Law, Politics, and the New Deal(s)." *The Yale Law Journal* (108) 1999.

85. Katz, Stanley N. "The Problem of a Colonial Legal History." Jack Greene & J. R. Pole. eds. *Colonial British America: Essays in the New History of the Early Modern Era.* Baltimore: Johns Hopkins University Press, 1984.

86. Keller, Morton. "Law and the Corporation." Austin Sarat, Bryant Garth, and Robert A. Kagan. eds. *Looking Back at the Law's Century*. Ithaca: Cornell University Press, 2002.

87. Kent, James. "An Introductory Lecture to a Course of Law Lectures." Charles S. Hyneman & Donald S Lutz. eds. *American Political Writing during the Founding Era, 1760-1805*. 2 vols. Indianapolis, Indiana: Liberty Press, 1983.

88. Kirk, William E. "A Case Study in Legislative Opportunism: How Delaware Used the Federal-State System to Attain Corporate Pre-eminence." *The Journal of Corporation Law* (10) 1984-1985.

89. Kovacic, William E. *"The Antitrust Paradox* Revisited: Robert Bork and the Transformation of Modern Antitrust Policy." *The Wayne Law Review* (36) 1990.

90. Kulikoff, Allan. "Households and Markets: Toward a New Synthesis of

American Agrarian History." *The William and Mary Quarterly*, 3rd ser. (50) 1993.

91. Labin, Robert L. "Federal Regulation in Historical Perspective." *Stanford Law Review* (38) 1986.

92. Lamoreaux, Naomi R., Daniel M. G. Raff, and Peter Temin. "Beyond Markets and Hierarchies: Toward a New Synthesis of American Business History." *American Historical Review* (108) 2003.

93. Lashly, Jacob M. "Administrative Law and the Bar." *Virginia Law Review* (25) 1939.

94. Lavelle, Marianne. "Taking about Air." *The National Law Journal*, June 10, 1991.

95. Leuchtenburg, William E. "FDR's Court-Packing Plan: A Second Life, A Second Death." *Duke Law Journal* (35) 1985.

96. Libecap, Gary D. "The Rise of Chicago Packers and the Origins of Meat Inspection and Antitrust." *Economic Inquiry* (30) 1992.

97. Lively, Robert A. "The American System." *Business History Review*, March, 1955.

98. Lubove, Roy. "Workmen's Compensation and the Prerogatives of Voluntarism." *Labor History* (8) 1967.

99. Macaulay, Steward. "Non-contractual Relations in Business: A Preliminary Study." *American Sociological Review* (28) 1963.

100. Macey, Jonathan R. and Geoffrey P. Miller. "Origin of the Blue Sky Laws." *Texas Law Review* (70) 1991.

101. Maier, Pauline. "The Revolutionary Origins of the American Corporation." *The William and Mary Quarterly*, 3rd ser. (50) 1993.

102. Main, Gloria L., and Jackson T. Main. "The Red Queen in New England?" *The William and Mary Quarterly*, 3rd ser. (56) 1999.

103. Malone, Wex S. "The Formative Era of Contributory Negligence." *Illinois Law Review* (41) 1946.

104. Margolic, David. "At the Bar." *New York Times*, March 23, 1990, B5, col. 1.

105. Mark, Gregory A. "The Personification of the Business Corporation in

American Law." *The University Chicago Law Review* (54) 1987.

106. May, James. "Antitrust in the Formative Era: Political and Economic Theory in Constitutional and Antitrust Analysis, 1880-1918." *Ohio State Law Journal* (50) 1989.

107. May, James. "Historical Analysis in Antitrust Law." *New York Law School Law Review* (35) 1990.

108. McAllister, Breck P. "Lord Hale and Business Affected with a Public Interest." *Harvard Law Review* (43) 1930.

109. McCarran, Pat. "Improving 'Administrative Justice': Hearings and Evidence; Scope of Judicial Review." *American Bar Association Journal* (32) 1946.

110. McClain, Charles J. Jr.. "Legal change and Class Interests: A Review Essay on Morton Horwitz's *The Transformation of American Law*." *California Law Review* (68) 1980.

111. McCraw, Thomas K. "The Evolution of the Corporation in the United States." John R. Meyer & James M. Gustafson. eds. *The U. S. Business Corporation: An Institution in Transition*. Cambridge, Massachusetts: Ballinger Publishing Company, 1988.

112. McCurdy, Charles W. "Justice Field and the Jurisprudence of Government-Business Relations: Some Parameters of Laissez-Faire Constitutionalism, 1863-1897." *Journal of American History* (61) 1975.

113. McCurdy, Charles W. "The Knight Sugar Decision of 1895 and the Modernization of American Corporation Law, 1869-1903." *Business History Review* (53) 1979.

114. McCurdy, Charles W. "The 'Liberty of Contract' Regime in American Law." Harry N. Scheiber. ed. *The State and Freedom of Contract*. Stanford: Stanford University Press, 1998.

115. Means, Adolf Berle and Gardiner. "Corporation." *Encyclopedia of the Social Sciences.* vol. 4. New York: Macmillan, 1931.

116. Melnick, R. Shep. "The Politics of the New Property: Welfare Rights in Congress and the Courts." Paul Ellen Frankel & Howard Dickman. eds. *Liberty, Property, and the Future of Constitutional Development*. Albany: State

University of New York Press, 1990.

117. Merill, Michael. "Cash Is Good to Eat: Self-Sufficiency and Exchange in the Rural Economy of the United States." *Radical History Review* (4) 1977.

118. Merill, Michael. "So What's Wrong with the 'Household Mode of Production'?" *Radical History Review*, 22, 1979-1980.

119. Metzger, Gillian. "The Story of Vermont Yankee: A Cautionary Tale of Judicial Review and Nuclear Waste." Columbia Public Law and Legal Theory Working Paper, Paper, 0592, 2005.

120. Mihollin, Gary L. "More on the Death of Contract." *Catholic University Law Review* (24) 1974.

121. Millon, David. "New Direction in Corporate Law: Communitarians, Contractarians, and the Crisis in Corporation Law." *Washington and Lee Law Review* (50) 1993.

122. Millon, David. "The Sherman Act and the Balance of Power." *Southern California Law Review* (61) 1988.

123. Mnookin, Robert, and Robert Wilson. "Rational Bargaining and Market Efficiency: Understanding Penzoil v. Texaco." *Virginia Law Review* (75) 1989.

124. Morrison, Alan B. "The Administrative Procedure Act: A Living and Responsive Law." *Virginia Law Review* (72) 1986.

125. Murrin, John M. "Magistrates, Sinners, and a Precarious Liberty: Trial by Jury in Seventeenth-Century New England." David D. Hall, John M. Murrin & Thad W. Tate. eds. *Saints and Revolutionaries: Essays on Early American History*. New York: W. W. Norton & Company, 1984.

126. Murrin, John M. "The Legal Transformation: The Bench and Bar of Eighteenth-Century Massachusetts." Stanley N. Katz and John M. Murrin. eds. *Colonial America: Essays in Politics and Social Development*. 3rd ed. New York: Knopf, 1983.

127. Mutch, Robert E. "The Cutting Edge: Colonial America and the Debate About Transition to Capitalism." *Theory and Society* (9) 1980.

128. Nash, Gerald D. "Government and Business: A Case Study of State Regulation of Corporate Securities, 1850-1933." *Business History Review* (38)

1964.

129. Navin, Thomas R. and Marian V. Sears. "The Rise of a Market for Industrial Securities, 1887-1902." *Business History Review* (29) 1955.

130. Novak, William J. "Law, Capitalism, and the Liberal State: The Historical Sociology of James Willard Hurst." *Law and History Review* (18) 2000.

131. Novak, William J. "The Legal Origins of the Modern American State." Austin Sarat, Bryant Garth & Robert A. Kagan. eds. *Looking Back at Law's Century*. Ithaca: Cornell University Press, 2002.

132. Novak, William J. "The Legal Transformation of Citizenship in Nineteenth-Century America." Meg Jacobs, William J. Novak & Julian E. Zelizer. eds. *The Democratic Experiment: New Directions in American Political History*. Princeton: Princeton University Press, 2003.

133. O'Conner, Karen, and Lee Epstein. "Rebalancing the Scale of Justice: Assessment of Public Interest Law." *Harvard Journal of Law & Public Policy* (7) 1984.

134. O'Hara, Erin. "Property Rights and the Police Powers of the State: Regulatory Takings: An Oxymoron?" Bruce Yandle. ed. *Land Rights: The 1990s' Property Rights Rebellion*. Lanham, Maryland: Rowman & Littlefield Publishers, Inc., 1995.

135. Percival, Robert. "'Greening' the Constitution—Harmonizing Environmental and Constitutional Values." *Environmental Law* (32) 2002.

136. Peritz, Rudolph J. R. "Forward: Antitrust as Public Interest Law." *New York Law School Law Review* (35) 1990.

137. Perkins, Edwin J. "The Entrepreneurial Spirit in Colonial America: The Foundations of Modern American Business History." *Business History Review* (63) 1989.

138. Pisani, Donald J. "Natural Resources and Economic Liberty in American History." Harry N. Scheiber. ed. *The State and Freedom of Contract*. Stanford, California: Stanford University Press, 1998.

139. Pisani, Donald J. "Promotion and Regulation: Constitutionalism and the American Economy." David Thelen. ed. *The Constitution and American Life*.

Ithaca: Cornell University Press, 1988.

140. Posner, Richard. "Oligopoly and the Antitrust Laws: A Suggested Approach." *Stanford Law Review* (21) 1969.

141. Posner, Richard A. "A Theory of Negligence." *Journal of Legal Studies* (1) 1972.

142. Posner, Richard. "Some Use and Abuses of Economics in Law." *University of Chicago Law Review* (46) 1979.

143. Pound, Roscoe. "Common Law and Legislation." *Harvard Law Review* (21) 1908.

144. Priest, George L. "The Invention of Enterprise Liability: A Critical History of the Intellectual Foundations of Modern Tort Law." *Journal of Legal Studies* (14) 1985.

145. Reich, Charles A. "The New Property." *Yale Law Journal* (73) 1964.

146. Reinhardt, Stephen. "Guess Who's Not Coming to Dinner!!" *Michigan Law Review* (91) 1993.

147. Reinhold, Robert. "Final Freeway Opens, Ending California Era." *New York Times*, October 14, 1993.

148. Roberts, E. F. "Negligence: Blackstone to Shaw to? An Intellectual Escapade in a Tory Vein." *Cornell Law Quarterly* (50) 1965.

149. Rockoff, Hugh. "Banking and Finance, 1789-1914." Stanley L. Engerman & Robert E. Gallman. eds. *The Cambridge Economic History of the United States*. vol. 2. Cambridge: Cambridge University Press, 2000.

150. Rosen, Deborah. "Courts and Commerce in Colonial New York." *American Journal of Legal History* (36) 1992.

151. Rosenberg, Norman L. "Law." Stephen J. Whitfield. ed. *A Companion to 20th Century America*. Malden, Massachusetts: Blackwell Publishing Ltd., 2004.

152. Sanders, Elizabeth. "Industrial Concentration, Sectional Competition, and Antitrust Politics in America, 1880-1980." *Studies in American Development* (1) 1986.

153. Scalia, Antonin. "Vermont Yankee: The APA, the D.C. Circuit, and the Supreme Court." *Supreme Court Review*, 1978.

154. Scalia, Antonin. "Judicial Deference to Agency Interpretations of Law." *Duke Law Journal*, 1989.

155. Scheiber, Harry N. "The Road to Munn: Eminent Domain and the Concept of Public Purpose in the State Courts." *Perspectives in American History* (5) 1971.

156. Scheiber, Harry N. "Property Law, Expropriation, and Resource Allocation by Government: The United States, 1789-1910." *Journal of Economic History* (33) 1973.

157. Scheiber, Harry N. "Federalism and the American Economic Order, 1789-1910." *Law & Society Review* (10) 1975.

158. Scheiber, Harry N. "Back to 'the Legal Mind'? Doctrinal Analysis and the History of Law." *Reviews in American History* (5) 1977.

159. Scheiber, Harry N. "Property Rights and Public Purpose in American Law." *Proceedings of the International Economic History Association, 7th Congress* (1) 1978.

160. Scheiber, Harry N. "Public Economic Policy and the American Legal System: Historical Perspectives." *Wisconsin Law Review*, 1980.

161. Scheiber, Harry N. "Law and the Imperatives of Progress: Private Rights and Public Values in American Legal History." J. Ronald Pennock & John W. Chapman. eds. *NOMOS XXIV: Ethics, Economics, and the Law*. New York: New York University Press, 1982.

162. Scheiber, Harry N. "Public Rights and the Rule of Law in American Legal History." *California Law Review* (72) 1984.

163. Scheiber, Harry N. "Federalism and the Constitution: The Original Understanding." Lawrence M. Friedman & Harry N. Scheiber. eds. *The American Law and the Constitutional Order: Historical Perspectives*. Cambridge, Massachusetts: Harvard University Press, 1988.

164. Scheiber, Harry N. "Private Rights and Public Power: American Law, Capitalism, and the Republican Polity in Nineteenth-Century America." *The Yale Law Journal* (107) 1997.

165. Schwartz, Gary T. "Tort Law and the American Economy in Nineteenth-Century America: A Reinterpretation." *The Yale Law Journal* (90)

1981.

166. Scruggs, Lyle A. "Institutions and Environmental Performance in Seventeen Western Democracies." *British Journal of Political Science* (29) 1999.

167. Seligman, Joel. "A Brief History of Delaware's General Corporation Law of 1899." *Delaware Journal of Corporate Law* (1) 1976.

168. Seligman, Joel. "The Historical Need for a Mandatory Corporate Disclosure System." *Journal of Corporation Law* (9) 1983.

169. Shapiro, Martin. "APA: Past, Present, and Future." *Virginia Law Review* (72) 1986.

170. Shapiro, Martin. "The Supreme Court's 'Return' to Economic Regulation." *Studies in American Political Development* (1) 1986.

171. Sheehan, Reginald S., William Mishler, and Donald R. Songer. "Ideology, Status, and the Differential Success of Direct Parties before the Supreme Court." *American Political Science Review* (86) 1992.

172. Siegel, Stephen A. "The Revision Thickens." *Law and History Review* (20) 2002.

173. Simpson, A. W. B. "Land Ownership and Economic Freedom." Harry N. Scheiber. ed. *The State and Freedom of Contract*. Stanford, California: Stanford University Press, 1998.

174. Simpson, A. W. B. "The Horwitz Thesis and the History of Contracts." *The University of Chicago Law Review* (46) 1979.

175. Smiley, Gene. "The Expansion of the New York Securities Market at the Turn of the Century." *Business History Review* (55) 1981.

176. Soifer, Aviam. "In Retrospect: Willard Hurst, Consensus History, and *The Growth of American Law*." *Reviews in American History* (20) 1992.

177. Songer, Donald R., and Reginald S. Sheehan. "Who Wins on Appeal? Upperdogs and Underdogs in the United States Courts of Appeals." *American Journal of Political Science* (36) 1992.

178. Speziale, Marcia J. "The Turn of the Twentieth Century as the Dawn of Contract 'Interpretation': Reflections in Theories of Impossibility." *Duquesne Law Review* (17) 1978-1979.

179. Stagner, Stephen. "The Recall of Judicial Decisions and the Due

Process Debate." *American Journal of Legal History* (24) 1980.

180. Stewart, Richard B. "Crisis in Tort Law? The Institutional Perspective." *University of Chicago Law Review* (54) 1987.

181. Stigler, George. "The Economic Effects of the Antitrust Laws." *Journal of Law and Economics* (9) 1966.

182. Strauss, Peter L. "Citizens to Preserve the Overton Park v. Volpe." Columbia Law School, Public Law and Legal Theory Working Paper Group (Paper Number 05-85), Law & Economics Working Paper Series (Paper Number 267).

183. Sunstein, Cass R. "Judges and Democracy: The Changing Role of the United States Supreme Court." Kermit L. Hall & Kevin T. McGuire. eds. *The Judicial Branch*. New York: Oxford University Press, 2005.

184. Sunstein, Cass R. "Lochner's Legacy." *Columbia Law Review* (87) 1987.

185. Sunstein, Cass R. "What's Standing after *Lujan*? Of Citizen Suits, 'Injuries,' and Article III." *Michigan Law Review* (91) 1992.

186. Sunstein, Cass. "Chevron Step Zero." John M. Olin Law & Economics Working Paper No. 249 (2nd Series), Public Law and Legal Theory Working Paper No. 91, 2005.

187. Troesken, Werner. "Did the Trusts Want a Federal Antitrust Law? An Event Study of State Antitrust Enforcement and Passage of the Sherman Act." Jac C. Heckelman, John C. Moorhouse & Robert M. Whaples. eds. *Public Choice Interpretations of American Economic History*. Boston: Kluwer Academic Publishers, 2000.

188. Urofsky, Melvin I. "Proposed Federal Incorporation in the Progressive Era." *The American Journal of Legal History* (26) 1982.

189. Urofsky, Melvin I. "Myth and Reality: The Supreme Court and Protective Legislation in the Progressive Era." *1983 Yeabook of the Supreme Court Historical Society*.

190. Urofsky, Melvin I. "State Courts and Protective Legislation during the Progressive Era: A Reevaluation." *Journal of American History* (72) 1985.

191. Urofsky, Melvin I. "The Roosevelt Court." William H. Chafe. ed. *The*

Achievement of American Liberalism: The New Deal and Its Legacies. New York: Columbia University Press, 2003.

192. Wagner, David. "Legal Activism—When Conservatives Lay Down the Law." *Insight Magazine*, August 10, 1998.

193. Wanner, Craig. "The Public Ordering of Private Relations: Part I: Initiating Civil Cases in Urban Trial Courts." *Law & Society Review* (8) 1975.

194. Warren, Charles. "A Bulwark to the State Police Power—The United States Supreme Court." *Columbia Law Review* (13) 1913.

195. Weiland, Paul, Lynton K. Caldwell, and Rosemary O'Leary. "The Evolution, Operation, and Future of Environmental Policy in the United States." Randall Baker. ed. *Environmental Law and Policy in the European Union and the United States*. Westport, Connecticut: Praeger, 1997.

196. Weinstein, James. "Big Business and the Origins of Workmen's Compensation." *Labor History* (8) 1967.

197. Welles, Holly, and Kristen Engel. "A Comparative Study of Solid Waste Landfill Regulation: Case Studies from the United States, the United Kingdom, and the Netherlands." Robert A. Kagan & Lee Axelrad. eds. *Regulatory Encounters: Multinational Corporations and American Adversarial Legalism*. Berkeley: University of California Press, 2000.

198. Wheeler, Stanton, Bliss Cartwirght, Robert A. Kagan & Lawrence Friedman. "Do the 'Haves' Come Out Ahead? Winning and Losing in State Supreme Courts, 1870-1970." *Law & Society Review* (21) 1987.

作品简介

本书论述美国资本主义发展史中司法与经济的关系。全书分"导言篇""鸟瞰篇""探索篇""回眸篇"四部分,总计15章,主要介绍和评述了美国从殖民地时期到20世纪下半叶美国法律的历史作用,包括美国法律史领域的"赫斯特革命"及其学术影响与启示,英属北美殖民地法律的早期现代化,法律在19世纪美国经济发展中的重要功能,20世纪美国经济的司法裁决治理,以及美国资本主义经济发展中有关合同契约、私人产权、公司法、反托拉斯法、证券监管、环境保护、新政时期"宪法革命"等方面的法律演变。最后提出了对于美国资本主义经济发展阶段性的新思考。

本书从历史角度探讨了法院及其司法实践对美国资本主义经济发展所产生的巨大影响。既有全面的综述,又有从专门法领域及重大历史事件角度,对美国法律与经济的关系进行的多方位、深层次分析,并对美国历史研究的几个误区做了适当的考察与思索。对于美国史、法律史、经济史研究都具有深刻的启迪作用和独特的参考价值。

主编简介

韩铁,南开大学历史学院教授,美国历史和文化中心博士生导师;曾出版《战后美国史》《福特基金会与美国的中国学(1950—1979年)》及《艾森豪威尔的现代共和党主义》等学术著作4部,并在《世界历史》《美国研究》《史学月刊》等核心期刊发表十数篇学术论文。